A
SOCIEDADE
FEUDAL

O livro é a porta que se abre para a realização do homem.

Jair Lot Vieira

A
SOCIEDADE
FEUDAL

Tradução e Prefácio:
LAURENT DE SAES

Graduado em Direito pela USP.
Mestre e Doutor em História Social pela Faculdade de Filosofia,
Letras e Ciências Humanas da USP,
com dissertação premiada na Série Teses e Dissertações
e tese vencedora do Prêmio Tese Destaque USP 2014
na área de Ciências humanas.
Atua há mais de quinze anos como tradutor,
com experiência nas áreas jurídica, científica e literária.

Copyright da tradução e desta edição © 2016 by Edipro Edições Profissionais Ltda.

Todos os direitos reservados. Nenhuma parte deste livro poderá ser reproduzida ou transmitida de qualquer forma ou por quaisquer meios, eletrônicos ou mecânicos, incluindo fotocópia, gravação ou qualquer sistema de armazenamento e recuperação de informações, sem permissão por escrito do editor.

Grafia conforme o novo Acordo Ortográfico da Língua Portuguesa.

1ª edição, 1ª reimpressão 2019.

Editores: Jair Lot Vieira e Maíra Lot Vieira Micales
Coordenação editorial: Fernanda Godoy Tarcinalli
Tradução e Prefácio: Laurent de Saes
Editoração: Alexandre Rudyard Benevides
Revisão: Marilena Vizentin
Diagramação e Arte: Karine Moreto Massoca

Dados Internacionais de Catalogação na Publicação (CIP)
(Câmara Brasileira do Livro, SP, Brasil)

Bloch, Marc, 1886-1944.
 A sociedade feudal / Marc Bloch ; tradução de Laurent de Saes. – São Paulo : EDIPRO, 2016.

 Título original: La société féodale.
 ISBN 978-85-7283-957-0

 1. Europa - História - 476-1492 2. Feudalismo I. Título.

15-09100   CDD-940.1

Índice para catálogo sistemático:
1. Idade Média : Europa : História : 940.1

São Paulo: Fone (11) 3107-4788 • Fax (11) 3107-0061
Bauru: Fone (14) 3234-4121 • Fax (14) 3234-4122
www.edipro.com.br

SUMÁRIO

PREFÁCIO À EDIÇÃO BRASILEIRA 11

INTRODUÇÃO 25
Orientação geral da investigação

TOMO I
A formação dos laços de dependência

PRIMEIRA PARTE
O meio

PRIMEIRO LIVRO 34
As últimas invasões

CAPÍTULO I 34
Muçulmanos e húngaros

1. A Europa invadida e sitiada 34
2. Os muçulmanos 34
3. O ataque húngaro 38
4. Fim das invasões húngaras 40

CAPÍTULO II 44
Os normandos

1. Características gerais das invasões escandinavas 44
2. Da pilhagem à conquista 47
3. As possessões escandinavas: a Inglaterra 50
4. As possessões escandinavas: a França 54
5. A cristianização do norte 58
6. À procura das causas 61

CAPÍTULO III 65
Algumas consequências e alguns ensinamentos das invasões

1. A desordem 65
2. O aporte humano: o testemunho da língua e dos nomes 68
3. O aporte humano: o testemunho do direito e da estrutura social 72
4. O aporte humano: problemas de proveniência 75
5. Os ensinamentos 76

SEGUNDO LIVRO 81
As condições de vida e a atmosfera mental

CAPÍTULO I 81
Condições materiais e aspecto econômico

1. As duas idades feudais 81
2. A Primeira Idade Feudal: o povoamento 82
3. A Primeira Idade Feudal: a vida de relações 83
4. A Primeira Idade Feudal: as trocas 87
5. A revolução econômica da Segunda Idade Feudal 90

CAPÍTULO II 92
Modos de sentir e de pensar

1. O homem diante da natureza e do tempo 92
2. A expressão 95
3. Cultura e classes sociais 98
4. A mentalidade religiosa 101

CAPÍTULO III 106
A memória coletiva

1. A historiografia 106
2. A epopeia 110

CAPÍTULO IV 118
O renascimento intelectual na Segunda Idade Feudal

1. Alguns traços da nova cultura 118
2. A tomada de consciência 121

CAPÍTULO V 123
Os fundamentos do direito

1. O império do costume 123
2. Os traços do direito consuetudinário 126
3. A renovação dos direitos escritos 130

SEGUNDA PARTE
Os laços de homem para homem

PRIMEIRO LIVRO 136
Os laços de sangue

CAPÍTULO I 136
A solidariedade da linhagem

1. Os "amigos carnais" 136
2. A vingança 138
3. A solidariedade econômica 142

CAPÍTULO II 145
Caráter e vicissitudes do laço de parentesco
1. As realidades da vida familiar 145
2. A estrutura da linhagem 147
3. Laços de sangue e feudalidade 151

SEGUNDO LIVRO 153
A vassalagem e o feudo

CAPÍTULO I 153
A homenagem vassálica
1. O homem de outro homem 153
2. A homenagem na era feudal 153
3. A gênese das relações de dependência pessoal 155
4. Os guerreiros domésticos 158
5. A vassalagem carolíngia 163
6. A elaboração da vassalagem clássica 166

CAPÍTULO II 167
O feudo
1. "Benefício" e feudo: a tenência-salário 167
2. A "domiciliação" dos vassalos 172

CAPÍTULO III 178
Visão geral da Europa
1. A diversidade francesa: sudoeste e Normandia 178
2. A Itália 179
3. A Alemanha 181
4. Fora da influência carolíngia: 182
a Inglaterra Anglo-saxônica e a Espanha dos reinos Asturo-leoneses
5. As feudalidades de importação 188

CAPÍTULO IV 190
Como o feudo passou para o patrimônio do vassalo
1. O problema da hereditariedade: "honras" e simples feudos 190
2. A evolução: o caso francês 193
3. A evolução: no Império 196
4. As transformações do feudo vistas através de seu direito sucessório 198
5. A fidelidade no comércio 205

CAPÍTULO V 207
O homem de vários senhores
1. A pluralidade das homenagens 207
2. Grandeza e decadência da homenagem lígia 210

CAPÍTULO VI 213
Vassalo e senhor

1. O auxílio e a proteção 213
2. A vassalagem no lugar da linhagem 218
3. Reciprocidade e rupturas 221

CAPÍTULO VII 223
O paradoxo da vassalagem

1. As contradições dos testemunhos 223
2. Os laços de direito e o contato humano 227

TERCEIRO LIVRO 230
Os laços de dependência nas classes inferiores

CAPÍTULO I 230
A senhoria

1. A terra senhorial 230
2. As conquistas da senhoria 231
3. Senhores e rendeiros 236

CAPÍTULO II 241
Servidão e liberdade

1. O ponto de partida: as condições pessoais na época franca 241
2. A servidão francesa 246
3. O caso alemão 251
4. Na Inglaterra: as vicissitudes da vilanagem 254

CAPÍTULO III 258
Rumo às novas formas do regime senhorial

1. A estabilização dos encargos 258
2. A transformação das relações humanas 261

TOMO II
As classes e o governo dos homens

PRIMEIRO LIVRO 265
As classes

CAPÍTULO I 265
Os nobres como classe de fato

1. O desaparecimento das antigas aristocracias de sangue 265
2. Dos diversos sentidos da palavra "nobre", na Primeira Idade Feudal 267
3. A classe dos nobres, classe senhorial 269
4. A vocação guerreira 270

CAPÍTULO II 273
A vida nobre

1. A guerra 273
2. O nobre em seu lar 278
3. Ocupações e distrações 281
4. As regras de conduta 283

CAPÍTULO III 289
A cavalaria

1. O adubamento 289
2. O Código Cavaleiresco 293

CAPÍTULO IV 296
A transformação da nobreza de fato em nobreza de direito

1. A hereditariedade do adubamento e o enobrecimento 296
2. Constituição dos descendentes de cavaleiros em classe privilegiada 301
3. O direito dos nobres 302
4. A exceção inglesa 304

CAPÍTULO V 307
As distinções de classe no seio da nobreza

1. A hierarquia do poder e da posição social 307
2. Sargentos e cavaleiros servos 311

CAPÍTULO VI 318
O clero e as classes profissionais

1. A sociedade eclesiástica na feudalidade 318
2. Vilãos e burgueses 325

SEGUNDO LIVRO 328
O governo dos homens

CAPÍTULO I 328
As justiças

1. Características gerais do regime judiciário 328
2. A divisão das justiças 330
3. Julgamento pelos pares ou julgamento pelos senhores? 336
4. À margem do esfacelamento: sobrevivências e fatores novos 337

CAPÍTULO II 341
Os poderes tradicionais: realezas e Império

1. Geografia das realezas 341
2. Tradições e natureza do poder real 345
3. A transmissão do poder real: problemas dinásticos 348
4. O Império 354

CAPÍTULO III 356
Dos principados territoriais às castelanias

1. Os principados territoriais 356
2. Condados e castelanias 361
3. As dominações eclesiásticas 363

CAPÍTULO IV 368
A desordem e a luta contra a desordem

1. Os limites dos poderes 368
2. A violência e a aspiração à paz 370
3. Paz e trégua de Deus 372

CAPÍTULO V 379
Rumo à reconstituição dos Estados: as evoluções nacionais

1. Razões do reagrupamento das forças 379
2. Uma monarquia nova: os capetíngios 381
3. Uma monarquia arcaizante: a Alemanha 384
4. A monarquia anglo-normanda: 386
feitos de conquista e sobrevivências germânicas
5. As nacionalidades 388

TERCEIRO LIVRO 394
A feudalidade como tipo social e sua ação

CAPÍTULO I 394
A feudalidade como tipo social

1. Feudalidade ou feudalidades: singular ou plural? 394
2. Os traços fundamentais da feudalidade europeia 395
3. Um corte através da história comparada 398

CAPÍTULO II 400
Os prolongamentos da feudalidade europeia

1. Sobrevivências e revivescências 400
2. A ideia guerreira e a ideia de contrato 402

BIBLIOGRAFIA 405
ÍNDICE REMISSIVO 441

PREFÁCIO À EDIÇÃO BRASILEIRA

Em 16 de junho de 1944, em Saint-Didier-de-Formans, após meses de cárcere e tortura, Marc Bloch, eminente historiador francês, nascido 58 anos antes na cidade próxima de Lyon, foi fuzilado por agentes da Gestapo, ao lado de 26 companheiros, em razão de sua participação na Resistência à ocupação alemã.[1] Chegava assim ao fim, da maneira mais crua – mas também a mais honrosa –, a trajetória de um dos mais importantes e influentes historiadores do século XX. Cinco anos antes, no momento em que se iniciara o conflito mundial, fora publicado aquele que se tornaria seu livro mais célebre: *A sociedade feudal*. Obra de síntese sobre a feudalidade, mas também obra que sintetizava toda uma concepção do fazer histórico, desenvolvida pelo historiador ao longo de sua trajetória acadêmica.

O percurso científico de Marc Bloch teve início nos primeiros anos da década de 1910, época da publicação de seus primeiros artigos. O jovem historiador parecia então privilegiar três grandes linhas de pesquisa, que, de fato, norteariam sua vida acadêmica: a geografia histórica (em particular o estudo de uma região, a Île-de-France), a metodologia na história e, acima de tudo, a feudalidade medieval. Esses primeiros passos de Bloch foram, entretanto, interrompidos pela Primeira Guerra Mundial: por sua atuação como capitão do Exército francês, Bloch seria citado quatro vezes por bravura, e receberia a *Croix de Guerre* (Cruz de Guerra) e a Légion d'honneur (Legião de Honra).[2]

Após a guerra, Bloch foi nomeado *chargé de cours*[3] em 1919, e, em seguida, professor da Universidade de Estrasburgo em 1921. Era uma escola "nova", na medida em que a cidade fora desanexada após o conflito mundial, o que proporcionava um ambiente favorável à inovação científica. Foi nesse privilegiado quadro que se deu o encontro com Lucien Febvre, um especialista do século XVI que, assim como Bloch, concebia seu ofício de maneira interdisciplinar. Em Estrasburgo ambos passaram a ter um contato mais próximo com as ciências sociais, integrando um grupo que reunia desde o psicólogo social Charles Blondel ao sociólogo Maurice Halbwachs, passando por historiadores como Henri Bremond e Georges Lefebvre.[4]

A história de *A sociedade feudal* se iniciou em 1924, ano em que Bloch publicava sua primeira grande obra, *Os Reis Taumaturgos* (cujo título original completo é *Les Rois thaumaturges. Étude sur le caractère surnaturel attribué à la puissance royale particulièrement en France et en Angleterre*). Nesse inovador estudo, o historiador propunha-se a contar a

---

1. FEBVRE, Lucien. Marc Bloch, fusillé, *Mélanges d'histoire sociale*, n. 6, 1944, p. 5.
2. LE GOFF, Jacques. Prefácio. In: BLOCH, Marc. *Os Reis Taumaturgos*. Trad. Júlia Mainardi. São Paulo: Companhia das Letras, p. 10.
3. Docente universitário encarregado de ministrar aulas, sem, no entanto, que estejam entre suas atribuições remuneradas as atividades de pesquisa.
4. BURKE, Peter. *A Revolução Francesa da Historiografia*: a Escola dos Annales (1929-1989). Trad. Nilo Odália. 2. ed. São Paulo: Unesp, 1992. p. 19.

história de um milagre, de uma "ilusão coletiva": o *rito do toque*, isto é, a crença, muito difundida na Inglaterra e na França, entre a Idade Média e o século XVIII, de que os reis possuíam o poder de curar por meio do toque todos aqueles atingidos pela escrófula, doença de pele conhecida precisamente como "mal dos reis". Na obra, Bloch defendia a ideia de que um milagre "existe" somente a partir do momento em que a crença se faz possível: acreditava-se assim no milagre porque, primeiramente, acreditava-se que devia haver milagre.[5] Tratava-se, na aparência, de tema marginal ou, diriam alguns, de mera curiosidade; para Bloch, porém, o milagre régio constituía um caminho para a abordagem de problemas mais amplos e profundos: como um fenômeno elaborado nos meios mais elevados da hierarquia social e cultural podia, em uma duração muito longa, atingir as camadas inferiores da população? E como esta se comportava diante de tal fenômeno? Em um estudo que unia antropologia histórica e psicologia social, Bloch refletia sobre a relação entre as teorias e práticas da elite e as crenças e as mentalidades da coletividade. Nesse sentido, o milagre real aparecia como a expressão de uma concepção particular de poder. Por trás do estudo de um ritual, Bloch identificava os contornos de um processo histórico mais amplo.[6]

A obra gerou incômodo, na medida em que ultrapassava o campo delimitado pela historiografia positivista da época: em uma perspectiva interdisciplinar, Bloch tratava de mentalidades e de sistemas de crença, campos que muitos acreditavam reservados a antropólogos, psicólogos e sociólogos. Bloch, assim como Febvre, não hesitava em manifestar sua insatisfação para com a história política que dominava – não completamente, é verdade – a produção historiográfica dos anos 1910-1920 e que tendia a reduzir a análise de situações complexas à mera disputa pelo poder entre grandes personagens. Os dois historiadores combatiam a concepção positivista pregada por Langlois e Seignobos na *Introduction aux études historiques* (1897), que tinha o mérito de buscar fundamentos objetivos e científicos para a história, mas tendia a reduzi-la à mera observação dos "fatos". Ora, para Bloch, o fato histórico resulta, acima de tudo, de uma construção que permite a passagem do vestígio de um passado mais ou menos longínquo para a identificação de uma evidência, e desta para a elaboração de um problema histórico. Era nessa metodologia que residia a verdadeira cientificidade da história.[7] Contra a forma dominante da narrativa dos marcos políticos e dos feitos militares, Bloch e Febvre queriam resgatar as forças estruturais subjacentes à trama dos acontecimentos, em uma história que contemplasse os comportamentos, os valores, as mentalidades. Queriam, em resumo, uma história ampliada e aprofundada pela diversificação dos objetos e das abordagens, assim como pela formulação de novos problemas.

O caminho para essa "Nova História" estava na colaboração com as demais ciências do homem, que forneceriam os conceitos e os instrumentos analíticos capazes de proporcionar a necessária ampliação. No horizonte de Bloch e Febvre estava uma história universal,

---

5. BLOCH, Marc. *Os Reis Taumaturgos*, p. 278.
6. BURKE, Peter. Op. cit., p. 20-1. LE GOFF, Jacques. Op. cit., p. 9 e 21-2.
7. Cf. BLOCH, Marc. *Apologia da História ou O Ofício de Historiador*. Trad. André Telles. Rio de Janeiro: Jorge Zahar Editor, p. 69-87.

uma história "total", tida como única verdadeira história. Foi nessa perspectiva que os dois historiadores fundaram, em 1929, os revolucionários *Annales d'histoire économique et sociale*: mais do que uma revista acadêmica, pretendiam com isso criar um instrumento de renovação do fazer histórico, por meio de uma aproximação com as demais disciplinas.[8] Das concepções veiculadas pelo periódico emergiu a ideia de uma "Escola dos Annales", muito embora o grupo fundador a tenha sempre recusado. Seus elementos definidores eram a substituição da simples narrativa de acontecimentos por uma história-problema; a contemplação, para além da história política, de todas as atividades humanas; a busca da longa duração; o diálogo com as demais ciências e a recusa da especialização estrita da história. Em sua fase inicial, dominada por Bloch, a revista constituiu-se em verdadeiro instrumento de guerra contra a concepção monolítica que dominara, até então, a historiografia tradicional.[9]

Voltemos, porém, a 1924. Naquele ano, Henri Berr, um professor do ensino secundário (no prestigioso liceu Henri IV, em Paris), mas também um grande agitador da vida intelectual, convidava Marc Bloch a participar de sua coleção *L'Évolution de l'humanité*: um ambicioso projeto, concebido desde a década anterior, de uma história universal destinada ao grande público, em cem volumes, em que seriam aplicados alguns dos princípios da *Revue de synthèse historique*, dirigida por Berr e que já publicara textos de Bloch. Incentivado por Lucien Febvre, Berr convidou Bloch – para substituir Georges Bourgin – a escrever dois volumes da coleção: um sobre as origens da economia europeia (séculos V a VI), outro sobre a passagem da economia urbana e senhorial para o capitalismo financeiro (séculos XIII a XV). Bloch, então com 38 anos, dirigia o Instituto de História da Idade Média, na Universidade de Estrasburgo, e acabava de publicar *Os Reis Taumaturgos*. Em carta a Berr de 12 de julho de 1924, embora preocupado com o tamanho da empreitada, aceitou assumir os volumes em questão.[10] Seu trabalho seria lento e difícil – em fevereiro de 1929, admitiria ainda não ter produzido nada –, mas isso não o impediria de aceitar, em 1º de fevereiro de 1933, um terceiro volume, sobre a "Revolução agrícola" da Europa nos séculos XVIII e XIX.[11] Era uma forma de retomar os temas desenvolvidos em *Les caractères originaux de l'histoire rurale française*, publicado em 1931, estudo de longa duração centrado na noção de civilização agrária.

Mas isso não era tudo, pois, apesar de seus lentos progressos, Bloch assumiria ainda um quarto volume, originalmente atribuído a Ferdinand Lot (de início, em colaboração com Louis Halphen, mas este já desistira do projeto em 1919), sob o título *La Dissolution de l'Empire carolingien et le régime féodal* (A dissolução do Império carolíngio e o regime feudal). Quando Lot abandonou o projeto, em janeiro de 1933, Bloch, então muito atrasado na redação dos demais volumes da coleção, afirmou em carta a Lucien Febvre

---

8. O primeiro comitê editorial da revista traduzia bem esse objetivo, reunindo um geógrafo (Albert Demangeon), um sociólogo (Maurice Halbwachs), um economista (Charles Rist) e um cientista político (André Siegried) (BURKE, Peter. Op. cit., p. 23).
9. BURKE, Peter. Op. cit., p. 7-8.
10. BLOCH, Marc. *Écrire La Société féodale*: Lettres à Henri Berr, 1924-1943. Paris: Institut Mémoires de l'édition contemporaine, 1992, p. 31-4.
11. Ibid., p. 56-7 e 66-7.

de 5 de fevereiro de 1933 ser o único candidato viável para substituí-lo: conhecia bem o assunto, já desenvolvido em textos anteriores – em particular, um artigo sobre o ritual da ruptura da homenagem vassálica[12] e uma síntese redigida para a *Encyclopædia of Social Sciences*[13] – e dizia já ter uma ideia precisa do que deveria ser o livro. Este seria, em sua opinião, um complemento necessário aos volumes "econômicos" que já assumira, permitindo-lhe fazer a ligação entre o nível econômico e a estrutura social. Acreditava ser "mais fácil abordar a sociedade medieval em seu conjunto" do que focalizar apenas uma de suas dimensões. Bloch desejava dar prioridade a este volume sobre os demais, acreditando poder terminá-lo rapidamente.[14]

Ele acabou, de fato, sendo escolhido para a empresa. No fim, de todos os livros que se comprometera a escrever, acabaria completando apenas aquele que mais lhe importava: deu, nesse sentido, prioridade às instituições da feudalidade e aos laços de dependência sobre a economia, escolha reveladora de sua concepção de história. Sentindo-se um tanto culpado por ter-lhe, de algum modo, "tomado o assunto", o historiador dedicaria o livro a Ferdinand Lot, por quem tinha "muito afeto".[15] Julgando o título original longo e um tanto equivocado, sugeriu outro mais "simples e expressivo": *A sociedade feudal*.[16]

Bloch concebia o livro como "um estudo de estrutura social", em que o "político" podia e devia ser tratado brevemente.[17] Propunha uma síntese ambiciosa, desenvolvida na longa duração – entre os séculos IX e XIII –, e que, ao contrário de grande parte dos estudos sobre a era feudal, não se limitaria ao exame das instituições, da propriedade agrária, da hierarquia social, da guerra e do Estado. Abordando uma pluralidade de tópicos, o historiador situava em seu horizonte a *sociedade* feudal como um todo, o que incluía os modos de sentir e de pensar, a "cultura do feudalismo".[18] Desejava compreender todos os traços que faziam a unidade daquela sociedade específica.

O livro pode, em grande medida, ser visto como uma aplicação criteriosa dos princípios pregados pelos *Annales*. Trata-se, primeiramente, de um estudo de longa duração, não apenas por cobrir um recorte temporal bastante extenso, mas também, e sobretudo, por focalizar o nível da história – o das estruturas – que evolui e se altera em um ritmo mais lento e que jaz subjacente à história mais "rápida" dos eventos e da conjuntura de médio prazo.[19]

Bloch desejava se afastar das abordagens puramente jurídicas, abordagens frias e rígidas que não davam conta da mobilidade da realidade social. Obviamente, isso não significava ignorar o direito[20], cujo estudo é fundamental para caracterizar os laços de vassalagem

---

12. Em seu artigo "Les formes de la rupture de l'hommage dans l'ancien droit féodal", publicado em 1912, Bloch descrevia um rito feudal, o "arremesso da palha" e a "ruptura da palha", manifestando um interesse precoce pelo ritual no estudo das instituições do passado (cf. BLOCH, Marc. Les formes de la rupture de l'hommage dans l'ancien droit féodal, *Nouvelle revue historique de droit français et étranger*, 36ᵉ année, 1912, p. 141-77).
13. BLOCH, Marc. European Feudalism. In: *Encyclopedia of Social Sciences*, t. VI, 1931, p. 553-9.
14. Id. *Écrire La Société féodale*, p. 68-73.
15. Id. *Carta de 20 de maio de 1939*, p. 102.
16. Id. *Carta de 8 de fevereiro de 1933*, p. 74-7.
17. Ibid.
18. BURKE, Peter. Op. cit., p. 25.
19. LE GOFF, Jacques. Op. cit., p. 17.
20. Isso não impediu François-Louis Ganshof de apontar a ausência, na obra, de uma análise jurídica rigorosa das relações vassálicas e do feudo (I. La société féodale. La formation des liens de dépendance, *Revue belge de philologie et d'histoire*, 1941, v. 20, n. 1, p. 187).

e servidão, assim como todas as questões patrimoniais. Significava apenas reconhecer que o direito não é autoexplicativo, devendo seu estudo se amparar em outras abordagens, cada uma delas com suas próprias interrogações. De fato, em *A sociedade feudal*, combina-se uma pluralidade de disciplinas: a geografia, a antropologia, a psicologia coletiva, a etnografia, a biologia (na história do corpo), o direito, a teologia, a linguística. A psicanálise chega a ser mencionada. Mesmo aquilo que não se podia ainda alcançar, isto é, o estudo de como os homens viviam, se alimentavam, dormiam e sofriam – as "aventuras do corpo" –, pairava no horizonte de uma história da qual Bloch se via apenas como iniciador. Ao mesmo tempo, o autor não deixava, em alguns momentos, de reconhecer as limitações das ciências do homem, como quando se pergunta "se não constitui um esforço vão pretender explicar o que, no estado presente de nossos conhecimentos sobre o homem, parece pertencer ao campo do inexplicável: a *energia* de uma civilização e suas capacidades magnéticas".

A essa pluralidade de abordagens, vinham se juntar uma pluralidade de fontes, muitas delas inusitadas para sua época. No estudo de uma sociedade fundada na oralidade, Bloch recorria a todas as formas disponíveis de escrita, destacando sempre a distância existente entre esta e a ação. No poema, no romance e na epopeia, o historiador buscava menos o fato positivo do que a interpretação da realidade de uma época, reveladora de modos de pensar característicos. Os nomes, de pessoas (a onomástica) e de lugares (a toponímia), e os empréstimos linguísticos se transformavam, sob a pena de Bloch, em fontes de ensinamentos sobre os processos que condicionam os movimentos humanos.

Por trás dessa pluralidade de enfoques, havia uma recusa do monismo causal que tendia a apelar sempre para o político como explicação para a mudança histórica. Há uma recusa também do "ídolo das origens"[21], isto é, de um começo capaz de tudo esclarecer: para Bloch, ao contrário, cada fenômeno deve ser compreendido em seu contexto específico. Como diz o provérbio árabe citado por Bloch, "os homens se assemelham mais a seu tempo do que a seu pai". A história, múltipla em suas estruturas, também o é em suas causas. Para além das condições materiais objetivas, o autor não hesitava em evocar estados de espírito como a vingança, o perdão, a esperança, o medo ou a vergonha. Seu objeto não era o passado, mas esta outra totalidade mais ampla que é o homem. Ou melhor, "os homens".[22]

O recurso a outras ciências não deve, contudo, enganar: Bloch não procurava fazer antropologia ou sociologia. Buscava, acima de tudo, desvendar o processo histórico: os gestos, as crenças, a língua, as mentalidades, o gênero de vida, o folclore eram todos inscritos na historicidade. Desejava, porém, evitar uma história baseada na formulação de modelos rígidos, reduzida a leis e abstrações que enquadrariam, por exemplo, todas as "feudalidades" em uma mesma evolução regular. Nesse sentido, Bloch tendia a se demarcar de algumas abordagens marxistas – sem, no entanto, que se possa falar em polarização – e do olhar voltado para as estruturas socioeconômicas, como lugar em que se originam as mudanças históricas: o "feudalismo" como modo de produção baseado na sujeição pessoal dos homens, para a apropriação de parte de seu trabalho. Isso não significa que Bloch

---
21. BLOCH, Marc. *Apologia da História*, p. 56.
22. Ibid., p. 54.

desprezasse o econômico. Ao contrário, em sua análise, as relações entre os homens encontram-se relacionadas às condições objetivas da vida econômica; não há, porém, determinismo: os comportamentos humanos mantêm sua autonomia.[23] Sua "feudalidade" é algo mais amplo. Para dar conta da mobilidade dos seres e das coisas, Bloch recorria constantemente ao método comparado,[24] aproximando e contrapondo experiências de diferentes sociedades, com suas particularidades. Procedia sempre com cautela, consciente dos limites dessa abordagem: comparar significava não apenas identificar a proximidade, mas também destacar as diferenças.[25]

Apesar do caráter pioneiro da obra, Bloch certamente teve seus inspiradores. Sua referência mais direta, e assumida, é a obra de Jacques Flach, *Les origines de l'ancienne France* (*As origens da França antiga*; obra em quatro volumes, publicada entre 1884 e 1917), que Bloch analisara em resenha para a *Revue de synthèse historique* (em 1920). Flach formulara um modelo estimulante de explicação sociológica para o mundo medieval, apesar de suas falhas. Houve quem criticasse *A sociedade feudal* por ser mero desenvolvimento das ideias elaboradas por Flach. Mas a bibliografia empregada por Bloch também expressa seu grande apreço pela contribuição dos medievalistas alemães, abertos à etnografia e ao comparatismo. Acima de tudo, *A sociedade feudal* traduz, mais do que qualquer outra obra de Bloch, a influência de Émile Durkheim (1858-1917).[26] Assim como Bloch, o sociólogo francês desprezava os acontecimentos particulares, que constituíam como que uma história aparente, por trás da qual se escondia a verdadeira história.[27] Ambos tinham em comum a preocupação com a comparação[28] e com a busca de tendências recorrentes – algo que permeia toda a análise que Bloch faz das várias expressões da feudalidade na Europa medieval.[29] Acima de tudo, Bloch manifesta sua preocupação com um tema que é central na obra de Durkheim: a coesão social, que assume, na era medieval, a forma particular de "laços de dependência" que permitiam a adaptação a um meio social específico.

***

Em sua primeira edição, a obra acabou sendo publicada em dois tomos, embora tal não fosse o plano inicial de Bloch, para quem o livro tratava de um problema único, claramente enunciado na introdução e retomado na conclusão. No fim, o próprio autor sugeriu um recorte, sob a condição de que ambos os volumes levassem o nome *A sociedade feudal* e fossem apresentados como duas partes de um todo, e não como dois livros independentes.[30]

---

23. GEREMEK, Bronislaw. Marc Bloch, historien et résistant, *Annales. Économies, Sociétés, Civilisations*, 41º ano, n. 5, 1986, p. 1.096.
24. Sobre o comparatismo, tal como defendido por Bloch, cf. seu artigo "Pour une histoire comparée des sociétés européennes" (*Revue de synthèse historique*, t. XLVI, 1928, p. 15-50).
25. LE GOFF, Jacques. Op. cit., p. 25.
26. Sobre a relação de Marc Bloch com o pensamento de Durkheim, cf. R. COLBERT RHODES. Émile Durkheim and the Historical Thought of Marc Bloch, *Theory and Society*, v. 5, n. 1 (jan. 1978), p. 45-73.
27. BURKE, Peter. Op. cit., p. 13.
28. Durkheim afirmou que "a sociologia comparada não é um ramo particular da sociologia; é a própria sociologia, quando ela deixa de ser puramente descritiva e aspira à explicação dos fatos" (*As regras do método sociológico*. Trad. Walter Solon. São Paulo: Edipro, 2012. p. 144.)
29. BURKE, Peter. Op. cit., p. 25-6.
30. Cf. *Cartas a Henri Berr de 30 de janeiro e de 25 de fevereiro de 1939* (BLOCH, Marc. *Écrire La Société féodale*, p. 94-8).

Bloch introduz a obra com uma reflexão sobre o próprio conceito de feudalidade, rótulo consagrado pelo uso para designar um período particular da história, mas que suscita o problema de sua aplicação a uma pluralidade de sociedades separadas no tempo e no espaço. Bloch retomará essa reflexão na conclusão, alertando para o emprego abusivo do termo, mas sem fazer dela o objetivo principal de sua obra: propõe, acima de tudo, "a análise e a explicação de uma estrutural social, com suas conexões", no quadro específico da feudalidade europeia.

O primeiro volume, dedicado à "formação dos laços de dependência" que fazem a especificidade da era feudal, possui estrutura bipartida. Primeiramente, Bloch descreve o *meio* em que se desenvolveu a feudalidade: as condições da vida econômica e a geografia humana no quadro de uma Europa abalada pelas invasões bárbaras. Inova ao ressaltar o impacto destas não apenas no nível político – a dissolução do poder do Estado –, mas também na reorganização da economia e da sociedade e na formação das mentalidades. O autor identifica o que entende ser uma "Primeira Idade Feudal", a partir do final da época carolíngia, por volta do ano 900: período marcado pela dispersão populacional, pelas dificuldades de comunicação, pela fragilidade dos poderes centrais e pela pobreza das trocas. Em um esforço de psicologia histórica, Bloch examina as repercussões desse quadro específico nas maneiras de sentir e de pensar: a precariedade da vida, a proximidade a uma natureza pouco domesticada, a pouca preocupação com a mensuração do tempo, a imprecisão da linguagem, a religiosidade profunda e distorcida, o temor do fim do mundo, a preocupação com a salvação, a glorificação dos grandes feitos do passado. Os anais, as crônicas, a epopeia, os poemas épicos e as canções de gesta são instrumentos de que Bloch se serve para caracterizar a mentalidade do homem feudal.

Ao mesmo tempo, o historiador identifica nos poemas épicos o sintoma anunciador de um "renascimento intelectual". Aos poucos, os efeitos do fim das invasões se fizeram sentir: ao lado da maior concentração demográfica, observa-se uma retomada da atividade intelectual, o desenvolvimento de uma vida de relações, o progresso da instrução e das artes, os primeiros passos de uma literatura em língua vulgar, o ressurgimento de um direito escrito e menos cambiante. Nesse processo, o homem feudal tornou-se "mais instruído" e "mais consciente". Evidenciada no século XI, essa transformação marcou o início da "Segunda Idade Feudal", ao longo da qual as classes passaram a se ordenar de modo mais estrito e as forças passaram a se reunir em torno de autoridades e ambições de maior envergadura. Não se trata de um "ponto de ruptura", mas de uma "mudança de orientação", em que as condições da Primeira Idade Feudal se veem atenuadas. As trocas intensificaram-se e o sistema de hierarquias tornou-se mais complexo. Como diz o autor (vide p. 92):

> Nascida em uma sociedade de composição muito frouxa, na qual as trocas eram poucas e o dinheiro raro, a feudalidade europeia alterou-se profundamente assim que as malhas da rede humana se estreitaram e a circulação dos bens e do numerário se fez mais intensa.

Lucien Febvre questionou a pertinência do amplo quadro de civilização traçado por Bloch na parte inicial da obra, limitando-se esta, a partir de então, à análise da estrutura social. Mas é a descrição das condições ambientes que permite a Bloch enfrentar o cerne do problema: os "laços de homem para homem", que somente podem ser compreendidos como uma forma de adaptação ao meio. Sua análise tem como ponto de partida a solidariedade da linhagem e suas manifestações (a *faide*, vingança dos parentes; a anuência da parentela na transmissão dos bens). A sociedade feudal não se fundava inteiramente na linhagem, mas são as insuficiências desta que, ao lado do enfraquecimento – mas não do desaparecimento – do Estado, a explicam. Nesse sentido, Bloch aponta inteligentemente um paradoxo fundamental: se a parentela constituiu, por um lado, um dos elementos essenciais da sociedade feudal, por outro, na medida em que não proporcionava abrigo suficiente contra os perigos da época, sua "fraqueza relativa" permite explicar que tenha havido feudalidade. Isso leva Bloch ao aspecto fundamental – e um dos pontos fortes – da obra: a vassalagem e o feudo. Procura destacar a especificidade do laço vassálico, com seus deveres recíprocos:[31] o juramento ritualizado do vassalo de prestar serviço armado ao senhor, seu superior, de quem esperava, em troca, proteção e "manutenção", seja na própria morada senhorial, seja, na maioria dos casos, por meio da exploração de um domínio rural, um *feudo*, embora o termo também pudesse designar outras formas de concessão. No quadro de uma sociedade em que o salariado era impossível, impunha-se uma economia baseada em laços de dependência. A terra tornava-se, assim, preciosa, na medida em que permitia que se controlasse o homem. Inicialmente vitalício, o feudo adquiria gradualmente caráter patrimonial, hereditário, tornando-se até mesmo, por um desvio de seu sentido original, objeto de comércio. Com o tempo, o espírito vassálico alcançaria as funções públicas, as "honras", que também passariam a ser vistas como feudos, e seus ocupantes como vassalos.

A patrimonialização do feudo não deixava de afetar as relações de homem para homem, substituídas, cada vez mais, por relações de "terra para terra", enfraquecendo os laços de dependência: um homem podia receber terras de vários senhores, prestando homenagem a cada um deles. Para contrabalançar o afrouxamento da dependência e preservar os alicerces da sociedade feudal, introduziu-se o princípio da homenagem "lígia", que estabelecia uma hierarquia para as diferentes fidelidades prometidas por um mesmo vassalo. Procurava-se, com isso, resgatar o sentido original da vassalagem, mas a instituição acabaria seguindo o mesmo caminho: o da patrimonialização e da banalização.

Bloch traça, afinal, o quadro de uma sociedade, na aparência, fortemente hierarquizada e solidificada por laços de dependência, mas, na prática, marcada por um profundo esfacelamento de poderes. O historiador conclui o primeiro volume dirigindo seu olhar para os laços de dependência nas classes inferiores, que encontraram seu quadro natural na senhoria fundiária. Voltando-se contra os que puderam identificar a feudalidade com o regime senhorial, Bloch adverte que a senhoria não constitui uma instituição propriamente feudal, sendo mais antiga e mais duradoura que a vassalagem. Ao mesmo tempo, ambas conheceram simultaneamente um período de grande expansão, na medida em que, em um sistema baseado em relações de proteção, a senhoria – a terra e todos os homens a ela vin-

---

31. Como apontou F. Lot, Bloch cai em contradição, ao afirmar, em determinada passagem, que "a fé do vassalo constituía um compromisso unilateral", para, posteriormente, sustentar que "a homenagem vassálica era um verdadeiro contrato, e bilateral" (LOT, Ferdinand. La société féodale (*Premier article*). *Journal des savants*. Jan.-mar. 1943, p. 21-2).

culados – pôde ser incorporada como elemento funcional. Assim, a feudalidade recebeu e consolidou a senhoria, associando a renda do solo à relação de sujeição. A feudalidade, para Bloch, não se baseava apenas em inovações; ela se valia também de instituições do passado, às quais confere suas próprias "tonalidades".[32] Em certa passagem, afirma:

> Assim, um tipo de organização social marcada por uma tonalidade particular nas relações humanas não se manifesta somente por criações novas; ele imprime suas cores àquilo que recebe do passado, para transmiti-lo às épocas seguintes, assim como na passagem por um prisma. (Vide p. 262)

No segundo tomo, Bloch procura evidenciar de que forma as relações de sujeição tipicamente feudais coexistiram, na regulação dos indivíduos e das coletividades, com grupos e poderes de outra natureza. Procura, primeiramente, caracterizar a sociedade feudal como uma sociedade de classes. Dá maior destaque à classe superior, a nobreza, caracterizada pela vocação guerreira e por seu peculiar gênero de vida. O retrato que Bloch compõe da nobreza, com seu gosto pela aventura, pelo saque e pelos torneios, permanece muito vivo ainda hoje. Da classe nobre passa para o clero e as classes profissionais (mercadores, artesãos). O autor evidencia como o advento da força burguesa, na medida em que se amparava nos poderes monárquicos, constituiu um elemento desestabilizador para o arcabouço feudal, naquele que era um de seus elementos fundamentais: o esfacelamento de poderes. Ressalta, também nesse sentido, a particularidade do juramento de assistência mútua dos burgueses, que contrastava com o teor do juramento que fazia a essência da feudalidade: não se tratava mais de unir um homem a seu superior, mas de unir seres iguais. Havia aí um elemento novo e estranho ao espírito feudal.

Após a caracterização das classes, Bloch se volta para o governo dos homens. Primeiramente, aborda o aspecto judiciário, marcado pelo esfacelamento dos poderes e por sua ineficácia. Examina, em seguida, os poderes tradicionais – as monarquias – que pairavam acima dos feudos, das senhorias e das comunidades urbanas e aldeãs. Apesar da dificuldade em manter a paz, a realeza, como forma de reconstituição do Estado, aparecia como resposta à grande desordem que marcou a era feudal: o fortalecimento dos poderes públicos contribuiu para o apagamento dos traços especificamente feudais. Aos poucos, desenvolveu-se o sentimento nacional.[33] Assim, a pluricausalidade que explicava a feudalidade em si mesma volta a se manifestar quando se trata de compreender seu apagamento. Bloch interrompe sua análise em meados do século XIII, vendo nessa época o início de uma nova fase, em que a palavra feudal já não tinha o mesmo peso.

Por fim, Bloch reflete sobre a feudalidade como "tipo social", permitindo-lhe retomar as interrogações levantadas na introdução da obra. O que, afinal, define a feudalidade? Certamente, não uma coisa só. O esfacelamento de poderes, a confusão da riqueza com a autoridade e a existência do regime senhorial constituem elementos integrantes da estrutura, mas que, isoladamente, não permitem caracterizá-la como algo à parte na grande aventura humana. Além disso, se a feudalidade constitui uma estrutura total, alguns de seus

---

32. GEREMEK, Bronislaw. Op. cit., p. 1.096-7.
33. Para Fink, Bloch vai longe demais ao querer identificar na Idade Média as raízes do nacionalismo moderno (FINK, Caroline. *Marc Bloch, une vie au service de l'histoire*. Paris: Presses Universitaires de France, 1997, p. 177).

elementos podem ter existido anteriormente à sua formação e podem ter-lhe sobrevivido, como "prolongamentos". A sociedade feudal é, acima de tudo, algo resultante da dissolução de sociedades passadas, fundadas na parentela e na força do Estado, e das quais recebia, ao mesmo tempo, o legado: sociedade desigual, mais do que hierarquizada, fundada na estreita sujeição econômica de uma maioria de humildes em proveito de uma elite guerreira; sociedade que encontrava sua coesão em uma rede de laços de subordinação, na qual a terra se apresentava como instrumento para alcançar os homens, remunerando-os por sua fidelidade; uma sociedade, enfim, que encontrava em uma nova modalidade de direitos fundiários – o feudo – o instrumento para cumprir tal objetivo. Bloch não procurou compor um modelo rígido – pois uma sociedade não é uma "figura de geometria" – aplicável, ao mesmo tempo e no mesmo grau, a toda a Europa ocidental.

Embora tal não fosse o objetivo da obra, Bloch retoma o questionamento lançado na introdução e procura, segundo o método comparado, encontrar manifestações da feudalidade em outras sociedades. Limita-se a um único caso, o do Japão, destacando, sem esquecer as diferenças, a proximidade com a feudalidade europeia. Seu sucinto esboço lhe permite tomar o partido de Voltaire, contra o de Montesquieu, e afirmar que a feudalidade não foi um fenômeno exclusivamente europeu. Deixa, com isso, aberta uma fascinante via para o desenvolvimento de futuros estudos comparativos.

***

Dado seu caráter pioneiro, é natural que algumas das hipóteses de *A sociedade feudal* tenham sido, com o tempo, superadas. Assim, Bloch certamente exagerou a dimensão da classe servil na Europa medieval, algo que a historiografia posterior procurou corrigir. Observam-se também algumas lacunas em sua análise: a produção, as trocas e as cidades não são suficientemente analisadas. Bloch optou por não aprofundar o estudo da senhoria como "empresa" econômica, deixando assim de detalhar as obrigações do campesinato, aspecto, no entanto, fundamental para a compreensão da feudalidade em sua dimensão econômica. Geograficamente, a Europa que Bloch examinou limita-se essencialmente ao mundo carolíngio. Mas, como afirmou o próprio Bloch, não se deve jamais esquecer que "a história ainda possui todo o charme de uma escavação inacabada". Caberia a uma nova historiografia, herdeira de Bloch, retomar o caminho desbravado pelo autor.

Em 1936, ano em que passou a ocupar a cadeira de história econômica da Sorbonne, Bloch terminou o primeiro esboço de *A sociedade feudal*. Em carta a Henri Berr, de 7 de junho de 1936, anunciou ter concluído uma primeira redação, embora ainda houvesse muitos detalhes a serem pesquisados e revistos.[34] Até o término da última revisão, seriam necessários mais alguns anos. O primeiro volume foi, finalmente, publicado em 1939. Quando o segundo chegou às livrarias, em janeiro de 1940, Marc Bloch já havia sido arrastado pela Segunda Guerra Mundial. Mesmo com 53 anos, o historiador, condecorado por bravura na guerra de 1914-1918, alistara-se no Exército e, desde 23 de agosto de 1939, já se

---

34. BLOCH, Marc. *Écrire La Société féodale*, p. 89-90.

encontrava mobilizado. Enviado inicialmente para a Alsácia, participou, em seguida, da campanha do Norte, entre maio e junho de 1940. Com a derrota francesa e o armistício de 2 de julho, Bloch retornou à sua família. Em princípio excluído da função pública por ser judeu, acabou sendo reintegrado ao ensino graças aos "serviços científicos excepcionais" prestados ao Estado francês. Após um breve retorno a Estrasburgo, acabou se transferindo para a Universidade da cidade de Montpellier, onde se juntou à Resistência. Nessa época turbulenta, redigiu dois importantes livros: *L'étrange défaite* (*A estranha derrota*), um relato do colapso militar francês tal como o testemunhara como soldado e como historiador; e, sobretudo, *Apologie pour l'histoire ou le métier d'historien* (*Apologia da história ou o ofício de historiador*), reflexão sobre a metodologia na história, obra que permaneceria inacabada, mas que, publicada postumamente em 1949, teria fortíssima repercussão no mundo acadêmico.

Entre 1943 e 1944, Bloch manteve-se na clandestinidade. Aderiu ao movimento *Franc-tireur* (Francoatirador) da Resistência, em Lyon, no seio do qual elaborou um plano de insurreição para a região. Em sua última carta a Henri Berr, de 11 de fevereiro de 1943, Bloch afirmava: "Pois eis que surge no horizonte uma aurora ainda tímida, mas que se torna incessantemente mais luminosa".[35] O sábio historiador tinha razão quanto ao resultado final da guerra, mas tragicamente não viveria para ver a libertação final de seu país.

***

Embora a obra se dirigisse ao leitor comum, a acolhida de *A sociedade feudal* limitou-se inicialmente a um público especializado. Um dos elementos que mais incomodou os contemporâneos foi o plano adotado por Bloch: a obra parte da vida cotidiana e dos modos de pensar, e não da política ou do direito. Mesmo o estudo das invasões está lá apenas para que se possa examinar seu impacto sobre o movimento social. Somente depois o autor passa para os laços de dependência, para, finalmente, chegar à tenência fundiária. Ferdinand Lot criticou a arquitetura da obra, sua estrutura "frouxa", desprovida de um centro preciso: crítica descabida na medida em que a reflexão tem claramente como eixo a formação e o devir de toda a rede dos laços de dependência no Ocidente medieval. Contudo, apesar de todas as suas objeções, que se estendiam à adoção do recorte cronológico, Lot declarou tratar-se da "mais bela" obra já publicada na França ou mesmo na Europa sobre o tema.[36]

Após a heroica morte de seu autor, *A sociedade feudal* saiu da penumbra. Enquanto medievalistas elogiavam Bloch por sua qualidade de síntese, a obra alcançava um público cada vez mais amplo. Sua tiragem inicial – de 2,5 mil exemplares para cada volume – esgotou-se em fevereiro de 1948. Reimpressa em outubro de 1949, a obra recebeu diversas tiragens até 1968, ano de sua reedição em volume único "de bolso". Tal edição conheceu nos anos seguintes sucessivas reimpressões, cada uma delas superando a barreira de dez mil exemplares. Uma nova edição de bolso apareceu em 1989, com prefácio de Robert Fossier,

---

35. BLOCH, Marc. *Écrire La Société féodale*, p. 113.
36. LOT, Ferdinand. La société féodale (*Deuxième et dernier article*) [Marc Bloch. *La Société féodale*]. *Journal des savants*. Abr.-jun. 1943, p. 55-8.

e tiragem de 6,7 mil exemplares. Entre 1939 e julho de 1990, o número de vendas alcançou a faixa de 80 mil exemplares, isso sem contar as traduções para outros idiomas.[37]

A influência da obra de Bloch não pode, entretanto, ser reduzida a números. *A sociedade feudal* delimitou o campo de estudo para inúmeros trabalhos especializados, para obras de síntese e textos didáticos sobre o tema. O princípio da divisão entre duas Idades Médias (a dos bárbaros e a dos carolíngios de um lado, e a dos senhores e a dos feudos de outro), mesmo sofrendo deslocamentos variados ao longo do tempo, permaneceu vivo na historiografia. Ao ultrapassar o campo delimitado pela historiografia tradicional, Bloch mostrou que objetos como os gestos, a memória e os sonhos, dotados de significado histórico, podiam prestar-se à análise das relações sociais. Os medievalistas de hoje são todos, em maior ou menor medida, herdeiros de Marc Bloch. Eles não estão sós. Mesmo com todos os avanços e descobertas realizados desde sua morte, sua obra continua sendo reverenciada. Se, para o historiador nascido em Lyon, *A sociedade feudal* representava, de alguma forma, o ponto de chegada de sua trajetória como historiador da Idade Média e da feudalidade, para o iniciante, ela é o ponto de partida incontornável para a descoberta desse universo, e, para o especialista, a referência à qual deve periodicamente retornar.

Laurent de Saes

---

37. PLUET DESPATIN, Jacqueline. Introduction. In: BLOCH, Marc. *Écrire La Société féodale*, p. 23.

*Para Ferdinand Lot.
Uma homenagem de respeitoso
e agradecido afeto.*

INTRODUÇÃO
Orientação geral da investigação

Não faz mais de dois séculos que, intitulado *A sociedade feudal*, um livro pode esperar dar, antecipadamente, uma ideia de seu conteúdo. Não que, em si mesmo, o adjetivo não seja bastante antigo. Sob sua forma latina – *feodalis* –, ele data da Idade Média. Mais recente, o substantivo "feudalidade" remonta, ao menos, ao século XVII. Mas tanto um como outro conservaram por muito tempo um valor estritamente jurídico. Sendo o feudo, como se verá, um modo de posse dos bens reais, entendia-se por feudal "aquilo que se refere ao feudo" – assim se expressava a Academia – e por feudalidade ora "a qualidade de feudo", ora os encargos próprios a essa tenência. Eram, disse em 1630 o lexicógrafo Richelet, "termos de tribunal"*, não de história. Quando se imaginou ampliar seu sentido a ponto de empregá-los para designar um estado de civilização? "Governo feudal" e "feudalidade" aparecem, com tal acepção, nas *Lettres Historiques sur les Parlemens* [Cartas Históricas sobre os Parlamentos], que surgiram em 1727, cinco anos após a morte de seu autor, o conde de Boulainvilliers.[1] O exemplo é o mais antigo que uma investigação bastante esforçada me tenha permitido descobrir. Talvez algum dia outro pesquisador seja mais feliz. Contudo, quanto a esse curioso Boulainvilliers – amigo de Fénelon e, ao mesmo tempo, tradutor de Espinosa e, acima de tudo, virulento apologista da nobreza, que acreditava ser proveniente dos chefes germânicos, uma espécie de Gobineau *avant la lettre*, com menos inspiração e mais ciência –, deixamo-nos de bom grado tentar pela ideia de fazer dele, até que se obtenha maiores informações, o inventor de uma nova classificação histórica. É, pois, realmente disso que na verdade se trata, e nossos estudos conheceram poucas etapas tão decisivas quanto o momento em que "Impérios", dinastias, grandes séculos, cada um deles colocado sob a invocação de um herói epônimo, todos esses velhos recortes, em uma palavra, nascidos de uma tradição monárquica e oratória começaram, assim, a dar lugar a outro tipo de divisão, fundada na observação dos fenômenos sociais.

Caberia, entretanto, a um escritor mais ilustre fazer com que a noção e seu rótulo fossem aceitos. Montesquieu havia lido Boulainvilliers. Além disso, o vocabulário dos juristas nada tinha para assustá-lo; tendo passado por suas mãos, não tinha a língua literária de sair toda enriquecida com os despojos do meio forense? Se parece ter evitado "feudalidade", termo certamente muito abstrato para seu gosto, foi ele, incontestavelmente, que impôs ao público culto de seu século a convicção de que as "leis feudais" caracterizaram um

---

*. Do francês *termes de palais*, expressão em que *palais* aparece como elipse de *palais de justice*, local de funcionamento de tribunais. (N.T.)
1. *Histoire de l'ancien gouvernement de la France avec XIV Lettres Historiques sur les Parlemens ou États-Généraux*. La Haye, 1727. Na quarta carta, que tem por título *Détail du gouvernement féodal et de l'établissement des Fiefs* [Detalhe do governo feudal e do estabelecimento dos Feudos] (t. I, p. 286), é possível ler a seguinte frase (p. 300): "Estendi-me na análise desta ordenação, acreditando-a própria a dar uma ideia exata da antiga feudalidade."

momento da história. De nosso país, as palavras, assim como a ideia, irradiaram-se para as outras línguas da Europa, ora simplesmente imitadas, ora traduzidas, como para o alemão (*Lehnwesen*). Por fim, a Revolução, erguendo-se contra o que ainda subsistia das instituições anteriormente batizadas por Boulainvilliers, terminou de popularizar o termo que, com um sentimento totalmente oposto, ele lhes atribuíra. "A Assembleia Nacional", diz o famoso decreto de 11 de agosto de 1789, "destrói inteiramente o regime feudal". Como pôr em dúvida, a partir de então, a realidade de um sistema social cuja ruína custara tantos sacrifícios?[2]

Essa palavra, no entanto, destinada a tão bela fortuna, era, é preciso admiti-lo, uma palavra muito mal escolhida. As razões que, na origem, determinaram sua adoção certamente parecem bastante claras. Contemporâneos da monarquia absoluta, Boulainvilliers e Montesquieu consideravam o fracionamento da soberania entre uma multidão de pequenos príncipes ou mesmo de senhores de aldeias como a mais notável singularidade da Idade Média. Era esse caráter que acreditavam expressar ao pronunciarem a palavra feudalidade, pois quando falavam de feudos pensavam ora em principados territoriais, ora em senhorias. Mas, na verdade, nem todas as senhorias eram feudos, nem todos os feudos principados ou senhorias. É, sobretudo, permitido duvidar de que um tipo de organização social muito complexa possa ser qualificada com felicidade, seja por seu aspecto exclusivamente político, seja, caso se considere "feudo" em todo o rigor de sua acepção jurídica, como uma forma de direito real, entre muitas outras. As palavras, entretanto, são como moedas muito usadas; de tanto circularem de mão em mão, elas perdem o relevo etimológico. No uso hoje corrente, "feudalidade" e "sociedade feudal" abarcam um conjunto intrincado de imagens nas quais o feudo propriamente dito deixou de ocupar o primeiro plano. Contanto que trate essas expressões simplesmente como o rótulo, já consagrado, de um conteúdo ainda a ser definido, pode o historiador apropriar-se delas sem remorso maior que o sentido pelo físico, quando, desprezando o grego, persiste em designar por "átomo" uma realidade que passa seu tempo recortando.

É uma questão grave a de saber se outras sociedades, em outros tempos e sob outros céus, não apresentaram uma estrutura suficientemente semelhante, em seus traços fundamentais, àquela de nossa feudalidade ocidental, para merecerem, por sua vez, serem consideradas "feudais". Reencontrá-la-emos ao final deste livro. Ele, porém, não lhe é dedicado. A feudalidade cuja análise será tentada é a que recebeu este nome em primeiro lugar. Como quadro cronológico, a investigação, exceção feita a alguns problemas de origem ou de prolongamento, limitar-se-á, portanto, a este período de nossa história que se estendeu, mais ou menos, de meados do século IX às primeiras décadas do século XIII; como quadro geográfico, à Europa do Oeste e do Centro. Ora, se as datas devem tirar sua justificativa apenas do estudo em si mesmo, os limites espaciais, por outro lado, parecem exigir um breve comentário.

***

---

2. Entre os franceses cuja botoeira ostenta hoje uma fita ou uma roseta vermelhas, quantos sabem que um dos deveres impostos à sua ordem por sua constituição original de 19 de maio de 1802 era "combater... toda empresa tendente a restabelecer o regime feudal"?

A civilização antiga girava em torno do Mediterrâneo. "Da Terra", escrevia Platão, "habitamos apenas a parte que se estende do Faso às Colunas de Hércules, espalhados em volta do mar como formigas ou rãs ao redor de um charco".* A despeito das conquistas, essas mesmas águas continuavam sendo, após muitos séculos, o eixo da *Romania*. Um senador da Aquitânia podia fazer carreira à beira do Bósforo e possuir vastos domínios na Macedônia. As grandes oscilações de preços sacudiam a economia desde o Eufrates até a Gália. Sem os trigos da África, a existência da Roma imperial não seria mais concebível do que a teologia católica sem o africano Agostinho. Em contrapartida, uma vez transposto o Reno, começava, estranha e hostil, a imensa terra dos bárbaros.

Ora, no limiar do período a que chamamos Idade Média, dois profundos movimentos nas massas humanas vieram destruir esse equilíbrio – a respeito do qual não nos cabe aqui saber em que medida já não se encontrava abalado internamente –, para substituí-lo por uma constelação de contornos bem diferentes. Houve, em primeiro lugar, as invasões dos germânicos; depois, as conquistas muçulmanas. Na maior parte das regiões antes compreendidas na fração ocidental do Império, por vezes, uma mesma dominação e, em todos os casos, a comunidade dos hábitos mentais e sociais unificam, a partir de então, as terras de ocupação germânica. Pouco a pouco, juntar-se-ão a elas, mais ou menos assimilados, os pequenos grupos celtas das ilhas. A África do Norte, ao contrário, prepara-se para destinos absolutamente distintos. O retorno ofensivo dos berberes preparara a ruptura; o Islã a concretiza. Ademais, nas margens do Levante, as vitórias árabes, ao acantonarem nos Bálcãs e na Anatólia o antigo Império do Oriente, haviam feito deste o Império Grego. A partir de então, comunicações difíceis, uma estrutura social e política muito particular, uma mentalidade religiosa e uma estrutura eclesiástica muito diferentes daquelas da latinidade o isolam, cada vez mais, das cristandades do Oeste. Por fim, se, ao Leste do continente, o Ocidente se expande amplamente sobre os povos eslavos e propaga, em alguns deles, além de sua forma religiosa própria, que é o catolicismo, seus modos de pensar e mesmo algumas de suas instituições, as coletividades que pertencem a esse ramo linguístico nem por isso deixam, em sua maioria, de seguir uma evolução plenamente original.

Circunscrito entre estes três blocos – maometano, bizantino e eslavo –, incessantemente dedicado, aliás, desde o século X, a fazer avançar suas fronteiras móveis, o feixe romano-germânico estava longe, seguramente, de apresentar em si mesmo uma homogeneidade perfeita. Sobre os elementos que o compunham, pesavam os contrastes de seu passado, intensos demais para não prolongarem seus efeitos até o presente. Até mesmo onde o ponto de partida foi quase o mesmo, certas evoluções bifurcaram em seguida. Entretanto, por mais acentuadas que possam ter sido essas diversidades, como não reconhecer, acima delas, uma nuance de civilização comum: a do Ocidente? Não é apenas para poupar o leitor do embaraço de adjetivos pesados que, nas páginas a seguir, aí onde se poderia esperar ler "Europa Ocidental e Central", empregaremos simplesmente "Europa". Que importa, na verdade, a acepção do termo e seus limites na velha geografia factícia das cinco "partes

---

*. *Fédon*, 109 b. [Obra publicada em *Clássicos Edipro*. (N.E.)]

do mundo"? Vale apenas seu valor humano. Ora, onde a civilização europeia germinou e se desenvolveu, para então difundir-se pelo globo senão em meio aos homens que viviam entre o Tirreno, o Adriático, o Elba e o Oceano? Assim já entendiam, de modo mais ou menos obscuro, o cronista espanhol que, no século VIII, se comprazia em chamar "europeus" aos francos de Carlos Martel, vitorioso sobre o Islã, ou, cerca de duzentos anos mais tarde, o monge saxão Widukind, disposto a louvar Otão, o Grande, que repelira os húngaros, como o libertador da "Europa".[3] Nesse sentido, que é o mais rico em conteúdo histórico, a Europa foi uma criação da Alta Idade Média. Ela já existia quando se abriram, para ela, os tempos propriamente feudais.

***

Se, aplicada a uma fase da história europeia, nos limites assim fixados, a palavra feudalidade pode, como veremos, ter sido objeto de interpretações por vezes quase contraditórias, sua própria existência atesta a originalidade instintivamente reconhecida ao período que designa. A tal ponto que um livro sobre a sociedade feudal pode se definir como uma tentativa de resposta a uma questão suscitada por seu próprio título: por quais singularidades esse fragmento do passado mereceu ser destacado de seus vizinhos? Em outros termos, é a análise e a explicação de uma estrutura social, com suas conexões, que se propõe a tentar aqui. Caso se mostre fecundo, com a experiência, tal método poderá ser empregado em outros campos de estudo, limitados por fronteiras diferentes, e o que a empresa tem certamente de novo fará, espero, com que se perdoem os erros de sua execução.

A própria amplitude da investigação, assim concebida, tornou necessário dividir a apresentação dos resultados. Um primeiro tomo[*] descreverá as condições gerais do meio social e, em seguida, a constituição dos laços de dependência, de homem para homem, que, acima de tudo, deram à estrutura feudal sua cor própria. O segundo abordará o desenvolvimento das classes e a organização dos governos. É sempre difícil ir direto ao ponto. Pelo menos, na medida em que o momento que viu, ao mesmo tempo, as classes antigas fixarem seus contornos, uma classe nova – a burguesia – afirmar sua originalidade e os poderes públicos saírem de seu longo enfraquecimento foi também aquele em que começaram a se apagar na civilização ocidental os traços mais especificamente feudais, dentre os dois estudos sucessivamente oferecidos ao leitor – sem que uma separação estritamente cronológica entre eles tenha parecido possível. O primeiro mostrará ser, sobretudo, o da gênese; o segundo, o do devir final e dos prolongamentos.

Mas o historiador nada tem de um homem livre. Do passado, sabe apenas o que o próprio passado deseja lhe confiar. Ademais, quando a matéria que se esforça em compreender é demasiado vasta para permitir-lhe o exame pessoal de todos os testemunhos, ele sente-se continuamente limitado, em sua investigação, pelo estado das pesquisas. Por certo, não se encontrará aqui a exposição de nenhuma dessas guerras literárias[**] das quais a

---

3. *Auctores Antiquissimi* (*Mon. Germ.*), t. XI, p. 362; WIDUKIND, I, 19.
*. Os dois tomos foram aqui reunidos em um único volume (N.E.).
**. Do francês *guerres de plumes* (guerras de penas). (N.T.)

erudição ofereceu, por mais de uma vez, o espetáculo. Como admitir que a história possa se apagar diante dos historiadores? Em contrapartida, esforcei-me em jamais dissimular as lacunas e as incertezas de nossos conhecimentos, quaisquer que fossem suas origens. Não acreditei correr, dessa forma, o risco de repelir o leitor. É, ao contrário, apresentando sob um aspecto falsamente esclerosado uma ciência toda de movimento que arriscaríamos espalhar sobre ela o tédio e a frieza. Um dos homens que mais avançaram na compreensão das sociedades medievais, o grande jurista Maitland, dizia que um livro de história deve despertar a fome: isto é, fome de aprender e, sobretudo, de pesquisar. Este livro não guarda desejo mais forte do que o de abrir o apetite de alguns estudiosos.[4]

---

4. Toda obra de história, por pouco que se dirija a um público relativamente extenso, suscita, para seu autor, um problema prático dos mais perturbadores: o das referências. A equidade teria exigido, talvez, que fossem multiplicados, nas notas, os nomes dos trabalhos eruditos sem os quais este livro não existiria. Sob o risco, entretanto, de incorrer na indelicada reprovação de ingratidão, acreditei poder deixar à bibliografia, que se encontrará ao final do volume, o cuidado de guiar o leitor pelos caminhos da literatura erudita. Por outro lado, impus-me a obrigação de jamais citar um documento sem dar a todo pesquisador com alguma experiência os meios de encontrar a passagem visada e de verificar sua interpretação. Se a remissão está ausente, é porque as informações apresentadas pelo próprio texto e a presença de tabelas bem concebidas na publicação da qual o testemunho é extraído bastam para facilitar a pesquisa. Em caso contrário, uma nota serve de sinal indicativo. Afinal, o estado civil das testemunhas interessa muito mais a um tribunal do que o dos advogados.

TOMO I
A formação dos laços de dependência

Primeira Parte
O meio

Primeiro Livro
As últimas invasões

CAPÍTULO I
Muçulmanos e húngaros

1. A EUROPA INVADIDA E SITIADA

"Vedes explodir diante de vós a ira do Senhor... Há apenas cidades despovoadas, monastérios abatidos ou incendiados, campos reduzidos a desertos... Em todo lugar, o poderoso oprime o fraco e os homens são como os peixes do mar que, de cambulhada, devoram uns aos outros." Assim falavam, em 909, os bispos da província de Reims, reunidos em Trosly. A literatura dos séculos IX e X, os diplomas, as deliberações dos concílios estão repletas desses lamentos. Distingamos, o tanto quanto quisermos, a afetação, assim como o pessimismo natural dos oradores sagrados. Nesse tema incessantemente orquestrado e que, aliás, tantos fatos confirmam, deve-se reconhecer algo mais do que um lugar-comum. Certamente, naquele tempo, as pessoas que sabiam ver e comparar, os clérigos em especial, tiveram o sentimento de viver em uma odiosa atmosfera de desordens e de violências. A feudalidade medieval nasceu no seio de uma época infinitamente perturbada. Em certa medida, nasceu dessas mesmas perturbações. Ora, entre as causas que contribuíram para criar ou para manter um ambiente tão tumultuoso, havia algumas absolutamente estranhas à evolução interna das sociedades europeias. Formada, alguns séculos antes, no cadinho ardente das invasões germânicas, a nova civilização ocidental, por sua vez, passava por uma cidadela sitiada ou, melhor dizendo, mais do que parcialmente invadida. E isso por três lados ao mesmo tempo: ao sul, pelos fiéis do Islã, árabes ou arabizados; ao leste, pelos húngaros; e, ao norte, pelos escandinavos.

2. OS MUÇULMANOS

Dos inimigos que acabam de ser enumerados, o Islã era certamente o menos perigoso. Não que se deva pronunciar apressadamente, a seu respeito, a palavra decadência. Por muito tempo, nem a Gália, nem a Itália tiveram para oferecer, entre suas pobres cidades, algo que se aproximasse do esplendor de Bagdá ou de Córdoba. O mundo muçulmano, ao lado do mundo bizantino, exerceu sobre o Ocidente, até o século XII, uma verdadeira hegemonia econômica: as únicas moedas de ouro que ainda circulavam em nossas terras saíam das oficinas gregas ou árabes, ou então, assim como várias moedas de prata, imitavam suas cunhagens. E se os séculos VIII e IX viram romper-se, para sempre, a unidade do grande califado, os diversos Estados que haviam então emergido de seus destroços permaneciam potências temíveis. Mas tratava-se, então, muito menos de invasões propriamente ditas do que de guerras de fronteiras. Deixemos o Oriente, onde os basileus das dinastias amoriana e macedônia (828-1056) penosa e valentemente procederam à reconquista da Ásia Menor. As sociedades ocidentais chocavam-se com os Estados islâmicos em apenas duas frentes.

Em primeiro lugar, a Itália meridional. Esta era como que o terreno de caça dos soberanos que reinavam na antiga província romana da África: emires aglabitas de Cairuão e, depois, a partir do início do século X, califas fatímidas. Pelos aglabitas, a Sicília fora pouco a pouco arrancada dos gregos, que a mantinham desde Justiniano e cuja última praça-forte, Taormina, caíra em 902. Ao mesmo tempo, os árabes haviam criado raízes na península. Através das províncias bizantinas do Sul, ameaçavam as cidades semi-independentes do litoral tirreno e os pequenos principados lombardos da Campânia e do Beneventino, mais ou menos submetidos ao protetorado de Constantinopla. Ainda no início do século XI, levaram suas incursões até as montanhas de Sabina. Um bando, que constituíra seu reduto nas alturas arborizadas do monte Argento, bem próximo a Gaeta, não pôde ser destruído, em 915, senão após vinte anos de devastações. Em 982, o jovem "imperador dos romanos", Otão II, que, embora fosse de nação saxônica, não deixava de considerar-se, tanto na Itália quanto alhures, como o herdeiro dos césares, partiu para a conquista do Sul. Cometeu a surpreendente loucura, tantas vezes repetida na Idade Média, de escolher o verão para conduzir a essas terras ardentes um exército acostumado a climas totalmente diversos e, confrontando-se, em 25 de julho, na costa oriental da Calábria, às tropas maometanas, sofreu diante delas a mais humilhante derrota. O perigo muçulmano continuou a pairar sobre essas terras até o momento em que, ao longo do século XI, um punhado de aventureiros, vindos da Normandia francesa, enfrentou indistintamente bizantinos e árabes. Unindo a Sicília ao Sul da península, o Estado vigoroso que finalmente criaram tinha, ao mesmo tempo, de barrar para sempre a rota aos invasores e desempenhar, entre as civilizações da latinidade e do Islã, o papel de brilhante intermediário. Em solo italiano, vê-se que a luta contra os sarracenos, iniciada no século IX, se prolongara por muito tempo, mas, quanto aos ganhos territoriais, com oscilações, de um lado e de outro, de baixa amplitude. Acima de tudo, ela envolvia, no seio da catolicidade, apenas uma terra extrema.

A outra linha de choque situava-se na Espanha. Lá, não se tratava mais, para o Islã, de pilhagens ou de anexações efêmeras; populações de fé maometana viviam lá em grande número e os Estados fundados pelos árabes tinham seus centros nesse mesmo país. No início do século X, os bandos sarracenos ainda não haviam esquecido totalmente o caminho dos Pireneus. Mas essas incursões longínquas se tornavam cada vez mais raras. Partindo do extremo norte, a reconquista cristã, apesar de numerosos reveses e humilhações, progredia lentamente. Na Galícia e sobre esses planaltos do noroeste que os emires ou califas de Córdoba, estabelecidos longe demais ao sul, jamais mantiveram com muita firmeza, os pequenos reinos cristãos, ora desmembrados, ora reunidos sob um único príncipe, avançavam desde a metade do século XI até a região do Douro; o Tejo foi alcançado em 1085. Ao pé dos Pireneus, em contrapartida, o curso do Ebro, embora muito próximo, permaneceu muçulmano por bastante tempo; Saragoça caiu apenas em 1118. Os combates, que, aliás, de modo algum excluíam relações mais pacíficas, conheciam, em seu conjunto, apenas tréguas curtas. Imprimiram às sociedades espanholas uma marca original. Quanto à Europa "de além-desfiladeiros", afetavam-na apenas na medida em que forneciam à sua cavalaria – sobretudo a partir da segunda metade do século XI – a ocasião de aventuras brilhantes, frutuosas e pias, assim como a seus camponeses a possibilidade de estabelecerem-se nas terras despovoadas, para as quais os atraíam os reis ou os senhores espanhóis. Mas, ao lado das guerras propriamente ditas, convém colocar as piratarias e as pilhagens. Foi, sobretudo, por este meio que os sarracenos contribuíram para a desordem geral do Ocidente.

Os árabes haviam, desde longa data, se tornado marinheiros. A partir de seus retiros na África, na Espanha e, sobretudo, nas Baleares, seus corsários percorriam o Mediterrâneo ocidental. Entretanto, nessas águas navegadas por raros navios, o ofício de pirata propriamente dito era de baixo rendimento. No domínio do mar, os sarracenos, assim como os escandinavos, viam sobretudo um meio de atingir as costas e de nelas praticarem frutuosas pilhagens. Desde 842, subiam o Ródano até a proximidade de Arles, pilhando as duas margens em sua passagem. A Camarga lhes servia de base ordinária. Mas logo um acaso deveria oferecer-lhes, além de um estabelecimento mais seguro, a possibilidade de estenderem particularmente suas devastações.

Em data que não se pode precisar, provavelmente por volta de 890, uma pequena nave sarracena vinda da Espanha foi lançada pelos ventos contra a costa provençal, à proximidade do burgo atual de Saint-Tropez. Seus ocupantes esconderam-se durante o dia, para, uma vez chegada a noite, massacrarem os habitantes de uma aldeia vizinha. Montanhoso e arborizado – era conhecido então como a região dos freixos, ou "Freinet" (freixedo)[1] –, esse pedaço de terra era propício à defesa. Assim como fizeram pela mesma época na Campânia seus compatriotas do monte Argento, nossos homens se fortificaram a certa altura, em meio a sebes de espinhos, e convocaram outros camaradas. Assim foi criado o mais perigoso dos ninhos de bandidos. Com exceção de Fréjus, que foi pilhada, não parece que as cidades, abrigadas atrás de suas muralhas, tenham sofrido diretamente. Mas, em toda a vizinhança do litoral, os campos foram abominavelmente devastados. Os bandidos do Freinet faziam, além disso, muitos cativos, que vendiam nos mercados espanhóis.

Da mesma forma, não tardaram a levar suas incursões para muito além da costa. Muito pouco numerosos, por certo, não parecem ter-se arriscado frequentemente no vale do Ródano, relativamente povoado e interceptado por cidadelas ou castelos. O maciço alpestre, ao contrário, permitia a pequenos bandos penetrar em seu interior, de serra em serra ou de matagal em matagal, sob a condição, é claro, de ter vocação montanhesa. Ora, vindos da Espanha das Sierras ou do montanhoso Magrebe, esses sarracenos, como disse um monge de Saint-Gall [São Galo], eram "verdadeiras cabras". Por outro lado, os Alpes, apesar das aparências, não ofereciam um terreno desprezível para pilhagens. Neles acomodavam-se vales férteis, sobre os quais era fácil cair de imprevisto do alto dos montes circunvizinhos, como o Grésivaudan. De um lado e de outro, erguiam-se abadias, presas mais atraentes dentre todas. Acima de Suse, o monastério de Novalesa, de onde a maioria dos religiosos fugira, foi pilhado e incendiado em 906. Pelos desfiladeiros, sobretudo, circulavam pequenas tropas de viajantes, mercadores ou então "romeiros", que iam rezar

---

1. É o nome cuja memória é conservada pela atual aldeia de La Garde-Freinet. Mas, situada à beira-mar, a cidadela dos sarracenos não se encontrava em La Garde, localizada no interior.

nos túmulos dos apóstolos. Havia algo mais tentador do que espreitá-los na passagem? Em 920 ou 921, peregrinos anglo-saxões foram esmagados com pedradas em um desfiladeiro. A partir de então, esses atentados se repetiriam. Os *djichs* árabes não temiam aventurar-se supreendentemente longe, ao norte. Em 940, são avistados nas redondezas do alto vale do Reno e no Valais, onde incendeiam o ilustre monastério de Saint-Maurice d'Agaune [São Maurício de Agauno]. Por volta da mesma data, um de seus destacamentos crivou de flechas os monges de Saint-Gall, que faziam pacificamente procissão em volta de sua igreja. Esse destacamento, ao menos, foi disperso pela pequena tropa de dependentes, reunida apressadamente pelo abade; alguns prisioneiros, levados para o monastério, deixaram-se heroicamente morrer de fome.

Policiar os Alpes ou os campos provençais ultrapassava as forças dos Estados da época. Não havia nenhum outro remédio, além de destruir o reduto, na região do Freinet. Mas, aí, um novo obstáculo se interpunha. Era quase impossível cercar essa cidadela sem cortá-la do mar, de onde vinham seus reforços. Ora, nem os reis da região – a oeste, os da Provença e da Borgonha, a leste, o da Itália –, nem seus condes dispunham de frotas. Entre os cristãos, os únicos marinheiros experimentados eram os gregos, que, aliás, se aproveitavam por vezes disso para, assim como os sarracenos, tornarem-se corsários. Não tinham piratas de sua nação pilhado Marselha, em 848? De fato, por duas vezes, em 931 e 942, a frota bizantina apareceu diante da costa do Freinet, atendendo, em 942, ao menos, e provavelmente já onze anos antes, ao chamado do rei da Itália, Hugo de Arles, que possuía grandes interesses na Provença. As duas tentativas permaneceram sem resultados. Da mesma forma, não havia Hugo, em 942, ao virar a casaca durante a própria luta, imaginado fazer dos sarracenos seus aliados, de modo a obstruir, com sua ajuda, as passagens dos Alpes aos reforços aguardados por um de seus competidores à coroa lombarda? Então, o rei da França Oriental – a "Alemanha", diríamos hoje –, Otão, o Grande, tornou-se, em 951, rei dos lombardos. Assim, ele trabalhava para edificar na Europa central e até na Itália uma potência que, assim como a dos carolíngios, desejava fosse cristã e geradora de paz. Pretendendo-se herdeiro de Carlos Magno, cuja coroa imperial viria, em 962, a cingir, acreditou ser sua missão fazer cessar o caos das pilhagens sarracenas. Tentando inicialmente a via diplomática, procurou obter do califa de Córdoba a ordem de evacuar o Freinet. Depois, imaginou empreender por si próprio uma expedição, que jamais realizou.

Entretanto, em 972, os saqueadores realizaram uma captura demasiado ilustre. No passo do Grande São Bernardo, no vale da Dranse, o abade de Cluny, Maïeul, que retornava da Itália, caiu em uma emboscada e foi conduzido a um desses refúgios na montanha que os sarracenos, nem sempre capazes de alcançar sua base de operações, frequentemente utilizavam. Foi solto apenas mediante o pagamento de um pesado resgate por seus monges. Ora, Maïeul, que reformara tantos monastérios, era amigo venerado, diretor da consciência e, se é possível dizê-lo, santo familiar de muitos reis e barões, em particular do conde da Provença, Guilherme. Este alcançou, no caminho de volta, o bando que cometera o atentado sacrílego e o submeteu a uma rude derrota; depois, reunindo, sob seu comando, muitos senhores do vale do Ródano, aos quais seriam, em seguida, distribuídas as terras devolvidas ao cultivo, organizou um ataque à fortaleza do Freinet. Desta vez, a cidadela sucumbiu.

Foi, para os sarracenos, o fim das pilhagens terrestres de grande envergadura. Naturalmente, o litoral da Provença, assim como o da Itália, permanecia exposto a seus insultos. Ainda no século XI, monges de Lérins preocupam-se ativamente em resgatar cristãos que os piratas árabes haviam sequestrado e levado para a Espanha; em 1178, uma incursão fez numerosos prisioneiros perto de Marselha. Mas o cultivo nos campos da Provença costeira e subalpina pôde ser retomado e as rotas alpestres voltaram a ser nem mais nem menos seguras do que todas as das montanhas europeias. Além disso, no próprio Mediterrâneo, as cidades comerciais da Itália, Pisa, Gênova e Amalfi, haviam, desde o início do século XI, passado para a ofensiva. Expulsando os muçulmanos da Sardenha, indo até mesmo buscá-los nos portos do Magrebe (desde 1015) e da Espanha (em 1092), iniciaram então a limpeza dessas águas, cuja segurança ao menos relativa – o Mediterrâneo não conheceria algo diverso até o século XIX – era tão importante para seu comércio.

3. O ATAQUE HÚNGARO

Como os hunos em sua época, os húngaros ou magiares surgiram na Europa quase de imprevisto, e os escritores da Idade Média, que aprenderam a conhecê-los muito bem, já se espantavam ingenuamente por não terem os autores romanos feito qualquer menção a eles. Sua história primitiva nos é, aliás, muito mais obscura que a dos hunos, pois as fontes chinesas que, muito antes da tradição ocidental, permitiram seguir o rastro dos *Hiung-Nu*, silenciam a esse respeito. Certamente, também esses novos invasores pertencem ao mundo, tão bem caracterizado, dos nômades da estepe asiática: povos frequentemente de línguas muito diversas, mas espantosamente semelhantes pelo gênero de vida, imposto por condições de hábitat comuns; pastores de cavalos e guerreiros, alimentados com o leite de seus jumentos ou com produtos de sua caça e de sua pesca; inimigos natos, acima de tudo, dos lavradores da região. Por seus traços fundamentais, o magiar se vincula ao tipo linguístico dito fino-ugriano; os idiomas dos quais mais se aproxima hoje são aqueles de alguns povoados da Sibéria. Mas, no curso de suas peregrinações, o grupo étnico primitivo mesclara-se a numerosos elementos de língua turca e sofrera grandemente a influência das civilizações desse grupo.[2]

Em 833, os húngaros, cujo nome aparece então pela primeira vez, inquietam as populações sedentárias – canato cazar e colônias bizantinas –, nos arredores do mar de Azov. Passam logo a ameaçar, a todo instante, cortar a rota do Dniepre – naquele tempo, uma via comercial extremamente ativa, por meio da qual, de carreto em carreto e de mercado em mercado, as peles do Norte, o mel e a cera das florestas russas, os escravos comprados em todas as partes eram trocados por mercadorias ou pelo ouro fornecido por Constantinopla ou pela Ásia. Mas novas hordas saídas, depois deles, de além dos Urais, os pechenegues, os perseguem continuamente. O caminho do sul lhes é barrado, vitoriosamente, pelo Império búlgaro. Assim repelidos e enquanto uma parte de suas frações preferia embrenhar-se na estepe, mais longe rumo ao leste, a maioria dentre eles ultrapassou os Cárpatos, por volta de 896, para espalhar-se pelas planícies do Tisza e do Médio Danúbio. Estas vastas

---

2. O próprio termo *húngaro* é provavelmente turco. O mesmo talvez ocorra, ao menos quanto a um de seus elementos, com *magiar*, que parece, aliás, ter-se aplicado, originalmente, somente a uma tribo.

superfícies, tantas vezes devastadas, desde o século IV, pelas invasões, apareciam então no mapa humano da Europa como um enorme vazio. "Solidões", escreveu o cronista Regino de Prüm. Não se deve tomar a palavra tanto ao pé da letra. As populações variadas que um dia mantiveram importantes colônias no local, ou que somente passaram por lá, deixaram provavelmente para trás pequenos grupos retardatários. Acima de tudo, tribos eslavas bastante numerosas infiltraram-se pouco a pouco na região. Mas o hábitat permanecia incontestavelmente muito inerte, como indica a modificação quase completa da nomenclatura geográfica, inclusive a dos cursos de água, após a chegada dos magiares. Ademais, desde que Carlos Magno derrubara o poderio avaro, nenhum Estado solidamente organizado era capaz de oferecer resistência séria aos invasores. Apenas chefes pertencentes ao povo dos morávios tinham, desde há pouco, conseguido constituir, no ângulo noroeste, um principado suficientemente poderoso e já oficialmente cristão: em suma, a primeira tentativa de verdadeiro Estado puramente eslavo. Os ataques húngaros o destruíram definitivamente em 906.

A partir desse momento, a história dos húngaros toma uma nova direção. Não é mais possível chamar-lhes nômades, no sentido estrito da palavra, na medida em que possuem, nas planícies que levam hoje seu nome, uma residência fixa. Mas de lá, eles se projetam, em bandos, pelas regiões circundantes. Não procuram conquistar suas terras; seu único objetivo é pilhar, para depois retornar, carregados de riquezas, a seu sítio permanente. A decadência do Império búlgaro, após a morte do czar Simeão (927), abriu-lhes o caminho da Trácia bizantina, que saquearam, por diversas vezes. Defendido de modo muito mais precário, o Ocidente os atraía mais do que tudo.

Não tardaram a entrar em contato com ele. Em 862, antes mesmo da passagem dos Cárpatos, uma de suas expedições os conduzira até as fronteiras da Germânia. Mais tarde, alguns deles foram empregados, como auxiliares, pelo rei desse país, Arnulfo, em uma de suas guerras contra os morávios. Em 899, suas hordas atacam a planície do Pó; no ano seguinte, a Baviera. A partir de então, não transcorre um ano sequer sem que, nos monastérios da Itália, da Germânia e, em seguida, da Gália, os anais registrem, ora para uma província, ora para outra, "devastações dos húngaros". A Itália do Norte, a Baviera e a Suábia sofreram particularmente; toda a região da margem direita do Enns, onde os carolíngios haviam estabelecido comandos de fronteiras e distribuído terras às suas abadias, teve de ser abandonada. Mas as incursões se estenderam muito além desses confins. A amplitude da distância percorrida confundiria a imaginação, caso não se percebesse que as longas marchas pastoris, às quais os húngaros se tinham um dia entregue em espaços imensos e que continuavam a praticar no círculo mais restrito da *puszta* do Danúbio, haviam sido para eles uma escola maravilhosa; o nomadismo do pastor, já naquele tempo pirata da estepe, preparara o nomadismo do bandido. No Noroeste, a Saxônia, isto é, o vasto território que se estendia do Elba ao Médio Reno, foi alcançado em 906 e, desde então, foi, por várias vezes, saqueada. Na Itália, avançaram até Otranto. Em 917, introduziram-se, através da floresta dos Vosges e do desfiladeiro de Saales, até as ricas abadias que se agrupavam em torno do Meurthe. A partir de então, a Lorena e a Gália do norte tornaram-se um de seus terrenos familiares. Dali, aventuraram-se até a Borgonha e até mesmo ao sul do Loire.

Homens das planícies, não temiam, entretanto, ultrapassar os Alpes, se necessário. Foi "pelos atalhos desses montes" que, vindos da Itália, atingiram, em 924, a região de Nîmes.

Nem sempre fugiam ao combate contra forças organizadas. Travaram alguns, com sucessos variáveis. Entretanto, preferiam ordinariamente insinuar-se rapidamente através do país: verdadeiros selvagens, que seus chefes conduziam à batalha a chicotadas, mas soldados temíveis, hábeis, quando era necessário combater, nos ataques de flanco, obstinados na perseguição e engenhosos para sair das situações mais difíceis. Se era preciso atravessar algum rio ou laguna veneziana, fabricavam apressadamente barcas de peles ou de madeira. Ao pararem, instalavam suas tendas de gente da estepe, ou então se entrincheiravam nas instalações de uma abadia desertada pelos monges e, de lá, percorriam os arredores. Astutos como primitivos, e informados, quando necessário, por embaixadores que enviavam à frente, menos para negociar do que para espionar, eles rapidamente assimilaram as sutilezas, bastante pesadas, da política ocidental. Mantinham-se informados dos interregnos, particularmente favoráveis às suas incursões, e sabiam aproveitar-se das dissenções entre os príncipes cristãos para colocarem-se a serviço de um ou outro dos rivais.

Por vezes, segundo o uso comum dos bandidos de todos os tempos, exigiam uma quantia de dinheiro das populações que prometiam poupar; chegavam até mesmo a exigir um tributo regular: a Baviera e a Saxônia tiveram, durante alguns anos, de submeter-se a essa humilhação. Mas tais procedimentos de exploração só eram praticáveis nas províncias limítrofes da Hungria propriamente dita. Em outros lugares, contentavam-se em matar e pilhar abominavelmente. Assim como os sarracenos, não atacavam as cidades fortificadas; quando se arriscavam, geralmente fracassavam, como haviam feito, quando de suas primeiras incursões em torno do Dniepre, sob os muros de Kiev. A única cidade importante que tomaram foi Pavia. Eram, sobretudo, temidos nas aldeias e nos monastérios, frequentemente isolados nos campos ou situados nos subúrbios das cidades, fora de suas muralhas. Acima de tudo, pareciam fazer questão de obter cativos, escolhendo com cuidado os melhores, por vezes reservando-se, em uma população passada ao fio da espada, apenas jovens moças e rapazes, certamente para suas necessidades e prazeres e, principalmente, para a venda. Segundo a ocasião, não hesitavam em vender esse gado humano nos próprios mercados do Ocidente, onde os compradores nem sempre eram pessoas escrupulosas; em 954, uma jovem nobre, tomada nos arredores de Worms, foi colocada à venda na cidade.[3] Mais frequentemente, arrastavam os infelizes até a região do Danúbio, para oferecê-los a traficantes gregos.

4. FIM DAS INVASÕES HÚNGARAS

Entretanto, em 10 de agosto de 955, o rei da França Oriental, Otão, o Grande, alertado pela notícia de uma incursão na Alemanha do Sul, deparou, à beira do Lech, com o bando húngaro, que regressava. Saiu vencedor, após um combate sangrento, e soube tirar proveito da perseguição. A expedição de pilhagem assim castigada deveria ser a última. Daí em diante, tudo se reduziu, nos limites da Baviera, a uma guerra de fronteira. Logo, conforme a tradição carolíngia, Otão reorganizou os comandos da fronteira. Duas marcas foram

---

3. LANTBERTUS. *Vita Heriberti*, c. I, em *SS*. t. IV, p. 741.

criadas, uma nos Alpes, sobre o Mur, a outra, mais ao Norte, sobre o Enns; esta última, rapidamente conhecida sob o nome de comando do Leste – *Ostarrichi*, que transformaríamos em *Autriche* [Áustria] – atingiu, no final do século, a floresta de Viena e, por volta da metade do século XI, o Leitha e o Morava.

Por mais brilhante que fosse e apesar de toda sua repercussão moral, uma proeza militar isolada, como a batalha do Lech, evidentemente não teria bastado para acabar de vez com as invasões. Os húngaros, cujo território próprio não fora atingido, estavam longe de ter sofrido o mesmo desbarato que, sob o reinado de Carlos Magno, os avaros haviam um dia conhecido. A derrota de um de seus bandos, muitos dos quais já haviam sido vencidos, foi incapaz de mudar seu modo de vida. A verdade é que, desde 926, aproximadamente, suas incursões, embora mais furiosas do que nunca, começaram a se espaçar. Na Itália, sem batalhas, elas também tiveram fim após 954. No Sudeste, a partir de 960, as incursões na Trácia se reduzem a pequenos assaltos medíocres de pilhagem. Muito provavelmente, um feixe de causas profundas lentamente produziria efeitos.

Prolongamento de hábitos antigos, as longas marchas através do Ocidente ainda eram frutuosas e bem-sucedidas? Pensando bem, pode-se duvidar disso. As hordas cometiam, em seu caminho, terríveis estragos. Mas não lhes era possível carregar enormes massas de butim. Os escravos, que certamente seguiam a pé, podiam retardar os movimentos; eram, além disso, difíceis de vigiar. As fontes nos falam frequentemente de fugitivos, como o padre da região de Reims que, arrastado até o Berry, abandonou, certa noite, seus invasores, escondeu-se, durante vários dias, em um brejo e, finalmente, munido do relato de suas aventuras, conseguiu retornar à sua aldeia.[4] Para os objetos preciosos, os carros ofereciam, nas deploráveis pistas daquele tempo e em meio a regiões hostis, apenas um meio de transporte muito mais incômodo e muito menos seguro do que eram os barcos para os normandos, nos belos rios da Europa. Em campos devastados, os cavalos nem sempre encontravam alimento; os generais bizantinos sabiam bem que "o grande obstáculo que enfrentam os húngaros em suas guerras decorre da falta de pastos".[5] No meio do caminho, era preciso travar mais de um combate; mesmo vitoriosos, os bandos retornavam todos dizimados por essa guerrilha. Assim também pela doença: ao concluir em seus anais, redigidos dia a dia, o relato do ano de 924, o clérigo Flodoardo, em Reims, nele inscrevia com alegria a notícia, recebida logo antes, de uma "peste" disentérica à qual, dizia-se, havia sucumbido a maioria dos saqueadores da região de Nîmes. Aliás, à medida que os anos passavam, as cidades fortificadas e os castelos se multiplicavam, restringindo os espaços abertos, os únicos verdadeiramente propícios aos ataques. Por fim, desde o ano 930, aproximadamente, o continente encontrava-se mais ou menos livre do pesadelo normando; reis e barões tinham então as mãos mais livres para se voltarem contra os húngaros e organizarem mais metodicamente a resistência. Sob esse ponto de vista, a obra decisiva de Otão foi muito menos a proeza de Lechfeld do que a constituição das marcas. Muitos motivos deviam, portanto, influir para desviar o povo magiar de uma espécie de empresa que, certamente, rendia cada vez menos riquezas e custava cada vez mais homens. Mas sua influência somente foi tão

---

4. FLODOARDO. *Annales*, 937.
5. LÉON. *Tactica*, XVIII, 62.

forte porque a própria sociedade magiar passava, naquele mesmo momento, por profundas transformações.

Sobre este ponto, infelizmente, as fontes são quase totalmente inexistentes. Assim como tantas outras nações, os húngaros começaram a constituir anais apenas após sua conversão ao cristianismo e à latinidade. Percebe-se, entretanto, que a agricultura vinha pouco a pouco instalar-se ao lado da criação de gado: metamorfose muito lenta, aliás, e que comportou, por muito tempo, formas de hábitat intermediárias entre o verdadeiro nomadismo dos povos pastores e a fixidez absoluta das comunidades de lavradores puros. Em 1147, o bispo bávaro Otão da Frisinga, que, ao fazer-se cruzado, descia o Danúbio, pôde observar os húngaros de seu tempo. Suas choças de caniço ou, mais raramente, de madeira, serviam de abrigo apenas durante a estação fria; "durante o verão e o outono, vivem sob a tenda". É a mesma alternância que, um pouco antes, um geógrafo árabe percebia nos búlgaros do Baixo Volga. As aglomerações, muito pequenas, eram móveis. Muito depois da cristianização, entre 1012 e 1015, um sínodo proibiu aos aldeões de se afastarem excessivamente de sua igreja. Caso fossem longe demais, tinham de pagar uma multa e "retornar".[6] Apesar de tudo, o hábito das longuíssimas cavalgadas se perdia. Acima de tudo, o cuidado com as colheitas certamente se opunha então às grandes migrações de banditismo, durante o verão. Favorecidas talvez pela absorção, na massa magiar, de elementos estrangeiros – tribos eslavas desde há muito mais ou menos sedentárias, cativos originários das antigas civilizações rurais do Ocidente –, essas modificações no gênero de vida harmonizavam-se com profundas mudanças políticas.

Detectamos vagamente, entre os antigos húngaros, acima das pequenas sociedades consanguíneas ou reputadas como tais, a existência de agrupamentos mais vastos e, aliás, sem grande fixidez: "uma vez terminado o combate", escrevia o imperador Leão o Sábio, "vemo-los dispersarem-se em seus clãs (γένη) e suas tribos (φυλάι)". Era, em suma, uma organização bastante análoga à que encontramos ainda hoje na Mongólia. Desde a estadia do povo no norte do mar Negro, entretanto, um esforço tinha sido tentado, à imagem do Estado cazar, para elevar acima de todos os chefes de hordas um "Grão Senhor" (este é o nome empregado, de comum acordo, pelas fontes gregas e latinas). O eleito foi um certo Árpád. Desde então, sem que de modo algum seja possível falar em um Estado unificado, a dinastia arpadiana evidentemente se viu destinada à hegemonia. Na segunda metade do século X, ela conseguiu, não sem lutas, estabelecer seu poder sobre a nação inteira. Populações estabilizadas ou que, pelo menos, erravam apenas no interior de um território pouco extenso eram mais fáceis de submeter do que nômades destinados a uma eterna dispersão. A obra pareceu acabada quando, em 1001, o príncipe descendente de Árpád, Vaïk, assumiu o título de rei.[7] Um agrupamento bastante frouxo de hordas saqueadoras e vagabundas transformara-se em um Estado solidamente implantado em seu pedaço de terra, à maneira dos reinos ou principados do Ocidente. À sua imagem também, em larga medida. Como frequentemente ocorre, as lutas mais atrozes não impediram um contato das civilizações, dentre as quais a mais avançada exercera sua atração sobre a mais primitiva.

---

6. SCHÜNEMANN, K. *Die Entstehung des Städte wesens in Südosteuropa.* Breslávia: [s.n.], [s.d.]. p. 18-9.
7. Sobre as condições, bastante obscuras, da emergência da Hungria como reino, cf. SCHRAMM, P. E. *Kaiser, Rom und Renovatio*, t. I, 1929, p. 153 ss.

A influência das instituições políticas ocidentais fora, aliás, acompanhada de uma penetração mais profunda, que envolvia a mentalidade como um todo; quando Vaïk se proclamou rei, ele já recebera o batismo sob o nome de Estêvão, conservado pela Igreja, colocando-o no patamar de seus santos. Assim como toda a vasta "terra de ninguém" religiosa da Europa oriental, da Morávia até a Bulgária e a Rússia, a Hungria pagã fora primeiramente disputada por duas equipes de caçadores de almas, cada uma delas representando um dos dois grandes sistemas, já distintos com bastante nitidez, que partilhavam entre si a cristandade: o de Bizâncio e o de Roma. Chefes húngaros foram batizados em Constantinopla; monastérios de rito grego subsistiram na Hungria até bem adiante no século XI. Mas as missões bizantinas, que partiam de muito longe, tiveram finalmente de retirar-se diante de suas rivais.

Preparada nas casas reais, por meio de casamentos que já atestavam uma vontade de reaproximação, a obra de conversão era conduzida ativamente pelo clero bávaro. O bispo Pilgrim, em particular, que, entre 971 e 991, ocupou a sé de Passau, fez desta a sua missão. Sonhava em ver sua igreja desempenhar, em relação aos húngaros, o mesmo papel de metrópole das missões que incumbia a Magdeburgo, em relação aos eslavos do além-Elba, e que Bremen reivindicava em relação aos povos escandinavos. Por infortúnio, diferentemente de Magdeburgo e de Bremen, Passau era apenas um simples bispado, sufragâneo de Salzburgo. Que importa isso? Os bispos de Passau, cuja diocese havia sido fundada, na realidade, no século VIII, consideravam-se os sucessores daqueles que, no tempo dos romanos, tinham sua sede no burgo fortificado de Lorch, no Danúbio. Cedendo à tentação à qual sucumbiam, a seu redor, tantos homens de sua posição, Pilgrim mandou fabricar uma série de bulas falsas, pelas quais Lorch era reconhecido como a metrópole da "Panônia". Restava apenas reconstituir essa antiga província; em torno de Passau, que, uma vez rompidos todos os laços com Salzburgo, retomaria sua pretensamente antiga condição, viriam agrupar-se, como satélites, os novos bispados de uma "Panônia" húngara. Entretanto, nem os papas, nem os imperadores se deixaram persuadir.

Quanto aos príncipes magiares, embora se sentissem prontos para o batismo, faziam questão de não depender de prelados alemães. Como missionários, e mais tarde como bispos, recorriam, de preferência, a padres tchecos, ou mesmo venezianos; e, quando, por volta do ano mil, Estêvão organizou a hierarquia eclesiástica de seu Estado, foi, em acordo com o papa, sob a autoridade de um metropolita próprio. Após sua morte, se as lutas em torno de sua sucessão deram, por um tempo, algum prestígio a alguns chefes que permaneceram pagãos, no fim das contas elas não atingiram seriamente sua obra. Cada vez mais profundamente devotado ao cristianismo, provido de um rei coroado e de um arcebispo, o último dos povos vindos da "Cítia" – como diz Otão da Frisinga – renunciara definitivamente às gigantescas invasões de outrora para confinar-se no horizonte doravante imutável de seus campos e de seus pastos. As guerras com os soberanos da Alemanha próxima permaneceram frequentes. Mas, a partir de então, eram os reis de duas nações sedentárias que se defrontavam.[8]

---

8. A história do mapa étnico, na Europa "extrafeudal", não nos interessa diretamente aqui. Notemos, entretanto, que o povoamento húngaro, na planície do Danúbio, acabou cortando o bloco eslavo em dois.

CAPÍTULO II
Os normandos

1. CARACTERÍSTICAS GERAIS DAS INVASÕES ESCANDINAVAS

Desde Carlos Magno, todas as populações de língua germânica que residiam ao sul da Jutlândia, por terem se tornado cristãs e estarem incorporadas aos reinos francos, encontravam-se sob o domínio da civilização ocidental. Mais longe, ao contrário, ao Norte, viviam outros germânicos, que haviam conservado, com sua independência, suas tradições particulares. Seus modos de falar, diferentes entre si, mas muito mais diferentes ainda dos idiomas da Germânia propriamente dita, pertenciam a outro dos ramos antes provenientes do tronco linguístico comum; conhecemo-lo hoje como o ramo escandinavo. A originalidade de sua cultura, em relação à de seus vizinhos mais meridionais, revelara-se definitivamente no rastro das grandes migrações que, nos séculos II e III de nossa era, quase esvaziando de homens as terras germânicas, ao longo do Báltico e em torno do estuário do Elba, fizeram desaparecer muitos elementos de contato e de transição.

Esses habitantes do extremo Setentrião não formavam nem um amontoado de tribos, nem uma nação única. Distinguiam-se os dinamarqueses, na Escânia, nas ilhas e, um pouco mais tarde, na península da Jutlândia; os gotas, cuja lembrança as províncias suecas da Gotlândia Oriental e Ocidental guardam ainda hoje[9]; os suecos, em volta do lago Mälar; e, por fim, os diversos povoados que, separados por vastas extensões de florestas, charnecas parcialmente cobertas de neve e gelo, mas unidas pelo mar familiar, ocupavam os vales e as costas do país a que logo se chamaria Noruega. Havia, entretanto, entre esses grupos, uma semelhança acentuada demais e, certamente, misturas frequentes demais para que seus vizinhos não tivessem a ideia de atribuir-lhes um rótulo comum. Não havendo nada que pareça mais característico do estrangeiro, ser misterioso por natureza, do que o ponto do horizonte de onde parece surgir, os germânicos de aquém-Elba adquiriram o hábito de simplesmente dizer "homens do Norte", *Nordman*. Curiosamente, a despeito de sua forma exótica, essa palavra foi adotada tal qual pelas populações românicas da Gália: quer, antes de aprender a conhecer diretamente a "nação selvagem dos normandos", sua existência lhes tenha sido revelada por relatos vindos das províncias limítrofes; quer, o que é mais provável, as pessoas comuns a tenham conhecido primeiro por meio de seus chefes, funcionários reais cuja maioria, no início do século IX, sendo proveniente de famílias austrasianas, falava ordinariamente o frâncico. Da mesma forma, o emprego do termo continuaria sendo estritamente continental. Quanto aos ingleses, ou eles se esforçavam em distinguir, o tanto quanto lhes era possível, os diferentes povos, ou então os designavam coletivamente pelo nome de um deles: o dos dinamarqueses, com os quais tinham maior contato.[10]

Assim eram os "pagãos do Norte", cujas incursões, bruscamente desencadeadas por volta do ano 800, fariam, durante cerca de um século e meio, gemer o Ocidente. Melhor do

---

9. As relações entre os gotas escandinavos com os godos, cujo papel foi tão considerável na história das invasões germânicas, suscitam um problema delicado e sobre o qual os especialistas estão longe de entrarem em acordo.
10. Os normandos, que as fontes de proveniência anglo-saxônica por vezes retratam são – segundo o próprio uso dos textos escandinavos – os noruegueses, opostos aos dinamarqueses *stricto sensu*.

que os espreitadores que, na época, em nossas costas, perscrutando com os olhos o alto-mar, tremiam com a ideia de avistar as proas dos barcos inimigos, ou que os monges, ocupados em seus *scriptoria* em registrar as pilhagens, podemos hoje restituir às incursões "normandas" seu pano de fundo histórico. Encaradas em sua justa perspectiva, aparecem apenas como um episódio, particularmente sangrento, é verdade, de uma grande aventura humana: as amplas migrações escandinavas que, pela mesma época, da Ucrânia à Groenlândia, ataram tantos nós comerciais e culturais novos. Mas é a uma obra diferente, dedicada às origens da economia europeia, que é preciso reservar o cuidado de mostrar como, por meio dessas epopeias, camponesas e mercantis tanto quanto guerreiras, o horizonte da civilização encontrou-se ampliado. As devastações e as conquistas no Ocidente – cujo início será, aliás, descrito em outro volume da coleção – nos interessam aqui apenas como um dos fermentos da sociedade feudal.

Graças aos ritos funerários, podemos ter uma ideia precisa de uma frota normanda. Um navio, escondido sob um montículo de terra acumulada: tal era, de fato, o túmulo preferido dos chefes. Nos dias de hoje, as escavações fizeram emergir, sobretudo na Noruega, vários desses caixões marinhos: embarcações de ostentação, para ser sincero, destinadas a deslocamentos pacíficos, de fiorde em fiorde, mais do que a viagens rumo a terras distantes, mas capazes, quando necessário, de longuíssimos percursos, pois uma nave, cópia exata de uma delas – a de Gokstad –, pôde, no século XX, atravessar de um lado para o outro o Atlântico. As "longas naus", que espalharam o terror pelo Ocidente, eram de tipo sensivelmente diferente, mas não a ponto de o testemunho das sepulturas, devidamente completado e corrigido pelos textos, não permitir que sua imagem seja reconstituída com bastante facilidade. Destituídos de pontes, esses barcos eram, pela reunião das vigas, obras-primas de um povo de lenhadores e, pela hábil proporção das linhas, criações de um grande povo de marinheiros. Tendo geralmente pouco mais de vinte metros de comprimento, podiam mover-se a remo ou a vela, e carregavam todos, em média, de quarenta a sessenta homens, certamente bastante amontoados. Sua rapidez, a julgar-se pelo modelo construído à imitação do achado de Gokstad, atingia facilmente uma dezena de nós.* O tirante de água era fraco: pouco mais de um metro, o que era uma grande vantagem quando, deixando o alto-mar, era preciso aventurar-se nos estuários ou mesmo ao longo dos rios.

Pois, para os normandos, assim como para os sarracenos, as águas eram apenas uma rota para as presas terrestres. Embora não desdenhassem, segundo a ocasião, das lições de cristãos trânsfugas, possuíam, por si próprios, uma espécie de ciência inata do rio, mostrando-se tão rapidamente familiarizados com a complexidade de seus cursos que, em 830, alguns deles puderam servir de guias, a partir de Reims, ao arcebispo Ebbo, que fugia de seu imperador. Diante das proas de suas barcas, a rede ramificada dos afluentes oferecia a multiplicidade de seus atalhos, propícios às surpresas. No Escalda, foram vistos até em Cambrai; no Yonne, em Sens; no Eure, em Chartres; no Loire, em Fleury, muito a montante de Orléans. Até mesmo na Grã-Bretanha, onde os cursos de água são, além da linha das marés, muito menos favoráveis à navegação, o Ouse os conduziu, entretanto, a York;

---

*. Dez nós correspondem a 18,52 km/h. (N.T.)

o Tâmisa e um de seus afluentes a Reading. Caso as velas ou os remos não bastassem, recorria-se à sirga.* Frequentemente, para não sobrecarregar as naus, um destacamento seguia pela via terrestre. Se fosse preciso alcançar as margens, por fundos demasiadamente baixos, ou, para efetuar uma pilhagem, penetrar em um rio demasiadamente raso, os botes saíam dos barcos. Para contornar, ao contrário, o obstáculo de fortificações que barravam o curso da água, transportava-se improvisadamente o barco por terra; assim ocorreu, em 888 e 890, de modo a evitar Paris. Longe, ao Leste, nas planícies russas, não adquiriram os mercadores escandinavos uma longa prática de alternâncias entre a navegação e a escolta dos barcos, de um rio para outro ou ao longo das corredeiras?

Ademais, esses maravilhosos marinheiros tampouco temiam a terra, seus caminhos e seus combates. Não hesitavam em deixar o rio para lançarem-se, se necessário, à caça do butim: assim o fizeram aqueles que, em 870, seguiram o rastro, através da floresta de Orléans, ao longo dos trilhos deixados pelas carroças, dos monges de Fleury, que fugiam da abadia da beira do Loire. Cada vez mais acostumaram-se a utilizar, para seus deslocamentos mais do que para o combate, cavalos naturalmente capturados, em sua maioria, na mesma região, ao sabor das pilhagens cometidas. Foi assim que, em 866, cometeram um grande roubo de cavalos na Ânglia do Leste. Por vezes transportavam-nos de um terreno de pilhagem para outro, como, por exemplo, em 885, da França para a Inglaterra.[11] Com isso, podiam afastar-se cada vez mais do rio; não foram eles vistos, em 864, abandonando suas naves, na Charente, para aventurarem-se até Clermont d'Auvergne e então tomá-la? Além disso, indo mais rápido, surpreendiam mais seus adversários. Eram muito hábeis em erguer entrincheiramentos e defender-se neles. Mais do que isso, superiores neste quesito aos cavaleiros húngaros, sabiam atacar os locais fortificados. Em 888, a lista das cidades que, a despeito de suas muralhas, sucumbiram ao ataque dos normandos já era longa: Colônia, Rouen, Nantes, Orléans, Bordeaux, Londres, York, apenas para citar as mais ilustres. Na verdade, embora a surpresa tenha por vezes desempenhado seu papel, como em Nantes, tomada durante um dia de festa, as antigas muralhas romanas estavam longe de estar sempre bem conservadas e ainda mais longe de serem sempre defendidas com muita coragem. Quando, em Paris, em 888, um punhado de homens enérgicos soube restaurar as fortificações da *Cité* [parte mais antiga da cidade] e encontrou coragem para combater a cidade que, em 845, quase abandonada pelos habitantes, fora saqueada e mais tarde provavelmente sofrera, por duas vezes ainda, o mesmo ultraje, resistiu desta vez vitoriosamente.

As pilhagens eram frutuosas. O terror que inspiravam por antecipação não o era menos. Entre as coletividades, que viam os poderes públicos incapazes de defendê-las – caso, desde 810, de alguns grupos frísios –, alguns monastérios isolados foram os primeiros a pagar resgate. Depois, os próprios soberanos acostumaram-se a essa prática: por meio de dinheiro, obtinham dos bandos a promessa de interromperem, ao menos provisoriamente, suas pilhagens, ou de atacarem outras presas. Na França Ocidental, Carlos, o Calvo, dera o exemplo, em 845. O rei da Lorena, Lotário II, imitou-o em 864. Na França Oriental,

---
*. Cabo (ou corda) empregado para puxar, da terra, embarcações que se deslocam ao longo da margem de um rio. (N.T.)
11. ASSER. *Life of king Alfred*, ed. W. H. Stevenson, 1904, c. 66.

em 882, foi a vez de Carlos, o Gordo. Entre os anglo-saxões, o rei da Mércia talvez tenha feito o mesmo em 862; o do Wessex, certamente em 872. Era da natureza de tais resgates que servissem de isca sempre renovada e, por conseguinte, se repetissem quase indefinidamente. Como era a seus súditos e, sobretudo, a suas igrejas que os príncipes tinham de exigir as somas necessárias, toda uma drenagem se estabelecia finalmente das economias ocidentais para as economias escandinavas. Ainda hoje, entre tantas lembranças dessas épocas heroicas, os museus do Norte conservam em suas vitrines surpreendentes quantidades de ouro e prata: aportes do comércio, seguramente, para uma grande parte delas, mas também, em grande medida, como dizia o padre alemão Adão de Bremen, "frutos do banditismo". É, aliás, surpreendente que, subtraídos ou recebidos em tributo sob a forma de moedas ou de joias à moda do Ocidente, esses metais preciosos tenham sido novamente fundidos para que fossem feitas joias segundo o gosto de seus adquirentes: prova de uma civilização singularmente segura de suas tradições.

Cativos também eram sequestrados e, a menos que fossem resgatados, eram levados para além-mar. Pouco após 860, observou-se na Irlanda a venda de prisioneiros negros que tinham sido capturados no Marrocos.[12] Acrescentemos, por fim, a esses guerreiros do Norte poderosos e brutais apetites sensuais, o gosto pelo sangue e pela destruição com, em certos momentos, grandes ímpetos, um tanto desvairados, em que a violência não tinha mais freios: assim foi a famosa orgia durante a qual, em 1012, o arcebispo da Cantuária, que seus raptores tinham até então sabiamente conservado para dele extrair um resgate, foi lapidado com os ossos dos animais devorados no banquete. Sobre um islandês, que fizera campanha no Ocidente, uma saga conta que era apelidado de "o homem das crianças", pois se recusava a espetá-las com a ponta das lanças, "como era costume entre seus companheiros".[13] Isso basta para fazer compreender o pavor que, em todos os lugares, esses invasores espalhavam diante de si.

2. DA PILHAGEM À CONQUISTA

Entretanto, desde o tempo em que os normandos pilharam seu primeiro monastério, em 793, na costa de Nortúmbria e, durante o ano 800, forçaram Carlos Magno a organizar apressadamente, na Mancha, a defesa do litoral franco, suas empresas mudaram, pouco a pouco, consideravelmente de caráter, assim como de envergadura. Inicialmente, limitaram-se a assaltos sazonais organizados, ao longo das costas ainda setentrionais – Ilhas Britânicas, terras baixas marginais da grande planície do Norte, falésias da Nêustria –, quando o tempo era favorável, por pequenas tropas de *vikings*. A etimologia da palavra é contestada[14], mas não há dúvidas de que designa um caçador de aventuras lucrativas e

---

12. SHETELIG. *Les origines des invasions des Normands*, Bergens Museums Arbog, Historisk-antikvarisk rekke, n. 1, p. 10.
13. *Landnamabók*, c. 303, 334, 344, 379.
14. Duas interpretações, principalmente, foram propostas. Certos eruditos atribuem a origem da palavra ao escandinavo *vik*, baía; outros veem nela um derivado do germânico comum *wik*, designando um burgo ou um mercado. (Cf. o baixo alemão *Weichbild*, direito urbano, e um grande número de nomes de lugares, como Norwich, na Inglaterra, ou Brunsvique – Braunschweig – na Alemanha.) No primeiro caso, o *viking* teria tirado seu nome das baías em que se emboscava; no segundo, dos burgos que ora frequentava como pacífico comerciante, ora pilhava. Nenhum argumento absolutamente decisivo pôde, até aqui, ser fornecido, em favor de um sentido ou de outro.

guerreiras; e tampouco é duvidoso que os grupos assim formados tenham geralmente sido constituídos fora dos laços da família ou do povo, com vistas à própria aventura. Apenas os reis da Dinamarca, à frente de um Estado rudimentarmente organizado, já tentavam, em suas fronteiras do sul, realizar verdadeiras conquistas – sem grande sucesso, aliás.

Então, muito rapidamente, ampliou-se o raio de ação. As naus avançaram até o Atlântico e ainda mais longe rumo ao Sul. Em 844, alguns portos da Espanha ocidental receberam a visita dos piratas. Em 859 e 860, foi a vez do Mediterrâneo. As Baleares, Pisa, o Baixo Ródano foram alcançados. O vale do Arno foi percorrido até Fésulas. Essa incursão mediterrânea estava, aliás, destinada a permanecer isolada. Não que a distância pudesse assustar os descobridores da Islândia e da Groenlândia. Não veríamos, por um movimento inverso, os barbarescos se arriscarem, no século XVII, até o largo de Saintonge ou até os bancos da Terra Nova? Mas as frotas árabes certamente eram guardiãs demasiado boas dos mares.

As incursões, contudo, avançaram cada vez mais no interior do continente e da Grã-Bretanha. Não há gráfico mais revelador do que, projetadas em um mapa, as peregrinações dos monges de Saint-Philibert [São Filiberto], com suas relíquias. A abadia fora fundada, no século VII, na ilha de Noirmoutier: local adequado para cenobitas, enquanto o mar se mantinha mais ou menos pacífico, mas que se tornou singularmente perigoso quando apareceram no golfo os primeiros barcos escandinavos. Um pouco antes de 819, os religiosos fizeram construir para si um refúgio de terra firme, em Dées, à beira do lago de Grandlieu. Logo, adquiriram o hábito de lá se instalarem no início da primavera; quando, por volta do final do outono, o mau tempo parecia interditar as águas aos inimigos, a igreja da ilha era novamente aberta aos ofícios divinos. Em 836, entretanto, Noirmoutier, continuamente devastada e onde o abastecimento certamente encontrava dificuldades crescentes, foi decididamente considerada indefensável. Dées, antes um abrigo temporário, ganhou o *status* de residência permanente, enquanto, mais longe, na retaguarda, um pequeno mosteiro recentemente adquirido em Cunauld, acima de Saumur, serviria a partir de então de local de refúgio. Em 858, um novo recuo: Dées, demasiado próxima da costa, teve, por sua vez, de ser abandonada e os monges se fixaram em Cunauld. Infelizmente, o local, situado no Loire, tão fácil de subir, fora mal escolhido. Em 862, foi preciso mudar-se para a terra firme, em Messay, no Poitou, apenas para perceber, após uns dez anos, que a distância em relação ao Oceano ainda era demasiado curta. Desta vez, toda a extensão do maciço central, como cortina protetora, não pareceu excessiva; em 872 ou 873, nossos homens fugiram para Saint-Pourçain-sur-Sioule, onde não permaneceram por muito tempo. Mais longe ainda, rumo ao leste, o burgo fortificado de Tournus, à margem do Saône, foi o asilo em que, a partir de 875, o corpo santo, perseguido por tantas rotas, encontrou finalmente o "local de tranquilidade" de que fala um diploma real.[15]

Naturalmente, essas expedições de longa distância exigiam uma organização muito diferente daquela adotada nas bruscas pilhagens de outrora. Em primeiro lugar, forças muito mais numerosas. As pequenas tropas, cada uma delas agrupada em torno de um "rei do

---

15. POUPARDIN, R. *Monuments de l'histoire des abbayes de Saint-Philibert*, 1905, com a Introdução, e TESSIER, G. *Bibliothèque de l'Éc. des Chartes*, 1932, p. 203.

mar", uniram-se aos poucos, dando lugar a verdadeiros exércitos; assim era a "Grande Hoste" (*magnus exercitus*) que, formada à beira do Tâmisa e, em seguida, após sua passagem pelas margens da Flandres, ampliada pela junção de vários bandos isolados, devastou abominavelmente a Gália, entre 879 e 892, para vir dissolver-se na costa do Kent. Tornava-se, sobretudo, impossível regressar todos os anos ao Norte. Os *vikings* adquiriram o hábito de hibernar, entre duas campanhas, no mesmo país que haviam escolhido como campo de caça. Assim fizeram, a partir de 835, aproximadamente, na Irlanda; na Gália, pela primeira vez, em 843, em Noirmoutier; e, em 851, na embocadura do Tâmisa, na ilha de Thanet. Tinham inicialmente instalado seus quartéis na costa. Em pouco tempo, não temeram levá-los para mais adiante, no interior. Frequentemente, entrincheiravam-se em uma ilha fluvial, ou então se contentavam em instalar-se à proximidade de um curso de água. Para essas estadias prolongadas, alguns levavam mulheres e filhos; os parisienses, em 888, puderam ouvir, de trás de suas muralhas, vozes femininas entoarem, no campo adversário, o canto fúnebre dos guerreiros mortos. A despeito do terror que cercava esses ninhos de bandidos, de onde saíam constantemente novos ataques, alguns habitantes da vizinhança aventuravam-se entre os hibernantes, para vender-lhes seus víveres. O covil transformava-se momentaneamente em mercado. Assim, ainda flibusteiros, mas agora flibusteiros meio sedentários, os normandos preparavam-se para tornarem-se conquistadores do solo.

A verdade é que tudo dispunha os simples bandidos de outrora a tal transformação. Esses *vikings*, atraídos pelos campos de pilhagem do Ocidente, pertenciam a um povo de camponeses, ferreiros, escultores de madeira e mercadores, tanto quanto de guerreiros. Arrastados para fora de seu lar pelo amor do ganho ou das aventuras e, por vezes, constrangidos a esse exílio por vinganças familiares ou rivalidades entre chefes, eles não deixavam de sentir o peso das tradições de uma sociedade que tinha seus quadros fixos. Além disso, era na condição de colonos que os escandinavos tinham se estabelecido, desde o século VII, nos arquipélagos do Oeste, das ilhas Faroé às Hébridas; também como colonos, verdadeiros arroteadores de terras virgens, procederam, a partir de 870, à grande "conquista de solo", à *Landnáma** da Islândia. Habituados a mesclar comércio e pirataria, haviam criado em volta do Báltico toda uma coroa de mercados fortificados e, entre os primeiros principados fundados, durante o século IX, nos dois extremos da Europa, por alguns de seus chefes de guerra – na Irlanda, em torno de Dublin, de Cork e de Limerick; na Rússia kieviana, ao longo das etapas da grande rota fluvial –, o caráter comum foi o de se apresentarem como Estados essencialmente urbanos que, a partir de uma cidade estabelecida como centro, dominavam a região baixa circundante.

Por mais atraente que ela seja, será preciso, aqui, deixar de lado a história das colônias formadas nas ilhas ocidentais: Shetland e Órcades, que, vinculadas ao reino da Noruega desde o século X, só passariam para a Escócia no final da Idade Média (1468); Hébridas e Man, constituídas, até a metade do século XIII, em principado escandinavo autônomo; reinos da costa irlandesa, que, após terem visto sua expansão neutralizada no início do

---

*. Palavra islandesa que designa colonização. A história da ocupação do território islandês é contada no *Landnámabók* (Livro da colonização), obra anônima, escrita entre os séculos IX e X. (N.T.)

século XI, só desapareceram definitivamente cerca de um século mais tarde, diante da conquista inglesa. Nessas terras situadas no extremo da Europa, era com as sociedades célticas que se chocava a civilização escandinava. Devemos retratar com algum detalhe apenas o povoamento dos normandos entre os dois grandes países "feudais": o antigo Estado franco e a Grã-Bretanha anglo-saxônica. Ainda que, entre uns e outros – e também com as ilhas vizinhas –, as trocas humanas tenham sido frequentes até o fim, que os bandos armados tenham sempre atravessado facilmente a Mancha ou o mar da Irlanda, que os chefes, quando desapontados com algum fracasso em uma das margens, tenham tido o costume constante de tentar a sorte no litoral oposto, será necessário, em prol da clareza, examinar separadamente os dois campos de conquista.

3. AS POSSESSÕES ESCANDINAVAS: A INGLATERRA

As tentativas dos escandinavos de instalarem-se em solo britânico foram traçadas desde sua primeira hibernação, como vimos, em 851. Desde então, os bandos, revezando-se mais ou menos entre si, não largam mais sua presa. Entre os Estados anglo-saxônicos, uns desapareceram após a morte de seus reis, caso do Deira, na costa ocidental, entre o Humber e o Tees, e a Ânglia do Leste, entre o Tâmisa e o Walsh. Outros, como a Bernícia, no extremo norte, e a Mércia, no centro, subsistiram por algum tempo, mas com extensão muito menor e colocados sob uma espécie de protetorado. Apenas o Wessex, que se estendia então por todo o sul, conseguiu preservar sua independência, mas não sem duras guerras, ilustradas, a partir de 871, pelo heroísmo, prudente e paciente, do rei Alfredo. Produto acabado dessa civilização anglo-saxônica que, melhor do que qualquer outra nos reinos bárbaros, soube fundir, em uma síntese original, os aportes de tradições culturais opostas, Alfredo, rei sábio, foi também um rei-soldado. Conseguiu submeter, por volta de 880, o que ainda restava da Mércia, subtraída, dessa forma, à influência dinamarquesa. Em contrapartida, foi preciso, no mesmo momento, abandonar ao invasor, por um verdadeiro tratado, toda a parte oriental da ilha. Não que esse imenso território, limitado aproximativamente, ao Leste, pela via romana que ligava Londres a Chester, tenha formado então, nas mãos dos conquistadores, um único Estado. Reis ou *jarlar**, escandinavos, certamente com pequenos chefes anglo-saxões aqui e ali, como os sucessores dos príncipes da Bernícia, dividiam o país entre si, ora unidos por todos os tipos de laços de aliança ou de subordinação, ora lutando uns contra os outros. Alhures, foram constituídas pequenas repúblicas aristocráticas, de tipo análogo ao da Islândia. Burgos fortificados foram erguidos, servindo de pontos de apoio e, ao mesmo tempo, de mercados para os diversos "exércitos", tornados sedentários. E como era preciso alimentar as tropas vindas de além-mar, terras foram distribuídas aos guerreiros. Entretanto, nas costas, outros bandos de *vikings* continuavam suas pilhagens. Não é de espantar que, por volta do fim de seu reinado, com a memória ainda repleta de tantas cenas de horror, Alfredo, traduzindo na *Consolação*** de Boécio o quadro da Idade de Ouro, não pudesse se impedir de acrescentar ao seu modelo o seguinte traço: "não se ouvia falar então de navios armados em guerra"[16].

---

*. *Jarl* (pl., *jarlar*): título correspondente, nas línguas escandinavas, ao conde ou ao duque. (N.T.)
**. *A Consolação da Filosofia*, obra produzida por volta do ano 524. (N.E.)
16. *King Alfred's old English version of Boethius*, ed. W. J. Sedgefield, XV.

O estado de anarquia em que vivia assim a parte "dinamarquesa" da ilha explica o fato de que, a partir de 899, os reis do Wessex, os únicos em toda a Grã-Bretanha que dispunham de um poder territorial extenso e de recursos relativamente consideráveis, tenham podido, apoiados em uma rede de fortificações construídas aos poucos, tentar e obter a reconquista. Desde 954, após uma luta muito rude, sua autoridade suprema é reconhecida em todo o território antes ocupado pelo inimigo. Não que as marcas do povoamento escandinavo tenham sido apagadas, muito longe disso. Alguns *earls* [condes], é verdade, com seus grupos de sábios, tinham mais ou menos voluntariamente voltado para o mar. Mas a maioria dos invasores de outrora permaneceu no lugar: os chefes conservavam, sob a hegemonia real, seus direitos de comando; as pessoas comuns conservavam suas terras.

No entanto, profundas transformações políticas haviam sido operadas na própria Escandinávia. Para além do caos dos pequenos grupos tribais, verdadeiros Estados se consolidavam ou se formavam: Estados ainda muito instáveis, dilacerados por inúmeras lutas dinásticas e sempre combatendo uns aos outros; capazes, entretanto, ao menos por lampejos, de temíveis concentrações de forças. Ao lado da Dinamarca, onde o poder dos soberanos se consolidou consideravelmente no final do século X, e ao lado do reino dos suecos, que havia absorvido o dos gotas, veio então colocar-se a mais nova das monarquias setentrionais, criada, por volta do ano 900, por uma família de chefes locais, inicialmente estabelecidos nas terras relativamente abertas e férteis em torno do fiorde de Oslo e do lago Mjösen. Foi o reino do "caminho do Norte", ou, como o conhecemos, da Noruega: o nome em si, de simples orientação e sem qualquer ressonância étnica, evoca um poder de comando tardiamente imposto ao particularismo de povos antes bem distintos. Ora, para os príncipes, senhores dessas unidades políticas mais poderosas, a vida do *viking* era algo familiar; quando jovens, antes de sua ascensão, tinham percorrido os mares; mais tarde, se algum revés os forçasse a fugir momentaneamente, diante de um rival mais afortunado, tornavam a partir para a grande aventura. Uma vez capazes de comandar, em um território extenso, importantes levas de homens e navios, como poderiam deixar de olhar para as margens e procurar, além do horizonte, a ocasião de novas conquistas?

Quando as incursões na Grã-Bretanha voltaram a intensificar-se, a partir de 980, é significativo que encontremos logo à frente dos principais bandos dois pretendentes a realezas nórdicas: um à coroa da Noruega, o outro à da Dinamarca. Posteriormente, ambos tornaram-se reis. O norueguês Olavo Tryggvason jamais retornou à ilha, enquanto o dinamarquês Sueno "Barba-Bifurcada" nunca esqueceu o caminho de volta. Na verdade, parece ter sido reconduzido a ele primeiramente por uma dessas vinganças que um herói escandinavo não podia, sem envergonhar-se, recusar. Como, entrementes, as expedições de pilhagem continuaram sob outros chefes, o rei da Inglaterra, Etelredo, acreditou somente poder defender-se melhor dos bandidos tomando alguns deles a seu serviço. Opor, dessa forma, os *vikings* aos *vikings* era um jogo clássico, muitas vezes praticado pelos príncipes do continente e, quase sempre, com sucesso medíocre. Constatando, por sua vez, a infidelidade de seus mercenários "dinamarqueses", Etelredo vingou-se, ordenando, em 13 de novembro de 1002 – dia de São Brício –, o massacre de todos os que foi possível atingir. Uma tradição posterior, que não se pode confirmar, conta que, entre as vítimas, estava a própria irmã de

Sueno. Já em 1003, o rei da Dinamarca incendiava cidades inglesas. Uma guerra quase incessante consumiu então o país. Ela teria fim somente após a morte de Sueno e de Etelredo. Nos primeiros dias do ano de 1017, os últimos representantes da casa de Wessex haviam se refugiado na Gália ou, tendo sido enviados pelos vencedores dinamarqueses para a longínqua terra dos eslavos, os "sábios" da terra – isto é, a assembleia dos grandes barões e dos bispos – reconheceram como rei de todos os ingleses o filho de Sueno, Canuto.

Não se tratava de uma simples mudança de dinastia. Se, quando de seu advento na Inglaterra, Canuto ainda não era rei da Dinamarca, onde reinava um de seus irmãos, dois anos depois ele já o era. Em seguida, conquistou a Noruega. Tentou, ao menos, estabelecer-se entre os eslavos e os finlandeses do além-Báltico até a Estônia. As expedições de pilhagem, cujo caminho fora o mar, davam muito naturalmente lugar a uma tentativa de império marítimo. A Inglaterra o integrava apenas como província mais ocidental. Na verdade, foi o solo inglês que Canuto escolheu para passar o restante de sua vida. Era ao clero inglês que ordinariamente recorria para organizar as igrejas de missão de seus Estados escandinavos. Isso porque, filho de um rei pagão, talvez tardiamente convertido, o próprio Canuto foi um devoto da Igreja romana, fundador de monastérios, legislador piedoso* e moralizador, à maneira de um Carlos Magno. Com isso, aproximava-se de seus súditos da Grã-Bretanha. Quando, em 1027, seguindo o exemplo de vários de seus predecessores anglo-saxões, realizou sua peregrinação a Roma "para a redenção de sua alma e a salvação de seus povos", lá assistiu ao coroamento do maior soberano do Ocidente, o imperador Conrado II, rei da Alemanha e da Itália; encontrou, além disso, o rei da Borgonha e, como bom filho de um povo que sempre fora comerciante tanto quanto guerreiro, soube obter desses porteiros dos Alpes frutuosas isenções de pedágios para os mercadores da Inglaterra. Mas era dos países escandinavos que extraía a parte principal das forças com as quais mantinha a grande ilha. "Aale fez com que essa pedra fosse levantada. Suprimiu o imposto para o rei Canuto na Inglaterra. Deus tenha a sua alma." Esta é a inscrição, em caracteres rúnicos, que se pode ler ainda hoje em uma estela funerária, perto de uma aldeia da província sueca da Uplândia.[17] Legalmente cristão, apesar da presença, em suas diversas terras, de numerosos elementos ainda pagãos ou muito superficialmente cristianizados; aberto, pelo canal do cristianismo, às recordações das literaturas antigas; mesclando, por fim, à herança da civilização anglo-saxônica – ela própria simultaneamente germânica e latina – as tradições próprias aos povos escandinavos, esse Estado, centrado em torno do mar do Norte, via curiosamente entrecruzarem-se todas as espécies de correntes de civilização. Foi talvez nessa época ou, provavelmente, um pouco antes, na Nortúmbria povoada de antigos *vikings*, que um poeta anglo-saxão, colocando em verso antigas lendas do país dos gotas e das ilhas dinamarquesas, compôs o *Poema de Beowulf*, repleto de ecos de uma veia épica ainda inteiramente pagã – o estranho e sombrio poema de monstros fabulosos que, por um

---

*. No texto original, Bloch emprega a palavra *piétiste* (pietista), que remete ao movimento religioso surgido no final do século XVII, decorrente do Luteranismo. Bloch, porém, a utiliza aqui em sentido mais amplo – que se generalizou no século XX –, designando uma postura religiosa piedosa e rígida. (N.T.)

17. MONTELIUS. *Sverige och Vikingafäderna västernt* [A Suécia e as expedições dos *vikings* rumo ao Oeste] em "Antikvarisk Tidskrift", t. XXI, 2, p. 14 (vários outros exemplos).

novo testemunho desse jogo de influências contrárias, é precedido, no manuscrito a que o devemos, por uma carta de Alexandre a Aristóteles e seguido de um fragmento traduzido do *Livro de Judite*.[18]

Mas esse Estado singular sempre fora bastante instável. As comunicações em distâncias tão grandes e através de mares muito rudes comportavam muitos imprevistos. Havia algo de inquietante em ouvir Canuto dizer, na proclamação que, ao deslocar-se de Roma para a Dinamarca, fez aos ingleses, em 1027: "Proponho-me a vir até vós, uma vez pacificado o meu reino do Leste... tão logo eu consiga, no verão, obter uma frota." As partes do Império em que o soberano não estava presente seriam entregues a vice-reis, que nem sempre foram fiéis. Após a morte de Canuto, a união que ele criara e mantivera pela força se rompeu. A Inglaterra foi, como reino à parte, primeiramente atribuída a um de seus filhos, para, em seguida, ser, por um curto tempo ainda, reunida à Dinamarca (a Noruega tendo decididamente se separado). Em 1042, por fim, foi novamente um príncipe da casa de Wessex, Eduardo, conhecido mais tarde como "o Confessor", que foi reconhecido como seu rei.

No entanto, nem as incursões escandinavas nas costas haviam completamente cessado, nem as ambições dos chefes do Norte haviam se apagado. Esgotado por tantas guerras e pilhagens, desorganizado em sua estrutura política e eclesiástica, abalado pelas rivalidades entre as linhagens de barões, visivelmente, o Estado inglês só era capaz de uma frágil resistência. Essa presa toda pronta era espreitada por dois lados: além da Mancha, pelos duques franceses da Normandia, cujos súditos, durante todo o primeiro período do reino de Eduardo, ele próprio criado na corte ducal, já haviam povoado o círculo do príncipe e o alto clero; além do mar do Norte, pelos reis escandinavos. Quando, após a morte de Eduardo, um dos principais magnatas do reino, Haroldo, ele próprio escandinavo de nome e meio-escandinavo de origem, foi sagrado rei, dois exércitos desembarcaram, com poucas semanas de intervalo, na costa inglesa. Um, no Humber*, pertencia ao rei da Noruega, outro Haroldo (ou Harald), o Haroldo "conselheiro severo" das Sagas: verdadeiro *viking* que chegara à coroa somente após longas aventuras errantes, antigo capitão das guardas escandinavas na corte de Constantinopla, comandante dos exércitos bizantinos lançados sobre os árabes da Sicília, genro de um príncipe de Novgorod e, por fim, audacioso explorador dos mares árticos. O outro, no litoral do Sussex, era comandado pelo duque da Normandia, Guilherme, o Bastardo.[19] Haroldo o Norueguês foi derrotado e morto na Batalha de Stamford Bridge. Guilherme foi vencedor na colina de Hastings. Os sucessores de Canuto certamente não renunciaram de vez a seu sonho hereditário: por duas vezes, sob o reino de Guilherme, os dinamarqueses retornaram a Yorkshire. Mas essas empresas guerreiras degeneravam

---

18. Sobre a enorme literatura relativa ao poema, a edição KLAEBER, 1928, bastará para orientar. A data é contestada, por serem os critérios linguísticos de interpretação singularmente difícil. A opinião proposta no texto parece atender às verossimilhanças históricas: Cf. SCHÜKING, *Wann entstand der Beowulf*? em "Beiträge zur Gesch. der deutschen Sprache", t. XLII, 1917. Recentemente, Ritchie Girvan (*Beowulf and the seventh century*, 1935) se esforçou em retroagir sua redação até os arredores do ano 700. Ele não explica, porém, a influência escandinava, tão perceptível no próprio assunto.

*. Estuário na costa leste da parte setentrional da Inglaterra. (N.T.)

19. PETIT-DUTAILLIS. *La monarchie féodale*, p. 63, considera verossímil um acordo entre os dois invasores, que teriam concebido um tratado de partilha. A hipótese é engenhosa, mas não é suscetível de provas.

em simples pilhagens: as expedições escandinavas readquiriam, no fim, o caráter do que haviam sido no princípio. Subtraída à órbita nórdica, à qual, por um tempo, pareceu ter pertencido definitivamente, a Inglaterra foi, por cerca de um século e meio, incorporada a um Estado que se estendia sobre as duas margens da Mancha, para sempre vinculada aos interesses políticos e às correntes de civilização do próximo Ocidente.

4. AS POSSESSÕES ESCANDINAVAS: A FRANÇA

Mas, por mais que fosse francês, pela língua e por seu gênero de vida, tampouco esse duque da Normandia, conquistador da Inglaterra, deixava de situar-se entre os autênticos descendentes dos *vikings*. Pois, no continente assim como na ilha, mais de um "rei do mar" se tornara finalmente senhor ou príncipe da terra.

A evolução começara cedo. Em 850, aproximadamente, o delta do Reno vira a primeira tentativa de constituição de um principado escandinavo, inserido no edifício político do Estado franco. Nessa mesma época, dois membros da casa real da Dinamarca, exilados de seu país, receberam, como "benefício" do imperador Luís, o Pio, a região que se estendia em torno de Duurstede, então o principal porto do Império no mar do Norte. Acrescido, mais tarde, de diversos outros fragmentos da Frísia, o território assim concedido permaneceria, de forma mais ou menos permanente, entre as mãos de personagens dessa família, até o dia em que o último dentre eles foi morto por traição, em 885, por ordem de Carlos, o Gordo, seu senhor. O pouco que sabemos de sua história basta para mostrar que, com os olhares voltados ora para a Dinamarca e suas querelas dinásticas, ora para as províncias francas, onde, por mais que tivessem se tornado cristãos, não temiam realizar ataques frutuosos, eles não foram mais do que vassalos sem fé e maus guardiões da terra. Mas essa Normandia neerlandesa, que não sobreviveu, possui aos olhos do historiador todo o valor de um sintoma anunciador. Um pouco mais tarde, um grupo de normandos ainda pagãos parece ter vivido bastante tempo em Nantes ou em torno da cidade, em harmonia com o conde bretão. Por várias vezes, os reis francos tomaram chefes de bando a seu serviço. Se Völundr, por exemplo, que prestara homenagem a Carlos, o Calvo, em 862, não tivesse sido morto pouco tempo depois em um duelo judiciário, não há dúvidas de que logo teria sido necessário conceder-lhe feudos ou de que essa inevitável consequência teria sido aceita de antemão. Visivelmente, no início do século X, a ideia de semelhantes possessões pairava no ar.

Como, afinal de contas, e sob que forma um desses projetos se corporificou? Não o sabemos com precisão. O problema técnico é aqui demasiado grave para que o historiador possa, sem desonestidade, abster-se de confessá-lo a seu leitor. Entreabramos, portanto, por um instante, a porta do laboratório.

Nessa época havia em diversas igrejas da cristandade clérigos que se empenhavam em registrar, ano após ano, os eventos. Era um velho costume, nascido antigamente, do emprego dos instrumentos do cômputo cronológico para nele inscrever os fatos salientes do ano anterior ou em curso. No limiar da Idade Média, quando ainda se recorria aos cônsules para datar, procedeu-se dessa forma para os fastos consulares, assim como, mais tarde, para as tábuas da Páscoa, destinadas a indicar, em sua sucessão, as datas tão variáveis dessa festa que comanda quase toda a ordem das liturgias. Então, por volta do início do período carolíngio, a anotação histórica fora separada do calendário, embora conservando sua divisão rigorosamente anual. Naturalmente, a perspectiva desses memorialistas diferia muito da nossa. Interessavam-se pelas quedas de granizo, pelas penúrias de vinho ou de trigo, pelos prodígios, quase tanto quanto pelas guerras, pelas mortes dos príncipes, pelas revoluções do Estado ou da Igreja. Eram, além disso, não somente de inteligência desigual, mas também muito desigualmente informados. A curiosidade, a arte de interrogar, o zelo variavam segundo os indivíduos. Acima de tudo, o número e o valor das informações recolhidas dependiam da localização da casa religiosa, de sua importância, de seus laços mais ou menos estreitos com a corte ou com os grandes. No final do século IX e ao longo do século X, os melhores analistas* da Gália foram incontestavelmente um monge anônimo da grande abadia de Saint-Vaast de Arras e um padre de Reims, Flodoardo, que, à vantagem de um espírito particularmente isento, acrescentava a de viver em um incomparável foco de intrigas e novidades. Infelizmente, os *Anais de Saint-Vaast* encerram-se exatamente no ano 900; quanto aos de Flodoardo, ao menos no estado em que chegaram a nós – pois também é preciso, é claro, levar em conta as injúrias do tempo –, seu ponto de partida situa-se em 919. Ora, por conta do mais deplorável dos acasos, o hiato corresponde precisamente ao estabelecimento dos normandos na França Ocidental.

Na verdade, essas agendas não são os únicos escritos históricos deixados por uma época muito preocupada com o passado. Menos de um século após a fundação do principado normando do Baixo Sena, o duque Ricardo I, neto de seu fundador, decidiu mandar narrar os feitos de seus ancestrais, assim como os seus. Encarregou dessa tarefa um cônego de Saint-Quentin [São Quintino], Doon. A obra, executada antes de 1026, está repleta de ensinamentos. Descobre-se o trabalho de um escritor do século XI dedicado a compilar as informações extraídas de anais anteriores, que jamais cita, ao lado de algumas comunicações orais, a que dá grande destaque, e com os embelezamentos sugeridos por suas lembranças livrescas ou simplesmente por sua imaginação. Discernem-se ali nitidamente os ornamentos que um clérigo instruído considerava dignos de realçar o brilho de um relato e que um bajulador circunspecto considerava adequados para lisonjear seus patrões. Com a ajuda de alguns documentos autênticos por meio dos quais se a pode controlar, examina-se a profundidade de esquecimento e de deformação de que, ao cabo de algumas gerações, a memória histórica dos homens desse tempo era suscetível. Em uma palavra, trata-se de documento infinitamente precioso sobre a mentalidade de um meio e de uma época, e de um testemunho praticamente nulo sobre os próprios fatos que estão nele relatados, ao menos no que se refere à história primitiva do ducado da Normandia.

A respeito desses eventos tão obscuros, eis, então, o que, com a ajuda de alguns anais medíocres e um pequeno número de documentos de arquivos, é possível perceber.

Sem negligenciar absolutamente as embocaduras do Reno e do Escalda, era para os vales do Loire e do Sena que, cada vez mais, eram dirigidos, a partir de 885, aproximadamente, os esforços dos *vikings*. Em torno do Baixo Sena, sobretudo, um de seus bandos instalara-se definitivamente em 896. A partir desse ponto, espalhava-se por todas as

---

*. A palavra *analistas* aparece aqui com o sentido de escritores de anais. (N.T.)

partes em busca de butim. Essas expedições longínquas, porém, nem sempre eram bem-sucedidas. Os saqueadores foram, por várias vezes, derrotados na Borgonha, sob os muros de Chartres, em 911. No Roumois e na região vizinha, entretanto, eram senhores e, para se alimentarem durante as hibernações, certamente já haviam tido a necessidade de cultivar ou mandar cultivar a terra, de tal forma que, constituindo essa colônia um polo de atração, aos primeiros a chegar, que estavam em pequeno número, vieram juntar-se outras levas de aventureiros. Embora a experiência mostrasse não ser impossível refrear seus ataques, desalojá-los de seus retiros parecia, em contrapartida, ultrapassar as forças do único poder interessado: o do rei. Isso porque não havia que se falar em poderes mais próximos: nessa região horrivelmente devastada e que tinha por único centro uma cidade em ruínas, os quadros de comando locais tinham totalmente desaparecido. Ademais, o novo rei da França Ocidental, Carlos, o Simples, sagrado em 893 e reconhecido em todos os lugares desde a morte de Eudes [ou Odão], seu rival, parece ter alimentado, desde sua ascensão, o projeto de um acordo com o invasor. Deu-lhe sequência durante o ano de 897, ao chamar a si o chefe que comandava então os normandos do Baixo Sena e ao servir-lhe de padrinho. Essa primeira tentativa permaneceu sem resultados. Mas como surpreender-se com o fato de que ele tenha, quatorze anos mais tarde, retomado a ideia, dirigindo-se, desta vez, a Rolão, que, à frente do mesmo "exército", tinha sucedido ao afilhado de outrora? Rolão, por sua vez, acabava de ser derrotado diante de Chartres; esse revés não podia deixar de abrir-lhe os olhos quanto às dificuldades que se opunham à continuação das pilhagens. Acreditou ser sábio aceitar a oferta do rei. Era, das duas partes, o reconhecimento do fato consumado, com, além disso, na ótica de Carlos e seus conselheiros, a vantagem de unirem-se, pelos liames da homenagem vassálica e, consequentemente, pela obrigação de auxílio militar, a um principado, na realidade, já inteiramente formado e que teria doravante as melhores razões do mundo para defender a costa das ofensivas de novos piratas. Em um diploma de 14 de março de 918, o rei menciona as concessões consentidas "aos normandos do Sena, isto é, a Rolão e seus companheiros... para a defesa do reino".

O acordo ocorreu em uma data que nada nos permite fixar com exatidão: certamente após a batalha de Chartres (20 de julho de 911); provavelmente, um pouco depois. Rolão e muitos dos seus foram batizados. Quanto aos territórios cedidos, sobre os quais Rolão devia, a partir de então, exercer, de modo geral, os poderes praticamente hereditários do mais alto funcionário local da hierarquia franca – o conde –, eles compreendiam, segundo a única fonte fidedigna – Flodoardo, em sua *História da Igreja de Reims* –, "alguns condados" em volta de Rouen: ao que parece, a parte da diocese de Rouen que se estendia do Epte ao mar e uma fração da de Évreux. Mas os normandos não eram homens que se contentavam por muito tempo com um espaço tão reduzido. Além disso, novos afluxos de imigrantes os forçavam imperiosamente a expandirem-se. A retomada das guerras dinásticas no reino não tardou a oferecer-lhes a ocasião de tirar proveito de suas intervenções. Em 924, o rei Raul cedia a Rolão o Bessin[20]; em 933, ao filho e sucessor de Rolão, as dioceses de Avranches

---

20. Ao mesmo tempo, ao que parece, que o Maine, cuja cessão foi revogada mais tarde.

e de Coutances. Assim, progressivamente, a "Normandia" neustriana recebera contornos que permaneceriam quase imutáveis.

Restava, entretanto, o Baixo Loire com seus *vikings*: o mesmo problema que no outro estuário e, para começar, a mesma solução. Em 921, o duque e marquês Roberto, que, irmão do antigo rei Eudes, detinha um grande comando no Oeste e se conduzia praticamente como soberano autônomo, cedeu o condado de Nantes aos piratas do rio, dentre os quais apenas alguns haviam sido batizados. O bando escandinavo, contudo, parece ter sido menos forte e a atração exercida pelas possessões de Rolão, regularizadas uma dezena de anos mais cedo, impedia que ele se ampliasse. Ademais, Nantes não era exatamente, como os condados em torno de Rouen, um bem vacante, nem um bem isolado. No reino ou ducado dos bretões armoricanos, a que fora incorporado pouco depois de 840, as lutas entre os pretendentes, as próprias incursões escandinavas certamente haviam trazido uma anarquia extrema. Os duques, todavia, ou os pretendentes à dignidade ducal, sobretudo os condes da região vizinha de Vannes, consideravam-se os senhores legítimos dessa marca de língua românica; para reconquistá-la, contavam com o apoio das tropas que podiam recrutar entre seus fiéis da Bretanha propriamente dita. Um deles, Alano Barba Torta, após retornar em 936 da Inglaterra, onde se refugiara, expulsou os invasores. A Normandia do Loire, ao contrário da do Sena, tivera apenas uma existência efêmera.[21]

A fixação dos companheiros de Rolão na Mancha não pôs fim de vez às devastações. Aqui e ali, chefes isolados, tanto mais violentos na pilhagem quanto se irritavam por não terem recebido terras[22], percorreram durante algum tempo o campo. A Borgonha foi novamente pilhada em 924. Às vezes, normandos de Rouen vinham juntar-se a esses bandidos. Os próprios duques não tinham rompido totalmente com seus antigos costumes. O monge de Reims, Richer, que escrevia nos últimos anos do século X, raramente deixa de designá-los como "duques dos piratas". De fato, suas expedições guerreiras não difeririam muito das incursões do passado. Tanto que empregavam frequentemente nelas tropas de *vikings*, recém-chegadas do Norte: esse foi o caso, em 1013, mais de um século, portanto, após a homenagem de Rolão, dos aventureiros, "ofegantes de avidez pelo butim"[23], conduzidos por um pretendente à coroa da Noruega, Olavo, ainda pagão, mas destinado após seu batismo a tornar-se o santo nacional de sua pátria. Outros bandos operavam por conta própria no litoral. Entre 966 e 970, um deles aventurou-se até as costas da Espanha e tomou Santiago de Compostela. Ainda em 1018, viu-se aparecer outro nas costas do Poitou. Pouco a pouco, entretanto, os barcos escandinavos desaprenderam o caminho das águas distantes. Para além das fronteiras da França, também o delta da Reno se viu mais ou menos livre. Por volta de 930, o bispo de Utrecht pôde retornar à sua cidade, onde seu predecessor fora incapaz de residir de maneira durável, e mandou reconstruí-la. Seguramente,

---

21. Mais tarde, em diversos pontos da França, várias famílias senhoriais pretenderam ter por ancestrais chefes normandos: foi esse o caso dos senhores de Vignory e de La Ferté-sur-Aube (M. CHAUME. *Les origines du duché de Bourgogne*, t. I, p. 400 n. 4). Um erudito, Moranvillé, atribuiu a mesma origem à casa de Roucy (*Bibl. Éc. Chartes*, 1922). Falta, porém, provas certas.
22. FLODOARDO. *Annales*, 924 (a respeito de Rögnvald).
23. GUILLAUME DE JUMIÈGES. *Gesta*, ed. Marx, V, 12, p. 86.

as margens do mar do Norte permaneciam abertas a muitos ataques. Em 1006, o porto de Tiel, no Waal, foi pilhado, e Utrecht ameaçada; os próprios habitantes incendiaram as instalações do cais e do burgo mercantil, que nenhuma muralha protegia. Um pouco mais tarde, uma lei frísia preveria, como um evento quase normal, o caso em que um homem da região, raptado pelos "normandos", tivesse sido recrutado à força por eles, em um de seus bandos. Assim, por muito tempo, os marinheiros escandinavos continuaram a manter, de sua parte, no Ocidente, esse estado de insegurança tão característico de certa tonalidade de civilização. Mas a época das viagens longínquas, com hibernação, assim como a das conquistas de além-mar desde a derrota da Batalha de Stamford Bridge, tinha passado.

5. A CRISTIANIZAÇÃO DO NORTE

Entretanto, também o Norte ia se cristianizando aos poucos. Uma civilização que passa lentamente para outra fé: o historiador não conhece qualquer fenômeno que se preste a observações mais apaixonantes, sobretudo quando, como é o caso aqui, as fontes, a despeito de lacunas irremediáveis, permitem acompanhar suas vicissitudes suficientemente de perto para que se faça disso uma experiência natural, capaz de esclarecer outros movimentos da mesma ordem. Mas um estudo detalhado ultrapassaria o quadro deste livro. Alguns pontos de referência deverão bastar.

Não seria, de modo algum, exato afirmar que o paganismo nórdico não opôs uma séria resistência, pois três séculos foram necessários para derrubá-lo. Entreveem-se, no entanto, algumas das razões internas que facilitaram sua derrota final. Ao clero fortemente organizado dos povos cristãos a Escandinávia não opunha nenhum corpo análogo. Os chefes dos grupos consanguíneos ou de povos eram os únicos sacerdotes. Os reis, em particular, podiam certamente temer, caso perdessem seus direitos aos sacrifícios, arruinar com isso um elemento essencial de sua grandeza. Mas, como mostraremos mais adiante, o cristianismo não os forçava a abandonar tudo quanto fazia seu caráter sagrado. Quanto aos chefes de famílias ou de tribos, pode-se crer que as mudanças profundas da estrutura social, correlativas, ao mesmo tempo, às migrações e à formação dos Estados, desferiram um golpe tremendo em seu prestígio sacerdotal. A antiga religião não carecia apenas da estrutura de uma Igreja; ao que parece, na época da conversão, ela apresentou em si mesma os sintomas de uma espécie de decomposição espontânea. Os textos escandinavos descrevem com bastante frequência verdadeiros descrentes. Com o tempo, esse ceticismo grosseiro conduziria menos à ausência, quase inconcebível, de qualquer fé, do que à adoção de uma nova fé. O próprio politeísmo, por fim, deixava o caminho livre para a mudança de obediência. Espíritos que desconhecem qualquer crítica do testemunho nunca tendem a negar o sobrenatural, de onde quer que ele venha. Quando os cristãos se negavam a rezar para os deuses dos diversos paganismos, não era comumente por não reconhecerem sua existência; consideravam-nos demônios malvados, certamente perigosos, mas mais fracos do que o único Criador. Da mesma forma, como atestam numerosos textos, quando os normandos aprenderam a conhecer Cristo e seus santos, habituaram-se rapidamente a tratá-los como divindades estrangeiras, que era possível, com a ajuda de seus próprios deuses, combater e ridicularizar, mas cujo poder obscuro era demasiado temível para que a sabedoria, em outras circunstâncias, não consistisse em obter seu favor e em respeitar a misteriosa magia de seu culto. Não se viu, em 860, um *viking* doente fazer uma promessa a São Ricário? Assim mesmo, um pouco mais tarde, um chefe islandês convertido sinceramente ao cristianismo não deixava de invocar Thor, diante de certas situações difíceis.[24] Do reconhecimento do Deus dos cristãos como uma força temível à sua aceitação como o único Deus, a distância podia ser transposta por etapas quase imperceptíveis.

Interrompidas por tréguas e negociações, também as expedições de pilhagens exerciam sua ação. Mais de um marinheiro do Norte, ao regressar de suas viagens guerreiras, trouxe para casa a nova religião, como se fosse outro espólio. Os dois grandes reis conversores da Noruega, Olavo, filho de Trygvi, e Olavo, filho de Haroldo, foram ambos batizados – o primeiro em solo inglês, em 994, o segundo em solo francês, em 1014 – na época em que, ainda sem reinos, comandavam bandos de *vikings*. Essas passagens ou deslizes para a lei de Cristo multiplicavam-se à medida que, ao longo do caminho, os aventureiros, vindos de além-mar, encontravam um número maior de seus compatriotas estabelecidos definitivamente em terras cristãs de longa data e, em sua maioria, convertidos às crenças das populações submetidas ou vizinhas. As relações comerciais, por sua vez, anteriores às grandes empresas guerreiras e nunca interrompidas por estas, favoreciam as conversões. Na Suécia, a maioria dos primeiros cristãos foi constituída de mercadores, que tinham frequentado o porto de Duurstede, então o principal elo de comunicação entre o Império franco e os mares setentrionais. Uma velha crônica gotlandesa diz, a respeito dos habitantes da ilha: "Viajavam com suas mercadorias para todas as regiões...; entre os cristãos, conheceram os costumes cristãos; alguns foram batizados e trouxeram padres consigo." De fato, as mais antigas comunidades de que se encontravam rastros haviam sido formadas nos burgos de negócios: Birka, no lago Mälar, Ripen e Schleswig nas duas extremidades da rota que, de mar em mar, atravessava o istmo jutlandês. Na Noruega, no início do século XI, segundo a perspicaz observação do historiador islandês Snorri Sturluson, "a maioria dos homens que viviam ao longo das costas recebera o batismo, enquanto nos outros vales e nas áreas montanhosas o povo permanecia todo pagão".[25] Por muito tempo, esses contatos entre homens, ao acaso das migrações temporárias, foram, para a fé estrangeira, agentes de propagação singularmente mais eficazes do que as missões lançadas pela Igreja.

Estas, contudo, tinham começado cedo. Trabalhar para a extinção do paganismo aparecia para os carolíngios, ao mesmo tempo, como um dever inerente à sua vocação de príncipes cristãos e como a via mais segura para estender, sobre um mundo desde então unido em uma mesma oração, sua própria hegemonia. Assim também pensaram os grandes imperadores alemães, herdeiros de suas tradições. Uma vez convertida a Germânia propriamente dita, como não pensar nos germânicos do Norte? Por iniciativa de Luís, o Pio, missionários para lá se dirigiram, para anunciar Cristo aos dinamarqueses e aos suecos. Tal como Gregório, o Grande, pensara um dia em fazer com os ingleses, jovens escandinavos foram comprados nos mercados de escravos para serem formados para o sacerdócio

---

24. MABILLON. *AA. SS. ord. S. Bened.*, saec. II, ed. de 1733, t. II, p. 214. *Landnamabók*, III, 14, 3.
25. *Saga d'Olaf le Saint*, c. LX. Cf. tradução SAUTREAU, 1930, p. 56.

e para o apostolado. Por fim, a obra de cristianização obteve um ponto de apoio permanente com o estabelecimento, em Hamburgo, de um arcebispado, cujo primeiro titular foi o monge picardo Anscário, de volta da Suécia: metrópole, até o momento, desprovida de sufragâneos, mas diante da qual se abria, além das fronteiras escandinavas e eslavas tão próximas, uma imensa província a ser conquistada. Entretanto, as crenças ancestrais ainda tinham raízes demasiado fortes; os padres francos, vistos como servidores de príncipes estrangeiros, levantavam suspeitas demasiado intensas; e até mesmo as equipes de pregadores, a despeito de algumas almas ardentes, como Anscário, eram demasiado difíceis de recrutar, para que esses grandes sonhos pudessem tão prontamente ser concretizados. Tendo Hamburgo sido pilhada em 845 por *vikings*, a igreja-mãe das missões sobreviveu apenas porque foi decidido que se lhe fosse anexada, após ser destacada da província de Colônia, a sé episcopal de Bremen, mais antiga e menos pobre.

Essa era, ao menos, uma posição de recuo e de espera. Com efeito, de Bremen-Hamburgo partiu, no século X, um novo esforço mais bem-sucedido. Ao mesmo tempo, vindos de outro setor do horizonte cristão, os padres ingleses disputavam com seus irmãos da Alemanha a honra de batizar os pagãos da Escandinávia. Por estarem acostumados de longa data ao ofício de pescadores de almas, por encontrarem-se servidos pelas comunicações constantes que ligavam os portos de sua ilha às margens opostas e, sobretudo, por serem menos suspeitos, sua colheita parece ter sido mais abundante. É significativo que na Suécia, por exemplo, o vocabulário do cristianismo seja composto de empréstimos do anglo-saxão mais do que do alemão. Não o é menos o fato de numerosas paróquias terem escolhido, como patronos, santos da Grã-Bretanha. Embora, segundo as regras hierárquicas, as dioceses mais ou menos efêmeras que eram fundadas nos países escandinavos devessem depender da província de Bremen-Hamburgo, os reis, quando eram cristãos, faziam comumente sagrar seus bispos na Grã-Bretanha. Com mais forte razão, a influência inglesa se difundiu amplamente na Dinamarca e mesmo na Noruega, na época de Canuto e de seus primeiros herdeiros.

Isso porque, na verdade, a atitude dos reis e dos principais chefes era o elemento decisivo. A Igreja tanto o sabia que sempre se esforçara para, acima de tudo, obter sua adesão. À medida, principalmente, que os grupos cristãos se multiplicavam e, justamente em razão de seu sucesso, encontravam diante de si grupos pagãos mais conscientes do perigo e, por conseguinte, mais decididos a lutar, era no poder de constrangimento exercido pelos soberanos, muitas vezes com extrema dureza, que os dois partidos depositavam suas maiores esperanças. Da mesma forma, sem seu apoio, como projetar no país essa rede de bispados e de abadias, sem a qual o cristianismo teria sido incapaz de manter sua ordem espiritual e de atingir as camadas mais profundas da população? Reciprocamente, nas guerras entre pretendentes, que dilaceravam incessantemente os Estados escandinavos, as discórdias religiosas não deixavam de ser exploradas: mais de uma revolução dinástica acabou arruinando, por um tempo, uma organização eclesiástica em via de estabelecimento. O triunfo pôde ser tido como assegurado no dia em que, em cada um dos três reinos, um após o outro, se sucederam, sem interrupção, reis cristãos: na Dinamarca, em primeiro lugar, a partir de Canuto; na Noruega, a partir de Magno, o Bom (1035); e, sensivelmente mais tarde, na Suécia, a partir do rei Ingo, que, no fim do século XI, destruiu o antigo santuário de Upsala, onde seus predecessores haviam tão frequentemente oferecido a carne dos animais e até mesmo a dos homens em sacrifício.

Assim como na Hungria, a conversão desses países do Norte, ciosos de sua independência, devia necessariamente acarretar a constituição, em cada um deles, de uma hierarquia própria, diretamente subordinada a Roma. Um dia, ascendeu à sé episcopal de Bremen-Hamburgo um político suficientemente astuto para curvar-se perante o inevitável e, cedendo quanto ao resto, buscar, ao menos, preservar algo da supremacia tradicionalmente reivindicada por sua igreja. Adalberto, arcebispo desde 1043, concebeu a ideia de um vasto patriarcado nórdico, em cujo seio seriam criadas, sob a tutela dos sucessores de Santo Anscário, as metrópoles nacionais. Mas a Cúria romana, não muito amiga dos poderes intermediários, se absteve de favorecer esse projeto, que, aliás, não pôde ser levado adiante com muita perseverança por seu autor, em razão das querelas dos barões, na própria Alemanha. Em 1103, um arcebispado foi fundado em Lund, na Escânia dinamarquesa, com jurisdição sobre todas as terras escandinavas. Então a Noruega obteve, em 1152, seu próprio arcebispado, estabelecido em Nidaros (Trondhjem), ao lado do túmulo onde repousava o rei mártir Olavo, verdadeiro paládio da nação. Por fim, a Suécia fixou, em 1164, sua metrópole cristã bem ao lado do local em que fora erguido, em tempos pagãos, o templo real do rei Upsala. Assim, a Igreja escandinava escapava à Igreja alemã. Paralelamente, no campo político, os soberanos da França Oriental, a despeito de suas inúmeras intervenções nas guerras dinásticas da Dinamarca, jamais chegaram a impor, de modo durável, aos reis desse país, o pagamento do tributo, símbolo de sujeição, ou mesmo a ultrapassar significativamente a fronteira. Entre os dois grandes ramos dos povos germânicos, a separação ia se intensificando com força crescente. A Alemanha não era nem jamais deveria ser a Germânia inteira.

6. À PROCURA DAS CAUSAS

Teria sua própria conversão persuadido os escandinavos a renunciarem aos hábitos de pilhagem e de migração longínqua? Conceber as expedições dos *vikings* sob as cores de uma guerra de religião desencadeada pelo ardor de um implacável fanatismo pagão, explicação que, por vezes, foi ao menos esboçada, é algo que contraria demasiadamente o que sabemos a respeito de almas inclinadas a respeitar todas as magias. É possível, ao contrário, crer nos efeitos de uma profunda mudança de mentalidade, sob a ação da mudança de fé? Seguramente, a história das navegações e das invasões normandas seria ininteligível sem esse amor apaixonado pela guerra e pela aventura que, na vida moral do Norte, coexistia com a prática de artes mais tranquilas. Os mesmos homens que frequentavam, como hábeis comerciantes, os mercados da Europa, desde Constantinopla até os portos do delta do Reno, ou que, sob as geadas, desbravaram os ermos da Islândia, não conheciam maior prazer ou maior fonte de renome do que "o tinir do ferro" e "a colisão dos escudos": constituem testemunhos todos os poemas e relatos, redigidos apenas no século XII, mas nos quais ainda ressoa o eco fiel da era dos *vikings*; constituem testemunhos também as estelas, as pedras funerárias ou os simples cenotáfios, que, nas colinas da região escandinava, ao longo das estradas ou perto dos locais de assembleia, ostentam ainda hoje as runas gravadas em vermelho vivo na rocha cinzenta. Em sua maioria, elas não comemoram, como tantos túmulos gregos ou romanos, os mortos tranquilamente adormecidos em sua terra natal. A lembrança que trazem é, quase exclusivamente, a de heróis atingidos durante alguma expedição sangrenta. Não é menos evidente que essa nuance de sentimento pode parecer incompatível com a lei de Cristo, compreendida como um ensinamento da doçura e da misericórdia. Mas, como teremos mais adiante muitas ocasiões de constatar, entre os povos ocidentais durante a era feudal, a fé mais viva nos mistérios do cristianismo associou-se, sem dificuldades aparentes, ao gosto pela violência e pelo saque, ou até mesmo à exaltação mais consciente da guerra.

Por certo, os escandinavos comungaram, a partir de então, com os demais membros da catolicidade, do mesmo credo, alimentaram-se das mesmas lendas piedosas, seguiram as mesmas rotas de peregrinação, leram ou mandaram que se lhes lessem, por pouco que tivessem algum desejo de instrução, os mesmos livros, nos quais se refletia, de maneira mais ou menos deformada, a tradição romano-helênica. Entretanto, teria a unidade fundamental da civilização ocidental alguma vez impedido as guerras intestinas? Pode-se, quando muito, admitir que a ideia de um Deus único e onipotente, associada a concepções inteiramente novas sobre o outro mundo, tenha desferido, com o tempo, um forte e duro golpe na mística do destino e da glória, tão característica da antiga poesia do Norte e da qual mais de um *viking* certamente extraíra a justificação de suas paixões. Quem acreditará ter sido isso suficiente para privar os chefes de qualquer vontade de seguir o rastro de Rolão e de Sueno ou para impedi-los de recrutar os guerreiros necessários às suas ambições?

Na verdade, o problema, tal como o expusemos anteriormente, carece de um enunciado completo. Como entender por que um fenômeno teve fim, sem antes indagar por que tinha ocorrido? Neste caso, isso talvez seja apenas adiar a dificuldade, pois o início das migrações escandinavas não é menos obscuro em suas causas do que sua interrupção. Isso não significa, aliás, que caiba demorar-se em investigar longamente as razões da atração exercida sobre as sociedades do Norte pelas terras, geralmente mais férteis e civilizadas há mais tempo, que se estendiam ao sul. Não tinha a história das grandes invasões germânicas e dos movimentos de povos que os precederam sido a de um longo deslocamento na direção do sol? A própria tradição das pilhagens pela via marítima era antiga. Por uma notável conformidade, tanto Gregório de Tours quanto o poema de *Beowulf* trouxeram até nós a memória da expedição que, por volta de 520, um rei dos gotas empreendeu nas costas da Frísia; outras tentativas semelhantes certamente nos escapam em razão das lacunas dos textos. Nem por isso é menos certo que, pelo final do século VIII, essas incursões longínquas adquiriram, bastante abruptamente, uma amplitude até então desconhecida.

Deve-se, pois, crer que o Ocidente, mal defendido, foi então uma presa mais fácil do que fora no passado? Mas, além de não poder tal explicação aplicar-se a fatos exatamente paralelos no tempo, como o povoamento da Islândia e a fundação dos reinos varegues à margem dos rios da Rússia, haveria um insuportável paradoxo em pretender que o Estado merovíngio, durante seu período de decomposição, parecesse mais temível do que a monarquia de Luís, o Pio, ou até a de seus filhos. Visivelmente, é no estudo dos próprios países do Norte que convém procurar a chave de seu destino.

A comparação das naves do século IX com alguns outros achados, referentes a datas mais antigas, atesta que, durante o período imediatamente anterior à era dos *vikings*, os marinheiros da Escandinávia haviam aperfeiçoado consideravelmente a construção de seus barcos. Não há dúvida de que, sem esses progressos técnicos, as expedições longínquas através dos oceanos teriam sido impossíveis. Mas foi realmente pelo prazer de utilizar barcos mais bem concebidos que tantos normandos decidiram procurar aventuras longe de seu país? É mais provável que tenham se preocupado em melhorar suas ferramentas navais justamente para lançarem-se mais longe no mar.

Outra explicação, finalmente, foi proposta, no século XI, pelo próprio historiador dos normandos da França, Doon de Saint-Quentin. Identificava a causa das migrações no sobrepovoamento dos países escandinavos, e a origem deste fenômeno na prática da poligamia. Deixemos de lado esta última interpretação: além do fato de que apenas os chefes mantinham verdadeiros haréns, as observações demográficas jamais atestaram – longe disso – que a poligamia favoreça particularmente o crescimento populacional. A própria hipótese do sobrepovoamento pode parecer, à primeira vista, suspeita. Os povos vítimas de invasões quase sempre a levantaram, na esperança, bastante ingênua, de justificarem suas derrotas pelo afluxo de um número prodigioso de inimigos: tal foi, no passado, o caso dos mediterrâneos, diante dos celtas, e dos romanos diante dos germânicos. Aqui, entretanto, ela merece maior consideração, não apenas porque Doon a tirava provavelmente não da tradição dos vencidos, mas da dos vencedores, mas, sobretudo, em razão de certa verossimilhança intrínseca. Do século II ao IV, os movimentos de povos que deviam acarretar finalmente a ruína do Império Romano tinham certamente produzido o efeito de deixar, na península escandinava, nas ilhas do Báltico, na Jutlândia, grandes extensões inabitadas. Os grupos remanescentes puderam, por muitos séculos, estender-se livremente. Veio então, por volta do século VIII, o momento em que o espaço certamente começou a lhes faltar, pelo menos no que se refere ao estado de sua agricultura.

Na verdade, as primeiras expedições dos *vikings* no Ocidente tiveram por objetivo muito menos a conquista de possessões permanentes do que a tomada de um butim destinado a ser levado para casa. Aquele, porém, também era um meio de evitar a falta de terras. Graças aos despojos das civilizações meridionais, o chefe, inquieto com a contração de seus campos e de seus pastos, podia manter seu modo de vida e continuar assegurando a seus companheiros as liberalidades necessárias a seu prestígio. Nas classes mais humildes, a emigração poupava aos mais jovens a mediocridade de um lar excessivamente embaraçado. Provavelmente, mais de uma família camponesa se assemelhava então àquela que conhecemos por meio de uma pedra funerária sueca do início do século XI: dos cinco filhos, o primogênito e o mais novo permaneceram no país; os três outros sucumbiram longe de casa, um em Bornholm, o segundo na Escócia, o terceiro em Constantinopla.[26]

---

26. NORDENSTRENG. *Die Züge der Wikinger*, trad. L. MEYN, Leipzig, 1925, p. 19.

Por fim, quando um homem era forçado a abandonar o *gaard* [terra] ancestral, por uma dessas querelas ou vinganças que a estrutura social e os costumes concorriam para multiplicar, a rarefação dos espaços vazios tornava-lhe mais difícil do que no passado a procura de uma nova moradia no mesmo país; acuado, muitas vezes não encontrava outro asilo senão no mar ou nas terras longínquas às quais este lhe dava acesso. Com mais forte razão, esse era o caso se o inimigo do qual fugia era um desses reis cujo hábitat menos frouxo lhe permitia estender, sobre territórios mais vastos, um poder de comando mais eficaz. Com a ajuda do hábito e do sucesso, o prazer veio muito rapidamente juntar-se à necessidade, e a aventura, que se mostrava geralmente frutuosa, se tornou ao mesmo tempo um ofício e um esporte.

Assim como o início das invasões normandas, seu fim não poderia ser explicado pela situação dos poderes políticos nos países invadidos. A monarquia otoniana certamente era, mais do que a dos últimos carolíngios, capaz de proteger seu litoral; Guilherme, o Bastardo, e seus sucessores teriam constituído, na Inglaterra, adversários temíveis. Entretanto, ocorreu justamente que nem uns nem outros tiveram nada, ou quase, para defender. E dificilmente se acreditará que a França, em meados do século X, e a Inglaterra, sob o reinado de Eduardo o Confessor, tenham parecido presas demasiado difíceis. Ao que tudo indica, o próprio fortalecimento das realezas escandinavas, após ter, na origem, momentaneamente ampliado as migrações, lançando pelas rotas do Oceano muitos banidos e pretendentes frustrados, acabou, no fim, estancando a fonte. A partir de então, as levas de homens e de navios eram monopolizadas pelos Estados, que tinham, aliás, organizado com cuidado minucioso a requisição das embarcações. Os reis, por outro lado, não favoreciam em nada as expedições isoladas que mantinham vivo o espírito de turbulência e forneciam aos fora da lei refúgios demasiado fáceis, assim como aos conspiradores – como mostra a saga de Santo Olavo – o meio de acumular as riquezas necessárias a seus projetos sombrios. Dizia-se que Sueno, quando senhor da Noruega, as proibira. Pouco a pouco, os chefes se habituaram aos quadros de uma vida mais regular, em que as ambições procuravam sua satisfação na própria pátria-mãe, junto ao soberano ou a seus rivais. Para obter terras novas, ampliou-se mais ativamente o arroteamento interno. Restavam as conquistas monárquicas, como as feitas por Canuto e as tentadas por Haroldo Conselheiro Severo. Mas os exércitos reais eram máquinas pesadas, difíceis de ativar em Estados de estrutura tão pouco estável. A última incursão feita por um rei da Dinamarca na Inglaterra, na época de Guilherme, o Bastardo, fracassou, antes mesmo que a frota tivesse levantado âncora, diante de uma revolução palaciana. Logo, os reis da Noruega limitaram seus planos ao reforço ou ao estabelecimento de sua dominação sobre as ilhas do Oeste, da Islândia até as Hébridas; já os reis da Dinamarca e da Suécia se limitaram a continuar, contra seus vizinhos eslavos, letões e finlandeses, longas campanhas que, constituindo ao mesmo tempo empresas de represálias – pois, por uma justa retribuição, as piratarias desses povos perturbavam constantemente o Báltico –, guerras de conquista e cruzadas, não deixavam também, por vezes, de assemelhar-se muito aos ataques que as margens do Escalda, do Tâmisa ou do Loire tinham por tanto tempo sofrido.

CAPÍTULO III
Algumas consequências e alguns ensinamentos das invasões

1. A DESORDEM

O Ocidente saiu da tormenta das últimas invasões inteiramente coberto de feridas. Nem mesmo as cidades haviam sido poupadas, ao menos pelos escandinavos, e se muitas delas, após a pilhagem ou o abandono, se reergueram, bem ou mal, de suas ruínas, essa brecha no curso regular de sua vida as deixou enfraquecidas por muito tempo. Outras tiveram menos sorte: os dois principais portos do Império Carolíngio nos mares setentrionais – Duurstede no delta do Reno, Quentovic na embocadura do Canche – foram definitivamente reduzidos à condição de um pequeno vilarejo, no caso do primeiro, e de uma aldeia de pescadores, no caso do segundo. Ao longo das rotas fluviais, as trocas haviam perdido qualquer segurança: em 861, mercadores parisienses, fugindo em sua flotilha, foram alcançados pelos barcos normandos e conduzidos ao cativeiro. Os campos, sobretudo, sofreram terrivelmente, a ponto de se encontrarem, por vezes, reduzidos a verdadeiros desertos. Na região de Toulon, após a expulsão dos bandidos do Freinet, o solo teve de ser novamente arroteado; como os antigos limites das propriedades deixaram de ser identificáveis, cada um "se apropriava da terra segundo suas forças".[27] Na Touraine, província tão frequentemente percorrida pelos *vikings*, um documento de 14 de setembro de 900 envolve uma pequena senhoria, no vale do Indre, e uma aldeia inteira em Martigny, à margem do Loire. Em Vontes, cinco homens de condição servil "podiam conservar a terra, se houvesse paz". Em Martigny, os tributos são cuidadosamente enumerados. Mas isso era referente ao passado, pois, se ainda é possível distinguir dezessete unidades de tenência, ou mansos, elas já não rendem mais nada. Apenas dezesseis chefes de família vivem nessa gleba empobrecida: um a menos, portanto, em relação aos mansos, ao passo que, normalmente, uma parte destes deveria ser ocupada por duas ou três famílias em cada unidade. Entre os homens, vários "não possuem nem mulher, nem filhos". E o mesmo refrão trágico se faz ouvir: "Estas pessoas poderiam conservar a terra, se houvesse paz.".[28] Nem todas as devastações, aliás, eram obra dos invasores, pois, para reduzir o inimigo à submissão, era muitas vezes necessário esfomeá-lo. Em 894, como um bando de *vikings* havia sido forçado a se refugiar atrás dos muros de Chester, a hoste inglesa, diz a crônica, "retirou todo o gado em volta da praça, queimou as colheitas e deu de comer a seus cavalos toda a região circundante".

Naturalmente, os camponeses, mais do que qualquer outra classe, eram, dessa forma, reduzidos ao desespero, a tal ponto que foram vistos por várias vezes entre o Sena e o Loire e perto do Mosela, unidos por juramento em um grande surto de energia, correr no

---

27. *Cartulaire de l'abbaye de Saint-Victor de Marseille*, ed. Guérard, n. LXXVII.
28. Bibl. Nat., Baluze 76, fol. 99 (900, 14 set.).

encalço dos saqueadores. Suas tropas, mal organizadas, foram a cada vez massacradas.[29] Mas eles não eram os únicos a padecer duramente da desolação dos campos. As cidades, mesmo quando suas muralhas resistiam, sofriam com a fome. Os senhores, que extraíam suas receitas da terra, encontravam-se empobrecidos. As senhorias da Igreja, em particular, sobrevivam apenas com dificuldade. Disso resultava – tal como, mais tarde, após a Guerra dos Cem Anos – uma profunda decadência do monaquismo e, consequentemente, da vida intelectual. A Inglaterra, principalmente, foi atingida. No prefácio à *Regra Pastoral* de Gregório, o Grande, cuja tradução ficou a seus cuidados, o rei Alfredo evoca dolorosamente "o tempo em que, antes que tudo fosse devastado ou queimado, as igrejas inglesas abundavam em tesouros e livros".[30] De fato, foi o dobre de finados dessa cultura eclesiástica anglo-saxônica, cujo brilho se projetara pela Europa. Mas o efeito certamente mais durável, em todos os lugares, se resumiu a uma terrível perda de forças. Quando uma segurança relativa foi restabelecida, os homens, também eles numericamente diminuídos, se encontraram diante de vastas extensões, outrora cultivadas, agora cobertas pelo mato. A conquista do solo virgem, ainda tão abundante, viu-se, com isso, retardada em mais de um século.

Essas devastações materiais, porém, não eram tudo. Seria preciso também poder medir o choque mental. Este foi de tal forma mais profundo que a tempestade, sobretudo no Império Franco, sucedia a uma calmaria, ao menos, relativa. A paz carolíngia certamente não era tão antiga e nunca se completara realmente. Mas a memória dos homens é curta, e sua capacidade de iludir-se insondável. Isso é atestado pela história das fortificações de Reims, que se repetiu, aliás, com algumas variantes, em mais de uma cidade.[31] Durante o reinado de Luís, o Pio, o arcebispo solicitara ao imperador a permissão de recolher as pedras da antiga muralha romana, para empregá-las na reconstrução de sua catedral. O monarca, escreveu Flodoardo, que "gozava então de uma paz profunda e, orgulhoso da ilustre potência de seu Império, não temia nenhuma invasão dos bárbaros", deu seu consentimento. Pouco mais de cinquenta anos tinham passado e, com o retorno dos "bárbaros", foi preciso apressadamente construir novas muralhas. Os muros e as paliçadas, que a Europa começava então a erguer, foram como que o símbolo visível de uma grande angústia. A partir de então, a pilhagem tornara-se um evento familiar que as pessoas prudentes previam em seus contratos. Tal foi o caso do arrendamento rural nos arredores de Lucca que, em 876, estipulava a suspensão do aluguel "caso a nação pagã queime ou devaste as casas e seu conteúdo ou o moinho"[32], ou, ainda, dezoito anos mais cedo, o testamento de um rei do Wessex: as esmolas vinculadas a seus bens somente serão pagas se cada terra assim onerada "permanecer povoada de homens e de gado e não for reduzida a um deserto".[33] Distintas por sua aplicação, semelhantes pelo sentimento, orações trêmulas, preservadas por alguns livros litúrgicos, correspondiam-se de um extremo ao outro do Ocidente. Na Provença:

---

29. *Ann. Bertiniani*, 859 (com a correção proposta por F. LOT, *Bibl. Éc. Chartes*, 1908, p. 32, n. 2). REGINO DE PRÜM, 882. DUDON DE SAINTQUENTIN, II, 22.
30. *King Alfred's West Saxon Version of Gregory's Pastoral Care*, ed. Sweet (*E. E. S.*, 45), p. 4.
31. Cf. VERCAUTEREN. *Étude sur les cités de la Belgique seconde*, Bruxelas, 1934, p. 371, n. 1; cf. para Tournai, *V. S. Amandi*, III, 2 (*Poetae aevi carol.*, t. III, p. 589).
32. *Memorie e documenti per servir all'istoria del ducato di Lucca*, t. V, 2, n. 855.
33. Testamento do rei Etelvulfo em *Asser's Life of King Alfred*, ed. W. H. Stevenson, c. 16.

"Trindade eterna... liberta teu povo cristão da opressão dos pagãos" (trata-se certamente aqui dos sarracenos). Na Gália do Norte: "ó, Deus, liberta-nos da feroz nação normanda que devasta nossos reinos". Em Módena, onde se rezava a São Geminiano: "contra as flechas dos húngaros, sê nosso protetor".[34] Procuremos, por um minuto, imaginar o estado de espírito dos fiéis que, a cada dia, se associavam a essas implorações. Não é com impunidade que uma sociedade vive em estado de alerta perpétuo. É verdade que as incursões árabes, húngaras ou escandinavas não carregavam toda a responsabilidade pela sombra que pesava sobre as almas. Cabia-lhes, porém, grande parte dela.

O abalo, contudo, não fora apenas destrutivo. Da mesma desordem nasceram certas modificações, por vezes profundas, nas linhas de força da civilização ocidental.

Ocorreram deslocamentos populacionais, na Gália, que, caso pudéssemos fazer algo mais do que adivinhá-los, certamente nos pareceriam muito importantes. Desde Carlos, o Calvo, vê-se o governo preocupado em devolver, sem grande sucesso, a seus lares os camponeses que haviam fugido diante do invasor. Quanto aos habitantes do Baixo Limosino, que vários textos mostram à procura de asilo nas montanhas, deve-se crer que tenham todos alcançado, a cada vez, seu ponto de partida? Da mesma forma, as planícies, especialmente na Borgonha, parecem ter sido, mais do que as terras altas, atingidas pelo despovoamento.[35] Entre as antigas aldeias que, por todos os lados, desapareceram, nem todas haviam sido destruídas pelo ferro ou pelo fogo. Muitas foram simplesmente abandonadas, na busca por refúgios mais seguros: como de costume, o perigo universal levava à concentração das aglomerações. Melhor do que as peregrinações dos leigos, conhecemos as dos monges. Como, ao longo dos caminhos do exílio, eles traziam, ao lado de seus relicários, suas tradições piedosas, disso resultou toda uma mistura lendária, muito apta a fortalecer, com o culto dos santos, a unidade católica. O grande êxodo das relíquias bretãs, em particular, difundiu amplamente o conhecimento de uma hagiografia original, facilmente acolhida por almas deleitadas pela própria singularidade de seus milagres.

Mas foi na Inglaterra que, como consequência de uma ocupação estrangeira particularmente ampla e durável, o mapa político e cultural sofreu as alterações mais sensíveis. O desmoronamento dos reinos, outrora poderosos, da Nortúmbria, no Nordeste, e da Mércia, no Centro, favoreceu a ascensão do Wessex, já iniciada no período anterior, e fez, no fim, dos reis provenientes desta terra meridional, como diz um de seus diplomas, os "imperadores de toda a Bretanha"[36]: herança que Canuto e, depois dele, Guilherme, o Conquistador, se limitariam, afinal, a receber com as mãos. A partir de então, as cidades do Sul, Winchester e, depois, Londres, atraíram para os tesouros guardados em seus castelos o produto dos impostos recolhidos por todo o país. As abadias da Nortúmbria haviam sido ilustres polos de estudos. Lá, vivera Beda e de lá partira Alcuíno. As pilhagens dos

---

34. R. POUPARDIN. *Le royaume de Provence sous les Carolingiens*, 1901 (Bibl. Éc. Hautes Études, Sc. histor., 131). L. DELISLE. *Instructions adressées par le Comité des travaux historiques... Littérature latine*, 1890, p. 17. MURATORI. *Antiquitates*, 1738, t. I, col. 22.
35. *Capitularia*, t. II, n. 273, c. 31. F. LOT, em *Bibl. Éc. Chartes*, 1915, p. 486. CHAUME. *Les origines du duché de Bourgogne*, t. H, 2, p. 468-9.
36. JOLLIFFE. *The constitutional history of medieval England*, Londres, 1937, p. 102.

dinamarqueses, às quais vieram juntar-se as devastações sistemáticas empreendidas por Guilherme, o Conquistador, a fim de castigar e prevenir as revoltas, puseram fim a essa hegemonia intelectual. Mais do que isso, uma parte da zona setentrional escapou para sempre das mãos da própria Inglaterra. Separadas das demais populações de mesma língua pelo estabelecimento dos *vikings* no Yorkshire, as terras baixas de língua anglo-saxônica, em volta da cidadela nortumbriana de Edimburgo, caíram sob o domínio dos chefes celtas das montanhas. Assim, o reino da Escócia, em sua dualidade linguística, foi, por tabela, uma criação da invasão escandinava.

2. O APORTE HUMANO: O TESTEMUNHO DA LÍNGUA E DOS NOMES

Nem os bandidos sarracenos, nem, fora da planície do Danúbio, os invasores húngaros misturaram seu sangue, em proporção apreciável, ao da velha Europa. Os escandinavos, em contrapartida, não se limitaram a pilhar: em suas possessões na Inglaterra e na Normandia neustriana, introduziram incontestavelmente um novo elemento humano. Como medir tal contribuição? No estado atual da ciência, os dados antropológicos são incapazes de fornecer alguma certeza. É preciso recorrer a diversas espécies de testemunhos, de natureza mais indireta, e confrontá-los.

Entre os normandos do Sena, desde 940, aproximadamente, a língua nórdica, nos arredores de Rouen, deixara de ser de uso geral. Nessa data, em contrapartida, ela continuava a ser falada no Bessin, talvez povoado, mais tardiamente, por uma nova leva de imigrantes; e sua importância no principado permanecia grande o bastante para que o duque reinante julgasse necessário mandar ensiná-la a seu herdeiro. Por uma notável coincidência, é nessa mesma época que observamos, pela última vez, a existência de grupos pagãos suficientemente poderosos para desempenhar um papel nas perturbações que seguiram a morte do duque Guilherme Espada-Longa, assassinado em 942. Até os primeiros anos do século XI, em torno desses "*jarlar* de Rouen", por muito tempo fiéis, diz-nos uma saga, "à recordação de seu parentesco" com os chefes do Norte[37], devia ainda haver homens, certamente bilíngues, que permaneciam capazes de empregar idiomas escandinavos. Como explicar de outra forma que, por volta do ano mil, os parentes da viscondessa de Limoges, raptada, no litoral do Poitou, por um bando de *vikings* e levada por seus sequestradores "para além-mar", tenham recorrido, para obter sua libertação, à intervenção benévola do duque Ricardo II; que, em 1013, este mesmo príncipe tenha podido tomar a seu serviço as hordas de Olavo; que, no ano seguinte, alguns de seus súditos talvez tenham combatido no exército do rei dinamarquês de Dublin.[38] Nesse momento, entretanto, favorecida, ao mesmo tempo, pela reaproximação religiosa e pela desaceleração das levas de homens, que, no período imediatamente posterior ao primeiro estabelecimento, tinham se sucedido em

---

37. *Saga d'Olaf le Saint*, c. XX (trad. SAUTREAU, p. 24).
38. ADEMAR DE CHABANNES. *Chronique*, ed. Chavanon, III, c. 44 (sobre a aventura da viscondessa). SHETELIG. *Vikingeminner i Vest Europa* (As memórias arqueológicas dos *vikings* na Europa Ocidental), Oslo, 1933 (Instituttet for sammenlignende kulturforksning, A, XVI), p. 242 (sobre a presença de contingentes normandos na batalha de Clontarf).

intervalos breves, a assimilação linguística devia estar mais ou menos finalizada; Ademar de Chabannes, que escrevia em 1028 ou um pouco antes, a tinha por completa.[39] O dialeto românico da Normandia e, por seu intermédio, o francês comum tomaram emprestado da língua dos companheiros de Rolão tão somente alguns termos técnicos, dentre os quais quase todos – se deixarmos provisoriamente de lado a vida agrária – se referem à navegação ou à topografia das costas: *havre* [porto] e *crique* [angra], por exemplo. Se as palavras desse tipo permaneceram bastante vivas, apesar da romanização, é porque fora impossível encontrar-lhes equivalentes na língua de um povo terreno, incapaz de construir navios, assim como de descrever a fisionomia de um litoral.

Na Inglaterra, a evolução seguiu linhas totalmente distintas. Não mais, é verdade, do que no continente, os escandinavos lá se obstinaram em seu isolamento linguístico. Aprenderam o anglo-saxão, mas foi para empregá-lo de maneira bastante singular. Embora curvando-se, de alguma maneira, à sua gramática e adotando grande parte de seu léxico, não deixaram de agregar-lhe, em grande número, palavras de seu idioma original. Em contato estreito com os imigrantes, os indígenas, por sua vez, habituaram-se a empregar amplamente esse vocabulário estrangeiro. O nacionalismo da palavra e do estilo era então um sentimento desconhecido. E isso mesmo entre os escritores mais apegados às tradições de seu povo: não encontramos um dos exemplos mais antigos de palavras oriundas da língua dos *vikings* no canto da batalha de Maldon, que celebra a glória dos guerreiros do Essex, mortos, em 991, em um combate contra um bando desses "lobos assassinos"? Não é necessário aqui folhear os dicionários técnicos. Palavras perfeitamente usuais, tais como "céu" (*sky*) ou "companheiro" (*fellow*); adjetivos de emprego tão corrente quanto "baixo" (*low*) ou "doente" (*ill*); verbos que todo homem tem continuamente na ponta da língua – "chamar" (*to call*), por exemplo, ou "tomar" (*to take*); até mesmo certos pronomes (os da terceira pessoa do plural): tantos termos que nos parecem hoje absolutamente ingleses e que, no entanto, assim como muitos outros, nasceram, na verdade, no Norte. De modo que os milhões de homens que, no século XX, falam, no mundo todo, a mais difundida das línguas europeias se expressariam, na vida cotidiana, de forma totalmente diversa, caso as margens da Nortúmbria não tivessem avistado os barcos dos "homens do mar".

Muito imprudente, entretanto, seria o historiador que, comparando a essa riqueza a indigência da dívida contraída pela língua francesa para com as línguas escandinavas, imaginasse, entre os números das populações imigradas, uma distância exatamente proporcional à dos empréstimos linguísticos. A influência de uma língua moribunda sobre uma concorrente que sobrevive está muito longe de dar a medida exata do número de indivíduos a quem a primeira servia originalmente de meio de expressão. As condições próprias aos fatos de linguagem não desempenham um papel menos considerável. Separados dos dialetos românicos da Gália por um verdadeiro abismo, o dinamarquês e o nórdico, na época dos *vikings*, aproximavam-se, ao contrário, muito do inglês antigo, nascido, assim como eles, do germânico comum. Algumas palavras eram iguais em ambas as línguas, tanto pelo valor semântico quanto pela forma. Outras, que possuíam o mesmo sentido, apresentavam

---

39. ADEMAR DE CHABANNES. *Chronique*, ed. Chavanon, III, c. 27.

formas vizinhas, entre as quais a hesitação era fácil. Até mesmo nos casos em que o termo escandinavo suplantou um termo inglês, de aspecto totalmente diferente, sua introdução foi frequentemente facilitada pela presença, na língua indígena, de outras palavras que, possuindo a mesma raiz, se vinculavam a uma ordem de ideias análoga. Apesar disso, não é menos verdade que a formação dessa espécie de linguagem híbrida permaneceria inexplicável se muitos escandinavos não tivessem se instalado sobre o solo da Inglaterra e nele mantido relações constantes com os antigos habitantes.

Se muitos desses empréstimos acabaram se infiltrando na língua comum, foi, aliás, quase sempre, por intermédio dos idiomas próprios à Inglaterra do Norte e do Nordeste. Outros permaneceram confinados aos dialetos dessas regiões. De fato, lá – especialmente no Yorkshire, no Cumberland, no Westmoreland, no norte do Lancashire e na região dos "Cinco Burgos" (Lincoln, Stamford, Leicester, Nottingham e Derby) – os *earls* [condes], vindos de além-mar, haviam construído suas senhorias mais importantes e mais duráveis. Lá também, e sobretudo, ocorrera a grande ocupação do solo. Em 876, contam as crônicas anglo-saxônicas, o chefe *viking* que residia em York entregou a região de Deira a seus companheiros "e estes então a lavraram". E, mais longe, no ano de 877: "após a colheita, o Exército dinamarquês veio à Mércia e apropriou-se de parte dela". Sobre essa ocupação camponesa, as indicações da linguística, cujo interesse não é menor, confirmam plenamente o testemunho dos narradores. Isso porque a maioria das palavras emprestadas designava objetos simples ou ações familiares, e somente rurais, convivendo com outros rurais, puderam ensinar a seus vizinhos palavras novas para o pão (*bread*), o ovo (*egg*) ou a raiz (*root*).

A importância em solo inglês desse aporte fundamental sobressai com igual nitidez no estudo dos nomes das pessoas. Os mais instrutivos não são aqueles utilizados pelas classes altas, pois, entre elas, a escolha obedecia, acima de tudo, aos prestígios de um costume hierárquico, tanto mais comumente seguido quanto, nos séculos X e XI, nenhum outro princípio concorria eficazmente com ele: as regras de transmissão familiar tinham perdido todo seu vigor; os padrinhos não tinham ainda adquirido o hábito de impor seus nomes a seus afilhados, nem os pais ou as mães, mesmo entre as pessoas mais pias, o de dar a seus filhos apenas nomes de santos. De fato, após a Conquista de 1066, os nomes de origem escandinava, até então muito difundidos entre a aristocracia inglesa, não tardaram mais de um século para serem unanimemente abandonados por todos os que ambicionavam certa distinção social. Em contrapartida, continuaram sendo utilizados por muito mais tempo entre as massas camponesas e até mesmo burguesas, não movidas pelo desejo impossível de assimilarem-se a uma casta vitoriosa: assim aconteceu na Ânglia do Leste, até o século XIII; nos condados de Lincoln e de York, até o século seguinte; no de Lancaster, até o fim extremo da Idade Média. Nada, por certo, autoriza a pensar que tais nomes fossem então usados exclusivamente pelos descendentes dos *vikings*. Como não acreditar, ao contrário, que, nos campos, no seio de uma mesma classe, tanto a imitação como os casamentos endogâmicos haviam exercido sua ação habitual? Mas tais influências só tiveram efeito porque muitos imigrantes vieram se estabelecer em meio aos antigos habitantes, para com eles partilhar da mesma vida humilde.

A respeito da Normandia neustriana, o pouco que, na infeliz ausência de pesquisas eruditas aprofundadas, seja possível entrever conduz a imaginar uma evolução sensivelmente paralela à dos condados mais escandinavizados da Inglaterra. Embora o emprego de alguns nomes de proveniência nórdica, como Osbern, tenha sido mantido na nobreza até, pelo menos, o século XII, as classes altas, em seu conjunto, parecem ter aderido cedo às modas francesas. Não tinha o próprio Rolão dado o exemplo ao mandar batizar seu filho, nascido em Rouen, com o nome de Guilherme? Nenhum duque, desde então, retornou, quanto a este ponto, às tradições ancestrais; visivelmente, não desejavam distinguir-se dos demais grandes barões do reino. Tal como na Grã-Bretanha, por outro lado, as camadas inferiores da população se mostraram muito mais fiéis à tradição, como mostra, ainda hoje, a existência, na região normanda, de certo número de sobrenomes derivados de antigos prenomes escandinavos. Tudo o que sabemos da onomástica familiar, em geral, nos proíbe de pensar que tenham podido fixar-se hereditariamente antes do século XIII. Assim como na Inglaterra, esses fatos evocam certo povoamento camponês; menos numerosos do que na Inglaterra, eles sugerem um povoamento menos denso.

Da mesma forma, a toponímia bastaria para provar que, nas regiões que eles mesmos esvaziaram, os *vikings* fundaram, por sua vez, mais de uma colônia nova. Na Normandia, na verdade, nem sempre é fácil fazer a distinção entre os nomes de locais escandinavos e uma camada germânica mais antiga, que seria proveniente de uma colonização saxônica, claramente atestada, na mesma época das invasões bárbaras, ao menos no Bessin. Parece, contudo, que, na maioria dos casos, o litígio deve ser decidido em favor da imigração mais recente. Se compusermos, como se pode fazer com alguma exatidão, a lista das terras possuídas em torno do Baixo Sena, por volta do fim da época merovíngia, pelos monges de Saint-Wandrille, dois ensinamentos característicos emergirão: os nomes são todos galo--romanos ou da época franca, sem confusão possível com a contribuição nórdica posterior; um número muito grande escapa hoje a qualquer identificação, certamente porque, na época da invasão normanda, a maioria das próprias localidades foi destruída ou desbatizada.[40] Aliás, interessam aqui apenas os fenômenos de massa, que estão menos sujeitos à dúvida. As aldeias de consonância escandinava espremem-se no Roumois e no Caux, umas muito perto das outras. Além desse ponto, a distribuição torna-se mais frouxa, com pequenas constelações ainda relativamente unidas em certos lugares: assim é o grupo que, entre o Sena e o Risle, à proximidade da floresta de Londe – cujo nome em si mesmo é nórdico – lembra os desbravamentos de colonos familiarizados, desde a pátria-mãe, com a vida dos caçadores dos bosques. Segundo todas as aparências, os conquistadores evitavam dispersar-se excessivamente e afastar-se demasiadamente do mar ao mesmo tempo. Ao que parece, não se identifica nenhum traço de sua ocupação no Vexin, no Alençonnais ou na região de Avranches.

Do outro lado da Mancha, observam-se os mesmos contrastes, mas distribuídos em espaços muito mais vastos. Extremamente concentrados no grande condado de York e nas

---

40. Cf. F. LOT. *Études critiques sur l'abbaye de Saint-Wandrille*, 1913 (Bibl. Éc. Hautes Études, Sc. histor., fasc. 204), p. XIII ss. e p. L, n. 2.

regiões que, ao sul da baía de Solway, beiram o mar da Irlanda, os nomes característicos – inteiramente escandinavos ou, por vezes, apenas escandinavizados – vão se dispersando à medida que se avança rumo ao Sul ou ao Centro, a ponto de reduzirem-se a algumas unidades quando alcançamos, com os condados de Buckingham e de Bedford, as proximidades das colinas que limitam, ao nordeste, a planície do Tâmisa.

Por certo, entre os locais assim batizados à moda dos *vikings*, nem todos constituíam necessariamente aglomerações novas ou cujo povoamento fora inteiramente renovado. Há, excepcionalmente, fatos indiscutíveis. Como acreditar que os colonos que, ao fixarem-se às margens do Sena, na saída de um pequeno vale, pensaram em chamar a esse povoamento, em sua língua, "o regato frio" – hoje, Caudebec – não falassem todos, ou quase, o nórdico? Várias localidades, no norte do Yorkshire, chamam-se "aldeia dos ingleses", *Ingleby* (sendo a palavra *by*, aliás, incontestavelmente escandinava): denominação que teria evidentemente carecido de sentido, caso, nessa região, em dado momento, não tivesse sido, para um local habitado, uma grande originalidade possuir uma população inglesa. Nos lugares em que, assim como a aglomeração em si mesma, as diversas seções de seu terreno levavam nomes igualmente importados, é visível que a humilde toponímia dos campos só pôde ser assim modificada por camponeses. O caso é frequente na Inglaterra do Nordeste. Na Normandia, mais uma vez, é preciso reconhecer a insuficiência das pesquisas. Outros testemunhos oferecem infelizmente menos certezas. Um grande número de aldeias, na Grã-Bretanha, assim como em torno do Sena, é designado por um nome composto, cujo primeiro termo é um nome masculino, de origem escandinava. O fato de tal personagem epônimo, no qual há que se ver um chefe, ter sido um imigrante não implica necessariamente, para seus súditos, um nascimento similar. Entre os pobres diabos cujo trabalho alimentava o senhor Hastein, de Hattentot, em Caux, ou senhor Tofi, de Towthorpe, no Yorkshire, quem nos dirá quantos já não tinham, antes da chegada desses senhores, vivido, entre uma geração e outra, no solo que regavam com seu suor? Com mais forte razão essas reservas se impõem quando, no nome composto, o segundo elemento, que, nos exemplos precedentes, era, tal como o primeiro, de proveniência estrangeira, pertence, ao contrário, à língua nacional: os homens que, ao falarem da terra do senhor Hakon, lhe chamavam Hacquenville tinham seguramente esquecido a língua dos invasores, ou, o que é mais provável, nunca a haviam empregado.

3. O APORTE HUMANO:
O TESTEMUNHO DO DIREITO E DA ESTRUTURA SOCIAL

Também no campo jurídico, os testemunhos não possuem todos o mesmo alcance. A influência de um punhado de governantes estrangeiros basta para explicar certos empréstimos. Por administrarem a justiça na Inglaterra conquistada, os *earls* acostumaram seus súditos, mesmo os ingleses, a invocar a lei sob um nome familiar aos homens de além-mar: *lagu, law*. Recortaram a zona ocupada em circunscrições, à moda do Norte: *wapentakes, ridings*. Sob a ação dos chefes imigrados, todo um direito novo foi introduzido. Por volta de 962, após as vitórias dos reis do Wessex, um deles, Edgar, declarou: "Desejo que, entre os dinamarqueses, o direito secular continue a ser regulado segundo seus bons costumes.".[41] De fato, os condados que, no passado, Alfredo fora obrigado a abandonar aos *vikings* permaneceram, em sua maioria, até o século XII, reunidos sob a apelação comum de "terra de lei dinamarquesa" (*Danelaw*). Mas a região assim denominada se estendia muito além dos limites dentro dos quais a toponímia revela um povoamento escandinavo intenso. O fato é que, em cada território, os usos reinantes eram determinados pelas grandes assembleias judiciárias locais, nas quais os poderosos, fossem eles de outra origem que não a da massa, tinham voz preponderante. Na Normandia, se o vassalo continuou, por algum tempo, a ser designado pelo termo importado *dreng* e se, além disso, a legislação de paz conservou, até o fim, uma marca escandinava, essas sobrevivências são do tipo que não permite, a respeito da amplitude da imigração, qualquer conclusão certa: isso porque o vocabulário da vassalagem interessava somente a um meio bastante restrito e a ordem pública era, por sua essência, assunto do príncipe.[42] Em seu conjunto, e exceção feita, como veremos mais adiante, a certas particularidades relativas à hierarquia das classes militares, o direito normando perdeu muito rapidamente qualquer cor étnica original. A própria concentração da autoridade nas mãos dos duques, que, desde cedo, decidiram adotar os costumes do alto baronato francês, era certamente mais favorável à assimilação jurídica do que, no Danelaw, o fracionamento dos poderes.

Em ambos os lugares, para medir a ação em profundidade da ocupação escandinava, é para a estrutura de grupos inferiores em dimensão à província ou ao condado que é preciso, de preferência, olhar: os burgos ingleses, dentre os quais muitos, como Leicester e Stamford, mantiveram uma longa fidelidade às tradições judiciárias dos guerreiros e dos mercadores que lá haviam se estabelecido no momento da invasão; e, sobretudo, as pequenas coletividades rurais, na Normandia e na Inglaterra.

O conjunto das terras dependentes da casa camponesa chamava-se, na Dinamarca da Idade Média, *bol*. A palavra migrou para a Normandia, onde se fixou mais tarde, em certos nomes de lugares ou então adquiriu o sentido de cerca, abarcando, ao lado da horta ou do pomar, os edifícios de exploração. Na planície de Caen e em grande parte do Danelaw, um mesmo termo designa, no interior das terras, os feixes de parcelas alongadas, uma ao lado da outra, seguindo uma orientação paralela: *delle* em Caen, *dale* no Danelaw. Tão notável coincidência, entre duas zonas sem relações diretas entre si, não poderia explicar-se senão por uma influência étnica comum. A região de Caux distingue-se das regiões francesas vizinhas pela forma particular de seus campos, que são grosseiramente quadrados e distribuídos como que ao acaso; essa originalidade parece supor um remanejamento rural, posterior ao povoamento do entorno. Na Inglaterra "dinamarquesa", o abalo foi grave o

---

41. Leis de Edgar, IV, 2, 1.
42. Sobre a palavra *dreng*, STEENSTRUP. *Normandiets Historie under de syv förste Hertuger 9111066* (com um resumo em francês) em "Mémoires de l'Académie royale des sciences et des lettres de Danemark", 7ª série, Sect. des Lettres, t. V, n. 1, 1925, p. 268. Sobre a legislação de paz, YVER. *L'interdiction de la guerre privée dans le très ancien droit normand* (Resumo dos trabalhos da semana de história de direito normando), Caen, 1928. Vale a pena ler também o artigo de K. Amira (a respeito de STEENSTRUP. *Normannerne*, t. I): *Die Anfänge des normannischen Rechts*, em *Hist. Zeitschrift*, t. XXXIX, 1878.

bastante para levar ao desaparecimento da unidade agrária primitiva, a *hide*, e à sua substituição por outro padrão menor, a "charruada".[43] Teriam alguns chefes, satisfeitos em ocupar, acima dos camponeses nascidos na mesma terra, o lugar dos antigos senhores, tido o desejo ou a força de transformar dessa forma o modesto léxico dos campos e alterar os limites das jurisdições?

Isso não é tudo. Entre a estrutura social do Danelaw e a da Normandia, um traço comum se evidencia, denunciando um profundo parentesco entre as instituições. Quanto ao vínculo servil, que, no resto da França do Norte, estabelecia entre o senhor e seu "homem" um elo hereditário tão forte e tão rígido, os campos normandos não o conheceram, ou então, talvez, caso tivesse começado a se formar, antes da época de Rolão, seu desenvolvimento teria cessado por completo. Da mesma forma, a Inglaterra do Norte e do Nordeste foi, por muito tempo, caracterizada pela extensão das franquias camponesas. Entre os pequenos cultivadores, embora fossem justiçáveis por tribunais senhoriais, muitos gozavam do *status* de homens plenamente livres; podiam mudar à vontade de senhoria; alienavam, em todo caso, suas terras a seu gosto e, no conjunto, submetiam-se a tributos menos pesados e mais bem definidos do que aqueles cujo peso incidia sobre alguns de seus vizinhos menos favorecidos, isto é, fora das terras "dinamarquesas", sobre a maioria dos camponeses.

Ora, é certo que, na época dos *vikings*, o regime senhorial era absolutamente estranho aos povos escandinavos. Teriam, entretanto, conquistadores, que, pouco numerosos, tivessem se limitado a viver do trabalho das populações derrotadas, rejeitado mantê-las na antiga sujeição? Que os invasores tenham transportado, para suas novas possessões, seus hábitos tradicionais de independência camponesa é algo que supõe evidentemente um povoamento mais massivo; não era uma servidão desconhecida na pátria-mãe que os guerreiros comuns tinham vindo buscar ali tão longe, ao trocarem, após a partilha do solo, a lança pela charrua ou pela enxada. Certamente, a posteridade dos primeiros a chegar teve de aceitar, com bastante rapidez, alguns dos quadros de comando impostos pelas condições ambientes. Os chefes imigrados esforçaram-se em imitar o frutuoso exemplo de seus pares de outra raça. Uma vez reinstalada, a Igreja, que extraía das receitas senhoriais a melhor parte de sua subsistência, agiu de forma análoga. Nem a Normandia, nem o Danelaw constituíram regiões sem senhoria. Mas, por vários séculos, a subordinação permaneceu, lá, menos estrita e menos generalizada que alhures.

Assim, tudo conduz às mesmas conclusões. Não há imagem mais falsa do que a que consiste em imaginar, a exemplo dos companheiros "franceses" de Guilherme, o Conquistador, os imigrantes escandinavos unicamente sob o aspecto de uma classe de chefes. Certamente, na Normandia, assim como na Inglaterra do Norte e do Nordeste, muitos guerreiros camponeses, semelhantes aos representados na estela sueca, desembarcaram das naus do Norte. Estabelecidos ora nos espaços subtraídos aos antigos ocupantes ou abandonados pelos fugitivos, ora nos interstícios do hábitat primitivo, esses colonos foram suficientemente numerosos para criar ou renomear aldeias inteiras, difundir a seu redor

---

43. Contrariamente à opinião geral dos eruditos ingleses, Jolliffe se recusa – injustamente, em minha opinião – a reconhecer na "charruada" da Inglaterra do Nordeste um efeito do abalo causado pela invasão escandinava; ver, particularmente, *The era of the folk*, em *Oxford Essays in medieval history presented to H. E. Salter*, 1934.

seu vocabulário e sua onomástica, e modificar, em alguns pontos vitais, a organização agrária e até mesmo a estrutura das sociedades camponesas, aliás, já profundamente abaladas pela invasão.

Na França, entretanto, a influência escandinava foi, em seu conjunto, menos forte e, exceto na vida rural, que é, por natureza, conservadora, ela se revelou menos durável do que em solo inglês. Neste ponto, o testemunho da arqueologia confirma os que foram anteriormente invocados. A despeito da lamentável imperfeição de nossos inventários, não se deve duvidar de que os vestígios da arte nórdica sejam, na Normandia, muito mais raros do que na Inglaterra. Diversas razões explicam esses contrastes. A menor extensão da região escandinavizada francesa tornava-a mais suscetível às ações externas. A oposição, muito mais acentuada, entre a civilização autóctone e a civilização importada, pelo próprio fato de não favorecer as trocas entre as duas, levava à assimilação pura e simples da menos resistente das duas. Provavelmente, a região sempre fora mais povoada; consequentemente, exceto no Roumois e no Caux, horrivelmente devastados, os grupos indígenas remanescentes após a invasão apresentavam maior densidade. Por fim, tendo chegado em algumas levas, durante um período bastante curto – ao passo que, na Inglaterra, o afluxo, por ondas sucessivas, se estendera por mais de dois séculos –, os invasores certamente foram, mesmo em proporção ao terreno ocupado, sensivelmente menos numerosos.

4. O APORTE HUMANO: PROBLEMAS DE PROVENIÊNCIA

Povoamento, mais ou menos intensivo, pelas populações do Norte, sim, mas de que regiões exatamente? Mesmo para os contemporâneos, a discriminação nem sempre se mostrava fácil. Entre um dialeto escandinavo e outro, era possível compreender-se sem grande dificuldade e os primeiros bandos, sobretudo aqueles compostos de aventureiros reunidos para a pilhagem, eram provavelmente muito misturados. Entretanto, cada um dos diferentes povos possuía suas próprias tradições e o sentimento sempre vivaz que tinham de sua individualidade nacional parece, de fato, ter-se intensificado à medida que se constituíam os grandes reinos na pátria-mãe. Nos campos de conquista, duras guerras opuseram dinamarqueses e noruegueses. Esses irmãos inimigos disputaram sucessivamente as Hébridas, os pequenos reinos da costa irlandesa e o de York e, nos Cinco Burgos, as guarnições dinamarquesas convocaram, contra o exército rival, o rei inglês do Wessex.[44] Esse particularismo, que se fundava em diferenças por vezes profundas entre os costumes étnicos, torna apenas mais desejável poder determinar, para cada possessão, a origem precisa dos invasores.

Entre os conquistadores da Inglaterra, na época de Canuto, estavam, como vimos, alguns suecos. Outros tomaram parte da pilhagem dos Estados francos: caso de Gudmar, cujo cenotáfio, na província de Södermanland, evoca a morte "lá, a Oeste, na Gália".[45] A maioria de seus compatriotas, entretanto, preferiu outros caminhos: as margens orientais

---

44. Cf. MAWER, Allen. *The redemption of the five boroughs*, em *Engl. Hist. Rev.*, t. XXXVIII, 1923.
45. MONTELIUS. *Sverige Och Vikingafäderna västernt* (A Suécia e as expedições dos *vikings* rumo ao Oeste), p. 20.

ou meridionais do Báltico eram demasiado próximas, e as presas oferecidas pelos mercados dos rios russos demasiado tentadoras para não reterem sua preferência. Familiarizados com a rota marítima que contornava a Grã-Bretanha pelo norte, os noruegueses forneceram o maior contingente à colonização dos arquipélagos espalhados ao longo de todo esse périplo, assim como à colonização da Irlanda. Foi deste ponto, mais ainda do que da península escandinava, que partiram para a conquista da Inglaterra. Explica-se, assim, que tenham sido quase os únicos invasores a povoarem os condados da costa ocidental, da baía de Solway ao Dee. Mais para o interior das terras, identificam-se ainda seus traços, relativamente numerosos no oeste do Yorkshire, muito mais raros no restante deste condado e em torno dos Cinco Burgos. Mas, nessas terras, encontram-se sempre misturados aos povoamentos dinamarqueses. Estes, em toda a zona mista, foram, no conjunto, infinitamente mais densos. Visivelmente, a maioria dos imigrantes instalados em solo inglês pertencia ao mais meridional dos povos escandinavos.

A respeito da Normandia, as fontes narrativas são de uma pobreza desesperadora. Pior, elas se contradizem: enquanto os duques parecem ter apresentado a si próprios como sendo de origem dinamarquesa, uma saga nórdica faz de Rolão um norueguês. Restariam os testemunhos da toponímia e dos costumes agrários; tanto uns como outros foram, até o momento, insuficientemente investigados. A presença de elementos dinamarqueses parece certa, assim como a de homens da Noruega do Sul. Mas em que proporções? E segundo que repartição geográfica? Por enquanto, isso é o que é impossível dizer; e se ouso indicar que os contrastes tão nítidos entre, de um lado, as terras da região do Caux e, de outro, as da planície de Caen poderiam, afinal, ser reduzidos a uma diferença de povoamento – os campos irregulares do Caux lembrando os da Noruega, os campos alongados do Bessin os da Dinamarca –, arrisco tal hipótese, ainda bastante frágil, apenas por fidelidade a um propósito muito caro: a vontade de jamais permitir ao leitor esquecer que a história ainda possui todo o charme de uma escavação inacabada.

5. OS ENSINAMENTOS

Constituem fatos surpreendentes que um punhado de bandidos, empoleirados em uma colina provençal, tenha conseguido, durante quase um século, espalhar insegurança por todo um maciço montanhoso e barrar parcialmente algumas das rotas vitais da cristandade; que, por um tempo ainda maior, pequenas hordas de cavaleiros da estepe tenham sido deixadas livres para devastar o Ocidente, em todos os sentidos; que, ano após ano, desde Luís, o Pio, até os primeiros capetíngios, ou mesmo, na Inglaterra, até Guilherme, o Conquistador, os barcos do Norte tenham impunemente trazido às costas germânicas, gaulesas ou britânicas bandos ávidos pela pilhagem; que, para apaziguar esses bandidos, fossem quem fossem, tenha sido necessário pagar-lhes pesados resgates e finalmente ceder, aos mais temíveis dentre eles, terras extensas. Assim como os progressos da doença revelam ao médico a vida secreta de um corpo, aos olhos do historiador, a marcha vitoriosa de uma grande calamidade adquire, perante a sociedade de tal forma atingida, todo o valor de um sintoma.

Era pelo mar que os sarracenos do Freinet recebiam seus reforços; suas ondas traziam as naus dos *vikings* até os campos de caça familiares. Fechá-lo aos invasores teria sido, sem dúvida alguma, o meio mais seguro de prevenir suas devastações. Assim ocorreu com os árabes da Espanha, que interditaram as águas meridionais aos piratas escandinavos, e, mais tarde, com as vitórias da frota finalmente criada pelo rei Alfredo, ou ainda, no século XI, com a varredura do Mediterrâneo pelas cidades italianas. Ora, de início, pelo menos, os poderes de comando cristãos manifestaram, a esse respeito, uma incapacidade quase unânime. Não imploraram os senhores da costa provençal, onde se alojam hoje tantas aldeias de pescadores, pelo socorro da longínqua marinha grega? Não se pode dizer que os príncipes careciam de navios de guerra. No estado em que se encontrava a arte naval, teria seguramente bastado requisitar barcos de pesca e de comércio ou solicitar, se necessário, para obter outros mais aperfeiçoados, os serviços de alguns calafates; qualquer população de marinheiros teria fornecido as equipagens. Mas o Ocidente parecia estar então quase totalmente desacostumado com as coisas do mar e essa estranha carência não é a menos curiosa das revelações oferecidas pela história das invasões. No litoral da Provença, os burgos, antes, na época dos romanos, instalados à beira das angras, haviam sido levados para o interior.[46] Alcuíno, na carta que escreveu ao rei e aos grandes da Nortúmbria, após a primeira pilhagem, a de Lindisfarne, escreveu algo que dá o que pensar: "jamais", disse ele, "se teria acreditado na possibilidade de tal navegação".[47] Tratava-se, no entanto, apenas de atravessar o mar do Norte! Quando, após um intervalo de quase um século, Alfredo decidiu combater os inimigos em seu próprio elemento, teve de recrutar uma parte de seus marinheiros na Frísia, cujos habitantes eram, de longa data, especializados no ofício, mais ou menos abandonado por seus vizinhos, da navegação de cabotagem ao longo das margens setentrionais. A marinha indígena só foi verdadeiramente organizada por seu bisneto Edgar (959-975).[48] A Gália mostrou-se ainda mais lenta em aprender a olhar para além de suas falésias ou de suas dunas. É significativo que, em sua fração mais considerável, o vocabulário marítimo francês, ao menos no Oeste, seja de formação tardia e constituído de empréstimos do escandinavo ou mesmo do inglês.

Uma vez em terra firme, os bandos sarracenos ou normandos, assim como as hordas húngaras, eram particularmente difíceis de deter. Só é possível manter facilmente a segurança aí onde os homens vivem próximos uns dos outros. Ora, naquele tempo, mesmo nas regiões mais favorecidas, a população, à luz de nossas medidas atuais, apresentava apenas uma fraca densidade. Por todos os lados, espaços vazios, charnecas e florestas ofereciam caminhos propícios às surpresas. Esses matagais pantanosos que, um dia, ocultaram a fuga do rei Alfredo, podiam também encobrir a marcha dos invasores. Em suma, o

---

46. DUPRAT, E.-H. *A propos de l'itinéraire maritime: I, Citharista, La Ciotat*, em Mém. de l'Institut Historique de Provence, t. IX, 1932.
47. *Ep. 16, (Monum. Germ., E. E., t. IV)*, p. 42.
48. Sobre essa lentidão do desenvolvimento marítimo da Inglaterra, cf. LIEBERMANN, F. *Matrosenstellung aus Landgütern der Kirche London um 1000* em *Archiv für das Studium der neueren Sprachen*, t. CIV, 1900. A batalha naval travada, em 851, pela gente do Kent constitui um fato isolado; da mesma forma, nesse setor do litoral, as relações com os portos, muito próximos, da Gália, haviam certamente alimentado uma vida marítima menos morosa do que alhures.

obstáculo era o mesmo que enfrentavam, há pouco, nossos oficiais, quando se esforçavam em manter a segurança nos confins marroquinos ou na Mauritânia*, embora multiplicado, é claro, pela ausência de qualquer autoridade superior capaz de controlar eficazmente extensões tão vastas.

Nem os sarracenos, nem os normandos se armavam melhor do que seus adversários. Nos túmulos dos *vikings*, as mais belas espadas carregam as marcas de uma fabricação franca. São os "gládios de Flandres" de que tanto falam as lendas escandinavas. Os mesmos textos enfeitam comumente as cabeças de seus heróis com "elmos *welches*"**. Andarilhos e caçadores da estepe, os húngaros eram provavelmente melhores cavaleiros e, sobretudo, melhores arqueiros do que os ocidentais; assim mesmo, foram, por muitas vezes, derrotados em batalha campal. Se os invasores detinham uma superioridade militar, ela era muito menos de natureza técnica do que de origem social. Assim como, mais tarde, os mongóis, os húngaros eram formados para a guerra por seu próprio gênero de vida. "Quando os dois lados se equivalem pelo número e pela força, o mais acostumado à vida nômade obtém a vitória." A observação é do historiador árabe Ibn-Khaldoun.[49] Ela teve, no mundo antigo, um alcance quase universal, pelo menos até o dia em que os sedentários puderam apelar para os recursos de uma organização política aperfeiçoada e de um armamento verdadeiramente científico. O fato é que o nômade é um "soldado nato", sempre pronto para partir em campanha com seus meios ordinários, seu cavalo, seu equipamento, seus suprimentos, sendo, além disso, dotado de um instinto estratégico do espaço, em geral grandemente desconhecido dos sedentários. Quanto aos sarracenos e, sobretudo, aos *vikings*, seus destacamentos foram, desde o início, expressamente constituídos para o combate. O que podiam fazer, diante dessas tropas ferozes, as levas improvisadas, reunidas apressadamente nos quatro cantos de uma terra já invadida? Comparemos, nos relatos das crônicas inglesas, o ardor do *here* – o Exército dinamarquês – com a imperícia do *flyrd* anglo-saxão, milícia pesada da qual só se obtém uma ação minimamente prolongada, permitindo, por meio de um sistema de revezamentos, o retorno periódico de cada homem à sua terra. Esses contrastes, é verdade, foram, sobretudo, intensos no início. À medida que os *vikings* se transformavam em colonos, e os húngaros em volta do Danúbio em camponeses, novos problemas vieram entravar seus movimentos. De resto, não havia também o Ocidente, com o sistema de vassalagem ou de feudo, rapidamente dotado a si próprio de uma classe de combatentes profissionais? A incapacidade demonstrada, em resumo, até o fim, por esse mecanismo montado para a guerra, em fornecer os meios de uma resistência verdadeiramente eficaz diz muito sobre seus defeitos internos.

Mas esses soldados profissionais consentiam realmente em lutar? "Todo mundo fugiu", escrevia, em 862 ou um pouco depois, o monge Ermentário.[50] De fato, até entre os homens

---

*. Bloch faz alusão às intervenções militares no Marrocos e na Mauritânia, duas colônias francesas, visando à sua "pacificação", concretizada em 1934. (N.T.)
**. *Welche* ou *velche*: termo que designa, para povos de língua germânica, aquilo que é estrangeiro. No caso, o termo se refere, de modo mais específico, à proveniência gaulesa ou celta dos objetos em questão. (N.T.)
49. *Prolégomènes*, trad. SLANE, t. I, p. 291. Sobre os mongóis, ver as finas observações de GRENARD em *Annales d'hist. économ.*, 1931, p. 564, de onde extraio algumas expressões.
50. *Monuments de l'histoire des abbayes de Saint-Philibert*, ed. Poupardin, p. 62.

aparentemente mais treinados, os primeiros invasores parecem ter produzido uma impressão de terror cujos efeitos paralisantes evocam irresistivelmente os relatos dos etnógrafos sobre a fuga desvairada de algumas tribos primitivas, no entanto muito belicosas, diante de qualquer estrangeiro[51]: embora corajosas perante o perigo familiar, as almas rústicas são comumente incapazes de suportar a surpresa e o mistério. Quanto ao monge de Saint-Germain-des-Prés que, logo após o evento, relatou a subida do Sena, em 845, pelos barcos normandos, basta ver de que maneira perturbada observa "que jamais se ouvira falar de algo semelhante, nem lido nada igual nos livros".[52] Essa emotividade era alimentada pela atmosfera de lenda e de apocalipse que inundava os cérebros. Rémi de Auxerre relata que "inúmeras pessoas" acreditavam reconhecer nos húngaros os povos de Gogue e Magogue, anunciadores do Anticristo.[53] A própria ideia, universalmente difundida, segundo a qual essas calamidades eram um castigo divino conduzia a abaixar a cabeça. As cartas que Alcuíno enviou para a Inglaterra após o desastre de Lindisfarne são apenas exortações à virtude e ao arrependimento; sobre a organização da resistência, nenhuma palavra. Aí também, entretanto, é do período mais antigo que datam os exemplos de covardia verdadeiramente atestada. Mais tarde, readquiriu-se um pouco mais de coragem.

A verdade profunda é que os chefes eram muito menos incapazes de combater, quando sua própria vida ou seus bens estavam em jogo, do que de organizar metodicamente a defesa e – com algumas poucas exceções – de compreender os elos entre o interesse particular e o interesse geral. Ermentário não estava, de modo algum, errado, quando, entre as causas das vitórias escandinavas, situava suas "dissensões" ao lado da poltronaria e do "torpor" dos cristãos. Que os horríveis bandidos do Freinet tenham visto um rei da Itália pactuar com eles; que outro rei da Itália, Berengário I, tenha tomado húngaros a seu serviço, e o rei da Aquitânia, Pepino II, normandos; que os parisienses tenham, em 885, lançado *vikings* sobre a Borgonha; que a cidade de Gaeta, por muito tempo aliada dos sarracenos do monte Argento, tenha consentido, apenas contra a cessão de terras e ouro, a dar seu apoio à liga formada para caçar esses bandidos: esses episódios, assim como muitos outros, projetam uma luz singularmente cruel sobre a mentalidade comum. Apesar de tudo, esforçavam-se os soberanos em lutar? Muito frequentemente, a iniciativa era frustrada, tal como, em 881, a de Luís III, que, tendo construído um castelo sobre o Escalda para fechar a rota aos normandos, "não pôde encontrar ninguém para defendê-lo". Não há qualquer hoste real para a qual não se teria podido, ao menos, repetir o que, provavelmente não sem uma ponta de otimismo, um monge parisiense dizia sobre o recrutamento de 845: entre os guerreiros convocados, muitos vieram, mas não todos.[54] Mas o caso mais revelador é certamente o de Otão, o Grande, que, mais poderoso dentre todos os monarcas de seu tempo, jamais conseguiu reunir a pequena tropa cuja ofensiva teria posto fim à desordem do Freinet. Se, na Inglaterra, os reis do Wessex travaram corajosa e eficazmente, até a derrocada final, o bom combate contra os dinamarqueses e se, na Alemanha, Otão fez o mesmo contra os

---

51. Cf., por exemplo, L. LÉVY-BRUHL. *La mentalité primitive*, p. 377.
52. *Analecta Bollandiana*, 1883, p. 71.
53. MIGNE, *P. L.*, t. CXXXI, col. 966.
54. *Analecta Bollandiana*, 1883, p. 78.

húngaros, no conjunto do território, a única resistência verdadeiramente eficaz veio, antes, dos poderes regionais que, mais fortes do que a realeza por estarem mais próximos do material humano e menos movidos por ambições demasiadamente vastas, se constituíam lentamente acima da miríade das pequenas senhorias.

Por mais rico em ensinamentos que seja o estudo das últimas invasões, não se deve, entretanto, deixar que suas lições mascarem um fato ainda mais considerável: a interrupção das próprias invasões. Até então, essas devastações por hordas vindas de fora e esses movimentos populacionais haviam verdadeiramente conferido à história do Ocidente, assim como à do resto do mundo, sua trama. Doravante, o Ocidente se verá isento delas, diferentemente, ou quase, do resto do mundo. Nem os mongóis, nem os turcos fariam, mais tarde, algo mais do que roçar suas fronteiras. Ele conhecerá, por certo, discórdias, mas de forma hermética. Daí a possibilidade de uma evolução cultural e social muito mais regular, sem a fissura resultante de um ataque externo ou de um afluxo humano estrangeiro. Basta ver, por contraste, o destino da Indochina, onde, no século XIV, o esplendor dos *chams* e dos *khmers* desabou sob as investidas dos invasores anamitas ou siameses; e, sobretudo, o caso mais recente da Europa Oriental, pisoteada, até os tempos modernos, pelos povos da estepe e pelos turcos. Perguntemo-nos, por um instante, o que teria sido o destino da Rússia sem os polovetsianos e os mongóis. Não é proibido imaginar que essa extraordinária imunidade, cujo privilégio partilhamos tão somente com o Japão, foi um dos fatores fundamentais da civilização europeia, no sentido profundo, no sentido exato da palavra.

Segundo Livro
As condições de vida e a atmosfera mental

CAPÍTULO I
Condições materiais e aspecto econômico

1. AS DUAS IDADES FEUDAIS

O arcabouço de instituições que rege uma sociedade não poderia, em última instância, explicar-se senão pelo conhecimento do meio humano como um todo. Isso porque a ficção de trabalho que, quanto ao ser de carne e sangue, nos obriga a conceber esses fantasmas – *homo œconomicus, philosophicus, juridicus* – é certamente necessária, mas suportável apenas caso nos recusemos a nos deixarmos iludir por ela. É por isso que, a despeito da presença, na mesma coleção, de outros volumes consagrados aos diferentes aspectos da civilização medieval, não nos pareceu que as descrições, assim empreendidas sob ângulos diferentes do nosso, pudessem nos dispensar de relembrar aqui os traços fundamentais do clima histórico que foi o da feudalidade europeia. Será preciso acrescentar que, ao inserir esta exposição quase no início do livro, não pretendemos, de modo algum, postular, em favor das ordens de fatos que serão aqui brevemente retraçadas, alguma preeminência ilusória qualquer. Quando se trata de confrontar dois fenômenos particulares, pertencentes a séries distintas –certa repartição do hábitat, por exemplo, e algumas formas dos grupos jurídicos –, o problema delicado da causa e do efeito seguramente emerge. Em compensação, confrontar, ao longo de uma evolução de muitos séculos, duas cadeias de fenômenos diferentes por natureza, para então dizer "eis, deste lado, todas as causas; eis, do outro, todos os efeitos", nada seria mais vazio de sentido do que semelhante dicotomia. Não é uma sociedade, tal como um espírito, tecida por perpétuas interações? Toda investigação possui, entretanto, seu próprio eixo. Pontos de chegada aos olhos de outras pesquisas de orientação diferente, a análise da economia ou da mentalidade constituem, para o historiador da estrutura social, um ponto de partida.

Nesse quadro preliminar, de objeto cientemente limitado, será preciso reter apenas o essencial e o menos sujeito à dúvida. Uma lacuna voluntária merece, entre todas as outras, uma explicação. O admirável florescimento artístico da era feudal, ao menos até o século XI, não constitui apenas, aos olhos da posteridade, a mais durável glória dessa época da humanidade. Ele funcionou então como linguagem para as formas mais elevadas de sensibilidade religiosa, assim como para essa interpenetração, tão característica, do sagrado e do profano, que não deixou testemunhos mais singelos do que algumas frisas ou alguns capitéis de igrejas. Foi também, muito frequentemente, como que o refúgio dos valores que não conseguiam manifestar-se alhures. É nas arquiteturas românicas que se deve procurar a sobriedade de que a epopeia era tão incapaz. A precisão de espírito que os notários, em seus documentos, não conseguiam alcançar presidia os trabalhos dos construtores de abóbadas. Mas as relações que unem aos demais aspectos de uma civilização a expressão plástica ainda são demasiadamente mal conhecidas; nós as vemos complexas e suscetíveis demais a retardamentos ou a divergências para que não tenha sido necessário, aqui, decidir deixar de lado os problemas suscitados por liames tão delicados e contradições aparentemente tão surpreendentes.

Seria, aliás, um erro grave abordar a "civilização feudal", quanto ao tempo, como um bloco ininterrupto. Certamente provocada ou possibilitada pelo fim das últimas invasões, mas justamente na medida em que era o resultado deste grande feito, com algumas gerações de atraso, uma série de transformações muito profundas e generalizadas é observada em meados do século XI. Não se tratou de um ponto de ruptura, por certo, mas de uma mudança de orientação que, a despeito de deslocamentos inevitáveis, segundo o país ou os fenômenos considerados, atingiu sucessivamente quase todas as curvas da atividade social. Houve, em uma palavra, duas idades "feudais" sucessivas, de aspectos muito diferentes. Esforçar-nos-emos, daqui em diante, em fazer justiça aos contrastes dessas duas fases, assim como a seus traços comuns.

2. A PRIMEIRA IDADE FEUDAL: O POVOAMENTO

É e sempre nos será impossível decifrar, ainda que aproximativamente, a população de nossas terras, durante a Primeira Idade Feudal. Havia, ademais, grandes variações regionais, constantemente acentuadas pelos sobressaltos das desordens sociais. Diante do verdadeiro deserto que, nos planaltos ibéricos, conferia aos confins da cristandade e do Islã toda a desolação de uma vasta "terra de ninguém", até mesmo em comparação com a antiga Germânia, onde se reparavam lentamente as brechas provocadas pelas migrações da idade precedente, os campos da Flandres ou da Lombardia apareciam como zonas relativamente favorecidas. Entretanto, qualquer que tenha sido a importância desses contrastes, assim como de suas repercussões em todas as nuances da civilização, o traço fundamental continua sendo o abatimento universal e profundo da curva demográfica. Incomparavelmente menos numerosos do que os vemos, em toda a superfície da Europa, não apenas desde o século XVIII, mas mesmo desde o século XII, os homens também eram, segundo todas as aparências, nas províncias antes sujeitas ao domínio romano, sensivelmente mais raros do que no esplendor do Império. Até mesmo nas cidades – dentre as quais as mais notáveis não reuniam mais do que alguns milhares de almas – terrenos baldios, jardins e até mesmo lavouras e pastos se insinuavam por todos os lados entre as casas.

Essa ausência de densidade ainda era agravada por uma repartição muito desigual. Seguramente, as condições físicas, assim como os hábitos sociais, conspiravam para manter, nos campos, profundas variedades entre os regimes de hábitat. Em alguns casos, as famílias ou, ao menos, algumas delas tinham se estabelecido bastante longe umas das outras, cada uma no centro de sua própria exploração: assim aconteceu no Limosino. Em outros, ao contrário, como na Île-de-France, elas se concentravam, quase todas, em aldeias. No conjunto, entretanto, a pressão dos chefes e, sobretudo, a preocupação com a segurança constituíam obstáculos a uma dispersão demasiadamente acentuada. As desordens da

Alta Idade Média haviam acarretado frequentes agrupamentos. Nessas aglomerações, os homens viviam colados uns aos outros. Mas elas se encontravam separadas por múltiplos vazios. Até mesmo a terra arável, da qual a aldeia extraía seu alimento, tinha de ser, proporcionalmente ao número de habitantes, muito mais vasta que nos dias de hoje, pois a agricultura era então uma grande devoradora de espaços. Nas lavouras, incompletamente cavadas e quase sempre privadas de adubo suficiente, as espigas não cresciam muito em tamanho, nem muito próximas umas das outras. Acima de tudo, o território nunca se via, de uma só vez, inteiramente coberto de frutos. Os sistemas de afolhamento mais aperfeiçoados exigiam que, a cada ano, metade ou um terço do solo cultivado permanecesse em repouso. Frequentemente, pousios e colheitas sucediam-se em uma alternância destituída de fixidez, que concedia à vegetação espontânea um tempo sempre maior do que ao período de cultivo; os campos, nesse caso, eram somente conquistas provisórias e breves sobre os terrenos baldios. Assim, no seio dos próprios terrenos, a natureza tendia sempre a prevalecer. Para além deles, envolvendo-os, penetrando-os, estendiam-se florestas, brejos e charnecas, imensas zonas selvagens, nas quais raramente o homem estava ausente por completo, mas que, na condição de carvoeiro, pastor, eremita ou fora da lei, ele frequentava apenas ao preço de um longo afastamento de seus semelhantes.

3. A PRIMEIRA IDADE FEUDAL: A VIDA DE RELAÇÕES

Entre os grupos humanos assim dispersos, as comunicações encontravam muitas dificuldades. O desmoronamento do Império Carolíngio acabava de arruinar o último poder inteligente o bastante para preocupar-se com obras públicas e poderoso o bastante para mandar realizar, ao menos, algumas delas. Mesmo as antigas vias romanas, menos solidamente construídas do que muitas vezes se imaginou, deterioravam-se por falta de manutenção. Um grande número de passagens, sobretudo, carecia de pontes, que não eram mais consertadas. Deve-se acrescentar a insegurança, aumentada pelo despovoamento que ela própria havia, em parte, provocado. Qual não foi a surpresa, em 841, na corte de Carlos, o Calvo, quando este príncipe viu chegarem a Troyes os mensageiros que lhe traziam da Aquitânia os ornamentos reais: um número tão pequeno de homens, encarregados de uma carga tão preciosa, atravessando, sem dificuldades, extensões tão vastas, infestadas de pilhagens por todos os lados![55] A crônica anglo-saxônica mostra-se muito menos surpresa quando relata como, em 1061, um dos maiores barões da Inglaterra, o conde de Tostig, foi preso às portas de Roma por um punhado de bandidos que exigiram resgate.

Comparada ao que nos oferece o mundo contemporâneo, a rapidez dos deslocamentos humanos, naquela época, nos parece ínfima. Ela não era, entretanto, de modo algum, sensivelmente mais fraca do que deveria permanecer até o fim da Idade Média, ou mesmo até o limiar do século XVIII. Diferentemente do que observamos hoje, era, de longe, no mar que ela era mais considerável. Trajetos de 100 a 150 km por dia não constituíam, para um navio, um recorde excepcional: desde que, é claro, os ventos não fossem demasiadamente desfavoráveis. Por terra, o percurso diário normal atingia, ao que parece, uma média

---

55. NITHARD. *Histoire des fils de Louis le Pieux*, ed. Lauer, II, c. 8.

de 30 a 40 km. E isso valia para um viajante não apressado: caravana de mercadores, grande senhor circulando de castelo em castelo ou de abadia em abadia, exército com suas bagagens. Um mensageiro ou um punhado de homens resolutos podiam, intensificando seus esforços, percorrer o dobro da distância ou até mais. Uma carta escrita por Gregório VII, em Roma, em 8 de dezembro de 1075, chegou em Goslar, junto ao Harz, em 1º de janeiro do ano seguinte; seu portador percorrera, em linha reta, cerca de 47 km por dia, o que, na realidade, representava, evidentemente, muito mais. Para viajar sem muito cansaço nem lentidão, era preciso alguma montaria ou um veículo: um cavalo ou uma mula não apenas andam mais rápido do que um homem, como também se acomodam melhor aos desníveis do terreno. Isso explica a interrupção sazonal de muitas ligações, menos por conta do mau tempo do que pela falta de forragens: os *missi* carolíngios já faziam questão de não iniciar suas viagens antes do crescimento da grama.[56] No entanto, assim como na África de hoje, um pedestre treinado conseguia transcorrer, em poucos dias, distâncias surpreendentemente longas, e certamente superava determinados obstáculos mais rápido do que um cavaleiro. Ao organizar sua segunda expedição na Itália, Carlos, o Calvo, pensou em assegurar suas ligações com a Gália através dos Alpes, em parte, por meio do recurso a mensageiros corredores.[57]

Más e pouco seguras, essas estradas ou essas pistas nem por isso eram desertas. Muito pelo contrário. Aí onde os transportes são difíceis, o homem se dirige até a coisa, mais facilmente do que esta lhe é enviada. Acima de tudo, nenhuma instituição e nenhuma técnica podiam substituir o contato pessoal entre os seres humanos. Teria sido impossível governar o Estado do fundo de um palácio: para manter um país, não havia outro meio senão cavalgar sem tréguas, em todos os sentidos. Os reis da Primeira Idade Feudal mataram-se, literalmente, de tanto viajarem. Ao longo, por exemplo, de um ano que nada tem de excepcional – 1033 –, vê-se o imperador Conrado II passar sucessivamente da Borgonha para a fronteira polonesa e, daí, para a Champanhe, para então regressar à Lusácia. O barão circulava constantemente, com seu séquito, entre uma e outra de suas terras. Não era apenas para melhor vigiá-las. Era preciso vir consumir no local os víveres, cujo transporte para um centro comum teria sido tão incômodo quanto dispendioso. Sem correspondentes, a quem teria podido delegar o cuidado de comprar ou vender, e mais ou menos certo de jamais encontrar reunida, em um mesmo local, uma clientela suficiente para assegurar seu lucro, todo mercador era um mascate, um "pé empoeirado", que perseguia a fortuna por montes e vales. Sedento de ciência ou de ascese, o clero tinha de percorrer a Europa em busca do mestre desejado: Gerberto de Aurillac aprendeu matemática na Espanha e filosofia em Reims; o inglês Estêvão Harding o monaquismo perfeito na abadia de Molesmes, na Borgonha. Antes dele, São Eudes, o futuro abade de Cluny, percorrera a França na esperança de nela descobrir uma casa em que se vivesse de acordo com a regra.

Ademais, a despeito da velha hostilidade da lei beneditina pelos "giróvagos", os monges maus que continuamente "vagabundeiam em círculos", tudo, na vida clerical, favorecia esse

---
56. LOUP DE FERRIÈRES. *Correspondance*, ed. Levillain, t. I, n. 41.
57. *Capitularia*, t. II, n. 281, c. 25.

nomadismo: o caráter internacional da Igreja; o uso, entre padres ou monges instruídos, do latim como língua comum; as afiliações entre monastérios; a dispersão de seus patrimônios territoriais; por fim, as "reformas" que, abalando periodicamente esse grande corpo eclesiástico, faziam dos primeiros locais atingidos pelo espírito novo, ao mesmo tempo, polos de atração, aos quais se vinha de todas as partes para buscar a boa regra, e centros de dispersão, de onde os zelotes partiam para a conquista da catolicidade. Quantos estrangeiros não foram assim acolhidos em Cluny! Quantos clunisianos não emigraram para países estrangeiros! Sob Guilherme, o Conquistador, quase todas as dioceses e quase todas as grandes abadias da Normandia, que as primeiras ondas do despertar "gregoriano" começavam a alcançar, tinham à sua cabeça italianos ou lorenos; antes de ocupar seu cargo neustriano, o arcebispo de Rouen, Maurille, originário de Reims, estudara em Liège, ensinara na Saxônia e praticara na Toscana a vida eremítica.

Mas as pessoas humildes tampouco eram raras nos caminhos do Ocidente: fugitivos, expulsos pela guerra ou pela penúria; caçadores de aventuras, meio-soldados e meio-bandidos; camponeses que, ávidos por uma existência melhor, esperavam encontrar, longe de sua pátria de origem, alguns campos para arrotear; e, por fim, peregrinos. Isso porque a própria mentalidade religiosa incitava aos deslocamentos, e mais de um bom cristão, rico ou pobre, clérigo ou leigo, pensava não poder alcançar a salvação do corpo ou da alma senão ao preço de uma viagem longínqua.

A característica das boas estradas, como muitas vezes se observou, consiste em promover o vazio a seu redor, em seu proveito. Na época feudal, em que todas eram ruins, não havia uma sequer que fosse capaz de monopolizar de tal forma o tráfego. Seguramente, as adversidades do relevo, a tradição, a presença aqui de um mercado e lá de um santuário favoreciam certos traçados, mas com muito menos fixidez do que puderam crer os historiadores de influências literárias ou estéticas. Um evento fortuito – acidente material, exações de um senhor com problemas de dinheiro – bastava para desviar a corrente, às vezes permanentemente. A construção de um castelo sobre a antiga via romana, nas mãos de uma raça de cavaleiros saqueadores – os senhores de Méréville –, o estabelecimento do priorado dionisiano de Toury a algumas léguas de distância onde mercadores e peregrinos encontravam, ao contrário, uma boa acolhida: eis o suficiente para desviar definitivamente para o Oeste o trecho da estrada de Paris a Orléans que passava pela Beauce, infiel dali em diante às lajes antigas. Acima de tudo, entre a partida e a chegada, o viajante podia quase sempre escolher entre vários itinerários, dentre os quais nenhum se impunha absolutamente. A circulação, em uma palavra, não era canalizada em função de algumas grandes artérias; ela se espalhava, caprichosamente, por uma multidão de pequenos vasos. Não havia castelo, burgo ou monastério, por mais afastado que fosse, que não pudesse esperar receber, por vezes, a visita de errantes, elos vivos com o mundo vasto. Raros, em contrapartida, eram os locais em que essas passagens ocorriam com regularidade.

Assim, os obstáculos e os perigos da estrada não impediam, de modo algum, os deslocamentos. De cada um deles, porém, fazia-se uma expedição, quase uma aventura. Se, portanto, os homens, sob a pressão da necessidade, não temiam empreender viagens bastante longas – talvez as temessem menos do que em séculos mais recentes –, eles hesitavam diante dessas idas e vindas repetidas, de curto alcance, que, em outras civilizações, constituem como que a trama da vida cotidiana: esse era o caso, sobretudo, quando se tratava de pessoas modestas, sedentárias por ofício. Disso decorria uma estrutura, a nossos olhos, surpreendente, do sistema de ligações. Não havia canto algum na terra que não tivesse alguns contatos, de modo intermitente, com esse tipo de movimento browniano*, ao mesmo tempo perpétuo e inconstante, que atravessava toda a sociedade. Em contrapartida, entre duas aglomerações muito próximas, as relações eram muito mais raras, e o distanciamento humano, ousaríamos dizê-lo, infinitamente mais considerável do que é hoje. Se, segundo o ângulo pelo qual se a considera, a civilização da Europa feudal parece ora maravilhosamente universalista, ora particularista ao extremo, essa antinomia encontrava sua fonte, acima de tudo, em um regime de comunicações tão favorável à propagação longínqua de correntes de influência muito gerais quanto rebelde, no detalhe, à ação uniformizadora das relações de vizinhança.

O único serviço de transporte de cartas mais ou menos regular que tenha funcionado durante a era feudal inteira unia Veneza a Constantinopla. Era praticamente estranho ao Ocidente. Os últimos esforços para manter a serviço do príncipe um sistema de revezamentos, segundo o modelo legado pelo governo romano, desapareceram com o Império Carolíngio. É significativo da desorganização geral o fato de terem os próprios soberanos alemães, herdeiros autênticos desse Império e de suas ambições, carecido da autoridade ou da inteligência necessárias para ressuscitar uma instituição, no entanto, tão indispensável ao comando de vastos territórios. Soberanos, barões e prelados tinham de confiar suas correspondências a mensageiros enviados expressamente para esse propósito. Ou então – principalmente entre as pessoas menos elevadas em dignidade – se recorria à cortesia dos transeuntes, tais como os peregrinos que se encaminhavam para Santiago da Galícia.[58] A lentidão relativa dos mensageiros e as desventuras que, a cada passo, ameaçavam detê-los faziam com que apenas o poder local fosse um poder eficaz. Levado a tomar constantemente as mais graves iniciativas – a história dos legados pontificais é, a esse respeito, rica em ensinamentos –, todo representante local de um grande chefe tendia, por uma inclinação demasiadamente natural, a tomá-las em seu próprio proveito e a converter-se, finalmente, em dinasta independente.

Para saber o que se passava ao longe, era preciso que cada um, fosse qual fosse sua posição, contasse com o acaso dos encontros. A imagem do mundo contemporâneo que carregavam consigo os homens mais informados apresenta muitas lacunas; pode-se ter uma ideia delas pelas omissões de que não escapam sequer os melhores dentre os anais monásticos, que são como que as atas dos pescadores de novidades. E essa imagem raramente era exata. Não é, por exemplo, surpreendente ver um personagem tão bem colocado para informar-se quanto o bispo Fulberto de Chartres se surpreender ao receber, para sua igreja, presentes de Canuto, o Grande: isso porque, confessa ele, acreditava ainda ser pagão

---

*. O *movimento browniano*, identificado pelo botânico escocês Robert Brown, corresponde ao deslocamento aleatório das partículas suspensas em um meio fluido. A expressão é aqui empregada metaforicamente para designar o caráter desordenado e aleatório dos deslocamentos humanos. (N.T.)

58. Cf. E. FARAL, em *Revue critique*, 1933, p. 454.

esse príncipe, no entanto, batizado desde a infância.[59] Muito adequadamente informado dos assuntos alemães, eis que o monge Lamberto de Hersfeld, quando passa para o relato de eventos graves ocorridos em sua época, na Flandres – região, no entanto, limítrofe do Império e, em parte, feudo imperial –, logo acumula as mais estranhas inverdades. Representações tão rudimentares constituem uma base medíocre para qualquer política de vastas ambições!

4. A PRIMEIRA IDADE FEUDAL: AS TROCAS

A Europa da Primeira Idade Feudal não vivia absolutamente fechada em si mesma. Mantinha, com as civilizações vizinhas, mais de uma corrente de trocas. A mais ativa provavelmente era a que a unia à Espanha muçulmana: constituem evidência disso as numerosas moedas de ouro árabes que penetravam, por essa via, pelo norte dos Pireneus e foram então suficientemente procuradas para tornarem-se objeto de frequentes imitações. O Mediterrâneo Ocidental, em contrapartida, não conhecia mais qualquer navegação de longo curso. As principais linhas de comunicação com o Oriente estavam alhures. Uma delas, marítima, passava pelo Adriático, ao fim do qual Veneza aparecia como um fragmento bizantino, inserido em um mundo estrangeiro. Por terra, a rota do Danúbio, por muito tempo obstruída pelos húngaros, encontrava-se quase deserta. Mais ao norte, porém, nas pistas que uniam a Baviera ao grande mercado de Praga e, a partir daí, seguiam, pelos aterros no flanco setentrional dos Cárpatos, até o Dniepre, circulavam caravanas, carregadas, na volta, de alguns produtos de Constantinopla ou da Ásia. Em Kiev, encontravam a grande transversal que, através das planícies e entre um curso de água e outro, colocava as regiões ribeirinhas do Báltico em contato com o mar Negro, o Cáspio ou os oásis do Turquestão. Pois o ofício de corretor entre o Norte ou o Nordeste do continente e o Mediterrâneo oriental inexistia então no Ocidente, e este certamente nada tinha de análogo para oferecer, em seu próprio solo, ao poderoso vaivém de mercadorias que fez a prosperidade da Rússia kieviana.

Concentrado, assim, em um número muito pequeno de filetes, esse comércio encontrava-se, além disso, extremamente debilitado e, o que é pior, sua balança parece ter sido nitidamente deficitária, ao menos com o Oriente. Dos países do Levante, o Ocidente recebia, de maneira quase exclusiva, algumas mercadorias de luxo, cujo valor, muito elevado em relação a seu peso, permitia desconsiderar os gastos e os riscos do transporte. Em troca, tinha apenas escravos para oferecer. Parece ainda que, entre o gado humano arrebatado nas terras eslavas ou letãs do além-Elba ou adquirido junto aos traficantes da Grã-Bretanha, a maior parte tomou o caminho da Espanha islâmica; o Mediterrâneo Oriental era, por si mesmo, demasiadamente abastecido desse gênero para ter a necessidade de importá-lo em quantidades muito consideráveis. Os ganhos do tráfico, bastante fracos em seu conjunto, não bastavam, portanto, para compensar, nos mercados do mundo bizantino, do Egito ou da Ásia próxima, as compras de objetos preciosos ou de especiarias. Disso decorria uma lenta sangria de dinheiro e, sobretudo, de ouro. Se alguns mercadores deviam certamente

---

59. *Ep.*, n. 69, em MIGNE. *P. L.*, t. CXLI, col. 235.

sua fortuna a esse comércio longínquo, a sociedade, em seu conjunto, encontrava nele apenas uma razão a mais para carecer de numerário.

Seguramente, a moeda nunca esteve totalmente ausente das transações no Ocidente "feudal", mesmo entre as classes camponesas. Acima de tudo, ela jamais deixou de desempenhar o papel de padrão para as trocas. O devedor pagava frequentemente com mercadorias, mas, geralmente, com mercadorias "apreciadas" uma a uma, de modo que o total dessas avaliações coincidisse com um preço estipulado em libras, soldos e dinheiros. Evitemos, pois, a expressão "economia natural", demasiadamente sumária e vaga. Melhor falar simplesmente em carência monetária. A penúria de espécies ainda era agravada pela anarquia das cunhas, ela própria resultado, ao mesmo tempo, do esfacelamento político e da dificuldade das comunicações, pois cada mercado importante devia possuir, sob pena de escassez, uma oficina local. Exceção feita à imitação de moedagens exóticas e a algumas moedinhas ínfimas, somente se fabricavam dinheiros, que eram peças de prata, de teor bastante fraco. O ouro circulava apenas sob a forma de moedas árabes e bizantinas ou de suas cópias. A libra e o soldo nada mais eram do que múltiplos aritméticos do dinheiro, sem suporte material próprio. Mas os diversos dinheiros tinham, sob o mesmo nome, um valor metálico, segundo sua proveniência. Pior, em um mesmo local, cada emissão, ou quase, acarretava variações no peso ou na aliagem. Rara, no geral, e, ao mesmo tempo, incômoda em razão de seus caprichos, a moeda circulava, além disso, lenta e irregularmente demais para que se pudesse ter certeza de poder adquiri-la em caso de necessidade. Isso, por falta de trocas suficientemente frequentes.

Também nesse caso, evitemos uma fórmula demasiado breve: a da economia fechada. Esta sequer se aplicaria com exatidão às pequenas explorações camponesas. Conhecemos a existência de mercados nos quais os rurais certamente vendiam alguns produtos de seus campos ou de seus galinheiros à gente da cidade, aos clérigos, aos soldados. Era assim que obtinham dinheiro para seus tributos. E muito pobre era aquele que nunca comprava algumas onças de sal ou de ferro. Quanto à "autarquia" das grandes senhorias, ela teria suposto que seus donos tivessem dispensado armas e joias, não tivessem jamais bebido vinho, caso suas terras por ventura não o produzissem, e tivessem se contentado, para suas roupas, com tecidos grosseiros feitos pelas mulheres de seus rendeiros.* Assim, mesmo as insuficiências da técnica agrícola, as perturbações sociais ou até mesmo as intempéries contribuíam para alimentar certo comércio interno, pois, quando a colheita era insuficiente, se muitos morriam literalmente de fome, a população como um todo não se reduzia a esse extremo e sabemos que, entre as regiões mais favorecidas e as atingidas pela penúria, se estabelecia um comércio de trigo que se prestava a muitas especulações. As trocas não estavam, portanto, ausentes; eram, em contrapartida, irregulares ao extremo. A sociedade da época não ignorava, por certo, nem a compra, nem a venda. Mas ela não vivia, tal como a nossa, de compra e venda.

Tampouco o comércio, mesmo sob a forma da troca, era o único ou talvez o mais importante dos canais pelos quais se operava então, através das camadas sociais, a circulação

---

*. Empregamos a palavra rendeiro para traduzir o original *tenancier*, isto é, detentor de uma tenência e, nessa condição, pagador de rendas ao senhor. (N.T.)

dos bens. É sob a forma de tributos, pagos a um chefe como remuneração de sua proteção ou simplesmente como reconhecimento de seu poder, que um grande número de produtos passava de mão em mão. O mesmo acontecia com esta outra mercadoria que é o trabalho humano: a corveia fornecia mais braços do que o contrato de empreitada. Em uma palavra, a troca, em sentido estrito, ocupava, na vida econômica, um lugar certamente menor que a prestação; e por ser a troca tão rara e, portanto, por serem os miseráveis os únicos capazes de se resignarem a viver apenas da própria produção, a riqueza e o bem-estar pareciam inseparáveis do comando.

No fim, entretanto, uma economia assim constituída colocava até mesmo à disposição dos poderosos apenas meios de aquisição singularmente restritos. Falar em moeda é falar em possibilidade de reservas, capacidade de espera, "antecipação dos valores futuros": são coisas que, de modo recíproco, a penúria de moeda tornava singularmente difíceis. Havia certamente um esforço de entesourar sob outras formas. Os barões e os reis acumulavam, em seus cofres, a louça de ouro ou de prata e as joias; as igrejas empilhavam as ourivesarias litúrgicas. Caso surgisse a necessidade de um desembolso imprevisto, a coroa, o *hanap* [cálice em metal precioso] ou o crucifixo eram vendidos ou empenhados, ou então enviados à oficina monetária vizinha, para serem fundidos. Mas essa liquidação, precisamente em razão da desaceleração das trocas, nunca era fácil, nem de lucro certo; e mesmo os tesouros não atingiam, no total, uma soma muito considerável. Tanto os grandes como os pequenos viviam um dia por vez, obrigados a recorrer aos recursos do momento e quase constrangidos a gastá-los imediatamente.

A atonia das trocas e da circulação monetária tinha outra consequência e das mais graves. Ela reduzia ao extremo o papel social do salário. Com efeito, este supõe, por parte do tomador de serviço, um numerário suficientemente abundante e cuja fonte não corre o risco de extinguir-se a cada minuto; por parte do assalariado, a certeza de poder empregar a moeda assim recebida para obter os bens necessários à vida. Tais eram as condições que faltavam à Primeira Idade Feudal. Em todos os graus da hierarquia, quer se tratasse, para o rei, de assegurar os serviços de um grande funcionário ou, para o fidalgote de província, de reter os de um guerreiro ou de um serviçal rural, era preciso recorrer a um modo de remuneração que não fosse, de modo algum, fundado no pagamento periódico de uma soma de dinheiro. Duas soluções se apresentavam: acolher o homem em sua casa, alimentá-lo, vesti-lo e fornecer-lhe, como se dizia, a *provende* [provisão de víveres]; ou então, ceder-lhe, em troca de seu trabalho, uma terra que, pela exploração direta ou sob a forma de tributos cobrados sobre os cultivadores do solo, lhe permitisse atender, por si próprio, à sua própria conservação.

Ora, embora em sentidos opostos, tanto um método como outro conspiravam para estabelecer relações humanas muito diferentes daquelas do salariado. Entre o *provendier* e o senhor à sombra do qual vivia, como poderia o elo não ter sido muito mais íntimo do que entre um patrão e um assalariado, livre, uma vez terminada sua tarefa, para partir com seus soldos no bolso? Via-se, ao contrário, o liame afrouxar-se quase necessariamente, tão logo se via o subordinado instalado em uma terra que, pouco a pouco, por um movimento natural, tendia a considerar como sua, esforçando-se, ao mesmo tempo, em diminuir o peso dos serviços. Deve-se acrescentar que, em uma época em que a incomodidade das comunicações e a anemia das trocas tornavam penoso manter, com relativa abundância, moradas muito cheias, a *provende* era, no geral, suscetível de uma extensão bem menor do que o sistema das remunerações fundiárias. Se a sociedade feudal oscilou perpetuamente entre esses dois polos – a estreita relação entre um homem e outro e o nó afrouxado da tenência fundiária –, a responsabilidade cabe, em grande parte, ao regime econômico que, ao menos em sua origem, lhe proibiu o salariado.

5. A REVOLUÇÃO ECONÔMICA DA SEGUNDA IDADE FEUDAL

Esforçar-nos-emos, na segunda parte deste livro, em descrever o movimento de povoamento que, entre 1050 e 1250, transformou a face da Europa: nos confins do mundo ocidental, colonização dos planaltos ibéricos e da grande planície do além-Elba; no próprio coração do velho território, as florestas e os terrenos baldios continuamente mordiscados pela charrua; nas clareiras abertas entre as árvores ou o mato, aldeias inteiramente novas agarrando-se ao solo virgem; alhures, em volta dos locais de aglomeração seculares, o alargamento das terras cultivadas, sob a irresistível pressão dos arroteadores. Será, então, conveniente distinguir as etapas e caracterizar as variedades regionais. No momento, importam-nos apenas, ao lado do fenômeno em si, seus principais efeitos.

O mais imediatamente perceptível foi certamente o de reaproximar os agrupamentos humanos uns dos outros. Entre os diferentes estabelecimentos, salvo em algumas regiões particularmente desertadas, era o fim, a partir de então, dos vastos espaços vazios. Além disso, as distâncias subsistentes tornaram-se mais fáceis de percorrer, pois, tendo, precisamente, sua ascensão sido favorecida pelo progresso demográfico, surgiram ou foram consolidados poderes cujo horizonte ampliado lhes impõe novos cuidados: burguesias urbanas, que, sem o tráfego, nada seriam; realezas e principados, também interessados na prosperidade de um comércio do qual extraem, por meio de impostos e pedágios, grandes quantias de dinheiro e, além disso, muito mais conscientes do que no passado da importância vital que tem para eles a livre circulação das ordens e dos exércitos. A atividade dos capetíngios, na época dessa virada decisiva marcada pelo reino de Luís VI, seu esforço guerreiro, sua política dominial, seu papel na organização do povoamento atenderam, em grande parte, a preocupações desta natureza: conservar o domínio sobre as comunicações entre as duas capitais, Paris e Orléans; e, para além do Loire ou do Sena, garantir a junção com o Berry ou com os vales do Oise ou do Aisne. Na verdade, embora a polícia tenha sido aprimorada nas estradas, não parece que tenham, em si mesmas, sido notavelmente melhoradas. Mas o equipamento em trabalhos de arte se viu muito mais desenvolvido. Quantas pontes construídas, ao longo do século XII, sobre todos os rios da Europa! Por fim, um feliz aperfeiçoamento nas práticas da atrelagem veio aumentar, por volta da mesma época, em proporções muito fortes, o rendimento dos transportes por carro.

Nas ligações com as civilizações limítrofes, observa-se a mesma metamorfose. O Mediterrâneo sulcado por embarcações cada vez mais numerosas; seus portos, do rochedo de Amalfi até a Catalunha, elevados ao patamar das grandes praças de comércio; a irradiação do comércio veneziano incessantemente ampliada; a própria estrada das planícies danubianas percorrida pelas pesadas carroças dos caravaneiros: esses fatos já são consideráveis. Mas as relações com o Oriente não se tornaram apenas mais fáceis e mais intensas. O traço capital consiste em terem mudado de natureza. Antes quase somente importador, o Ocidente transformou-se em um poderoso fornecedor de produtos manufaturados. As mercadorias que assim enviava, em grandes quantidades, ao mundo bizantino, ao Levante islâmico ou latino, ou ainda, embora em menor medida, ao Magrebe, pertencem a categorias muito diversas. Uma delas, entretanto, domina, de longe, todas as demais. Na expansão da economia europeia, na Idade Média, os tecidos desempenharam o mesmo papel diretor que coube, na da Inglaterra do século XIX, à metalurgia e aos algodões. Se, na Flandres, na Picardia, em Bourges, no Languedoc, na Lombardia e, ainda, em outros lugares – pois os centros têxteis estão espalhados por quase todos os lados – ouve-se o ressoar dos teares e os pisões baterem, isso se deve aos mercados exóticos tanto, ou quase, quanto ao consumo interno. E quanto a essa revolução, que viu nossos países iniciarem, no Oriente, sua conquista econômica do mundo, caberia certamente, para explicá-la, evocar causas múltiplas e olhar – se for possível fazê-lo – para o Leste tanto quanto para o Oeste. Não é menos verdade que somente os fenômenos demográficos, que acabam de ser recordados, a tornaram possível. Se a população não tivesse sido mais abundante do que antes, e a superfície cultivada mais extensa; se, melhor aproveitados por braços mais numerosos, submetidos particularmente a lavras mais frequentemente repetidas, os campos não tivessem se tornado capazes de colheitas mais volumosas e mais frequentes, como teria sido possível reunir, nas cidades, tantos tecelões, tintureiros ou tosadores de tecidos e alimentá-los?

O Norte está conquistado, assim como o Oriente. Desde o final do século XI, vendia-se em Novgorod tecidos da Flandres. Pouco a pouco, a rota das planícies russas periclita e fecha. É para o Oeste que, a partir de então, se voltam a Escandinávia e os países bálticos. A mudança que assim se desenha se completará quando, durante o século XII, o comércio alemão anexar o Báltico. Então, os portos dos Países Baixos, sobretudo Bruges, vão se tornar o local em que são trocados, por produtos setentrionais, não apenas os do próprio Ocidente, mas também as mercadorias que este importa do Oriente. Uma poderosa corrente de relações mundiais une, pela Alemanha e, sobretudo, pelas feiras da Champanhe, as duas frentes da Europa feudal.

Um comércio exterior tão favoravelmente equilibrado não podia deixar de atrair para a Europa moedas e metais preciosos, para, em seguida, nela ampliar, em proporções consideráveis, o volume dos meios de pagamento. A essa facilidade monetária, ao menos relativa, juntava-se, para multiplicar seus efeitos, o ritmo acelerado da circulação. Isso porque, mesmo no interior do país, os progressos do povoamento, a maior facilidade das ligações, o fim das invasões que fizeram pesar sobre o mundo ocidental tamanha atmosfera de desordem e pânico, além de outras causas que seria demasiado longo aqui examinar, reanimaram as trocas.

Evitemos, contudo, exagerar. O quadro deveria ser cuidadosamente nuançado, por regiões e por classes. Viver de seus próprios recursos continuaria sendo, por muitos séculos, o ideal – aliás, raramente atingido – de muitos camponeses e da maioria das aldeias. Por outro lado, as transformações profundas da economia obedeceram a uma cadência bastante lenta. Coisa significativa: dos dois sintomas essenciais na ordem monetária, um, a cunhagem de grandes moedas, muito mais pesadas que o dinheiro, apareceu somente no início do século XIII – e ainda, nessa época, apenas na Itália –, o outro, a retomada da cunhagem do ouro, com base em tipologia indígena, não ocorreu antes da segunda metade desse mesmo século. Em muitos aspectos, a Segunda Idade Feudal viu menos o apagamento das condições anteriores do que sua atenuação. A observação vale para o papel da distância, assim como o regime das trocas. Mas o fato de que os reis, os altos barões e os senhores tenham podido então voltar a constituir, por meio de impostos, tesouros importantes e o fato de que, sob formas por vezes inabilmente inspiradas em práticas antigas, o salariado tenha, aos poucos, reassumido, entre os modos de remuneração dos serviços, um lugar preponderante constituem sinais de uma economia em vias de renovação que afetaram, por sua vez, desde o século XII, todo contexto das relações humanas.

Isso não era tudo. A evolução da economia acarretava uma verdadeira revisão dos valores sociais. Sempre existiram artesãos e mercadores. Individualmente, estes, ao menos, chegaram a desempenhar, aqui e ali, um papel importante. Como grupos, nem os primeiros nem os segundos contavam para alguma coisa. A partir do final do século XI, classe artesã e classe mercadora, agora muito mais numerosas e muito mais indispensáveis à vida de todos, afirmaram-se, cada vez mais vigorosamente, no quadro urbano. Sobretudo a classe mercadora, pois a economia medieval, desde a grande renovação desses anos decisivos, foi sempre dominada não pelo produtor, mas pelo comerciante. Não era para tais pessoas que, fundada em um regime econômico no qual ocupavam um lugar medíocre, fora constituída a estrutura jurídica da idade precedente. Suas exigências práticas e sua mentalidade tinham necessariamente de introduzir um novo fermento. Nascida em uma sociedade de composição muito frouxa, na qual as trocas eram poucas e o dinheiro raro, a feudalidade europeia alterou-se profundamente assim que as malhas da rede humana se estreitaram e a circulação dos bens e do numerário se fez mais intensa.

CAPÍTULO II
Modos de sentir e de pensar

1. O HOMEM DIANTE DA NATUREZA E DO TEMPO

Muito mais do que nós, o homem das duas idades feudais encontrava-se próximo de uma natureza que, por sua vez, era muito menos ordenada e edulcorada. A paisagem rural, na qual os matos ocupavam espaços tão amplos, carregava de modo menos perceptível a marca humana. Os animais ferozes, que já somente habitam nossos contos de ninar, os ursos e, sobretudo, os lobos vagavam por todos os ermos, ou até mesmo pelos campos cultivados. A caça era, tanto quanto um esporte, um meio de defesa indispensável e fornecia à alimentação um complemento quase tão necessário. A colheita das frutas selvagens e a do mel continuavam a ser praticadas como nas primeiras épocas da humanidade. No que se refere às ferramentas, a madeira desempenhava um papel preponderante. As noites, que não se sabia iluminar bem, eram mais escuras, o frio mais rigoroso, até mesmo nas salas dos castelos. Havia, em uma palavra, por trás de toda vida social, um fundo de primitividade, de submissão a poderes indisciplináveis, de contrastes físicos sem atenuação. Não existe nenhum instrumento que permita medir a influência que tal meio podia exercer sobre as almas. Como não supor, entretanto, que contribuísse para sua rudeza?

Uma história mais digna deste nome do que os tímidos ensaios a que nos limitam hoje nossos meios abriria espaço para as aventuras do corpo. É uma grande ingenuidade pretender compreender homens sem saber como se apresentavam. Mas o estado dos textos e, ainda mais, a insuficiente acuidade de nossos métodos de pesquisa limitam nossas ambições. Muito forte, incontestavelmente, na Europa feudal, a mortalidade infantil não deixou de endurecer os sentimentos locais em relação a lutos quase normais. Quanto à vida dos adultos, ela era, até mesmo independentemente dos acidentes de guerra, relativamente curta, em média: é, ao menos, o que podemos avaliar com base nos personagens principescos, a que se referem os únicos dados, pouco precisos, de que dispomos. Roberto, o Pio, morreu com cerca de 60 anos; Henrique I aos 52 anos; Filipe I e Luís VI aos 56. Na Alemanha, os quatro primeiros imperadores da dinastia saxônica atingiram respectivamente 60 anos – ou algo em torno disso –, 28, 22 e 52 anos. A velhice parecia começar muito cedo, desde nossa idade madura. Esse mundo que, como veremos, acreditava ser muito velho era, na verdade, dirigido por homens jovens.

Entre tantas mortes prematuras, muitas se deviam às grandes epidemias, que se abatiam frequentemente sobre uma humanidade mal equipada para combatê-las, e, entre os mais humildes, à fome. Associadas às violências diárias, essas catástrofes davam à existência como que um gosto de precariedade perpétua. Foi essa provavelmente uma das maiores razões da instabilidade de sentimentos, tão característica da era feudal, sobretudo em sua primeira idade. Uma higiene certamente medíocre contribuía para esse nervosismo. Foi feito muito esforço, nos dias de hoje, para demonstrar que a sociedade senhorial não desconhecia os banhos. Há algo de pueril em esquecer, em favor dessa observação, tantas condições de vida deploráveis: entre os pobres, particularmente, a subalimentação; entre os ricos, o excesso de refeições. Por fim, como negligenciar os efeitos de uma espantosa sensibilidade às manifestações pretensamente sobrenaturais? Ela tornava os espíritos constantemente e quase doentiamente atentos a toda espécie de sinais, de sonhos ou de alucinações. Esse traço, na verdade, era pronunciado, sobretudo, nos meios monásticos, nos quais as macerações e o recalque juntavam sua influência à de uma reflexão profissionalmente centrada nos problemas do invisível. Nenhum psicanalista jamais investigou seus sonhos com mais ardor do que os monges dos séculos X ou XI. Entretanto, os leigos também participavam da emotividade de uma civilização na qual o código moral ou mundano ainda não impunha às pessoas bem-educadas que reprimissem suas lágrimas e seus "desmaios". Os desesperos, os furores, os acessos de loucura, os reviramentos bruscos opõem grandes dificuldades a historiadores levados, por instinto, a reconstruir o passado segundo as linhas da inteligência; elementos certamente consideráveis de toda história, eles exerceram sobre o desenvolvimento dos eventos políticos, na Europa feudal, uma ação que não poderia ter sido silenciada senão por alguma espécie de pudor vão.

Esses homens, submetidos à sua volta e em si mesmos a tantas forças espontâneas, viviam em um mundo cujo tempo escapava de tal forma a seu alcance que mal o sabiam medir. Custosos e enfadonhos, os relógios de água* existiam apenas em um número muito pequeno de exemplares. As ampulhetas parecem ter sido de uso pouco corrente. A imperfeição dos relógios de sol, sobretudo sob céus facilmente nublados, era flagrante. Daí vinha o emprego de curiosos artifícios. Preocupado em regular o curso de uma vida muito nômade, o rei Alfredo imaginara sempre transportar consigo círios de comprimento igual, que mandava acender sucessivamente.[60] Esse cuidado de uniformidade, no seccionamento do dia, era então excepcional. Contando ordinariamente, tal como na Antiguidade, doze horas de dia e doze de noite, qualquer que fosse a estação, as pessoas mais instruídas acomodavam-se em ver cada uma de suas frações, tomadas sucessivamente, crescer e decrescer sem trégua, segundo a revolução anual do Sol. Haveria de ser assim até o momento em que, por volta do século XIV, os relógios de pesos acarretaram, finalmente, com a mecanização do instrumento, a do tempo.

Uma anedota, narrada por uma crônica do Hainaut, evidencia admiravelmente essa espécie de flutuação perpétua do tempo. Em Mons, um duelo judiciário está para ocorrer. Na alvorada, um único contendente apresenta-se; uma vez atingidas as nove horas, que marcam o termo da espera prescrita pelo costume, ele pede para que seja constatada a ausência de seu adversário. Quanto ao ponto de direito, não há dúvidas. Trata-se, porém, verdadeiramente da hora pretendida? Os juízes do condado deliberam, observam o sol e interrogam os clérigos, levados pela prática da liturgia a um conhecimento mais seguro do ritmo horário, marcado pelos sinos, mais ou menos aproximativamente, em proveito do homem comum. Decididamente, pronuncia a corte, a "nona" hora já passou.[61] Como nos parece distante de nossa sociedade, habituada somente a viver com os olhos fixados no relógio, esta outra em que um tribunal tinha de discutir e investigar para descobrir o momento do dia!

Ora, a imperfeição da medida horária era apenas um dos sintomas, entre muitos outros, de uma vasta indiferença ao tempo. Nada teria sido mais fácil ou mais útil do que registrar, com precisão, datas tão importantes, para o direito, quanto as dos nascimentos principescos; em 1284, no entanto, foi preciso todo um inquérito para determinar, com dificuldade, a idade de uma das maiores herdeiras do reino capetíngio, a jovem condessa da Champanhe.[62] Nos séculos X e XI, inúmeros documentos ou notícias, cuja única razão de ser era, no entanto, preservar uma lembrança, não trazem qualquer menção cronológica. Seriam outros, excepcionalmente, melhor providos? Frequentemente, o notário, que emprega simultaneamente vários sistemas de referências, não conseguiu fazer com que seus diversos cálculos concordassem. Isso não é tudo: tal névoa não pesava apenas sobre a noção de duração, mas também sobre todo o domínio do número. As cifras insensatas dos cronistas constituem apenas amplificação literária; elas atestam a ausência de qualquer

---

*. Os relógios de água eram também conhecidos como clepsidras. (N.T.)
60. ASSER. *Life of King Alfred*, ed. Stevenson, c. 104. Um sistema semelhante, se acreditarmos em L. REVERCHON. *Petite histoire de l'horlogerie*, p. 55, teria ainda sido empregado por Carlos V.
61. GILBERTO DE MONS, ed. Pertz, p. 188-9 (1188).
62. P. VIOLLET. *Les Établissements de Saint Louis*, 18811886 (Soc. de l'Hist. de France), t. III, p. 165, n. 8.

sensibilidade à verossimilhança estatística. Embora Guilherme, o Conquistador, certamente não tivesse estabelecido na Inglaterra mais do que 5 mil feudos de cavaleiros, os historiadores dos séculos seguintes, e até mesmo alguns administradores, para quem, no entanto, não teria sido difícil se informar, lhe atribuíam comumente a criação de 32 a 60 mil dessas tenências militares. A época teve, sobretudo a partir do final do século XI, seus matemáticos, que tateavam corajosamente o rastro dos gregos e dos árabes; os arquitetos e os escultores sabiam praticar uma geometria bastante simples. Mas, entre as contas que chegaram até nós – e isso até o fim da Idade Média –, não há nenhuma em que não se identifiquem erros surpreendentes. As incomodidades da numeração romana, engenhosamente corrigidas, aliás, pelo emprego do ábaco*, não bastam para explicar tais erros. A verdade é que o gosto pela exatidão, com seu sustentáculo mais seguro, o respeito pelo número, permanecia profundamente estranho aos espíritos, mesmo ao dos chefes.

2. A EXPRESSÃO

De um lado, a língua da cultura, que era, quase uniformemente, o latim; do outro, em sua diversidade, os idiomas de uso cotidiano: tal é o singular dualismo sob cujo signo viveu quase toda a era feudal. Ele era característico da civilização ocidental propriamente dita e contribuía para opô-la vigorosamente a seus vizinhos: os mundos celta e escandinavo, providos de ricas literaturas, poéticas e didáticas, em línguas nacionais; o Oriente grego; o Islã, ao menos nas zonas realmente arabizadas.

No próprio Ocidente, na verdade, uma sociedade constituiu, por muito tempo, uma exceção: a da Grã-Bretanha anglo-saxônica. Não que lá não se escrevesse em latim, e muito bem. Mas não se escrevia somente nesse idioma, longe disso. O velho inglês logo adquirira a dignidade de língua literária e jurídica. O rei Alfredo desejava que os jovens o aprendessem nas escolas, antes, no caso dos mais talentosos, de passar para o latim.[63] Os poetas o empregavam em cantos que, não satisfeitos em recitar, mandavam transcrever. Assim também faziam os reis, em suas leis; as chancelarias, nos atos estabelecidos para os reis ou os grandes; e até mesmo os monges, em suas crônicas: caso verdadeiramente único, naquela época, de uma civilização que soube manter contato com os meios de expressão da massa. A conquista normanda acabou de vez com esse desenvolvimento. Entre a carta enviada por Guilherme à gente de Londres, logo após a batalha de Hastings, e alguns raros mandamentos do final do século XII, não se encontra mais nenhum documento real redigido em latim. Com uma única exceção, as crônicas anglo-saxônicas silenciam a partir da metade do século XI. Quanto às obras a que se pode, com alguma boa vontade, chamar literárias, elas apenas reapareceriam pouco antes do ano 1200 e somente, de início, sob a forma de alguns opúsculos edificantes.

No continente, o belo esforço cultural do renascimento carolíngio não havia negligenciado totalmente as línguas nacionais. Na verdade, ninguém pensava então em considerar

---

*. Inventado na Mesopotâmia e aperfeiçoado na China e em Roma, o ábaco era um instrumento de cálculo, composto de bastões verticais e paralelos que representavam diferentes posições digitais. Ao longo dos bastões, eram deslizadas peças que permitiam a realização das operações. (N.T.)
63. *Pastoral Care*, ed. Sweet, p. 6.

dignas de escrita as línguas românicas, que davam a impressão de serem simplesmente um latim corrompido. Os dialetos da Germânia, em contrapartida, solicitaram a atenção de homens, muitos dos quais, na corte e no alto clero, os tinham como língua materna. Copiaram-se antigos poemas, até então puramente orais; compuseram-se novos, principalmente sobre temas religiosos; manuscritos em língua "tudesca" estavam presentes nas bibliotecas dos magnatas. Mas aqui também os eventos políticos – desta vez, o desmoronamento do Império Carolíngio, com as desordens que se seguiram – marcaram uma ruptura. Do fim do século IX ao fim do século XI, alguns poemas piedosos e algumas traduções: eis o magro tesouro que devem limitar-se a registrar os historiadores da literatura alemã. Comparado aos escritos latinos redigidos sobre o mesmo solo e durante o mesmo período, quanto ao número e quanto ao valor intelectual, é o mesmo que nada.

Evitemos, aliás, imaginar esse latim da era feudal sob as cores de uma língua morta, com tudo o que tal epíteto sugere, ao mesmo tempo, de estereotipado e de uniforme. A despeito do gosto pela correção e do purismo reinstaurado pelo renascimento carolíngio, tudo conspirava para impor, em proporções muito variáveis segundo os meios ou os indivíduos, palavras ou novas expressões: a necessidade de expressar realidades desconhecidas dos Antigos e pensamentos que, particularmente na ordem religiosa, lhes haviam sido estranhos; a contaminação do mecanismo lógico, muito diferente do da gramática tradicional, a que a prática das linguagens populares acostumava os espíritos; por fim, a ignorância ou a semiciência. Além disso, se o livro favorece a imobilidade, não constitui a palavra sempre um fator de movimento? Ora, o latim não era apenas escrito. Era cantado – como mostra a poesia, ao menos em suas formas mais carregadas de verdadeiro sentimento, abandonando a clássica prosódia das longas e das breves para aderir ao ritmo acentuado, então a única música perceptível aos ouvidos. Era falado também. Foi por um solecismo cometido na conversação que um erudito italiano, chamado à corte de Otão I, foi cruelmente escarnecido por um fradinho de Saint-Gall.[64] Quando pregava, o bispo Notker de Liège usava o valão, caso se dirigisse a leigos, ou então o latim, se, ao contrário, tivesse clérigos diante de si. Seguramente, muitos eclesiásticos, sobretudo entre os padres das paróquias, teriam sido incapazes de imitá-lo, ou até mesmo de compreendê-lo. Mas, para os padres e os monges instruídos, o velho χοινή [koiné] da Igreja mantinha seu papel de instrumento oral. Sem sua ajuda, na Cúria, nos grandes concílios ou durante suas vagueações de abadia em abadia, teriam esses homens vindos de pátrias diferentes conseguido comunicar-se entre si?

Por certo, em quase toda sociedade, os modos de expressão variam, por vezes, muito sensivelmente, de acordo com o emprego que se deseja fazer deles ou segundo as classes. Mas o contraste se limita ordinariamente a nuances na exatidão gramatical ou à qualidade do vocabulário. Aqui, este era incomparavelmente mais profundo. Em grande parte da Europa, as línguas usuais, associadas ao grupo germânico, pertenciam a uma família inteiramente diversa da língua da cultura. Até mesmo os idiomas românicos se afastaram a tal ponto de seu tronco comum que passar deles para o latim supunha um longo aprendizado

---

64. GUNZO NOVARIENSIS em MIGNE. *P. L.*, t. CXXXVI, col. 1286.

escolar. De tal forma que o cisma linguístico se reduzia, no fim, à oposição entre dois grupos humanos. De um lado, a imensa maioria dos iletrados, cada um preso a seu dialeto regional e reduzido, quanto à bagagem literária, a alguns poemas profanos, que se transmitiam quase unicamente pela voz, e a essas cantilenas pias que clérigos bem intencionados compunham em línguas vulgares, em proveito das pessoas simples, e cuja memória depositavam, por vezes, no pergaminho. Na outra margem, o pequeno punhado de pessoas instruídas que, oscilando continuamente entre o falar cotidiano e local e a língua erudita e universal, eram propriamente bilíngues. Estavam-lhes reservadas as obras de teologia e de história, uniformemente escritas em latim; a inteligência da liturgia; e até mesmo a dos documentos de negócios. O latim não constituía apenas a língua veicular do ensino; era a única língua ensinada. Saber ler era, em uma palavra, saber lê-lo. Quando se recorre, excepcionalmente, em uma peça jurídica, ao uso da língua nacional, não hesitemos em reconhecer nessa anomalia, onde quer que ocorra, um sintoma de ignorância. Se, desde o século X, alguns documentos da Aquitânia meridional aparecem inteiramente repletos de termos provençais, em meio a um latim mais ou menos incorreto, é que, situados à margem dos grandes focos do renascimento carolíngio, os monastérios de Rouergue ou de Quercy contavam apenas com alguns poucos religiosos formados nas belas-letras. Por ser a Sardenha uma região pobre cujas populações, fugindo do litoral devastado pelos piratas, viviam em um quase isolamento, os primeiros documentos escritos em sardo ultrapassam em muito, em termos de antiguidade, os mais antigos textos italianos da Península.

A consequência mais imediatamente aparente dessa hierarquização das línguas é, seguramente, a de ter lamentavelmente obscurecido a imagem que a Primeira Idade Feudal deixou de si mesma. Certidões de venda ou de doação, de sujeição ou de liberdade, sentenças judiciais, privilégios reais, atas de homenagem: os documentos da prática constituem a fonte mais preciosa a ser examinada pelo historiador da sociedade. Se não são sempre sinceros, pelo menos, diferentemente dos textos narrativos destinados à posteridade, eles têm o mérito de terem se destinado, quando muito, a enganar apenas aos contemporâneos, cuja credulidade possuía limites diferentes dos nossos. Ora, com algumas poucas exceções, que acabam de ser explicadas, eles foram, até o século XIII, constantemente redigidos em latim. Mas não era dessa forma que foram, de início, expressas as realidades cuja memória procuravam conservar. Quando dois senhores debatiam o preço de uma terra ou as cláusulas de uma relação de dependência, seguramente não o faziam na língua de Cícero. Cabia então ao notário encontrar, a qualquer custo, uma roupagem clássica para seu acordo. Todos os diplomas ou notícias latinas, ou quase todos, apresentam, pois, o resultado de um trabalho de transposição que, hoje, o historiador, caso deseje encontrar a verdade subjacente, deve retomar, a contrapelo.

Isso ainda seria fácil se a elaboração tivesse sempre obedecido às mesmas regras! Mas não era o caso. Do tema escolar, inabilmente copiado de um esquema mental em língua vulgar, até o discurso latino, polido com cuidado por um clérigo instruído, todos os graus são encontrados. Por vezes – e esse é incontestavelmente o caso mais favorável –, a palavra corrente encontra-se simplesmente disfarçada, bem ou mal, pela adjunção de uma terminação latina postiça: assim, "homenagem" aparecia mal dissimulada como *homagium*.

Alhures, ao contrário, havia o esforço de empregar somente termos mais clássicos: a ponto de escrever – assimilando, por um jogo de espírito quase blasfematório, ao padre de Júpiter o do Deus Vivo – *archiflamen* no lugar de arcebispo. Pior era o fato de que, na procura por paralelismos, os puristas não temiam usar comumente como guia menos a analogia dos significados do que a dos sons; tendo a palavra *comte* [conde], em francês, por caso sujeito* *cuens*, ela era traduzida por *consul*; ou *fief* [feudo], ocasionalmente, por *fiscus*. Seguramente, estabeleceram-se, aos poucos, sistemas gerais de transcrição, alguns dos quais partilhavam do caráter universalista da língua erudita: "feudo", que, em alemão, se diz *Lehn*, possuía, nos diplomas latinos da Alemanha, como equivalentes regulares, palavras construídas com base no francês. Mas, até em seus empregos menos desastrados, o latim notarial nunca era traduzido sem alguma deformação.

Assim, a própria língua técnica do direito dispunha somente de um vocabulário, ao mesmo tempo arcaico e impreciso demais para permitir-lhe dar conta da realidade. Quanto ao léxico dos idiomas usuais, ele tinha toda a imprecisão e a instabilidade de uma nomenclatura puramente oral e popular. Ora, em matéria de instituições sociais, a desordem das palavras acarreta quase necessariamente a das coisas. Ainda que apenas em razão da imperfeição de sua terminologia, uma grande incerteza pairava, portanto, sobre a classificação das relações humanas. Mas a observação ainda deve ser ampliada. Qualquer que fosse o uso a que fosse aplicado, o latim tinha a vantagem de oferecer, aos intelectuais da época, um meio de comunicação internacional. Apresentava, em contrapartida, o temível inconveniente de estar, para a maioria dos homens que o empregavam, radicalmente separado da palavra interna e, consequentemente, de forçá-los, na enunciação de seu pensamento, a perpétuas aproximações. Como não incluir, entre as múltiplas causas que certamente conspiram para explicar a ausência de exatidão mental – que foi, como vimos, uma das características dessa época –, esse vaivém incessante entre os dois planos da linguagem?

3. CULTURA E CLASSES SOCIAIS

Em que medida o latim medieval, língua de cultura, era a língua de uma aristocracia? Em outros termos, até que ponto o grupo dos *litterati* se confundia com o dos chefes? No que se refere à Igreja, não há dúvidas. Pouco importa que o mau regime das nomeações tenha, aqui e ali, conduzido ignorantes às mais altas posições. As cortes episcopais, os grandes mosteiros, as capelas dos soberanos, todos os estados-maiores, em uma palavra, do exército eclesiástico jamais careceram de clérigos instruídos, que, aliás, sendo de origem baronal ou cavaleiresca, haviam frequentemente sido formados nas escolas monásticas e, sobretudo, catedrais. Mas, assim que se entra no mundo laico, o problema se torna mais delicado.

Não imaginemos, nem em suas horas mais sombrias, uma sociedade hostil por princípio a qualquer alimento intelectual. O fato de comumente se julgar útil a um condutor de homens o acesso ao tesouro de reflexões e lembranças para o qual apenas a escrita – isto é, o latim – trazia a chave é algo cuja evidência mais segura está na importância atribuída por

---

*. No francês antigo, o caso sujeito era uma declinação, derivada do nominativo latino, que traduzia a função do sujeito na frase. (N.T.)

muitos soberanos à instrução de seus herdeiros. Roberto, o Pio, "rei erudito em Deus", fora, em Reims, aluno do ilustre Gerberto; Guilherme, o Conquistador, deu a seu filho Roberto um clérigo como preceptor. Entre os nobres, havia verdadeiros amigos dos livros: formado, na verdade, por sua mãe, uma princesa bizantina que trouxera de sua pátria os hábitos de uma civilização muito mais refinada, Otão III falava fluentemente o grego e o latim; Guilherme III da Aquitânia reunira uma bela biblioteca, na qual era, por vezes, visto lendo pela noite adentro.[65] Deve-se acrescentar o caso, em nada excepcional, dos príncipes que, destinados inicialmente à Igreja, retiveram de seu primeiro aprendizado alguns dos conhecimentos e algumas das inclinações próprias ao meio clerical: foi esse, por exemplo, o caso de Balduíno de Boulogne, guerreiro rude que, no entanto, assumiu o trono de Jerusalém.

Mas essas educações bastante avançadas requeriam a atmosfera de altas linhagens, já solidamente assentadas em seu poder hereditário. Não há nada mais significativo do que, na Alemanha, o contraste, quase regular, entre os fundadores de dinastias e seus sucessores: a Otão II, terceiro rei saxão, e Henrique III, o segundo dos sálios, ambos cuidadosamente instruídos, opunham-se seus pais – Otão, o Grande, que aprendeu a ler aos 30 anos, e Conrado II, cujo capelão revela que "não sabia ler". Como frequentemente acontecia, ambos haviam sido lançados em uma vida de aventura e perigos, jovens demais para ter tido o tempo necessário de se formarem, de outro modo que não pela prática ou pela tradição oral, para sua função de chefes. Esse era, com mais forte razão, quase sempre o caso quando se descia mais baixo na escala social. A cultura relativamente brilhante de algumas grandes famílias reais ou baronais não deve iludir. Nem tampouco a excepcional fidelidade que as classes cavaleirescas da Itália e da Espanha mantiveram em relação a tradições pedagógicas, também elas, aliás, bastante rudimentares: embora sua ciência talvez não fosse muito mais longe, o Cid e Ximena sabiam, pelo menos, assinar o próprio nome.[66] Não há dúvidas de que, ao menos no norte dos Alpes e dos Pireneus, a maioria dos pequenos e médios senhores que detinham, nessa época, os principais poderes humanos, tenha sido composta de verdadeiros iletrados, no sentido pleno do termo: a tal ponto que, nos monastérios, para os quais alguns deles se mudavam, no crepúsculo de sua vida, eram empregadas como sinônimos as palavras *conversus*, isto é, aquele que chegou tardiamente à vocação religiosa, e *idiota*, que designava o monge incapaz de ler os Livros Santos.

Explica-se, por essa carência de instrução na vida secular, o papel dos clérigos, ao mesmo tempo, como intérpretes do pensamento dos grandes e como depositários das tradições políticas. Os príncipes se viam obrigados a pedir a essa categoria de seus servidores o que o resto de seu círculo teria sido incapaz de fornecer. Por volta da metade do século VIII, tinham desaparecido os últimos "referendários" leigos dos reis merovíngios; em abril de 1298, Filipe, o Belo, nomeou o cavaleiro Pedro Flotte: entre essas duas datas, mais de cinco séculos haviam passado, durante os quais as chancelarias dos soberanos

---

65. ADEMAR DE CHABANNES. *Chronique*, ed. Chavanon, III, c. 54. O imperador Henrique III, de que se tratará mais adiante, fazia com que monges lhe copiassem manuscritos: *Codex epistolarum Tegernseenstum* (*Mon. Germ., Ep. selectae*, t. III), n. 122.
66. MENENDEZ PIDAL. *La España del Cid*, Madri, 1929, p. 590 e 619.

que reinaram sobre a França tiveram, à sua frente, unicamente homens da Igreja. O mesmo ocorreu, em geral, em outros lugares. Não se poderia considerar indiferente o fato de que as decisões dos poderosos desse mundo tenham, por vezes, sido sugeridas e sempre expressas por homens que, a despeito de suas posições de classe ou de nação, não deixavam de pertencer, por toda sua educação, a uma sociedade de natureza universalista e fundada no espiritual. Não há dúvida de que tenham contribuído para manter, acima da confusão dos pequenos conflitos locais, a preocupação com alguns horizontes mais amplos. Por outro lado, encarregados de dar forma escrita aos atos da política, viram-se necessariamente levados a justificá-los oficialmente por motivos extraídos de seu próprio código moral e a espalhar, dessa forma, sobre os documentos de quase toda a era feudal, esse verniz de considerandos mais do que parcialmente enganadores, como atestam, em particular, os preâmbulos de tantas emancipações feitas por dinheiro, travestidas em puras liberalidades, ou tantos privilégios reais, que se queriam ditados, uniformemente, pela piedade mais banal. Como, por muito tempo, também a historiografia, com seus julgamentos de valor, esteve nas mãos dos clérigos, as convenções de pensamento, tanto quanto as literárias, conspiraram para tecer, diante da realidade cínica dos motivos humanos, uma espécie de véu que não seria definitivamente rasgado, no limiar de novos tempos, senão pela mão firme de um Commynes* e de um Maquiavel.

Os leigos, todavia, permaneciam, sob vários aspectos, o elemento atuante da sociedade temporal. Os mais iletrados dentre eles certamente não eram, por isso, ignorantes. Além de não deixarem, quando necessário, de mandar traduzir o que não eram capazes de ler por si próprios, veremos mais adiante o quanto os relatos em língua vulgar puderam transmitir-lhes em termos de lembranças e ideias. Que se procure, entretanto, imaginar o caso da maioria dos senhores e de muitos dos altos barões: administradores incapazes de consultar pessoalmente um relatório ou uma conta; juízes cujas sentenças eram redigidas – quando o eram – em língua desconhecida do tribunal. Estando esses chefes reduzidos ordinariamente a reconstituir, com a memória, suas decisões passadas, como surpreender-se por estarem, muitas vezes, totalmente desprovidos da perseverança que, sem razão, os historiadores de hoje se esforçam, por vezes, em lhes atribuir?

Mais ou menos alheios à escrita, eram, por vezes, indiferentes a ela. Quando Otão, o Grande, recebeu, em 962, a coroa imperial, deixou estabelecer, sob seu nome, um privilégio que, inspirado pelos "pactos" dos imperadores carolíngios e talvez pela historiografia, reconhecia aos papas, "até o fim dos séculos", a posse de um imenso território; ao despojar-se dessa maneira, o imperador-rei abandonou ao Patrimônio de São Pedro a maior parte da Itália e até o controle de algumas das mais importantes vias alpestres. Certamente, Otão jamais imaginara, nem por um minuto, que essas disposições, no entanto muito precisas, pudessem ser efetivamente seguidas. Seria menos surpreendente caso se tratasse de um desses tratados mentirosos que, desde sempre, sob a pressão das circunstâncias, foram assinados com a intenção firme de não serem executados. Mas absolutamente nada, exceto

---

*. Philippe de Commynes (1447-1511): cronista e historiador flamengo que atuou como conselheiro e diplomata, e que esteve a serviço de três reis franceses: Luís XI, Carlos VIII e Luís XII. (N.T.)

uma tradição histórica mais ou menos mal compreendida, obrigaria o príncipe saxão a tal simulacro. De um lado, o pergaminho e sua tinta; de outro, sem ligação com ele, a ação: tal era o derradeiro e, sob esta forma particularmente crua, excepcional fim de uma cisão muito mais geral. Quanto à única língua que parecia digna de designar, ao lado dos conhecimentos mais úteis ao homem e à sua salvação, os próprios resultados de toda prática social, um grande número dos personagens em posição de conduzir os assuntos humanos absolutamente não a compreendia.

4. A MENTALIDADE RELIGIOSA

Um povo de crentes, diz-se comumente para caracterizar a atitude religiosa da Europa feudal. Caso se entenda, com isso, que toda concepção de mundo da qual o sobrenatural estivesse excluído permanecia profundamente estranha aos espíritos da época e, mais precisamente, que a imagem que tinham dos destinos do homem e do Universo se inscrevia quase unanimemente no desenho traçado pela teologia e pela escatologia cristãs, sob suas formas ocidentais, nada é mais correto. Pouco importa a expressão, aqui e ali, de algumas dúvidas opostas às "fábulas" da Escritura; desprovido de qualquer base racional, esse ceticismo rudimentar, que não era ordinariamente próprio às pessoas cultas, derretia, diante do perigo, como neve sob o sol. Pode-se até mesmo dizer que nunca uma fé foi tão puramente digna deste nome. Isso porque, interrompido desde a extinção da filosofia cristã antiga, temporariamente reanimado, quando muito, durante o renascimento carolíngio, o esforço dos doutos para conferir aos mistérios o amparo de uma especulação lógica não deveria ser retomado antes do final do século XI. Seria, em compensação, um erro atribuir a esses crentes um credo rigidamente uniforme.

Com efeito, não somente o catolicismo estava ainda muito longe de ter definido plenamente sua dogmática, a tal ponto que a ortodoxia mais estrita dispunha então de um jogo muito mais livre do que teria, mais tarde, após a teologia escolástica e, em seguida, após a Contrarreforma; e não somente, na margem indecisa em que a heresia cristã se degradava em religião oposta ao cristianismo, o velho maniqueísmo conservava, em certos lugares, muitos adeptos, a respeito dos quais não se sabe ao certo se haviam herdado sua fé de grupos ainda obstinadamente fiéis, desde os primeiros séculos da Idade Média, a essa seita perseguida ou se a tinham, ao contrário, recebido, após uma longa interrupção, da Europa Oriental: o mais grave era que o catolicismo penetrara nas massas apenas de forma incompleta. Recrutado sem controle suficiente e imperfeitamente formado – o mais frequentemente, ao acaso das lições dadas por algum padre, ele próprio talvez mediocremente instruído, ao rapazinho que, ajudando-o na missa, se preparava para as ordens –, o clero paroquial era, em seu conjunto, intelectual e moralmente inferior à sua tarefa. A pregação, única capaz de abrir eficazmente ao povo o acesso aos mistérios contidos nos Livros Santos, era apenas irregularmente praticada. Em 1031, não foi o Concílio de Limoges obrigado a erguer-se contra o erro que pretendia reservar a pregação aos bispos, embora estes estivessem impedidos de evangelizar sozinhos toda sua diocese?

A missa católica era dita mais ou menos corretamente – por vezes, bastante incorretamente – em todas as paróquias. "Letras daqueles que não sabem ler", os afrescos e baixos--relevos, nos muros das principais igrejas ou de seus capitéis, esbanjavam emocionantes, porém imprecisas lições. Seguramente, quase todos os fiéis tinham um conhecimento sumário dos aspectos mais sugestivos à imaginação nas representações cristãs sobre o passado, o presente e o futuro do mundo. Mas, além disso, sua vida religiosa alimentava-se de uma multidão de crenças e práticas que, ora legadas por magias milenares, ora nascidas, em uma época relativamente recente, no seio de uma civilização ainda animada por uma grande fecundidade mítica, exerciam sobre a doutrina oficial uma pressão constante. Via-se constantemente, nos céus tempestuosos, passarem exércitos fantasmáticos: o dos mortos, dizia o povo; o dos demônios enganadores, diziam os doutos, muito menos inclinados a negar essas visões do que a atribuir-lhes uma interpretação mais ou menos ortodoxa.[67] Inúmeros rituais naturistas, dentre os quais a poesia tornou particularmente familiares as festas da árvore de maio*, eram celebrados nos campos. Em uma palavra, nunca a teologia se confundiu menos com a religião coletiva, verdadeiramente sentida e vivida.

A despeito de infinitas nuances segundo os meios e as tradições regionais, algumas características comuns da mentalidade religiosa assim compreendida podem ser identificadas. Correndo o risco de deixar escapar mais de um traço profundo ou comovente, mais de uma interrogação apaixonada, imbuída, para sempre, de valor humano, deveremos nos limitar aqui a reter as orientações de pensamento e de sentimento cuja ação sobre o comportamento social parece ter sido particularmente forte.

Aos olhos de todas as pessoas capazes de reflexão, o mundo sensível nada mais era do que uma máscara, por trás da qual ocorriam todas as coisas verdadeiramente importantes, e também uma linguagem, encarregada de expressar, por meio de signos, uma realidade mais profunda. Como um tecido de fachada oferece, em si mesmo, apenas um interesse reduzido, resultava dessa postura ser a observação geralmente abandonada em proveito da interpretação. Em um pequeno *Tratado do Universo*, escrito no século IX e que gozou de uma longuíssima fama, Rábano Mauro explicava como seguia seu propósito: "veio-me a ideia de compor um opúsculo... que tratasse não apenas da natureza das coisas e da propriedade das palavras..., mas também de seu significado místico".[68] Explica-se, assim, em grande parte, a medíocre ação da ciência sobre uma natureza que, no fundo, não parecia merecer muito que se cuidasse dela. Até em seus progressos por vezes consideráveis a técnica era somente empirismo.

Quanto ao mais, como teria essa natureza desacreditada se mostrado capaz de extrair de si mesma sua própria interpretação? Não era ela, no detalhe infinito de seu desenvolvimento ilusório, concebida, acima de tudo, como obra de vontades ocultas? De vontades, no plural, segundo dizem, pelo menos, as pessoas simples e mesmo os muitos doutos. Isso porque, acima do Deus Único e subordinados a Seu Todo-Poder – sem, aliás, que se concebesse ordinariamente com clareza o exato alcance dessa sujeição –, a maioria dos homens imaginava, em estado de querela perpétua, as vontades opostas de uma multidão de seres

---

67. Cf. O. HÖFLER. *Kultische Geheimbünde der Germanen*, t. I, 1934, p. 160.
*. Ritual de fecundidade de origem pagã, celebrado em maio, mês associado à vegetação e às fontes da vida, assim como ao retorno dos mortos. (N.T.)
68. RÁBANO MAURO. *De Universo libri XXII*, em MIGNE. *P. L.*, t. CXI, col. 12.

bons ou maus: santos, anjos e, sobretudo, diabos. "Quem não sabe", escrevia o padre Helmoldo, "que as guerras, os furacões, as pestes, todos os males, na verdade, que se abatem sobre o gênero humano, chegam pelo ministério dos demônios?"[69] Notar-se-á que as guerras são mescladas às tempestades, enquanto os acidentes sociais são colocados no mesmo plano daqueles a que hoje chamaríamos naturais. Resultava disso uma atitude mental já evidenciada pela história das invasões: não uma renúncia, no sentido preciso do termo, mas, antes, um refúgio em meios de ação supostamente mais eficazes que o esforço humano. Por certo, jamais faltaram reações instintivas de realismo vigoroso. No entanto, diante do fato de terem Roberto, o Pio, e Otão III podido atribuir a uma peregrinação tanta importância quanto a uma batalha ou a uma lei, os historiadores, ora escandalizados, ora obstinados em desvendar fins políticos secretos por trás dessas viagens pias, atestam simplesmente, com isso, sua própria incapacidade de se separarem dos olhares de homens dos séculos XIX ou XX. Não era somente o egoísmo da salvação pessoal que inspirava esses peregrinos reais. Dos santos protetores que vinham solicitar, esperavam, tanto para seus súditos como para si mesmos, ao lado das promessas eternas, os bens da terra. No santuário, tanto quanto em combate ou no tribunal, pensavam em cumprir seu ofício de condutores de povos.

Esse mundo de aparências era também um mundo transitório. Inseparável, em si mesma, de toda representação cristã do Universo, a imagem da catástrofe final raramente aderiu com tanta força às consciências. Meditava-se sobre ela; apreciavam-se seus sintomas anunciadores. Mais universal dentre todas as histórias universais, a crônica do bispo Otão da Frisinga, que se inicia com a Criação, encerra-se com o quadro do Juízo Final, embora, é claro, com uma inevitável lacuna: entre 1146 – data em que o autor deixou de escrever – e o dia do grande desabamento. Otão, certamente, a estimava pouco extensa: "nós que fomos colocados no final dos tempos", disse repetidas vezes. Assim se pensava comumente, à sua volta e antes dele. Não devemos ver aí apenas uma ideia de clérigos. Isso seria esquecer a interpenetração profunda dos grupos clerical e laico. Até mesmo entre os que, como São Norberto, não chegavam a considerar a ameaça tão próxima que a geração atual não iria extinguir-se sem a ver chegar, ninguém podia ignorar sua iminência. Em todo mau príncipe, as almas piedosas acreditavam perceber as garras do Anticristo, cujo império atroz precederá o advento do Reino de Deus.

Mas então quando haveria de soar essa hora tão próxima? *O Apocalipse* parecia fornecer uma resposta: "Quando se completarem os mil anos..." Era preciso entender: desde a morte de Cristo? Alguns o pensavam, adiando, assim, segundo o cálculo ordinário, até 1033 o grande acontecimento. Ou então: desde seu nascimento? Esta última interpretação parece ter sido a mais generalizada. É certo, em todo caso, que, às vésperas do ano mil, um predicador, nas igrejas de Paris, anunciava para essa data o Fim dos Tempos. Se, todavia, não se difundiu então, entre as massas, o terror universal que nossos mestres do romantismo equivocadamente retrataram, isso se deve, acima de tudo, ao fato de que, atentos

---

69. HELMOLDO. *Chronica Slavorum*, I, 55.

à sucessão das estações e ao ritmo anual da liturgia, os homens dessa época não pensavam comumente em termos de números de ano e, ainda menos, números claramente calculados segundo uma base uniforme. Vimos quantos documentos se encontravam privados de qualquer menção cronológica! Até mesmo entre os demais, quanta diversidade nos sistemas de referência, em sua maioria, sem ligação com a vida do Salvador: anos de reino ou de pontificado, referências astronômicas de todo tipo, ciclo triquinquenal de indicção*, proveniente outrora das práticas da fiscalidade romana! Embora recorresse a uma era precisa de modo mais generalizado que em outros lugares, um país inteiro, a Espanha, lhe conferia, não se sabe bem por quê, uma origem absolutamente estranha ao Evangelho: 38 anos antes de Cristo. Quando se aderia, excepcionalmente, nos documentos e, mais frequentemente, nas crônicas, ao cálculo da Encarnação, era preciso ainda considerar as variações no início do ano. Isso porque a Igreja condenava ao ostracismo o primeiro de janeiro, festa pagã. Segundo as províncias ou as chancelarias, o dito milésimo ano teve início em uma dentre seis ou sete datas diferentes, que se repartiam, de acordo com nosso calendário, entre 25 de março de 999 e 31 de março de 1000. Pior, fixados em algum momento litúrgico do período pascal, alguns desses pontos de partida eram, por sua essência, móveis e, portanto, imprevisíveis na ausência de tábuas, reservadas apenas aos sábios e próprias também a embaralhar as mentes, na medida em que condenavam os anos sucessivos a durações muito desiguais. Não era, assim, bastante frequente observar o retorno, por duas vezes sob um mesmo número de ano, do mesmo dia do mês, em março ou abril, ou da festa do mesmo santo? Na verdade, para a maioria dos ocidentais, a expressão ano mil, que querem nos apresentar inteiramente carregada de angústia, era incapaz de evocar qualquer etapa situada com exatidão na sucessão dos dias.

Seria, entretanto, tão falsa a ideia da sombra lançada então sobre as almas pelo anúncio do Dia da Ira? A Europa inteira não estremeceu no final do primeiro milênio para então acalmar-se abruptamente, tão logo transcorrida essa data pretensamente fatídica. Mas, talvez ainda pior do que isso, ondas de temor corriam quase incessantemente, ora aqui, ora ali, e só se acalmavam em um lugar para logo renascerem em outro um pouco mais longe. Por vezes, o sinal vinha de uma visão, ou então de uma grande tragédia da história, como, em 1009, a destruição do Santo Sepulcro, ou ainda, mais simplesmente, de uma violenta tempestade. Em outro dia, era um cálculo de liturgistas que descia dos círculos instruídos até as massas. "Difundira-se quase pelo mundo inteiro o rumor segundo o qual o Fim chegaria quando a Anunciação coincidisse com a Sexta-feira Santa", escrevia, pouco antes do ano mil, Abão de Fleury.[70] Na verdade, relembrando que São Paulo dissera que o Senhor surpreenderá os homens "como um ladrão da noite", muitos teólogos censuravam essas tentativas indiscretas de penetrar o mistério com que a Divindade se compraz em envolver suas cóleras. Mas, por ignorar-se quando virá o golpe, suscita a espera menor ansiedade?

---

*. A indicção fora na Roma antiga um tributo coletado para a subsistência dos soldados que haviam servido por quinze anos. Na época medieval, o termo foi utilizado para designar um método de datação de documentos, baseado em ciclos de quinze anos. (N.T.)

70. *Apologeticus*, em MIGNE. *P. L.*, t. CXXXIX, col. 472.

Nas desordens ambientes, que qualificaríamos de bom grado de agitações de adolescência, os contemporâneos viam unanimemente apenas a decrepitude de uma humanidade "envelhecida". Apesar de tudo, a irresistível vida fermentava dentro dos homens. Bastava, porém, que meditassem para que nenhum sentimento lhes fosse mais estranho do que o de um futuro imenso, aberto diante das forças jovens.

Se a humanidade inteira parecia correr rapidamente rumo a seu fim, com mais forte razão essa sensação de "estar a caminho" aplicava-se a cada vida, isoladamente considerada. Segundo a palavra cara a tantos escritos religiosos, não era o fiel, na terra, como que um "peregrino", a quem o objetivo da viagem importa naturalmente muito mais do que os acasos do trajeto? Por certo, em sua maioria, os homens não pensavam constantemente em sua salvação. Mas quando o faziam, era com força e, sobretudo, com a ajuda de imagens muito concretas. Essas vívidas representações lhes vinham comumente aos arrancos, pois suas almas, essencialmente instáveis, estavam sujeitas a bruscas reviravoltas. Associada ao gosto de cinzas de um mundo que tendia ao próprio declínio, a preocupação das remunerações eternas interrompeu, por meio da fuga para o claustro, mais de uma trajetória de chefe, chegando até mesmo a pôr fim à propagação de mais de uma linhagem senhorial; tal foi o caso dos seis filhos do senhor de Fontaine-lès-Dijon, que rumaram para o monastério sob o comando do mais ilustre dentre eles, Bernardo de Claraval. Assim, a mentalidade religiosa favorecia, à sua maneira, a mistura das camadas sociais.

Muitos cristãos, entretanto, não acreditavam ter disposição suficiente para aderir a essas duras práticas. Sentiam-se, por outro lado, e talvez não sem razão, incapazes de alcançar o céu por suas próprias virtudes. Depositavam, portanto, suas esperanças nas orações das almas piedosas, nos méritos acumulados, em proveito de todos os fiéis, por alguns grupos de ascetas e na intervenção dos santos, materializados por suas relíquias e representados pelos monges, seus servidores. Nessa sociedade cristã, nenhuma função de interesse coletivo parecia mais indispensável do que a dos organismos espirituais. Não nos enganemos: precisamente por serem espirituais. O papel caridoso, cultural e econômico dos grandes capítulos catedrais e dos monastérios pode, na verdade, muito bem ter sido considerável. Aos olhos dos contemporâneos, era apenas acessório. A noção de um mundo terrestre inteiramente penetrado pelo sobrenatural conspirava aqui com o temor do além. A felicidade do rei e do reino, no presente; a salvação dos ancestrais reais e do próprio rei, através da Eternidade: esse era o duplo benefício que, ao estabelecer em Saint-Victor-de-Paris [São Vítor de Paris] uma comunidade de cônegos regulares, Luís, o Gordo, declarou esperar de sua fundação. "Acreditamos", também dizia Otão I, "que à prosperidade crescente do culto divino está vinculada a salvaguarda de nosso Império".[71] Igrejas poderosas, ricas, criadoras de instituições jurídicas originais; suscitada pela delicada adaptação dessa "cidade" religiosa à "cidade" temporal, uma multidão de problemas ardentemente debatidos e que pesariam muito fortemente sobre a evolução geral do Ocidente: diante desses traços, inseparáveis de qualquer imagem exata do mundo feudal, como não reconhecer, no medo do inferno, um dos grandes fatos sociais da época?

---

71. TARDIF, *Cartons des rois*, n. 357. *Diplom. regam et imperatorum Germaniae*, t. I, Otton Ier, n. 366.

CAPÍTULO III
A memória coletiva

1. A HISTORIOGRAFIA

Muitas influências se uniam, na sociedade feudal, para inspirar o gosto pelo passado. A religião tinha, como livros sagrados, livros de história; suas festas comemoravam eventos; sob suas formas mais populares, ela se alimentava dos contos feitos sobre santos muito antigos; por fim, ao afirmar que a humanidade estava próxima de sua perda, afastava a ilusão que leva as idades de grandes esperanças a se interessarem apenas por seu presente ou seu futuro. O direito canônico baseava-se em velhos textos; o direito laico em precedentes. As horas vazias do claustro ou do castelo favoreciam as longas narrações. Na verdade, a história não era ensinada *ex professo* nas escolas, senão por intermédio de leituras voltadas, em princípio, para outros fins: escritos religiosos, nos quais se buscava uma instrução teológica ou moral; obras da Antiguidade clássica, destinadas, acima de tudo, a fornecer modelos de linguagem culta. Na bagagem intelectual comum, ela não deixava de ocupar um lugar quase preponderante.

A que fontes as pessoas instruídas, ávidas em saber o que as precedera, podiam recorrer? Conhecidos somente por fragmentos, os historiadores da Antiguidade latina não haviam perdido nada de seu prestígio; embora Tito Lívio não fosse frequentemente folheado, longe disso, seu nome está incluído entre os livros distribuídos, entre 1039 e 1049, aos monges de Cluny, para suas leituras de Quaresma.[72] As obras narrativas da Alta Idade Média tampouco eram esquecidas: de Gregório de Tours, por exemplo, possuem-se vários manuscritos compostos entre os séculos X e XII. Mas a influência mais considerável vinha, incontestavelmente, dos escritores que, por volta da virada decisiva dos séculos IV e V, haviam assumido a tarefa de fazer a síntese das duas tradições históricas, até então muito estranhas uma à outra e cujo legado duplo se impunha ao mundo novo: a da Bíblia e a da Grécia e de Roma. Para aproveitar o esforço de conciliação tentado então por um Eusébio de Cesareia, um São Jerônimo ou um Paulo Orósio, não havia qualquer necessidade, aliás, de recorrer diretamente a esses iniciadores. A substância de suas obras fora transmitida e continuava a ser continuamente transmitida em numerosos escritos, de data mais recente.

Isso porque a preocupação em tornar visível, por trás do minuto presente, o avanço do grande rio dos tempos era tão intensa que muitos autores, mesmo entre aqueles cuja atenção estava, sobretudo, voltada para os eventos mais próximos, consideravam, todavia, útil empreender, a título de preâmbulo, uma espécie de visão de conjunto da história universal. Nos *Anais* redigidos, por volta de 1078, pelo monge Lamberto, em seu compartimento em Hersfeld, procuramos somente informações sobre as discórdias do Império, sob o reino de Henrique IV; eles têm, entretanto, como ponto de partida a Criação. Entre os pesquisadores que consultam hoje, sobre os reinos francos após o desmoronamento do poder carolíngio, a crônica de Regino de Prüm, sobre as sociedades anglo-saxônicas, as crônicas de Worcester ou de Peterborough e, sobre as pequenas particularidades da história da

---

72. WILMART, em *Revue Mabillon*, t. XI, 1921.

Borgonha, os *Anais* de Bèze, quantos têm a ocasião de perceber que as trajetórias da humanidade são, em tais obras, traçadas desde a Encarnação? Mesmo quando o relato não remonta tanto ao passado, é frequente vê-lo iniciar-se em uma época muito anterior às lembranças do memorialista. Construídos com base em leituras, muitas vezes maldigeridas ou malcompreendidas, incapazes, além disso, de ensinar-nos algo sobre os fatos demasiadamente longínquos que pretendem relatar, esses prolegômenos constituem, em contrapartida, um precioso testemunho de mentalidade; colocam sob nossos olhos a imagem que a Europa feudal tinha de seu passado; atestam, com força, que os fabricantes de crônicas ou de anais não tinham o horizonte voluntariamente estreito. Infelizmente, assim que o escritor, ao deixar o abrigo seguro da literatura, via-se obrigado a informar-se, o esfacelamento da sociedade vinha limitar seus conhecimentos; a tal ponto que, frequentemente, por um contraste singular, a narrativa, à medida que progride, se enriquece em detalhes e, ao mesmo tempo, restringe, no espaço, sua visão. Assim, a grande história dos franceses, elaborada, em um monastério em Angoulême, por Ademar de Chabannes, acabou, gradualmente, se tornando apenas uma história da Aquitânia.

A própria variedade dos gêneros praticados pelos historiógrafos evidencia, aliás, o prazer universal que se tinha então em contar ou ouvir contar. As histórias universais ou tidas como tal, as histórias de povos e as histórias de igrejas se juntavam às simples compilações de notícias, feitas anualmente. Bastava que grandes ações viessem a causar impacto nas almas para que todo um ciclo narrativo as adotasse como temas: caso da luta dos imperadores e dos papas e, sobretudo, das cruzadas. Embora os escritores não fossem mais hábeis do que os escultores em retratar os traços originais que faziam do ser humano um indivíduo, a biografia estava na moda. E não apenas sob a forma das vidas de santos. Guilherme, o Conquistador, Henrique IV da Alemanha e Conrado II, que, por certo, não possuíam nenhum título para expor nos altares, encontraram clérigos para retraçarem seus feitos. Um alto barão do século XI, o conde de Anjou Fulco Réchin, foi mais longe: redigiu por conta própria ou mandou redigir, em seu nome, sua própria história e a de sua linhagem; tal era a importância que os grandes daquele mundo atribuíam à memória! Certamente, algumas regiões apareciam relativamente desertadas. O fato, de qualquer forma, é que, nelas, pouco se escrevia. Muito mais pobres em crônicas ou anais que as regiões entre o Sena e o Reno, a Aquitânia e a Provença também produziram muito menos trabalhos teológicos. Nas preocupações da sociedade feudal, a história desempenhava um papel considerável o bastante para fornecer, por sua prosperidade variável, um bom barômetro da cultura em geral.

Não devemos, entretanto, nos enganar: essa idade, que se inclinava tão facilmente para o passado, tinha dele somente representações mais abundantes do que verídicas. A dificuldade encontrada em informar-se, até mesmo sobre os eventos mais recentes, assim como a inexatidão geral dos espíritos, condenava a maioria dos escritos históricos a arrastar estranhas reminiscências. Toda uma tradição narrativa italiana, que começa em meados do século IX, omitindo o coroamento do ano 800, fazia de Luís, o Pio, o primeiro imperador carolíngio.[73] Mais ou menos inseparável de toda reflexão, por certo, a crítica do

---

73. Cf. E. PERELS. *Das Kaisertum Karls des Grossen in mittelalterlichen Geschichtsquellen* em Sitzungsberichte der preussischen Akademie, phil.-hist. Klasse, 1931.

testemunho não era, em si mesma, absolutamente desconhecida, como mostra o curioso tratado de Guiberto de Nogent sobre as relíquias. Mas ninguém pensava em aplicá-la sistematicamente aos documentos antigos: pelo menos, não antes de Abelardo, e, mesmo em seu caso, apenas em um campo bastante restrito.[74] Legado deplorável da historiografia clássica, uma tendência oratória e heroica pesava sobre os escritores. Se determinadas crônicas de monastérios estão repletas de documentos de arquivos, é porque modestamente se propunham como objetivo quase único justificar os direitos da comunidade sobre seu patrimônio. Quando um Gilles d'Orval, em contrapartida, em obra de tom mais grave, dedica-se a retraçar os grandes feitos dos bispos de Liège, nós o vemos, ao encontrar em seu caminho uma das primeiras cartas de liberdades urbanas, a de Huy, recusar-se a analisá-la, por medo de "entediar" seu leitor. Uma das forças da escola islandesa, tão superior em inteligência histórica às crônicas do mundo latino, foi a de escapar a essas pretensões. Por sua vez, a interpretação simbólica, imposta por outra corrente mental, confundia a inteligência das realidades. Eram os Livros Santos livros de história? Certamente. Mas, ao menos em toda uma parte dessa história, a da Antiga Aliança, a exegese impunha que se reconhecesse menos o quadro de acontecimentos, cujo sentido traziam em si, do que a prefiguração daquilo que haveria de ocorrer: "a sombra do futuro", segundo a palavra de Santo Agostinho.[75] Por fim, e sobretudo, a imagem sofria de uma imperfeita percepção das diferenças entre os planos sucessivos da perspectiva.

Ao contrário do que Gastão Paris chegou a afirmar, não é que se acreditasse obstinadamente na "imutabilidade" das coisas. Tal inclinação não teria sido em nada compatível com a noção de uma humanidade marchando a passos rápidos rumo ao objetivo previamente fixado. "Da mudança dos tempos": assim, de acordo com a opinião comum, Otão da Frisinga intitulava sua crônica. Sem chocar ninguém, entretanto, os poemas em línguas vulgares retratavam uniformemente os paladinos carolíngios, os hunos de Átila e os heróis sob os traços de cavaleiros dos séculos XI e XII. Na prática, não se era, de modo algum, capaz de perceber a amplitude dessa mudança eterna, que não era negada. Por ignorância, seguramente, mas, sobretudo, porque a solidariedade entre o passado e o presente, concebida com demasiada força, mascarava os contrastes e afastava até mesmo a necessidade de percebê-los. Como se teria resistido à tentação de imaginar os imperadores da velha Roma iguais em tudo aos soberanos da época, quando se acreditava que o Império Romano ainda existia e que os príncipes saxões ou sálios eram os sucessores, em linha direta, de César ou de Augusto? Todo movimento religioso via a si mesmo sob o aspecto de uma reforma, na acepção própria do termo: isto é, um retorno à pureza original. Além disso, não se encontrava a atitude tradicionalista, que arrasta continuamente o presente para o passado e, com isso, leva naturalmente a confundir as cores de um e de outro, nos antípodas do espírito histórico, dominado pelo sentido da diversidade?

Geralmente inconsciente, a miragem se fazia, por vezes, voluntária. As grandes falsificações que exerceram sua ação sobre a política civil ou religiosa da era feudal certamente

---

74. P. FOURNIER e G. LE BRAS. *Histoire des collections canoniques*, t. II, 1932, p. 338.
75. *De civ. Dei*, XVII, 1.

lhe eram levemente anteriores: a pseudo-*Doação* de Constantino datava do fim do século VIII; as fabricações da surpreendente oficina à qual devemos, como obras principais, as falsas decretais emitidas sob o nome de Isidoro de Sevilha e as falsas capitulares do diácono Bento foram fruto do renascimento carolíngio, em seu desabrochar. Mas o exemplo assim dado atravessaria os tempos. A coletânea canônica compilada, entre 1008 e 1012, pelo santo bispo Burcardo de Worms, está repleta de atribuições enganosas e alterações quase cínicas. Peças falsas foram forjadas na corte imperial. Havia inúmeras outras nos *scriptoria* das igrejas, tão mal afamados a esse respeito que, conhecidas ou adivinhadas, as distorções da verdade que neles eram endêmicas não contribuíam pouco para desacreditar o testemunho escrito: "qualquer pena pode servir para contar qualquer coisa", dizia, durante um processo, um senhor alemão.[76] Seguramente, se a indústria, em si mesma eterna, dos falsários e dos mitômanos conheceu, durantes esses poucos séculos, uma excepcional prosperidade, a responsabilidade recai, em grande parte, sobre as condições da vida jurídica, baseada nos precedentes, e, ao mesmo tempo, sobre a desordem ambiente: entre os documentos inventados, muitos o foram somente para compensar a destruição de um texto autêntico. Contudo, o fato de tantas produções mentirosas terem então sido executadas e tantos personagens, de incontestável elevação de caráter, terem se envolvido nessas maquinações, no entanto expressamente condenadas, já naquela época, pelo direito e pela moral, constitui um sintoma psicológico bastante digno de reflexão: por um curioso paradoxo, à força de respeitar o passado, este acabava sendo reconstruído tal como deveria ter sido.

Por mais numerosos que fossem, os escritos históricos eram acessíveis somente a uma elite bastante restrita. Isso porque, salvo entre os anglo-saxões, eram compostos em latim. Conforme um condutor de homens pertencesse ou não ao pequeno círculo dos *litterati*, o passado, autêntico ou deformado, agia, pois, sobre ele, com maior ou menor plenitude. Constituem evidências disso, na Alemanha, após o realismo de Otão I, a política de reminiscências de um Otão III; e, após o iletrado Conrado II, fortemente inclinado a abandonar a Cidade Eterna às lutas de suas facções aristocráticas e de seus pontífices fantoches, o muito instruído Henrique III, "patrício dos romanos" e reformador do papado. Entretanto, mesmo os menos cultos dentre os chefes não deixavam de participar, em alguma medida, desse tesouro de lembranças. Seus clérigos familiares certamente os ajudavam. Muito menos sensível, seguramente, do que seria seu neto aos prestígios da atmosfera romana, Otão I, o primeiro de sua linhagem, fizera, no entanto, questão de assumir a coroa dos Césares; quem poderá algum dia nos dizer com que mestres, traduzindo ou resumindo-lhe sabe-se lá que obras, esse rei, praticamente incapaz de leituras, aprendera a tradição romana, antes de restaurá-la?

Os relatos épicos em línguas vulgares, sobretudo, eram os livros de história das pessoas que não sabiam ler, mas gostavam de escutar. Os problemas da epopeia estão entre os mais controvertidos dos estudos medievais. Algumas páginas não bastariam para dar conta de sua complexidade. Cabe, ao menos, aqui, examiná-los sob o ângulo que, acima de tudo, importa à história da estrutura social e, de modo mais geral, talvez não seja o menos adequado para abrir perspectivas fecundas: o da memória coletiva.

---

76. Ch. E. PERRIN. *Recherches sur la seigneurie rurale en Lorraine d'après les plus anciens censiers*, p. 684.

2. A EPOPEIA

A história da epopeia francesa, tal como a percebemos, começa pela metade do século XI, ou talvez um pouco mais cedo. É certo, com efeito, que, já nessa época, circulavam, na França do Norte, "canções" heroicas em língua vulgar. Sobre essas composições de data relativamente recuada, dispomos infelizmente apenas de informações indiretas: alusões em crônicas ou um fragmento de uma adaptação em língua latina (o misterioso "fragmento de A Haia"). Nenhum manuscrito épico é anterior à segunda metade do século seguinte. Mas não se deve deduzir da idade de uma cópia a do texto copiado. Claros indícios nos garantem que, ao menos, três poemas existiam, o mais tardar, no início do ano 1100, sob uma forma muito vizinha daquela em que os lemos hoje: a *Canção de Rolando* [*Chanson de Roland*]; a *Canção de Guilherme* [*Chanson de Guillaume*] – a qual também menciona, de passagem, vários outros cantos, dos quais já não possuímos mais versões antigas; e, por fim, conhecido por meio de um início de manuscrito, assim como por meio de análises das quais a primeira data de 1088, o relato que se convencionou intitular *Gormo e Isembardo* [*Gormont et Isembart*].

A intriga de *Rolando* deve mais ao folclore do que à história: ódio do enteado e do padrasto, inveja, traição. Este último tema reaparece em *Gormo*. Na *Canção de Guilherme*, o enredo é apenas lenda. Tanto em um caso como no outro, muitos dos atores do drama, entre os mais consideráveis, parecem ser pura invenção: caso de Oliveiros, Isembardo, Vivien. Entretanto, sob os floreios do relato, subsiste, por toda parte, uma trama histórica. É verdade que, em 15 de agosto de 778, a retaguarda de Carlos Magno foi surpreendida, na passagem dos Pireneus, por um bando inimigo – bascos, diz a história, sarracenos, dirá a lenda – e que, em meio a essa rude confusão, um conde, chamado Rolando, morreu, ao lado de muitos outros chefes. As planícies do Vimeu, nas quais se desenvolve a ação de *Gormo*, haviam visto, em 881, um autêntico rei Luís – o carolíngio Luís III – triunfar gloriosamente sobre autênticos pagãos: normandos, na verdade, que a ficção, uma vez mais, transformara em soldados do Islã. O conde Guilherme, assim como sua mulher Guibourc, vivera sob Carlos Magno: valente rachador de muçulmanos, tal como na *Canção*, e, por vezes, tal como nesta, vencido pelos infiéis, porém sempre heroicamente. No próprio segundo plano das três obras, ou até mesmo na agitação dos panos de fundo, não é difícil reconhecer, ao lado de sombras imaginárias, mais de um personagem que, embora nem sempre situado pelos poetas em sua data exata, tinha realmente existido: caso do arcebispo Turpino, do rei pagão Gormo, que foi um famoso *viking*, e até mesmo desse obscuro conde de Bourges, Esturmi, cuja face a *Canção de Guilherme* somente retrata em cores tão sombrias por um eco inconsciente dos desprezos a que fora, em sua época, exposto por seu nascimento servil.

Nos numerosíssimos poemas que foram postos por escrito, sobre temas análogos, ao longo dos séculos XII e XIII, observa-se o mesmo contraste. Neles, as fábulas abundam, cada vez mais invasivas à medida que o gênero, ao enriquecer-se, não conseguia renovar seus assuntos senão por meio de ficções. Quase sempre, entretanto, ao menos nas obras cujo aspecto geral, para não dizer a redação atualmente conhecida, remonta visivelmente a uma época bastante antiga, percebe-se ora no próprio centro da ação um tema indubitavelmente histórico, ora entre os detalhes uma lembrança ou outra de inesperada precisão: uma figura episódica ou um castelo cuja existência podia ter sido dada como esquecida há muito tempo. Assim, impõem-se ao pesquisador dois problemas indissolúveis. Por que pontes, construídas sobre um abismo muitas vezes secular, o conhecimento de um passado tão longínquo foi transmitido aos poetas? Entre a tragédia de 15 de agosto de 778, por exemplo, e a *Canção* dos últimos anos do século XI, que tradição teceu seus misteriosos fios? Quem relatara, ao troveiro de *Raul de Cambrai*, no século XII, o ataque lançado, em 943, contra os filhos de Herberto de Vermandois por Raul, filho de Raul de Gouy, a morte do invasor e, ao lado desses acontecimentos, situados no cerne do drama, os nomes de vários contemporâneos do herói: Ybert, senhor de Ribémont, Bernardo de Rethel, Ernaldo de Douai? Aí está o primeiro enigma. Mas eis o segundo, que não é menos grave: por que esses dados exatos se encontram tão estranhamente distorcidos? Ou, antes – pois não se deve ver os últimos redatores como únicos responsáveis por toda a deformação –, como explicar que o verídico* só tenha chegado às suas mãos mesclado a tantos erros ou invenções? Uma parte é autêntica, a outra é imaginária: toda tentativa de interpretação que deixasse de considerar, com igual plenitude, os dois elementos se veria, por esse mesmo motivo, condenada.

As "gestas" épicas não se destinavam, em princípio, à leitura. Eram feitas para serem declamadas ou, antes, salmodiadas. De castelo em castelo, ou de praça pública em praça pública, eram assim propagadas por recitantes profissionais, chamados *jongleurs* [menestréis]. Os mais humildes, de fato, sobrevivendo das moedinhas que cada ouvinte tirava "da aba de sua camisa"[77], juntavam a seu ofício de contadores ambulantes o de saltimbancos. Outros, felizes o bastante para terem obtido a proteção de algum alto senhor, que os vinculava à sua corte, asseguravam, com isso, um ganha-pão menos precário. Era em meio a esses executantes que também eram recrutados os autores dos poemas. Os menestréis, em outros termos, ora reproduziam oralmente as composições de outrem, ora tinham, por si próprios, "achado" primeiro os cantos que declamavam. Entre um extremo e outro, existia, aliás, uma infinidade de nuances. Raramente, um "descobridor" inventava inteiramente sua matéria; raramente, um intérprete se abstinha de qualquer modificação. Um público muito diversificado, em sua maioria iletrado, quase sempre incapaz de medir a autenticidade dos fatos e muito menos sensível, aliás, à veracidade do que ao divertimento e à exaltação dos sentimentos familiares; como criadores, homens habituados a remodelar continuamente a substância de seus relatos e, além disso, destinados a um estilo de vida pouco favorável ao estudo, mas em posição de frequentar, vez por outra, os grandes e preocupados em agradá-los: foi esse o pano de fundo humano dessa literatura. Investigar como tantas recordações exatas vieram nela infiltrar-se significa perguntar-se por que vias os menestréis puderam ser informados dos eventos ou dos nomes.

---

*. No original, *bon grain* (bom grão), referente à expressão *séparer le bon grain de l'ivraie*, que significa separar o que é benéfico (ou, no caso, verídico) daquilo que é nocivo (falso). (N.T.)
77. *Huon de Bordeaux*, ed. Guessard et Grandmaison, p. 148.

É quase supérfluo relembrá-lo: pelo que sabemos, tudo o que as canções contêm de verdadeiro se encontrava, sob outra forma, nas crônicas ou nos documentos; se tal não fosse o caso, como nos seria possível fazer, hoje, a distinção? Não poderíamos, entretanto, sem uma gritante inverossimilhança, imaginar os menestréis sob o aspecto de vasculhadores de bibliotecas. Em contrapartida, é legítimo perguntar se puderam ter acesso, indiretamente, à matéria de escritos que não estavam em condições de consultar por si próprios. Como intermediários, pensaremos naturalmente nos guardiões ordinários desses documentos: os clérigos e, especialmente, os monges. A ideia, em si mesma, não contraria em nada as condições da sociedade feudal. É, com efeito, sem razão que, preocupados em opor, em todas as coisas, o "espontâneo" ao "erudito", os historiadores de inspiração romântica haviam imaginado, entre os detentores da poesia dita popular e estes adeptos profissionais da literatura latina que eram os clérigos, sabe-se lá que parede intransponível. Na ausência de outros testemunhos, a análise da canção de *Gormo*, na crônica do monge Hariulfo, o "fragmento de A Haia", que é provavelmente um exercício escolar, e o poema latino que um clérigo francês do século XII compôs sobre a traição de Ganelão bastariam para nos assegurar que, à sombra dos claustros, a epopeia em língua vulgar não era nem ignorada nem desdenhada. Da mesma forma, na Alemanha, o *Waltharius*, cujos hexâmetros virgilianos revestem tão curiosamente uma lenda germânica, nasceu talvez de um dever de aluno, e conta-se que, mais tarde, na Inglaterra do século XII, o patético relato das aventuras de Artur arrancava lágrimas dos jovens monges, tanto quanto dos leigos.[78] Deve-se acrescentar a isso que, a despeito dos anátemas de alguns rigoristas contra os "histriões", os religiosos, em geral, naturalmente inclinados a difundir a glória de suas casas e das relíquias que constituíam suas joias mais caras, não estavam entre os que não reconheciam nos menestréis, habituados a transmitir, em praça pública, desde os cantos mais profanos até os contos pios da hagiografia, uma força de propaganda quase inigualável.

De fato, como mostrou Joseph Bédier, em termos inesquecíveis, a influência monacal está claramente inscrita em mais de uma lenda épica. Apenas a insistência dos monges de Pothières e, mais ainda, de Vézelay pode explicar a transferência, para a Borgonha, da ação de *Girardo de Rossilhão* [Girard de Roussillon], cujos elementos históricos se localizavam todos à margem do Ródano. Sem a abadia de Saint-Denis-de-France [São Dinis da França], sua feira e seus corpos santos, não se poderia conceber nem o poema da *Viagem de Carlos Magno*, floreio humorístico sobre a história das relíquias, certamente menos comum entre os peregrinos da igreja do que entre os clientes da feira, nem o *Floovant*, que aborda, com maior gravidade e enfado, um assunto vizinho, nem, provavelmente, muitas outras canções em que aparecem, à frente de um pano de fundo em que é representado o monastério, os príncipes carolíngios, cuja memória aí estava piedosamente conservada. Sobre o papel dessa grande comunidade, aliada e conselheira dos reis capetíngios, na elaboração do tema de Carlos Magno, a última palavra, seguramente, ainda não foi dita.

Há, entretanto, muitas outras obras, sobretudo entre as mais antigas, nas quais se teria dificuldade em descobrir o rastro de uma influência monástica, que fosse, ao menos,

---

78. AIRELD DE RIEVAULX. *Speculum charitatis*, II, 17, em MIGNE. *P. L.*, t. CXCV, col. 565.

concertada e acentuada: tal é o caso da *Canção de Guilherme*, de *Raul de Cambrai* e de todo o ciclo dos *Lorenos*. Até mesmo em *Rolando*, que se procurou associar à peregrinação de Compostela, como não surpreender-se, fosse essa hipótese verdadeira, por não serem citados, entre tantos santos, nem o nome de Santiago, nem, entre tantas cidades espanholas, o grande santuário da Galícia? Como explicar, em uma obra pretensamente inspirada por monges, o virulento desprezo que o poeta manifesta pela vida do claustro?[79] Ademais, se é incontestável que todos os dados autênticos explorados pelas gestas poderiam, em princípio, ter sido coletados na consulta dos cartórios e das bibliotecas, os documentos em que aparecem somente os apresentam, comumente, de forma dispersa, entre muitos outros traços que não foram conservados: a tal ponto que, para extraí-los desses textos, e somente eles, teria sido preciso todo um trabalho de aproximação e de triagem, um trabalho de erudição, em uma palavra, por parte dos menos familiarizados com os hábitos intelectuais da época. Finalmente, e sobretudo, pressupor na origem de cada canção esse casal pedagógico – como mestre, um clérigo instruído e, como aluno, um dócil menestrel – é, ao que parece, renunciar a explicar não somente a verdade, mas também o erro. Isso porque, por mais medíocre que fosse a literatura analística, por mais recheadas de lendas e falsidades que se possam imaginar, a justo título, as tradições das comunidades religiosas, por mais inclinados a enfeitar ou a esquecer que se supõe fossem os menestréis, os piores dentre os relatos compostos por meio de crônicas ou de documentos jamais poderiam ter cometido um quarto dos embustes de que é culpada a menos mentirosa das canções. Além disso, temos aqui uma contraprova: pela metade do século XII, dois clérigos dedicaram-se, um após o outro, a pôr em versos franceses, em um estilo mais ou menos copiado da epopeia, uma matéria histórica que haviam extraído, em sua maior parte, dos manuscritos. Ora, nem no *Romance de Rou*, de Wace, nem na *História dos duques da Normandia*, de Benoît de Sainte-Maure, as lendas e as confusões estão ausentes; mas, ao lado de *Rolando*, elas são obras-primas de exatidão.

Assim, se é preciso considerar improvável que, ao menos na maioria dos casos, os "troveiros" do fim do século XI e dos primeiros anos do XII tenham, no exato momento em que compunham, extraído, ainda que indiretamente, de crônicas ou de peças de arquivos os elementos de suas gestas[80], deve-se reconhecer, na base de suas narrações, uma tradição anterior. Na verdade, tal hipótese, por muito tempo clássica, somente foi comprometida pelas formas que muito frequentemente a revestiram. Na origem, cantos muito curtos, contemporâneos dos eventos; nossas canções, tais como as conhecemos, tardiamente e mais ou menos desastradamente confeccionadas com a ajuda dessas primitivas "cantilenas", costuradas de ponta a ponta; em uma palavra, no ponto de partida estava a espontaneidade da alma popular; no final, um trabalho de literato: essa imagem, sedutora pela simplicidade de suas linhas, de modo algum resiste ao exame. Por certo, nem todas as canções tiveram a

---

79. V. 1880-1882. Essas palavras são tanto mais surpreendentes quanto a *Canção* as atribui a um arcebispo. Visivelmente, a reforma gregoriana ainda não se fizera sentir.
80. Não é impossível que, no *Couronnement de Louis* [Coroamento de Luís], se encontrem, excepcionalmente, alguns traços de recurso a crônicas: Cf. SCHLADKO em *Zeitschrift für die französische Sprache*, 1931, p. 428.

mesma trajetória; existem algumas em que não faltam evidências de grosseiros acréscimos. Quem, entretanto, ao ler *Rolando* sem preconceitos, se recusaria a ver nele uma obra de impulso único, a obra de um homem e de um grande homem cuja estética, na medida em que não lhe era pessoal, traduzia as concepções de seu tempo, e não o pálido reflexo de hinos perdidos? Nesse sentido, é bastante correto dizer que as canções de gesta "nasceram" por volta do fim do século XI. Mas, mesmo quando existe genialidade – o que seguramente não era o caso mais frequente: esquecemos demasiadamente o quanto a beleza de *Rolando* é excepcional –, um poeta, na maioria dos casos, faz algo mais do que utilizar, de acordo com sua arte, os temas cuja herança coletiva lhe foi transmitida pelas gerações?

Da mesma forma, quando se sabe o interesse que os homens da época feudal nutriam pelo passado e a satisfação que sentiam em ouvir seu relato, como surpreender-se por ter uma tradição narrativa descido o fio do tempo? Ela tinha, por foco de predileção, todos os locais em que se encontravam tais errantes: essas peregrinações e esses campos de feira, essas estradas de peregrinos e de mercadores cuja recordação marcou tantos poemas. Quanto aos comerciantes de longo curso, a respeito dos quais sabemos, pelo acaso de um texto, que, quando alemães, levaram ao conhecimento do mundo escandinavo certas lendas alemãs[81], hesitaremos em acreditar, em relação aos franceses, que não teriam veiculado da mesma forma, com seus pacotes de panos ou seus sacos de especiarias, entre uma ponta e outra dos itinerários familiares, muitos temas heroicos, ou até mesmo simples nomes? Foram, seguramente, seus relatos que, ao lado daqueles dos peregrinos, ensinaram aos menestréis a nomenclatura geográfica do Oriente e deram, a esses poetas do Norte, conhecimento da beleza da oliveira mediterrânea, que, com gosto ingênuo pelo exotismo e um admirável desprezo pela cor local, as canções plantam habilmente nas colinas da Borgonha ou da Picardia. Embora não tivessem comumente ditado as lendas, tampouco os monastérios deixaram de fornecer um campo altamente favorável a seu desenvolvimento: porque por lá passavam muitos viajantes; porque lá a memória se agarrava a mais de um velho monumento; e, por fim, porque os monges sempre gostaram de narrar – até mesmo demasiadamente, segundo puritanos como Pedro Damião.[82] As mais antigas anedotas sobre Carlos Magno foram postas por escrito, desde o século IX, em Saint-Gall: redigida no início do século XI, a crônica do monastério de Novalesa, no caminho do monte Cenis, está repleta de traços lendários.

Não imaginemos, entretanto, que tudo tenha vindo dos santuários. As linhagens senhoriais, por sua vez, tinham suas tradições, das quais deve ter vindo mais de uma recordação, exata ou deformada; além disso, costumava-se falar dos ancestrais nos salões dos castelos, tanto quanto sob as arcadas do claustro. Sabemos que o duque Godofredo da Lorena não hesitava em entreter seus hóspedes com anedotas sobre Carlos Magno.[83] Deve-se acreditar que esse gosto lhe pertencia exclusivamente? Na epopeia, aliás, não é nada difícil identificar duas imagens do grande carolíngio, que se contradizem violentamente:

---

81. Prólogo da *Thidreksaga*; cf. H. J. SEEGER. *Westfalens Handel*, 1926, p. 4.
82. *De perfectione monachorum*, em MIGNE. *P. L.*, t. CXLV, col. 324.
83. PEDRO DAMIÃO. *De elemosina*, c. 7 em MIGNE. *P. L.*, t. CXLV, col. 220.

ao nobre soberano de *Rolando*, envolto por uma veneração quase religiosa, opõe-se o velho "cobiçoso" e "impaciente" de tantas outras canções. A primeira corrente era conforme a vulgata da historiografia eclesiástica, assim como as necessidades da propaganda capetíngia; na segunda, como não reconhecer a marca antimonárquica do baronato?

Anedotas podem muito bem ser transmitidas assim, de geração em geração, sem com isso adquirirem a forma de poemas. Mas tais poemas de fato existiram. Desde quando? Eis um problema quase insolúvel, pois lidamos com o francês, isto é, uma língua que, passando por uma simples corruptela do latim, levou vários séculos para elevar-se à dignidade literária. Nas "canções rústicas", isto é, em línguas vulgares que, no fim do século IX, um bispo de Orléans acreditava dever proibir a seus padres, já se insinuava algum elemento heroico? Jamais o saberemos, pois tudo isso acontecia em uma zona situada muito abaixo da atenção das pessoas letradas. Entretanto, sem querer tirar partido excessivo do argumento *a silentio*, é preciso constatar que as primeiras menções relativas aos cantos épicos surgem apenas no século XI; a aparição repentina desses testemunhos, após uma longa noite, parece, de fato, sugerir que as gestas versificadas não se desenvolveram muito mais cedo, ao menos com alguma abundância. É realmente notável, por outro lado, que, na maioria dos poemas antigos, o Laon apareça como a residência dos reis carolíngios; mesmo *Rolando*, que restabeleceu Aix-la-Chapelle em sua verdadeira posição, traz, como que por inadvertência, alguns resquícios da tradição do Laon. Ora, esta somente poderia ter nascido no século X, quando o "monte Loon" desempenhava verdadeiramente o papel que lhe é assim atribuído. Mais tarde, assim como antes disso, ela seria inexplicável.[84] Foi, portanto, segundo todas as aparências, nesse século que foram definidos os temas da epopeia, senão já sob a forma prosódica, ao menos inteiramente prontos para recebê-la.

Uma das características essenciais das canções consistiu, aliás, em quererem retraçar apenas eventos antigos. As cruzadas foram praticamente as únicas a parecerem imediatamente dignas da epopeia. Isso porque já tinham tudo para agitar as imaginações; além disso, elas certamente transpunham para o presente uma forma de heroísmo cristão, familiar, desde o século XI, aos poemas. Essas obras de atualidade forneciam aos menestréis a ocasião de exercerem sobre seus mecenas uma leve pressão: por ter recusado a um deles duas calças de escarlate, Arnulfo de Ardres viu seu nome suprimido da *Canção de Antioquia*.[85] Qualquer que fosse o prazer que os barões pudessem sentir ao ouvirem assim seus feitos fluírem da boca dos homens, qualquer que fosse o proveito que os poetas pudessem esperar de tais composições, as guerras do presente, quando não tinham por teatro a Terra Santa, não encontraram, em geral, ninguém para celebrá-las desse modo. Isso significa, como escreveu Gastão Paris, que a "fermentação épica" cessou no momento em que a nação francesa foi definitivamente constituída? Essa tese, em si mesma pouco verossímil, suporia que os relatos relativos aos séculos IX e X haviam imediatamente assumido uma forma poética: nada é menos certo. Seguramente, a verdade é que, imbuídos de respeito

---

84. Cf. F. LOT, em *Romania*, 1928, p. 375; e, a respeito de tudo que vem antes, a série de artigos publicados por este erudito.
85. LAMBERTO DE ARDRES. *Chronique de Guines et d'Ardre*, c. CXXX, ed. Ménilglaise, p. 311.

pelos tempos passados, os homens somente sabiam procurar exaltação nas recordações já carregadas do prestígio próprio às coisas muito antigas. Em 1066, um menestrel acompanhou os guerreiros normandos a Hastings. O que cantava? "de Karlemaigne et de Rollant" [de Carlos Magno e de Rolando]. Outro, por volta de 1100, precedia um bando de saqueadores da Borgonha, em uma pequena guerra local. O que cantava? "os grandes feitos dos ancestrais".[86] Quando os grandes golpes de espada dos séculos XI e XII ficaram, por sua vez, relegados a um passado remoto, o gosto pelo passado ainda subsistia, mas era satisfeito de outra forma. A história, por vezes ainda versificada, mas baseada agora na transmissão escrita e, consequentemente, muito menos contaminada pela lenda, substituíra a epopeia.

O amor pelas narrações históricas e lendárias não foi, durante a época feudal, característico da França. Mas, embora comum a toda a Europa, era satisfeito de formas diferentes.

Por mais longe que remontemos na história dos povos germânicos, vemo-los habituados a celebrar em versos os feitos dos heróis. Entre os germânicos do continente e da Bretanha, parece, aliás, que, assim como entre os escandinavos, dois gêneros de poesia guerreira eram praticados, lado a lado; uns dedicados a personagens muito antigos e, por vezes, míticos; outros afirmando a glória dos chefes atualmente vivos ou mortos há pouco tempo. Então, no século X, teve início um período em que se escrevia pouco e, com pouquíssimas exceções, somente em latim. Durante esses séculos obscuros, a sobrevida das velhas lendas, em solo alemão, é atestada quase unicamente por uma transposição latina – o *Waltharius* – e pela emigração de certos temas para os países do Norte, onde a fonte da literatura popular brotava sempre fresca. Elas não haviam, contudo, deixado de viver ou de seduzir. A leitura de Santo Agostinho ou de Santo Gregório indica que o bispo Gunther, que, entre 1057 e 1065, ocupou a sé de Bamberg, preferia, se acreditarmos em um de seus cônegos, os relatos sobre Átila e sobre os amalos, isto é, a antiga dinastia ostrogótica, desparecida no século VI. Talvez – pois o texto é obscuro – ele até "poetizasse", por sua própria iniciativa, sobre esses assuntos profanos.[87] Continuava-se, pois, a contar, a seu redor, as aventuras de reis de há muito desaparecidos. Certamente, continuava-se também a cantá-las, na língua de todo mundo; mas daquilo que era cantado não nos resta nada. A vida do arcebispo Anno, disposta em versos alemães, pouco após 1077, por um clérigo da diocese de Colônia, pertence mais à hagiografia do que a uma literatura narrativa destinada aos grandes auditórios.

A nossos olhos, o véu só foi erguido cerca de um século após o surgimento das gestas francesas e, precisamente, após a imitação destas ou de obras mais recentes, porém de mesma proveniência, ter, já depois de uma geração, acostumado o público alemão a apreciar os grandes afrescos poéticos em língua vulgar. Os primeiros poemas heroicos de inspiração nacional não foram compostos, sob uma forma próxima daquela em que os conhecemos hoje, antes do final do século XII. Abandonando então os grandes feitos dos contemporâneos aos cronistas ou à versificação latina, era, tal como na França, nas aventuras já esclarecidas por uma longa transmissão que se procuravam os temas. O curioso é que esse

---

86. *Miracles de Saint Benoît*, ed. Certain, VIII, 36.
87. C. ERDMANN, em *Zeitschrift für deutsches Altertum*, 1936, p. 88 e 1937, p. 116.

passado de predileção se encontra aqui muito mais distante. Apenas um *Lied* [canção] – o do duque Ernesto – narra, deformando-o, aliás, de forma estranha, um acontecimento do início do século XI. Os demais mesclam, a lendas puras e a um maravilhoso por vezes ainda inteiramente pagão, velhas recordações do tempo das invasões, aliás, geralmente rebaixadas de sua dignidade de catástrofes mundiais ao medíocre nível de banais vinganças pessoais. Os 21 principais heróis, suscetíveis de identificação, que puderam ser contados no conjunto dessa literatura, incluem desde um rei godo, morto em 375, até um rei lombardo, morto em 575. Quando, por acaso, aparece, aqui e ali, um personagem de data mais recente, ou quando, na *Canção dos Nibelungos*, por exemplo, um bispo do século X insinua-se na assembleia, já singularmente disparatada, composta por Átila, Teodorico, o Grande, e os reis burgúndios do Reno, ao lado de figuras sem consistência histórica, como Sigurdo [Siegfried] e Brunilda [Brünhilde], esse intruso aparece apenas de forma episódica, provavelmente por efeito de uma influência local ou clerical. Não teria sido assim, seguramente, se os poetas tivessem recebido seus temas de clérigos dedicados a examinar os documentos escritos: os monastérios alemães não tinham por fundadores chefes bárbaros e, se os cronistas falavam bem de Átila ou mesmo do "tirano" Teodorico, eles empregavam cores singularmente mais sombrias do que aquelas com que a epopeia os enfeitava. Existe, entretanto, algo mais impressionante do que o seguinte contraste? Enquanto a França, cuja civilização fora profundamente modificada no cadinho da Alta Idade Média e cuja língua, como entidade linguística verdadeiramente diferenciada, era relativamente jovem, se voltava para sua tradição mais afastada e descobria os carolíngios (a dinastia merovíngia somente aparece, pelo que sabemos, em uma única canção, o *Floovant*, bastante tardia e que, como vimos, integra provavelmente um grupo de obras diretamente inspirado por monges eruditos, os de Saint-Denis), a Alemanha, ao contrário, dispunha, para alimentar seus contos, de uma substância infinitamente mais antiga, pois a corrente, por muito tempo escondida, dos relatos e talvez dos cantos jamais fora interrompida.

    Castela nos oferece uma experiência igualmente instrutiva. Lá, a sede de lembranças não era menos intensa do que alhures. Mas, nessa terra de Reconquista, as mais antigas lembranças nacionais eram inteiramente novas. Disso, resultou que os menestréis, na medida em que não reproduziam modelos estrangeiros, tiravam suas inspirações de eventos que acabavam de ocorrer. A morte do Cid se deu em 10 de julho de 1099; único sobrevivente de toda uma família de *cantares* dedicados aos heróis das guerras recentes, o *Poema do Cid* data dos arredores de 1150. Mais singular é o caso da Itália. Não teve e jamais parece ter tido uma epopeia autóctone. Por quê? Seria bastante temeroso pretender resolver em poucas palavras um problema tão perturbador. Uma solução, todavia, merece ser sugerida. Na época feudal, a Itália foi um dos raros países em que, na classe senhorial, assim como certamente entre os mercadores, um grande número de pessoas sabia ler. Se o gosto pelo passado não fez com que nascessem cantos, não seria porque já encontrava satisfação suficiente na leitura das crônicas latinas?

    A epopeia, aí onde pôde desenvolver-se, exercia sobre as imaginações uma ação tanto mais forte quanto, em vez de dirigir-se exclusivamente aos olhos, como o livro, se beneficiava de todo o calor da palavra humana e dessa espécie de martelagem intelectual que nasce da repetição, pela voz, dos mesmos temas, e talvez até das mesmas coplas. Perguntai aos governos de hoje se a rádio não constitui um meio de propaganda ainda mais eficaz do que o jornal. Por certo, foi, sobretudo, a partir do final do século XII, nos meios então mais profundamente cultos, que as classes altas procuraram viver verdadeiramente suas lendas: um cavaleiro, por exemplo, que não encontra, para zombar de um covarde, escárnio mais picante ou mais claro do que uma alusão extraída de um romance cortês; ou, mais tarde, todo um grupo da nobreza cipriota que se divertia em personificar os atores do ciclo de *Renard*, como fizeram, mais recentemente, ao que parece, certos círculos mundanos, com os heróis balzacianos.[88] Todavia, mal haviam nascido as gestas francesas e alguns senhores já se comprazíam, desde antes de 1100, em dar a seus filhos os nomes de Oliveiros e Rolando, ao mesmo tempo que, atingido por uma marca de infâmia, o de Ganelão desaparecia para sempre da onomástica.[89] Por vezes, esses contos eram referidos como se fossem verdadeiros documentos. Filho de uma época, no entanto já muito mais livresca, o célebre senescal de Henrique II Plantageneta, Ranulfo de Glanvill, ao ser interrogado sobre as razões da longa fragilidade dos reis da França em relação aos duques normandos, respondia invocando as guerras que, no passado, haviam "quase destruído" a cavalaria francesa: como atestam, dizia, os relatos de *Gormo* e de *Raul de Cambrai*.[90] Certamente, era, acima de tudo, com tais poemas que esse grande político aprendera a refletir sobre a história. Na verdade, a concepção de vida que as gestas expressavam apenas refletia, sob muitos aspectos, a de seu público: em toda literatura, uma sociedade sempre contempla sua própria imagem. Entretanto, ao lado da recordação dos acontecimentos antigos, por muito mutilada que estivesse, insinuava-se mais de uma tradição realmente vinda do passado, cuja influência encontraremos repetidamente.

CAPÍTULO IV
O renascimento intelectual na Segunda Idade Feudal

1. ALGUNS TRAÇOS DA NOVA CULTURA

O surgimento dos grandes poemas épicos, na França do século XI, pode ser concebido como um dos sintomas precursores por meio dos quais se anunciava o poderoso desenvolvimento cultural do período seguinte. "Renascimento do século XII", diz-se frequentemente. Feitas todas as reservas sobre uma palavra que, interpretada ao pé da letra, evocaria, em vez de uma mudança, uma simples ressurreição, a fórmula pode ser conservada, sob a condição, entretanto, de não atribuir-lhe um significado cronológico muito preciso. Com

---

88. *Histoire de Guillaume le Maréchal*, ed. P. Meyer, t. I, v. 8444 ss. FILIPE DE NOVARA. *Mémoires*, ed. Ch. Kohler. C. LXXII; cf. C. CL ss.
89. Desaparecimento, diga-se de passagem, cujo estudo – que não parece ter sido até aqui empreendido – forneceria um bom meio de datar a popularidade da lenda da Rolando.
90. GIRALDUS CAMBRENSIS. *De principis instructione*, dist. III, c. XII (*Opera, Rolls Series*, t. VIII, p. 258).

efeito, se o movimento atingiu toda sua amplitude apenas ao longo do século cujo nome lhe é ordinariamente atribuído, suas primeiras manifestações, assim como as das metamorfoses demográficas e econômicas concomitantes, datam da época verdadeiramente decisiva que foram as duas ou três décadas imediatamente anteriores ao ano 1100. Datam dessa época, para citar apenas alguns exemplos, a obra filosófica de Anselmo da Cantuária, a obra jurídica dos mais antigos romanistas italianos e dos canonistas, seus concorrentes, e o início do esforço matemático nas escolas de Chartres. Assim como em outros campos, no da inteligência a revolução não foi total. Mas, por mais que, por sua mentalidade, a segunda idade feudal se mantenha, sob muitos aspectos, vizinha da primeira, ela se vê marcada por alguns traços intelectuais novos, cuja ação será preciso determinar.

Os progressos da vida de relação, tão aparentes no mapa econômico, inscrevem-se em traços igualmente nítidos no mapa cultural. A abundância das traduções de obras gregas e, sobretudo, árabes – sendo estas, aliás, em sua maioria, apenas interpretações do pensamento helênico – e a ação que exerceram sobre a consciência e a filosofia do Ocidente apontam uma civilização então mais bem provida de antenas. Não por acaso, encontraram-se, entre os tradutores, vários membros das colônias mercantis estabelecidas em Constantinopla. No próprio interior da Europa, as velhas lendas célticas, levadas do Oeste ao Leste, vêm impregnar a imaginação dos contadores franceses com sua estranha magia. Por sua vez, os poemas compostos na França – gestas antigas ou narrações de gosto mais recente – são imitados na Alemanha, na Itália, na Espanha. Os focos da nova ciência são grandes escolas internacionais: Bolonha, Chartres, Paris, "escada de Jacó erguida até o céu".[91] A arte românica, no que, acima de suas inúmeras variedades regionais, possuíra de universal, expressava, acima de tudo, certa comunidade de civilização ou a interação de uma multidão de pequenos nós de influência. A arte gótica, em contrapartida, dará o exemplo de formas estéticas de exportação que, sujeitas naturalmente a toda espécie de mudança, não deixam de propagar-se a partir de centros de irradiação bem determinados: a região situada entre o Sena e o Aisne, na França, e os monastérios cistercienses da Borgonha.

O abade Guiberto de Nogent que, nascido em 1053, escrevia, por volta de 1115, suas *Confissões*, opõe nestes termos os dois extremos de sua vida: "Na época que precedeu imediatamente a minha infância, e mesmo ao longo desta, a penúria de mestres-escola era tamanha que era quase impossível encontrá-los nos burgos: mal se encontrava algum nas cidades. Caso, por ventura, se descobrisse algum, sua ciência era tão medíocre que sequer poderia comparar-se à dos pequenos clérigos vagabundos de hoje."[92] Não há dúvidas de que, de fato, a instrução, durante o século XII, teria realizado, tanto em qualidade quanto em extensão através das diversas camadas sociais, imensos progressos. Mais do que nunca, ela se baseava na imitação dos modelos antigos, não mais venerados, mas talvez mais conhecidos, mais bem compreendidos e sentidos: a ponto de terem, por vezes, provocado, entre alguns poetas à margem do mundo clerical, como o famoso Arquipoeta* renano, a

---

91. JOÃO DE SALISBURY em H. DENIFLE e E. CHATELAIN. *Chartularium universitatis Parisiensis*, t. I, p. 18-9.
92. *Histoire de sa vie*, I, 4; ed. G. Bourgin, p. 12-3.
*. Apelido de Hugo de Orléans (*c.* 1093-1160), famoso poeta de língua latina. (N.T.)

eclosão de uma espécie de paganismo moral, muito estranho ao período anterior. Mas o novo humanismo era, de modo mais geral, um humanismo cristão. "Somos anões empoleirados nos ombros de gigantes": essa fórmula de Bernardo de Chartres, muitas vezes repetida, ilustra a extensão da dívida que os mais sérios espíritos da época admitiam possuir para com a cultura clássica.

O novo alento atingira os meios laicos. Já não era mais excepcional o caso do conde da Champanhe, Henrique, o Liberal, que lia no original Vegécio e Valério Máximo; ou desse conde de Anjou, Godofredo, o Belo, que, para construir uma fortaleza, recorria também a Vegécio.[93] Mais frequentemente, entretanto, esses gostos se chocavam com os obstáculos de uma educação ainda rudimentar demais para penetrar os arcanos de livros escritos em língua erudita. Nem por isso renunciavam a se satisfazer. Basta ver Balduíno II de Guines (morto em 1205). Caçador, bebedor e grande perseguidor de saias, tão perito quanto um menestrel em canções de gestas, assim como em trovas grosseiras, esse senhor picardo, por mais "iletrado" que fosse, não se divertia apenas com contos heroicos ou licenciosos. Buscando o diálogo com os clérigos, a quem remunerava com historietas "pagãs", encontrava-se, em razão dessas doutas entrevistas, demasiadamente bem instruído para o gosto de um padre de seu país: não empregava a ciência teológica que assim adquiria para debater com seus mestres? Mas trocar palavras não lhe era suficiente. Mandou que fossem traduzidos para o francês, para que lhe fossem lidos em voz alta, diversos livros em latim: além do *Cântico dos Cânticos*, os *Evangelhos* e a *Vida de Santo Antônio*, uma grande parte da *Física* de Aristóteles e a velha *Geografia* do romano Solino.[94] Assim, dessas novas necessidades nasceu, quase por toda a Europa, uma literatura em língua vulgar, que, destinada aos seculares, não visava apenas a diverti-los. Pouco importa que, no início, ela tenha sido constituída quase exclusivamente de paráfrases. Nem por isso deixava de abrir amplamente o acesso a toda uma tradição: entre outros, a um passado pintado com cores menos fictícias.

Na verdade, por muito tempo, as narrações históricas em línguas nacionais permaneceram fiéis à roupagem prosódica e ao tom das velhas gestas. Para vê-las aderir à prosa, instrumento natural de uma literatura de fatos, será necessário aguardar, nas primeiras décadas do século XIII, o surgimento, ora de memórias compostas por personagens estranhos tanto ao mundo dos menestréis quanto ao dos clérigos – um alto barão, Villehardouin, um modesto cavaleiro, Roberto de Clary –, ora de compilações expressamente destinadas a informar um público amplo: os *Feitos dos Romanos*, a súmula que, sem falso pudor, se intitulava *Toda a história da França*, a *Crônica Universal* saxônica. O mesmo número de anos, aproximadamente, se esgotaria antes que, na França e, em seguida, nos Países Baixos e na Alemanha, alguns documentos, ainda bem raros, redigidos em língua cotidiana, permitissem finalmente aos homens que participavam de um contrato conhecerem diretamente seu teor. O abismo entre a ação e sua expressão era lentamente superado.

Ao mesmo tempo, nas cortes letradas que se reuniam em torno dos grandes chefes – plantagenetas do Império Angevino, condes da Champanhe, guelfos da Alemanha –, toda

---

93. D'ARBOIS DE JUBAINVILLE. *Histoire des ducs et comtes de Champagne*, t. III, p. 189 ss. *Chroniques des comtes d'Anjou*, ed. Halphen et Poupardin, p. 217-9.
94. LAMBERTO DE ARDRES. *Chronique*, c. LXXX, LXXXI, LXXXVIII, LXXXIX.

uma literatura de fábulas e sonhos tecia seus encantos. Por certo, mais ou menos modificadas ao gosto do dia e repletas de episódios acrescidos, as canções de gesta não deixaram de agradar. À medida, entretanto, que a verdadeira história tomava, pouco a pouco, o lugar da epopeia na memória coletiva, formas poéticas novas, provençais ou francesas por sua origem, surgiram e, então, rapidamente se difundiram por toda a Europa. Havia romances de ficção pura nos quais os prodigiosos golpes de espada, os *grans borroflemens* [grandes conflitos], sempre apreciados por uma sociedade ainda essencialmente guerreira, tinham a partir de então como pano de fundo familiar um universo repleto de misteriosos encantos: pela ausência de qualquer pretensão histórica, assim como por essa fuga para o mundo das fadas, expressões de uma idade então refinada o bastante para distinguir a pura evasão literária da descrição do real. Havia também curtos poemas líricos, de antiguidade quase igual, por seus primeiros exemplos, à dos próprios cantos heroicos, mas compostos em número cada vez maior e com pesquisas cada vez mais sutis. Pois um sentido estético mais aguçado atribuía um valor crescente aos achados, ou até mesmo às preciosidades da forma; é justamente dessa época o saboroso verso no qual, evocando a lembrança de Chrétien de Troyes, em quem nosso século XII reconhece seu mais sedutor contador, um de seus discípulos não conseguia encontrar, para louvá-lo, maior elogio do que este: "tomava o francês com mãos plenas".

Romances e poemas líricos, sobretudo, não se limitam mais a retraçar os atos; esforçam-se, não sem embaraço, em analisar os sentimentos. Até mesmo nos episódios guerreiros o embate entre dois combatentes sobrepõe-se aos grandes choques de exércitos, tão caros aos antigos cantos. De todos os modos, a nova literatura tendia a reintegrar o indivíduo e convidava os ouvintes a meditarem sobre seu eu. Nessa tendência à introspecção, ela colaborava com uma influência de ordem religiosa: a prática da confissão "auricular", do fiel para o padre, que, restrita por muito tempo ao mundo monástico, se difundiu ao longo do século XII entre os leigos. Por muitos de seus traços, o homem dos anos próximos a 1200, nas classes superiores da sociedade, assemelha-se a seu ancestral das gerações precedentes: mesmo espírito de violência, mesmos saltos repentinos de humor, mesma preocupação com o sobrenatural, talvez até ampliada, quanto à obsessão com presenças diabólicas, pelo dualismo que, até nos meios ortodoxos, era difundido pela proximidade das heresias maniqueístas, então tão prósperas. Contudo, em relação a dois pontos, distingue-se profundamente. É mais instruído. É mais consciente.

2. A TOMADA DE CONSCIÊNCIA

Ademais, essa tomada de consciência ultrapassava o homem isolado para estender-se à própria sociedade. O impulso aqui fora dado, na segunda metade do século XI, pelo grande "despertar" religioso que, a partir do nome do papa Gregório VII, um de seus principais atores, foi costumeiramente designado como reforma gregoriana. Movimento particularmente complexo, no qual todas as aspirações de clérigos e, sobretudo, de monges, instruídos nos textos antigos, mesclaram-se a muitas representações oriundas dos confins da alma popular: foi entre as massas leigas, tanto quanto entre os ascetas do monaquismo e muito mais do que entre os teólogos, que a ideia de que o padre cuja carne foi maculada pelo ato sexual se torna incapaz de celebrar eficazmente os mistérios divinos encontrou seus mais virulentos adeptos. Movimento extraordinariamente poderoso também, a partir do qual é permitido, sem exagero, datar a formação definitiva do catolicismo latino, então precisamente, e não por efeito de uma coincidência fortuita, separado para sempre do cristianismo oriental. Por mais variadas que tenham sido as manifestações desse espírito, mais inovador do que ele próprio se supunha, sua essência pode ser resumida em algumas palavras: em um mundo em que, até então, o sagrado e o profano haviam se mesclado quase inextricavelmente, o esforço gregoriano tendeu a afirmar a originalidade, assim como a supremacia da missão espiritual de que a Igreja é depositária e a situar o padre à parte e acima do simples crente.

Seguramente, entre os reformadores, os mais rigoristas não eram amigos da inteligência. Desconfiavam da filosofia. Desprezavam a retórica, embora não sem sucumbir, com bastante frequência, a seus encantos: "minha gramática é o Cristo", dizia Pedro Damião, que, no entanto, declinava e conjugava muito corretamente. Entendiam que o religioso era feito para chorar, mais do que para o estudo. Em uma palavra, no grande drama da consciência que, desde São Jerônimo, partira mais de um coração cristão, dividido entre a admiração do pensamento ou da arte antigos e as ciumentas exigências de uma religião de ascetismo, eles tomavam decididamente o partido dos intransigentes, que, longe de reconhecerem, como Abelardo, nos filósofos do paganismo homens "inspirados por Deus", desejavam, a exemplo de Gerhoh de Reichersberg*, ver neles apenas "inimigos da cruz de Cristo". Mas, em sua tentativa de reerguimento e, depois, ao longo dos combates que seu programa lhes impôs contra os poderes temporais e, particularmente, contra o Império, foi-lhes necessário conferir uma forma intelectual a seus ideais, raciocinar e convidar ao raciocínio. Repentinamente, problemas que, até então, somente haviam sido agitados por um punhado de doutos adquiriram um valor muito atual. Não se liam, segundo se diz, na Alemanha, ou, ao menos, não se mandava traduzir, até nas praças públicas e nas quitandas, os escritos nos quais clérigos, ainda no calor da batalha, dissertavam, em diversos sentidos, sobre os fins do Estado, os direitos dos reis, seus povos ou os papas?[95] Os demais países não haviam sido atingidos no mesmo grau. Em nenhum lugar, entretanto, essas polêmicas permaneceram sem efeito. Mais do que antes, consideraram-se então os assuntos humanos como suscetíveis de reflexão.

Outra influência ainda contribuiu para essa metamorfose decisiva. A renovação do direito erudito, que será estudada mais adiante, atingia, em uma época em que todo homem de ação tinha de ser um pouco jurista, círculos extensos; ela também levava a ver nas realidades sociais algo que podia ser metodicamente descrito e cientemente elaborado. Mas os efeitos mais certos da nova educação jurídica devem seguramente ser procurados em outra direção. Acima de tudo, qualquer que fosse a matéria do raciocínio, ela acostumava os espíritos a raciocinar formalmente. Juntava-se, assim, aos progressos da especulação filosófica, que, aliás, lhe estão estreitamente ligados. Por certo, o esforço lógico de um Santo Anselmo,

---

*. Importante teólogo do Sacro Império Romano-Germânico, no século XII. (N.T.)
95. MANEGOLD DE LAUTENBACH. *Ad Gebehardum liber* em *Monum. Germ., Libelli de lite*, t. I, p. 311 e 420.

de um Abelardo ou de um Pedro Lombardo somente podia ser seguido por um pequeno número de homens, recrutados quase exclusivamente entre os clérigos. Mas até mesmo esses clérigos se encontravam frequentemente envolvidos na vida mais ativa: antigo aluno das escolas de Paris, Reinaldo de Dassel, chanceler do Império e, depois, arcebispo de Colônia, dirigiu, durante muitos anos, a política alemã; prelado filósofo, Estevão Langton assumiu, sob João Sem-Terra, a liderança do baronato inglês revoltado. Da mesma forma, para sofrer a influência de um pensamento, teria algum dia sido necessário participar de suas maiores criações? Coloquemos lado a lado dois documentos, um dos arredores do ano mil, o outro dos últimos anos do século XII: quase sempre o segundo é mais explícito, mais preciso, menos mal ordenado. Não que, no próprio século XII, contrastes muito visíveis não subsistissem entre os documentos, segundo os meios de que eram provenientes: ditados pelas burguesias, mais circunspectas do que instruídas, os documentos urbanos encontram-se, em geral, com sua redação bem ordenada, muito abaixo, por exemplo, dos belos diplomas emanados da chancelaria erudita de um Barba-Ruiva. Entre as duas épocas, a oposição, vista de cima, não deixa de ser muito nítida. Ora, a expressão era, aqui, inseparável de seu conteúdo. Como ter por indiferente o fato de que, pelo final da Segunda Idade Feudal, os homens de ação empregaram comumente um instrumento de análise mental menos inepto do que no passado, na história, ainda tão misteriosa, dos elos entre a reflexão e a prática?

CAPÍTULO V
Os fundamentos do direito

1. O IMPÉRIO DO COSTUME

Na Europa pré-feudal do início do século IX, cabia a um juiz dizer o direito? Seu primeiro dever era interrogar os textos: compilações romanas, caso o processo tivesse de ser decidido segundo as leis de Roma; costumes dos povos germânicos, fixados, pouco a pouco, em sua quase totalidade, pela escrita; e, por fim, editos legislativos emitidos, em grande número, pelos soberanos dos reinos bárbaros. Quando esses monumentos falavam, restava apenas obedecer. Mas a tarefa não se mostrava sempre tão simples. Deixemos até mesmo de lado o caso, na prática certamente bastante frequente, em que, estando o manuscrito ausente ou, como no caso das pesadas compilações romanas, sendo ele de consulta aparentemente incômoda, o dispositivo, embora encontrasse sua origem no livro, era, na verdade, conhecido apenas pelo uso. O mais grave era que nenhum livro bastava para resolver todas as questões. Frações inteiras da vida social – as relações no interior da senhoria, os elos entre os homens, em que já se prefigurava a feudalidade – eram reguladas apenas de modo imperfeito pelos textos, quando o eram. Assim, ao lado do direito escrito, já havia uma zona de tradição puramente oral. Um dos traços mais importantes do período seguinte – em outros termos, da idade em que se constituiu verdadeiramente o regime feudal – consistiu em ter essa margem crescido desmedidamente, a ponto de invadir, em certos países, todo o campo jurídico.

Na Alemanha e na França, a evolução atingiu seus limites extremos. Não havia mais legislação: na França, a última "capitular", aliás muito pouco original, data de 884; na Alemanha, a fonte parece ter-se esgotado com o desmembramento do Império, após Luís, o Pio. Quando muito, alguns príncipes territoriais – um duque da Normandia, um duque da Baviera – promulgam, aqui e ali, uma ou duas medidas de alcance mais geral. Por vezes, acreditou-se ver, nessa carência, um efeito da fraqueza em que se encontrava o poder monárquico. Mas tal explicação, que poderíamos ser tentados a admitir, caso se tratasse apenas da França, não poderia evidentemente aplicar-se aos soberanos muito mais poderosos da Alemanha. Ademais, não atuavam os imperadores saxões ou sálios, que, no norte dos Alpes, abordavam em seus diplomas somente casos individuais, como legisladores em seus Estados da Itália, nos quais, no entanto, certamente não dispunham de força superior? Se, no além-Montes, não se sentia mais a necessidade de acrescentar algo às regras expressamente formuladas no passado, a verdadeira razão era que essas mesmas regras haviam caído no esquecimento. Ao longo do século X, as leis bárbaras, assim como as ordenações carolíngias, deixam, pouco a pouco, de serem transcritas ou mencionadas, a não ser por meio de fugazes alusões. Se um notário aparenta ainda citar as leis romanas, na maioria das vezes, a referência é apenas banalidade ou contrassenso. Como poderia ter sido diferente? Entender o latim – língua comum, no continente, a todos os antigos documentos jurídicos – era, praticamente, monopólio dos clérigos. Ora, a sociedade eclesiástica tinha seu próprio direito, cada vez mais exclusivo. Fundado em textos – a tal ponto que as únicas capitulares francas que continuavam a ser comentadas eram as que diziam respeito à Igreja –, esse direito canônico era ensinado nas escolas, todas elas clericais. O direito profano, ao contrário, em nenhum lugar era matéria de instrução. Todavia, a familiaridade com as antigas compilações certamente não teria sido completamente perdida, caso tivesse existido uma profissão de homens da lei. Mas o procedimento não comportava advogados e todo chefe era juiz. Basta dizer que a maioria dos juízes não sabia ler: má condição, seguramente, para a manutenção de um direito escrito.

As relações estreitas que unem, dessa forma, na França e na Alemanha, a decadência dos antigos direitos à da instrução entre os leigos derivam, aliás, com clareza, de algumas experiências em sentido inverso. Na Itália, o elo foi admiravelmente percebido, desde o século XI, por um observador estrangeiro, o capelão imperial Wipo; neste país, disse ele, em que "a juventude inteira" – isto é, a das classes dominantes – "era enviada às escolas para nelas trabalhar com o suor dos rostos"[96], nem as leis bárbaras, nem as capitulares carolíngias, nem o direito romano deixaram de ser estudados, resumidos e glosados. Da mesma forma, uma série de documentos, certamente esparsos, mas cuja continuidade é visível, atesta a persistência do hábito legislativo. Na Inglaterra anglo-saxônica, onde a língua das leis era a de todo mundo, onde, consequentemente, como descreve o biógrafo do

---

96. *Tetralogus*, ed. Bresslau, v. 197 ss.

rei Alfredo, os próprios juízes que não eram letrados podiam mandar que se lhes lessem os manuscritos e compreendê-los[97], os príncipes, até o reino de Canuto, dedicaram-se sucessivamente a codificar os costumes ou a completá-los, ou até mesmo a modificá-los expressamente por meio de seus editos. Após a conquista normanda, pareceu necessário colocar ao alcance dos vencedores ou, ao menos, de seus clérigos a substância desses textos, cuja linguagem lhes era ininteligível. A tal ponto que se desenvolveu na ilha, desde o início do século XII, algo que, no mesmo momento, era desconhecido do outro lado da Mancha: uma literatura jurídica, que, embora latina quanto à expressão, era anglo-saxônica quanto ao essencial de suas fontes.[98]

Entretanto, por muito considerável que fosse a diferença que assim se afirmava entre os diferentes setores da Europa feudal, ela não atingia a própria essência do desenvolvimento. Aí onde o direito deixara de basear-se na escrita, muitas regras antigas, de diferentes proveniências, foram, não obstante, conservadas por transmissão oral. Inversamente, nas regiões que continuavam a conhecer e a respeitar os velhos textos, as necessidades sociais fizeram surgir, a seu lado, um grande número de novos usos, ora completando-os, ora suplantando-os. Em todos os lugares, em uma palavra, uma mesma autoridade decidia finalmente a sorte reservada ao patrimônio jurídico da idade anterior: o costume, então única fonte viva do direito e que os príncipes, mesmo quando legislavam, pretendiam tão somente interpretar.

Os progressos desse direito consuetudinário foram acompanhados por uma profunda transformação da estrutura jurídica. Nas províncias continentais da antiga *Romania*, ocupada pelos bárbaros, e, mais tarde, na Germânia, conquistada pelos francos, a presença, lado a lado, de homens que pertenciam, por seu nascimento, a povos distintos acarretaram, de início, a mais singular miscelânea que um professor de direito possa, em seus pesadelos, imaginar. Em princípio, e feitas todas as reservas quanto às dificuldades de aplicação que inevitavelmente surgiam entre dois pleiteantes de origem oposta, o indivíduo, onde quer que vivesse, permanecia submetido às regras que haviam governado seus ancestrais: a tal ponto que, segundo as célebres palavras de um arcebispo de Lyon, quando, na Gália franca, cinco personagens se encontravam reunidos, não era de surpreender que cada um deles – romano, franco sálio, franco ripuário, visigodo e burgúndio, por exemplo – obedecesse a uma lei diferente. Que tal regime, antes imposto por imperiosas necessidades, tenha se tornado horrivelmente incômodo, conciliando-se, aliás, cada vez menos com as condições de uma sociedade em que a fusão dos elementos étnicos se encontrava mais ou menos completa, é algo de que nenhum observador refletido, desde o século IX, podia duvidar. Os anglo-saxões, que não tiveram de contar com as populações indígenas, sempre o ignoraram. A monarquia visigótica já o eliminara conscientemente, em 654. Mas, enquanto os direitos particulares continuavam a ser fixados por escrito, sua força de resistência permanecia grande. É significativo que o país em que se manteve por mais tempo – até o limiar

---

97. ASSER. *Life of King Alfred*, ed. Stevenson, c. 106.
98. Ademais, na Espanha, onde, como vimos, certa instrução subsistia entre os leigos, a codificação visigótica continuou a ser copiada e estudada.

do século XII – essa multiplicidade de obediências jurídicas tenha sido a Itália erudita. E isso ao preço de uma estranha deformação, pois, por tornarem-se as filiações cada vez menos fáceis de determinar, introduziu-se o hábito de fazer com que cada pessoa especificasse, no momento em que tomasse parte de um ato, a lei a que se reconhecia sujeita e que, por vezes, variava assim, ao gosto do contratante, segundo a natureza do negócio. No resto do continente, o esquecimento no qual, desde o século X, caíram os textos da idade precedente permitiu o advento de uma ordem inteiramente nova. Seria certamente melhor falar de costumes de grupos.

Com efeito, cada coletividade humana, grande ou pequena, inscrita ou não no solo em contornos precisos, tende a desenvolver sua própria tradição jurídica: de tal forma que se observa o homem passar sucessivamente, segundo os diferentes aspectos de sua atividade, de uma zona de direito para outra. Consideremos, por exemplo, uma aglomeração rural. O estatuto familiar dos camponeses segue, ordinariamente, normas mais ou menos semelhantes em toda a região circundante. Seu direito agrário se submete, em contrapartida, aos usos particulares de sua comunidade. Entre os tributos que pesam sobre eles, os que suportam na condição de rendeiros são fixados pelo costume da senhoria, cujos limites estão longe de sempre coincidirem com os das terras da aldeia, enquanto outros, que, sendo de condição servil, atingem suas pessoas, são regulados com base na lei do grupo, geralmente mais restrito, composto pelos servos do mesmo senhor, habitando o mesmo local. Tudo isso, é claro, sem prejuízo dos diferentes contratos ou precedentes, ora estritamente pessoais, ora capazes de transmitir seus efeitos de pai para filho, ao longo de toda uma linhagem familiar. Aí mesmo onde, em duas pequenas sociedades vizinhas e de contextura análoga, os sistemas consuetudinários se constituíram originalmente segundo linhas, de modo geral, iguais, era inevitável que, não estando cristalizados pela escrita, eles acabassem progressivamente divergindo. Diante de tal esfacelamento, que historiador não se sentiu, por vezes, tentado a retomar, por sua conta, as palavras desiludidas do autor de um *Tratado das leis inglesas*, redigido na corte de Henrique II: "colocar por escrito, em sua universalidade, as leis e os direitos do reino seria, nos dias de hoje, absolutamente impossível... tanto sua multidão é confusa"?[99]

A diversidade, entretanto, residia, sobretudo, no detalhe e na expressão. Entre as regras praticadas no interior dos diferentes grupos, em dada região, reinava ordinariamente um forte ar de família. Muitas vezes, a semelhança ia até mesmo além. Ora próprias a uma sociedade europeia ou outra, ora comuns à Europa inteira, algumas ideias coletivas, fortes e simples, dominaram o direito da era feudal. E, se é realmente verdade que a variedade de suas aplicações foi infinita, o que faz esse prisma, ao decompor os múltiplos fatores da evolução, senão fornecer à história um jogo excepcionalmente rico em experiências naturais?

2. OS TRAÇOS DO DIREITO CONSUETUDINÁRIO

Fundamentalmente tradicionalista, como toda a civilização da época, o sistema jurídico da Primeira Idade Feudal sustentava-se, portanto, na ideia segundo a qual aquilo que foi

---

99. GLANVILL. *De legibus et consuetudinibus regni Angliae*, ed. G. E. Woodbine, New Haven (USA), 1932 (Yale Historical Publications, Manuscripts, XIII), p. 24.

tem, por isso mesmo, o direito de ser. Não, seguramente, sem algumas reservas, inspiradas por uma moral mais elevada. Diante de uma sociedade temporal cuja herança estava longe de conciliar-se inteiramente com seus ideais, os clérigos, particularmente, tinham boas razões para recusarem-se a confundir sempre o justo com o já visto. O rei, já declarava Incmaro de Reims, jamais julgará segundo o costume, se este se revelar mais cruel do que a "retidão cristã". Intérprete do espírito gregoriano impelido entre os puros por um sopro verdadeiramente revolucionário, apropriando-se, aliás, como herança natural, de palavras deste outro agitador de tradições que fora, em sua época, o velho Tertuliano*, o papa Urbano II escrevia, em 1092, ao conde da Flandres: "Pretendes, até aqui, apenas ter te conformado ao uso muito antigo da terra? Deves, no entanto, saber que teu Criador disse: Meu nome é Verdade. Não disse: Meu nome é Uso".[100] Era, consequentemente, possível que houvesse "maus costumes". De fato, os documentos da prática pronunciam com bastante frequência essas palavras. Mas é quase sempre para estigmatizar, assim, regras de introdução recentes ou tidas como tal: "essas detestáveis inovações", "essas exações inauditas", denunciadas por tantos textos monásticos. Um costume, em outros termos, parecia condenável, sobretudo quando era demasiado jovem. Quer se tratasse da reforma da Igreja ou de um processo entre dois senhores vizinhos, o prestígio do passado somente podia ser contestado por oposição a um passado ainda mais venerável.

O curioso é que esse direito, que via qualquer mudança como um mal, longe de permanecer imutável, foi, na verdade, um dos mais flexíveis que já se viu. Isso se explica, acima de tudo, por não estar, tanto nos documentos da prática quanto sob a forma de leis, estabilizado pela escrita. A maioria dos tribunais contentava-se com decisões puramente orais. Caso se desejasse reconstituir seu teor, procedia-se a uma investigação junto aos juízes, caso ainda estivessem vivos. Nos contratos, as vontades se estabeleciam essencialmente por meio de gestos e, por vezes, de palavras impregnadas, em resumo, de todo um formalismo muito próprio a impressionar imaginações pouco sensíveis ao abstrato. Excepcionalmente, via-se, na Itália, a escrita desempenhar um papel na troca dos acordos. Ela também aparecia na condição de elemento do ritual: para expressar a cessão de uma terra, passava-se o documento de mãos em mãos, como se teria feito com um torrão ou um argueiro. Ao norte dos Alpes, o pergaminho, quando por acaso intervinha, era apenas para servir de lembrete: desprovida de qualquer valor autêntico, essa "notícia" tinha por objetivo principal registrar uma lista de testemunhas. Isso porque tudo, em última análise, se baseava no testemunho, ainda que se tivesse empregado a "tinta preta", e ainda mais nos casos, certamente mais numerosos, em que esta fora dispensada. Como a recordação prometia evidentemente ser tanto mais durável quanto maior fosse o tempo que seus portadores haveriam de passar nesta terra, os contratantes frequentemente traziam crianças consigo. Temendo-se a desatenção inerente à idade, diversos procedimentos permitiam preveni-la, por meio de uma oportuna associação de imagens: uma bofetada, um pequeno presente ou até mesmo um banho forçado.

---

*.   Tertuliano (*c.* 160-*c.* 220): teólogo dos primórdios do Cristianismo. (N.T.)
100. INCMARO. *De ordine palatii*, c. 21. MIGNE. *P. L.*, t. CLI, col. 356 (2 dez. 1092). Cf. TERTULIANO. *De virginibus velandis*, c. 1.

Quer se tratasse de transações particulares ou das regras gerais do uso, a tradição não possuía qualquer outra garantia senão a memória. Ora, a memória humana, a fluente, *"escoulourjante"* [exaurível] memória, como diz Beaumanoir, é uma maravilhosa ferramenta de eliminação e de transformação: sobretudo aquilo a que chamamos memória coletiva e que, não sendo, na verdade, nada mais do que uma transmissão de geração em geração, acrescenta, diante da ausência da escrita, aos erros de registro pelos cérebros individuais, os mal-entendidos da palavra. Seria diferente se houvesse existido, na Europa feudal, uma dessas castas de profissionais conservadores de memórias jurídicas, como outras civilizações – os escandinavos, por exemplo – possuíram. Mas, na Europa feudal e entre os leigos, os homens que deviam dizer o direito o faziam, em sua maioria, apenas ocasionalmente. Não possuindo treinamento metódico, na maioria das vezes, encontravam-se, como se queixava um deles, reduzidos a seguir "suas possibilidades ou suas fantasias".[101] A jurisprudência, em uma palavra, expressava menos um conhecimento do que necessidades. Dispondo, em seu esforço de imitar o passado, apenas de espelhos infiéis, a Primeira Idade Feudal transformou-se muito rapidamente e muito profundamente, embora acreditando durar.

Em certo sentido, aliás, a própria autoridade reconhecida na tradição favorecia a mudança, pois todo ato, uma vez realizado ou até mesmo repetido três ou quatro vezes, corria o risco de se transformar em precedente, mesmo que tivesse sido, na origem, excepcional ou até mesmo francamente abusivo. Não se requereu aos monges de Saint-Denis, no século IX, em um dia em que faltava vinho nas adegas reais, em Ver, que enviassem para lá duzentos almudes? Tal prestação lhes seria, doravante, reclamada, a título obrigatório, todos os anos e seria necessário, para aboli-la, um diploma imperial. Certa vez, havia, segundo se diz, em Ardres, um urso, trazido pelo senhor do local. Os habitantes, que se divertiam em vê-lo lutar contra os cães, ofereceram-se para alimentá-lo. Então, o animal morreu. Mas o senhor continuou a exigir os pães.[102] A autenticidade da anedota é talvez contestável; seu valor simbólico, por sua vez, é indubitável. Muitas obrigações nasceram, assim, de doações benévolas e, por muito tempo, conservaram tal designação. Inversamente, uma renda que deixava de ser paga durante certo número de anos, tal como um rito de submissão que deixava de ser renovado, se perdia, quase fatalmente, por prescrição. A tal ponto que se introduziu o hábito de estabelecer, em número crescente, esses curiosos documentos a que os diplomatistas chamam "cartas de não prejuízo". Um barão ou um bispo pede asilo a um abade; um rei, necessitando de dinheiro, apela para a generosidade de um súdito. De acordo, responde o personagem assim solicitado. Mas sob uma condição: que seja especificado, formalmente, que minha complacência não estabelecerá, à minha custa, um direito. Essas precauções, entretanto, que somente eram permitidas a homens de posição um tanto elevada, encontravam alguma eficácia apenas quando a balança das forças não era demasiadamente desigual. Uma das consequências da concepção costumeira foi, muito frequentemente, a de legitimar a brutalidade e, ao torná-la lucrativa, difundir seu

---

101. *Chron. Ebersp.*, em *SS.*, t. XX, p. 14; a passagem inteira é extremamente curiosa.
102. *Histor. de Fr.*, t. VI, p. 541. LAMBERTO DE ARDRES. *Chronique*, CXXVIII.

emprego. Não se costumava, na Catalunha, quando uma terra era alienada, estipular, com uma fórmula singularmente cínica, que o bem era cedido com todas as vantagens de que gozara seu possuidor, "graciosamente ou por meio de violência"?[103]

Esse respeito pelo fato há muito tempo realizado age com força particular sobre o sistema dos direitos reais. Durante toda a era feudal, é muito raro falar-se em propriedade, seja de uma terra, seja de um poder de comando; e mais raro ainda – ou talvez mesmo, fora da Itália, inaudito – que um processo verse sobre essa propriedade. O que reivindicam as partes é, quase uniformemente, a *saisine* [posse continuada de bens de raiz] (em alemão *Gewere*). No século XIII, embora o Parlamento dos reis capetíngios, dócil às influências romanas, tenha tido o cuidado, em toda sentença sobre a *saisine*, de assegurar o "petitório", isto é, o debate sobre a propriedade, não se observa, na verdade, que o procedimento assim previsto tenha jamais sido iniciado. O que era, portanto, essa famosa *saisine*? Não, precisamente, uma posse, para cuja criação teria bastado a simples apreensão do solo ou do direito, e sim uma posse tornada venerável pelo tempo. Se dois pleiteantes disputam um campo ou uma justiça, seja quem for o detentor atual, vencerá aquele que puder provar ter lavrado ou julgado durante os anos anteriores ou, melhor ainda, que demonstrar que seus pais o fizeram anteriormente, tal como ele. Para isso, na medida em que não se recorre aos ordálios ou ao duelo judiciário, ele invocará geralmente "a memória dos homens, tão longe quanto possa alcançar". Caso apresente títulos, será apenas para auxiliar a recordação e, se atestam alguma transmissão, já é a de uma *saisine*. Uma vez apresentada a prova do longo uso, ninguém entende ser útil justificar qualquer outra coisa.

Além disso, por outras razões ainda, a palavra propriedade, aplicada a um imóvel, teria sido mais ou menos desprovida de sentido. Ou, ao menos, teria sido necessário dizer – como se fará comumente mais tarde – propriedade ou *saisine* de tal ou tal direito sobre o solo. Com efeito, sobre quase toda terra, assim como sobre muitos homens, pesavam, na época, uma multiplicidade de direitos, diversos por sua natureza, mas dentre os quais cada um parecia, em sua esfera, igualmente respeitável. Nenhum deles apresentava essa rígida exclusividade, característica da propriedade, de tipo romano. O rendeiro que – em geral, tal como seu pai – lavra e colhe; seu senhor direto, a quem paga rendas e que, em certos casos, poderá reapoderar-se da gleba; o senhor deste senhor e, assim por diante, ao longo de toda a escala feudal: quantos personagens que, com igual razão, podem dizer "meu campo"! E isso ainda não é tudo, pois as ramificações se estendiam tanto horizontalmente como de cima para baixo, e conviria contemplar também a comunidade aldeã, que ordinariamente recupera o uso de seu terreno inteiro, tão logo este se vê vazio de colheitas; a família do rendeiro, sem cujo consentimento o bem não poderia ser alienado; e, por fim, as famílias dos sucessivos senhores. Esse entrelaçamento hierarquizado das relações entre o homem e o solo fundava-se em origens muito longínquas. Em grande parte da própria *Romania*, fora a propriedade quiritária algo mais do que uma fachada? O sistema, entretanto, se desenvolve na época feudal com incomparável vigor. Tal compenetração das *saisines* sobre uma mesma

---

103. HINOJOSA. *El regimen señorial y la cuestion agraria en Cataluña*, p. 250-1.

coisa nada tinha para afetar espíritos pouco sensíveis à lógica da contradição e, talvez, para definir esse estado de direito e de opinião, o melhor seria, tomando emprestado da sociologia uma fórmula célebre, dizer: mentalidade de "participação" jurídica.

3. A RENOVAÇÃO DOS DIREITOS ESCRITOS

Como vimos, o estudo do direito romano jamais deixara de ser praticado nas escolas da Itália. Mas, pelo final do século XI, segundo o testemunho de um monge marselhês, verdadeiras "multidões" se precipitaram nas aulas dadas por equipes de mestres, também elas mais numerosas e mais bem organizadas[104]; e isso, sobretudo, em Bolonha, ilustrada pelo grande Irnério, "luz do direito". Simultaneamente, a matéria do ensino sofreu profundas transformações. Antes demasiadamente negligenciadas em proveito de medíocres compêndios, as fontes originais retornam ao primeiro plano; o *Digesto*, em particular, quase relegado ao esquecimento, abre, a partir de então, o acesso à reflexão jurídica latina, no que tinha de mais refinado. Não há nada mais aparente do que os elos dessa renovação com os demais movimentos intelectuais da época. A crise da reforma gregoriana suscitara, em todos os partidos, um esforço de especulação tão jurídico quanto político; não foi por acaso que a composição das grandes compilações canônicas que ela diretamente inspirou foi exatamente contemporânea dos primeiros trabalhos da escola bolonhesa. Ademais, como não reconhecer nestes as marcas desse retorno ao Antigo e, ao mesmo tempo, desse gosto pela análise lógica que iriam desenvolver-se na nova literatura em língua latina, assim como na filosofia renascente?

Necessidades análogas apareceram, mais ou menos na mesma época, no resto da Europa. Aí também, os altos barões, em particular, começavam a sentir o desejo de recorrer à opinião de juristas profissionais: a partir de 1096, aproximadamente, vê-se o aparecimento, entre os julgadores que compõem a corte do conde de Blois, de personagens que, não sem orgulho, se intitulam "doutos nas leis".[105] Talvez tivessem tirado sua instrução de alguns dos textos de direito antigo ainda conservados nas bibliotecas monacais de além-montes. Mas esses elementos eram pobres demais para fornecerem, por si sós, a matéria de um renascimento indígena. O impulso veio da Itália. Favorecida por uma vida de relações mais intensas do que no passado, a ação do grupo bolonhês propagou-se por seu ensino, aberto aos discípulos estrangeiros, pela escrita e, por fim, pela emigração de muitos de seus mestres. Soberano do reino italiano, assim como da Germânia, Frederico Barba-Ruiva acolheu, em seu séquito, durante suas expedições italianas, legistas lombardos. Um antigo aluno de Bolonha, Placentino, estabeleceu-se, pouco após 1160, em Montpellier; outro, Vacário, fora chamado, alguns anos antes, à Cantuária. Por todos os lados, durante o século XII, o direito romano penetrou nas escolas. Era, por exemplo, ensinado, por volta de 1170, ao lado do direito canônico, à sombra da catedral de Sens.[106]

Na verdade, isso não ocorreu sem suscitar vivas inimizades. Essencialmente secular, o direito romano inquietava, por seu paganismo latente, muitos homens de igreja. Os

---

104. MARTENE e DURAND. *Ampl. Collectio*, t. I, col. 470 (1065).
105. E. MABILLE. *Cartulaire de Marmoutier pour le Dunois*, 1874, n. CLVI e LXXVIII.
106. *Rev. hist. du Droit*, 1922, p. 301.

guardiões da virtude monástica o acusavam de desviar os religiosos da oração. Os teólogos o censuravam por suplantar as únicas especulações que lhes parecessem dignas dos clérigos. Os próprios reis da França ou seus conselheiros, ao menos desde Filipe Augusto, parecem ter desenvolvido alguma desconfiança em relação às justificações que fornecia facilmente aos demais teóricos da hegemonia imperial. Longe, entretanto, de conseguir entravar o movimento, tais anátemas apenas atestaram sua potência.

Na França do Sul, onde a tradição consuetudinária conservara fortemente a influência romana, os esforços dos juristas, permitindo, a partir de então, o recurso aos textos originais, conseguiram elevar o direito "escrito" ao nível de uma espécie de direito comum, aplicado na ausência de usos expressamente contrários. O mesmo ocorreu na Provença, onde, desde a metade do século XII, o conhecimento do Código Justiniano parecia tão importante aos próprios leigos que se tomou o cuidado de fornecer-lhes um resumo em língua vulgar. Alhures, a ação foi menos direta. Além disso, mesmo aí onde ela encontrava um campo particularmente favorável, as regras ancestrais estavam demasiadamente enraizadas na "memória dos homens" e também demasiadamente vinculadas a todo um sistema de estrutura social, muito diferente daquele da Roma antiga, para poderem ser abaladas apenas pela vontade de alguns professores de direito. Por certo, em todos os lugares, a hostilidade então manifestada para com os velhos modos de prova – em particular, o duelo judiciário – e a elaboração, no direito público, da noção de lesa-majestade deviam algo aos exemplos do *Corpus Juris** e da glosa. Além disso, a imitação do Antigo era, no caso, grandemente auxiliada por influências inteiramente diversas: o horror da Igreja ao sangue, assim como a toda prática que pudesse parecer destinada a "tentar Deus"; a atração, sobretudo entre os mercadores, por procedimentos mais cômodos e mais racionais; a renovação do prestígio monárquico. Se, nos séculos XII e XIII, alguns notários sofrem para expressar, no vocabulário dos Códigos, as realidades de seu tempo, essas tentativas desastradas de modo algum alcançavam a essência das relações humanas. Foi por outro viés que o direito erudito agiu então verdadeiramente sobre o direito vivo: ensinando-lhe a adquirir uma consciência mais clara de si mesmo.

Com efeito, diante dos preceitos puramente tradicionais que haviam, até então, governado, bem ou mal, a sociedade, a atitude de homens formados na escola do direito romano tinha necessariamente de consistir em procurar apagar suas contradições e incertezas. Como é da natureza de tais estados mentais se alastrarem, essas tendências, aliás, não tardaram a ultrapassar os círculos relativamente estreitos que tinham uma familiaridade direta com os maravilhosos instrumentos de análise intelectual legados pela doutrina antiga. Além disso, elas se conciliavam, aqui também, com mais de uma corrente espontânea. Uma civilização menos ignorante tinha sede de escrita. Coletividades mais fortes – sobretudo, os grupos urbanos – exigiam a fixação de regras cujo caráter vacilante se prestara a tantos abusos. O reagrupamento dos elementos sociais em grandes Estados ou em grandes principados favorecia não apenas o renascimento da legislação, mas também,

---

*. *Corpus Juris Civilis*: legislação civil publicada por ordem do imperador bizantino Justiniano, no século VI, e resgatada nas universidades europeias, no século XII. (N.T.)

em vastos territórios, a extensão de uma jurisprudência unificadora. Não era sem razão que, na sequência da passagem citada anteriormente, o autor do *Tratado das leis inglesas* opunha à desencorajadora multiplicidade de usos locais a prática, muito mais ordenada, da corte real. No reino capetíngio, é significativo que, por volta do ano 1200, se veja surgir, paralelamente à velha menção ao costume do local, no sentido mais estreito, os nomes de áreas consuetudinárias mais amplas, tais como a França em torno de Paris, da Normandia, da Champanhe. Por meio de todos esses signos, preparava-se uma obra de cristalização, da qual o século XII que se encerrava iria conhecer, senão a realização completa, ao menos os passos iniciais.

Na Itália, desde o Foral de Pisa, em 1132, os estatutos urbanos vão se multiplicando. Ao norte dos Alpes, as cartas de franquia outorgadas às burguesias tendem, cada vez mais, a transformar-se em exposições detalhadas dos costumes. Henrique II, rei jurista "erudito no estabelecimento e na correção das leis, inventor sutil de julgamentos inusitados"[107], desenvolve, na Inglaterra, uma atividade legisladora abundante. Sob a cobertura do movimento de paz, a prática da legislação é reintroduzida até na Alemanha. Na França, Filipe Augusto, levado a imitar, em todos os aspectos, seus rivais ingleses, regulamenta, por meio de ordenações, diversas matérias feudais.[108] Por fim, há escritores que, sem missão oficial e simplesmente para a comodidade dos práticos, se dedicam a compor quadros das normas jurídicas em vigor à sua volta. A iniciativa veio, como era natural, dos meios acostumados, de longa data, a não se contentarem com uma tradição puramente oral: a Itália do Norte, onde, por volta de 1150, um compilador reuniu, em uma espécie de *corpus*, as consultas sobre o direito dos feudos, inspiradas aos juristas de seu país pelas leis promulgadas, a esse respeito, pelos imperadores, em seu reino lombardo; e a Inglaterra, que viu estabelecer-se, por volta de 1187, no círculo do justiceiro Ranulfo de Glanvill, o *Tratado* a que já nos referimos por diversas vezes. Depois, vieram, por volta de 1200, a mais antiga compilação de costumes normanda e, por volta de 1221, o *Espelho dos Saxões*, que, redigido em língua vulgar[109] por um cavaleiro, atestava assim duplamente as profundas conquistas do espírito novo. O trabalho prolongar-se-ia ativamente pelas gerações seguintes: a tal ponto que, para compreender uma estrutura social imperfeitamente descrita antes do século XIII e da qual, apesar de graves transformações, muitos traços ainda subsistiam na Europa das grandes monarquias, deve-se frequentemente recorrer, com todas as precauções necessárias, a essas obras relativamente tardias, mas nas quais se reflete a clareza organizadora própria à idade das catedrais e das Súmulas. Que historiador da feudalidade poderia renunciar ao auxílio do mais admirável analista da sociedade medieval, o cavaleiro poeta e jurista, bailio dos reis filhos e netos de São Luís, e autor, em 1283, dos *Costumes de Beauvaisis*: Filipe de Beaumanoir?

---

107. WALTER MAP. *De nugis curialium*, ed. M. R. James, p. 237.
108. Entre as muito antigas legislações reais, aparece também a dos reis de Jerusalém. Cf. H. MITTEIS em *Beiträge zur Wirtschaftsrecht*, t. I, Marbourg, 1931 e GRANDCLAUDE em *Mélanges Paul Fournier*, 1929. Houve, além disso, a dos reis normandos da Sicília. Mas esta retomava, em parte, tradições estranhas ao Ocidente.
109. Isso, pelo menos, na única versão que possuíamos. Ela fora provavelmente precedida por uma redação latina, hoje perdida.

Ora, como poderia um direito que era, doravante, fixado, em parte, pela via legislativa e que era, em sua totalidade, ensinado e escrito não perder muito de sua flexibilidade, assim como de sua diversidade? Por certo, nada o impedia absolutamente de continuar a evoluir, o que, de fato, fez. Modificava-se, porém, cada vez menos inconscientemente e, portanto, mais raramente, pois refletir sobre uma mudança é sempre arriscar-se a renunciar a ela. Um período singularmente instável, uma idade de gestação obscura e profunda será, então, sucedida, a partir da segunda metade do século XII, por uma era em que a sociedade tenderá então a organizar as relações humanas com maior vigor, a estabelecer entre as classes limites mais nítidos, a apagar muitas das variedades locais e, por fim, a admitir apenas transformações mais lentas. As vicissitudes da mentalidade jurídica, estreitamente ligadas, aliás, a outras cadeias causais, seguramente não foram as únicas responsáveis por essa metamorfose decisiva dos anos próximos a 1200. Não há, entretanto, qualquer dúvida de que tenham amplamente contribuído para ela.

Segunda Parte
Os laços de homem para homem

Primeiro Livro
Os laços de sangue

CAPÍTULO I
A solidariedade da linhagem

1. OS "AMIGOS CARNAIS"

Muito anteriores e, por sua essência, estranhos às relações humanas características da feudalidade, os laços fundados na comunidade de sangue continuaram a desempenhar, no próprio seio da nova estrutura, um papel considerável demais para que seja permitido excluí-los de sua imagem. Seu estudo é, infelizmente, difícil. Não sem razão, designava-se correntemente, na França antiga, a comunidade familiar dos campos pelo nome de comunidade *taisible*. Isto é: "silenciosa". É da própria natureza das relações entre parentes dispensar facilmente os escritos. Quando se recorria excepcionalmente a eles, essas peças, estabelecidas quase exclusivamente para o uso das classes altas, acabaram, em sua maioria, desaparecendo. Isso, ao menos, antes do século XIII, pois, até essa data, os únicos arquivos que tinham sido mais ou menos conservados eram os das igrejas. Mas esse não é o único obstáculo. Um quadro de conjunto das instituições feudais pode ser legitimamente esboçado, pois, nascidas no mesmo momento em que se constituía verdadeiramente uma Europa, elas se estenderam, sem diferenças fundamentais, a todo o mundo europeu. As instituições de parentesco, ao contrário, eram, para cada um dos grupos de origens diversas que o destino conduzira a viver lado a lado, o legado singularmente tenaz de seu passado particular. Comparemos, por exemplo, a quase uniformidade das regras relativas à herança do feudo militar à variedade infinita das que fixavam a transmissão dos demais bens. Na exposição a seguir, será necessário, mais do que nunca, contentar-se em focalizar algumas grandes correntes.

Em toda a Europa feudal, portanto, existem grupos consanguíneos. Os termos que servem para designá-los são bastante variáveis: na França, mais ordinariamente, *parenté* [parentela] ou *lignage* [linhagem]. Em contrapartida, os elos assim estabelecidos são considerados extremamente vigorosos. Uma palavra é significativa. Na França, para designar os parentes, emprega-se comumente *amis* [amigos], e mais nada, e, na Alemanha, *Freunde*: "seus amigos", enumera, no século XI, um documento da Île-de-France, "isto é, sua mãe, seus irmãos, suas irmãs e seus demais parentes por sangue ou aliança".[110] É apenas por um cuidado de exatidão bastante raro que, por vezes, se especifica: "amigos *carnais*". Como se, na verdade, somente houvesse verdadeira amizade entre pessoas unidas pelo sangue!

---

110. *Cartulaire de Sainte-Madeleine de Davron*: Bibl. Nat., ms. latin 5288, fol. 77 v. Essa equivalência das palavras "amigo" e "parente" é reencontrada em textos jurídicos galeses e irlandeses; cf. R. THURNEYSSEN em *Zeilschr. der Savigny--Stiftung*, G.A., 1935, p. 100-1.

O mais bem servido dentre os heróis é aquele a quem todos os guerreiros estão associados, seja pela relação nova e propriamente feudal da vassalagem, seja pela antiga relação de parentesco: dois vínculos comumente colocados no mesmo plano e que, por serem igualmente impositivos, parecem prevalecer sobre todos os demais. *Magen und mannen*: a aliteração, na epopeia alemã, tem quase o *status* de provérbio. Mas a poesia não é, a esse respeito, nossa única garante e o sagaz Joinville, ainda no século XIII, bem sabe que se a tropa de Guido de Mauvoisin realizou maravilhas, em Mansurá, foi por ter sido composta inteiramente de vassalos lígios do chefe ou de cavaleiros de sua linhagem. A devoção atinge o máximo fervor, quando as duas solidariedades se confundem; foi isso que, segundo a gesta, ocorreu com o duque de Bègue, cujos mil vassalos eram "todos parentes". De onde um barão, seja ele da Normandia ou da Flandres, tira, segundo o testemunho de seus cronistas, seu poder? De seus castelos, sem dúvida, de suas belas e ressoantes receitas, do número de seus vassalos, mas também do de seus parentes. O mesmo ocorre, abaixo, ao longo de toda a escala social. Eram mercadores esses burgueses de Gand, a respeito dos quais um escritor, que os conhecia bem, dizia que dispunham de duas grandes forças: "suas torres" – torres patrícias, cujos muros de pedra, nas cidades, projetavam uma sombra espessa nas humildes casas de madeira do povo – e "seus parentes". Eram, ao menos em parte, simples homens livres, caracterizados pela modesta *wergeld* de 200 xelins, e provavelmente, e sobretudo, camponeses os membros dessas parentelas, contra as quais, na segunda metade do século X, as pessoas de Londres se diziam prontas para guerrear, "caso nos impeçam de exercer nossos direitos, ao constituírem-se como protetoras dos ladrões".[111]

Quando trazido diante de um tribunal, um homem encontrava, em seus parentes, seus auxiliares naturais. Quanto aos "cojuradores", cujo juramento coletivo bastava para livrar o acusado de qualquer acusação ou para confirmar a queixa de um demandante, era, aí onde o velho procedimento germânico continuava em uso, entre os "amigos carnais" que a regra ou as conveniências determinavam que fossem escolhidos: foi esse o caso, em Usagre, em Castela, dos quatro parentes chamados a jurar com a mulher que se disse vítima de um estupro.[112] Quando se preferia, como meio de prova, o duelo judiciário, em princípio, explica Beaumanoir, ele somente podia ser exigido por uma das partes. Mas com duas exceções: era permitido ao vassalo lígio pedir o combate para seu senhor e todo homem podia fazê-lo, caso alguém de sua linhagem estivesse em causa. Mais uma vez, as duas relações apareciam no mesmo nível. Assim, vê-se, em *Rolando*, a parentela de Ganelão encarregar um dos seus de entrar em disputa contra o acusador do traidor. Na *Canção*, aliás, a solidariedade vai ainda muito mais longe. Após a derrota de seu defensor, os trinta de sua linhagem, que o "caucionaram", seriam enforcados, em grupo, na árvore do Bosque Maldito. Exagero de poeta, sem dúvida alguma. A epopeia era uma lente de aumento, mas cujas invenções somente podiam esperar encontrar alguma complacência na medida em que agradavam ao sentimento comum. Por volta de 1200, o senescal da Normandia, representante de um direito mais evoluído, encontrava dificuldades em impedir seus agentes

---

111. JOINVILLE, ed. de Wailly (*Soc. de l'histoire de France*), p. 88. *Garin le Lorrain*, ed. P. Paris, t. I, p. 103. ROBERT DE TORIGNY, ed. L. Delisle, p. 224-5. GILBERTO DE MONS, ed. Pertz, p. 235 e 258. ETELSTANO. *Lois*, VI, c. VIII, 2.
112. HINOJOSA. *Das germanische Element im spanischen Rechte* dans *Zeitschrift der Savigny-Stiftung*, G.A., 1910.

de incluir no castigo, ao lado do criminoso, toda sua parentela[113], tanto o indivíduo e o grupo pareciam inseparáveis.

Tanto quanto um sustentáculo, essa linhagem era, à sua maneira, juíza. Era para ela que, se acreditarmos nas gestas, se dirigia o pensamento do cavaleiro, no momento do perigo. "Vinde a meu socorro – Para que não cometa covardia – Que à minha linhagem seja atribuída": assim Guilherme de Orange, ingenuamente, implora a Nossa Senhora[114]; e se Rolando se recusa a chamar em seu auxílio o exército de Carlos Magno, é por temer que seus parentes sejam condenados por sua causa. A honra ou a desonra de um dos membros repercutia sobre toda a pequena coletividade.

Entretanto, era, acima de tudo, na vingança que os laços de sangue manifestavam toda sua força.

2. A VINGANÇA

A Idade Média quase inteira e, particularmente, a era feudal viveram sob o signo da vingança privada. Esta, é claro, incumbia, acima de tudo, como o mais sagrado dos deveres, ao indivíduo lesado. Ainda que após a morte. Nascido no seio de uma dessas burguesias cuja própria independência, em relação aos grandes Estados, permitiu uma longa fidelidade aos pontos de honra tradicionais, um rico florentino, Velluto di Buonchristiano, tendo sido mortalmente ferido por um de seus inimigos, escreveu, em 1310, seu testamento. Neste documento, que, constituindo obra de piedade tanto quanto de sábia administração, parecia, na época, destinado, acima de tudo, a garantir a salvação da alma por meio de devotas liberalidades, ele não temeu incluir um legado em benefício de seu vingador, caso houvesse algum.[115]

O homem isolado, entretanto, não podia fazer grande coisa. Até porque, na maioria das vezes, era uma morte que era preciso expiar. Entrava então em cena o grupo familiar e nascia a *faide*, para utilizarmos a velha palavra germânica que se espalhou, pouco a pouco, por toda a Europa: "a vingança dos parentes a que chamamos *faide*", disse um canonista alemão.[116] Nenhuma obrigação moral parecia mais sagrada do que esta. Na Flandres, por volta do final do século XII, vivia uma dama nobre, cujos marido e dois filhos haviam sido mortos por seus inimigos; desde então, a vingança assombrava a região circundante. Um homem santo, o bispo de Soissons Arnulfo, veio pregar a reconciliação. Para não ter de ouvi-lo, a viúva mandou erguer a ponte levadiça. Entre os frísios, até mesmo o cadáver clamava por vingança; dessecava-se, suspenso na casa, até o dia em que seus parentes, uma vez cumprida a *faide*, recebiam então o direito de enterrá-lo.[117] Por que, na França, até as últimas décadas do século XIII, o sábio Beaumanoir, servidor de reis que eram particularmente bons guardiões da paz, considera ser desejável que cada um saiba calcular os graus de parentesco? Para que, dizia, nas guerras privadas, se possa requerer "a ajuda de seu amigo".

---

113. J. TARDIF. *Coutumiers de Normandie*, t. I, p. 52, c. LXI.
114. *Le couronnement de Louis*, ed. E. Langlois, v. 787-9.
115. DAVIDSON. *Geschichte von Florenz*, t. IV, 3, 1927, p. 370 e 384-5.
116. REGINO DE PRÜM. *De synodalibus causis*, ed. Wasserschleben, II, 5.
117. HARIULFO. *Vita Arnulfi episcopi*, em *SS.*, t. XV, p. 889. THOMAS DE CANTIMPRÉ. *Bonum universale de apibus*, II, 1, 15.

Toda a linhagem, ordinariamente agrupada sob as ordens de um *chevetaigne de la guerre* [chefe da guerra], se armava então para punir o assassinato ou somente a injúria de um dos seus. Mas não era apenas contra o próprio autor da ofensa, pois à solidariedade ativa correspondia uma igualmente forte solidariedade passiva. A morte do assassino não era necessária, na Frísia, para que o cadáver então apaziguado fosse estendido no túmulo; bastava a de um membro de sua família. E, se, vinte e quatro anos após seu testamento, Velluto, diz-se, finalmente encontrou, em um de seus parentes, o vingador esperado, a expiação, por sua vez, incidiu não sobre o culpado, mas sobre um parente. Certamente, nada evidencia melhor o quanto essas representações foram poderosas e duráveis do que uma decisão, relativamente tardia, do Parlamento de Paris. Em 1260, um cavaleiro, Luís Defeux, após ser ferido por certo Thomas d'Ouzouer, perseguiu seu agressor perante a Corte. O acusado não negou o fato. Mas explicou que ele próprio fora atacado, algum tempo antes, por um sobrinho de sua vítima. De que era acusado? Não aguardara, em conformidade com as ordenações reais, quarenta dias antes de executar sua vingança? – Era o tempo que se estimava necessário para que as linhagens fossem devidamente avisadas do perigo. De acordo, replicou o cavaleiro; mas o que fez meu sobrinho não me diz respeito. O argumento de nada valia; o ato de um indivíduo envolvia toda sua parentela. Assim decidiram, pelo menos, os juízes do piedoso e pacífico São Luís. O sangue, dessa forma, chamando o sangue, intermináveis querelas, nascidas de causas frequentemente fúteis, lançavam as casas inimigas umas contra as outras. No século XI, uma disputa entre duas casas nobres da Borgonha, iniciada em um dia de vindima, prolongou-se por cerca de trinta anos; já nos primeiros combates, um dos partidos perdera mais de onze homens.[118]

Em meio a essas *faides*, os cronistas retiveram, sobretudo, as lutas das grandes linhagens cavaleirescas: tal como o "perdurável ódio", mesclado a traições atrozes que, na Normandia do século XII, colocou frente a frente os Giroie e os Talvas.[119] Nos escritos salmodiados pelos menestréis, os senhores reencontravam o eco de suas paixões, aumentadas até o nível da epopeia. As vinganças dos "lorenos" contra os "bordelenses", ou da parentela de Raul de Cambrai contra a de Herberto de Vermandois preenchem algumas das mais belas de nossas gestas. O golpe fatal que, em um dia de festa, um dos infantes de Lara desferiu em um dos parentes de sua tia acarretou a série de assassinatos, encadeados um ao outro, que formam a trama de um ilustre *cantar* espanhol. Mas, de alto a baixo na sociedade, os mesmos costumes triunfam. Certamente, quando, no século XIII, a nobreza se viu definitivamente constituída em corpo hereditário, ela tendeu a reservar-se, como marca de honra, todas as formas de recurso às armas. Os poderes públicos – tal como a corte condal do Hainaut em 1276[120] – e a doutrina jurídica seguiram comumente a mesma via: por simpatia pelos preconceitos nobiliários, mas também porque os príncipes ou os juristas, preocupados em estabelecer a paz, sentiam, de forma mais ou menos obscura, a necessidade de fazer

---

118. RAUL GLABER, ed. Prou, II, c. X.
119. No livro do visconde de MOTEY. *Origines de la Normandie et du duché d'Alençon*, 1920, encontrar-se-á, para tal evento, um relato movido por uma cândida parcialidade em favor dos Talvas.
120. F. CATTIER. *La guerre privée dans le comté de Hainaut*, em "Annales de la Faculté de philosophie de Bruxelles", t. I, (1889-1890), p. 221-3. Cf. sobre a Baviera: SCHNELBÖGL. *Die innere Entwicklung des bayer. Landfriedens*, 1932, p. 312.

algumas concessões. Não sendo a renúncia a toda vingança possível na prática e sequer moralmente concebível de impor a uma casta guerreira, já teria, ao menos, sido um feito obtê-la do restante da população. Assim, a violência se tornava um privilégio de classe. Isso, pelo menos, em princípio, pois os próprios autores, como Beaumanoir, que consideram que "não podem guerrear outros que não os fidalgos" não nos deixam qualquer ilusão sobre o alcance real dessa regra. Arezzo não era a única cidade na qual São Francisco, tal como se o vê retratado nos muros da basílica de Assis, teria podido exorcizar os demônios da discórdia. Se as primeiras constituições urbanas tiveram a paz como principal preocupação e apareceram, essencialmente, segundo o próprio nome que deram por vezes a si mesmas, como atos de "paz", isso se deu, particularmente, porque, entre muitas outras causas de desordem, as burguesias nascentes se encontravam dilaceradas, como diz novamente Beaumanoir, "pelas disputas ou animosidades que opõem uma linhagem à outra". O pouco que sabemos sobre a vida oculta dos campos revela um estado de coisas semelhante.

No entanto, esses sentimentos não reinavam absolutamente sem divisões. Confrontavam-se a outras forças mentais: o horror do sangue derramado, ensinado pela Igreja; a noção tradicional de paz pública; e, sobretudo, a necessidade dessa paz. Encontrar-se-á, mais adiante, a história do doloroso esforço de tranquilidade interna que, por toda a era feudal, foi um dos sintomas mais incontestáveis dos próprios males contra os quais ele tentava, com maior ou menor sucesso, reagir. Os "ódios mortais" – a junção das palavras adquirira um valor quase técnico – que incessantemente acarretavam os laços da linhagem se situavam incontestavelmente entre as principais causas da desordem ambiente. Mas, parte de um código moral a que, no segredo de seus corações, os mais ardentes apóstolos da ordem certamente permaneciam fiéis, apenas alguns utopistas podiam sonhar em perseguir sua abolição radical. Embora definissem tarifas ou locais proibidos ao exercício da violência, fosse qual fosse, muitas das convenções de paz reconheciam expressamente a legitimidade da *faide*. Os poderes públicos, em sua maioria, não agiram de outra forma. Empenharam-se em proteger os inocentes contra os abusos mais gritantes da solidariedade coletiva e fixaram prazos de advertência. Dedicaram-se a distinguir das represálias autorizadas os meros atos criminosos, realizados sob a fachada de uma expiação.[121] Procuraram, por vezes, limitar o número e a natureza das ofensas suscetíveis de serem lavadas no sangue: segundo as ordenações normandas de Guilherme, o Conquistador, somente o assassinato de um pai ou de um filho. À medida que se sentiam mais fortes, ousaram, cada vez mais frequentemente, antecipar-se à vingança privada com a repressão, seja dos flagrantes delitos, seja dos crimes que caíam sob a rubrica da violação da paz. Acima de tudo, trabalharam para solicitar grupos adversos e, por vezes, para impor-lhes a conclusão de tratados de armistício ou de reconciliação, arbitrados pelos tribunais. Em uma palavra, salvo na Inglaterra, onde, após a Conquista, o desaparecimento de todo direito legal de vingança foi um dos aspectos da "tirania" real, eles se limitaram a moderar os excessos de práticas que não podiam e talvez não desejassem impedir. Da mesma forma, os próprios processos judiciários, quando, por acaso, a parte lesada os preferia à ação direta, eram apenas vinganças regularizadas. Basta ver, para o caso de homicídio voluntário, a divisão significativa

---

121. Por exemplo, na Flandres, WALTERUS. *Vita Karoli*, c. 19, em *SS.*, t. XII, p. 547.

de atribuições prescrita, em 1232, pela carta municipal de Arques, no Artois: ao senhor, os bens do culpado; aos parentes da vítima, seu corpo, para que seja morto.[122] A faculdade de prestar queixa quase sempre pertencia exclusivamente aos parentes[123]; e, ainda no século XIII, nas cidades e nos principados mais policiados, na Flandres, por exemplo, ou na Normandia, o homicida somente podia ser agraciado pelo soberano ou pelos juízes caso tivesse se entendido previamente com a parentela.

Isso porque, por mais responsáveis que parecessem "esses velhos rancores bem conservados", de que falam com complacência os poetas espanhóis, não era possível esperar que fossem eternos. Mais cedo ou mais tarde, era preciso perdoar, como é dito em *Girardo de Rossilhão*, a *"faide dos mortos"*. Segundo um costume muito antigo, a reconciliação se dava, ordinariamente, por meio de uma indenização. "A lança em teu peito, compra-a se não queres receber o golpe": o conselho desse velho ditado anglo-saxão nada perdera de sua sabedoria.[124]

A bem da verdade, as tarifas regulares de composição, que, no passado, as leis bárbaras haviam elaborado com tanta minúcia, e, particularmente, em caso de homicídio, o engenhoso escalonamento dos "preços do homem" se mantinham apenas, e de forma consideravelmente modificada, em alguns lugares: na Frísia, na Flandres e em alguns pontos da Espanha. Na Saxônia, no entanto, geralmente conservadora, se o "Espelho" do início do século XIII ainda contém uma construção dessa espécie, ela já não aparece mais, senão como um arcaísmo bastante vão; e o *relief de l'homme* [resgate do homem], que, sob São Luís, certos textos do vale do Loire continuam a fixar em cem soldos, era aplicado somente em circunstâncias excepcionais.[125] Como poderia ter sido diferente? Os velhos direitos étnicos haviam sido substituídos por costumes de grupo, comuns, a partir de então, a populações de tradições penais opostas. Os poderes públicos, antes interessados no estrito pagamento das somas prescritas, na medida em que recebiam parte delas, perderam, durante a anarquia dos séculos X e XI, a força de exigir qualquer coisa. Finalmente, e sobretudo, as distinções de classe sobre as quais se sustentavam os antigos cálculos foram profundamente alteradas.

Mas o desaparecimento das tarifas estáveis não atingiu o uso do próprio resgate. Este continuou, até o fim da Idade Média, a concorrer com as penas aflitivas, privilegiadas pelo movimento das pazes, como as mais adequadas a espantar os criminosos. Contudo, o preço da injúria ou do sangue, a que se juntava, por vezes, em favor da alma defunta, piedosas fundações, era doravante decidido, em cada caso particular, por acordo, arbitragem ou decisão de justiça. Assim, para citar apenas dois exemplos, tirados das duas extremidades da hierarquia, viu-se, por volta de 1160, o bispo de Bayeux receber uma igreja de um parente do senhor que matara sua sobrinha e, em 1227, uma camponesa de Sens receber do assassino de seu marido uma pequena quantia em dinheiro.[126]

---

122. G. ESPINAS. *Recueil de documents relatifs à l'histoire du droit municipal*, Artois, t. I, p. 236, c. XXVIII. É significativo que essa prescrição tenha desaparecido da "Keure" de 1469, p. 251, c. IV j.
123. E também, como veremos mais adiante, ao senhor da vítima ou a seu vassalo; mas isso, por uma verdadeira assimilação do local de proteção e de dependência pessoais com a relação de parentesco.
124. GIRART DE ROUSSILLON, tradução P. MEYER, p. 104, n. 787. *Leges Edwardi Confessoris*, XII, 6.
125. *Établissements de Saint Louis*, ed. P. Viollet, na tabela.
126. L. DELISLE e E. BERGER. *Recueil des actes de Henri II*, n. CLXII; Cf. CXCIV. M. QUANTIN. *Recueil de pièces pour faire suite au cartulaire général de l'Yonne*, n. 349.

Assim como a *faide*, o pagamento que a encerrava interessava a grupos inteiros. Na verdade, quando se tratava de uma simples ofensa, estabelecera-se, ao que parece, há muito tempo, o uso de limitar a compensação ao indivíduo lesado. Caso se tratasse, ao contrário, de um homicídio e, por vezes, também de mutilação, era a parentela da vítima que, integral ou parcialmente, recebia o preço do homem. Em todos os casos, a do culpado contribuía para o pagamento: em virtude de uma obrigação estritamente legal e segundo normas previamente traçadas, nos lugares em que as tarifas regulares permaneceram em vigor; alhures, era o hábito ou talvez o simples decoro que decidia, sendo, entretanto, ambos impositivos o bastante para que os poderes públicos lhes reconhecessem quase força de lei. "Da finança dos amigos": é assim que, ao transcreverem em seu formulário um mandamento real que ordenava a fixação, após o inquérito sobre o costume, da quota-parte dos diferentes "amigos carnais" chamados a tal resolução, os clérigos da chancelaria de Filipe, o Belo, intitulavam esse modelo de ato, do qual certamente esperavam ter de fazer um uso frequente.[127]

Da mesma forma, o pagamento de uma indenização não bastava, ordinariamente, para selar o tratado. Era preciso, ademais, um rito de confissão pública ou, antes, de submissão, em relação à vítima ou a seus parentes. Na maioria das vezes, pelo menos entre as pessoas de posição relativamente distinta, ele assumia a forma do gesto de subordinação mais carregado de sentido então conhecido: o da homenagem "de boca e de mãos". Aqui, mais uma vez, eram menos os indivíduos do que os grupos que se confrontavam. Quando, em 1208, o *maire** dos monges de Saint-Denis, em Argenteuil, concluiu a paz com o do senhor de Montmorency, por ele ferido, teve de trazer consigo, para a homenagem expiatória, 29 de seus "amigos"; e, em março de 1134, após o assassinato de subdeão de Orléans, todos os parentes do morto se reuniram para receber as homenagens, não apenas de um dos homicidas, de seus cúmplices e de seus vassalos, mas também dos "melhores de sua parentela": no total, 240 pessoas.[128] De todas as maneiras, o ato do homem se propagava, no seio de sua linhagem, em ondas coletivas.

3. A SOLIDARIEDADE ECONÔMICA

O Ocidente feudal reconhecia, unanimemente, a legitimidade da posse individual. Na prática, porém, a solidariedade da linhagem se prolongava, frequentemente, como sociedade de bens. Por todos os lados, nos campos, numerosas *frérèches*** reuniam, em torno do mesmo "lar" e da mesma "panela" e sobre os mesmos campos indivisos, várias famílias aparentadas. Frequentemente, o senhor encorajava ou impunha o uso dessas "companhias", pois julgava ser vantajoso que seus membros fossem, por bem ou por mal, solidários no pagamento das rendas. Em grande parte da França, o regime sucessório do servo

---

127. Bibl. nat., ms. latin 4763, fol. 47 r.
*. O termo *maire*, que aparecerá repetidamente no texto, designa, para o período estudado, um agente do poder senhorial (eclesiástico, no caso de senhorias de igrejas), responsável por atividades de caráter administrativo, como a cobrança dos tributos devidos pelos camponeses sujeitos ao senhor. (N.T.)
128. FELIBIEN. *Histoire de l'abbaye royale de Saint Denys*, p. just., n. CLV. A. LUCHAIRE. *Louis VI*, n. 531.
**. O termo *frérèche* designa uma família ampliada, constituída contratualmente para explorar coletivamente a terra e levar uma vida de caráter comunitário. (N.T.)

não conhecia outro sistema de devolução além da continuação de uma comunidade já existente. Se o herdeiro natural, filho ou por vezes irmão, tivesse abandonado, desde antes da abertura da sucessão, a morada coletiva, nesse caso, e apenas nele, seus direitos se extinguiam completamente perante os do senhor. Certamente, esses costumes eram menos generalizados nas classes mais elevadas, pois o fracionamento se torna necessariamente mais fácil à medida que aumenta a riqueza; e, sobretudo, talvez, porque as receitas senhoriais se distinguiam mal dos poderes de comando que, por natureza, se prestavam menos comodamente a serem coletivamente exercidos. Muitos pequenos senhores, entretanto, particularmente no centro da França e na Toscana, praticavam, tal como os camponeses, a indivisão, explorando em comum o patrimônio, vivendo todos juntos no castelo ancestral ou, ao menos, revezando-se em sua guarda. Eram os "porcionários de capa furada"*, um dos quais, o trovador Bertran de Born, correspondia ao próprio tipo dos pobres cavaleiros: era o caso, em 1251, dos 31 compossuidores de uma fortaleza no Gévaudan.[129] Podia, por acaso, um estrangeiro associar-se ao grupo? Quer se tratasse de camponeses ou de personagens melhor situados, o ato de associação assumia comumente a forma de uma "fraternidade" fictícia: como se o único contrato de sociedade realmente sólido fosse aquele que, não podendo sustentar-se no sangue, imitava, ao menos, seus laços. Até mesmo os grandes barões nem sempre ignoravam esses costumes comunitários: não se viu, ao longo de várias gerações, os Bosônidas, senhores dos condados provençais, considerarem, ainda que reservando a cada ramo sua zona de influência particular, indiviso o governo geral do feudo e ostentarem todos, uniformemente, o mesmo título de "conde" ou "príncipe" de toda a Provença?

Aliás, nem mesmo quando a posse era claramente individualizada, ela escapava a todo entrave familiar. Entre dois termos que facilmente consideraríamos antinômicos, essa idade de "participação" jurídica não via qualquer contradição. Basta folhear os atos de venda ou de doação dos séculos X, XI e XII, conservados nos arquivos eclesiásticos. Frequentemente, em um preâmbulo redigido pelos clérigos, o alienador proclama seu direito de dispor, em toda liberdade, de seus bens. Tal era, com efeito, a teoria da Igreja: continuamente enriquecida pelas doações e, além disso, guardiã do destino das almas, como poderia ela ter admitido que qualquer obstáculo fosse oposto aos fiéis desejosos de assegurar, por meio de piedosas generosidades, a própria salvação ou a de seus entes queridos? Os interesses da alta aristocracia, cujo patrimônio se ampliava com as cessões de terras consentidas, mais ou menos voluntariamente, pelos pequenos, caminhavam no mesmo sentido. Não é, de modo algum, um acaso se, desde o século IX, a lei saxônica, ao enumerar as circunstâncias em que a alienação, mesmo tendo por efeito deserdar a parentela, é permitida, inscreve, ao lado das liberalidades em favor das igrejas e do rei, o caso do pobre diabo que, "pressionado pela fome", tiver estabelecido como condição ser alimentado pelo poderoso a quem cedeu sua porção de terra.[130] Quase sempre, entretanto, por mais alto que façam ressoar os

---

*. Do francês *parçonniers à la cape trouée*. (N.T.)
129. B. de BORN, ed. Appel, 19, v. 16-7. PORÉE. *Les statuts de la communauté des seigneurs pariers de La Garde-Guérin (1238-1313)* em Bibliothèque de l'École des Chartes, 1907 e *Études historiques sur le Gévaudan*, 1919.
130. *Lex Saxonum*, c. LXII.

direitos do indivíduo, documentos ou notícias não deixam de mencionar, em seguida, o consentimento dos diferentes parentes do vendedor ou do doador. Essas aprovações pareciam de tal forma necessárias que, na maioria das vezes, não se hesitava em remunerá-las. Quando algum parente, não tendo sido consultado no momento, pretende, mesmo após muitos anos, arguir a convenção por nulidade, os beneficiários falam em injustiça ou impiedade, e, por vezes, chegam a levar o caso perante um tribunal e obter ganho de causa.[131] Em nove de cada dez casos, contudo, a despeito de protestos e julgamentos, eles eram, no fim, obrigados a negociar. Que fique claro não tratar-se, de modo algum, como em nossas legislações, de uma proteção oferecida aos herdeiros, no sentido restrito do termo. Sem que qualquer princípio limite o círculo cujo assentimento parece ser requisitado, é certo que colaterais intervenham, a despeito da presença de descendentes, ou que, em um mesmo ramo, as diferentes gerações sejam concorrentemente chamadas a aprovar. Mesmo que mulher, filhos e irmãs já tivessem aprovado, o ideal era, tal como fez um esbirro de Chartres, obter a opinião favorável "de tantos parentes ou próximos quanto for possível".[132] A parentela inteira sentia-se lesada quando um bem saía de seu poder.

Entretanto, desde o século XII, costumes muitas vezes incertos, mas submetidos a algumas grandes ideias coletivas, foram pouco a pouco substituídos por um direito mais imbuído de rigor e clareza. Por outro lado, as transformações da economia tornavam cada vez menos suportáveis os embaraços opostos às trocas. No passado, as vendas imobiliárias haviam sido bastante raras; sua própria legitimidade, aos olhos da opinião comum, parecia contestável, se não tivessem, por justificativa, uma grande "pobreza". Quando o comprador era uma igreja, eram comumente dissimuladas sob o nome de esmola. Ou, o que certamente era mais exato, dessa aparência, apenas parcialmente enganosa, o vendedor esperava obter um ganho duplo: neste mundo, o preço, talvez inferior ao que teria sido na ausência de qualquer outra remuneração; no outro, a salvação obtida pelas orações dos servidores de Deus. A partir de então, a venda pura, ao contrário, vai tornar-se uma operação frequente e francamente declarada. Seguramente, para torná-la absolutamente livre, foi preciso, em sociedades de tipo excepcional, o espírito comercial e a audácia de algumas grandes burguesias. Fora desses meios, contentou-se em dotá-la de um direito próprio, nitidamente distinto do da doação: direito ainda submetido a várias limitações, mas menos estreitas do que no passado e muito melhor definidas. Tendeu-se, inicialmente, a exigir que, antes de qualquer alienação a título oneroso, o bem fosse objeto de uma oferta prévia, em proveito dos parentes. Isso, caso ele próprio fosse proveniente de uma herança: restrição já grave e que seria durável.[133] Então, a partir do início do século XIII, aproximadamente, era reconhecida somente aos membros da parentela, em um raio e segundo uma ordem determinados, a faculdade de substituir o adquirente, uma vez realizada a venda, por meio do desembolso do preço já pago. Não houve, na sociedade medieval, qualquer instituição

---
131. Ver um exemplo (decisão da corte de Blois), Ch. MÉTAIS. *Cartulaire de Notre Dame de Josaphat*, t. I, n. CIII; cf. n. CII.
132. B. GUÉRARD. *Cartulaire de l'abbaye de SaintPère de Chartres*, t. II, p. 278, n. XIX.
133. Essa restrição aparece em 1055-1070, em um prefácio do *Livre Noir de Saint Florent de Saumur*. Bibl. nat., nouv. acquis. lat. 1930, fol. 113 v.

mais universal do que essa "remição de linhagem". Com a única exceção da Inglaterra[134] – e ainda sob a reserva de alguns de seus costumes urbanos –, ela se disseminou da Suécia à Itália. Tampouco houve instituição mais solidamente consolidada: na França, ela somente seria abolida pela Revolução. Assim, através dos tempos, perpetuava-se, sob formas, ao mesmo tempo, menos incertas e mais atenuadas, o império econômico da linhagem.

CAPÍTULO II
Caráter e vicissitudes do laço de parentesco

1. AS REALIDADES DA VIDA FAMILIAR

A despeito da força de apoio e de constrangimento da linhagem, seria um grande erro conceber sua vida interna sob cores uniformemente idílicas. O fato de as parentelas recorrerem comumente a *faides* umas contra as outras nem sempre impedia, em seu próprio seio, as querelas mais atrozes. Por mais deploráveis que Beaumanoir julgue as guerras entre parentes, ele visivelmente não as considera excepcionais, sequer rigorosamente proibidas, salvo entre irmãos de um mesmo matrimônio. Ademais, nesse tocante, bastaria reportar-se à história das casas principescas; e seguir, por exemplo, de uma geração para outra, o destino dos Anjou, verdadeiros átridas* da Idade Média: a guerra "mais que civil" que, por sete anos, opôs ao conde Fulco Nerra seu filho, Godofredo Martel; Fulco Réchin que, após ter desertado o irmão, o manteve encarcerado por dezoito anos, para então soltá-lo, enlouquecido; sob Henrique II, os ódios furiosos dos filhos pelo pai; e, por fim, o assassinato de Artur pelo rei João, seu tio. No nível imediatamente inferior, observam-se as sangrentas disputas de tantos médios e pequenos senhores, em torno do castelo familiar. Assim foi a aventura de um cavaleiro da Flandres que, expulso de sua morada por seus dois irmãos, viu sua jovem mulher e seu filho serem massacrados por eles, para então matar um dos assassinos com as próprias mãos.[135] Assim foi, sobretudo, a gesta dos viscondes de Comborn, um desses relatos que não perdem nada de seu forte odor por terem sido transmitidos pela mão plácida de um escritor monástico.[136]

Na origem, eis o visconde Arquibaldo que, vingador de sua mãe abandonada, mata um de seus irmãos do segundo matrimônio e, então, muitos anos depois, compra o perdão de seu pai pelo assassinato de um cavaleiro que, no passado, infligira ao velho senhor um ferimento incurável. Deixa, por sua vez, três filhos. O primogênito, que herdou o viscondado, logo morre, deixando como único descendente um rapaz muito jovem. Desconfiando do segundo de seus irmãos, confiou ao mais novo, Bernardo, a guarda de suas terras durante a

---
134. Desde a época anglo-saxônica, aliás, viu-se a criação, na Inglaterra, de uma categoria de terras, na verdade pouco numerosas, que, sob o nome de *book-land*, escapavam às restrições consuetudinárias e podiam ser livremente alienadas.
*. Trata-se de referência à mitologia grega: os átridas, descendentes de Atreu, rei de Micenas, e amaldiçoados pelos deuses, tiveram sua trajetória marcada pelo parricídio, o infanticídio e o incesto. (N.T.)
135. *Miracula S. Ursmari*, c. 6, em *SS.*, t. XV, 2, p. 839.
136. GODOFREDO DE VIGEOIS I, 25, em LABBÉ. *Bibliotheca nova*, t. II, p. 291.

minoridade. Ao atingir a idade da cavalaria, "a criança" Eble reivindica, em vão, a herança. Contudo, graças a intervenções amigáveis, obteve, pelo menos, na falta de algo melhor, o castelo de Comborn. Vive nele, com raiva no coração, até o momento em que, tendo o acaso lhe oferecido sua tia, ele a viola publicamente, na esperança de, com isso, forçar o marido ultrajado a repudiá-la. Bernardo retoma sua mulher e prepara sua revanche. Um belo dia, aparece diante dos muros com uma pequena escolta, como que por bravata. Eble, que acabara de deixar a mesa, com o cérebro ainda obscurecido pelos vapores da embriaguez, lança-se loucamente à sua caça. A alguma distância, os pretensos fugitivos voltam-se, apoderam-se do adolescente e o ferem mortalmente. Esse trágico fim, os ferimentos sofridos pela vítima e, sobretudo, sua juventude comoveram o povo; durante vários dias, foram feitas oferendas em sua sepultura provisória, no mesmo local em que caíra, tal como sobre a caixa de relíquias de um mártir. Porém, o tio perjuro e assassino e, depois dele, seus descendentes conservaram tranquilamente a fortaleza e o viscondado.

Não devemos enxergar aí uma contradição. Nesses séculos de violência e nervosismo, laços sociais podiam ser considerados muito fortes, e até manifestar-se frequentemente como tal, e, assim mesmo, encontrar-se à mercê de um surto passional. Entretanto, mesmo fora dessas brutais rupturas, provocadas tanto pela cupidez quanto pela ira, o fato é que, nas circunstâncias mais normais, um senso coletivo muito intenso se acomodava facilmente a uma medíocre ternura para com as pessoas. Assim como era talvez natural em uma sociedade em que o parentesco era concebido, acima de tudo, como um meio de auxílio mútuo, o grupo prevalecia sobre seus membros, considerados isoladamente. É ao historiador oficial, designado por uma grande família baronal, que devemos a lembrança de uma palavra característica certa vez pronunciada pelo ancestral da linhagem. Como João, marechal da Inglaterra, recusava-se, a despeito de suas promessas, a devolver ao rei Estêvão uma de suas fortalezas, seus inimigos ameaçaram mandar executar, diante de seus olhos, seu jovem filho, anteriormente enviado como refém: "Que me importa a criança", respondeu o bom senhor, "não possuo ainda as bigornas e os martelos com que forjarei outras ainda mais belas?"[137] Quanto ao casamento, ele frequentemente era apenas, da maneira mais ingênua, uma associação de interesses e, para as mulheres, uma instituição de proteção. Escutemos, no *Poema do Cid*, as filhas do herói, às quais o pai acaba de anunciar que as prometeu aos infantes de Carrião. As jovenzinhas que, é claro, jamais viram seus noivos, agradecem: "Quando nos tiverdes casado, seremos ricas damas." Essas concepções eram tão poderosas que, entre povos, no entanto, profundamente cristãos, elas acarretaram uma estranha e dupla antinomia entre os costumes e as leis religiosas.

A Igreja era pouco simpática, para não dizer nitidamente hostil, aos segundo e terceiro matrimônios. De alto a baixo na sociedade, entretanto, o recasamento tinha quase força de regra: certamente pelo cuidado de colocar a satisfação da carne sob o signo do sacramento, mas também quando o homem falecia primeiro, pois o isolamento aparecia para a mulher como um perigo demasiado grande e o senhor, por outro lado, via, em todas as terras herdadas por mulheres uma ameaça à boa ordem dos serviços. Quando, em 1119,

---

137. *L'histoire de Guillaume le Maréchal*, ed. P. Meyer, t. I, v. 339 ss.

após o esmagamento da cavalaria antioquina no Campo do Sangue, o rei Balduíno II de Jerusalém tomou o cuidado de reorganizar o principado, assumiu como dever igual manter a herança dos órfãos e encontrar, para as viúvas, novos esposos. E, a respeito de seis de seus cavaleiros que morreram no Egito, Joinville observa com simplicidade: "convinha, pois, que todas as seis mulheres voltassem a se casar".[138] Por vezes, a própria autoridade senhorial intervinha imperiosamente para que fossem "providas de maridos" as camponesas impedidas, por uma inoportuna viuvez, de cultivar adequadamente seus campos ou fornecer as corveias prescritas.

A Igreja, por outro lado, proclamava a indissolubilidade do laço conjugal. Isso não impedia, especialmente no seio das classes altas, repúdios frequentes, inspirados muitas vezes pelas preocupações mais prosaicas. Provam-no, entre mil outros casos, as aventuras matrimoniais de João, o Marechal, narradas, sempre com o mesmo tom indiferente, pelo troveiro a serviço de seus netos. Desposara uma dama de alta linhagem, dotada, segundo o poeta, de todas as qualidades do corpo e do espírito: "com grande felicidade, viram-se unidos". Infelizmente, João também tinha um "vizinho demasiado forte", com quem a prudência exigia que se conciliasse. Livrou-se de sua encantadora mulher, unindo-se à irmã deste perigoso personagem.

Mas situar o casamento no centro do grupo familiar seria, por certo, deformar consideravelmente as realidades da era feudal. A mulher pertencia apenas em parte à linhagem a que o destino a havia, talvez por pouco tempo, associado. "Calai-vos", diz rudemente Garin o Loreno à viúva de seu irmão assassinado, sobre cujo corpo chora e se lamenta: "um cavaleiro vos desposará... cabe a mim manter o grande luto".[139] Se, no poema relativamente tardio dos *Nibelungos*, Cremilda [Kriemhild] vinga, em seus irmãos, a morte de Sigurdo, seu primeiro esposo – sem, aliás, que a legitimidade desse ato seja minimamente certa –, parece, ao contrário, que, na versão original, ela perseguia a *faide* de seus irmãos contra Átila, seu segundo marido e assassino daqueles. Pela tonalidade sentimental, assim como pela extensão, a parentela era algo inteiramente diverso da pequena família conjugal de tipo moderno. Como, portanto, se definiam precisamente seus contornos?

2. A ESTRUTURA DA LINHAGEM

Na era feudal, o Ocidente já não conhecia mais vastas *gentes**, fortemente cimentadas pelo sentimento, verdadeiro ou falso, de uma descendência comum e, por isso mesmo, delimitadas com muita precisão, senão em sua borda extrema, fora das terras autenticamente feudalizadas: nas margens do mar do Norte, *Geschlechter*** da Frísia ou do Dithmarschen; no Oeste, tribos ou clãs célticos. Ao que parece, grupos dessa natureza ainda existiram entre os germânicos da época das invasões: caso das *farae* lombardas e francas, cujos nomes muitas aldeias, italianas ou francesas, continuam a ostentar; caso também das *genealogiae* alamanas e bávaras que certos textos descrevem como possuidoras do solo. Mas essas unidades demasiado extensas acabaram, pouco a pouco, se decompondo.

---

138. GUILLAUME DE TYR, XII, 12. JOINVILLE, ed. de Wailly (Soc. de l'Hist. de France), p. 105-6.
139. *Garin le Lorrain*, ed. P. Paris, t. II, p. 268.
*.   *Gens* (latim; no plural, *gentes*): na Roma antiga, vasto grupo de pessoas que, unidas por uma origem ancestral supostamente comum, ostentavam o mesmo nome de família. (N.T.)
**. *Geschlecht* (no plural, *Geschlechter*): termo germânico que designa a família, a linhagem. (N.T.)

Ademais, era ao primado absoluto da descendência em linha masculina que a *gens* romana devera o excepcional rigor de seu destino. Ora, não se encontrava nada de semelhante na época feudal. Na antiga Germânia, já vemos que cada indivíduo possuía duas categorias de parentes, uns "do lado da espada", outros "do lado da roca", e era solidário, em graus, aliás, diferentes, tanto dos segundos quanto dos primeiros: era como se, entre os germânicos, a vitória do princípio agnático jamais fora completa o bastante para fazer desaparecer qualquer traço de um sistema mais antigo de filiação uterina. Infelizmente, não sabemos quase nada sobre as tradições familiares indígenas dos países submetidos a Roma. Mas, independentemente do que se deva pensar desses problemas de origens, é certo, em todo caso, que, no Ocidente medieval, o parentesco assumira ou conservara um caráter nitidamente bífido. A importância sentimental que a epopeia atribui às relações entre o tio materno e o sobrinho é apenas uma das expressões de um regime em que os laços de aliança por meio das mulheres contavam praticamente tanto quanto os da consanguinidade paterna.[140] Assim o atesta, entre outros, o testemunho da onomástica.

Os nomes pessoais germânicos eram, em sua maioria, constituídos de dois elementos interligados, cada um deles possuindo significado próprio. Enquanto se manteve a consciência da distinção entre os dois temas, foi, senão de regra, ao menos de uso frequente marcar a filiação pelo emprego de um dos componentes. E isso mesmo em solo românico, onde o prestígio dos vencedores difundira amplamente, entre as populações indígenas, a imitação de sua onomástica. Ora, por meio desse artifício verbal, a posteridade era vinculada, de modo mais ou menos indiferente, ora ao pai, ora à mãe. Na aldeia de Palaiseau, por exemplo, no início do século IX, o colono *Teud-ricus* e sua mulher *Ermenberta* deram a um de seus filhos o nome de *Teut-hardus*, a outro o de *Erment-arius* e, ao terceiro, por uma dupla evocação, o de *Teut-bertus*.[141] Então, adquiriu-se o costume de fazer passar, de uma geração para outra, o nome inteiro. E isso, novamente, pela alternância das duas ascendências. Assim, entre os dois filhos de Lisois, senhor de Amboise, falecido por volta de 1065, se um recebeu o nome de seu pai, ao outro, que era primogênito, chamou-se Sulpício, tal como o avô e o irmão de sua mãe. Mais tarde ainda, quando se passou a acrescentar aos prenomes um nome de família, hesitou-se, por muito tempo, entre os dois modos de transmissão. Filha de Jacques d'Arc e de Isabela Romée, "chamam-me ora Joana d'Arc, ora Joana Romée", dizia a seus juízes aquela que a história conhece apenas pelo primeiro desses nomes; e ela observava que, em sua terra, o costume tendia a atribuir às moças o sobrenome de sua mãe.

Essa dualidade de relações acarretava graves consequências. Possuindo, assim, cada geração seu próprio círculo de parentes, que absolutamente não se confundia com o da geração precedente, a zona das obrigações de linhagem mudava perpetuamente de contornos. Os deveres eram rigorosos; o grupo, porém, demasiadamente instável para servir de base

---

140. W. O. FARNSWORTH. *Uncle and nephew in the old French chansons de geste: a study in the survival of matriarchy*, Nova York, 1913 (Columbia University: *Studies in romance philology and literature*); CI. H. BELL. *The sister's son in the medieval German epic: a study in the survival of matriliny*, 1922 (University of California: *Publications in modern philology*, vol. X, n. 2).
141. *Polyptyque de l'abbé Irminon*, ed. A. Longnon, II, 87. Por vezes, o desejo de marcar dessa maneira a dupla filiação levava a estranhos contrassensos; caso da palavra anglo-saxã *Wigfrith*: literalmente, "paz da guerra".

para toda a organização social. Pior ainda: quando duas linhagens entravam em atrito, era possível que um mesmo indivíduo pertencesse simultaneamente às duas, aqui por parte do pai, ali por parte da mãe. Como escolher? Sabiamente, Beaumanoir aconselha dirigir-se ao parente mais próximo e, quando do mesmo grau, abster-se. Não há dúvida de que, na prática, a decisão fosse frequentemente ditada pelas preferências pessoais. Reencontraremos, a propósito das relações propriamente feudais, esse confusionismo jurídico, com o caso do vassalo de dois senhores; ele caracterizava uma mentalidade; com o tempo, podia apenas afrouxar o laço. Quanta fragilidade interna em um sistema familiar que obrigava, como se fazia no Beauvaisis no século XIII, a admitir como legítima a guerra entre dois irmãos provenientes do mesmo pai, quando, resultantes de casamentos diferentes, se encontravam envolvidos em uma vingança entre suas parentelas maternas!

Até onde se estendiam, ao longo das duas linhagens, os deveres para com os "amigos carnais"? Encontram-se suas fronteiras delimitadas com alguma precisão somente nas coletividades que se mantiveram fiéis às tarifas regulares de composição. Mas, mesmo nelas, os costumes só foram postos por escrito em uma época relativamente tardia. Isso só torna mais significativo o fato de terem fixado zonas de solidariedade ativa e passiva surpreendentemente amplas: zonas degradadas, todavia, na medida em que o valor das somas recebidas ou desembolsadas variava segundo a proximidade do parentesco. Em Sepúlveda, Castela, no século XIII, para que a vingança exercida sobre o assassino de um parente possa ser imputada como crime, basta ter um trisavô em comum com a vítima. O mesmo laço habilita, segundo a lei de Oudenaarde, a receber parte do preço do sangue e impõe, em Lille, que se contribua para seu pagamento. Em Saint-Omer, chega-se, neste último caso, a criar a obrigação da existência, como origem comum, de um avô de bisavô.[142] Alhures, o traçado era mais incerto. Mas, como já foi observado, a prudência exigia que se requeresse, para as alienações, o consentimento de tantos colaterais quanto se pudesse obter. Quanto às comunidades familiares dos campos, elas reuniram, por muito tempo, numerosos indivíduos sob seu teto: até cinquenta, na Baviera do século XI, e setenta, na Normandia do século XV.[143]

Olhando de perto, entretanto, parece que, a partir do século XIII, uma espécie de retração se operou mais ou menos por toda parte. As vastas parentelas de outrora foram lentamente substituídas por grupos muito mais vizinhos de nossas estreitas famílias de hoje. Pelo final do século, Beaumanoir tem o sentimento de que o círculo das pessoas unidas pelo dever de vingança foi diminuindo, a ponto de incluir, em sua época e ao contrário da anterior, apenas os primos de segundo grau, ou até, como raio no qual a obrigação era sentida com muita intensidade, os simples primos coirmãos. Desde os primeiros anos do século XII, observa-se, nos documentos franceses, uma tendência a limitar a busca das aprovações familiares aos mais próximos. Veio, então, o sistema do direito ao resgate. Com

---

142. *Livre Roisin*, ed. R. Monier, 1932, § 143-4. A. GIRY. *Histoire de la ville de Saint Omer*, t. II, p. 578, c. 791. Explica-se, assim, que o direito canônico tenha podido, sem demasiada presunção, estender até o sétimo grau, a proibição dos casamentos consanguíneos.
143. *Annales Altahenses maiores*, 1037, em *SS.*, t. XX, p. 792. JEHAN MASSELIN. *Journal des États Généraux*, ed. A. BERNIER, p. 582-4.

a distinção que este estabelecia entre os aquestos e os bens familiares e, no seio destes, entre os bens abertos, segundo sua proveniência, às reivindicações das linhas paterna e materna, ele correspondia muito menos que a prática antiga à noção de uma linhagem quase infinita. O ritmo da evolução foi naturalmente muito variável segundo os lugares. Bastará aqui indicar, suscintamente, as causas mais gerais e as mais prováveis de uma transformação tão carregada de consequências.

Certamente, os poderes públicos, por sua ação como guardiões da paz, contribuíram para desgastar a solidariedade familiar: de muitas maneiras e, particularmente, como fez Guilherme, o Conquistador, limitando o círculo das vinganças legítimas; e talvez, acima de tudo, favorecendo as renúncias a qualquer participação na vingança. A saída voluntária da parentela era uma faculdade antiga e geral; mas, se permitia escapar a muitos riscos, ela privava, para o futuro, de um apoio tido, por muito tempo, como indispensável. Uma vez dotada de maior eficácia, a proteção do Estado tornou esses *forjurements* [abdicações] menos perigosos. Por vezes, a autoridade não hesitava em impô-los: tal foi o caso, em 1181, do conde do Hainaut, após um homicídio, queimando por antecipação as casas de todos os parentes do culpado, de modo a arrancar-lhes a promessa de jamais socorrê-lo. Entretanto, a desagregação e o desaparecimento da linhagem, tanto como unidade econômica quanto como órgão da *faide*, parece ter sido, acima de tudo, um efeito de mudanças sociais mais profundas. Os progressos das trocas conduziam a limitar os entraves familiares sobre os bens; os da vida de relações acarretavam a ruptura de coletividades demasiado vastas que, na ausência de qualquer estado civil, somente podiam conservar o sentimento de sua unidade mantendo-se agrupadas em um mesmo local. Assim, as invasões já haviam desferido um golpe quase fatal nos *Geschlechter*, muito mais solidamente constituídos, da antiga Germânia. Os violentos abalos sofridos pela Inglaterra – incursões e migrações escandinavas, conquista normanda – tiveram certamente grande participação na ruína precoce dos velhos quadros de linhagem. Em quase toda a Europa, na época dos grandes desbravamentos, a atração dos novos centros urbanos e das aldeias, fundadas sobre arroteias, arrasou muitas comunidades camponesas. Não foi, de modo algum, um acaso se, ao menos na França, esses grupos familiares se mantiveram por muito mais tempo nas províncias mais pobres.

É curioso, mas não inexplicável, que esse período em que as amplas parentelas das idades anteriores começaram, assim, a se esfacelar tenha visto, precisamente, o surgimento dos nomes de família, sob uma forma, aliás, ainda muito rudimentar. Assim como as *gentes* romanas, os *Geschlechter* da Frísia e do Dithmarschen possuíam, cada um, seu rótulo tradicional. O mesmo ocorria, na época germânica, com as dinastias de chefes, dotadas de caráter hereditariamente sagrado. Ao contrário, as linhagens da era feudal permaneceram, por muito tempo, estranhamente anônimas: certamente, em razão da imprecisão de seus contornos; mas também porque as genealogias eram demasiadamente conhecidas para que se sentisse a necessidade de um lembrete verbal. Então, sobretudo a partir do século XII, adquiriu-se o hábito de juntar, frequentemente, ao nome único do passado – o nosso prenome de hoje – um sobrenome ou, por vezes, um segundo prenome. O desuso em que caíram, pouco a pouco, muitos nomes antigos e o aumento da população tiveram por efeito multiplicar, da maneira mais incômoda, os homônimos. Ao mesmo tempo, as transformações do direito, familiarizado então com o ato escrito, e as da mentalidade, muito mais ávida de clareza do que no passado, tornavam cada vez menos toleráveis as confusões nascidas da pobreza do material onomástico e levavam a buscar meios de distinção. Mas, ainda nesse caso, eram apenas marcas individuais. O passo decisivo foi dado somente quando o segundo nome, fosse qual fosse sua forma, se transformou, ao tornar-se hereditário, em sobrenome. É significativo que o uso das designações realmente familiares tenha surgido, inicialmente, nos meios da alta aristocracia, nos quais o homem era, ao mesmo tempo, mais móvel e mais desejoso, quando se afastava, de não perder o apoio do grupo. Na Normandia do século XII, já se falava correntemente dos Giroie e dos Talvas; e, no Oriente latino, por volta de 1230, "dos da linhagem que possui o sobrenome Ibelin".[144] Então, o movimento difundiu-se entre as burguesias urbanas, também elas acostumadas com deslocamentos e distâncias, pelas necessidades do comércio, por temerem qualquer risco de erro sobre as pessoas, ou até sobre as famílias, que coincidiam frequentemente com associações de negócios. Propagou-se, finalmente, no conjunto da sociedade.

Mas é preciso compreender que os grupos cujo rótulo assim se precisava não eram muito fixos e não tinham uma extensão, nem de longe, comparável à das antigas parentelas. A transmissão, que, por vezes, oscilava, como vimos, entre as duas linhas, paterna e materna, sofria muitas interrupções. Os ramos, ao se afastarem, acabavam frequentemente sendo conhecidos por nomes diferentes. Os servidores, em contrapartida, o eram comumente pelo do mestre. Em suma, mais do que de gentilícios, tratava-se, em conformidade com a evolução geral dos laços de sangue, de alcunhas de grupos familiares, cuja continuidade estava à mercê do menor acidente advindo no destino do grupo ou do indivíduo. A estrita hereditariedade só foi imposta muito mais tarde, com o estado civil, pelos poderes públicos, preocupados em facilitar, dessa maneira, sua tarefa de polícia e de administração. A tal ponto que, muito posterior às últimas vicissitudes da sociedade feudal, o imutável nome de família, que reúne, hoje, sob um signo comum, homens muitas vezes estranhos a qualquer sentimento vivo de solidariedade, iria tornar-se finalmente, na Europa, a criação, não do espírito de linhagem, mas da instituição mais fundamentalmente contrária a esse espírito: o Estado soberano.

3. LAÇOS DE SANGUE E FEUDALIDADE

Evitemos, aliás, imaginar, desde os tempos tribais, uma emancipação regular do indivíduo. Ao menos no continente, parece que, na era dos reinos bárbaros, as alienações foram muito menos dependentes da boa vontade dos próximos do que deveriam tornar-se durante a Primeira Idade Feudal. O mesmo ocorria com as disposições em razão de morte. Nos séculos VIII e IX, ora o testamento romano, ora diferentes sistemas desenvolvidos pelos costumes germânicos permitiam ao homem resolver por si próprio, com certa liberdade, a devolução de seus bens. A partir do século XI, exceto na Itália e na Espanha – ambas excepcionalmente fiéis às lições dos velhos direitos escritos –, essa faculdade sofreu um verdadeiro eclipse; ainda que estivessem destinadas a gerar apenas efeitos póstumos, as

---

144. FILIPE DE NOVARA, *Mémoires*, ed. Kohler, p. 17 e 56.

liberalidades assumiam, a partir de então, quase exclusivamente a forma de doações, submetidas, por natureza, ao consentimento da linhagem. Isso não agradava à Igreja. Sob sua influência, o testamento propriamente dito ressuscitou no século XII, inicialmente restrito a piedosas esmolas, estendendo-se, em seguida, pouco a pouco, com algumas restrições em proveito dos herdeiros naturais. Era o momento em que o regime atenuado da remição substituía, por sua vez, o das aprovações familiares. A própria *faide* tivera seu campo de ação relativamente limitado pelas legislações dos Estados resultantes das invasões. Uma vez derrubadas tais barreiras, ela assumiu ou reassumiu seu lugar no primeiro plano do direito penal, até o dia em que foi novamente alvo dos ataques dos poderes reais ou principescos reconstituídos. O paralelismo, em uma palavra, aparece absolutamente completo. O período que viu o desenvolvimento das relações de proteção e de subordinação pessoais, características do estado social a que chamamos feudalidade, também foi marcado por um verdadeiro estreitamento dos laços de sangue: por serem os tempos tumultuados e a autoridade pública sem vigor, o homem adquiria uma consciência mais viva de seus vínculos com os pequenos grupos, fossem quais fossem, de que podia esperar auxílio. Os séculos que, mais tarde, assistiram à ruína ou à metamorfose progressivas da estrutura autenticamente feudal também conheceram, com o esmigalhamento das grandes parentelas, os primeiros passos do lento apagamento das solidariedades de linhagem.

Entretanto, ao indivíduo ameaçado pelos múltiplos perigos de uma atmosfera de violência, o parentesco, mesmo durante a Primeira Idade Feudal, não oferecia um abrigo que parecesse suficiente. Na forma em que se apresentava então, ele era, nesse sentido, certamente vago e variável demais em seus contornos, além de demasiadamente minado, internamente, pela dualidade das descendências, masculina e feminina. É por isso que os homens tiveram de procurar ou suportar outros laços. Temos, a esse respeito, uma experiência decisiva: as únicas regiões em que subsistiram poderosos grupos agnáticos – terras alemãs à margem do mar do Norte, regiões célticas das ilhas – ignoraram, ao mesmo tempo, a vassalagem, o feudo e a senhoria rural. A força da linhagem foi um dos elementos essenciais da sociedade feudal; sua fraqueza relativa explica que tenha havido uma feudalidade.

Segundo Livro
A vassalagem e o feudo

CAPÍTULO I
A homenagem vassálica

1. O HOMEM DE OUTRO HOMEM

Ser "o homem" de outro homem: no vocabulário feudal, não havia junção de palavras mais difundida, ou mais carregada de sentido, do que esta. Comum às línguas românicas e germânicas, ela servia para expressar a dependência pessoal em si mesma. E isso, aliás, qualquer que fosse a natureza jurídica precisa do laço e sem que se levasse em conta qualquer distinção de classe. O conde era "o homem" do rei, assim como o servo o de seu senhor aldeão. Por vezes, até em um mesmo texto, com algumas linhas de intervalo, condições sociais radicalmente diferentes encontravam-se assim, sucessivamente, evocadas: caso, por volta do final do século XI, de um pedido de monjas normandas, queixando-se por serem seus "homens" – isto é, seus camponeses – obrigados, por um alto barão, a trabalhar nos castelos dos "homens" deste, ou seja, os cavaleiros, seus vassalos.[145] O equívoco não chocava, pois, a despeito do abismo entre as posições sociais, o foco estava no elemento fundamental comum: a subordinação de um indivíduo a outro.

Entretanto, se o princípio dessa vinculação humana impregnava a vida social como um todo, as formas que assumia não deixavam de ser singularmente diversas, com transições, entre os mais elevados e os mais humildes, por vezes quase insensíveis. Acrescentem-se a isso, de um país para outro, numerosas divergências. Será cômodo adotar como fio condutor uma das mais significativas dentre as relações de dependência: o laço vassálico; estudá-lo, primeiramente, na zona mais "feudalizada" da Europa, isto é, o coração do antigo Império Carolíngio, a França do Norte, a Alemanha renana e suabiana; e, por fim, procurar, antes de qualquer pesquisa embriológica, descrever, ao menos, os traços mais aparentes da instituição, na época de seu pleno desenvolvimento: isto é, do século X ao XII.

2. A HOMENAGEM NA ERA FEUDAL

Eis dois homens, um diante do outro: um quer servir; o outro aceita ou deseja ser chefe. O primeiro junta as mãos e as coloca, assim unidas, nas mãos do segundo: claro símbolo de submissão, cujo sentido, por vezes, era ainda acentuado por um ajoelhamento. Ao mesmo tempo, o personagem com as mãos abertas pronuncia algumas palavras, muito breves, pelas quais se reconhece "homem" daquele que via diante de si. Então, chefe e subordinado se beijavam na boca: símbolo de acordo e amizade. Tais eram os gestos – muito simples e, por isso mesmo, eminentemente adequados a impressionar espíritos tão sensíveis às coisas

---

145. HASKINS. *Norman institutions*, Cambridge (USA), 1918, Harvard Historical Studies, XXIV, p. 63.

vistas – que serviam para estabelecer um dos laços sociais mais fortes que a era feudal tenha conhecido. Cem vezes descrita ou mencionada nos textos, reproduzida em selos, miniaturas e baixos-relevos, a cerimônia chamava-se "homenagem" (em alemão, *Mannschaft*). Para designar o superior, por ela criado, não se empregavam outros termos além da palavra, muito genérica, "senhor".[146] Frequentemente, o subordinado era, da mesma forma, designado como "homem", e nada mais, desse senhor. Ou, algumas vezes, com maior precisão, como "homem de boca e mãos". Mas também são empregadas palavras mais especializadas: "vassalo" ou, pelo menos até o início do século XII, *commendé* [recomendado].

Assim concebido, o rito era desprovido de qualquer marca cristã. Explicável pelas origens germânicas longínquas de seu simbolismo, tal lacuna não podia subsistir em uma sociedade na qual já não se admitia que uma promessa fosse válida se não tivesse Deus por fiador. A homenagem em si mesma jamais foi modificada em sua forma. Mas, provavelmente desde o período carolíngio, um segundo rito, propriamente religioso, veio sobrepor-se a ela: com a mão estendida sobre os Evangelhos ou sobre as relíquias, o novo vassalo jurava manter-se fiel a seu mestre. Era a chamada "fé" (em alemão, *Treue* e, antigamente, *Hulde*). O cerimonial se dava, portanto, em duas etapas, que, todavia, não possuíam, nem de perto, valor igual.

Isso porque a "fé" nada tinha de específico. Em uma sociedade tumultuada, em que a desconfiança era a regra, ao mesmo tempo que o apelo às sanções divinas se apresentava como um dos raros freios mais ou menos eficazes, o juramento de fidelidade tinha mil razões para ser frequentemente exigido. Os funcionários reais ou senhoriais, de todos os níveis, o prestavam ao assumirem seus cargos. Os prelados o pediam comumente a seus clérigos; os senhores de terras, por vezes, a seus camponeses. Diferentemente da homenagem, que, comprometendo, de uma só vez, o homem como um todo, era geralmente tida como impassível de renovação, essa promessa, quase banal, podia ser repetida por diversas vezes, diante da mesma pessoa. Havia, portanto, muitos atos de "fé" sem homenagens. Não conhecemos homenagens sem fé. Ademais, quando os dois ritos eram associados, a preeminência da homenagem traduzia-se por seu próprio lugar na cerimônia: ela sempre ocorria em primeiro lugar. Era única, aliás, que exigia a intervenção, em estreita união, dos dois homens; a fé do vassalo constituía um compromisso unilateral, ao qual correspondia apenas raramente um juramento paralelo por parte do senhor. A homenagem, em uma palavra, era a verdadeira criadora da relação vassálica, sob seu duplo aspecto de dependência e proteção.

O nó assim formado durava, em princípio, tanto quanto as vidas que unia. Tão logo, porém, a morte punha fim a uma vida ou a outra, ele se desfazia por si só. Na verdade, veremos que, na prática, a vassalagem transformou-se muito rapidamente em condição geralmente hereditária. Mas, até o fim, esse estado de fato manteve viva e intacta a regra

---

146. É por um verdadeiro contrassenso que "suserano" foi, por vezes, empregado nessa acepção, desde os feudalistas do Antigo Regime. Seu verdadeiro significado era bem diferente. Suponhamos Paulo, que prestou homenagem a Pedro, que, por sua vez, a prestou a Tiago. Tiago – e não Pedro – será o "senhor suserano" ou, em resumo, o suserano de Paulo: isto é, o senhor superior (a palavra parece derivada do advérbio *sus*, sobre, por analogia com soberano). Em outros termos, meu suserano é o senhor de meu senhor, e não meu senhor direto. A expressão parece, aliás, tardia (século XVI?).

jurídica. Pouco importava que o filho do vassalo falecido levasse ordinariamente sua homenagem ao senhor que recebera a de seu pai, ou que o herdeiro do senhor precedente recebesse, quase sempre, as homenagens dos vassalos paternos: o rito não deixava de ser reiterado, sempre que a composição do casal vinha a modificar-se. Da mesma forma, a homenagem não podia ser oferecida nem aceita por procuração: todos os exemplos contrários datam de uma época muito tardia, em que o sentido dos antigos gestos já quase se perdera. Na França, em relação ao rei, essa faculdade se tornou legal apenas sob o reinado de Carlos VII e, mesmo então, não sem muitas hesitações.[147] Tanto isso era verdade que o laço social parecia inseparável do contato quase físico que o ato formalista estabelecia entre os dois homens.

O dever geral de auxílio e obediência, que se impunha ao vassalo, era comum a todo aquele que se fizera "homem" de outro homem. Mas era aqui nuançado por obrigações particulares, cujos detalhes abordaremos mais tarde. Sua natureza atendia a condições, assaz estreitamente determinadas, de posição e gênero de vida. Isso porque, a despeito das grandes diversidades de riqueza e de prestígio, os vassalos não eram indiferentemente recrutados entre todas as camadas da população. A vassalagem era a forma de dependência própria das classes superiores, que discerniam, acima de tudo, a vocação guerreira e a de comando. Era, pelo menos, o que ela se tornara. Para compreender bem suas características, convém agora investigar como ela se livrara progressivamente de todo um complexo de relações pessoais.

3. A GÊNESE DAS RELAÇÕES DE DEPENDÊNCIA PESSOAL

Procurar um protetor para si, sentir prazer ao proteger: tais aspirações pertencem a todos os tempos. Mas elas somente geram instituições jurídicas originais nas civilizações em que se enfraquecem os demais quadros sociais. Tal foi o caso da Gália, após o desmoronamento do Império Romano.

Imaginemos, com efeito, a sociedade da época merovíngia. Nem o Estado nem a linhagem ofereciam mais abrigo suficiente. A comunidade aldeã reunia forças apenas para sua polícia interna. A comunidade urbana mal existia. Por todo lado, o fraco sentia a necessidade de entregar-se a alguém mais poderoso do que ele. O poderoso, por sua vez, somente podia manter seu prestígio ou sua fortuna, ou mesmo garantir sua segurança, obtendo para si, por meio de persuasão ou de constrangimento, o apoio de inferiores obrigados a ajudá-lo. Havia, de um lado, uma fuga na direção do chefe; do outro, tomadas de comando, muitas vezes brutais. E como as noções de fraqueza e de poder são sempre relativas, observava-se, em muitos casos, o mesmo homem tornar-se, simultaneamente, dependente de algum mais forte e protetor de outros mais humildes. Assim começou a se construir um vasto sistema de relações pessoais, cujos fios entrecruzados corriam de um andar para outro do edifício social.

---

147. MIROT. *Les ordonnances de Charles VII relatives à la prestation des hommages* em *Mémoires de la Société pour l'Histoire du droit et des institutions des anciens pays bourguignons*, fasc. 2, 1935; G. DUPONT-FERRIER. *Les origines et le premier siècle de la Cour du Trésor*, 1936, p. 108; P. DOGNON. *Les institutions politiques et administratives du pays de Languedoc*, 1895, p. 576 (1530).

Submetendo-se assim às necessidades do momento, essas gerações não tinham qualquer desejo ou sentimento de criar formas sociais novas. Por instinto, cada um se esforçava em tirar proveito dos recursos oferecidos pela estrutura existente e, caso chegasse, sem dar-se realmente conta, a criar algo novo, era na tentativa de adaptar o velho. A herança de instituições ou de práticas de que dispunha a sociedade resultante das invasões era, aliás, singularmente matizada: ao legado de Roma, assim como ao dos povos que Roma conquistara, sem jamais apagar inteiramente seus próprios costumes, vinham juntar-se as tradições germânicas. Não devemos cair aqui no erro de procurar, na vassalagem ou, de modo mais geral, nas instituições feudais, uma filiação étnica particular, atendo-nos, mais uma vez, ao famoso dilema: Roma ou "as florestas da Germânia". É preciso deixar esses jogos às idades que, menos instruídas do que nós sobre o poder criador da evolução, puderam acreditar, tal como Boulainvilliers, que a nobreza do século XVII descendia, quase toda, dos guerreiros francos ou interpretar, assim como o jovem Guizot, a Revolução Francesa como uma revanche dos galo-romanos. Assim, os velhos fisiologistas imaginavam no esperma um humúnculo inteiramente formado. A lição do vocabulário feudal é, no entanto, clara. Não nos oferece essa nomenclatura, em que se encontravam, como veremos, elementos de toda origem – uns extraídos da língua dos vencidos ou da dos vencedores, os demais, como a própria "homenagem", eivados de novidade –, um espelho fiel de um regime social que, mesmo tendo sofrido fortemente a influência de um passado, também ele singularmente compósito, não deixou de ser, acima de tudo, o resultado das condições originais do momento? "Os homens", diz o provérbio árabe, "assemelham-se mais a seu tempo do que a seu pai."

Entre os fracos que procuravam um defensor para si, os mais miseráveis simplesmente se tornavam escravos, comprometendo, dessa forma, não apenas a si mesmos, mas também sua posteridade. Muitos outros, entretanto, mesmo entre os humildes, faziam questão de preservar sua condição de homens livres. Os personagens que recebiam sua obediência frequentemente não tinham qualquer motivo para se oporem a tal desejo. Em uma época em que os laços pessoais ainda não haviam sufocado as instituições públicas, gozar daquilo que se designava por "liberdade" era essencialmente pertencer, na qualidade de membro de pleno direito, ao povo regido pelos soberanos merovíngios: ao *populus francorum*, dizia-se correntemente, confundindo, sob o mesmo nome, conquistadores e vencidos. Nascida dessa equivalência, a sinonímia dos dois termos "livre" e "franco" atravessaria as eras. Ora, para um chefe, cercar-se de dependentes providos dos privilégios judiciários e militares que caracterizavam o homem livre era, sob muitos aspectos, mais vantajoso do que dispor somente de uma horda servil.

Essas dependências "de ordem ingênua" – como aparece em uma fórmula da Touraine – eram expressas com a ajuda de palavras que provinham, em grande parte, do mais puro vocabulário latino. Isso porque, através de todas as vicissitudes de uma história movimentada, os antigos usos do patronato jamais desapareceram do mundo romano ou romanizado. Na Gália, em particular, implantaram-se tanto mais facilmente por se adequarem aos hábitos das populações conquistadas. Não houve nenhum chefe gaulês que, antes da chegada das legiões, não tivesse visto gravitar à sua volta um grupo de fiéis, camponeses ou guerreiros. Conhecemos muito mal o que, após a conquista e sob o verniz de uma civilização ecumênica, pôde subsistir desses antigos costumes indígenas. Tudo leva, entretanto, a crer que, mais ou menos profundamente modificados pela pressão de um estado político bastante diferente, eles não deixaram de ter seus prolongamentos. Por todo o Império, em todo caso, as desordens dos últimos tempos tornaram mais necessário do que nunca o recurso a autoridades mais próximas e mais eficazes do que as instituições de direito público. De alto a baixo na sociedade, aquele que, do século IV ao V, desejasse se precaver contra as duras exigências dos agentes do fisco, fazer pender em seu favor a boa vontade dos juízes ou simplesmente garantir para si uma carreira honrosa não acreditava poder fazer mais do que vincular-se, mesmo sendo livre e de posição por vezes distinta, a um personagem mais bem situado. Ignorados ou até mesmo proscritos pelo direito oficial, esses laços nada tinham de legal. Nem por isso deixavam de constituir um cimento social dos mais poderosos. Ao multiplicarem os acordos de proteção e de obediência, os habitantes da Gália, tornada franca, tinham, portanto, consciência de não fazerem nada que não pudesse facilmente encontrar, na língua de seus ancestrais, um nome.

Na verdade, reminiscências literárias à parte, a velha palavra clientela caíra em desuso desde os últimos séculos do Império. Mas, na Gália merovíngia, assim como em Roma, continuava-se a dizer, a respeito do chefe, que "se encarregava" (*suscipere*) do subordinado, constituindo-se, dessa forma, em seu "patrão"; e, a respeito do subordinado, que se fazia "recomendar" – isto é, "remetia-se" – a seu defensor. As obrigações assim aceitas eram comumente tratadas de "serviço" (*servitium*). No passado, a palavra causava horror a um homem livre, pois o latim clássico apenas a conhecia como sinônimo de servidão; os únicos deveres que fossem compatíveis com a liberdade eram *officia*. Mas, desde o final do século IV, *servitium* perdera essa tara original.

A Germânia, entretanto, também dava sua contribuição. A proteção que o poderoso estendia sobre o fraco se chamava frequentemente *mundium, mundeburdum* – o que daria, em francês, *maimbour* – ou ainda *mitium*, traduzindo este último termo mais particularmente o direito e a missão de representar o dependente na justiça: todos eles vocábulos germânicos, mal disfarçados pela roupagem latina que lhes impunham os documentos.

Mais ou menos intercambiáveis, essas diferentes expressões aplicavam-se indiferentemente, qualquer que fosse a origem, romana ou bárbara, dos contratantes. As relações de subordinação privada escapavam ao princípio das leis étnicas, na medida em que permaneciam ainda à margem de todos os direitos.

Não estando regulamentadas, elas se mostravam ainda mais capazes de se adaptarem a situações infinitamente diversas. O próprio rei, que, na condição de chefe do povo, devia seu apoio a todos seus súditos, indiferentemente, e tinha direito à sua fidelidade, sancionada pelo juramento universal dos homens livres, concedia, ainda assim, seu *maimbour* particular a certo número dentre eles. Aquele que prejudicava tais pessoas, situadas "em sua palavra", parecia ofendê-lo diretamente e incorria, em consequência, em um castigo de excepcional severidade. No seio de sua multidão bastante heterogênea, distinguia-se um grupo mais restrito e mais distinto de fiéis reais, os chamados *leudes* do príncipe, isto é, sua "gente", que, na anarquia dos últimos tempos merovíngios, dispôs por mais de uma vez da coroa e do Estado. Como na Roma do passado, o jovem de boa família que desejava impelir-se para o mundo "remetia-se" a um grande, a menos que seu futuro já tivesse sido assim assegurado, desde a infância, por um pai precavido. A despeito dos concílios, muitos eclesiásticos de todos os níveis não temiam procurar o patronato de leigos. Mas as camadas inferiores da sociedade parecem ter sido aquelas em que as relações de subordinação foram mais rapidamente difundidas, assim como as mais exigentes. A única fórmula de *commendise* [recomendação] que possuímos envolve um pobre diabo, que somente aceita um senhor por "não ter do que comer ou o que vestir". Não se encontra, aliás, qualquer distinção de palavras e sequer, ao menos, uma bastante nítida de ideias, entre esses diferentes aspectos da dependência, no entanto tão opostos, por sua tonalidade social.

Fosse qual fosse o recomendado, ele prestava, ao que parece, quase sempre o juramento a seu senhor. O costume também o aconselhava a curvar-se a um ato formalista de submissão? Não sabemos ao certo. Exclusivamente vinculados aos velhos quadros do povo e da linhagem, os direitos oficiais silenciam a esse respeito. Quanto aos acordos particulares, praticamente não recorriam à escrita, a única a deixar vestígios. A partir da segunda metade do século VIII, entretanto, os documentos começam a mencionar o rito das mãos nas mãos. É, na verdade, para mostrá-lo empregado, primeiramente, apenas entre personagens de posição superior: o protegido é um príncipe estrangeiro; o protetor o rei dos francos. Não nos deixemos enganar por essa escolha dos escritores. A cerimônia somente parecia merecer ser descrita quando, associada a eventos de alta política, ela aparecia entre os episódios de uma entrevista principesca. No curso ordinário da vida, era tida como banal e, portanto, destinada ao silêncio. Certamente, ela estivera em uso muito antes de surgir, assim, à luz dos textos. A concordância dos costumes francos, anglo-saxônicos e escandinavos atesta sua origem germânica. Mas o símbolo era demasiadamente claro para não ser facilmente adotado pela população como um todo. Vemo-lo, na Inglaterra e entre os escandinavos, expressar, indiferentemente, formas muito diversas de subordinação: do escravo ao senhor, do livre companheiro ao chefe de guerra. Tudo leva a crer que o mesmo ocorreu, por muito tempo, na Gália franca. O gesto servia para concluir contratos de proteção de natureza variável e, ora realizado, ora ignorado, ele não parecia indispensável a ninguém. Uma instituição exige uma terminologia sem muita ambiguidade e um ritual relativamente estável. Mas, no mundo merovíngio, as relações pessoais ainda eram apenas uma prática.

4. OS GUERREIROS DOMÉSTICOS

Existia, no entanto, um grupo de dependentes, já distinto então por suas condições de vida. Era aquele composto, em torno de cada poderoso e do próprio rei, pelos guerreiros domésticos. Isso porque o mais urgente dos problemas que se impunham então às classes dirigentes era muito menos o de administrar, durante a paz, o Estado ou as fortunas particulares do que obter meios para combater. Pública ou privada, empresa espontânea ou destinada a defender os bens e a vida, a guerra apareceria, por muitos séculos, como a trama cotidiana de toda carreira de chefe e a razão profunda de ser de todo poder de comando.

Quando os reis francos se tornaram senhores da Gália, viram-se herdeiros de dois sistemas que, para formar os exércitos, apelavam, ambos, às massas: na Germânia, todo homem livre era guerreiro; Roma, na medida em que ainda utilizava tropas indígenas, as recrutava, principalmente, entre os cultivadores do solo. O Estado franco, sob suas duas dinastias sucessivas, manteve o princípio da conscrição geral, que, aliás, atravessaria toda a idade feudal e sobreviveria a ela. As ordenações reais até se esforçaram em tornar essa obrigação proporcional às fortunas, em reunir os mais pobres em pequenos grupos, devendo cada um deles fornecer um soldado. Variáveis segundo as exigências do momento, porém, essas medidas de aplicação prática deixavam a regra intacta. Além disso, os grandes, em suas querelas, não temiam enviar seus camponeses para o combate.

Nos reinos bárbaros, entretanto, a máquina do recrutamento era pesada nas mãos de uma administração cada vez menos capaz de cumprir sua tarefa burocrática. A conquista, por outro lado, rompera os velhos quadros que as sociedades germânicas se atribuíram tanto para o combate quanto para a paz. Por fim, retido pelos cuidados de uma agricultura já mais estabilizada, o germânico comum, mais guerreiro do que camponês na época das migrações, tornava-se, pouco a pouco, mais camponês do que guerreiro. Por certo, o colono romano do passado, quando os acampamentos o tiravam da gleba, não estava mais preparado. Encontrava-se, porém, preso a fileiras de legiões organizadas, que o formavam. No Estado franco, em contrapartida, fora das guardas que cercavam o rei e os grandes, não havia tropas permanentes e, por conseguinte, nem mais instrução regular dos conscritos. Falta de diligência e inexperiência entre os recrutas, mas também dificuldades de armamento – foi preciso, sob Carlos Magno, tornar proibido apresentar-se à hoste munido apenas de um bastão: tais defeitos certamente não tardaram a pesar sobre o sistema militar do período merovíngio. Mas eles se tornaram cada vez mais aparentes à medida que a preponderância, no campo de batalha, passou do soldado de infantaria para o cavaleiro, provido de um importante armamento ofensivo e defensivo. Pois, para dispor de uma montaria de guerra e equipar-se da cabeça aos pés, era preciso gozar de certo conforto ou receber subsídios de alguém mais rico. Segundo a lei ripuária, um cavalo custava seis vezes mais que um boi; uma loriga – espécie de couraça de pele, consolidada com placas de metal – o mesmo preço; um elmo não menos que a metade disso. Não se vê, em 761, um pequeno proprietário da Alamânia trocar os campos paternos e um escravo por um cavalo e uma espada?[148] Um longo aprendizado, por outro lado, era necessário para saber manejar eficazmente seu corcel em combate e praticar, sob uma pesada armadura, uma difícil esgrima. "De um rapaz na idade da puberdade, podes fazer um cavaleiro; mais tarde, jamais." A máxima convertera-se, na época dos primeiros carolíngios, em provérbio.[149]

Por que, entretanto, essa decadência do soldado de infantaria, cujas repercussões sociais seriam tão consideráveis? Por vezes, acreditou-se ver nela um efeito das invasões árabes: no intuito de suportar o ataque dos cavaleiros sarracenos ou de persegui-los, Carlos Martel teria transformado seus francos em homens a cavalo. O exagero é manifesto. Mesmo supondo – o que foi contestado – que a cavalaria desempenhasse então nos exércitos do Islã um papel tão decisivo, os francos, que sempre possuíram tropas montadas, não esperaram Poiters para reservar-lhes um lugar crescente. Quando, em 755, a reunião anual

---

148. H. WARTMANN. *Urkundenbuch der Abtei Sanct Gallen*, t. I, n. 31.
149. RÁBANO MAURO em *Zeitschrift für deutsches Altertum*, t. XV, 1872, p. 444.

dos grandes e da hoste foi transferida, por Pepino, de março para maio, época das primeiras forragens, essa medida significativa marcou somente o ponto de chegada de uma evolução que se prolongava há muitos séculos. Sendo ela comum à maioria dos reinos bárbaros e até mesmo ao Império do Oriente, as razões para isso nunca foram muito bem compreendidas, por um lado, por não se ter suficientemente pesado certos fatores técnicos; por outro, porque, no próprio campo da arte militar, a atenção voltou-se demasiada e exclusivamente para a tática de combate, em detrimento de suas abordagens e de suas consequências.

Desconhecidos nas sociedades mediterrâneas clássicas, o estribo e a ferradura não aparecem, nos documentos ilustrados do Ocidente, antes do século IX. Mas, ao que parece, a imagem esteve aqui atrasada em relação à vida. Inventado, provavelmente, entre os sármatas, o estribo foi, para nossa Europa, um presente dos nômades da estepe eurasiática, e seu empréstimo um dos efeitos do contato, muito mais estreito do que no passado, que a época da invasão estabeleceu entre os sedentários do Oeste e essas civilizações equestres das grandes planícies: em certos casos, diretamente, graças às migrações dos alanos, antes fixados ao norte do Cáucaso e cujas várias frações, levadas pelo fluxo germânico, encontraram asilo no coração da Gália ou da Espanha; noutros, sobretudo, por intermédio dos povos germânicos que, assim como os godos, viveram por algum tempo às margens do mar Negro. A ferradura também veio, provavelmente, do Oriente. Ora, ela facilitava singularmente as cavalgadas e as ofensivas nos piores terrenos. O estribo, por sua vez, não apenas poupava o cavaleiro do cansaço, mas, ao dar-lhe um melhor assento, aumentava a eficácia de seu galope.

Quanto ao combate, a investida a cavalo tornou-se seguramente uma de suas modalidades mais frequentes. Não a única. Quando as condições do terreno o exigiam, os cavaleiros colocavam os pés no chão e transformavam-se, provisoriamente, para a ofensiva, em soldados de infantaria; a história militar da era feudal abunda em exemplos dessa tática. Mas, na ausência de rotas convenientes ou de tropas treinadas para as manobras sabiamente coordenadas que fizeram a força das legiões romanas, apenas o cavalo permitia levar a termo tanto as longas marchas impostas pelas guerras entre príncipes quanto as bruscas guerrilhas que tanto agradavam aos chefes comuns; chegar cedo e sem muito cansaço, através de lavouras e pântanos, ao campo de batalha; desconcertar então o adversário com movimentos inesperados; ou até mesmo, caso nada saísse como previsto, escapar ao massacre por uma fuga oportuna. Quando, em 1075, os saxões foram derrotados por Henrique IV da Alemanha, a nobreza deveu à agilidade de suas montarias o fato de sofrer perdas muito menos pesadas do que as da soldadesca camponesa, incapaz de esquivar-se rápido o bastante da carnificina.

Na Gália franca, tudo conspirava, portanto, para tornar cada vez mais necessário o apelo a guerreiros profissionais, instruídos por uma tradição de grupo e que fossem, acima de tudo, cavaleiros. Embora o serviço a cavalo, em proveito do rei, tenha continuado, quase até o fim do século IX, a ser exigido, em princípio, de todos os homens livres ricos o bastante para poderem submeter-se-lhe, o núcleo dessas tropas montadas, treinadas e bem equipadas foi naturalmente fornecido pelos servidores armados, de há muito reunidos em torno dos príncipes e dos grandes.

Nas antigas sociedades germânicas, se os quadros das associações consanguíneas e dos povos bastavam para o jogo normal da existência, o espírito de aventura ou de ambição, por outro lado, jamais pôde contentar-se com eles. Os chefes, sobretudo os jovens chefes, reuniam à sua volta "companheiros" (em alemão antigo, *gisind*, isto é, em sentido próprio, companheiro de expedição; Tácito traduziu a palavra, muito exatamente, pelo latim *comes*). Conduziam-nos no combate e na pilhagem; durante o repouso, ofereciam-lhes sua hospitalidade nos grandes "saguões" de madeira, propícios às grandes bebedeiras. A pequena tropa fazia a força de seu capitão nas guerras ou nas vinganças; ela garantia sua autoridade nas deliberações dos homens livres; as liberalidades – de alimentos, de escravos, de anéis de ouro – que ele multiplicava em seu favor constituíam um elemento indispensável de seu prestígio. Assim Tácito nos retrata o *compagnonnage* [companheirismo], na Germânia do século I; e assim voltou a aparecer, muitos séculos depois, no poema de *Beowulf* e, ao preço de algumas variações inevitáveis, nas velhas sagas escandinavas.

Uma vez estabelecidos nos destroços da *Romania*, os chefes bárbaros tanto menos renunciaram a essas práticas quanto, no mundo que acabavam de penetrar, o uso dos soldados privados florescia há muito tempo. Nos últimos séculos de Roma, não havia membro da alta aristocracia que não tivesse os seus. Chamavam-se frequentemente *buccellarii*, a partir do nome do biscoito (*buccella*) que, mais do que o pão de munição ordinária, lhes era geralmente distribuído: assoldadados, aliás, muito mais do que companheiros, mas suficientemente numerosos e leais para que essas escoltas pessoais, em torno de senhores convertidos em generais do Império, tenham podido manter, nas forças em linha, um lugar que foi, muitas vezes, de primeiro plano.

Entre as desordens da época merovíngia, o emprego de tais comitivas armadas iria, mais do que nunca, impor-se. O rei possuía sua guarda, a que se dava o nome de *truste* e que fora, desde sempre, ao menos em grande parte, montada. O mesmo ocorria com seus principais súditos, fossem eles francos ou romanos de origem. Até mesmo as igrejas julgavam necessário assegurar dessa maneira sua segurança. Esses "gladiadores", como diz Gregório de Tours, formavam tropas bastante heterogêneas, em que não faltavam aventureiros da pior espécie. Os senhores não temiam recrutar os mais vigorosos dentre seus escravos. Os homens livres, entretanto, parecem realmente ter sido os mais numerosos. Eles mesmos, porém, nem sempre pertenciam, por nascimento, às condições mais elevadas. O serviço certamente comportava mais de um grau, na consideração e na recompensa. É, todavia, significativo que, no século VII, uma mesma fórmula de certidão possa ter servido indiferentemente à doação de uma "pequena terra" em favor de um escravo ou de um *gasindus*.

Neste último termo, reconhece-se o velho nome do companheiro de guerra germânico. Parece, com efeito, ter correntemente servido para designar, na Gália merovíngia – aliás, assim como no conjunto do mundo bárbaro – o homem de armas privado. Progressivamente, entretanto, cedeu seu lugar a uma palavra estrangeira, que tinha um belo futuro diante de si: vassalo (*vassus, vassallus*). Esta recém-chegada não nascera romana. Era celta por suas origens,[150] mas penetrara seguramente no latim falado da Gália muito antes que

---

150. G. DOTTIN. *La langue gauloise*, 1920, p. 296.

fosse encontrada escrita, pela primeira vez, na *Lei Sálica*: pois o empréstimo somente pudera ocorrer na época, muito distante da de Clóvis, em que, em nosso solo, ainda viviam, ao lado de populações convertidas à língua de Roma, grupos importantes que permaneceram fiéis à dos ancestrais. Veneremos, portanto, em tal palavra, possivelmente uma dessas crias autênticas das Gálias, cuja vida se prolonga nas camadas profundas do francês. Evitemos, contudo, ao fazê-lo, concluir de sua adoção, pelo léxico feudal, sabe-se lá que filiação longínqua da vassalagem militar. Por certo, a sociedade gaulesa, antes da Conquista, assim como as sociedades célticas em geral, praticara um sistema de "companheirismo" vizinho, sob muitos aspectos, do da antiga Germânia. Mas, quaisquer que possam ter sido, sob a superestrutura romana, as sobrevivências desses usos, um fato é certo: os nomes do "cliente" armado, como César os revela – *ambacte* ou, na Aquitânia, *soldurius* –, desapareceram sem deixar traços.[151] O sentido de vassalo, no momento de sua passagem para o latim vulgar, era singularmente mais humilde: jovem rapaz – tal significado iria perpetuar-se por toda a Idade Média com o diminutivo *valet* [criado] – e, também, por um deslize semântico análogo ao sofrido pelo latim *puer*, escravo doméstico. Não chama naturalmente o senhor àqueles que o cercam constantemente seus "rapazes"? Este segundo valor é aquele que, na Gália franca, diversos textos, escalonados do século VI ao VIII, continuam a atribuir à palavra. Então, pouco a pouco, uma nova acepção se destacou, concorrendo, no século VIII, com a precedente e substituindo-a, no século seguinte. Vários escravos da casa familiar viam-se "honrados" por sua admissão na guarda. Os demais membros dessa coorte, sem serem escravos, não deixavam de viver na morada do senhor, destinados a servi-lo de mil maneiras e receber diretamente suas ordens. Eles também eram seus "rapazes". Foram, pois, designados, ao lado de seus camaradas de nascimento servil, pelo nome de vassalos, agora com o significado específico de servidores de armas. Finalmente, o rótulo, antes comum, evocando uma estimável familiaridade, ficou reservado apenas aos homens livres da tropa.

Ora, essa história de uma palavra, saída do submundo da servidão para abastecer-se pouco a pouco de honra, traduz a própria curva da instituição. Por mais modesta que fosse, na origem, a condição de muitos "sicários" mantidos pelos grandes e até pelo rei, ela não deixava de incluir, naquele momento, sérios elementos de prestígio. Os liames que uniam esses companheiros de guerra a seu chefe eram um desses contratos de fidelidade livremente consentidos que se conciliavam com as situações sociais mais respeitáveis. O termo que designava a guarda real é plenamente significativo: *truste*, isto é, fé. O novo recruta admitido nessa tropa jurava fidelidade; em troca, o rei se comprometia a "socorrê-lo". Eram os mesmos princípios de qualquer "recomendação". Os poderosos e seus *gasindi* ou vassalos certamente trocavam promessas análogas. Ser protegido por um personagem elevado oferecia, aliás, uma garantia não somente de segurança, mas também de consideração. À medida que, diante da decomposição do Estado, todo governante tinha de procurar seus auxílios, de modo cada vez mais exclusivo, entre os homens que lhe eram diretamente vinculados e que, com a decadência dos velhos costumes militares, o apelo ao guerreiro de ofício se tornava, a cada dia, mais necessário, assim como mais admirada a função daquele

---

151. Isso, pelo menos, neste sentido, pois é a *ambacte* que remonta – por desvios que não nos importam aqui – a nossa palavra *ambassade* [embaixada].

que portava armas, ficava claro, com uma força crescente, que, entre todas as formas de subordinação de um indivíduo a outro, a mais elevada consistia em servir, com a espada, a lança e o cavalo, um senhor a quem já se declarara fidelidade.

Mas já começava a se fazer sentir uma influência que, agindo profundamente sobre a instituição vassálica, iria, em larga medida, desviá-la de sua orientação original. Foi a intervenção, nessas relações humanas até então estranhas ao Estado, de um Estado, senão novo, ao menos renovado: o dos carolíngios.

5. A VASSALAGEM CAROLÍNGIA

Sobre a política dos carolíngios – e convém com isso entender, como de costume, ao lado dos projetos pessoais de príncipes, alguns dos quais foram, aliás, homens notáveis, os desígnios de seus estados-maiores –, pode-se dizer que foi dominada, ao mesmo tempo, por hábitos adquiridos e por princípios. Provenientes da aristocracia, alçados ao poder após um longo esforço contra a realeza tradicional, foi reunindo ao seu redor tropas de dependentes armados e impondo seu *maimbour* [dominação] a outros chefes que os primeiros da raça se tornaram, pouco a pouco, senhores do povo franco. Como surpreender-se se, uma vez no auge, continuaram a ter por normais os liames dessa natureza? Por outro lado, sua ambição, desde Carlos Martel, consistiu em reconstituir essa força pública que contribuíram inicialmente, ao lado de seus pares, para destruir. Desejavam fazer reinar, em seus Estados, a ordem e a paz cristã. Desejavam soldados para estender ao longe sua dominação e conduzir, contra os infiéis, a Guerra Santa, geradora de poder e frutuosa para as almas.

Ora, as antigas instituições pareciam insuficientes para tal tarefa. A monarquia dispunha apenas de um pequeno número de agentes, aliás, pouco confiáveis e – exceção feita a alguns homens de Igreja – desprovidos de tradição e de cultura profissionais. Ademais, as condições econômicas inviabilizavam a instituição de um vasto sistema de funcionalismo assalariado. As comunicações eram lentas, pouco cômodas, incertas. A principal dificuldade que encontrava, pois, a administração central era alcançar os indivíduos para exigir-lhes os serviços devidos e aplicar-lhes as sanções necessárias. Daí, a ideia de utilizar para os fins do governo a rede das relações de subordinação já tão fortemente constituídas; o senhor, em todos os graus da hierarquia, fazendo-se fiador de seu "homem", se encarregaria de mantê-lo no dever. Os carolíngios não detiveram o monopólio dessa concepção. Ela já inspirara à monarquia visigótica da Espanha várias prescrições legislativas; numerosos na corte franca, após a invasão árabe, os refugiados espanhóis talvez contribuíram para fazer com que tais princípios fossem nela conhecidos e apreciados. A fortíssima desconfiança que as leis anglo-saxônicas manifestariam mais tarde em relação ao "homem sem senhor" traduz posturas análogas. Mas, raramente, tal política foi mais conscientemente perseguida e – seríamos tentados a acrescentar – tal ilusão foi alimentada com maior perseverança do que no reino franco, por volta do ano 800. "Que cada chefe exerça uma ação coercitiva sobre seus inferiores, de modo que estes obedeçam, cada vez melhor, de boa vontade, aos mandamentos e preceitos imperiais"[152]: esta frase de uma capitular de 810 resume, em uma síntese expressiva, uma das máximas fundamentais do edifício erigido por Pepino e Carlos

---

152. *Capitularia*, t. I, n. 64, c. 17.

Magno. Assim, diz-se que, na Rússia, na época da servidão, o czar Nicolau I se gabava por encontrar em seus *pomiechtchiks*, senhores das aldeias, "cem mil comissários de polícia".

A mais urgente das medidas, nessa ordem de ideias, era evidentemente integrar à lei as relações vassálicas e, ao mesmo tempo, conferir-lhes estabilidade, única forma de constituí-las em forte sustentáculo. Desde o início, os recomendados de nível inferior prometeram suas vidas, tal como fizera o esfomeado da fórmula da Touraine. Mas se, certamente desde há muito, numerosos companheiros de guerra também serviram até a morte, quer por o terem expressamente prometido, quer por terem os costumes ou seus interesses feito disso uma obrigação, absolutamente nada prova que, sob os merovíngios, essa regra tivesse sido geral. Na Espanha, o direito visigótico jamais deixou de reconhecer aos soldados privados a faculdade de trocarem de senhor, pois, dizia a lei, "o homem livre mantém sempre o poder sobre sua pessoa". Sob os carolíngios, ao contrário, diversos editos reais ou imperiais se preocuparam em determinar com precisão as faltas que, cometidas pelo senhor, justificavam, por parte do vassalo, a ruptura do contrato. Era decidir que, excetuados esses casos e sob reserva de uma separação por consentimento mútuo, o laço era indissolúvel por toda a vida.

O senhor, por outro lado, foi oficialmente encarregado, sob sua responsabilidade, de garantir o comparecimento do vassalo perante os tribunais e o Exército. Se ele próprio integrasse a hoste, seus vassalos combatiam então sob suas ordens. Era apenas em sua ausência que se submetiam ao comando direto do representante do rei: o conde.

Para que, entretanto, pretender servir-se assim dos senhores para atingir os vassalos, se esses senhores, por sua vez, não se encontravam solidamente ligados ao soberano? Foi esforçando-se em realizar essa indispensável condição de seu grande projeto que os carolíngios contribuíram para estender ao extremo as aplicações sociais da vassalagem.

Uma vez no poder, tiveram de recompensar seus "homens". Distribuíram-lhes terras, segundo procedimentos que teremos de precisar mais adiante. Ademais, como chefes do palácio e, depois, como reis, foram levados, para obterem os apoios necessários e, sobretudo, para constituírem um exército para si, a atrair para sua dependência, aqui também frequentemente por meio da doação de terras, uma multidão de personagens, em sua maioria, relativamente bem situados. Os antigos membros da comitiva militar, estabelecidos nos bens concedidos pelo príncipe, não deixaram de ser tidos como vassalos. Considerou-se que o mesmo laço o unia aos novos fiéis, que nunca foram seus companheiros. Tanto uns como outros o serviam no Exército, seguidos de seus próprios vassalos, quando os tinham. Chamados, porém, a manter-se longe dele durante a maior parte de sua vida, suas condições de vida eram profundamente diferentes das dos guerreiros domésticos do passado. Em compensação, sendo cada um deles o centro de um grupo mais ou menos extenso de dependentes, esperava-se deles que mantivessem essas pessoas na ordem; ou até mesmo que exercessem, quando necessário, sobre seus vizinhos uma vigilância análoga. Assim, entre as populações do imenso Império, distinguia-se uma classe, ela própria proporcionalmente muito numerosa, de "vassalos do Senhor" – isto é, "do Senhor Rei" (*vassi dominici*) –, que, gozando da proteção particular do soberano e encarregados de fornecer-lhe grande parte de suas tropas, formariam, além disso, através das províncias, como que as malhas de uma vasta rede de lealdade. Quando, em 871, tendo triunfado sobre seu filho Carlomano, Carlos, o Calvo, desejou fazer com que os cúmplices do jovem rebelde entrassem na ordem, acreditou não poder obter maior sucesso senão obrigando cada um deles a escolher um senhor, segundo seu gosto, entre os vassalos reais.

Isso não foi tudo: os carolíngios imaginaram empregar esse laço de vassalagem, cuja força parecia ser demonstrada pela experiência, para garantir a fidelidade eternamente cambaleante de seus funcionários. Estes sempre foram concebidos como situados sob o *maimbour* especial do soberano; sempre lhe prestaram juramento; eram, de modo cada vez mais frequente, recrutados entre homens que, antes de receberem dele tal missão, o serviram como vassalos. Pouco a pouco, a prática se generalizou. A partir do reino de Luís, o Pio, pelo menos, não há mais cargo da corte nem grande comando, ou mesmo, particularmente, nenhum condado cujo titular não tenha sido obrigado, o mais tardar quando de sua investidura, a fazer-se, de mãos juntas, vassalo do monarca. Até mesmo dos príncipes estrangeiros, quando reconhecem o protetorado franco, se exige, a partir de meados do século VIII, que se submetam a essa cerimônia, sendo, por sua vez, considerados vassalos do rei ou do imperador. Por certo, de todos esses altos personagens, ninguém esperava que, como os seguidores de outrora, montassem guarda na morada do senhor. À sua maneira, no entanto, pertenciam à casa militar, na medida em que lhe deviam, acima de tudo, além de sua fé, o auxílio de guerra.

Ora, os grandes, por sua vez, acostumaram-se, desde há muito, a ver, nos bons companheiros que compunham seus bandos, homens de confiança, prontos para as missões mais diversas. Se um emprego longínquo, a doação de uma terra ou uma herança levasse um desses rapazes leais a abandonar o serviço pessoal, o chefe não deixava de considerá-lo um fiel. Nesse caso também, a vassalagem, em uma palavra, tendia, por um movimento espontâneo, a escapar ao círculo estreito da morada senhorial. O exemplo dos reis, a influência das regras de direito por eles promulgadas estabilizaram esses usos inconstantes. Tanto senhores como subordinados não podiam deixar de rumar naturalmente para uma forma de contrato que se encontrava, a partir de então, dotada de sanções legais. Por meio dos laços de vassalagem, os condes subordinaram os funcionários de ordem inferior; o bispo ou o abade fizeram o mesmo com os leigos encarregados de ajudá-los na administração da justiça ou na condução de seus súditos ao Exército. Os poderosos, fossem quem fossem, esforçavam-se em atrair, assim, para sua órbita, multidões crescentes de pequenos senhores, que, por sua vez, agiam da mesma forma em relação a outros ainda menos fortes. Esses vassalos privados formavam uma sociedade heterogênea, que comportava ainda elementos bastante humildes. Entre aqueles que os condes, os bispos, os abades e as abadessas estão autorizados a deixar no país, quando a hoste é convocada, estão aqueles a quem será atribuída, como a *vassi dominici* inferiores, a nobre tarefa de manter a paz. Outros, por outro lado, guardarão, mais modestamente, a casa do senhor, presidindo as colheitas, vigiando a domesticidade.[153] Essas, ao menos, já eram funções de comando e, portanto, respeitáveis. Em volta dos chefes de todas as posições sociais, assim como em volta dos reis, o serviço puramente doméstico de outrora fornecera o molde no qual era, a partir de então, inserida toda sujeição que não estivesse absolutamente destituída de honra.

---

153. *Capitularia*, t. I, n. 141, c. 27.

6. A ELABORAÇÃO DA VASSALAGEM CLÁSSICA

Veio então o desmoronamento do Estado carolíngio: rápida e trágica derrota de um punhado de homens que, ao preço de muitos arcaísmos e inépcias, mas com imensa boa vontade, esforçaram-se em preservar certos valores de ordem e de civilização. Iniciou-se, então, um longo período de perturbações e, ao mesmo tempo, de gestação, ao longo do qual a vassalagem iria definitivamente definir seus traços.

No estado de guerra permanente em que vivia então a Europa – invasões, querelas intestinas –, o homem procura, mais do que nunca, um chefe, e os chefes procuram homens. Mas a extensão dessas relações de proteção deixou de operar-se em proveito dos reis. São as homenagens privadas que, a partir de então, vão se multiplicar. Particularmente em torno dos castelos, que, desde as incursões escandinavas ou húngaras, são erguidos em número cada vez maior nos campos, os senhores, que, em seu próprio nome ou em nome de outro mais poderoso, comandam essas fortalezas, se esforçam em reunir vassalos, encarregados de assegurar sua guarda. "O rei somente tem de rei o nome e a coroa... não é capaz de defender seus bispos nem seus demais súditos dos perigos que os ameaçam. Com isso, tantos uns como outros partem, de mãos juntas, para servir os grandes. Dessa forma, obtêm paz." Tal é o quadro que, por volta de 1016, um prelado alemão traçava da anarquia do reino da Borgonha. No Artois, no século seguinte, um monge explica, de forma pertinente, como, na "nobreza", apenas um pequeno número de homens pôde, evitando os laços das dominações senhoriais, "permanecer submetido unicamente às sanções públicas". Convém, todavia, visivelmente entender por este último termo menos a autoridade monárquica, muito mais distante, do que a do conde, depositário, no lugar do soberano, daquilo que restava de poder superior, por sua essência, às subordinações pessoais.[154]

Era, evidentemente, de alto a baixo na sociedade, e não somente entre os "nobres" de que fala nosso monge, que se difundia, assim, a dependência. Mas, entre suas diversas formas, caracterizadas por atmosferas sociais diferentes, acabou de completar-se a linha de demarcação que a época carolíngia começara a traçar.

Por certo, a linguagem e até mesmo os costumes conservaram, por muito tempo, numerosos vestígios da antiga confusão. Alguns grupos de súditos senhoriais muito modestos, destinados aos trabalhos desprezados da terra e sujeitos a obrigações já tidas então como servis, continuaram, até o século XII, a carregar o nome de *commendés* [recomendados] que, não muito tempo antes, a *Canção de Rolando* reservava aos mais altos vassalos. Por serem "homens" de seu senhor, dizia-se frequentemente a respeito dos servos que viviam em sua "homenagem". Até mesmo o ato formalista pelo qual um indivíduo se reconhecia servo de outro era, por vezes, designado por esse nome, ou até mesmo retomava, aqui ou ali, em seu ritual, os gestos característicos da homenagem "de mãos".[155]

---

154. THIETMARO DE MERSEBURGO. *Chronique*, VII, 30. *Miracula S. Bertini*, II, 8, em MABILLON *AA. SS. ord. S. Benedicti*, III, I, p. 133-4.
155. O emprego da homenagem como ato expiatório, assinalada anteriormente (p. 142), assume seu papel como gesto de submissão, próprio às classes relativamente elevadas. Testemunhos atualizados por Platon, em um artigo, aliás, insuficientemente crítico (*L'hommage comme moyen de contracter des obligations privées*, em *Revue générale du droit*, t. XXVI, 1902), reconhecem, ademais, neste rito, um meio de contrair diversas obrigações de direito privado. Trata-se de prática aberrante, limitada a um pequeno número de regiões (Catalunha; talvez Castela) e de data tardia.

Essa homenagem servil, entretanto, aí onde ocorria, opunha-se à dos vassalos por um contraste decisivo: não precisava ser renovada de geração em geração. Isso porque se chegara à distinção, cada vez mais nítida, entre duas maneiras de vincular-se a um chefe. Uma é hereditária. Encontra-se marcada por obrigações de toda espécie, tidas como de natureza bastante baixa. Acima de tudo, por excluir qualquer escolha na sujeição, ela passa por contrária ao que hoje designamos por "liberdade". Trata-se da servidão, em que caiu a maioria dos recomendados de ordem inferior, a despeito do caráter "ingênuo" que, originalmente, em uma época em que as classificações sociais atendiam a diferentes princípios, caracterizara sua submissão. A outra vinculação, chamada vassalagem, subsiste de direito, senão de fato, somente até o dia em que chega ao fim uma ou outra das duas vias assim ligadas. Por esse mesmo traço, que a poupa da aparência chocante de uma obrigação herdada com o sangue, ela convém ao honroso serviço da espada. A forma de auxílio que comporta é, com efeito, essencialmente guerreira. Por uma sinonímia característica, os documentos latinos, desde o fim do século IX, dizem, mais ou menos indiferentemente, a respeito de um homem que ele é o vassalo ou o *miles* de seu senhor. Literalmente, o segundo termo deveria ser traduzido por "soldado". Mas os textos franceses, desde seu surgimento, o traduzirão por "cavaleiro" e era certamente esta expressão da língua não escrita que os notários do passado já haviam imaginado. O soldado por excelência era o que servia a cavalo, com a grande armadura de guerra, e a função do vassalo consistia, acima de tudo, em combater, assim equipado, para seu senhor. A tal ponto que, em razão de outra transformação da velha palavra, antes tão humilde, a linguagem comum acabará por designar correntemente por *vasselage* [vassalagem] a mais bela das virtudes que pudesse ser reconhecida por uma sociedade perpetuamente armada, isto é, a bravura. A relação de dependência assim definida se contraía por meio da homenagem manual, agora especializada, ou quase, nesse papel. Mas, ao que parece, esse ritual de profunda sujeição foi, desde o século X, geralmente completado pela adjunção do beijo, que, colocando os dois indivíduos em um mesmo plano de amizade, confere à subordinação de tipo vassálico maior dignidade. De fato, ela já envolve somente personagens de posição distinta, ou até mesmo muito elevada. Proveniente, por uma lenta diferenciação, da antiga e desconexa recomendação, a vassalagem militar representava definitivamente seu aspecto mais elevado.

CAPÍTULO II
O feudo

1. "BENEFÍCIO" E FEUDO: A TENÊNCIA-SALÁRIO

Entre os recomendados da época franca, a maioria não esperava de seu novo senhor somente proteção. Pediam a este poderoso, que era, ao mesmo tempo, rico, que os ajudasse a viver. De Santo Agostinho, descrevendo, por volta do final do Império, os pobres em busca de um patrão que lhes fornecesse "do que comer", até uma fórmula merovíngia que citamos mais de uma vez, o mesmo apelo obsidiante se faz ouvir: o do estômago vazio. O senhor, por sua vez, de modo algum tinha por única ambição dominar as pessoas; através delas, eram os bens que frequentemente buscava alcançar. Desde o princípio, em uma palavra, as relações de dependência tiveram um aspecto econômico. A vassalagem, tanto quanto as outras. As liberalidades do chefe para com seus companheiros de guerra pareciam tão essenciais ao laço que, frequentemente, na época carolíngia, a entrega de alguns presentes – um cavalo, armas, joias – formava a contrapartida quase ritual do gesto de sujeição pessoal. As capitulares proibiam ao vassalo romper o vínculo? Sim, nos termos de uma delas, mas somente se o homem já tivesse recebido de seu senhor o valor de um soldo de ouro. O único verdadeiro senhor era aquele que havia doado.

Ora, ao chefe de um grupo de vassalos, assim como a todo empregador, as condições gerais permitiam tão somente a escolha entre dois modos de remuneração. Ele podia, retendo o homem em sua morada, alimentá-lo, vesti-lo, equipá-lo à sua própria custa. Ou, então, atribuindo-lhe uma terra ou, ao menos, receitas fixas extraídas do solo, podia encarregá-lo de prover seu próprio sustento: *chaser* [domiciliar] o homem, como se dizia nas regiões de língua francesa, isto é, literalmente, dotá-lo de uma casa particular (*casa*). Resta saber de que modo, neste último caso, devia operar-se a concessão.

A simples doação, sem cláusula que abolisse ou limitasse a hereditariedade, parece ter sido, nas épocas antigas, assaz amplamente praticada. É sob essa forma que, em uma fórmula do século VII, um chefe entrega a seu "companheiro" um pequeno domínio e, ainda mais tarde, os três filhos de Luís, o Pio, manifestam, por diversas vezes, sua generosidade para com seus vassalos, no intuito declarado de mantê-los no dever e não sem, por vezes, reservarem-se a faculdade de revogar a doação, caso essa expectativa fosse frustrada. Entretanto, tendo os bens regularmente distribuídos pelo senhor às pessoas de seu séquito a natureza de um soldo, muito mais do que de uma recompensa, era importante que retornassem a ele, assim que o serviço deixasse de ser prestado: por conseguinte, o mais tardar, quando a morte vinha romper o elo. Em outros termos, não se transmitindo a vassalagem pelo sangue, a remuneração do vassalo tampouco podia, sem paradoxo, assumir um caráter hereditário.

Para tais concessões fundiárias, transitórias por definição e, ao menos na origem, desprovidas de qualquer garantia, nem o direito romano oficial, nem o costume germânico, com seus rígidos sistemas de contratos bilaterais, ofereciam precedentes. Em contrapartida, a prática, no Império, já havia, sob a influência dos poderosos, amplamente desenvolvido acordos dessa espécie, naturalmente associados ao uso do patronato, na medida em que faziam com que a manutenção do protegido dependesse do senhor. Sua terminologia, como é quase natural para instituições à margem da legalidade, era bastante incerta. Falava-se em *precarium* – em razão da oração (*preces*) que emanava ou devia emanar do donatário – ou ainda em "benefícios" (*beneficium*). Que a lei, ignorando tais convenções, não fornecesse ao arrendador meios de exigir, perante os tribunais, a prestação dos encargos a que, ordinariamente, ele submetia o bem, isso pouco lhe importava, pois sempre dispunha da faculdade de retomar aquilo que, em princípio, era apenas uma doação de pura graça. Ambas as palavras continuaram a ser empregadas na Gália franca, mas, quanto a *precarium*, somente ao preço de uma transformação gramatical, que estimulou muito a imaginação dos historiadores. De neutra, passou para o feminino: *precaria*. Simples caso particular, segundo todas as aparências, de um fenômeno linguístico muito difundido no baixo latim: aquele que, por uma contaminação nascida de desinência em *a* dos plurais neutros, transformou, entre outros, *folium* em *feuille* [folha]. A transformação foi aqui facilitada pela atração exercida pelo próprio nome do requerimento formulado pelo solicitador: "carta de oração", [*epistola*] *precaria*.

Precária, "benefício"; os dois termos parecem ter, de início, sido mais ou menos indiferentemente empregados. Mas, à medida que a precária, incorporando elementos extraídos do direito de arrendamento, era, pouco a pouco, elaborada como contrato de contornos bastante estritos, tendeu-se a reservar seu nome às concessões feitas em troca de uma renda. O rótulo "benefício", ao contrário, mais vago e, ao mesmo tempo, mais honroso, na medida em que não sugeria a ideia de uma súplica, teve a preferência para as liberalidades provisórias, consentidas, em troca de serviços, em favor das pessoas vinculadas às casas senhoriais e, particularmente, dos vassalos. Um evento, de importância considerável, contribuiu para fixar a distinção. Para reunir as terras destinadas a obter o apoio de numerosos fiéis, os carolíngios as procuraram, sem vergonha, na imensa fortuna do clero. A primeira espoliação, sob o reinado de Carlos Martel, fora brutal. Seus sucessores não renunciaram a essas requisições; mas, ao regularizarem, de uma só vez, a operação passada e as do presente, assim como as do futuro, preocuparam-se em resguardar, em alguma medida, os direitos dos proprietários legítimos. O bispo ou o monastério perceberiam, a partir de então, um determinado aluguel sobre o solo, cujo gozo, em princípio vitalício, se lhes impunha que cedessem ao vassalo; ao rei, reservava-se o serviço. Na perspectiva da Igreja, o bem era, pois, juridicamente, uma precária. Do rei, o homem o recebia "como benefício".

O uso desta última palavra, para designar as terras concedidas em troca de um serviço e, particularmente, do serviço vassálico, iria perpetuar-se, no latim das chancelarias e dos cronistas, até em pleno século XII. Diferentemente, entretanto, dos termos jurídicos realmente vivos, tais como recomendado, *beneficium* não gerou qualquer derivado nas línguas romanas: isso prova que, atardado no vocabulário e repleto de reminiscências, apreciadas pelos clérigos, ele já fora, há muito tempo, substituído, na linguagem falada, por outra palavra. Durante as idades feudais, talvez desde o século IX, quando os escribas franceses escreviam *beneficium*, pensavam em "feudo".

A despeito de algumas dificuldades de ordem fonética, que, de resto, atingiam menos as formas romanas do que suas transcrições latinas, a história desse vocábulo famoso é clara.[156] Todas as línguas germânicas antigas possuíam uma palavra que, tendo um parentesco distante com o latim *pecus*, servia, sucessivamente ou segundo os idiomas, para designar ora os bens móveis em geral, ora a forma então mais difundida e mais preciosa desses bens: o gado. A língua alemã, que lhe reservou fielmente o segundo desses significados, ainda a emprega atualmente, escrevendo-a *Vieh*. O galo-romano, recebendo-a dos invasores germânicos, a transformou em *fief* [feudo] (*feu*, em provençal). Isso se deu, primeiramente, para conservar, pelo menos, um de seus sentidos tradicionais: o mais largo deles, o de bens

---

156. A melhor exposição, do ponto de vista linguístico, está em WARTBURG. *Französisches etymologisches Wörterbuch*, 1928 ss. t. III (mas a carta de Carlos, o Gordo, de 884, é uma falsificação).

móveis. Tal acepção ainda é atestada, até o início do século X, por diversos documentos da Borgonha. Diz-se que um personagem adquiriu uma terra. O preço foi estipulado segundo o padrão monetário ordinário. O comprador, porém, não dispõe de tal soma em numerário. Paga, portanto, em conformidade com um uso então corrente, com objetos de valor equivalente. Os textos o expressam da seguinte forma: "Recebemos de ti o preço acordado, em *feos* apreciados ao valor de tantas libras, soldos ou dinheiros".[157] A comparação com outros documentos prova tratarem-se habitualmente de armas, roupas, cavalos e, por vezes, víveres. Era aproximadamente a matéria das distribuições de que se beneficiavam os seguidores mantidos na casa do senhor ou equipados a seus cuidados. Também nesse caso, falava-se indubitavelmente em *feos*.

Mas, proveniente de línguas que, na Gália romana, ninguém mais compreendia, tendo, portanto, todos seus laços cortados com o vocabulário que o amparara na origem, esse termo iria afastar-se facilmente de seu conteúdo etimológico. Nas casas senhoriais em que era cotidianamente empregado, acostumou-se a reduzi-lo tão somente à ideia de remuneração em si, sem mais atentar para a natureza, mobiliária ou imobiliária, das doações. Se, alimentado até então pelo chefe, um companheiro recebia deste uma terra, esta era, por sua vez, designada como *feus* do homem. Então, como a terra se tornara, pouco a pouco, o salário normal do vassalo, foi a essa forma de retribuição, por exclusão de qualquer outra, que a velha palavra, proveniente de um significado exatamente oposto, se viu, finalmente, reservada. Assim como tantas vezes ocorreu, a evolução semântica resultava em contrassenso. O mais antigo exemplo desses feudos, vassálicos e de terras, a ter transparecido nos documentos escritos pertence ao extremo fim do século IX.[158] Devemo-lo a um desses diplomas meridionais que, redigidos por clérigos ignorantes, atribuíam ao vocabulário falado um lugar excepcionalmente amplo. Vieram, no século seguinte, alguns outros textos, também do Languedoc. Mais ciosas de purismo, as chancelarias da Bretanha, da França do Norte e da Borgonha resignaram-se somente um pouco antes ou um pouco depois do ano mil a ceder, quanto a este ponto, à pressão da língua comum. Mas, de início, isso frequentemente se deu pela redução da palavra popular ao nível de uma glosa, destinada a esclarecer a todos o termo clássico. "O benefício (*beneficium*), a que vulgarmente se chama feudo", diz, em 1087, um documento do Hainaut.[159]

Nos países de expressão germânica, entretanto, *Vieh* conservava o significado de gado, excluindo mais nobres acepções. Na verdade, nada impedia a língua documental de tomar emprestado, dos notários da Gália, uma ou outra das imitações latinas de que sua engenhosidade dotara o "feudo" romano; a mais difundida delas, *feodum*, foi familiar tanto às chancelarias alemãs quanto às do reino capetíngio. Mas, para traduzir uma realidade cotidiana, a língua vulgar tinha necessidade de sua própria palavra. Sendo as distribuições de terra de que se beneficiavam os homens de serviço, em princípio, provisórias, adquiriu-se

---

157. *Recueil des chartes de l'abbaye de Cluny*, ed. Bruel et Bernard, t. I, n. 24, 39, 50, 54, 68, 84, 103, 236 e 243.
158. *Cartulaire de Maguelonne*, ed. J. Rouquette et A. Villemagne, n. III (texto diferente em *Histoire de Languedoc*, t. V, n. 48). Data: 23 de janeiro de 893 - 27 de janeiro de 894, ou (mais provavelmente) 1º de janeiro – 31 de dezembro de 898. Para os exemplos posteriores, é impossível citar aqui minhas referências. A forma provençal *feuz* é atestada desde 9 de junho de 956 (*Hist. de Languedoc*, t. V. n. 100).
159. A. MIRAEUS. *Donationes belgicae*, II, XXVII.

o hábito de designá-las por um substantivo extraído de um verbo muito corrente, cujo significado era: ceder por tempo limitado, emprestar. O feudo tornou-se um empréstimo: *Lehn*.[160] Todavia, como, entre este termo e sua raiz verbal, cujo emprego muito amplo continuava bastante vivo, o vínculo permanecia constantemente perceptível, ele jamais atingiu uma especialização tão perfeita quanto a de seu equivalente francês. No uso popular, pelo menos, não deixou de aplicar-se a todas as espécies de concessões de terras. Tanto isso é verdade que as palavras emprestadas se curvam mais facilmente do que as demais a um valor técnico novo e preciso.

"Benefício"; feudo; *lehn*: o que esses diferentes sinônimos procuravam expressar era uma noção, afinal, muito clara. Não nos enganemos: uma noção, por sua essência, de ordem econômica. Quem falava em feudo falava em bem concedido em troca, fundamentalmente, não de obrigações de pagar – quando estas intervinham, era apenas a título acessório –, mas de obrigações de fazer. Mais precisamente, para que haja feudo, não basta que os serviços constituam o encargo principal do bem. É preciso ainda que comportem um elemento, bastante nítido, de especialização profissional, assim como de individualização. A *censive** rural, à qual os documentos do século XI, antecipando-se aos juristas do XIII, já opunham expressamente o feudo, encontrava-se onerada de trabalhos, assim como de rendas. Mas as corveias de cultivo, o transporte, o fornecimento de pequenos produtos da indústria doméstica, as tarefas por ela impostas pareciam ser das que todo homem podia cumprir. Eram, ademais, regulamentadas por um costume coletivo. E se uma terra, por outro lado, tivesse sido outorgada a um *sergent* [sargento] senhorial, sob a condição de governar fielmente aos demais rendeiros? A um pintor, contra a missão de decorar a igreja dos religiosos, seus mestres? A um carpinteiro ou a um ourives, que deviam então colocar sua arte à disposição do senhor? Ou até mesmo a um padre, como retribuição por cuidar das almas, na paróquia? A um vassalo, por fim, companheiro armado e guerreiro de ofício? A tenência, assim onerada de serviços de natureza muito particular, fixados, em cada caso, por uma convenção ou uma tradição diferentes, definia-se, acima de tudo, por seu caráter de remuneração: em uma palavra, como uma tenência-salário. Era designada como feudo.[161] E isso sem qualquer consideração de posição social e, naturalmente, quando se tratava de um modesto operário, sem que fosse exigida prestação de homenagem. O oficial senhorial era frequentemente um servo; e certamente nem os cozinheiros dos beneditinos de Maillezais ou do conde de Poitou, nem o manejador de lancetas a quem incumbia o dever de sangrar periodicamente os monges de Trèves extraíam de suas ocupações habituais um grande prestígio. Era, assim mesmo, legitimamente que, tendo todos eles sido dotados de tenências próprias, em vez de viverem simplesmente das provisões distribuídas na casa do senhor, esses servidores profissionais qualificados eram incluídos entre os dependentes enfeudados. Certos historiadores, ressaltando alguns exemplos desses humildes feudos, acreditaram

---

160. No poema *Heliand* (822840), os dois temas a que se vinculam nosso *fief* [feudo] e o alemão *Lehn* encontram-se curiosamente associados na expressão *lehni feho*: bem tomado por empréstimo (v. 1.548).

*. A *censive* era a terra concedida pelo senhor contra o pagamento anual de um tributo: o censo. Por extensão, o termo censive passou a designar também essa mesma renda paga ao senhor. (N.T.)

161. Os exemplos de feudos de sargentaria (o *feudum sirventale* do Sul: cf. *Hist. de Languedoc*, t. V. n. 1037) são bem conhecidos. O mesmo pode ser dito do *feudum presbyterale*. Sobre os feudos de artesãos, ver MARC BLOCH. *Un problème d'histoire comparée: la ministérialité en France et en Allemagne* em *Revue historique du droit*, 1928, p. 54-5.

em um desvio tardio. Ledo engano. Os censuais* do século IX já conhecem "benefícios" nas mãos de *maires* rurais, de artesãos, de palafreneiros; na época de Luís, o Pio, Einhard menciona o "benefício" de um pintor; quando, pela primeira vez, na região renana, aparece, entre 1008 e 1016, a própria palavra feudo, sob seu disfarce latino, é para aplicar-se à tenência de um ferreiro. Uma instituição, originalmente de alcance muito geral, que, pouco a pouco, se transformou em instituição de classe, tal foi a curva do feudo, assim como da vassalagem e muitas outras formas jurídicas, nas idades feudais. E não o traçado inverso.

Isso porque, naturalmente, havia, com o tempo, algo de incômodo, para o sentimento comum, em ter de designar dessa forma, por uma mesma palavra, bens que, sendo eles também de extensão e de natureza profundamente diferentes, estavam em mãos de homens de condições tão opostas quanto um pequeno *maire* de aldeia, um cozinheiro, um guerreiro – por sua vez, senhor de muitos camponeses –, um conde ou um duque. Não sentimos, até mesmo em nossas sociedades relativamente democráticas, a necessidade de erguer, por meio das palavras, uma espécie de barreira de respeitabilidade entre o salário do operário manual, os emolumentos do funcionário e os honorários das profissões liberais? A ambiguidade, entretanto, subsistiu por muito tempo. A França do século XIII continuava a falar em feudos de oficiais senhoriais e de artesãos: a tal ponto que, preocupados em distinguir os feudos vassálicos, os juristas os caracterizavam comumente pelo epíteto de "francos", isto é, submetidos unicamente a obrigações dignas de um homem perfeitamente livre. Outras línguas, recebendo a palavra do uso francês, conservaram, por mais tempo ainda, o sentido geral de salário, mesmo fora dos casos de doação de terra: na Itália, no século XIII, os emolumentos em dinheiro de alguns magistrados ou funcionários urbanos se chamavam *fio*; ainda hoje, a Inglaterra persiste em designar por *fee* os honorários do médico ou do advogado. Cada vez mais, entretanto, quando a palavra era empregada sem qualificação particular, tendia-se a compreendê-la como sendo aplicável aos feudos mais numerosos e, ao mesmo tempo, socialmente mais importantes, em torno dos quais se desenvolvera um direito propriamente "feudal": ou seja, as tenências oneradas pelos serviços da vassalagem, no sentido, também ele nitidamente especializado, que, ainda mais cedo, o termo adquirira. "O feudo (*Lehn*)", dirá finalmente, no século XIV, a Glosa do *Espelho dos Saxões*, "é o soldo do cavaleiro".

2. A "DOMICILIAÇÃO" DOS VASSALOS

Entre os dois modos de remuneração do vassalo, o feudo e a provisão de víveres, a incompatibilidade não era absoluta. Estabelecido em sua terra, nem por isso o fiel renunciava às demais manifestações da liberalidade senhorial: isto é, particularmente, a essas distribuições de cavalos, armas e, sobretudo, vestidos, mantos, de "pele cinzenta e branca", que muitos costumes acabaram codificando e que até mesmo os personagens mais elevados – como um conde do Hainaut, vassalo do bispo de Liège – evitavam desdenhar. Por vezes, como se vê, em 1166, no círculo de um grande barão inglês, certos cavaleiros, devidamente providos de terras, não deixavam de viver com o chefe, dele recebendo "seu necessário".[162]

---

*. Do francês, *censiers*: livro de registro de pagamento de censos, tributos devidos ao senhor. (N.T)
162. GILBERTO DE MONS, ed. Pertz, p. 35. *Red Book of the Exchequer*, ed. H. Hall, t. I, p. 283.

Entretanto, exceção feita a algumas situações excepcionais, vassalos aprovisionados e vassalos domiciliados representavam realmente duas variedades bastante distintas e, aos olhos do senhor, diversamente úteis: de modo que, desde Carlos Magno, se considerava anormal que um vassalo do rei, servindo no palácio, tivesse "todavia" um benefício. Com efeito, qualquer que fosse o pedido feito aos feudatários, em termos de auxílio no dia do perigo ou do conselho, ou de vigilância durante a paz, era somente dos vassalos da morada senhorial, capazes de uma presença constante, que era possível esperar os mil serviços da escolta ou da alta domesticidade. Por não serem as duas categorias intercambiáveis, a oposição entre elas não foi, exatamente, a de estágios sucessivos de desenvolvimento. Por certo, o tipo de companheiro alimentado na casa do senhor era o mais antigo. Mas ele continuou, por muito tempo, a coexistir com o tipo mais recente de dependente enfeudado. Se, após um estágio na comitiva imediata, o homem obtinha uma "domiciliação", outro – muitas vezes, um adolescente, ainda desprovido de sua herança, ou um filho mais novo – vinha ocupar, na mesa senhorial, o lugar agora vacante; e a segurança do alimento e do abrigo, assim garantida, parecia tão digna de vontade que as médias famílias cavaleirescas solicitavam, por vezes, que isso lhes fosse prometido, para os mais jovens de seus membros.[163] No início do reinado de Filipe Augusto, esses vassalos sem feudo ainda eram numerosos o bastante para que, em sua ordenação sobre o dízimo de cruzada, o rei, preocupado em não deixar escapar nenhuma espécie de contribuinte, tenha acreditado dever reservar-lhes um lugar à parte.

No entanto, não se pode duvidar que, desde a época carolíngia, tenha se formado, entre os dois grupos de vassalos e em proveito do grupo dos detentores de feudos, uma desproporção que iria, em seguida, ampliar-se. Sobre tal movimento e sobre, ao menos, algumas de suas causas, encontramos um testemunho excepcionalmente vívido em um episódio que, mesmo tendo ocorrido fora da França, pode, todavia, ser legitimamente invocado aqui, em razão da origem autenticamente francesa das instituições em jogo.

Quando Guilherme, o Bastardo, conquistara a Inglaterra, seu primeiro cuidado foi o de transportar para seu novo reino a notável organização de recrutamento feudal, cujo exemplo lhe era fornecido por seu ducado normando. Impôs, então, a seus principais fiéis a obrigação de manter constantemente à sua disposição uma quantidade determinada de cavaleiros, cujo número era fixado de uma só vez, baronia por baronia. Assim, cada grande senhor, dependendo imediatamente do rei, se via obrigado a vincular-se, por sua vez, a uma quantidade mínima de vassalos militares. Mas permanecia, é claro, livre para decidir sobre os procedimentos a serem empregados para garantir sua manutenção. Muitos bispos e abades preferiram, de início, alojá-los e alimentá-los "no domínio", sem domiciliá-los. Em todos os países, essa era, naturalmente, aos olhos dos chefes de igrejas, a solução mais sedutora, uma vez que parecia preservar de qualquer ameaça o inalienável patrimônio cuja guarda lhes fora confiada; um século mais tarde, aproximadamente, o biógrafo do arcebispo Conrado I de Salzburgo ainda felicitaria seu herói por ter conduzido suas guerras "sem obter a boa vontade de seus cavaleiros por outros meios além dos presentes de bens móveis". Com pouquíssimas exceções, no entanto, os prelados ingleses tiveram, muito rapidamente, de renunciar a um sistema tão conforme seus desígnios, para então concentrar

---

163. *Cartulaire de SaintSernin de Toulouse*, ed. Douais, n. 155.

o encargo da hoste real nos feudos demarcados em solo eclesiástico.[164] O cronista de Ely* relata que os vassalos, na época em que eram diretamente alimentados pelo monastério, se tornaram insuportáveis por conta das tumultuosas reclamações com que importunavam o despenseiro. Com efeito, acreditar-se-á, sem dificuldade, que uma ruidosa tropa de homens de armas, de indiscretos apetites, constituísse, para a tranquilidade do claustro, uma deplorável vizinhança; certamente, na própria Gália, tais aborrecimentos não foram estranhos à rápida e precoce rarefação dos vassalos domésticos de igrejas, ainda tão numerosos, no início do século IX, em torno das grandes comunidades religiosas, que, em Corbie, por exemplo, os monges lhes reservavam então um pão especial, mais fino que o dos demais aprovisionados. Entretanto, a esse inconveniente, característico de um gênero particular de senhoria, juntava-se uma dificuldade mais grave que, embora não interditasse absolutamente a prática da manutenção em domicílio, limitava singularmente seu emprego. Era uma grande aventura, durante a Primeira Idade Feudal, pretender abastecer regularmente um grupo um tanto extenso. Diversos anais monásticos falam em fome no refeitório. O mais seguro, em muitos casos, para o senhor, assim como para o servidor de armas, era deixar a este último, além dos meios necessários, a responsabilidade de prover à sua própria subsistência.

Com mais forte razão, o regime da provisão de víveres tornava-se inaplicável quando os vassalos, cuja fidelidade se devia remunerar, eram de posição demasiadamente elevada para acomodarem-se a uma existência inteiramente passada à sombra do senhor. Eram-lhes necessárias receitas independentes que, vinculadas ao exercício de poderes de comando, lhes permitissem viver em condições compatíveis com o seu prestígio. Além disso, os próprios cuidados do serviço, por vezes, as impunham. O papel de um *vassus dominicus* carolíngio supunha que passasse a maior parte de seus dias em sua província, vigiando-a. De fato, na época carolíngia, a extensão das relações vassálicas, não apenas em número, mas também, se é possível dizê-lo, em altura, era acompanhada de uma imensa distribuição de "benefícios".

Postular, na origem de todos os feudos, uma verdadeira outorga do senhor ao vassalo seria, aliás, traçar uma imagem singularmente imperfeita da multiplicação das relações feudais. Ao contrário, por mais paradoxal que possa parecer, muitas delas nasceram, na realidade, de uma doação feita pelo vassalo ao senhor. O homem que procurava um protetor tinha, muitas vezes, de comprar essa proteção. O poderoso que forçava alguém mais fraco a vincular-se a ele exigia comumente que, assim como as pessoas, as coisas lhe fossem submetidas. Os inferiores, portanto, ofereciam, além de si próprios, suas terras ao chefe. Este, uma vez contraído o laço de subordinação pessoal, restituía a seu novo dependente os bens assim provisoriamente cedidos, mas não sem os ter, de passagem, submetido a seu direito superior, que se traduzia pela incidência de diferentes encargos. Esse grande movimento de sujeição do solo estendeu-se, durante a época franca e a Primeira Idade Feudal, de alto a baixo na sociedade. Mas, segundo a posição do recomendado e seu gênero de vida,

---

164. H. ROUND. *Feudal England*, Londres, 1907; H. M. CHEW. *The English ecclesiastical tenants – in-chief and knight – service, especially in the thirteenth and fourteenth century*. Sobre Salzburgo, *SS.*, t. XI, c. 25, p. 46.
*.   Monastério situado na Ânglia do Leste (Inglaterra). (N.T.)

suas formas eram muito diferentes. O bem do camponês era-lhe devolvido onerado de rendas em gêneros ou dinheiro e de corveias agrícolas. O personagem de condição superior e de hábitos guerreiros, após ter prestado a homenagem, recuperava seu antigo patrimônio na condição de honroso feudo vassálico. Acabava, assim, de afirmar-se a oposição entre duas grandes classes de direitos reais: de um lado, as modestas tenências em "vilanagem", que obedeciam aos costumes coletivos das senhorias, e os feudos; de outro, ainda isentos de qualquer dependência, os "alódios".

Assim como a palavra feudo, mas com filiação etimológica muito mais retilínea (*od*, "bem", e talvez *al*, "total"), o termo "alódio" era de origem germânica e, adotado pelas línguas romanas, iria, como aquela, manter-se restrito a esse meio de empréstimo. O alemão dizia, no mesmo sentido, *Eigen* ("próprio"). A despeito de alguns inevitáveis desvios, aqui e ali, o significado dessas palavras sinônimas permaneceu perfeitamente estável, da época franca ao fim das idades feudais, e mesmo além. Ele foi, por vezes, definido como "plena propriedade". Era esquecer que essa expressão se aplica sempre mal ao direito medieval. Até mesmo independentemente dos entraves de linhagem, sempre presentes, um possuidor de alódio, por pouco que ele mesmo seja um senhor, pode muito bem encontrar, abaixo de si, rendeiros ou até feudatários cujos direitos de gozo sobre o solo – na prática, geralmente hereditários – limitam imperativamente o seu. O alódio, em outros termos, não é necessariamente um direito absoluto, de cima para baixo. Mas ele o é de baixo para cima. "Feudo do sol" – isto é, sem senhor humano –, dirão delicadamente a seu respeito os juristas alemães do final da Idade Média.

Naturalmente, toda espécie de imóvel ou receita imobiliária podia gozar de tal privilégio, qualquer que fosse a natureza do bem – desde a pequena exploração camponesa até o mais vasto complexo de rendas ou poderes de comando – e qualquer que fosse a posição social do detentor. Havia, portanto, tanto uma antítese alódio-*censive* quanto uma alódio--feudo. Apenas a segunda deve interessar-nos por enquanto. A esse respeito, a evolução francesa e renana foi marcada por um ritmo de dois tempos, de amplitudes desiguais.

A anarquia que acompanhou e seguiu a desagregação do Estado carolíngio ofereceu, inicialmente, a um bom número de feudatários a oportunidade de se apropriarem, pura e simplesmente, das "domiciliações" cuja outorga condicional haviam recebido. E isso, sobretudo, quando o concedente era uma igreja ou o rei. Vejamos, por exemplo, com 38 anos de separação, dois diplomas do Limosino. Em 876, Carlos, o Calvo, entrega ao fiel Aldebert, por toda sua vida e a de seus filhos, a terra de *Cavaliacus* "a título usufrutuário, em benefício". Em 914, Alger, filho de Aldebert, faz uma doação aos cônegos de Limoges de "meu alódio chamado *Cavaliacus*, que recebi de meus pais".[165]

Entretanto, quando não caíam, como nesse caso, entre as mãos do clero, nem os alódios de usurpação, nem os de origem antiga e autêntica estavam, em sua maioria, destinados a conservar sua qualidade por muito tempo. Houve, certa vez, conta um cronista, dois irmãos, chamados Herroi e Hacket, que, após a morte de seu pai, rico senhor em Poperinge, dividiram entre si seus alódios. Sem trégua, o conde de Boulogne e o conde de

---

[165]. *S. Stephani. Lemovic Cartul.*, ed. Font-Réaulx, n. XCI e XVIII.

Guines procuravam constrangê-los a prestar-lhes homenagem, para essas terras. Hacket, "temendo aos homens mais do que a Deus", cedeu às intimações do conde de Guines. Herroi, em contrapartida, não desejando submeter-se a nenhum de seus dois perseguidores, levou sua parte da herança para o bispo de Thérouanne e a retomou dele como feudo.[166] Tardiamente relatada, como um simples boato, a tradição não é muito segura quanto aos detalhes. Quanto ao fundo, ela certamente oferece uma justa imagem do que podia ser a sorte desses pequenos senhores proprietários de alódios, pressionados entre as ambições rivais dos altos barões vizinhos. Da mesma forma, veem-se, na exata crônica de Gilberto de Mons, os castelos, erguidos sobre as terras alodiais do Hainaut, pouco a pouco reduzidos, pelos condes da região ou da Flandres, à condição de feudos. Como o regime feudal, que se define essencialmente sob a forma de uma rede de dependências, jamais atingiu, mesmo nas terras em que nascera, o estado de um sistema perfeito, sempre subsistiram alódios. Mas, ainda muito abundantes na época dos primeiros carolíngios – a ponto de ser a posse de um deles, situado no próprio condado, a condição então necessária para poder ser designado como *avoué* [procurador] de uma igreja, isto é, seu representante leigo –, seu número, a partir do século X, foi rapidamente diminuindo, enquanto o dos feudos aumentava sem trégua. O solo entrava em sujeição, ao lado dos homens.

Qualquer que fosse a proveniência real do feudo vassálico – desconto operado sobre a fortuna do chefe ou feudo de "retomada", como dirão mais tarde os juristas, isto é, antigo alódio abandonado e, depois, feudalmente "retomado" por seu detentor primitivo –, ele se apresentava oficialmente como outorgado pelo senhor. Daí, a intervenção de um ato cerimonial, concebido segundo formas então comuns a todas as tradições de direitos reais, designadas, em francês, como *investitures* [investiduras]. Ao vassalo, o senhor entregava um objeto que simbolizava o bem. Frequentemente, bastava, para isso, uma simples varinha. Por vezes, entretanto, preferia-se uma imagem mais expressiva: um torrão, remetendo à gleba concedida; uma lança que evocava o serviço de armas; uma bandeira, caso o feudatário tivesse de ser não somente um guerreiro, mas um chefe de guerra, reunindo, por sua vez, sob seu estandarte, outros cavaleiros. A partir desse esboço, originalmente bastante vago, o costume e o gênio dos juristas elaboraram uma multidão de distinções, variáveis segundo os países. Quando a doação era consentida a um novo vassalo, a investidura ocorria imediatamente após a homenagem e a fé. Nunca antes.[167] O rito criador da fidelidade precedia necessariamente o salário correspondente.

Qualquer bem, em princípio, podia tornar-se feudo. Na prática, todavia, a condição social dos beneficiários, quando se tratava de feudos vassálicos, impunha certos limites. Ao menos, desde que se estabelecera, entre as diferentes formas da recomendação, uma distinção de classe nitidamente demarcada. A fórmula da doação feita ao "companheiro", tal como conservada por um documento do século VII, parece prever que corveias agrícolas poderão ser exigidas. Mas o vassalo das idades posteriores não aceitava mais trabalhar com as mãos. Tinha, portanto, de viver do trabalho de outrem. Quando recebia uma terra,

---
166. LAMBERTO DE ARDRES. *Chronique de Guines*, ed. Ménilglaise, c. CI.
167. Isso, pelo menos, nos países profundamente feudalizados, como a maior parte da França. Na Itália, a situação foi outra.

convinha que fosse povoada de possuidores submetidos, de um lado, a rendas e, de outro, a prestações de mão de obra, que permitiam o cultivo da fração de solo geralmente reservada à exploração direta pelo senhor. Em uma palavra, a maioria dos feudos vassálicos era constituída de senhorias, grandes ou pequenas. Outros, entretanto, consistiam em receitas que, mesmo deixando também a seus possuidores o privilégio de um nobre ócio, não comportavam, senão a título acessório, quaisquer poderes sobre outros dependentes: dízimos, igrejas com seus ganhos, mercados, pedágios.

Na verdade, mesmo os direitos deste último tipo, estando, em alguma medida, fixados no solo, se encontravam, segundo a classificação medieval, situados entre os imóveis. Somente mais tarde, quando os progressos das trocas, assim como o da organização administrativa, permitiram, nos reinos ou nos grandes principados, a acumulação de estoques monetários relativamente consideráveis, os reis e os altos barões se puseram a distribuir, como feudos, simples rendas que, embora sem suportes fundiários, não deixavam de acarretar a prestação da homenagem. Esses feudos "de câmara", isto é, de tesouro, possuíam múltiplas vantagens. Evitavam toda alienação de terras. Escapando, em geral, à deformação que, como veremos, havia metamorfoseado a maioria dos feudos de terras em bens hereditários e permanecendo, por conseguinte, apenas vitalícios, eles mantinham, de modo muito mais estrito, o detentor na dependência do concedente. Aos chefes de Estado, davam os meios de obter fiéis distantes, até mesmo fora dos territórios imediatamente submetidos à sua dominação. Os reis da Inglaterra, que, rapidamente enriquecidos, parecem ter estado entre os primeiros a empregar esse procedimento, o aplicaram, desde o final do século XI, aos senhores flamengos, especialmente o conde, cujo apoio militar procuravam obter. Então, Filipe Augusto, sempre pronto a imitar os plantagenetas, seus rivais, procurou concorrer com eles, pelo mesmo método e no mesmo terreno. Ainda nesse sentido, no século XIII, os Staufen recorreram aos conselheiros dos capetíngios, e os capetíngios aos dos Staufen. Assim, São Luís sujeitou diretamente Joinville, que fora, até então, apenas seu vassalo em segundo grau.[168] E quando, ao contrário, se tratava de seguidores de armas domésticos, a retribuição pecuniária evitava os embaraços com o abastecimento. Se, ao longo do século XIII, o número de vassalos aprovisionados diminuiu muito rapidamente, foi, em mais de um caso, certamente por ter a garantia da subsistência, pura e simples, sido substituída pela outorga, sob a forma de feudo, de uma remuneração fixa em dinheiro.

Era, contudo, realmente certo que uma receita exclusivamente mobiliária pudesse ser legitimamente objeto de enfeudação? O problema não era unicamente verbal, pois implicava perguntar até onde deviam estender-se as regras jurídicas, muito particulares, que haviam sido, pouco a pouco, elaboradas em torno do conceito de feudo vassálico. É por isso que, na Itália e na Alemanha, onde, em condições diversas, que serão expostas mais adiante, esse direito propriamente feudal obteve maior sucesso em se constituir como sistema autônomo, a doutrina e a jurisprudência chegaram a negar às rendas em numerário a qualidade de feudo. Na França, em contrapartida, a dificuldade não parece ter comovido

---

168. G.-G. DEPT. *Les influences anglaise et française dans le comté de Flandre*, 1928; KIENAST. *Die deutschen Fürsten im Dienste der Westmächte*, t. I, 1924, p. 159; t. II, p. 76, n. 2; 105, n. 2; 112; H.-F. DELABORDE. *Jean de Joinville*, n. 341.

os juristas. Lá, sob o velho nome de tenência militar, as grandes casas baronais e principescas puderam passar, insensivelmente, para um regime de quase salariado, característica de uma economia nova que se fundava na compra e venda.

Na condição de soldo de um recomendado, a concessão em feudo tinha por duração natural a do vínculo humano, que era sua razão de ser. Desde o século IX, aproximadamente, a vassalagem era tida como a união de duas vidas. Consequentemente, considerou-se, a partir de então, que o "benefício" ou feudo devia ser conservado pelo vassalo até sua morte ou a de seu senhor, e não além. Tal foi, até o final, a regra inscrita no formalismo do direito: assim como a relação vassálica entre o sobrevivente do casal primitivo e o sucessor de seu parceiro persistia somente ao preço de uma repetição da homenagem, a manutenção do feudo em proveito do herdeiro do feudatário, ou do próprio feudatário perante o herdeiro do concedente, exigia que fosse reiterada a investidura. De que forma, entretanto, os fatos não tardaram a desmentir, de modo flagrante, os princípios, isso é o que teremos de examinar mais adiante. Mas tendo a evolução sido, a esse respeito, comum a toda a Europa feudal, convém, primeiramente, procurar retraçar, nos países mantidos, até o momento, fora de nosso horizonte, o desenvolvimento de instituições semelhantes ou análogas às que acabam de ser descritas.

CAPÍTULO III
Visão geral da Europa

1. A DIVERSIDADE FRANCESA: SUDOESTE E NORMANDIA

Que a França tenha tido por destino, desde a Idade Média, reunir, pelo liame cada vez mais vigoroso da unidade nacional – assim como, segundo as belas palavras de Mistral, o Ródano acolhe o Durance –, um feixe de sociedades separadas, na origem, por poderosos contrastes, todos o sabem ou o pressentem. Nenhum estudo, porém, se encontra hoje menos avançado do que o dessa geografia social. Será, portanto, necessário limitar-se aqui a propor aos pesquisadores algumas indicações.

Vejamos, primeiramente, o Sul da Aquitânia: Toulousain, Gasconha, Guiena. Nessas regiões, de estrutura, sob todos os aspectos, muito original e que foram apenas levemente submetidas à ação das instituições francas, a propagação das relações de dependência parece ter encontrado muitos obstáculos. Nelas, os alódios permaneceram, até o fim, muito numerosos: tanto as pequenas explorações camponesas quanto as senhorias. A própria noção de feudo, que fora, apesar de tudo, introduzida, perdeu rapidamente a nitidez de seus contornos. Desde o século XII, qualificava-se assim, em torno de Bordeaux e de Toulouse, toda espécie de tenência, sem excetuar aquelas que eram oneradas de simples rendas fundiárias ou de corveias agrícolas. O mesmo ocorreu com o termo "honra", que se tornou, no Norte, em razão de uma evolução semântica que será retraçada mais adiante, quase sinônimo de "feudo". Certamente, as duas palavras foram inicialmente adotadas em seu sentido ordinário, bem especializado. O desvio, que jamais conheceram as regiões verdadeiramente feudalizadas, sobreveio apenas mais tarde. Eram os próprios conceitos jurídicos que haviam sido imperfeitamente compreendidos por uma sociedade regional dotada de hábitos inteiramente diferentes.

Acostumados a um regime de companheirismo próximo dos usos francos primitivos, os escandinavos de Rolão, quando de seu estabelecimento na Nêustria, não encontravam, entretanto, em suas tradições nacionais nada que se assemelhasse ao sistema do feudo e da vassalagem, tal como se desenvolvera, desde então, na Gália. Seus chefes, contudo, se adaptaram a ele, com uma surpreendente flexibilidade. Em nenhum lugar além dessa terra de conquista, os príncipes souberam utilizar melhor, em proveito de sua autoridade, a rede de relações feudais. Não obstante, nas camadas profundas da sociedade, alguns traços exóticos continuaram a se manifestar. Na Normandia, assim como às margens do Garona, a palavra feudo adquiriu rapidamente o sentido geral de tenência. Mas isso de modo algum se deu por razões exatamente equivalentes, pois, aqui, o que parece ter faltado foi o sentimento, tão poderoso alhures, de diferenciação das classes e, consequentemente, das terras pelo gênero de vida. Prova disso é o direito especial dos "vavassalos". A palavra em si nada tinha de excepcional. Através de todo o domínio românico, ela designava, na rede de possuidores de feudos militares, os menos bem situados, aqueles que, em relação aos reis e aos grandes barões, eram apenas vassalos de vassalos (*vassus vassorum*). Mas a originalidade do vavassalo normando residia na singular confusão de encargos que geralmente pesavam sobre seu bem. Ao lado de obrigações de serviço armado, ora a cavalo, ora a pé, a *vavassorerie* suportava rendas ou, até mesmo, corveias: em suma, meio-feudo e meia-vilanagem. Hesitar-se-á em reconhecer, nessa anomalia, um vestígio do tempo dos *vikings*? Para dissipar todas as dúvidas, bastará dirigir o olhar para a Normandia inglesa: isto é, os condados do Norte e do Nordeste, ditos "de costume dinamarquês". Lá, a mesma dualidade de encargos pesava sobre as terras de dependentes, a que se chamava então *drengs*, isto é – assim como para a palavra vassalo – "rapazes": termo, desta vez, francamente nórdico e que, aliás, como vimos, parece também ter sido empregado, imediatamente após a invasão, às margens do Sena.[169] Vavassalo e *dreng*, cada um de seu lado, iriam causar muitos transtornos aos juristas, prisioneiros de classificações progressivamente cristalizadas. Em um mundo que situava as armas acima e à margem de todas as demais atividades sociais, eles eram como que uma persistente e incômoda recordação da época em que, entre os "homens do Norte", assim como se vê ainda tão claramente nas *sagas* islandesas, nenhum abismo separava a vida do camponês e a do guerreiro.

2. A ITÁLIA

Na Itália dos lombardos, desenvolveram-se espontaneamente práticas de relação pessoal análogas, sob quase todos os aspectos, às recomendações das Gálias: desde a simples sujeição de si mesmo à servidão até o companheirismo militar. Os companheiros de guerra, ao menos em torno dos reis, dos duques e dos principais chefes, eram designados pelo termo germânico comum *gasindi*. Muitos deles recebiam terras, devendo, aliás, na maioria

---

169. Sobre os *drengs* ingleses, a melhor exposição é da autoria de LAPSLEY, em *Victoria County Histories Durham*, t. I, p. 284; cf. JOLLIFFE. *Northumbrian institutions* em *English Historical Review*, t. XLI, 1926.

das vezes, restituí-las ao chefe, caso retirassem sua obediência. Isso porque, em conformidade com os hábitos que sempre encontramos na origem desse tipo de relação, o elo nada tinha então de indissolúvel: ao livre lombardo, a lei reconhecia expressamente o direito de "mudar-se, com sua linhagem, para onde quiser", sob a condição de não deixar o reino. Entretanto, a noção de uma categoria jurídica de bens especializados na remuneração dos serviços não parece ter-se evidenciado claramente antes da absorção do Estado lombardo pelo Estado carolíngio. O "benefício" foi, na Itália, uma importação franca. Logo, nos demais lugares, assim como na própria pátria da instituição, preferiu-se dizer "feudo". A língua lombarda possuía essa palavra com o sentido antigo de bem mobiliário. Mas, desde o final do século IX, a nova acepção da tenência militar é atestada, nos arredores de Lucca.[170] Ao mesmo tempo, o galo-franco *vassal* substituía, pouco a pouco, *gasindus*, reduzido ao significado, mais estreito, de seguidor de armas não domiciliado. É que a dominação estrangeira deixara sua marca nas próprias realidades. Não somente a crise social provocada pelas guerras de conquista – e sobre a qual uma capitular carolíngia traz um curioso testemunho[171] – e as ambições da aristocracia imigrada, detentora dos altos cargos, haviam acarretado a multiplicação de patronatos de toda ordem, mas também a política carolíngia, dos dois lados dos Alpes, regularizou e estendeu, ao mesmo tempo, o sistema originalmente bastante frouxo das dependências pessoais e fundiárias. Se, em toda a Europa, a Itália do Norte foi seguramente o país em que o regime da vassalagem e do feudo mais se aproximou daquele da França propriamente dita, isso se deveu ao fato de que, em ambos os lugares, as condições originais eram quase iguais: na base, um substrato social do mesmo tipo, no qual os hábitos da clientela romana se mesclavam às tradições da Germânia; agindo sobre essa mistura, a obra organizadora dos primeiros carolíngios.

Não obstante, nessa terra em que nem a atividade legislativa, nem o ensino jurídico jamais foram interrompidos, o direito feudal e vassálico iria, rapidamente, deixar de ser constituído, como o foi por tanto tempo na França, apenas por um conjunto bastante instável de preceitos tradicionais ou jurisprudenciais, quase que puramente orais. Em torno das ordenações promulgadas, sobre a matéria, desde 1037, pelos soberanos do reino da Itália – os quais eram, na verdade, os reis alemães –, surgiu toda uma literatura técnica que, ao lado do comentário dessas leis, se dedicava a descrever "os bons costumes das cortes". Seus principais excertos foram reunidos, como se sabe, na famosa compilação dos *Libri Feudorum*.* Ora, o direito da vassalagem, tal como exposto nesses textos, apresenta uma singular particularidade: a homenagem de boca e de mãos nunca é neles mencionada; o juramento de fé parece bastar para fundar a fidelidade. Havia nisso, a bem da verdade, uma parte de sistematização e de artifício, conforme o espírito de quase todas as obras doutrinais da época. Os documentos da prática atestam que, na Itália, nas idades feudais, a homenagem, segundo a modalidade franca, era, por vezes, prestada. Não sempre, contudo, e talvez nem mesmo com a maior frequência. Ela não parecia necessária à criação do laço.

---

170. P. GUIDI e E. PELLEGRINETTI. *Inventari del vescovato, della cattedrale e di altre chiese di Lucca* em *Studi e Testi- pubblicati per cura degli scrittori della Biblioteca Vaticana*, t. XXXIV, 1921, n. 1.
171. *Capitularia*, t. I, n. 88.
*. Famosa compilação de costumes feudais do século II, nascida na Lombardia, mas amplamente difundida na Europa medieval. (N.T.)

Como ritual de importação, ela certamente jamais fora completamente adotada por uma opinião jurídica muito mais facilmente disposta do que no além-montes a admitir obrigações contraídas na ausência de qualquer ato formalista.

Uma luz muito intensa é projetada na própria noção de feudo vassálico por sua trajetória em outra região da Itália: o Patrimônio de São Pedro. Em 999, o favor do Imperador Otão III levou ao pontificado um homem que, nascido no coração da Aquitânia, adquirira, ao longo de sua brilhante e agitada carreira, a experiência das monarquias e dos grandes principados eclesiásticos do antigo território franco, assim como da Itália lombarda. Era Gerberto de Aurillac, que assumiu o nome de papa Silvestre II. Constatou que seus predecessores haviam ignorado o feudo. Por certo, a Igreja romana tinha seus fiéis. Ela não deixava de distribuir-lhes terras. Mas ainda empregava, para tal, velhas formas romanas: em particular, a enfiteuse. Adaptados às necessidades de sociedades de tipo inteiramente diverso, esses contratos atendiam mal às necessidades do presente. Não comportavam em si mesmos encargos de serviços. Temporários, mas por várias vidas, não conheciam a obrigação salutar do retorno ao doador, de uma geração para outra. Gerberto desejou substituí-los por verdadeiras enfeudações e explicou o motivo.[172] Se não parece ter obtido grande sucesso, nesse primeiro esforço, feudo e homenagem não deixaram, depois dele, de penetrar, pouco a pouco, na prática do governo papal, tanto essa dupla instituição parecia então indispensável a toda boa organização das dependências na classe militar.

3. A ALEMANHA

Às províncias do Mosa e do Reno – desde o princípio, partes do reino fundado por Clóvis e focos de poder carolíngio –, o Estado alemão, tal como se constituiu definitivamente pelo início do século X, unia vastos territórios que haviam permanecido à margem da grande mistura de homens e instituições, característica da sociedade galo-franca. É o caso, acima de tudo, da planície saxônica, do Reno ao Elba, ocidentalizada somente desde Carlos Magno. As práticas do feudo e da vassalagem difundiram-se, todavia, por toda a Alemanha transrenana, sem jamais introduzir-se, sobretudo no Norte, tão profundamente no corpo social quanto na velha região franca. Não tendo sido adotada pelas classes superiores tão completamente quanto na França, como relação humana própria à sua posição social, a homenagem permaneceu mais próxima de sua natureza primitiva, que fazia dela um ritual de pura subordinação: o beijo de amizade, que colocava quase no mesmo nível senhor e vassalo, veio juntar-se apenas muito excepcionalmente à oferta de mãos. É possível que, de início, os membros das grandes linhagens de chefes tenham sentido alguma repugnância em entrar em laços ainda considerados semisservis. No século XII, contava-se, no círculo dos guelfos, de que forma um dos ancestrais da raça, ao tomar conhecimento da homenagem prestada por seu filho ao rei, desenvolvera, por conta desse ato, que via como uma afronta à "nobreza" e à "liberdade" de seu sangue, uma irritação tão intensa que, retirando-se em um monastério, se recusou, até a morte, a voltar a ver o culpado. A tradição, mesclada a erros genealógicos, não é, em si mesma, de autenticidade certa. Não deixa, porém, de ser sintomática; no resto do mundo feudal, não se observa nada de semelhante.

---

172. Na bula relativa a Terracina, 26 de dezembro do ano 1000. Cf. JORDAN. *Das Eindringen des Lehnwesens in das Rechtsleben der römischen Kurie* em *Archiv. für Urkundenforschung*, 1931.

Por outro lado, a oposição entre o serviço das armas e o cultivo do solo, verdadeiro fundamento, aliás, da clivagem das classes, levou aqui mais tempo para se estabelecer. Quando, nos primeiros anos do século X, o rei Henrique I, ele próprio saxão, dotou a fronteira oriental da Saxônia, constantemente ameaçada por eslavos e húngaros, de pontos de apoio fortificados, ele confiou sua defesa a guerreiros repartidos regularmente, segundo se diz, em grupos de nove. Os oito primeiros, estabelecidos em volta da fortaleza, vinham guarnecê-la apenas em caso de alerta. Quanto ao nono, vivia nela em permanência, de modo a velar sobre as casas e as provisões reservadas a seus companheiros. À primeira vista, o sistema não era desprovido de semelhanças com os princípios adotados, no mesmo momento, pela guarda de diversos castelos franceses. Olhando mais de perto, entretanto, percebe-se uma diferença extremamente profunda. Esses soldados guarnecedores dos confins saxões, em vez de encontrarem, tal como os vassalos "moradores" do Oeste, sua subsistência nas distribuições feitas pelo senhor ou então, sob a forma de rendas, em feudos por este concedidos, eram, eles mesmos, verdadeiros camponeses, cultivando o solo com suas mãos: *agrarii milites*.

Dois traços, até o fim da Idade Média, continuaram a atestar essa feudalização menos avançada da sociedade alemã. Em primeiro lugar, o número e a extensão dos alódios, particularmente os dos chefes. Quando, em 1180, o guelfo Henrique, o Leão, duque da Baviera e da Saxônia, foi privado, por julgamento, dos feudos recebidos do Império, suas terras alodiais, permanecidas nas mãos de seus descendentes, eram suficientemente consideráveis para constituir um verdadeiro principado, que, transformado, por sua vez, 75 anos mais tarde, em feudo imperial, iria, sob o nome de ducado de Brunsvique e Luneburgo, formar a base, na futura confederação germânica, dos Estados brunsviqueanos e hanoverianos.[173] Na Alemanha, além disso, o direito do feudo e da vassalagem, em vez de mesclar-se inextricavelmente, como na França, a toda a rede jurídica, foi logo concebido como um sistema à parte, cujas regras, aplicáveis somente a certas terras ou a certas pessoas, eram da competência de tribunais especiais: mais ou menos como, entre nós, existe, atualmente, separadamente do direito civil, o dos atos de comércio e dos comerciantes. *Lehnrecht*, direito dos feudos; *Landrecht*, direito geral do país: os grandes manuais do século XIII são inteiramente construídos com base nesse dualismo, que nosso Beaumanoir jamais teria imaginado. Só fazia sentido na medida em que, mesmo nas classes altas, muitos liames jurídicos deixavam de encaixar-se sob a rubrica feudal.

4. FORA DA INFLUÊNCIA CAROLÍNGIA: A INGLATERRA ANGLO-SAXÔNICA E A ESPANHA DOS REINOS ASTURO-LEONESES

Do outro lado da Mancha, a qual, mesmo nas piores horas, os barcos jamais deixaram de atravessar, os reinos bárbaros da Grã-Bretanha não estavam imunes às influências francas. A admiração que o Estado carolíngio, em particular, inspirou entre as monarquias da ilha parece, por vezes, ter chegado ao ponto de verdadeiras tentativas de imitação.

---

173. Cf. L. HÜTTEBRAUKER. *Das Erbe Heinrichs der Löwen* em *Studien und Vorarbeiten zum historischen Atlas Niedersachsens*, H. 9, Göttingen, 1927.

Constitui prova disso, entre outras, o aparecimento, em alguns documentos e textos narrativos, da palavra vassalo, visivelmente emprestada. Mas tais ações estrangeiras permaneceram todas na superfície. A Inglaterra anglo-saxônica oferece ao historiador da feudalidade a mais preciosa das experiências naturais: a de uma sociedade de contextura germânica, que seguiu, até o fim do século XI, uma evolução quase inteiramente espontânea.

Assim como seus contemporâneos, os anglo-saxões não encontravam nos laços do povo ou do sangue nada que satisfizesse plenamente, entre os humildes, sua necessidade de proteção e, entre os fortes, seus instintos de poder. A partir do momento em que, no início do século VII, se ergue diante de nossos olhos o véu de uma história até então privada de escritos, vemos se desenharem as malhas de um sistema de dependências que, dois séculos mais tarde, as grandes perturbações da invasão dinamarquesa terminarão de desenvolver. Desde o início, as leis reconheceram e regulamentaram essas relações, às quais aqui também se aplicava, quando se tratava de marcar a submissão do inferior, a palavra latina *commendatio* ou, caso se focalizasse a proteção concedida pelo senhor, o termo germânico *mund*. A partir, pelo menos, do século X, os reis as favoreceram. Consideravam-nas úteis à ordem pública. Etelstano prescreve, entre 925 e 935, que, se um homem não possui senhor e tal situação prejudica a aplicação das sanções legais, sua família deverá, em audiência pública, designar-lhe um *lorde*. Se ela não quiser ou não puder fazê-lo, o homem se verá fora da lei e aquele que o encontrar estará autorizado a matá-lo, como a um bandido. A regra visivelmente não atingia personagens suficientemente bem situados para encontrarem-se submetidos à autoridade imediata do soberano; faziam-se garantes de si mesmos. Mas, tal qual – sem, aliás, que se saiba até que ponto produziu efeitos na prática –, a regra ia, ao menos na intenção, mais longe do que Carlos Magno ou seus sucessores jamais ousaram pretender.[174] Além disso, os reis tampouco se privaram de empregar tais laços em seu proveito. Seus dependentes militares, como se chamavam seus *thegns*, encontravam-se, como tantos *vassi dominici*, espalhados por todo o reino, protegidos por tarifas de composição especiais e encarregados de verdadeiras funções públicas. Se, todavia, por um desses deslocamentos de curva que tanto agradam à história, as relações de dependência jamais ultrapassaram, na Inglaterra, antes da conquista normanda, o estado ainda incerto que fora aproximadamente o da Gália merovíngia, a razão para isso deve ser buscada ainda menos na fragilidade de uma realeza profundamente atingida pelas guerras dinamarquesas do que na persistência de uma estrutura social original.

Na multidão dos dependentes, logo se destacaram, assim como em outros lugares, os fiéis armados de que se cercavam os grandes e os reis. Diversos nomes, que tinham em comum apenas uma ressonância bastante humilde e doméstica, designaram, concorrente e sucessivamente, esses guerreiros familiares: *gesith*, naturalmente, já tantas vezes encontrado; *gesella*, isto é, companheiro de sala; *geneat*, companheiro de alimento; *thegn*, que, parente longínquo do grego τέκνον, tinha, assim como vassalo, por sentido primitivo,

---

174. ETELSTANO, II, 2. Entre as convenções concluídas em Mersen, no ano de 847, pelos três filhos de Luís, o Pio, aparece, na proclamação de Carlos, o Calvo, a seguinte frase: "*Volumus etiam ut unusquisque liber homo in nostro regno seniorem, qualem voluerit, in nobis et in nostris fidelibus accipiat*." Mas o exame das disposições análogas contidas nas diversas partilhas do Império mostra que *volumus* significa aqui "permitimos", e não "ordenamos".

"jovem rapaz"; *knight*, que é a mesma palavra que a alemã *Knecht*, servidor ou escravo. Desde a época de Canuto, tomou-se comumente do escandinavo, para designar os servidores de armas do rei ou dos grandes, o termo *housecarl*, "rapaz da casa". O senhor – tanto do fiel militar como do mais simples recomendado, ou até mesmo do escravo – chama-se *hlaford* (do qual veio a palavra *lord* do inglês atual), isto é, em sentido próprio, "doador de pães"; da mesma forma, os homens, reunidos em sua casa, são seus "comedores de pão" (*hlafoetan*). Tanto quanto um defensor, não era ele também um alimentador? Um curioso poema retrata a queixa de um desses companheiros de guerra, reduzido, após a morte de seu chefe, a percorrer as estradas à procura de um novo "distribuidor de tesouros": pungente lamentação de uma espécie de isolado social, privado, ao mesmo tempo, de proteção, de ternura e dos prazeres mais necessários à vida. "Sonha, por momentos, que abraça e beija seu senhor, coloca as mãos e a cabeça sobre seus joelhos, como no passado perto do alto assento de onde vinham as dádivas; então, o homem sem amigos desperta e nada vê diante de si senão ondas sombrias... Onde estão as alegrias da grande sala? Ai! onde está o cálice brilhante?"

Ao descrever, em 801, em torno do arcebispo de York, uma dessas comitivas armadas, Alcuíno assinalava a presença, lado a lado, de "guerreiros nobres" e "guerreiros sem nobreza": prova da mistura originalmente característica de todas as tropas dessa espécie e, ao mesmo tempo, das distinções que, no entanto, já tendiam a evidenciar-se em suas fileiras. Um dos serviços prestados pelos documentos anglo-saxões consiste em ressaltar, a esse respeito, um elo causal que a deplorável pobreza das fontes merovíngias não deixa transparecer: a diferenciação estava na natureza das coisas, mas foi, visivelmente, impulsionada pelo próprio hábito, progressivamente difundido, de estabelecer esses homens de armas em terras. A extensão e a natureza da concessão, variando segundo a qualidade do homem, terminavam, com efeito, de precisar o contraste. Não há nada mais revelador do que as vicissitudes da terminologia. Entre as palavras que enumeramos anteriormente, algumas caíram finalmente em desuso. Outras se especializaram, para o alto ou para baixo. O *geneat* é, no início do século VII, um verdadeiro guerreiro e um personagem bastante importante; já no século XI, é um modesto rendeiro, destacando-se dos demais camponeses somente por estar sujeito a montar guarda junto ao senhor e por transmitir suas mensagens. *Thegn*, ao contrário, continuou sendo o rótulo de uma categoria de dependentes militares muito mais estimada. Mas, como a maioria dos indivíduos assim denominados fora pouco a pouco dotada de tenências, sentiu-se logo a necessidade de empregar um termo novo para designar os homens de armas domésticos que vieram substituí-los no serviço militar da casa senhorial. Foi a palavra *knight*, agora livre de sua tara servil. Entretanto, o movimento que pressionava pela instituição de um salário fundiário era tão irresistível que, às vésperas da conquista normanda, mais de um *knight* foi, por sua vez, provido de terra.

Na verdade, o que tais distinções verbais conservavam de variável indica o quanto a discriminação, nos fatos, permanecia incompleta. Outra evidência nos é fornecida pelo próprio formalismo dos atos de submissão, que, até o fim, qualquer que fosse seu alcance social, puderam, uniformemente, tanto comportar o ritual de oferenda das mãos quanto dispensá-lo. Na Gália franca, o grande princípio da cisão, que chegou finalmente a separar de forma nítida a vassalagem e as formas inferiores de recomendação, fora dúplice: de um lado, a incompatibilidade entre dois modos de vida e, consequentemente, de obrigações – o do guerreiro e o do camponês; de outro, a brecha aberta entre um laço vitalício, de direito livremente escolhido, e os vínculos hereditários. Ora, nenhum dos fatores agia, no mesmo grau, na sociedade anglo-saxônica.

Agrarii milites, "guerreiros camponeses": tal aliança de palavras, que já encontramos na Alemanha, era, desta vez, empregada por um cronista, em 1159, para caracterizar certos elementos tradicionais das forças militares que a Inglaterra, cuja estrutura não fora completamente abalada pela Conquista, continuava a colocar à disposição de seu rei estrangeiro.[175] Reduzidas a simples sobrevivências naquele momento, as realidades a que se reportava a alusão haviam refletido, um século mais cedo, práticas muito generalizadas. Não eram, com efeito, homens de armas e, ao mesmo tempo, camponeses esses *geneat* ou esses *radmen*, cujas tenências, tão numerosas no século X, se encontravam oneradas de serviços de escolta ou de mensagem, assim como de rendas e corveias agrícolas; e até mesmo alguns dos *thegns*, submetidos, em razão de suas terras, a humildes corveias, ao lado do serviço de guerra? Tudo conspirava para manter, assim, uma espécie de confusão dos gêneros: a ausência desse substrato social galo-romano que, sem que se possa descrever exatamente sua ação, parece, de fato, ter contribuído, na Gália, para impor o hábito das distinções de classe; a influência das civilizações nórdicas – era nos condados do Norte, profundamente escandinavizados, que se encontravam, sobretudo, ao lado dos *drengs*, que já conhecemos, os *thegns* camponeses; por fim, a pequena importância atribuída ao cavalo. Não que muitos dos fiéis anglo-saxões não estivessem providos de montarias. Mas, em combate, punham regularmente os pés no chão. A batalha de Hastings foi essencialmente a derrota de uma infantaria por uma tropa mista, na qual a cavalaria sustentava, com suas manobras, os demais soldados. Antes da Conquista, a Inglaterra sempre ignorou a equivalência, familiar no continente, entre "vassalo" e "cavaleiro", e se o termo *knight*, após a chegada dos normandos, acabou, aliás não sem hesitações, sendo empregado para traduzir a segunda dessas palavras, foi certamente por ser a maior parte dos cavaleiros inicialmente trazidos pelos invasores, assim como a maioria dos *knights*, constituída de guerreiros sem terras. Ora, para cavalgar até o local de alistamento, que camponês necessitava do aprendizado e dos exercícios constantes exigidos pela condução em combate de um corcel e pelo manejo, a cavalo, de pesadas armas?

Quanto aos contrastes que resultavam, alhures, da maior ou menor duração do laço, eles não tinham a possibilidade de manifestar-se com muita força na Inglaterra. Isso porque – exceção feita, é claro, às sujeições puras e simples – as relações de dependência, em todos os graus, permaneciam suscetíveis de uma ruptura bastante fácil. As leis, é verdade, proibiam ao homem abandonar seu senhor, sem o consentimento deste. Mas tal permissão não podia ser recusada se os bens entregues em troca dos serviços tivessem sido restituídos e se nenhuma obrigação relativa ao passado fosse devida. A "busca do lorde", eternamente renovável, parecia um imprescritível privilégio do homem livre. "Que senhor algum", diz

---

175. ROBERT DE TORIGNY, ed. L. Delisle, t. I, p. 320.

Etelstano, "interponha obstáculo, uma vez que seu direito foi reconhecido". Seguramente, o jogo dos acordos particulares, dos costumes locais ou familiares e, por fim, dos abusos de força era, por vezes, mais poderoso do que as regras legais: mais de uma subordinação se transformava praticamente em vínculo vitalício, ou até mesmo hereditário. Muitos dependentes, por vezes de modestíssima condição, mantinham, ainda assim, a faculdade de "dirigir-se a outro senhor", como diz o *Domesday Book*. Ademais, nenhuma classificação rígida das relações fundiárias fornecia sua estrutura ao regime das relações pessoais. Se, entre as terras que os senhores outorgavam a seus fiéis, muitas, tal como no continente, na época da primeira vassalagem, eram cedidas em pleno direito, outras, ao contrário, deviam ser conservadas apenas enquanto durasse a fidelidade em si. Assim como na Alemanha, essas concessões temporárias recebiam frequentemente o nome de empréstimo (*laen*; em latim, *praestitum*). Não se observa, porém, que a noção de bem-salário, com retorno obrigatório ao doador, a cada morte, tenha sido claramente elaborada. Quando o bispo de Worcester realiza, por volta do início do século XI, distribuições dessa natureza, em troca, ao mesmo tempo, do dever de obediência, de rendas e do serviço de guerra, ele adota, para isso, o antigo modo, familiar à Igreja, do arrendamento a três gerações. Por vezes, os dois laços, o do homem e o do solo, não coincidiam: sob o reinado de Eduardo, o Confessor, um personagem que fizera com que um senhor eclesiástico lhe concedesse uma terra, também por três gerações, recebe, ao mesmo tempo, a autorização de "dirigir-se, com ela, durante esse prazo, ao senhor que desejar"; isto é, de sujeitar-se, com sua terra, a outro senhor, distinto do concedente: dualidade que, pelo menos nas classes altas, teria sido, na França, na mesma época, propriamente inconcebível.

Da mesma forma, por mais importante que tivesse se tornado, na Inglaterra anglo-saxônica, o papel de cimento social desempenhado pelas relações de proteção, ainda faltava muito para que estas sufocassem todos os demais laços. O senhor respondia publicamente por seus homens. Mas, ao lado dessa solidariedade de senhor a subordinado, subsistiam, muito vigorosas e cuidadosamente organizadas pela lei, as velhas solidariedades coletivas, de linhagens e de grupos de vizinhos. Ademais, a obrigação militar de todos os membros do povo sobrevivia, de modo mais ou menos proporcional à riqueza de cada um. A tal ponto que, aqui, uma contaminação infinitamente instrutiva se produziu. Dois tipos de guerreiros serviam o rei com armamento completo: seu *thegn*, mais ou menos equivalente ao vassalo franco, e o simples homem livre, desde que possuísse certa fortuna. Naturalmente, as duas categorias se sobrepunham parcialmente, não sendo o *thegn* ordinariamente pobre. Adquiriu-se, então, por volta do século X, o hábito de designar por *thegns* – subentendendo-se reais – e de considerar como dotados dos privilégios pertencentes a tal condição todos os súditos livres do rei que, mesmo sem estarem situados sob sua recomendação particular, possuíam terras suficientemente extensas, ou até mesmo haviam exercido, com lucro, o honroso comércio de além-mar. Assim, a mesma palavra caracterizava, sucessivamente, ora a situação criada por um ato de submissão pessoal, ora a pertinência a uma classe econômica: equívoco que, mesmo levando-se em conta uma notável impermeabilidade dos espíritos ao princípio de contradição, somente podia ser admitido por não ser o vínculo de homem para homem concebido como uma força tão poderosa a ponto de nada poder comparar-se a ela. Talvez não fosse absolutamente inexato interpretar o desmoronamento da civilização anglo-saxônica como a derrocada de uma sociedade que, tendo, apesar de tudo, testemunhado a desintegração dos velhos quadros sociais, não fora capaz de substituí-los por um arcabouço de dependências bem definidas e nitidamente hierarquizadas.

Não é para a Espanha do Nordeste que deve o historiador da feudalidade dirigir seu olhar, em busca, na península ibérica, de um campo de comparações verdadeiramente particularizado. Marca destacada do Império Carolíngio, a Catalunha sofrera profundamente a influência das instituições francas. O mesmo ocorrera, mais indiretamente, com o vizinho Aragão. Não havia nada, ao contrário, mais original do que a estrutura das sociedades do grupo asturo-leonês: Astúrias, Leão, Castela, Galícia e, mais tarde, Portugal. Infelizmente, seu estudo não avançou muito. Eis, em algumas palavras, o que se pode entrever.[176]

A herança da sociedade visigótica, transmitida pelos primeiros reis e pela aristocracia, e as condições de vida então comuns a todo o Ocidente favoreceram, assim como em outros lugares, o desenvolvimento das dependências pessoais. Os chefes, em particular, tinham seus guerreiros familiares, a que chamavam, comumente, *criados*, isto é, seus "alimentados" e que os textos, por vezes, também designam como "vassalos". Mas esta última palavra era emprestada; e seu emprego, de modo geral, muito raro, tem por interesse principal relembrar que até mesmo esse setor do mundo ibérico, o mais autônomo dentre todos, não deixou também de sofrer, e com uma força, ao que parece, crescente, a influência das feudalidades do além-Pireneus. Como poderia ter sido diferente quando tantos cavaleiros e clérigos franceses passavam por seus desfiladeiros? Da mesma forma, encontra-se, por vezes, a palavra homenagem e, ao seu lado, o rito. Mas o gesto indígena de entrega era diferente: consistia no beijar das mãos, envolto, aliás, de um formalismo muito menos rigoroso e suscetível de repetir-se com bastante frequência, como um ato de simples polidez. Embora a palavra *criados* pareça evocar, acima de tudo, fiéis domésticos e o *Poema do Cid* ainda se refira aos seguidores do herói como "aqueles que comem seu pão", a evolução que tendia, por todo lado, a substituir as distribuições de alimentos e de presentes por dotações em terras não deixou de se fazer sentir, embora temperada, aqui, pelos recursos excepcionais que o butim, após as pilhagens em território mouro, colocava entre as mãos dos reis e dos grandes. Ganhou forma uma noção, bastante nítida, da tenência onerada de serviços e revogável em caso de omissão. Alguns documentos, inspirados pelo vocabulário estrangeiro e, por vezes, redigidos por clérigos vindos da França, a denominam "feudo" (em suas formas latinas). A língua corrente elaborara, com plena independência, um termo próprio: *prestamo*, isto é, literalmente – por um curioso paralelismo de ideias com o *lehn* alemão ou anglo-saxão – "empréstimo".

Jamais, entretanto, essas práticas deram origem, como na França, a uma rede, poderosa, invasiva e bem ordenada de dependências vassálicas e feudais. Isso porque dois fatos imprimiram, à história das sociedades asturo-leonesas, uma tonalidade particular: a reconquista e o repovoamento. Sobre os vastos espaços arrancados dos mouros, foram

---

176. Sobre as instituições asturo-leonesas, devo úteis indicações à amabilidade do Sr. P. Bernard, arquivista da Saboia.

estabelecidos, como colonos, camponeses que, em sua maioria, escapavam, pelo menos, às formas mais opressivas da sujeição senhorial e que, além disso, conservaram necessariamente as aptidões guerreiras de uma espécie de milícia dos confins. Disso, resultava que, em relação à França, muito menos vassalos podiam ser providos de receitas extraídas do trabalho de rendeiros, pagando tributos e devendo corveias; e, sobretudo, que, se o fiel armado era o combatente por excelência, ele não era o único combatente, sequer o único a andar a cavalo. Ao lado da cavalaria dos *criados*, havia uma "cavalaria vilã", composta dos mais ricos dentre os camponeses livres. Por outro lado, o poder do rei, chefe de guerra, permanecia muito mais atuante do que ao norte dos Pireneus. Tanto que, além disso, por serem os reinos muito menos extensos, seus soberanos encontravam menores dificuldades em alcançar diretamente a massa de seus súditos. Com isso, não havia qualquer confusão entre a homenagem vassálica e a subordinação do funcionário, entre o ofício e o feudo. Tampouco havia escalonamento regular das homenagens, subindo, de grau em grau – salvo interrupção por alódio –, do menor cavaleiro até o rei. Havia, aqui e ali, grupos de fiéis, frequentemente dotados de terras que remuneravam seus serviços. Imperfeitamente ligados entre si, estavam longe de constituir a ossatura quase única da sociedade e do Estado. Tanto é verdade que os dois fatores parecem ter sido indispensáveis a todo regime feudal acabado: o quase monopólio profissional do vassalo-cavaleiro; e o apagamento, mais ou menos voluntário, perante o vínculo vassálico, dos demais meios de ação da autoridade pública.

5. AS FEUDALIDADES DE IMPORTAÇÃO

Com o estabelecimento dos duques da Normandia na Inglaterra, alcançamos um notável fenômeno de migração jurídica: o transporte, para uma terra conquistada, das instituições feudais francesas. Vimo-lo produzir-se por três vezes, ao longo do mesmo século. Do outro lado da Mancha, após 1066. Na Itália do Sul, onde, desde 1030, aproximadamente, aventureiros, também vindos da Normandia, começaram a forjar em seu proveito principados, destinados finalmente, após um século, a formar, por meio de sua reunião, o chamado reino da Sicília. E, por fim, na Síria, nos Estados fundados, desde 1099, pelos cruzados. Em solo inglês, a presença entre os vencidos de costumes já quase vassálicos facilitou a adoção do regime estrangeiro. Na Síria latina, partia-se novamente do zero. Quanto à Itália meridional, ela fora dividida, antes da chegada dos normandos, entre três dominações. Nos principados lombardos de Benevento, Cápua e Salerno, a prática das dependências pessoais era muito difundida, mas sem que tivessem sido elaboradas em um sistema bem hierarquizado. Nas províncias bizantinas, oligarquias territoriais, guerreiras e, frequentemente, também mercantis dominavam a multidão dos humildes, que lhes estavam, por vezes, vinculados, por uma espécie de patronato. Por fim, aí onde reinavam os emires árabes, não havia nada de análogo, mesmo de longe, à vassalagem. Mas, por mais poderosos que tenham sido esses contrastes, a transplantação das relações feudais e vassálicas foi, por todo lado, facilitada por seu caráter de instituições de classe. Acima das plebes rurais e, por vezes, das burguesias, tanto umas como outras de tipo ancestral, os grupos dirigentes, compostos essencialmente de invasores, aos quais, na Inglaterra e, sobretudo, na Itália, se juntaram alguns elementos provenientes das aristocracias locais, formavam outras tantas sociedades coloniais, regidas por usos que eram, assim como elas, exóticos.

Essas feudalidades de importação tiveram por característica comum o fato de serem muito melhor sistematizadas do que nos lugares em que o desenvolvimento fora puramente espontâneo. A bem da verdade, na Itália do Sul, que, conquistada pouco a pouco, tanto por meio de acordos quanto por meio de guerras, não havia visto o desparecimento total de suas classes altas nem de suas tradições, sempre subsistiram alódios. Muitos deles, por um traço característico, se encontravam nas mãos das velhas aristocracias das cidades. Contudo, nem na Síria, nem na Inglaterra – se deixarmos, inicialmente, de lado algumas oscilações de terminologia –, a alodialidade foi admitida. Toda terra é detida por um senhor e essa cadeia, que nunca se interrompe, sobe, de anel em anel, até o rei. Todo vassalo, consequentemente, se encontra vinculado ao soberano, não apenas como súdito, mas também por um laço que ascende de homem para homem. O velho princípio carolíngio da "coerção" pelo senhor recebia, assim, nessas terras estranhas ao velho Império, uma aplicação quase idealmente perfeita.

Na Inglaterra, governada por uma realeza poderosa, que trouxera para o solo conquistado os fortes costumes administrativos de seu ducado natal, as instituições assim introduzidas não apenas desenharam uma estrutura mais rigorosamente ordenada do que em qualquer outro lugar, mas também penetraram progressivamente, por uma espécie de contágio de cima para baixo, em quase toda a sociedade. Na Normandia, como se sabe, a palavra feudo sofreu uma alteração semântica profunda, a ponto de acabar designando toda tenência. O desvio provavelmente se iniciara antes de 1066, mas ainda sem se encontrar, então, completamente acabado. Isso porque, se ele se produziu paralelamente nas duas margens da Mancha, não foi exatamente segundo as mesmas linhas. O direito inglês, na segunda metade do século XII, se viu conduzido a distinguir muito nitidamente duas grandes categorias de tenências. Algumas, que certamente compreendiam a maioria das pequenas explorações camponesas, por serem consideradas, ao mesmo tempo, de duração precária e sujeitas a serviços desonrosos, foram qualificadas de não livres. As demais, cuja posse era protegida pelas cortes reais, formaram o grupo das terras livres. Foi a estas, em seu conjunto, que se estendeu o nome feudo (*fee*). Logo ao seu lado, apareciam os feudos de cavaleiros, com *censives* rurais ou burguesas. Ora, não se deve imaginar uma assimilação puramente verbal. Em toda a Europa dos séculos XI e XII, o feudo militar, como se verá em breve, transformara-se em bem praticamente hereditário. Além disso, em muitos países, sendo concebido como indivisível, ele se transmitia somente entre primogênitos. Esse era, particularmente, o caso na Inglaterra. Mas, aqui, a primogenitura pouco a pouco se alastrou. Aplicou-se a todas as terras denominadas *fees* e, por vezes, a outras ainda menos importantes. Assim, esse privilégio de primogenitura, que iria tornar-se uma das características mais originais dos costumes sociais ingleses e um dos mais carregados de consequências, expressou, em seu princípio, uma espécie de sublimação do feudo à categoria de direito real, por excelência, dos homens livres. Em certo sentido, a Inglaterra se situa, na escala das sociedades feudais, nos antípodas da Alemanha. Não contente, assim como a França, em não constituir os costumes das pessoas enfeudadas em corpo jurídico distinto, ela viu toda uma parte considerável do *Landrecht* – o capítulo dos direitos fundiários – tornar-se *Lehnrecht*.

CAPÍTULO IV
Como o feudo passou para o patrimônio do vassalo

1. O PROBLEMA DA HEREDITARIEDADE: "HONRAS" E SIMPLES FEUDOS

O estabelecimento da hereditariedade dos feudos foi inserido por Montesquieu entre os elementos constitutivos do "governo feudal", oposto ao "governo político" dos tempos carolíngios. Não sem razão. Deve-se precisar, entretanto, que, tomado com rigor, o termo é inexato. Jamais a posse do feudo se transmitiu automaticamente pela morte do detentor anterior. Porém, salvo por motivos válidos, estreitamente determinados, o senhor perdeu a faculdade de recusar ao herdeiro natural a reinvestidura que precedia uma nova homenagem. O triunfo da hereditariedade, assim compreendida, foi o das forças sociais sobre um direito prescrito. Para entender suas razões, devemos – limitando-nos provisoriamente ao caso mais simples, isto é, aquele em que o vassalo deixava um filho, e apenas um – procurar representar-nos, concretamente, a atitude das partes em questão.

Se, mesmo na ausência de qualquer concessão de terra, a fidelidade tendeu a unir menos dois indivíduos do que duas linhagens, destinadas uma a comandar, outra a obedecer, como poderia ter sido diferente, em uma sociedade em que os laços de sangue possuíam tamanha força? A Idade Média inteira depositou um grande valor sentimental na expressão senhor "natural": isto é, por nascimento. Mas bastava que houvesse "domiciliação" para que o interesse do filho em suceder ao pai se tornasse quase imperioso. Recusar a homenagem ou deixar de fazer com que fosse aceita era perder, de uma só vez, com o feudo, uma parte considerável, ou até mesmo a totalidade, do patrimônio paterno. Com mais forte razão, a renúncia devia parecer dura quando o feudo era de "retomada", isto é, quando representava, na realidade, um antigo alódio familiar. Ao fixar o vínculo sobre o solo, a prática da remuneração fundiária conduzia fatalmente a fixá-la na família.

A posição do senhor era menos franca. Importava-lhe, acima de tudo, que o vassalo "perjuro" fosse punido e que o feudo, caso os encargos deixassem de ser satisfeitos, se tornasse disponível para um melhor servidor. Seu interesse, em uma palavra, o conduzia a insistir vigorosamente no princípio da revogabilidade. A hereditariedade, em contrapartida, não suscitava, por princípio, hostilidade de sua parte, pois tinha, acima de tudo, necessidade de homens. Onde recrutá-los melhor do que entre a posteridade daqueles que já o haviam servido? Deve-se acrescentar a isso que, ao recusar ao filho o feudo paterno, não somente corria o risco de desencorajar novas fidelidades, como também se expunha, o que era ainda mais grave, a descontentar seus demais vassalos, justamente preocupados com a sorte reservada a seus próprios descendentes. Segundo as palavras do monge Richer, que escrevia sob o reinado de Hugo Capeto, despojar a criança era levar ao desespero toda a "boa gente". Mas esse senhor, que se desapossara provisoriamente de parte de seu patrimônio, podia também desejar imperiosamente trazer para si a terra, o castelo e os poderes de comando; ou então, mesmo quando se decidia por uma nova enfeudação, preferir ao herdeiro do vassalo anterior outro recomendado, tido como mais seguro ou mais útil. As igrejas, por fim, guardiãs de uma fortuna, em princípio, inalienável, rejeitavam particularmente reconhecer um caráter definitivo a enfeudações que, na maioria dos casos, só haviam consentido a contragosto.

O jogo complexo dessas diversas tendências jamais apareceu com maior clareza do que na época dos primeiros carolíngios. Desde então, os "benefícios" se transmitiam frequentemente aos descendentes: caso de uma terra de Folembray, "benefício" real e, ao mesmo tempo, precária da Igreja de Reims, que, entre o reino de Carlos Magno e o de Carlos, o Calvo, passou pelas mãos de quatro gerações sucessivas.[177] Até mesmo a consideração devida ao fiel vivo contribuía, por vezes, por um curioso desvio, para impor a hereditariedade. Se, enfraquecido pela idade ou pela doença, um vassalo, diz o arcebispo Incmaro, se vê incapaz de cumprir seus deveres, não estará o senhor autorizado a despossuí-lo, caso possa ser substituído, no serviço, por um filho.[178] Era praticamente reconhecer, antecipadamente, a este herdeiro uma sucessão cujos encargos já assumira durante a vida do detentor. Já era então considerado bastante cruel privar do "benefício" paterno o órfão, por mais jovem e, portanto, inapto para as armas que pudesse ser. Não se vê, em um caso dessa espécie, Luís, o Pio, deixar-se enternecer pelas preces de uma mãe? Ou então Loup de Ferrières apelar para o bom coração de um prelado? Não obstante, ninguém duvidava de que, em direito estrito, o "benefício" fosse puramente vitalício. Em 843, certo Adalardo entregou ao monastério de Saint-Gall bens extensos, dos quais uma parte fora distribuída a vassalos. Estes, agora sob a dominação da igreja, manteriam seus "benefícios" durante a vida; o mesmo valeria, depois deles, para seus filhos, caso consentissem em servir. Em seguida, o abade disporia das terras a seu bel-prazer.[179] Evidentemente, teria parecido contrário às boas regras atar-lhe indefinidamente as mãos. Da mesma forma, Adalardo talvez só se interessasse pelas crianças que pudera conhecer; ainda próxima de sua fonte, a homenagem apenas acarretava sentimentos estritamente pessoais.

Sobre esse fundo primário de comodidades e de conveniências, a verdadeira hereditariedade se estabeleceu aos poucos, ao longo do período tumultuado e fértil em novidades que se iniciou com o esfacelamento do Império Carolíngio. Por todo lado, a evolução tendeu a esse fim. Mas o problema não era formulado nos mesmos termos para todas as naturezas de feudos. Uma categoria deve ser colocada à parte: os feudos a que, mais tarde, os feudalistas chamaram "dignidade", isto é, aqueles que eram feitos de cargos públicos, delegados pelo rei.

Desde os primeiros carolíngios, como vimos, o rei se vinculava, por meio dos laços de vassalagem, às pessoas a quem confiava os principais cargos do Estado e, particularmente, os grandes comandos territoriais, condados, marcas ou ducados. Mas essas funções, que mantinham o velho nome latino de "honras", eram então cuidadosamente distintas dos

---
177. E. LESNE. *Histoire de la propriété ecclésiastique en France*, t. II, 2, p. 251-2.
178. *Pro ecclesiae libertatum défensione*, em MIGNE. *P. L.*, t. CXXV, col. 1.050.
179. Mon. Germ., *EE*, t. V, p. 290, n. 20; LOUP DE FERRIÈRES, ed. Levillain, t. II, n. 122. WARTMANN. *Urkundenbuch der Abtei SanctGallen*, t. II, n. 386.

"benefícios". Diferiam, de fato, por um traço particularmente marcante, entre outros: a ausência de qualquer caráter vitalício. Seus titulares podiam sempre ser revogados, mesmo sem omissões de sua parte, ou até em sua vantagem. Isso porque a mudança de cargo era, por vezes, um adiantamento; foi esse o caso de um pequeno conde das margens do Elba, colocado, em 817, à frente da importante marca do Friul. "Honras", "benefício": ao enumerarem os favores com que o soberano gratificou um ou outro de seus fiéis, os textos da primeira metade do século IX jamais deixam de fazer essas duas distinções.

Entretanto, na ausência de qualquer salário em dinheiro, inviabilizado pelas condições econômicas, a função constituía, em si mesma, seu próprio emolumento. O conde não percebia somente, em sua circunscrição, um terço das multas. Entre outros, o gozo de certas terras fiscais, especialmente destinadas a seu sustento, lhe era concedido. Até mesmo os poderes exercidos sobre os habitantes – além dos ganhos ilegais que muito frequentemente ocasionavam – pareciam, em si mesmos, um autêntico proveito, em uma época em que a verdadeira fortuna consistia em ocupar a posição de senhor. Em mais de um sentido, a outorga de um condado era, portanto, uma dádiva, das mais belas que pudessem recompensar um vassalo. Se, além disso, o donatário se tornasse, pelo mesmo ato, juiz e chefe de guerra, nada havia, em suma, que o diferenciasse, senão pelo grau, de muitos detentores de simples "benefícios"; pois estes comportavam, em sua maioria, o exercício de direitos senhoriais. Restava a revogabilidade. À medida que a realeza, a partir de Luís, o Pio, foi se enfraquecendo, esse princípio, salvaguarda da autoridade central, tornou-se de aplicação cada vez mais difícil. Isso porque os condes, renovando os hábitos que haviam sido os da aristocracia, no declínio da dinastia merovíngia, trabalharam com sucesso crescente para se transformarem em potentados territoriais, solidamente enraizados no solo. Não se vê, em 867, Carlos, o Calvo, esforçar-se em vão para arrancar de um servidor rebelde o condado de Bourges? Nada mais então se opôs a uma assimilação preparada por indiscutíveis semelhanças. No auge do Império Carolíngio, já se começara a chamar comumente "honras" a todos os benefícios dos vassalos reais, cujo papel no Estado tanto os aproximava dos funcionários propriamente ditos. A palavra acabou tornando-se um simples sinônimo de feudo, com a ressalva de que, ao menos em certos países – tais como a Inglaterra normanda –, tendeu-se a limitar seu emprego aos feudos mais extensos, dotados de importantes poderes de comando. Paralelamente, as terras destinadas à remuneração do cargo e, por um desvio muito mais grave, este também foram qualificados de "benefício" ou de feudo. Na Alemanha, onde as tradições da política carolíngia permaneciam excepcionalmente vivas, o bispo-cronista Thietmaro, fiel ao primeiro de seus dois empregos, distingue ainda muito nitidamente, por volta de 1015, o condado de Merseburgo do "benefício" a ele atrelado. Mas a linguagem corrente de há muito já não se incomodava com essas sutilezas: chamava efetivamente "benefício" ou feudo ao cargo como um todo, fonte indivisível de poder e riqueza. Desde 881, os *Anais de Fulda* diziam, a respeito de Carlos, o Gordo, que, naquele ano, dera a Hugo, seu parente, "para que lhe permanecesse fiel, diversos condados em benefício".

Ora, aqueles a que os escritores da Igreja chamavam comumente novos "sátrapas" das províncias podiam até extrair da delegação real o essencial dos poderes de que pretendiam então utilizar-se em seu proveito; mas, para manter solidamente a região, era-lhes ainda necessário: adquirir, aqui e ali, novas terras; construir castelos nas intersecções das estradas; tornarem-se protetores interessados das principais igrejas; e, acima de tudo, recrutar, localmente, fiéis. Essa obra de fôlego exigia o trabalho paciente de gerações, sucedendo-se no mesmo solo. Em uma palavra, o esforço pela hereditariedade nascia naturalmente das necessidades do poder territorial. Seria, portanto, um grande erro considerá-lo simplesmente como um efeito da assimilação das honras aos feudos. Tanto quanto aos condes francos, ele se impôs aos *earls* anglo-saxões, cujos vastos comandos jamais foram considerados tenências, e aos *gastaldi* dos principados lombardos, que de modo algum eram vassalos. Mas como, nos Estados oriundos do Império Franco, os ducados, marcas ou condados logo se inseriram entre as concessões feudais, a história de sua transformação em bens familiares se viu inextricavelmente atrelada à da patrimonialidade dos feudos em geral. Isso, aliás, sem jamais terem deixado de apresentar-se como caso particular. O ritmo da evolução não foi somente diferente, em todos os lugares, para os feudos ordinários e para os feudos de dignidade. Quando se passa de um Estado para outro, vê-se a oposição mudar de sentido.

2. A EVOLUÇÃO: O CASO FRANCÊS

Na França Ocidental e na Borgonha, a precoce fraqueza da realeza teve por resultado estarem os "benefícios" constituídos por funções públicas entre os primeiros a conquistar a hereditariedade. Não há nada mais instrutivo, a esse respeito, do que as medidas tomadas por Carlos, o Calvo, em 877, na famosa assembleia de Quierzy. A ponto de partir para a Itália, preocupava-se em regular o governo do reino, durante sua ausência. O que fazer se, durante esse tempo, um conde vier a morrer? Antes de tudo, avisar o soberano. Com efeito, este reserva a si mesmo toda nomeação definitiva. A seu filho Luís, encarregado da regência, concede apenas a faculdade de designar administradores provisórios. Sob essa forma geral, a prescrição atendia ao espírito de zelosa autoridade de que o restante da capitular traz tantas provas. Não obstante, o fato de que ela também inspirasse, em grau ao menos equivalente, uma preocupação em preservar os grandes em suas ambições familiares é atestado pela menção que tem expressamente por objeto dois casos particulares. É possível que, deixando o conde um filho, este tenha seguido o Exército no além-montes. Ao recusar ao regente a faculdade de providenciar, por si próprio, a substituição, Carlos pretendia, nessa hipótese, acima de tudo, tranquilizar seus companheiros de armas: era preciso que sua fidelidade os privasse da esperança de receberem uma sucessão de há muito desejada? Também é possível que o filho, permanecido na França, seja "jovenzinho". Será em nome dessa criança que, até o dia em que a decisão suprema for conhecida, o condado deverá ser gerido pelos oficiais de seu pai. O edito não vai além. Visivelmente, parecia preferível não inscrever com todas as letras, em uma lei, o princípio da devolução hereditária. Tais reticências, em contrapartida, já não se encontram na proclamação que o imperador mandou ler, por seu chanceler, perante a assembleia. Nela, promete, sem rodeios, entregar ao filho – soldado na Itália ou de pouca idade – as honras paternas. Medidas de circunstância, seguramente, ditadas pelas necessidades de uma política de magnificência. Rompiam, porém, ainda menos com o passado. Reconheciam oficialmente, por tempo determinado, um privilégio de costume.

Da mesma forma, basta seguir, passo a passo, aí onde é possível, as principais séries condais para identificar, no calor do momento, o movimento pela hereditariedade. Vejamos, por exemplo, os ancestrais da terceira dinastia de nossos reis. Em 864, Carlos, o Calvo, pode ainda privar Roberto, o Forte, de suas honras da Nêustria, de modo a empregá-lo alhures. Por pouco tempo. Quando Roberto cai em Brissarthe, em 866, é novamente à frente de seu comando da região entre o Sena e o Loire. Mas, embora deixe dois filhos, aliás muito jovens, nenhum deles herda seus condados, dos quais o rei dispõe em favor de outro magnata. Será preciso aguardar o falecimento deste intruso, em 886, para que o primogênito, Eudes, recupere o Anjou, a Touraine e talvez o Blésois. A partir de então, esses territórios não mais deixarão o patrimônio familiar. Ao menos, até o dia em que descendentes de Roberto serão deles expulsos por seus próprios oficiais, metamorfoseados, por sua vez, em potentados hereditários. Na sequência dos condes, todos eles de mesma linhagem, que se sucederam em Poitiers, entre 885, aproximadamente, e a extinção da descendência, em 1137, houve apenas um intervalo, aliás bastante curto (de 890 a 902) e provocado por uma menoridade, agravada por uma suspeita de bastardia. Mesmo assim, por um traço duplamente característico, esse desapossamento, decidido pelo monarca, havia, finalmente, beneficiado, a despeito de suas ordens, um personagem que, sendo filho de um conde mais antigo, também podia invocar os direitos da raça. Através dos séculos, um Carlos V ou até um José II manterão a Flandres apenas porque, de casamento em casamento, terá chegado a eles um pouco do sangue de Balduíno Braço de Ferro, que, em 862, sequestrara tão temerariamente a filha do rei dos francos. Tudo nos leva, como se vê, às mesmas datas: a etapa decisiva situa-se incontestavelmente na segunda metade do século IX.

Que fim, entretanto, levavam os feudos ordinários? As disposições de Quierzy aplicavam-se expressamente, tanto quanto aos condados, aos "benefícios" dos vassalos reais, também eles, a seu modo, "honras". Mas tanto o edito quanto a proclamação não se limitaram a isso. Em troca das regras que promete em favor de seus vassalos, Carlos exige destes que estendam, por sua vez, seu proveito a seus próprios homens. Prescrição evidentemente ditada, mais uma vez, pelos interesses da expedição italiana: não convinha dar as garantias necessárias não somente a alguns grandes chefes, mas também ao grosso das tropas, composto por vassalos de vassalos? No entanto, alcançamos aqui algo mais profundo do que uma simples medida de ocasião. Em uma sociedade em que tantos indivíduos eram, ao mesmo tempo, recomendados e senhores, causava repulsa a ideia de que um deles, tendo-lhe sido reconhecida, como vassalo, alguma vantagem, pudesse, na condição de senhor, recusá-la àqueles vinculados à sua pessoa por uma forma semelhante de dependência. Desde a velha capitular carolíngia até a Magna Carta*, fundamento clássico das "liberdades" inglesas, essa espécie de igualdade no privilégio, que deslizava assim de cima para baixo, continuaria sendo um dos princípios mais fecundos do costume feudal.

---

*.   A Magna Carta (ou Grande Carta) foi o diploma, emitido em 1215, durante o reinado de João, que limitou os poderes dos monarcas ingleses, sujeitando sua vontade à lei. (N.T.)

Sua ação e, ainda mais, o sentimento, muito poderoso, de uma maneira de reversibilidade familiar, que extraía dos serviços prestados pelo pai um direito para sua posteridade, governavam a opinião pública. Ora, esta, em uma civilização sem Códigos escritos, assim como sem jurisprudência organizada, estava muito perto de confundir-se com o direito. Ela encontrou na epopeia francesa um eco fiel. Não que o quadro traçado pelos poetas possa ser aceito sem retoques. O quadro histórico que a tradição lhes impunha os conduzia a encarar o problema somente na perspectiva dos grandes feudos reais. Além disso, ao colocarem em cena os primeiros imperadores carolíngios, eles os retratavam, não sem razão, muito mais poderosos do que os reis dos séculos XI ou XII e, portanto, ainda suficientemente fortes para dispor livremente das honras do reino, ainda que à custa dos herdeiros naturais, algo de que os capetíngios haviam se tornado incapazes. Seu testemunho a esse respeito somente tem valor a título de reconstituição, aproximadamente exata, de um passado de há muito prescrito. O que traduz bem sua época, em contrapartida, é o julgamento que, estendido sem dúvida alguma aos feudos de todas as naturezas, fazem dessas práticas. Não as veem precisamente como contrárias ao direito. Consideram-nas, porém, moralmente condenáveis. Como se o próprio Céu se vingasse, elas acarretam catástrofes: não está uma dupla espoliação dessa espécie na raiz das desgraças inauditas que preenchem a gesta de *Raul de Cambrai*? O bom senhor é aquele que guarda na memória esta máxima, que uma das canções inclui entre os ensinamentos de Carlos Magno a seu sucessor: "Livra-te de arrancar o feudo à criança órfã."[180]

Mas quantos eram os bons senhores, ou aqueles obrigados a sê-lo? Escrever a história da hereditariedade deveria consistir em estabelecer, para cada período, a estatística dos feudos que eram herdados e daqueles que não o eram: dado o estado dos documentos, um sonho irrealizável. Certamente, a solução, em cada caso particular, dependeu, por muito tempo, do equilíbrio das forças. Mais frágeis, frequentemente mal administradas, as igrejas parecem ter geralmente cedido, desde o início do século X, à pressão de seus vassalos. Nos grandes principados laicos, por outro lado, entrevê-se, até a metade do século seguinte, aproximadamente, um costume ainda singularmente instável. Podemos seguir a história de um feudo do Anjou – o de Saint-Saturnin [São Saturnino] – sob os condes Fulco Nerra e Godofredo Martel (987-1060).[181] O conde não o retoma apenas ao primeiro sinal de infidelidade, ou até mesmo quando a partida do vassalo para uma província vizinha ameaça opor um obstáculo ao serviço. Nada indica que ele se julgue minimamente obrigado a respeitar os direitos familiares. Entre os cinco detentores que se revezam durante um período de uns cinquenta anos, apenas dois – dois irmãos – aparecem ligados pelo sangue. Além disso, um estrangeiro veio interpor-se entre eles. Embora dois cavaleiros tenham sido considerados dignos de manter Saint-Saturnin por toda a vida, a terra, depois deles, escapou à sua linhagem. Na verdade, nada indica expressamente que tenham deixado filhos. Mas, mesmo supondo-se a ausência, nos dois casos, de qualquer posteridade masculina, nada poderia ser mais significativo que o silêncio mantido a esse respeito pela notícia

---
180. *Le Couronnement de Louis*, ed. E. Langlois, v. 83.
181. MÉTAIS. *Cartulaire de l'abbaye cardinale de La Trinité de Vendôme*, t. I, n. LXVI e LXVII.

tão detalhada a que devemos nossas informações. Destinada a estabelecer os direitos dos monges de Vendôme, a quem o bem finalmente coube, se ela se abstém de justificar, por meio da extinção das diferentes descendências, as transferências sucessivas, das quais a abadia iria, no fim, tirar proveito, isso se deve, evidentemente, ao fato de que o desapossamento do herdeiro de modo algum parecia ilegítimo.

Tal mobilidade, entretanto, era, naquele momento, quase anormal. Mesmo no Anjou, foi por volta do ano mil que foram fundadas as principais dinastias de senhores castelões. Além disso, em 1066, o feudo normando deve ter sido universalmente considerado transmissível aos herdeiros, pois, na Inglaterra, onde foi importado, tal qualidade não lhe foi praticamente jamais contestada. No século X, quando um senhor aceitava, por acaso, reconhecer a devolução hereditária de um feudo, mandava inscrever essa concessão, em termos expressos, no ato de outorga. Desde meados do século XII, a situação se vê invertida: doravante, as únicas estipulações tidas como necessárias são as que, por uma exceção rara, mas sempre lícita, limitam o gozo do feudo à vida do primeiro beneficiário. A presunção atua agora em favor da hereditariedade. Nessa época, na França, assim como na Inglaterra, falar simplesmente em feudo é falar em bem que se herda e quando, por exemplo, as comunidades eclesiásticas, contrariamente aos antigos modos de linguagem, declaram recusar esse título aos cargos de seus oficiais, elas não entendem com isso nada mais do que afastar qualquer obrigação de aceitar os serviços do filho, após os do pai. Favorável aos descendentes desde a época carolíngia, confirmada nessa posição pela existência de muitos feudos de "retomada", aos quais sua própria origem conferia um caráter quase inelutavelmente patrimonial, a prática, na época dos últimos carolíngios e dos primeiros capetíngios, já impunha, praticamente por todo lado, a investidura do filho após a do pai. Durante a Segunda Idade Feudal, caracterizada, sob todos os aspectos, por uma espécie de tomada de consciência jurídica, ela se converteu em direito.

3. A EVOLUÇÃO: NO IMPÉRIO

Em lugar algum melhor do que na Itália do Norte, o conflito das forças sociais, subjacente à evolução do feudo, aparece com todo seu relevo. Imaginemos, em seu escalonamento, a sociedade feudal do reino lombardo: no topo, o rei, que, desde 951, com breves interrupções, é, ao mesmo tempo, rei da Germânia e, ao sagrar-se pelas mãos do papa, imperador; imediatamente abaixo dele, seus "vassalos em chefe"*, altos barões da Igreja ou de espada; mais abaixo, a modesta multidão de vassalos destes barões, ou seja, vassalos reais de segundo grau e, por esta razão, comumente chamados de "vavassalos". Uma grave querela divide, no início do século XI, os dois últimos grupos. Os vavassalos pretendem tratar seus feudos como bens familiares; os vassalos em chefe insistem, ao contrário, no caráter vitalício da concessão e de sua constante revogabilidade. Em 1035, tais disputas acarretam finalmente uma verdadeira guerra de classes. Unidos por juramentos, vavassalos de Milão e dos arredores infligem ao exército dos magnatas uma sonora derrota. Chega

---

*. Do francês *tenants en chef*, isto é, vassalos que recebem, como feudo, terras (tenências) diretamente do rei ou de um príncipe territorial. A língua inglesa admite, ao lado do correspondente *tenant-in-chief*, a expressão *vassal-in-chief*, razão pela qual adotamos, aqui, a fórmula vassalo em chefe. (N.T.)

o imperador-rei Conrado II, alertado, em sua longínqua Alemanha, pela notícia dessas desordens. Rompendo com a política dos Otões, seus predecessores, que foram, acima de tudo, respeitosos da inalienabilidade do domínio eclesiástico, ele toma o partido dos vassalos de grau inferior e, como a Itália ainda é o país das leis e como ela tem, diz ele, "fome de leis", é por meio de uma verdadeira ordenação legislativa que, em 28 de maio de 1037, ele irá fixar o direito em favor de seus protegidos. Decide que, a partir de então, serão considerados hereditários, em proveito do filho, do neto ou do irmão, todos os "benefícios" cujo senhor é um vassalo em chefe leigo, um bispo, um abade ou uma abadessa; o mesmo vale para os subfeudos constituídos sobre os mesmos "benefícios". Nenhuma menção é feita às enfeudações consentidas por proprietários de alódios. Visivelmente, Conrado entendia legislar menos na qualidade de soberano do que como chefe da hierarquia feudal. Não deixava, com isso, de atingir a imensa maioria dos pequenos e médios feudos cavaleirescos. Seja qual for a influência exercida, em sua atitude, por certas razões de circunstância e, particularmente, pela inimizade pessoal que o opunha ao principal adversário dos vavassalos, o arcebispo de Milão Ariberto, ele parece, contudo, ter enxergado mais longe do que seus interesses momentâneos ou seus rancores. Contra os grandes feudatários, sempre temidos pelas monarquias, buscava uma espécie de aliança com suas próprias tropas. Prova disso é que, na Alemanha, onde lhe faltava a arma da lei, esforçou-se em atingir o mesmo objetivo por outros meios: provavelmente, inclinando a jurisprudência do tribunal real no sentido desejado. Também nesse caso, segundo o testemunho de seu capelão, "ele ganhou os corações dos cavaleiros, não tolerando que os benefícios outorgados aos pais fossem tirados de sua descendência".

Na verdade, essa intervenção da monarquia imperial, em favor da heditariedade, inseria-se na linha de uma evolução já mais do que semiacabada. Não se multiplicaram, desde o início do século XI, os acordos privados que reconheciam os direitos da descendência sobre um feudo particular ou outro? Se, em 1069, o duque Godofredo da Lorena acreditava ainda poder dispor livremente das "tenências estipendiárias" de seus cavaleiros para dá-las a uma igreja, os "murmúrios" dos fiéis assim lesados ressoaram tão alto que, após sua morte, seu sucessor teve de trocar esse presente por outro.[182] Na Itália legisladora, na Alemanha submetida a reis relativamente poderosos e na França sem leis e, praticamente, quase sem reis, o paralelismo das curvas denuncia a ação de forças mais profundas do que os interesses políticos. Isso, pelo menos, quanto aos feudos ordinários. É no destino reservado aos feudos de dignidade que se deve procurar a marca original conferida à história das feudalidades alemã e italiana por um poder central mais eficaz do que alhures.

Por terem sido diretamente obtidos do Império, a lei de Conrado, por definição, não lhes era aplicável. Restava o preconceito favorável que comumente se vinculava aos direitos do sangue. Ele tampouco deixava de manifestar-se aqui. Desde o século IX, o soberano apenas excepcionalmente decide romper com uma tradição tão digna de respeito. Quando, entretanto, resolve fazê-lo, a opinião, ecoada pelos cronistas, fala comumente em arbitrariedade. Mas, na verdade, quando se trata, seja de recompensar um bom servidor, seja de

---

182. *Cantatorium S. Huberti*, em *SS.*, t. VII, p. 581-2.

afastar uma criança demasiado jovem ou um homem considerado pouco seguro, o passo é frequentemente dado. E isso mesmo devendo-se indenizar o herdeiro assim lesado por meio da outorga de algum outro cargo análogo. Isso porque os condados, em particular, somente trocavam de mãos no interior de um grupo bastante pequeno de famílias, e a vocação condal, em si mesma, se tornou, dessa forma, hereditária muito antes de o serem os próprios condados, isoladamente considerados. Os maiores comandos territoriais, marcas e ducados também foram aqueles que permaneceram, por mais tempo, expostos a tais atos de autoridade. Por duas vezes, durante o século X, viu-se o ducado da Baviera, por exemplo, escapar ao filho do titular anterior. O mesmo ocorreu, em 935, com a marca de Meissen e, em 1075, com a da Lusácia. Por um desses arcaísmos a que a Alemanha da Idade Média estava acostumada, a situação das principais honras do Império permaneceu, até o final do século XI, mais ou menos como na França, sob o reinado de Carlos, o Calvo.

Mas somente até essa data. Ao longo do século, o movimento já vinha se acelerando. Do próprio Conrado II, temos uma concessão de condado a título hereditário. Seu neto Henrique IV e seu bisneto Henrique V reconheceram o mesmo caráter aos ducados da Caríntia e da Suábia, ao condado da Holanda. No século XI, o princípio não será mais contestado. Aí também, os direitos do senhor, mesmo quando este era o rei, tiveram de recuar, pouco a pouco, diante dos das linhagens vassálicas.

4. AS TRANSFORMAÇÕES DO FEUDO VISTAS ATRAVÉS DE SEU DIREITO SUCESSÓRIO

Um filho, um único filho e que estivesse apto a suceder imediatamente: tal hipótese pôde fornecer à nossa análise um cômodo ponto de partida. A realidade era, frequentemente, menos simples. A partir do dia em que a opinião tendeu a reconhecer os direitos do sangue, ela se viu na presença de situações familiares variadas, suscitando, cada uma delas, seus próprios problemas. O estudo, ao menos sumário, das soluções que as diferentes sociedades ofereceram para tais dificuldades permitirá identificar, ao longo da própria existência, as metamorfoses do feudo e do elo vassálico.

O filho ou, em sua ausência, o neto aparecia como o continuador natural do pai, ou do avô, nesses serviços que, frequentemente, ele ajudara a prestar, enquanto este ainda estava em vida. Um irmão, por outro lado, ou um primo já haviam ordinariamente seguido carreira alhures. Por isso, o reconhecimento da hereditariedade colateral realmente dá, em estado puro, a medida da transformação do antigo "benefício" em patrimônio.[183] As resistências foram intensas, sobretudo na Alemanha. Em 1196, o imperador Henrique VI, que solicitava de seus grandes o consentimento a outra hereditariedade, a da coroa real, podia ainda oferecer-lhes, como recompensa por tão bela dádiva, o reconhecimento oficial da devolução dos feudos aos colaterais. O projeto não se concretizou. Exceção feita a disposições expressas inseridas na concessão original ou a costumes particulares, como aquele que, no século XIII, regia os feudos dos ministeriais do Império, jamais, na Idade

---

[183] Os irmãos, todavia, foram rapidamente objeto de privilégios especiais – vide a lei de Conrado II – que, por vezes, em conformidade com as posições de certos direitos populares em favor da geração mais antiga, chegaram a dar-lhes primazia sobre os filhos: cf. G. GARAUD, em *Bullet. Soc. Antiquaires Ouest*, 1921.

Média, os senhores alemães foram obrigados a outorgar investidura a herdeiros outros que não os descendentes: isso, de modo algum, impedia que concedessem de fato, com bastante frequência, tal graça. Alhures, pareceu lógico introduzir uma distinção: o feudo era transmitido, em todos os sentidos, nos limites da posteridade resultante do primeiro beneficiário, e não além. Tal foi a solução do direito lombardo. Ela também inspirou, na França e na Inglaterra, desde o século XII, as cláusulas de numerosas constituições de feudos, recentemente criados. Tratava-se, porém, no caso, de derrogação ao direito comum, pois, nos reinos do Oeste, o movimento pela patrimonialidade fora suficientemente forte para atuar em proveito da quase universalidade dos parentes. Uma única atitude continuou a relembrar que o costume feudal fora elaborado sob o signo do serviço: por muito tempo, rejeitou-se admitir e, na Inglaterra, jamais se aceitou que o vassalo morto tivesse o pai por sucessor; uma tenência militar não podia, sem paradoxo, passar das mãos de um jovem para as de um velho.

Nada parecia, em si mesmo, mais contrário à natureza do feudo do que permitir que fossem herdados por mulheres. Não que a Idade Média as tenha jamais julgado incapazes de exercer poderes de comando. Não espantava a ninguém ver uma alta dama presidir a corte da baronia, no lugar do esposo ausente. Não podiam, porém, portar armas. É significativo que, na Normandia do final do século XII, o uso que já favorecia a vocação hereditária das filhas tenha sido deliberadamente abolido por Ricardo Coração de Leão, tão logo explodiu a inexpiável guerra contra o capetíngio. Os direitos que procuravam conservar, da maneira mais zelosa, o caráter original das instituições – a doutrina jurídica lombarda, os costumes da Síria latina, a jurisdição da corte real alemã – jamais deixaram, em princípio, de recusar à herdeira o que concediam ao herdeiro. O fato de Henrique VI ter oferecido a seus grandes vassalos a supressão dessa incapacidade, assim como da que atingia os colaterais, prova o quanto, na Alemanha, a regra permanecia ainda vivaz. Mas o episódio também diz muito sobre as aspirações da opinião baronal: ademais, o mesmo favor que o Staufen oferecia como atrativo a seus fiéis os fundadores do Império latino de Constantinopla iriam, um pouco mais tarde, exigir de seu futuro soberano. Na verdade, mesmo aí onde a exclusão subsistia teoricamente, ela logo sofreu, na prática, numerosas exceções. Além do fato de ter o senhor a faculdade de não levá-la em consideração, ocorria, por vezes, que ela se inclinasse diante de um costume particular ou fosse expressamente suspensa pelo próprio ato de concessão: assim ocorreu, em 1156, com o ducado da Áustria. Na França e na Inglaterra normanda, já havia muito tempo que se decidira reconhecer às filhas, na ausência de filhos, ou até mesmo a simples parentes, na ausência de parentes de mesmo nível, os mesmos direitos sobre os feudos que sobre os demais bens. É que, muito rapidamente, se percebera que, sendo a mulher incapaz de servir, podia o marido fazê-lo em seu lugar. Por um paralelismo significativo, os exemplos mais antigos em que o costume vassálico primitivo aparece de tal forma desviado em proveito da filha ou do genro são todos referentes a esses grandes principados franceses que foram também os primeiros a conquistar a simples hereditariedade e que, aliás, já não comportavam mais serviços pessoais. Esposo da filha do "principal conde da Borgonha", o robertiano Otão deveu a essa união, em 956, a posse dos condados, base material de seu futuro título ducal. Assim, tendo os direitos sucessórios dos descendentes em linha feminina sido, aliás, admitidos mais ou menos ao mesmo tempo que os das próprias mulheres, as linhagens feudais, pequenas ou grandes, viram abrir-se diante de si a política dos casamentos.

A presença de um herdeiro menor certamente acarretava o mais perturbador dos problemas que, desde o início, o costume feudal teve de resolver. Não sem razão, a literatura de ficção sempre concebeu, de preferência, o grande debate da hereditariedade por esse ângulo. Que ilogismo entregar a uma criança uma tenência militar! Mas que crueldade despojar "o jovenzinho"! A solução que permitiria sair desse dilema fora imaginada já no século IX. O "menor de idade" é reconhecido como herdeiro; mas, até o dia em que for capaz de cumprir seus deveres de vassalo, um administrador provisório manterá, em seu lugar, o feudo, prestará a homenagem e executará os serviços. Não se deve falar em "tutor", pois o *baillistre*, a quem incumbem, assim, os encargos do feudo, também percebe, em seu próprio proveito, suas receitas, sem outras obrigações para com o menor além de garantir sua manutenção. Embora a criação dessa espécie de vassalo temporário atentasse sensivelmente contra a própria noção do laço vassálico, concebido como vinculado ao homem até sua morte, a instituição aliava, com demasiado sucesso, ao sentimento familiar as necessidades do serviço para não ter sido muito amplamente adotada aí onde se estendeu o sistema dos feudos derivado do Império Franco. Somente a Itália, pouco disposta a multiplicar em favor dos interesses feudais os regimes de exceção, preferiu contentar-se com a simples tutela.

No entanto, um curioso desvio logo se manifestou. Para assumir o lugar da criança à frente do feudo, o mais natural era, aparentemente, escolher um membro de sua parentela. Segundo todas as aparências, tal foi, na origem, a regra universal; muitos costumes lhe foram fiéis até o fim. Embora também o senhor tivesse, em relação ao órfão, deveres que decorriam da fé antes prestada pelo morto, a ideia de fazer de si mesmo, durante a menoridade, o suplente de seu próprio vassalo teria originalmente passado por absurda: esse senhor tinha necessidade de um homem, não de uma terra. Mas a realidade desmentiu muito rapidamente os princípios. É significativo que um dos mais antigos exemplos da substituição, ao menos tentada, do parente pelo senhor, como *baillistre*, tenha colocado frente a frente o rei da França, Luís IV, e o jovem herdeiro de uma das maiores honras do reino: a Normandia. Era seguramente melhor comandar pessoalmente em Bayeux ou em Rouen do que ter de contar com a ajuda incerta de um regente do ducado. A introdução, em diversos países, do "arrendamento" senhorial marca o momento em que o valor do feudo, na condição de bem a ser explorado, pareceu ultrapassar, em geral, o dos serviços que dele se podiam esperar.

Em lugar algum esse uso se implantou mais solidamente do que na Normandia e na Inglaterra, onde, de todos os modos, o regime vassálico se organizou em proveito das forças vindas de cima. Os barões ingleses sofriam com isso, quando o senhor era o rei. Beneficiavam-se, ao contrário, quando eles mesmos exerciam esse direito em relação a seus dependentes. A tal ponto que, tendo obtido, em 1100, o retorno ao arrendamento familiar, não souberam ou não quiseram impedir que essa concessão se tornasse letra morta. Na Inglaterra, aliás, a instituição logo se afastou de tal modo de seu significado primitivo que os senhores – o rei, em primeiro lugar – comumente cederam ou venderam a guarda da criança, com a administração de seus feudos. Na corte dos Plantagenetas, um presente dessa natureza era uma das recompensas mais invejadas. Na verdade, por mais belo que fosse poder, em razão de missão tão honrosa, guarnecer os castelos, recolher as rendas, caçar nas florestas ou esvaziar os viveiros, as terras eram, em tal caso, apenas a menor parte da dádiva. A pessoa do herdeiro ou da herdeira valia ainda mais. Isso porque ao senhor guardião ou a seu representante cabia, como veremos, o cuidado de casar suas pupilas; e tampouco deixavam de fazer desse direito um comércio.

Que o feudo tivesse, em princípio, de ser indivisível, nada era mais evidente. Caso se tratasse de função pública, ao tolerar a divisão, a autoridade superior corria o risco de deixar enfraquecerem-se os poderes de comando exercidos em seu nome e, ao mesmo tempo, tornar o controle mais incômodo. Se fosse um simples feudo cavalheiresco, o desmembramento tumultuava a prestação dos serviços, bastante difíceis de dosar eficazmente entre os diferentes compartes. Além disso, tendo a concessão primitiva sido calculada para prover o soldo de um único vassalo, com seu séquito, os fragmentos podiam não bastar para a manutenção dos novos detentores, condenando-os, assim, a mal armarem-se ou a procurarem fortuna alhures. Convinha, portanto, que, tornada hereditária, a tenência, ao menos, passasse apenas para um único herdeiro. Mas, sobre este ponto, as exigências da organização feudal entravam em conflito com as regras ordinárias do direito sucessório, favoráveis, na maior parte da Europa, à igualdade dos herdeiros de mesmo grau. Sob a ação das forças antagonistas, esse grave debate jurídico recebeu soluções variáveis segundo os lugares e as épocas.

Uma primeira dificuldade se apresentava: entre postulantes igualmente próximos do defunto – entre seus filhos, por exemplo –, que critério adotar para a escolha do herdeiro único? Séculos de direito nobiliário e de direito dinástico nos acostumaram a atribuir uma espécie de evidência ao privilégio da primogenitura. Na verdade, este não é mais natural do que tantos outros mitos sobre os quais repousam hoje nossas sociedades: a ficção majoritária, por exemplo, que faz da vontade do maior número a intérprete legítima dos próprios opositores. Até nas casas reais, a ordem de primogenitura não foi aceita, na Idade Média, sem muitas resistências. Em alguns campos, costumes que remontavam a priscas eras favoreciam, de fato, um dos filhos; mas era o mais jovem. Quando se tratava de um feudo, o uso primitivo parece ter reconhecido ao senhor a faculdade de investir aquele dos filhos que julgasse mais apto. Tal ainda era, por volta de 1060, a regra na Catalunha. Por vezes, também, o próprio pai designava seu sucessor com base na escolha do chefe, após ter-se mais ou menos associado a ele, durante a vida, no serviço. Ou, ainda, permanecendo os herdeiros na indivisão, a investidura era coletiva.

Em lugar algum, tais procedimentos arcaicos resistiram mais do que na Alemanha. Lá, permaneciam em vigor em pleno século XII. Ao seu lado, outro uso manifestava, ao menos na Saxônia, a profundidade do sentimento familiar: os próprios filhos elegiam, dentre eles, aquele a quem deveria caber a herança. Naturalmente, podia ocorrer, e frequentemente ocorria, que, qualquer que fosse o método adotado, a escolha recaísse sobre o primogênito. Entretanto, o direito alemão rejeitava conceder a tal preferência uma força obrigatória.

Era, como diz um poeta, um uso "*welche*", um "artifício estrangeiro".[184] Não dispusera, em 1169, o próprio imperador, Frederico Barba-Ruiva, da coroa em favor do filho mais novo? Ora, a ausência de qualquer princípio de discriminação nitidamente estabelecido entre os herdeiros tornava, na prática, a observação da indivisibilidade singularmente incômoda. Além disso, nas terras do Império, as velhas representações coletivas, hostis à desigualdade entre homens do mesmo sangue, não encontravam, na política feudal dos poderes reais ou principescos, um contrapeso tão poderoso quanto em outros lugares. Menos dependentes dos serviços de seus vassalos do que na França, os reis e chefes territoriais da Alemanha, a quem a estrutura legada pelo Estado carolíngio pareceu, por muito tempo, bastar para estabelecerem seus direitos de comando, concediam naturalmente uma atenção menos intensa ao sistema dos feudos. Os reis, em particular, dedicaram-se quase exclusivamente – como fez, em 1158, Frederico Barba-Ruiva – a proscrever o desmembramento dos "condados, marcas e ducados". Porém, na mesma época, a fragmentação dos condados já fora, ao menos, iniciada. Em 1255, um título ducal, o da Baviera, foi, pela primeira vez, dividido, com o próprio território do ducado. Quanto aos feudos ordinários, a lei de 1158 tivera de reconhecer que sua divisão era lícita. O *Landrecht*, em suma, prevalecera finalmente sobre o *Lehnrecht*. A reação veio apenas bem mais tarde, pelo final da Idade Média e sob a ação de forças diferentes. Nos grandes principados, foram os próprios príncipes que, por meio das leis sucessórias apropriadas, se esforçaram em prevenir o esmigalhamento de um poder adquirido à custa de tantos cuidados. Para os feudos em geral, a introdução da primogenitura, pelo desvio do morgado, foi concebida como um meio de fortalecer a propriedade nobiliária. Inquietações dinásticas e preocupações de classes completaram assim, tardiamente, o que o direito feudal fora incapaz de realizar.

Na maior parte da França, a evolução seguiu linhas bem diferentes. Aos reis apenas interessou proibir o fracionamento dos grandes principados territoriais, formados pela aglomeração de vários condados, enquanto puderam empregar tais agrupamentos de forças na defesa do país. Mas, muito rapidamente, os chefes provinciais se tornaram, para a realeza, adversários, muito mais do que servidores. Os condados, isoladamente considerados, foram raramente divididos; de seu conjunto, em contrapartida, cada um dos filhos tirava sua parte da herança. Com isso, a cada geração, o feixe ameaçava espalhar-se. Com bastante rapidez, as casas principescas tomaram consciência do perigo e, mais cedo ou mais tarde, remediaram-no por meio da primogenitura. No século XII, tratava-se, praticamente em todos os lugares, de fato consumado. Assim como na Alemanha, mas em data sensivelmente anterior, os grandes comandos de outrora haviam retornado à indivisibilidade, menos na condição de feudos do que como Estados de um novo tipo.

Quanto aos feudos de menor importância, os interesses do serviço, muito mais respeitados nessa terra de eleição da feudalidade, não tardaram, após algumas tentativas, a fazer com que fossem submetidos à lei precisa e clara da primogenitura. No entanto, à medida que a tenência de outrora se transformava em bem patrimonial, parecia mais difícil excluir os filhos mais novos da sucessão. Apenas alguns costumes excepcionais, como o da região de Caux, salvaguardaram, até o fim, o princípio em todo seu rigor. Alhures, admitiu-se

---

184. WOLFRAM VON ESCHENBACH. *Parzival*, I, str. 4-5.

que o primogênito, moralmente obrigado a não deixar seus irmãos sem subsistência, podia, ou até mesmo devia, ceder-lhes o gozo de alguns fragmentos da terra paterna. Assim se estabeleceu, em um grande número de províncias, a instituição geralmente conhecida como *parage*. Apenas o primogênito prestava homenagem ao senhor e, por conseguinte, somente ele assumia a responsabilidade pelos encargos. Era a ele que seus irmãos deviam suas porções. Por vezes, como na Île-de-France, prestavam-lhe, por sua vez, a homenagem. Noutras, como na Normandia e no Anjou, a força do laço familiar parecia tornar inútil, no interior desse grupo de parentes, qualquer outra forma de vínculo: ao menos, até o dia em que, tendo o feudo principal e os feudos subordinados passado de uma geração para outra, as relações de parentesco entre os sucessores dos *paragers* primitivos acabavam, no fim, atingindo graus demasiado distantes para que parecesse judicioso apoiar-se unicamente na solidariedade do sangue.

Apesar de tudo, esse sistema estava longe de prevenir todos os inconvenientes do esfacelamento. É por isso que, na Inglaterra, onde fora inicialmente introduzido, após a Conquista, ele foi abandonado, em meados do século XII, em proveito da primogenitura estrita. Na própria Normandia, os duques que, para o recrutamento de suas tropas, conseguiram tirar tão notável proveito das obrigações feudais, jamais admitiram o *parage* senão quando a sucessão comportava diversos feudos de cavaleiros, suscetíveis de serem distribuídos, um por um, entre os herdeiros. Caso houvesse apenas um, passava integralmente para o primogênito. Mas tal rigor na delimitação da unidade de serviço somente era possível sob a ação de uma autoridade territorial excepcionalmente poderosa e organizadora. No resto da França, embora a teoria consuetudinária previsse que fossem subtraídos ao desmembramento, ao menos, os feudos mais consideráveis, comumente designados como baronias, na verdade, era quase sempre a massa sucessória inteira que, sem distinção entre seus elementos, os herdeiros partilhavam entre si. Apenas a homenagem prestada ao primogênito e a seus descendentes por ordem de primogenitura preservava algo da indivisibilidade antiga. Finalmente, até mesmo tal salvaguarda acabou desaparecendo, em condições que muito nos esclarecem sobre as últimas metamorfoses da instituição feudal.

Por muito tempo, a hereditariedade, antes de ser um direito, era tida como um favor. Parecia, portanto, conveniente que o novo vassalo marcasse seu reconhecimento para com o senhor por meio de um presente, cujo uso é atestado desde o século IX. Ora, nessa sociedade, essencialmente costumeira, toda doação benévola, por pouco habitual que fosse, estava destinada a transformar-se em obrigação. Aqui, a prática tanto mais facilmente ganhou força quanto encontrava, ao seu redor, alguns precedentes. Desde uma época certamente muito antiga, ninguém podia entrar na posse de uma terra camponesa, onerada por tributos e serviços em proveito de um senhor, sem ter previamente recebido deste uma investidura que, ordinariamente, não era gratuita. Ora, embora o feudo militar fosse uma tenência de tipo muito particular, ele se inseria nesse sistema de direitos reais emaranhados que caracterizava o mundo medieval. *Relief*, "resgate", por vezes "mão-morta": as palavras, na França, são as mesmas, em ambos os lados, quer a taxa sucessória pese sobre o bem de um vassalo, de um camponês ou mesmo de um servo.

O resgate propriamente feudal se distinguia, no entanto, por suas modalidades. Assim como, até o século XIII, a maioria das rendas análogas, ele era mais frequentemente pago, ao menos parcialmente, em gêneros. Mas aí onde o herdeiro do camponês entregava, por exemplo, uma cabeça de gado, o do vassalo militar devia uma "armadura" de guerra, isto é, um cavalo ou armas, ou ainda ambos ao mesmo tempo. Assim, muito naturalmente, o senhor adaptava suas exigências à forma dos serviços que oneravam a terra.[185] Por vezes, o novo investido devia tão somente essa armadura, podendo, aliás, liberar-se, por acordo mútuo, com o pagamento de uma quantia de moedas equivalente. Em outras, ao fornecimento do cavalo de batalha ou *roncin*, vinha juntar-se uma taxa em numerário. Ou, ainda, em certos casos, tendo as demais prestações caído em desuso, o pagamento se fazia inteiramente em dinheiro. A variedade, em uma palavra, era, no detalhe, quase infinita, pois a ação do costume conseguira cristalizar, por região, por grupo vassálico ou até mesmo feudo por feudo, hábitos nascidos frequentemente dos acasos mais caprichosos. Apenas as divergências fundamentais têm valor de sintomas.

A Alemanha muito rapidamente restringiu a obrigação do resgate quase exclusivamente aos feudos, de ordem inferior, detidos por oficiais senhoriais, que eram frequentemente de origem servil. Foi essa certamente uma das expressões da hierarquização das classes e dos bens, tão característica, na Idade Média, da estrutura alemã. Suas repercussões seriam consideráveis. Quando, por volta do século XIII, em razão da decadência dos serviços, tornou-se praticamente impossível extrair soldados dos feudos, o senhor alemão já não pôde extrair mais nada: carência grave, sobretudo para os Estados, pois era dos príncipes e dos reis que dependiam naturalmente os feudos mais numerosos e os mais ricos.

Os reinos do Oeste, ao contrário, conheceram um estágio intermediário, no qual o feudo, reduzido a quase nada como fonte de serviços, permanecia lucrativo como fonte de ganhos. Isso graças, acima de tudo, ao resgate, cuja aplicação era aqui muito generalizada. Os reis da Inglaterra, no século XII, extraíram-lhe quantias enormes. Foi a esse título que, na França, Filipe Augusto fez com que lhe fosse cedida a praça forte de Gien, que lhe abria uma passagem sobre o Loire. A opinião senhorial como um todo chegou ao ponto de não reconhecer na massa dos pequenos feudos mais nada que fosse de interesse, além das taxas sucessórias. Não se chegou, no século XIV, na região parisiense, a admitir oficialmente que a prestação do *roncin* dispensava o vassalo de qualquer obrigação pessoal além do dever, puramente negativo, de jamais prejudicar seu senhor? Entretanto, à medida que os feudos entravam cada vez mais cedo nos patrimônios, mais dificilmente seus destinatários se resignavam a ter de abrir os cordões de suas bolsas para obter uma investidura que lhes parecia então de direito. Incapazes de impor a abolição do encargo, conseguiram, com o tempo, que este fosse sensivelmente atenuado. Certos costumes o mantiveram apenas para os colaterais, cuja vocação hereditária parecia menos evidente. Acima de tudo – em conformidade com um movimento que se desenvolveu, a partir do século XII, de alto a baixo na escala social –, tendeu-se a substituir pagamentos variáveis, cujo montante era determinado caso a caso por um ato arbitrário ou após espinhosas negociações, pela regularidade

---

185. Certos historiadores explicam essa prestação pelo costume que teriam tido, na origem, os senhores de equiparem por si próprios seus vassalos; a armadura assim fornecida devia, diz-se, ser devolvida após a morte do homem. Mas, a partir do momento em que o filho era, por sua vez, aceito como vassalo, de que servia tal restituição? A interpretação aqui proposta tem a vantagem de dar conta da evidente semelhança entre o resgate feudal e as demais obrigações de natureza vizinha: por exemplo, os direitos de entrada em certos ofícios, também pagos ao senhor sob a forma de objetos que correspondiam à profissão do devedor.

de tarifas imutavelmente graduadas. A situação ainda era tolerável quando – segundo um costume frequente na França – se adotava como norma o valor da receita anual advinda da terra: tal base de avaliação era imune às flutuações monetárias. Nos lugares em que, ao contrário, as taxas foram estabelecidas, de uma vez por todas, em numerário – o mais ilustre exemplo disso é fornecido pela Magna Carta inglesa –, a renda encontrou-se finalmente atingida pela depreciação progressiva que, desde o século XII até os tempos modernos, seria o destino fatal de todos os créditos perpetuamente fixados.

Entrementes, contudo, a atenção concedida a esses direitos casuais modificara inteiramente os termos do problema sucessório. Embora salvaguardasse os serviços, o *parage* reduzia os lucros do resgate, restringindo-o às mutações advindas no ramo primogênito, o único diretamente ligado ao senhor do feudo original. Facilmente aceita enquanto os serviços prevaleceram sobre todo o resto, tal carência de ganhos pareceu insuportável assim que se deixou de vincular àqueles muitas vantagens. A tal ponto que, exigida pelos barões da França e provavelmente obtida sem dificuldades por um soberano, ele próprio o maior senhor do reino, a primeira lei promulgada por um rei capetíngio, em matéria feudal, teve precisamente por objeto, em 1209, a supressão do *parage*. Estava fora de cogitação abolir o fracionamento, definitivamente integrado aos costumes. Mas, a partir de então, todos os lotes tinham de depender, sem intermediários, do senhor primitivo. Na verdade, "o estabelecimento" de Filipe Augusto não parece ter sido muito fielmente observado. Mais uma vez, as velhas tradições do direito familiar estavam em conflito com os princípios propriamente feudais: após terem imposto o desmembramento do feudo, atuavam agora para impedir que os efeitos dessa fragmentação não atentassem contra a solidariedade da linhagem. O *parage*, na verdade, despareceu apenas lentamente. A mudança de atitude, a seu respeito, da opinião baronal francesa não deixa de marcar, com rara nitidez, o momento em que, entre nós, o feudo, antes salário da fidelidade armada, descera ao nível de uma tenência, acima de tudo, rentável.[186]

5. A FIDELIDADE NO COMÉRCIO

Sob os primeiros carolíngios, a ideia segundo a qual o vassalo podia alienar o feudo, a seu bel-prazer, teria parecido duplamente absurda, pois o bem de modo algum lhe pertencia e, além disso, lhe era confiado apenas em troca de deveres estritamente pessoais. Entretanto, à medida que a precariedade original da concessão foi sendo menos claramente sentida, os vassalos, com carência de dinheiro ou de generosidade, tenderam com maior frequência a dispor livremente daquilo que, no passado, tinham por coisa sua. Eram encorajados a isso pela Igreja que, de todos os modos, trabalhou tão eficazmente, durante a Idade Média, para fazer com que caíssem os entraves, tanto senhoriais como familiares, por meio dos quais os velhos direitos haviam constrangido a posse individual: as esmolas teriam se tornado impossíveis; o fogo do inferno, que elas apagavam, teria queimado irremediavelmente; e as comunidades religiosas, por fim, teriam corrido o risco de perecer de inanição, caso tantos senhores, que possuíam apenas feudos, se tivessem visto impedidos

---

[186]. As mesmas preocupações impuseram, na Inglaterra, em 1290, a proibição de praticar a venda do feudo sob a forma de subenfeudação. O comprador teve, a partir de então, de receber o bem diretamente do senhor de seu vendedor.

de separar algo de seu patrimônio, em proveito de Deus e de seus santos. Na verdade, a alienação do feudo assumia, segundo os casos, dois aspectos muito diferentes.

Em certos casos, ela incidia somente sobre uma fração do bem. Os encargos tradicionais, que, no passado, haviam pesado sobre o todo, se reuniam agora, de alguma forma, sobre a única parte que permanecia nas mãos do vassalo. Salvo nas hipóteses, cada vez mais excepcionais, de confisco ou de ausência de herdeiros naturais, o senhor nada perdia, portanto, de útil. Podia, todavia, temer que o feudo, assim diminuído, não bastasse para manter um dependente capaz de cumprir seus deveres. A alienação parcial, em uma palavra, entrava – ao lado, por exemplo, das isenções de rendas outorgadas aos habitantes da terra – sob a rubrica daquilo a que o direito francês chamava "abreviação" do feudo: isto é, sua desvalorização. Diante dela, assim como diante da abreviação em geral, os costumes reagiram diferentemente. Uns acabaram por autorizá-la, embora a limitando. Outros persistiram, até o fim, em submetê-la à aprovação do senhor imediato, ou até mesmo dos diferentes senhores, escalonados uns sobre os outros. Naturalmente, tal assentimento era ordinariamente comprado e, por tratar-se de fonte de arrecadações lucrativas, entendeu-se cada vez menos que se pudesse recusá-lo. Mais uma vez, a preocupação com o ganho ia de encontro à preocupação com o serviço.

A alienação integral encontrava-se ainda mais oposta ao espírito do laço. Não que os encargos estivessem, aí também, ameaçados de desaparecer, pois seguiam a terra. Mas o servente mudava. Era levar ao extremo o paradoxo que já resultava da hereditariedade. Como esperar esse lealismo inato, que, com um pouco de otimismo, era possível projetar em gerações sucessivas de uma mesma linhagem, de um desconhecido, que, em relação à vassalagem cujos deveres assim assumia, não possuía outro título além de ter-se encontrado na hora certa, com a bolsa cheia? O perigo, na verdade, esvaía-se caso o senhor fosse obrigatoriamente consultado. Por muito tempo, ele o foi. Mais precisamente, fazia, primeiro, com que se lhe restituísse o feudo; então, se era de sua vontade, reinvestia o adquirente, após ter recebido sua homenagem. Quase sempre, é claro, um acordo prévio permitia ao vendedor ou doador desfazer-se do bem apenas após ter visto, de antemão, o aceite do substituto com quem tratara. Certamente, a operação assim compreendida se produziu praticamente desde que houve feudos ou "benefícios". Assim como para a hereditariedade, a etapa decisiva foi cumprida quando o senhor perdeu, primeiro, diante da opinião e, depois, do direito, a faculdade de recusar a nova investidura.

Evitemos, aliás, imaginar uma curva sem quebraduras. Em razão da anarquia dos séculos X e XI, os direitos dos senhores de feudos caíram frequentemente no esquecimento. Voltaram, por vezes, a entrar em vigor, nos séculos seguintes, graças aos progressos da lógica jurídica e, ao mesmo tempo, sob a pressão de certos Estados, interessados na boa organização das relações feudais. Foi o caso na Inglaterra dos plantagenetas. Em um ponto, esse reforço dos preceitos antigos chegou até mesmo a tornar-se quase universal. No século XIII, admitia-se, de modo muito mais generalizado e firme do que no passado, que o senhor pudesse opor-se absolutamente à transferência de um feudo a uma igreja. O próprio esforço realizado pelo clero em destacar-se da sociedade feudal parecia justificar, mais do que nunca, uma regra que se fundava na inaptidão dos clérigos para o serviço das armas. Reis e príncipes pressionavam por sua observância, pois viam nela ora uma salvaguarda contra temíveis açambarcamentos, ora um meio de extorsões fiscais.

Exceção feita a esse caso, o consentimento senhorial não tardou a sofrer a habitual degradação; chegou a legitimar simplesmente a arrecadação de uma taxa de mutação. Outro recurso, é verdade, era geralmente concedido ao senhor: guardar para si o feudo em transferência, indenizando o adquirente. Assim, o enfraquecimento da supremacia senhorial se traduzia exatamente pela mesma instituição que a decadência da linhagem: paralelismo tanto mais espantoso quanto, nos lugares em que faltava a "remição" de linhagem, como na Inglaterra, também a "remição" feudal se fazia ausente. Nada melhor, aliás, do que este último privilégio reconhecido aos senhores para manifestar o quanto o feudo já estava solidamente enraizado no patrimônio do vassalo, pois, para reaver o que, em suma, era legalmente seu, tinham doravante de desembolsar o mesmo preço que outro comprador. Na verdade, pelo menos desde o século XII, os feudos eram vendidos ou cedidos quase livremente. A fidelidade entrara no comércio. E isso não iria reforçá-la.

CAPÍTULO V
O homem de vários senhores

1. A PLURALIDADE DAS HOMENAGENS

"Um samurai não tem dois senhores": nesta máxima do Japão antigo, que, em 1912, o marechal Nogi invocava para recusar-se a sobreviver a seu imperador, se expressa a inelutável lei de todo sistema de fidelidades, vigorosamente concebido. Tal fora, sem dúvida, a regra da vassalagem franca, em seus primórdios. Embora as capitulares carolíngias não a formulem em termos expressos, provavelmente por parecer evidente, todas suas disposições a postulam. O recomendado podia mudar de senhor, caso o personagem a quem levara inicialmente sua fé consentisse em devolvê-la. Devotar-se a um segundo senhor, permanecendo como homem do primeiro, era estritamente proibido. Regularmente, observam-se as partilhas do Império tomarem as medidas necessárias para evitar todo cruzamento vassálico. A memória desse rigor inicial se conservou por muito tempo. Por volta de 1160, um monge de Reichenau, tendo colocado por escrito o regulamento do serviço da hoste, tal como exigiam os imperadores de sua época para suas expedições romanas, imaginou inserir tal texto apocrifamente sob o venerável nome de Carlos Magno. "Se, por acaso", disse ele, em termos que certamente julgava conformes o espírito dos costumes antigos, "um mesmo cavaleiro encontrar-se vinculado a vários senhores, em razão de 'benefícios' diferentes, *o que não agrada a Deus...*"[187]

Entretanto, já havia muito tempo, nessa época, que se adquirira o costume de ver os membros da classe cavaleiresca constituírem-se em vassalos, ao mesmo tempo, de dois ou até mesmo vários senhores. O exemplo mais antigo que tenha sido, até o momento, iden-

---

187. *Mon. Germ. Constitutiones*, t. I, n. 447, c. 5.

tificado data de 895 e provém da Touraine.[188] Por todo lado, os casos se tornam cada vez mais numerosos nos séculos seguintes: a tal ponto que, no século XI, um poeta bávaro e, por volta do século XII, um jurista lombardo consideram expressamente tal situação como normal. Os números alcançados por essas homenagens sucessivas eram, por vezes, muito elevados. Nos últimos anos do século XIII, um barão alemão se reconhecia, assim, como homem de feudo de vinte senhores diferentes; outro de 43.[189]

Tanto quanto nós, os mais refletidos dentre os contemporâneos perceberam que tal pluralidade de submissões era a própria negação da devoção do ser como um todo, prometida a um chefe livremente escolhido por exigência do contrato vassálico, em seu frescor original. De tempos em tempos, um jurista, um cronista ou até mesmo um rei, como São Luís, relembram melancolicamente aos vassalos a palavra de Cristo: "Ninguém pode servir a dois senhores." Pelo final do século XI, um bom canonista, o bispo Ivo de Chartres, entendia dever desobrigar um cavaleiro do juramento de fidelidade – vassálico, segundo todas as aparências – que prestara a Guilherme, o Conquistador; isso porque, dizia o prelado, "tais compromissos são contrários aos que tal homem contraiu anteriormente para com os senhores legítimos, por direito de nascimento, do quais recebeu previamente seus benefícios hereditários". Surpreende que esse intenso desvio tenha ocorrido tão cedo e tão amplamente.

Os historiadores responsabilizam em geral o costume que muito cedo se adquiriu de remunerar os vassalos por meio de feudos. Não se pode duvidar, com efeito, que a atração de belas terras ao sol tenha levado mais de um guerreiro a multiplicar as prestações de homenagens. Quando se vê, sob Hugo Capeto, um vassalo direto do rei recusar-se a socorrer um conde, antes que este o aceite, de mãos juntas, como seu homem, é, diz ele, "que não é costume, entre os francos, combater de outro modo, senão na presença ou sob ordens de seu senhor". O pretexto era belo; a realidade muito menos. Sabemos, pois, que uma aldeia da Île-de-France foi o preço desta fé inteiramente nova.[190] Resta, todavia, explicar como os senhores tão facilmente acolheram ou, até mesmo, solicitaram essas metades, terços ou quartos de devoção, e como os vassalos puderam, sem escândalo, oferecer tantas promessas contraditórias. Deve-se, com maior precisão, invocar, no lugar da instituição da tenência militar em si mesma, a evolução que fez da concessão permanente de outrora um bem patrimonial e um objeto de comércio? Por certo, dificilmente se imaginará que o cavaleiro que, já tendo levado sua fé a um primeiro senhor, se encontrava, por herança ou por compra, empossado de um feudo e sob a dependência de um senhor diferente, não tenha preferido, na maioria das vezes, resignar-se a uma nova submissão a renunciar a este feliz incremento de sua fortuna.

É preciso, entretanto, cuidado. A dupla homenagem não foi, na época, a sequência da hereditariedade; seus mais antigos exemplos aparecem, ao contrário, como sendo mais

---

188. H. MITTEIS. *Lehnrecht und Staatsgewalt* p. 103 e W. KIENAST em *Historische Zeitschrift*, t. CXLI, 1929-1930, acreditam ter identificado exemplos mais antigos. Mas o único em que se vê verdadeiramente expressar-se uma dupla fidelidade está relacionado à divisão da autoridade, em Roma, entre o papa e o imperador: dualismo de soberania, não de relação entre senhor e recomendado. O foral de Saint-Gall, que nem Ganshof nem Mitteis puderam encontrar e que leva no *Urkundenbuch* o n. 440, refere-se a uma cessão de terra em troca de um censo.
189. *Ruodlieb*, ed. F. Seiler, I, v. 3. K. LEHMANN. *Das Langobardische Lehnrecht*, II, 2, 3. W. LIPPERT. *Die deutschen Lehnsbücher*, p. 2.
190. *Vita Burchardi*, ed. de la Roncière, p. 19; cf, p. XVII.

ou menos exatamente contemporâneos desta, ainda em estado de prática nascente. E, logicamente, tampouco era sua consequência necessária. O Japão, que, salvo em casos excepcionais de abuso, jamais conheceu fidelidades múltiplas, teve seus feudos hereditários, e até mesmo alienáveis. Mas, como cada vassalo só os recebia de um único senhor, sua passagem de uma geração para outra se resumia simplesmente a fixar, em uma linhagem de serventes, a vinculação a uma linhagem de chefes. Quanto à sua cessão, somente era permitida dentro dos limites do grupo de fiéis, centrado em torno de um senhor comum. Regras muito simples, das quais a segunda, aliás, foi frequentemente imposta, até mesmo em nossa Idade Média, a dependentes de grau inferior: os rendeiros das senhorias rurais. Não teria sido inconcebível extrair disso a lei tutelar da vassalagem. Ninguém, contudo, parece tê-lo concebido. Na verdade, destinada a tornar-se, incontestavelmente, uma das principais causas da dissolução da sociedade vassálica, a própria proliferação das homenagens, de um só homem a vários senhores, fora, originalmente, apenas um sintoma, entre outros, da fragilidade quase congênita que afetava, por razões que teremos de examinar, um laço que se apresentava, no entanto, tão constrangedor.

Desde sempre, tal diversidade de vínculos fora incômoda. Nos momentos de crise, o dilema se fazia demasiado urgente para que a doutrina ou os costumes pudessem furtar-se de oferecer-lhe uma resposta. Quando dois de seus senhores vinham a guerrear um contra o outro, qual era o dever do bom vassalo? Abster-se teria simplesmente significado duplicar a felonia. Era, portanto, preciso escolher. Como? Foi elaborada toda uma casuística, que as obras dos juristas não monopolizaram. Ela aparece também, sob a forma de estipulações cuidadosamente equilibradas, nos diplomas que, a partir do momento em que a escrita passou a se impor, acompanharam, cada vez mais frequentemente, os juramentos de fé. A opinião parece ter oscilado entre três critérios principais. Podia-se, primeiramente, classificar as homenagens por ordem de data: a mais antiga prevalecia sobre a mais recente; muitas vezes, na própria fórmula por meio da qual se reconhecia homem de um novo senhor, o vassalo resguardava expressamente a fidelidade um dia prometida a um senhor anterior. Entretanto, surgia outra ideia que, por sua ingenuidade, projeta uma luz bastante crua sobre o pano de fundo de tantas manifestações de devoção: o mais respeitável dos senhores era aquele que dera o feudo mais rico. Em 895, em uma situação levemente diferente, já se ouvira o conde de Le Mans, a quem os cônegos de Saint-Martin [São Martinho] pediam que chamasse à ordem um de seus vassalos, responder que esse personagem era "muito mais" vassalo do conde-abade Robert, "pois devia a este um benefício mais importante". Tal era, ainda no final do século XI, a regra seguida, em caso de conflito de homenagens, pela corte condal da Catalunha.[191] Por fim, podia ocorrer que, transferindo para a outra margem o nó do debate, se adotasse, como pedra de toque, a própria razão de ser da luta: perante o senhor envolvido na defesa de sua própria causa, a obrigação parecia mais imperiosa do que em relação àquele que se limitava a socorrer seus "amigos".

Nenhuma dessas soluções, aliás, esgotava o problema. Que um homem tivesse de combater seu senhor já era bastante grave; podia-se, além disso, aceitar vê-lo empregar, para

---

191. GANSHOF. *Depuis quand aton pu en France être vassal de plusieurs seigneurs?* em "Mélanges", Paul FOURNIER, 1929. *Us. Barc.*, c. 25.

este fim, os recursos dos feudos que lhe foram confiados para desígnios totalmente diversos? Contornou-se a dificuldade, autorizando o senhor a confiscar provisoriamente, até a paz, os bens antes enfeudados ao vassalo, por enquanto legitimamente infiel. Ou então, mais paradoxalmente, admitiu-se que, sujeito a servir pessoalmente aquele dos dois inimigos para o qual ia, acima de tudo, sua fé, ainda assim devia o vassalo reunir, nas terras recebidas do outro protetor, tropas formadas particularmente por seus próprios feudatários, caso os tivesse, de modo a colocá-las à disposição deste senhor de segundo grau. Assim, por uma espécie de prolongamento do abuso primitivo, o homem de dois chefes se arriscava, por sua vez, a enfrentar, no campo de batalha, seus próprios súditos.

Tais sutilezas, que os esforços de conciliação dos diferentes sistemas tornavam ainda mais complicadas, praticamente não produziram outros resultados além de abandonarem ao arbítrio do vassalo uma decisão que, muitas vezes, era longamente negociada. Quando, em 1184, explodiu a guerra entre os condados do Hainaut e da Flandres, o senhor de Avesnes, simultaneamente vassalo dos dois barões, começou por solicitar, à corte do primeiro dentre eles, um julgamento que fixasse sabiamente suas obrigações. Então, aderiu, com todas suas forças, ao partido flamengo. Uma fidelidade tão vacilante ainda era uma fidelidade?

2. GRANDEZA E DECADÊNCIA DA HOMENAGEM LÍGIA

Entretanto, nessa sociedade, que não encontrava, nem no Estado nem na família, cimentos suficientes, a necessidade de unir solidamente os subordinados ao chefe era tão intensa que, tendo a homenagem ordinária falhado tão notoriamente em sua missão, foi feita uma tentativa de sobrepor-lhe uma espécie de super-homenagem. Era a homenagem "lígia".

A despeito de algumas dificuldades fonéticas, comuns, na Idade Média, à história de muitos termos de direito – provavelmente porque, sendo, ao mesmo tempo, eruditos e populares, eles passavam perpetuamente de um registro linguístico para outro –, não se deve duvidar de que o famoso adjetivo "lígio" derivasse de um vocábulo franco, cujo correspondente, no alemão moderno, é *ledig*: livre, puro. Os escribas renanos que, no século XIII, traduziam "homem lígio" por *ledichman* já perceberam o paralelismo. Seja qual for, aliás, o problema de embriogenia, afinal de contas secundário, o próprio sentido do epíteto, tal como empregado pelo francês medieval, nada tem de obscuro. Mais uma vez, tinham razão os notários do Reno que o traduziam, desta vez em latim, por *absolutus*. Ainda hoje, "absoluto" constituiria a tradução menos inexata. Da residência a que estavam sujeitos alguns clérigos, em suas igrejas, dizia-se, por exemplo, que devia ser "pessoal e lígia". Mais frequentemente, era o exercício de um direito que era assim qualificado. No mercado de Auxerre, o peso*, monopólio condal, era "lígio do conde". Livre, pela morte, de todo poder marital, a viúva estendia a seus bens sua "lígia viuvez". No Hainaut, a reserva diretamente explorada pelo senhor constituía, por oposição às tenências, suas "lígias terras". Quando dois monastérios da Île-de-France dividem entre si uma senhoria até então indivisa, cada metade se torna "lígia" do estabelecimento que será, doravante, seu único possuidor. Não

---

*. Bloch alude ao direito de medida, isto é, ao direito senhorial de determinar o peso e a medida das coisas para os súditos dependentes de uma senhoria. (N.T.)

se empregavam outros termos quando esse poder exclusivo pesava, não sobre coisas, mas sobre homens. Sem outro superior canônico além de seu arcebispo, o abade de Morigny se declarava "lígio de Monsenhor de Sens". Em muitas regiões, o servo, vinculado ao senhor pelos laços mais rigorosos existentes, era designado como seu "homem lígio" (a Alemanha empregava, por vezes, na mesma acepção, *ledig*).[192] Muito naturalmente, quando, entre as homenagens de um mesmo vassalo a vários senhores, se imaginou identificar alguma cuja originalidade devia ser uma fidelidade suficientemente "absoluta" para superar todas as demais promessas, costumou-se falar em "homenagens lígias", em "senhores lígios", e também – com esse admirável desprezo, que já encontramos, pelo equívoco – em "homens lígios", agora vassalos e não mais servos.

Na origem do desenvolvimento, encontram-se compromissos ainda desprovidos de terminologia específica: o senhor, recebendo a homenagem de um vassalo, fazia simplesmente com que este jurasse preferir a fé assim contraída a todos os demais deveres. Mas, exceção feita a algumas regiões em que o vocabulário referente à condição lígia foi introduzido apenas tardiamente, essa fase de gênese anônima se perde, aos nossos olhos, na névoa dos tempos em que sequer as promessas mais sagradas assumiam a forma escrita. Isso porque, em um vasto domínio, a entrada em cena da palavra lígio, assim como da coisa, seguiu de muito perto a generalização das fidelidades múltiplas. As homenagens assim qualificadas surgem, ao acaso dos textos, no Anjou, por volta de 1046, um pouco mais tarde no Namurois e, depois, a partir da segunda metade do século, na Normandia, na Picardia e no condado da Borgonha. Tal prática já era, em 1095, suficientemente difundida para atrair a atenção do Concílio de Clermont. Por volta da mesma época, ela fizera sua aparição, sob outra denominação, no condado de Barcelona: em vez de homenagem lígia, os catalães diziam, em língua puramente românica, "homem sólido" (*soliu*). Desde o final do século XII, a instituição alcançara praticamente toda a extensão de que era suscetível. Pelo menos, na medida em que a palavra lígio atendia a uma realidade viva. Mais tarde, tendo, como veremos, seu sentido original se enfraquecido singularmente, seu emprego se tornou, nas chancelarias, quase uma questão de moda. Se nos limitarmos aos documentos anteriores a 1250, aproximadamente, o mapa, por mais imprecisos que permaneçam seus contornos na ausência de inventários sistemáticos, oferece uma lição bastante clara. Ao lado da Catalunha – espécie de marca colonial fortemente feudalizada –, a Gália de entre o Mosa e o Loire e a Borgonha foram a verdadeira pátria da nova homenagem. De lá, emigraram para as feudalidades de importação: Inglaterra, Itália normanda, Síria. Em torno de seu foco original, seu uso estendeu-se para o sul, até o Languedoc, de modo aparentemente bastante esporádico, e para o nordeste, até o vale do Reno. Nem a Alemanha transrenana, nem a Itália do Norte, onde o *Livro dos feudos* lombardo se limita à classificação por datas, jamais a conheceram em sua verdadeira força. Essa segunda onda de vassalagem – onda de reforço, diríamos – provinha das mesmas regiões da primeira. Não teve, porém, o mesmo alcance.

---

192. Para as referências, ver os trabalhos citados na bibliografia. Sobre os dois monastérios, acrescentar Arch. Nat., LL 1450 A, fol. 68, r e v (12001209); sobre Morigny, Bibl. Nat., lat. 5648, foi. 110 r (dez. 1224); sobre os servos, MARC BLOCH. *Rois et Serfs*, 1920, p. 23, n. 2.

"Seja qual for o número de senhores reconhecidos por um homem", afirma, por volta de 1115, um repertório de costumes anglo-normando, "é àquele de que é lígio que mais deve". E mais adiante: "Deve-se observar a fé para com todos seus senhores, salvaguardando sempre a do senhor precedente. Entretanto, a fé mais forte pertence àquele de que se é lígio." O mesmo dizem, na Catalunha, os "Usos" da corte condal: "O senhor de um homem *soliu* dispõe de sua ajuda perante e contra todos; ninguém pode dispor dela contra ele.".[193] A homenagem lígia prevalece, portanto, sobre todas as demais, sem distinção de datas. Ela é verdadeiramente fora de classe. De todos os modos, esse laço "puro" renovava, em sua integralidade, o vínculo humano primitivo. Se o vassalo for morto, caberá ao "lígio senhor", entre todos os demais, recolher, se for o caso, o preço do sangue. Tratando-se, sob Filipe Augusto, de coletar o dízimo de cruzada, cada senhor receberá a parte devida pelos feudos dele recebidos; ao senhor lígio, porém, caberá o tributo sobre os bens móveis, que a Idade Média sempre considerou particularmente próximos da pessoa. Na inteligente análise que o canonista Guilherme Durando fez, pouco após a morte de São Luís, das relações vassálicas, enfatiza-se, com muita razão, o caráter "principalmente pessoal" da homenagem lígia. Não se poderia expressar melhor o retorno à fonte viva da recomendação franca.

Porém, justamente por ser a homenagem lígia tão somente a ressureição da homenagem primitiva, ela não podia deixar de ser atingida, por sua vez, pelas mesmas causas de declínio. Devia constituir, para estas, uma presa tanto mais fácil quanto nada, além de uma frágil convenção verbal ou escrita, a distinguia das simples homenagens, cujos ritos reproduzia, sem modificações. Era como se, após o século IX, a faculdade de inventar um novo simbolismo tivesse sido abruptamente exaurida. Muitos homens lígios logo receberam a investidura de terras, de poderes de comando, de castelos. Como, de fato, privar de tal recompensa ou de tais instrumentos ordinários de poder os seguidores com cuja fidelidade se contava? A intervenção do feudo acarretou, portanto, aí também, suas consequências habituais: o subordinado distante de seu chefe; os encargos pouco a pouco desvinculados da pessoa para incidir sobre a terra, de tal modo que se começou a falar em "feudo lígio"; a hereditariedade da condição lígia e, o que é pior, sua comercialização. O acúmulo das submissões, verdadeira lepra da vassalagem, provocou, por sua vez, suas devastações. Era, no entanto, para combatê-lo que se constituíra o vínculo lígio. Mas, desde os últimos anos do século XI, os "Usos" barceloneses preveem uma inquietante exceção. "Ninguém", dizem eles, "pode fazer-se *soliu* senão de um único senhor, a menos que uma autorização lhe seja concedida por aquele a quem prestou, de início, tal homenagem." Cerca de um século mais tarde, a etapa fora quase inteiramente cumprida. Era então frequente que um só homem reconhecesse dois ou mais senhores lígios. As promessas assim rotuladas continuavam a prevalecer sobre as demais. Entre elas, entretanto, era preciso graduar as obrigações por meio dos mesmos reagentes, deploravelmente incertos, que já haviam servido para classificar as homenagens simples. Isso, pelo menos, em tese. Na prática, a porta estava novamente aberta à felonia quase necessária. Chegara-se, em suma, à criação de dois níveis de vassalagem. Nada mais.

---

193. *Leges Henrici*, 43, 6 e 82, 5; 55, 2 e 3; *Us. Barcin.*, c. 36.

Ademais, até mesmo essa hierarquização não tardou a apresentar-se como um vão arcaísmo. Isso porque a homenagem lígia tendeu, muito rapidamente, a tornar-se o nome normal de quase toda homenagem. Imaginaram-se duas modalidades para o vínculo vassálico: uma mais forte; a outra, mais fraca. Que senhor era modesto o bastante para contentar-se da segunda? Por volta de 1260, de 48 vassalos do conde de Forez, na região de Roanne, quatro, no máximo, prestaram a homenagem simples.[194] Excepcional, o compromisso talvez tivesse conservado alguma eficácia; banalizado, esvaziou-se de qualquer conteúdo específico. Não há nada mais significativo do que o caso dos capetíngios. Ao persuadirem os mais altos barões do reino a reconhecerem-se como seus homens lígios, não se limitaram eles a obter desses chefes territoriais, cuja situação era incompatível com a devoção integral do seguidor armado, um consentimento demasiado fácil a uma fórmula inelutavelmente vazia? Era renovar, no segundo grau, a ilusão dos carolíngios, acreditando basear, na mera homenagem, a fidelidade de seus agentes.

Entretanto, no quadro de duas feudalidades de importação – o Estado anglo-normando, após a Conquista, e o reino de Jerusalém –, a evolução foi desviada pela ação de monarquias mais bem armadas. Julgando que somente a fé "lígia", isto é, preferível a qualquer outra, lhes era devida, os reis se esforçaram inicialmente, não sem sucesso, em atribuir-se o monopólio da recepção das homenagens assim qualificadas. Mas não pretendiam limitar sua autoridade aos próprios vassalos. Fosse quem fosse o súdito, ainda que não devesse sua terra diretamente à Coroa, ele lhes devia obediência. Pouco a pouco, portanto, adquiriu-se o costume, nesses países, de reservar a palavra "lígia" à fidelidade, frequentemente confirmada por um juramento, que era exigida, perante o soberano, da totalidade dos homens livres, qualquer que fosse seu lugar na hierarquia feudal. Assim, a noção desse vínculo "absoluto" somente conservava um pouco de seu valor original aí onde se encontrava separada do sistema de ritos vassálicos, para contribuir, como ato de submissão *sui generis* do direito público, para o reagrupamento das forças no quadro do Estado. Em relação ao velho laço pessoal, atingido por uma fatal decadência, a ineficácia do remédio era patente.

CAPÍTULO VI
Vassalo e senhor

1. O AUXÍLIO E A PROTEÇÃO

"Servir" ou, como também se dizia, "auxiliar", "proteger": era nestes termos muito simples que os textos mais antigos resumiam as obrigações recíprocas do fiel armado e de seu chefe. O laço jamais foi sentido com maior força quanto no tempo em que seus efeitos eram assim expressos da maneira mais vaga e, portanto, mais compreensível. Definir não é sempre limitar? Era, entretanto, inevitável que se sentisse, com intensidade crescente, a necessidade de precisar as consequências jurídicas do contrato de homenagem, particularmente no que se refere aos encargos do subordinado. Uma vez a vassalagem fora do

---

194. *Chartes du Forez*, n. 467.

humilde círculo da lealdade doméstica, que vassalo teria então julgado compatível com sua dignidade ser candidamente apresentado, como nos primeiros tempos, como sujeito "a servir o senhor em todas as tarefas que lhe forem ordenadas"?[195] Além disso, como continuar a esperar essa disponibilidade sempre pronta de personagens que, estabelecidos, em sua maioria, em feudos, viviam doravante longe do senhor?

No trabalho de fixação que pouco a pouco se realizou, os juristas profissionais desempenharam apenas um papel tardio e, no geral, pouco eficaz. Por certo, vê-se, por volta de 1020, o bispo Fulberto de Chartres, que o direito canônico formara nos métodos da reflexão jurídica, tentar uma análise da homenagem e de seus efeitos. Mas, interessante como sintoma da penetração do direito erudito em um campo que, até então, lhe havia sido bastante estranho, essa tentativa não conseguia elevar-se acima de uma escolástica bastante vazia. Assim como em outros lugares, a ação decisiva coube aqui ao costume, alimentado por precedentes e progressivamente cristalizado pela jurisprudência de cortes em que atuavam muitos vassalos. Então, adquiriu-se o hábito de inserir, cada vez mais frequentemente, tais estipulações, antes puramente tradicionais, no próprio acordo. Melhor do que as poucas palavras que acompanhavam a homenagem, o juramento de fé, que se podia prolongar à vontade, era prestado à sua minúcia. Assim, um contrato prudentemente detalhado substituiu a submissão do homem como um todo. Por um acréscimo de precaução, que diz muito sobre o enfraquecimento do laço, o vassalo, ordinariamente, já não prometia mais somente ajudar. Tinha também de comprometer-se a não prejudicar. Na Flandres, desde o início do século XII, essas cláusulas negativas assumiram uma importância suficiente para ocasionar um ato à parte: a "segurança" que, jurada após a fé, aparentemente autorizava o senhor, em caso de omissão, a apropriar-se de determinadas cauções. Evidentemente, por muito tempo, as obrigações positivas continuaram a prevalecer.

O dever primordial era, por definição, o auxílio de guerra. O homem de boca e de mão deve, antes e acima de tudo, servir pessoalmente, a cavalo e com a armadura completa. Entretanto, apenas raramente aparece sozinho. Além de seus vassalos, quando os possui, se agruparem naturalmente sob seu estandarte, suas comodidades, seu prestígio e, por vezes, o costume exigem que seja seguido de, pelo menos, um ou dois escudeiros. Em regra, entretanto, não havia soldados de infantaria em seu contingente. Seu papel, em combate, é considerado medíocre demais, e a dificuldade de alimentar massas humanas um tanto consideráveis grande demais para que o chefe de Exército possa contentar-se da multidão camponesa que lhe fornecem suas próprias terras ou as das igrejas de que se constituiu oficialmente protetor. Frequentemente, o vassalo também se vê sujeito a guarnecer o castelo senhorial, seja somente durante as hostilidades, seja a todo momento – pois uma fortaleza não pode permanecer sem guardas –, em revezamento com seus pares. Caso ele próprio possua uma casa fortificada, deverá abrir suas portas a seu senhor.

Aos poucos, as diferenças de posição e de poder, a formação de tradições necessariamente divergentes, os acordos particulares e até os abusos convertidos em direitos introduziram nessas obrigações inúmeras variantes. Foi, quase sempre, no fim das contas, para atenuar seu peso.

---

195. *Mon. Germ., EE.*, t. V, p. 127, n. 34.

Um grave problema nascia da hierarquização das homenagens. Como súditos e, ao mesmo tempo, senhores, muitos vassalos dispunham, por sua vez, de outros vassalos. O dever, que ordenava que auxiliassem seus senhores com todas suas forças, teria parecido ditar-lhes que se apresentassem à hoste senhorial cercado da tropa inteira de seus dependentes. O costume, entretanto, logo os autorizou a trazer consigo apenas uma quantidade de serventes fixada de uma só vez e muito inferior ao número dos que podiam empregar em suas próprias guerras. Vejamos, por exemplo, por volta do final do século XI, o caso do bispo de Bayeux. Mais de cem cavaleiros lhe deviam o serviço de armas. É, porém, obrigado a fornecer apenas vinte ao duque, seu senhor imediato. Pior ainda: se é em nome do rei, a quem a Normandia é devida como feudo, que o duque reclama o socorro do prelado, o número, neste escalão superior, é reduzido a dez. Tal adelgaçamento, para o alto, da obrigação militar – contra o qual a monarquia dos plantagenetas, no século XII, procurou, sem muito sucesso, reagir – foi, sem dúvida, uma das principais causas da ineficácia final do sistema vassálico, como meio de defesa ou de conquista nas mãos dos poderes públicos.[196]

Acima de tudo, os vassalos, grandes e pequenos, aspiravam a não se manterem indefinidamente presos ao serviço. Para limitar a duração deste, nem as tradições do Estado carolíngio, nem os usos primitivos da vassalagem ofereciam precedentes diretos: o súdito, assim como o guerreiro doméstico, permanecia no serviço das armas enquanto sua presença parecesse necessária ao rei, ou ao chefe. Em contrapartida, os velhos direitos germânicos empregaram amplamente uma espécie de prazo modelo, fixado em quarenta dias ou, como se dizia mais antigamente, quarenta noites. Não apenas ele regulava múltiplos atos de procedimento, como também a própria legislação militar franca o adotara, como limite do tempo de repouso a que os soldados tinham direito, entre duas convocações. Esse número tradicional, que vinha naturalmente à cabeça, ofereceu, desde o final do século XI, a norma ordinária da obrigação imposta aos vassalos. Findo o prazo, viam-se livres para retornar a seu lar, geralmente pelo resto do ano. Certamente, ocorria com bastante frequência que permanecessem na hoste. Certos costumes procuravam até mesmo fazer de tal prolongação um dever. Mas isso não podia mais se dar, a partir de então, senão à custa do senhor, a quem cabia pagar o soldo. Funcionando, antes, como salário do "satélite" armado, o feudo tanto deixara de cumprir sua missão original que era preciso substituí-lo por outra remuneração.

Não era somente para o combate que o senhor chamava seus vassalos. Durante a paz, fazia deles sua "corte", convocando-a com grande aparato, em datas mais ou menos regulares, que ordinariamente coincidiam com as principais festas litúrgicas: era, sucessivamente, tribunal, conselho, cuja opinião a moral política da época impunha ao senhor em todas as circunstâncias graves, e também serviço de honra. Aparecer, aos olhos de todos, cercado de um grande número de dependentes; obter destes, que também já eram, por vezes, de posição elevada, o cumprimento público de alguns destes gestos de deferência – ofícios de escudeiro, de copeiro, de criado de mesa – aos quais uma época sensível às coisas

---

196. HASKINS. *Norman institutions*, p. 15. ROUND. *Family Origins*, 1930, p. 208. CHEW. *The English ecclesiastical tenantsin-chief and knightservice, especially in the thirteenth and fourteenth century*. GLEASON. *An ecclesiastical barony of the middle ages*, 1936. H. NAVEL. *L'enquête de 1133*, 1935, p. 71.

visíveis atribuía um grande valor simbólico: podia haver, para um chefe, manifestação mais retumbante de prestígio, ou meio mais delicioso de tomar consciência deste?

Dessas cortes "plenárias, maravilhosas e amplas", os poemas épicos, dos quais elas constituem cenários familiares, ingenuamente exageraram o esplendor. Mesmo para aquelas em que os reis apareciam, segundo o rito, com a coroa na cabeça, o quadro era demasiado lisonjeiro. Isso é ainda mais verdadeiro se evocarmos as modestas reuniões em torno dos pequenos e médios barões. Que, em tais reuniões, entretanto, muitas questões tenham sido tratadas; que as mais brilhantes delas tenham se prestado a todo um aparato cerimonial e atraído, além de sua plateia ordinária, um público formado de aventureiros, farsistas ou até ladrões; que o senhor fosse obrigado, pelo costume assim como, é claro, por seu interesse, a presentear seus homens com os cavalos, as armas e as roupas que constituíam, ao mesmo tempo, a garantia de sua fidelidade e o sinal de sua subordinação; que, por fim, a presença dos vassalos – cada um deles, como prescrevia o abade de Saint-Riquier [São Ricário], "cuidadosamente vestido, segundo seu poder" – jamais tenha deixado de ser exatamente exigida, disso os textos mais sérios não permitem duvidar. O conde, dizem os *Usos de Barcelona*, deve, quando reúne sua corte, "administrar a justiça...; prestar socorro aos oprimidos... na hora das refeições, mandar anunciá-las para que nobres e não nobres venham delas participar; regular a hoste que levará a devastação às terras da Espanha; criar novos cavaleiros". Em um grau mais baixo da hierarquia social, um pequeno cavaleiro da Picardia, revelando-se, em 1210, homem lígio do vidama de Amiens, lhe prometia, de uma só vez, o auxílio de guerra por seis semanas e "comparecer, quando requisitado, à festa oferecida pelo mencionado vidama, para nela permanecer, à minha custa, com minha mulher, por oito dias".[197]

Este último exemplo mostra, assim como muitos outros, como, ao mesmo título que o serviço da hoste, o serviço da corte foi, pouco a pouco, regulamentado e limitado. Não, entretanto, que a atitude dos grupos vassálicos, em relação às duas obrigações, tenha sido igual, sob todos os aspectos. A hoste era somente um encargo. A assistência na corte, por outro lado, comportava muitas vantagens: liberalidades senhoriais, jantares copiosos, assim como a participação no poder de comando. Os vassalos procuraram, portanto, muito menos subtrair-se a ela. Até o fim da era feudal, essas assembleias, contrabalançando, em alguma medida, o distanciamento nascido da prática do feudo, trabalharam para manter, entre o senhor e seus homens, o contato pessoal, sem o qual não há qualquer laço humano.

Ao vassalo, sua fé impunha "auxiliar" seu senhor em todas as coisas. Com sua espada e seu conselho, como era natural. Em certo momento, acrescentou-se: com sua bolsa também. Nenhuma instituição melhor do que a desse apoio pecuniário revela a unidade profunda do sistema de dependências, sobre o qual fora construída a sociedade feudal. Servo; rendeiro, dito "livre", de uma senhoria; súdito, em um reino; e, por fim, vassalo: aquele que obedece deve socorrer seu chefe ou senhor em suas necessidades. Ora, existe alguma maior do que a carência de dinheiro? Da contribuição que o senhor, em caso de

---

197. HARIULFO. *Chronique*, III, 3, ed. Lot, p. 97. *Us. Barc.*, c. CXXIV. DU CANGE. *Dissertations sur l'hist. de Saint Louis*, V, ed. Henschel, t. VII, p. 23.

necessidade, estava assim autorizado a requerer de seus homens, os próprios nomes, ao menos no campo do direito feudal francês, foram, de alto a baixo na escala, os mesmos. Falava-se simplesmente em "auxílio"; ou ainda em "talha", expressão imagética derivada do verbo talhar, isto é, literalmente, tomar de alguém uma fatia de sua subsistência, para então taxá-la.[198] Naturalmente, a despeito dessa semelhança de princípio, a própria história da obrigação seguiu, segundo os meios sociais a que se aplicava, linhas muito diferentes. Por enquanto, interessa-nos apenas a talha dos vassalos.

Em seus primórdios, percebe-se uma simples prática de presentes, excepcionais e mais ou menos benévolos. Nem a Alemanha nem a Itália lombarda parecem jamais ter superado esse estágio: uma passagem significativa do *Espelho dos Saxões* põe novamente em cena o vassalo "quando serve o senhor com suas dádivas". Nesses países, o laço vassálico não tinha força suficiente para que, uma vez devidamente cumpridos os serviços primordiais, o senhor, desejoso de um auxílio suplementar, pudesse substituir um simples pedido por uma ordem. A situação era outra no domínio francês. Lá, nos últimos anos do século XI ou nos primeiros do século XII – isto é, por volta da mesma época em que, em um outro plano social, se difundia igualmente a talha dos humildes; em que, de modo mais geral, a circulação monetária se fazia, por todos os lados, mais intensa e, consequentemente, se tornavam mais urgentes as necessidades dos chefes e menos estreitas as possibilidades dos contribuintes –, a ação do costume acabou, ao mesmo tempo, tornando obrigatórios os pagamentos e, por compensação, fixando suas ocasiões. Assim, em 1111, já pesavam sobre um feudo do Anjou "as quatro talhas direitas: para o resgate do senhor, caso este seja aprisionado; quando seu primogênito for armado cavaleiro; quando sua primogênita se casar; quando ele próprio tiver de realizar uma compra [de terra]".[199] O último caso, de aplicação demasiado arbitrária, despareceu rapidamente da maioria dos costumes. Os três primeiros, em contrapartida, foram praticamente reconhecidos em todos os lugares. Por vezes, outros vieram juntar-se a eles: o auxílio de cruzada, em particular, ou aquele exigido pelo senhor quando seus próprios superiores também o "talhavam". Assim, o elemento dinheiro, já reconhecido sob a forma do resgate, insinuava-se, pouco a pouco, entre as velhas relações feitas de fidelidade e de ações.

Ele iria introduzir-se por outro meio ainda. Era inevitável que, por momentos, o serviço de guerra deixasse de ser prestado. O senhor reclamava então uma multa ou uma indenização; por vezes, o vassalo a oferecia antecipadamente. Chamava-se "serviço", em conformidade com os hábitos das línguas medievais que, ao pagamento de compensação, atribuíam comumente o próprio nome da obrigação por ele omitida; ou então, na França, "talha da hoste". Na verdade, a prática dessas dispensas, em troca de dinheiro, somente alcançou uma grande extensão para duas categorias de feudos: os que caíram entre as mãos de comunidades religiosas, inaptas a portar armas; os que dependiam diretamente

---

198. Na Inglaterra, todavia, os termos acabaram se hierarquizando, ficando "auxílio" reservado aos vassalos e "talha" aos mais modestos dependentes.

199. Primeiro cartulário de Saint-Serge, restituição de Marchegay. Arch. Maine-et-Loire, H. fol. 293. Naturalmente, os casos diferiam a respeito dos feudos da igreja; sobre os que dependiam do bispo de Bayeux, por exemplo, eles envolviam a viagem do bispo a Roma, um reparo na catedral, o incêndio do palácio episcopal (GLEASON. *An ecclesiastical barony*, p. 50).

das grandes monarquias, hábeis em reverter em proveito de sua fiscalidade até mesmo as insuficiências do sistema de recrutamento vassálico. A partir do século XIII, o dever militar pesou cada vez menos sobre as tenências feudais comuns, sem que houvesse taxa de substituição. Mesmo os auxílios pecuniários acabaram frequentemente caindo em desuso. O feudo deixara de fornecer bons servidores, sem, no entanto, conseguir se manter por muito tempo como uma fonte frutuosa de receitas.

Ao senhor, o costume não impunha, ordinariamente, qualquer compromisso verbal ou escrito que respondesse ao juramento do vassalo. Essas promessas vindas de cima apareceram apenas tardiamente e permaneceram sempre excepcionais. Não se apresentou, pois, a ocasião de definir as obrigações do chefe com tantos detalhes quanto as do subordinado. Um dever de proteção não se prestava, aliás, tão bem a tais precisões quanto os serviços. "Perante e contra toda criatura que vive ou morre", o homem será defendido por seu senhor. Em seu corpo, antes e acima de tudo. Em seus bens também e, mais particularmente, em seus feudos. Além disso, desse protetor, convertido, como veremos, em juiz, ele espera uma boa e pronta justiça. Acrescentem-se a isso as vantagens, imponderáveis e, no entanto, preciosas que, em uma sociedade consideravelmente anárquica, eram asseguradas, a torto e a direito, pela proteção de um poderoso. Tudo isso estava longe de passar por negligenciável. Assim mesmo, no fim, o vassalo devia incontestavelmente mais do que recebia. Como salário pelo serviço, o feudo restabelecera inicialmente o equilíbrio. À medida que, tendo praticamente sido transformado em bem patrimonial, sua função original caiu no esquecimento, a desigualdade dos encargos pareceu mais flagrante; e, maior, consequentemente, foi, entre aqueles que ela desfavorecia, o desejo de limitar seu fardo.

2. A VASSALAGEM NO LUGAR DA LINHAGEM

Entretanto, limitando-nos a esse quadro de dever e ter, obteríamos da natureza profunda do laço apenas uma imagem singularmente pálida. Era sob a forma de uma espécie de sucedâneo ou de complemento da solidariedade de linhagem, tornada insuficientemente eficaz, que as relações de dependência pessoal tinham feito sua entrada na história. Se sua parentela não se responsabiliza por seu destino, o homem que não tem senhor é, segundo o direito anglo-saxônico do século X, um fora da lei.[200] O vassalo, em relação ao senhor, assim como o senhor em relação ao vassalo, permaneceu, por muito tempo, como um parente suplementar, comumente assimilado, em seus deveres e em seus direitos, aos parentes pelo sangue. Quando um incendiário, afirma, numa de suas constituições de paz, Frederico Barba-Ruiva, tiver buscado asilo num castelo, o senhor da fortaleza será obrigado, se não quiser passar por cúmplice, a entregar o fugitivo, "a menos, entretanto, que este seja seu senhor, seu vassalo ou seu parente". E não era um acaso se o mais antigo compêndio de costumes normando, ao tratar do assassinato do vassalo pelo senhor e do senhor pelo vassalo, mesclava tais crimes, num mesmo capítulo, aos mais horríveis homicídios cometidos no seio da parentela. Desse caráter quase familiar da vassalagem decorreriam, tanto nas regras jurídicas quanto nos costumes, diversos traços duráveis.

---

200. Cf. anteriormente, p. 183.

O primeiro dever do membro da linhagem era a vingança. O mesmo valia para quem havia prestado ou recebido a homenagem. Uma velha glosa germânica já não traduzia ingenuamente o latim *ultor* – vingador – pelo velho alto-alemão *mundporo*, isto é, patrão?[201] Essa igualdade de vocação entre a parentela e o laço vassálico, iniciada na *faide*, continuava perante o juiz. Não tendo testemunhado pessoalmente o crime, ninguém, diz um compêndio de costumes inglês do século XII, pode, em caso de homicídio, fazer-se acusador, a menos que seja parente do defunto, seu senhor ou seu homem por homenagem. A obrigação se impunha com força igual ao senhor para com seu vassalo e ao vassalo para com seu senhor. Havia, no entanto, uma diferença de grau, bem conforme o espírito dessa relação de submissão. Se nos ativermos ao poema de *Beowulf*, os companheiros do chefe assassinado teriam participado, na antiga Germânia, do preço do sangue. Não era mais o caso na Inglaterra normanda. O senhor participava da compensação paga em razão do homicídio do vassalo; da que era devida pelo homicídio do senhor, o vassalo não percebia parte alguma. A perda de um servidor se paga; a de um senhor, não.

O filho do cavaleiro apenas raramente era criado na casa paterna. O uso, que foi respeitado enquanto os costumes da era feudal mantiveram alguma força, pedia que seu pai o confiasse, ainda bem jovem, a seu senhor ou a um de seus senhores. Ao lado desse chefe, o rapaz, enquanto exercia ofício de pajem, era apresentado às artes da caça e da guerra, e, mais tarde, à vida de corte. Foi esse o caso, na história, do jovem Arnulfo de Guines no lar do conde Filipe da Flandres e, na lenda, do pequeno Garnier de Nanteuil, que tão bem serviu Carlos Magno:

> Quando o rei ruma para o bosque, a criança não quer deixá-lo;
> Ora carrega seu arco, ora segura seu estribo.
> Se o rei vai até o rio, Garnier o acompanha.
> Ou então carrega o açor, ou o falcão que sabe caçar a grou.
> Quando o rei deseja dormir, Garnier está lá para assisti-lo
> E, para distraí-lo, entoa canção e música.

Outras sociedades, na Europa medieval, conheceram práticas análogas também destinadas a ressuscitar, por meio dos jovens, laços que o distanciamento ameaçava constantemente afrouxar. Mas o *fosterage* da Irlanda parece ter servido, acima de tudo, para estreitar o vínculo da criança com o clã materno, ou, por vezes, para consolidar o prestígio pedagógico de uma corporação de padres letrados. Entre os escandinavos, cabia ao fiel o dever de educar a posteridade de seu senhor: a tal ponto que, quando Haroldo da Noruega desejou manifestar, aos olhos de todos, a subordinação em que pretendia manter o rei Etelstano da Inglaterra, conta a saga que não encontrou melhor meio de o fazer do que mandar colocar, de surpresa, seu próprio filho sobre os joelhos deste pai adotivo contra a própria vontade. A originalidade do mundo feudal consiste em ter concebido a relação de baixo para cima. As obrigações de deferência e de gratidão assim contraídas eram consideradas muito fortes. Por toda a vida, o rapazinho de antes lembraria ter sido o "alimentado" do senhor – a palavra, assim como a coisa, data, na Gália, da época franca, sendo ainda

---
201. STEINMEYER e SIEVERS. *Althochdeutschen Glossen*, I, p. 268 e 23.

empregada por Commynes.[202] Seguramente, tanto aqui como alhures, a realidade frequentemente desmente as regras da honra. Como negar, entretanto, qualquer eficácia a um costume que – ao mesmo tempo que colocava nas mãos do senhor um precioso refém – fazia reviver, a cada geração de vassalos, um pouco dessa existência à sombra do chefe, da qual a primeira vassalagem extraíra o que havia de mais seguro de seu valor humano?

Em uma sociedade em que o indivíduo pertencia tão pouco a si próprio, o casamento, que, como já sabemos, colocava em jogo tantos interesses, estava muito longe de se apresentar como um ato de vontade pessoal. A decisão cabia, acima de tudo, ao pai. "Deseja ver, enquanto ainda vive, seu filho tomar uma mulher; compra-lhe, pois, a filha de um nobre": assim se expressa, sem rodeios, o velho *Poema de santo Aleixo*. Por vezes, ao lado do pai, embora, sobretudo, onde este já não estava presente, intervinham os parentes, mas também, quando o órfão era nascido de um vassalo, o senhor, ou até mesmo quando se tratava de um senhor, seus vassalos. Na verdade, neste último caso, a regra jamais superou o alcance de um simples uso de conveniência; em qualquer circunstância grave, e esta era uma delas, tinha o barão de consultar seus homens. Do senhor ao vassalo, por outro lado, os direitos se fizeram muito mais precisos. A tradição remontava às mais longínquas origens da vassalagem. "Se o soldado privado (*buccellarius*) deixa apenas uma filha", diz uma lei visigoda no século V, "desejamos que permaneça sob o poder do patrão, que lhe arranjará um marido de condição igual. Se, todavia, ela escolher, por si própria, um esposo, contra a vontade do patrão, deverá restituir-lhe todas as dádivas dele recebidas por seu pai."[203] A hereditariedade dos feudos – já presente, aliás, nesse texto, de forma rudimentar – forneceu aos senhores um motivo a mais e muito poderoso para vigiar uniões que, quando a terra caía em mãos femininas, acabavam impondo-lhes um fiel estranho à linhagem primitiva. Seus poderes patrimoniais, no entanto, somente se desenvolveram plenamente na França e na Lotaríngia, verdadeiras pátrias do sistema vassálico, e nas feudalidades de importação. As famílias de condição cavaleiresca certamente não foram as únicas a ter de sofrer tamanhas ingerências; pois muitas outras se encontravam, em razão de outros liames, submetidas a uma autoridade de natureza senhorial, e os próprios reis, por sua condição, se julgavam, por vezes, no direito de dispor pelo menos da mão de suas súditas. Mas, em relação aos vassalos – e, por vezes, em relação aos servos, outros dependentes pessoais –, considerava-se, de modo praticamente universal, legítimo o que, diante de subordinados de graus diferentes, passava por abuso de força. "Não casaremos as viúvas e as filhas contra sua vontade", promete Filipe Augusto à gente de Falaise e de Caen, "a menos que recebam de nós, integral ou parcialmente, um feudo de couraça" (isto é, um feudo militar, caracterizado pelo serviço com uma cota de malhas). A boa regra pedia que o senhor se entendesse com os membros da linhagem: colaboração que, no século XIII, por exemplo, um costume de Orléans se esforçava em organizar e que, sob Henrique I da Inglaterra, uma curiosa

---

202. FLODOARDO. *Hist. Remensis eccl.*, III, 26, em *SS.*, t. XIII, p. 540; cf. já *Actus pontificum Cenomannensium*, p. 134 e 135 (616: "nutritura"). COMMYNES, VI, 6 (ed. Mandrot, t. II, p. 50).
203. *Codex Euricianus*, c. 310. Ao contrário, o vassalo casado por seus dois senhores sucessivos, tal como retratado pelo sínodo de Compiègne de 757, é, em conformidade com o sentido original da palavra, um simples escravo e não nos interessa aqui.

carta real colocou em cena.[204] Quando o senhor, entretanto, era poderoso, ele conseguia desapossar todos os rivais. Na Inglaterra dos plantagenetas, tal instituição, decorrente de princípios tutelares, degenerou finalmente em um extravagante comércio. Os reis e barões – os reis, sobretudo – davam ou vendiam, à melhor oferta, órfãos ou órfãs para casar. Ou então, ameaçada por um esposo desagradável, a viúva comprava por muito dinheiro a permissão de recusá-lo. A despeito do afrouxamento progressivo do laço, a vassalagem, como se vê, nem sempre escapou a este outro perigo cuja sombra espreita quase todo regime de proteção pessoal: transformar-se em mecanismo de exploração do fraco pelo forte.

3. RECIPROCIDADE E RUPTURAS

O acordo vassálico unia dois homens que, por definição, não se encontravam no mesmo nível. Não há nada mais eloquente, a esse respeito, que uma disposição do velho direito normando: se tanto o senhor que matou seu vassalo quanto o vassalo que matou seu senhor são punidos com a morte, o crime contra o chefe é indubitavelmente o mais sombrio, na medida em que acarreta o infamante enforcamento.[205] No entanto, qualquer que fosse o desequilíbrio entre os encargos exigidos de cada uma das partes, eles não deixavam de formar um todo indissolúvel; a obediência do vassalo tinha por condição a exatidão do senhor em cumprir seus compromissos. Destacada, já no século XI, por Fulberto de Chartres e fortemente sentida até o fim, essa reciprocidade nos deveres desiguais foi o traço verdadeiramente distintivo da vassalagem europeia. Dessa maneira, ela não se separava somente da escravidão antiga; diferia também, muito profundamente, das formas de livre dependência próprias a outras civilizações, como o Japão, ou até mesmo, mais próximas de nós, certas sociedades limítrofes da zona autenticamente feudal. Os próprios ritos expressam perfeitamente a antítese: à "saudação frontal" da gente de serviço russa e ao beijar de mãos dos guerreiros castelhanos se opõe nossa homenagem, que, pelo gesto das mãos fechando-se sobre outras mãos e pelo beijo das duas bocas, fazia do senhor menos um simples mestre, chamado unicamente a receber, do que uma parte de um verdadeiro contrato. "O tanto", escreve Beaumanoir, "que o homem deve a seu senhor em termos de fé e de lealdade, em razão de sua homenagem, é o tanto que o senhor deve a seu homem."

Entretanto, o ato solene que criara o acordo parecia possuir tamanha força que, mesmo diante das piores omissões, era difícil imaginar a possibilidade de apagar seus efeitos sem antes recorrer a uma espécie de contraformalismo. Isso, ao menos, nas velhas terras francas. Na Lotaríngia e na França do Norte, esboçou-se um rito de ruptura da homenagem*, no qual talvez ressurgisse a lembrança dos gestos que, em outros tempos, serviram ao franco sálio para renegar sua parentela. O senhor, ocasionalmente, ou, mais frequentemente, o vassalo, declarando sua vontade de "afastar" para longe de si o parceiro "traidor", lançava violentamente ao chão um raminho – às vezes, após tê-lo quebrado – ou um pelo de seu manto. Mas, para que a cerimônia parecesse tão eficaz quanto aquela cujo poder

---

204. *Ordonnances*, t. XII, p. 295. *Ét. de Saint Louis*, I, c. 67. STENTON. *The first century of English feudalism (10661166)*, p. 33-4.
205. *Très ancien Coutumier*, XXXV, 5.
*. Bloch abordou o rito de ruptura da homenagem vassálica em um de seus primeiros artigos, "Les formes de la rupture de l'hommage dans l'ancien droit féodal", publicado em 1912. (N.T.)

devia destruir, era preciso que, tal como ela, colocasse os dois indivíduos um diante do outro. Isso não deixava de implicar algum perigo. Além disso, ao arremesso do "argueiro", que, antes mesmo de ter ultrapassado o estágio em que um uso se torna regra, caíra no esquecimento, preferiu-se cada vez mais um simples desafio – no sentido etimológico do termo, isto é, a recusa de fé –, por meio de cartas ou arauto. Os menos escrupulosos, que não eram os menos numerosos, contentavam-se naturalmente em iniciar as hostilidades, sem declaração prévia.

Mas, na imensa maioria dos casos, o laço pessoal era acompanhado de um laço real. Uma vez rompida a vassalagem, qual devia ser o destino do feudo? Quando a falta era do vassalo, não havia dúvidas: o bem retornava ao senhor lesado. A isso se dava o nome de *commise*. Desta, a "deserdação" do duque Henrique, o Leão, por Frederico Barba-Ruiva e a de João Sem-Terra por Filipe Augusto constituem os exemplos mais ilustres. Quando a responsabilidade pela ruptura parecia, ao contrário, caber ao senhor, o problema era mais delicado. Seguramente, o feudo, remuneração pelos serviços que deixavam ser prestados, perdia sua razão de ser. Como, entretanto, despojar um inocente? A hierarquização das fidelidades permitiu superar tal embaraço. Os direitos do senhor indigno passavam para seu próprio senhor: era como se um elo fosse omitido e a corrente voltasse a se fechar sobre o vazio. Na verdade, quando o feudo provinha diretamente do rei, elo supremo, a solução era inoperante. Mas admitia-se, ao que parece, que, em relação ao rei, nenhuma renegação de homenagem podia ser durável. Apenas a Itália se manteve à margem. Lá, vítima de uma felonia senhorial, o vassalo via seu feudo simplesmente transformar-se em alódio: traço sintomático, assim como muitos outros, do pouco vigor que lá possuíam as concepções mais estritamente feudais.

A legislação carolíngia definira as afrontas que, aos seus olhos, justificavam o abandono do senhor pelo vassalo. Seus preceitos não se apagaram todos das memórias. No poema *Raul de Cambrai*, o "alimentado" Bernier, a despeito de tantas razões de ódio, renega Raul apenas após ter sido agredido por ele. Ora, a capitular carolíngia afirmara: "ninguém deixará seu senhor após ter dele recebido o valor de um soldo... salvo se tal senhor desejou feri-lo com um bastão." Igualmente invocado, um pouco mais tarde, por um romance cortês, ao longo de uma curiosa discussão de casuística feudal, esse motivo de ruptura ainda era expressamente mantido, no século XIII, por diversas compilações de costumes francesas e, no início do século seguinte, pelo Parlamento do primeiro Valois.[206] Entretanto, até as mais sólidas dentre as regras jurídicas de outrora já não sobreviviam mais aos tempos feudais, senão incorporadas a uma vacilante tradição. O arbitrário, que nascia dessa metamorfose de um código de direito em vago conjunto de leis morais, poderia ter sido combatido pela ação de tribunais capazes de fixar e de impor uma jurisprudência. De fato, certas jurisdições possibilitavam, em princípio, tais debates. Havia, primeiramente, a corte senhorial, formada, na realidade, pelos próprios vassalos, tidos como juízes naturais dos processos opondo o senhor, seu mestre, ao homem, seu par; em seguida, no escalão

---

206. *Le Roman de Thèbes*, ed. L. Constans, t. I, v. 8041 ss., e 8165 ss. Arch. Nat., X IA, 6, fol. 185; cf. O. MARTIN. *Histoire de la coutume de la prévôté et vicomté de Paris*, t. I, p. 257, n. 7.

superior, a do chefe, situado mais alto, a quem o senhor, por sua vez, prestara homenagem. Certos costumes, logo postos por escrito, como o da Bigorre, preocupavam-se em traçar um procedimento a que o vassalo tinha de curvar-se, antes que sua "partida" se tornasse legítima.[207] Mas o grande vício da feudalidade foi precisamente sua inaptidão em construir um sistema judiciário verdadeiramente coerente e eficaz. Na prática, o indivíduo, vítima do que considerava ou aparentava considerar ser uma ofensa a seus direitos, decidia romper e o resultado do conflito dependia do equilíbrio das forças. Tal como um casamento que comportasse o divórcio, sem que os motivos fossem estabelecidos de antemão e sem que houvesse magistrados para aplicá-los.

CAPÍTULO VII
O paradoxo da vassalagem

1. AS CONTRADIÇÕES DOS TESTEMUNHOS

Para além dos numerosos problemas particulares suscitados pela história da vassalagem europeia, um grande problema humano os domina a todos: qual foi, nas ações e nos corações, a verdadeira força desse cimento social? Ora, a primeira impressão produzida, a esse respeito, pelos documentos é a de uma estranha contradição, da qual não convém desviar-se.

Não é necessário espremer por muito tempo os textos para extrair-lhes uma comovente antologia em louvor à instituição vassálica.

Nesta, celebraram, inicialmente, um laço muito precioso. "Vassalo" tem por sinônimo corrente "amigo" e, ainda mais frequentemente, a velha palavra, provavelmente céltica, *dru*, mais ou menos equivalente, mas cujo sentido comportava, no entanto, uma nuance mais precisa de escolha; por aplicar-se, por vezes, à dileção amorosa, ela parece, ao contrário de amigo, jamais ter-se estendido às relações de parentesco. Trata-se, aliás, de termo comum ao galo-romano e ao alemão e a partir do qual, através dos tempos, dialogam os textos mais completos: "na hora derradeira", dizem, em 858, os bispos da Gália a Luís, o Germânico, "não haverá para ajudá-lo nem mulher nem filhos; nem, para socorrê-lo, companheirismo de *drus* e de vassalos". Assim como sobe do homem ao senhor, a afeição desce, evidentemente, do senhor ao homem. "Girardo se fez homem lígio de Carlos Magno", diz um personagem da epopeia francesa; "dele, recebeu então amizade e senhoria". Literatura, apontarão talvez os historiadores que têm ouvidos apenas para a voz árida dos documentos. Pouco importa! Desta terra, sou senhor, disse, segundo os monges de Saint-Serge [São Sérgio], um fidalgote do Anjou; pois Godofredo, que a possuía, "a recebeu de mim, como feudo, por amizade". Ademais, como recusar estes versos de *Doon de Mayence*, em que se expressa, com tão franca simplicidade, a verdadeira união dos corações, a que não concebe a vida de um sem o outro:

---

207. FOURGOUS e BEZIN. *Les Fors de Bigorre* ("Travaux sur l'histoire du droit méridional", fasc. 1, 1901), c. 6.

Se morre meu senhor, desejo ser abatido.
Enforcado? Com ele, enforcai-me.
Entregue ao fogo? Desejo ser queimado
E, caso se tenha afogado, atirai-me com ele.[208]

Laço que, além disso, pede uma devoção sem fraqueza e que o homem, como diz a *Canção de Rolando*, suporte, por ele, "o calor e o frio". "Gostarei do que gostarás; detestarei o que detestarás", jura o recomendado anglo-saxão. No continente, encontramos outros textos: "Teus amigos serão meus amigos; teus inimigos meus inimigos." Para o bom vassalo, o primeiro dever é, naturalmente, saber morrer por seu chefe, com a espada em punho: destino, entre nós, digno de inveja, pois é o de um mártir e abre a porta do paraíso. Quem fala assim? Os poetas? Certamente. Mas também a Igreja. Um cavaleiro, sob ameaça, matara seu senhor: "Devias ter aceito a morte por ele", declara um bispo, em nome do Concílio de Limoges, em 1031, "tua fidelidade teria feito de ti um mártir de Deus.".[209]

Laço, por fim, cujo desconhecimento constitui o mais horrível dos pecados. Quando os povos da Inglaterra se tornaram cristãos, escreveu o rei Alfredo, fixaram, para a maioria das faltas, caridosas tarifas de compensação, "exceto no caso de traição de um homem contra seu senhor, não ousando, em relação a tal crime, recorrer a essa misericórdia... não mais do que Cristo a concedeu àqueles que o levaram à morte". "Nenhuma redenção para o homem que matou seu senhor", repete, com mais de dois séculos de intervalo, na Inglaterra já feudalizada com base no modelo do continente, a compilação de costumes conhecida como *Leis de Henrique I*; "para ele, a morte pelas mais atrozes torturas." Contava-se, no Hainaut, que, após ter matado, em combate, um jovem conde da Flandres, um cavaleiro partira para encontrar-se com o Papa, como penitente. Tal como o Tannhäuser da lenda. O pontífice ordenou que se lhe cortassem as mãos. Entretanto, como estas não tremiam, suspendeu-lhe a pena. Sob a condição, porém, de lamentar seu crime em um claustro, por toda a vida. "É meu senhor", dirá, no século XIII, o mestre de Ibelin, a quem se propõe que mande assassinar o imperador, que se tornara seu pior inimigo; "faça o que fizer, guardar-lhe-emos nossa fé."[210]

Sentia-se esse vínculo com tamanha força que sua imagem se projetava sobre todos os demais laços humanos, mais velhos do que ele e que poderiam ter parecido mais vulneráveis. A vassalagem também impregnou a família. "Nos processos dos pais contra os filhos ou dos filhos contra os pais", decide a corte condal de Barcelona, "será preciso tratar, no julgamento, os pais como se fossem os senhores, e os filhos seus homens, recomendados pelas mãos". Quando a poesia provençal inventou o amor cortês, foi com base no modelo da devoção vassálica que concebeu a fé do amante perfeito. Isso, aliás, se deu com tamanha facilidade por ser o adorador, na verdade, frequentemente de posição menos elevada que a dama de seus pensamentos. A assimilação foi levada a tal ponto que, por um estranho desvio de linguagem, o nome ou o apelido da bem-amada era comumente dotado do gênero

---

208. *Girart de Roussillon*, trad. P. MEYER, p. 100 (ed. Foerster, Romanische Studien, t. V, v. 3054). *Prem. cartul. de Saint Serge*, restituição Marchegay, Arch. MaineetLoire, H, fol. 88. *Doon de Maience*, ed. Guessard, p. 276.
209. Por exemplo, *Girart de Roussillon*, trad. P. MEYER, p. 83; *Garin le Lorrain*, ed. P. Paris, t. II, p. 88. Concílio: MIGNE. *P. L.*, t. CXLII, col. 400.
210. *Alfred*, em LIBBERMANN. *Die Gesetze der Angelsachsen*, t. I, p. 47 (49, 7); *Leges Henrici*, 75, 1. GILBERTO DE MONS, ed. Pertz, p. 30. FILIPE DE NOVARA, ed. Kohler, p. 20.

masculino, como convém ao nome de um chefe: conhecemos apenas pelo pseudônimo de *Bel Senhor*, "meu belo senhor", uma daquelas a quem Bertran de Born levou seu coração volúvel. Por vezes, o cavaleiro mandava gravar a si mesmo em seu selo, com as mãos unidas às de sua Dulcineia. Ademais – provavelmente reanimada por uma moda arqueológica na época do primeiro romantismo –, a lembrança desse simbolismo, de ternura inteiramente medieval, não sobrevive ainda hoje nas regras de civilidade que prescrevem para a palavra, já bastante empalidecida, *homenagens* um emprego quase unilateral? Até mesmo a própria mentalidade religiosa assumia essas mesmas feições. Entregar-se ao diabo era tornar-se seu vassalo; ao lado dos selos amorosos, as cenas de entrega de si mesmo ao Malvado estão entre as melhores representações que possuíamos da homenagem. Para o anglo-saxão Cinevulfo, os anjos são os *"thegns"* de Deus; para o bispo Eberardo de Bamberg, Cristo é vassalo do Pai. Mas certamente não há testemunho mais eloquente da onipresença do sentimento vassálico do que o próprio ritual da devoção, com suas vicissitudes: substituindo a atitude dos antigos orantes, com suas mãos estendidas, o gesto das mãos juntas, imitado da "recomendação", se tornou, em toda a catolicidade, o gesto da oração, por excelência.[211] Diante de Deus, no segredo de sua alma, o bom cristão se via como um vassalo, de joelhos perante seu senhor.

Era impossível, entretanto, que a obrigação vassálica não entrasse, por vezes, em conflito com outras obrigações: a do súdito, por exemplo, ou a do parente. Quase sempre, entretanto, triunfava sobre essas rivais. E isso não somente na prática, como também no direito. Quando Hugo Capeto retomou Melun em 991, o visconde, que defendera a fortaleza contra ele, foi enforcado ao lado de sua mulher: seguramente, menos por ter-se rebelado contra seu rei do que por ter, ao mesmo tempo, faltado, por um crime ainda mais atroz, com a fé em relação ao conde, seu senhor direto, presente no campo real. Por outro lado, o círculo de Hugo exigiu que os cavaleiros do castelo fossem agraciados: fizeram esses vassalos do visconde, ao se tornarem cúmplices de sua revolta, algo mais do que manifestar, como diz o cronista, sua "virtude"? Isto é, sua fidelidade à homenagem, que prevalecia, portanto, sobre a fidelidade ao Estado.[212] Os próprios laços de sangue, que pareciam seguramente muito mais sagrados do que os do direito público, cediam perante os deveres da dependência pessoal. "Pode-se", dispõem na Inglaterra as leis de Alfredo, "pegar em armas por um parente, injustamente atacado. Salvo, entretanto, contra seu senhor: isto, não o permitimos." Em famosa passagem, a crônica anglo-saxônica põe em cena os membros de uma linhagem, lançados uns contra os outros pela vingança de dois senhores diferentes entre os quais se dividiu sua obediência. Aceitam esse destino: "nenhum próximo nos é mais caro do que nosso lorde", afirmam. Palavras graves, ecoadas, em pleno século XII, na Itália respeitosa das leis, pela frase do *Livro dos feudos*: "Contra todos, os vassalos devem ajudar o senhor: contra seus irmãos, contra seus filhos, contra seus pais."[213]

---

211. *The Christ of Cynewulf*, ed. A. S. Cook, v. 457. MIGNE. *P. L.*, t. CXCIII, col. 523 e 524. L. GOUGAUD. *Dévotions et pratiques du moyen âge*, 1925, p. 20 ss.
212. RICHER, IV, 78. Para outros exemplos (até o século XIII), JOLLIFFE. *The constitutional history of medieval England*, p. 164.
213. Alfred, XLII, 6. *Two of the Saxon chronicles*, ed. Plummer, t. I, p. 48-9 (755). K. LEHMANN. *Das Langobardische Lehnrecht*: Vulgata, II, 28, 4.

Alto lá! toma, entretanto, o cuidado de precisar um repertório de costumes anglo-normando: "Contra os mandamentos de Deus e da fé católica, não há ordem que seja válida." Assim pensavam os clérigos. A opinião cavaleiresca exigia uma renúncia mais completa. "Raul, meu senhor, pode até ser mais desleal que Judas; é meu senhor": sobre este tema, as canções orquestraram inúmeras variantes. E, por vezes, as convenções da prática também. "Se o abade tem algum processo na corte do rei", diz um contrato de feudo inglês, "o vassalo tomará seu partido, exceto contra o próprio rei." Deixemos de lado a reserva final: ela traduzia o excepcional respeito que sabia impor uma monarquia nascida da conquista. Apenas a primeira parte da cláusula, em sua candura cínica, possui um valor geral: visivelmente, o dever de fidelidade falava demasiado alto para que fosse permitido perguntar-se onde estava o bom direito. Por que, aliás, embaraçar-se com tantos escrúpulos? Pouco importa que meu senhor esteja errado, pensa Reinaldo de Montalvão [Renaud de Montauban]: "é sobre ele que recairá a falta". Aquele que se doa inteiramente abdica, dessa forma, de sua responsabilidade pessoal.[214]

Neste quadro, em que foi preciso invocar, lado a lado, testemunhos de ordens e idades diferentes, temer-se-á que os textos antigos, a literatura jurídica e a poesia tenham prevalecido demasiadamente sobre as realidades mais vivas ou menos longínquas? Para sanar tais dúvidas, bastará recorrer, finalmente, a Joinville, observador mais frio que se possa encontrar e que escrevia na época de Filipe, o Belo. Já citei o trecho: um corpo de tropa, em combate, se distinguiu particularmente; como surpreender-se se todos os guerreiros que o compunham, quando não pertenciam à linhagem de seu capitão, eram seus homens lígios?

Mas eis o reverso. Até mesmo essa epopeia, que tanto preza a virtude vassálica, nada mais é do que um longo relato dos combates que lançam vassalos contra seus senhores. Por vezes, o poeta condena. Mais frequentemente, ele se satisfaz com deleitáveis casos de consciência. O que sabe, indubitavelmente, é que de tais revoltas se alimenta o trágico cotidiano da existência. A esse respeito, as canções se limitavam a dar da realidade um reflexo quase empalidecido. Lutas dos grandes feudatários contra os reis; rebeliões, contra esses altos barões, de seus próprios homens; fugas diante do serviço; fraqueza dos exércitos vassálicos, incapazes, desde os primórdios, de parar os invasores: esses traços são lidos em cada página da história feudal. Um documento do final do século XI retrata os monges de Saint-Martin-des-Champs, ocupados em fixar o destino de uma renda, estabelecida sobre um moinho, no caso de este vir a ser pilhado durante uma guerra sustentada pelos dois fidalgotes a quem a soma é devida. O texto o expressa com as seguintes palavras: "se ocorrer que guerreiem contra seus senhores ou outros homens".[215] Assim, dentre todas as ocasiões de guerrear, pegar em armas contra seu senhor era a primeira que vinha à cabeça. Para esses pretensos crimes, a vida era singularmente mais indulgente do que a ficção. De Herberto de Vermandois, que tão vilmente traiu Carlos, o Simples, seu senhor e seu rei, a lenda contava que morreu enforcado, como Judas. Mas a história nos ensina que sucumbiu, em idade avançada, ao mais natural dos fins.

---

214. *Leges Henrici*, 55, 3. *Raoul de Cambrai*, v. 1381. *Chron. mon. de Abingdon* (R. S.), t. II, p. 133 (1100-1135). *Renaud de Montauban*, éd. Michelant, p. 373, v. 16.
215. J. DEPOIN. *Recueil de Chartes et documents de Saint-Martin des Champs*, t. I, n. 47, e *Liber Testamentorian S. Martini*, n. XVIII.

Era seguramente inevitável que houvesse maus e bons vassalos; e, sobretudo, que muitos deles oscilassem, segundo os interesses ou o humor do momento, entre a devoção e a infidelidade. Diante de tantos testemunhos que parecem desmentir uns aos outros, bastará, portanto, repetir, com o poeta do *Coroamento de Luís*?

> Lá, todos prestaram o juramento.
> Um o prestou, e o manteve bravamente.
> Outro também, mas de modo algum, o manteve.

Por certo, em sua ingenuidade, a explicação não é inteiramente desprezível. Essencialmente vinculado à tradição, mas de costumes violentos e de caráter instável, o homem das idades feudais estava, de todos os modos, muito mais inclinado a venerar as regras do que a dobrar-se a elas com constância. Já não observamos, a respeito dos laços de sangue, essas reações contraditórias? Entretanto, parece, de fato, que o nó da antinomia deve aqui ser buscado mais longe: na própria instituição vassálica, suas vicissitudes e suas diversidades.

2. OS LAÇOS DE DIREITO E O CONTATO HUMANO

Reunindo em torno do chefe seus seguidores armados, a primeira vassalidade tinha, em seu próprio vocabulário, como que o cheiro de pão caseiro. O senhor era "o velho" (*senior, herr*) ou o distribuidor de pães (*lord*); os homens seus companheiros (*gasindi*), seus rapazes (*vassi, thegns, knights*), seus comedores de pão (*buccellarii, hlafoetan*). A fidelidade, em uma palavra, fundava-se então no contato pessoal e a sujeição tinha nuances de camaradagem.

Originalmente restrito à casa senhorial, entretanto, o campo de ação desse laço acabou estendendo-se desmedidamente. Isso porque ainda se desejava impor sua observância a homens que, após um estágio na morada do senhor, se afastaram para refazerem suas vidas longe dele, frequentemente nas próprias terras que lhes dera. Isso, acima de tudo, porque, diante da anarquia crescente, os grandes e, ainda mais, os reis acreditaram encontrar, nesse vínculo tão forte ou em sua imitação, um remédio para as fidelidades deficientes e, inversamente, muitas pessoas ameaçadas viram nele o meio de obterem um defensor. Aquele que, em certa posição social, desejava ou devia servir foi assimilado a um seguidor de armas.

Ora, à força de pretender submeter assim a uma fidelidade quase doméstica personagens que não mais partilhavam a mesa do chefe, nem sua sorte; cujos interesses frequentemente se opunham aos seus; e que, por vezes, longe de terem sido enriquecidos por suas dádivas, tinham até mesmo sido obrigados a ceder-lhe seu patrimônio, para depois retomá-lo de suas mãos, onerado de novos encargos, essa fé tão cobiçada acabou por esvaziar-se de qualquer conteúdo vivo. A dependência do homem em relação ao homem logo se viu reduzida à resultante da dependência de uma terra em relação a outra.

A própria hereditariedade, em vez de selar a solidariedade de duas linhagens, contribui, ao contrário, para o afrouxamento do laço, ao aplicar-se, acima de tudo, aos interesses fundiários: o herdeiro prestava homenagem apenas para conservar o feudo. O problema emergira tanto para os humildes feudos de artesãos quanto para os honrosos feudos de cavalaria. Fora resolvido, em ambos os casos, em termos de aparência similar. O filho do pintor ou do carpinteiro somente assumia o bem do pai caso também tivesse herdado sua arte.[216] Da mesma forma, o filho do cavaleiro apenas recebia a investidura caso se comprometesse a continuar os serviços paternos. Mas a habilidade de um operário qualificado era uma realidade de constatação muito mais segura do que a devoção de um guerreiro, demasiado fácil de ser prometida e não observada. Por uma precisão bastante significativa, uma ordenação de 1291, ao enumerar os motivos de recusa que podiam ser invocados contra os juízes da corte real francesa, considera o vassalo de um dos pleiteantes suspeito de parcialidade somente no caso de seu feudo ser vitalício: era o tanto que o vínculo herdado parecia então destituído de força![217]

O sentimento da livre escolha se perdeu a ponto de tornar-se comum ver o vassalo alienar, com o feudo, os deveres da vassalagem e o senhor dar ou vender, com seus campos, seus bosques e seus castelos, a lealdade de seus homens. Certamente, o feudo não podia, em princípio, mudar de mãos sem autorização do senhor. Certamente, os vassalos, por sua vez, exigiam comumente não serem cedidos sem seu consentimento: a tal ponto que o reconhecimento oficial desse direito foi, em 1037, um dos favores concedidos pelo imperador Conrado aos vavassalos da Itália. A prática, no entanto, não tardou a derrubar essas frágeis barreiras. Exceto na Alemanha, mais ou menos preservada, como veremos, desse abuso por um excepcional senso hierárquico, a entrada das relações feudais no comércio produziu, ademais, o absurdo efeito de frequentemente levar um poderoso a fazer-se homem "de boca e de mãos" de outro muito mais fraco: acreditar-se-á que o grande conde, que adquirira um feudo na dependência de um pequeno castelão, tenha levado muito a sério o rito de dedicação a que devia submeter-se por um costume vão? Por fim, a despeito da tentativa de salvação constituída pela condição lígia, a pluralidade das homenagens, ela própria uma consequência do enfraquecimento do laço, acabou por privá-lo até mesmo da possibilidade de agir. Antes um companheiro de armas cujo vínculo era alimentado por presentes constantemente recebidos e pela presença humana, o vassalo tornara-se uma espécie de locatário, pouco disposto a pagar seu aluguel de serviços e de obediência. Um freio, entretanto, ainda se fazia presente: o respeito do juramento. Ele não era destituído de força. Mas, quando as sugestões do interesse pessoal ou da paixão falavam alto demais, esse entrave abstrato resistia mal.

Pelo menos, assim acontecia justamente na medida em que a vassalagem se afastara totalmente de seu caráter primitivo. Ora, existiram, nesse movimento, vários graus. Seria um grave erro adotar como parâmetro para o sentimento vassálico as relações, tão frequentemente tumultuadas, entre os grandes ou médios barões e os reis ou príncipes territoriais, seus senhores. Crônicas e canções de gesta certamente parecem indicar esse caminho. É que, dramas de primeiro plano sobre a cena política, as ruidosas infidelidades desses magnatas atraíam, acima de tudo, os olhares da história, assim como da ficção. O que elas provam, entretanto, senão que, acreditando unir-se eficazmente a seus principais oficiais por um laço oriundo de uma esfera inteiramente diversa, os Carolíngios e seus imitadores se iludiram profundamente?

---

216. Por exemplo, feudo do pintor, B. DE BROUSSILLON. *Cartulaire de l'abbaye de Saint-Aubin d'Angers*, t. II, n. CCC-CVIII.
217. Ch.-V. LANGLOIS. *Textes relatifs à l'histoire du Parlement*, n. CXI, c. 5 bis.

Mais baixo na escala social, os textos deixam entrever grupos muito mais unidos em torno de chefes mais conhecidos e mais bem servidos. Havia, primeiramente, os cavaleiros não domiciliados, esses "donzéis" da "morada" – isto é, da casa senhorial –, cuja condição, por muitos séculos e em todo o Ocidente, continuou a reproduzir, traço por traço, a vida dos primeiros vassalos.[218] A epopeia francesa não se enganou a esse respeito. Seus grandes revoltados, um Ogier, um Girardo, um Reinaldo, são poderosos feudatários. E quando se trata, ao contrário, de retratar um bom vassalo, temos o Bernier de *Raul de Cambrai*: Bernier, fiel a despeito da injusta guerra conduzida contra sua parentela por seu senhor, fiel ainda após ter visto sua mãe falecer no incêndio provocado por esse "Judas" e que, mesmo após uma afronta atroz tê-lo levado a abandonar o mais deplorável dos mestres, não parece, assim como o poeta, jamais saber se teve razão ou não em romper assim com a fé; Bernier, simples servidor de armas, cuja devoção se fortalece com a recordação, não de uma terra recebida, mas do cavalo e das vestimentas liberalmente distribuídas. Esses leais servidores também eram recrutados na tropa, mais numerosa, dos modestos "vavassalos", cujos pequenos feudos frequentemente se assemelhavam aos arredores do castelo, para onde, uns depois dos outros, vinham, como "residentes", montar guarda: demasiado pobres, ordinariamente, para manterem suas terras por meio de mais de uma homenagem ou, pelo menos, mais de uma homenagem lígia[219]; demasiado fracos para não atribuírem grande valor à proteção que apenas o exato cumprimento de seus deveres poderia lhes assegurar; muito pouco envolvidos nos grandes assuntos da época para que seus interesses, assim como seus sentimentos, não tivessem comumente por centro o senhor que os convocava regularmente à sua corte, ampliava, por meio de oportunos presentes, as magras receitas dos campos ou das *censives*, acolhia seus filhos como "alimentados" e, por fim, os conduzia à guerra, alegre e lucrativa.

Tais foram os meios nos quais, a despeito de inevitáveis surtos de paixão, se manteve, por muito tempo, em seu frescor, a fé vassálica; nos quais também, quando seus velhos ritos se viram definitivamente ultrapassados, outras formas de dependência pessoal vieram, como veremos, substituí-la. Ter-se, na origem, baseado no amigável companheirismo do lar e da aventura, para, em seguida, uma vez fora desse círculo doméstico, ter conservado um pouco de seu valor humano apenas onde o desnível era menor: nesse destino, a vassalagem europeia encontra sua marca própria, assim como a explicação para seus aparentes paradoxos.

---

218. Acrescentar, por exemplo, aos exemplos franceses, CHALANDON. *Histoire de la domination normande en Italie et en Sicile*, t. II, p. 565; HOMEYER. *System des Lehnrechts der sächsischen Rechtsbücher* dans *Sachsenspiegel* (t. II, 2, Berlin, p. 273); KIENAST. *Die deutschen Fürsten im Dienste der Westmächte bis zum Tode Philipps des Schönen von Frankreich*, t. II, p. 44.
219. Talvez não o tenhamos suficientemente ressaltado: evocando a imagem desses pequenos vassalos, a ordenação francesa de 1188, sobre o dízimo de cruzada, postula, com efeito, terem eles um único senhor lígio.

Terceiro Livro
Os laços de dependência nas classes inferiores

CAPÍTULO I
A senhoria

1. A TERRA SENHORIAL

Os meios sociais relativamente elevados, caracterizados pela homenagem militar, não eram os únicos a contar com "homens" de outros homens. No grau inferior, porém, as relações de dependência encontraram seu quadro natural em um agrupamento que, embora muito mais antigo do que a vassalagem, sobreviveria por muito tempo ao declínio desta: a senhoria fundiária. Não nos cabe aqui investigar as origens do regime senhorial, nem seu papel na economia. Apenas nos importa seu lugar na sociedade feudal.

Enquanto os direitos de comando, cuja fonte era a homenagem vassálica, geraram proveitos apenas tardiamente e por um incontestável desvio de seu sentido original, o aspecto econômico era, na senhoria, primordial. Nela, os poderes do chefe tiveram, desde o princípio, por objetivo, senão exclusivo ao menos preponderante, assegurar-lhe receitas por meio do desconto sobre os produtos do solo. Uma senhoria é, portanto, acima de tudo, uma "terra" – o francês falado não lhe atribuía outro nome –, mas uma terra habitada, e por súditos. Normalmente, o espaço assim delimitado se divide, por sua vez, em duas frações, unidas por uma estreita interdependência. De um lado, o "domínio", também designado pelos historiadores como "reserva", cujos frutos são diretamente recolhidos pelo senhor. De outro, as "tenências", pequenas ou médias explorações camponesas, que, em número mais ou menos considerável, se reúnem em volta da "corte" dominial. O direito real superior que o senhor estende sobre a choupana, a lavra e o prado do camponês se traduz por sua intervenção por uma nova investidura, raramente gratuita, sempre que mudam de mãos; pela faculdade de apropriar-se deles, em caso de ausência de herdeiros ou de confisco legítimo; por fim, e sobretudo, pela percepção de tributos e de serviços. Estes consistiam, em sua maioria, em corveias agrícolas, executadas sobre a reserva, de tal forma que – ao menos no início da era feudal, quando essas prestações eram particularmente pesadas – as tenências não apenas acrescentavam os grãos ou os dinheiros de seus tributos às receitas dos campos explorados, sem intermediário, pelo senhor; eram, além disso, como que um reservatório de mão de obra, na ausência do qual tais campos teriam sido condenados à incultura.

Evidentemente, nem todas as senhorias tinham as mesmas dimensões. As maiores, nas regiões de hábitat aglomerado, cobriam todo o terreno de uma aldeia. Desde o século IX, esse provavelmente não era o caso mais frequente. A despeito de alguns felizes agrupamentos, ele se tornaria, com o tempo, cada vez mais raro em toda a Europa. E isso, certamente, por efeito das partilhas sucessórias, mas também como consequência da prática dos feudos. Para remunerar seus vassalos, mais de um chefe teve de desmembrar suas terras. Como, além disso, ocorria com bastante frequência que, por doação ou venda, ou por efeito de um desses atos de sujeição fundiária, cujo mecanismo será descrito mais adiante, um poderoso fizesse passar sob sua dependência explorações camponesas dispersas em um raio bastante extenso, muitas senhorias acabaram estendendo seus tentáculos sobre vários terrenos ao mesmo tempo, sem coincidirem exatamente com nenhum deles. No século XII, os limites somente concordavam nas zonas de arroteamentos recentes, nas quais senhorias e aldeias haviam sido fundadas conjuntamente, partindo do zero. A maioria dos camponeses, portanto, dependia, ao mesmo tempo, de dois grupos constantemente desnivelados: um formado pelos súditos de um mesmo senhor; o outro, pelos membros de uma mesma coletividade rural. Isso porque os cultivadores cujas casas eram erguidas lado a lado e cujos campos se entremeavam dentro dos mesmos limites estavam, a despeito das dominações entre as quais se repartiam, necessariamente unidos por todas as espécies de laços de interesse comum, ou até pela obediência a servidões agrícolas comuns. Essa dualidade se tornaria, com o tempo, um sério motivo de fraqueza para os poderes de comando senhoriais. Quanto às regiões em que as famílias, de tipo patriarcal, viviam isoladas ou reunidas em grupos de, no máximo, duas ou três, em pequenos lugarejos, a senhoria compreendia, ordinariamente, um número mais ou menos elevado desses pequenos estabelecimentos; e tal dispersão lhe impunha, sem dúvida, uma contextura sensivelmente mais frouxa.

2. AS CONQUISTAS DA SENHORIA

Até onde, entretanto, essas senhorias estendiam suas presas? E, se é verdade que sempre subsistiram ilhotas de independência, qual foi, segundo o tempo e o lugar, sua verdadeira proporção? Problemas particularmente difíceis, pois apenas as senhorias – ao menos, as da Igreja – mantinham arquivos e os campos sem senhores são também campos sem história. Se algum deles é, por acaso, mencionado pelos textos, é apenas, de alguma forma, em estado de evanescência, no momento em que um escrito constata sua absorção final no complexo dos direitos senhoriais. De modo que quanto mais durável foi a isenção, mais nossa ignorância corre o risco de permanecer irremediável. Para dissipar um pouco essa obscuridade, convirá, ao menos, distinguir cuidadosamente duas formas de sujeição: a que pesava sobre o homem, em sua pessoa; a que o atingia apenas como detentor de determinada terra. Por certo, havia, entre elas, relações estreitas, a ponto de uma, frequentemente, acarretar a outra. No entanto, nas classes inferiores – ao contrário do mundo da homenagem e do feudo –, elas estavam longe de se confundir. Reservando a um próximo capítulo as condições pessoais, comecemos pela dependência da terra ou por meio da terra.

Nas regiões em que as instituições romanas, também elas sobrepostas a antigas tradições italiotas ou célticas, marcaram profundamente a sociedade rural, a senhoria, na época dos primeiros carolíngios, já apresentava contornos muito nítidos. Não é, assim, difícil descobrir, nas *villae* da Gália franca ou da Itália, os traços dos diversos sedimentos que as formaram. Entre as tenências, ou entre os "mansos", como se chamavam as principais delas, caracterizadas por sua indivisibilidade, algumas eram qualificadas de "servis": tal epíteto, assim como os encargos mais pesados e mais arbitrários a que estavam submetidas, relembrava o tempo em que os senhores as construíram, repartindo entre seus escravos, transformados em arrendatários, vastas porções de seus antigos *latifundia*, tornados, sob a forma da exploração direta, mediocremente rentáveis. Essa operação de desmembramento, tendo recorrido também a cultivadores livres, não deixara de gerar, simultaneamente, outros tipos de concessão, destinadas a entrar na categoria geral dos mansos "ingênuos", cujo nome evocava a condição, estranha a qualquer servidão, de seus primeiros detentores. Mas, no seio da massa, muito considerável, das tenências designadas por esse adjetivo, a maioria possuía uma origem bastante diferente. Longe de remontar a outorgas consentidas à custa de um domínio em vias de diminuição, eram as explorações camponesas de sempre, tão velhas quanto a própria agricultura. Os tributos e as corveias que as oneravam foram, na origem, apenas a marca da dependência em que se encontraram os habitantes em relação a um chefe de aldeia, de tribo ou de clã ou a um patrão de clientela, pouco a pouco transformados em verdadeiros senhores. Por fim – assim como, no México, foram recentemente vistos grupos de camponeses proprietários vivendo ao lado das *haciendas* –, subsistia ainda uma quantidade notável de autênticos alódios rurais, isentos de qualquer supremacia senhorial.

Quanto às regiões francamente germânicas – cujo tipo mais puro era incontestavelmente a planície saxônica, entre o Reno e o Elba –, lá se encontravam também escravos, libertos e até mesmo, certamente, arrendatários livres, estabelecidos, tanto uns como outros, nas terras dos poderosos, ao preço de tributos e de serviços. Mas, na massa camponesa, a distinção entre dependentes das senhorias e detentores de alódios era muito menos clara, pois a instituição senhorial em si mesma dera apenas seus primeiros passos. Mal fora ultrapassado o estágio em que um chefe de aldeia ou de uma porção de aldeia está prestes a tornar-se um senhor; em que os presentes que tradicionalmente recebe – tal como atestava Tácito a respeito do chefe germânico – começam a converter-se em rendas.

Ora, em ambos os lados, a evolução, durante a Primeira Idade Feudal, se daria no mesmo sentido. Ela tendeu, uniformemente, para uma senhorialização crescente. Fusão, mais ou menos completa, das diferentes espécies de tenências; aquisição, pelas senhorias, de novos poderes; e, acima de tudo, passagem de muitos alódios para a autoridade de um poderoso: esses fatos se verificaram em todos os lugares, ou quase. Mas, além disso, aí onde somente existiram, no ponto de partida, relações de dependência fundiária ainda bastante frouxas e confusas, ao se regularizarem pouco a pouco, elas geraram verdadeiras senhorias. Não se deve imaginar um surgimento unicamente espontâneo. O jogo das influências, favorecido pela imigração e pela conquista, desempenhou seu papel. Assim ocorreu na Alemanha, onde, no Sul, desde antes da época carolíngia e, em seguida, sob os carolíngios, na própria Saxônia, os bispos, os abades, os magnatas, vindos do reino franco, contribuíram para difundir os costumes sociais de sua pátria, facilmente imitados pela aristocracia indígena. O mesmo ocorreu, porém de forma ainda mais nítida, na Inglaterra. Enquanto as tradições anglo-saxônicas ou escandinavas se mantiveram lá preponderantes, a rede das sujeições fundiárias permaneceu singularmente embaraçada e sem força durável; o domínio e as tenências encontravam-se apenas imperfeitamente reunidos. O advento de um regime senhorial excepcionalmente rigoroso somente se produziu, após 1066, sob o brutal esforço de senhores estrangeiros.

Em lugar algum, aliás, nessa marcha triunfante da senhoria, o abuso de força fora um elemento desprezível. A justo título, os textos oficiais da época carolíngia já lamentavam a opressão dos "pobres" pelos "poderosos". Estes não faziam questão, em geral, de despojar o homem de sua terra, pois o solo sem braços valia pouca coisa. O que desejavam era submeter os pequenos com seus campos.

Para chegar a isso, muitos deles encontravam na estrutura administrativa do Estado franco uma arma preciosa. Aquele que ainda escapasse a qualquer autoridade senhorial dependia, em princípio, diretamente do rei, isto é, na prática, de seus funcionários. O conde ou seus representantes conduziam essas pessoas à hoste, presidiam os tribunais em que eram julgadas, cobravam-lhes os tributos públicos subsistentes. Tudo isso, é claro, em nome do príncipe. Apresentava-se, entretanto, tal distinção muito claramente aos próprios devedores? É certo, em todo caso, que dos súditos livres, assim confiados à sua guarda, os oficiais reais não tardaram a exigir, em seu próprio benefício, mais de um tributo ou de uma prestação de trabalho. Era, naturalmente, sob o honroso nome de presente ou de serviço benévolo. Logo, porém, como diz uma capitular, o abuso se tornava "costume".[220] Na Alemanha, onde o velho edifício carolíngio levou muito tempo para desagregar-se, ao menos os novos direitos oriundos dessa usurpação permaneceram, com bastante frequência, vinculados ao cargo; o conde os exerce, nessa condição, sobre homens cujos bens não haviam sido anexados a suas terras senhoriais. Alhures, graças ao fracionamento dos poderes condais – entre os herdeiros do primeiro titular, os subordinados do conde ou seus vassalos –, o antigo detentor de alódio, agora sujeito aos tributos e à corveia, acabou por confundir-se, pura e simplesmente, com a massa dos súditos das senhorias, e seus campos adquiriram a condição de tenências.

Da mesma forma, não era necessário deter uma função propriamente dita para dispor, legitimamente, de parte da autoridade pública. Pelo jogo da imunidade "franca", que será estudada mais adiante, a maioria dos senhores da Igreja e um grande número de poderosos leigos recebera a delegação de, pelo menos, uma fração dos poderes judiciários do Estado, assim como o direito de recolher, em seu proveito, algumas de suas receitas. Isso, evidentemente, somente sobre as terras que já eram ou seriam no futuro de sua dependência. A imunidade fortalecia o poder senhorial; ela não o criava. Isso, pelo menos, em princípio. Mas as senhorias apenas raramente eram de um único detentor. Frequentemente, pequenos alódios se encontravam nela encravados. Alcançá-los se tornava, para os funcionários reais, prodigiosamente incômodo. Por vezes, ao que parece, eram, por decisão expressa do soberano, abandonados à jurisdição e à fiscalidade daquele que gozava de imunidade. Com muito maior frequência, e muito mais cedo, sucumbiram, por si próprios, a essa inevitável atração.

Por fim, havia a não menos frequente violência nua e crua. Por volta do início do século XI, uma viúva vivia em seu alódio, na Lorena. Como a morte de seu marido a deixara

---

220. *Cap.*, t. I, n. 132, c. 5.

sem defensor, os sargentos do senhor vizinho pretenderam extorquir-lhe o pagamento de um censo fundiário, sinal de sujeição pela terra. A tentativa, desta vez, fracassou, pois a mulher se colocou sob a proteção dos monges.[221] Quantas outras, que não estavam mais solidamente fundadas no direito, não alcançaram maior sucesso! O *Domesday Book*, que nos oferece, através da história do solo inglês, como que dois cortes sucessivos, um imediatamente antes da conquista normanda, o outro de oito a dez anos depois, mostra como, durante o período intermediário, muitos pequenos bens independentes foram, sem outra forma de processo, "acrescidos" às senhorias ou, para falar a língua do direito anglo-normando, aos *manors* limítrofes. Um *Domesday Book* alemão ou francês do século X, caso existisse, revelaria mais de uma simples "adição" dessa espécie.

Entretanto, as senhorias se estenderam também, e talvez sobretudo, por outro procedimento, que era, ao menos na aparência, muito mais irrepreensível: por meio de contratos. O pequeno detentor de alódio cedia sua terra – por vezes, como veremos, com sua pessoa – para retomá-la, em seguida, como tenência: assim como o cavaleiro que fazia de seu alódio um feudo e pelo mesmo motivo alegado, o de encontrar um defensor. Essas convenções se apresentam, sem exceção, como inteiramente voluntárias. Elas realmente o eram, sempre e em todos os lugares? O adjetivo deveria ser empregado com muita prudência. Existem seguramente meios de impor sua proteção a alguém mais fraco: para começar, perseguindo-o. Deve-se acrescentar a isso que o acordo original nem sempre era respeitado. Ao tomar por protetor um fidalgote da vizinhança, os habitantes de Wohlen, na Alamânia, prometeram somente um censo; viram-se logo obrigados, por assimilação aos demais rendeiros do mesmo potentado, a corveias e a utilizar a floresta vizinha apenas contra o pagamento de tributos.[222] Uma vez o dedo inserido na engrenagem, o corpo arriscava ser engolido por inteiro. Evitemos, entretanto, imaginar que a situação do homem sem senhor parecesse uniformemente invejável. O camponês do Forez que, na data tardia de 1280, transformava seu alódio em *censive*, sob a condição de ser, a partir de então, "guardado, defendido e garantido" pelos hospitalários de Montbrison, seus novos senhores, "como o são os demais homens desta casa", certamente não acreditava estar fazendo um mau negócio.[223] E, no entanto, os tempos eram então muito menos tumultuados que durante a Primeira Idade Feudal. Por vezes, era uma aldeia que se colocava, em bloco, sob a autoridade de um poderoso. O caso foi frequente, sobretudo, na Alemanha, onde ainda subsistia, no início da evolução, um bom número de comunidades rurais que escapavam inteiramente ao poder senhorial. Na França e na Itália, onde, desde o século IX, este estendera suas presas para muito mais longe, os atos de transmissão de terra se revestiram geralmente de um caráter individual. Nem por isso foram menos abundantes. Até quatorze homens livres tinham, dessa forma, por volta do ano 900, onerado seus próprios bens de corveias, em favor de uma abadia de Brescia.[224]

Na verdade, as brutalidades mais flagrantes, assim como os contratos mais sinceramente espontâneos, denunciavam a ação de uma mesma causa profunda: a fraqueza dos

---

221. A. LESORT. *Chronique et chartes... de SaintMihel*, n. 33.
222. *Acta Murensia* em *Quellen zur schweizer Geschichte*, t. III, 2, p. 68, c. 22.
223. *Chartes du Forez antérieures au XIV*ᵉ *siècle*, n. 500 (t. IV).
224. *Monumenta Historiae Patriae*, t. XIII, col. 711.

camponeses independentes. Não evoquemos aqui uma tragédia de ordem econômica. Isso seria esquecer que nem todas as conquistas da senhoria foram rurais: até mesmo nas antigas cidades romanas ou, pelo menos, em um grande número delas, que, sob a dominação de Roma, nada conheceram de semelhante, não se introduziu, tal como nas antigas *villae* camponesas, o regime de tenência, com seus encargos ordinários? Isso seria, sobretudo, pretender estabelecer com o antagonismo que, em outras civilizações, pôde opor os métodos da pequena e da grande propriedade uma comparação, no caso, absolutamente aberrante. Isso porque a senhoria era, acima de tudo, uma aglomeração de pequenas fazendas sujeitadas; e o possuidor de alódio, ao fazer-se rendeiro, embora assumisse novas obrigações, não alterava nada quanto às condições de sua exploração. Procurava ou aceitava um senhor apenas em razão da insuficiência dos demais quadros sociais, solidariedades de linhagem ou poderes de Estado. É significativo o caso dos homens de Wohlen, que, vítimas da mais manifesta tirania, desejaram levar sua queixa ao rei e, perdidos na multidão de uma grande corte plenária, sequer conseguiram fazer ouvir sua linguagem rústica. Para a carência da autoridade pública, certamente contribuíra a atonia das trocas e da circulação monetária. Da mesma forma, ao privar os cultivadores de toda reserva de instrumentos de pagamento, ela certamente contribuía para diminuir sua capacidade de resistência. Mas foi somente por essas vias indiretas que as condições econômicas exerceram alguma ação sobre a crise social do campesinato. No humilde drama campestre, convém reconhecer um aspecto do mesmo movimento que, em um escalão superior, precipitou tantos homens nos nós da subordinação vassálica.

Ademais, bastaria recorrer, a respeito dessa ligação, às diversas experiências que nos oferece a Europa. A Idade Média conheceu, na verdade, uma sociedade amplamente senhorializada, mas não feudalizada: a Sardenha. Como surpreender-se se, nessa terra por muito tempo subtraída às grandes correntes de influência que percorriam o continente, um antigo sistema de chefarias rurais, regularizado durante o período romano, pôde subsistir, sem que o poder das aristocracias locais tenha assumido a forma específica da recomendação franca? Em contrapartida, não havia qualquer região sem senhorias que não tivesse sido, ao mesmo tempo, região sem vassalagem. Prova-o a maioria das sociedades célticas das ilhas; a península escandinava; e, por fim, na própria Germânia, as terras baixas às margens do mar do Norte: Dithmarschen, além do estuário do Elba; e a Frísia, do Elba ao Zuiderzee. Esse, pelo menos, foi o caso, nesta última região, até o momento em que, por volta dos séculos XIV e XV, se alçaram, acima da multidão dos camponeses livres, certas linhagens de "chefes" (o termo francês – *chefs* – traduz exatamente o frísio *hoveling*). Munidos da fortuna fundiária acumulada a cada geração, dos bandos armados por eles mantidos e do controle por eles exercido sobre certas funções judiciárias, esses tiranetes de aldeias conseguiram tardiamente constituir para si verdadeiros embriões de senhorias. Pois, na época, os velhos quadros da sociedade frísia, baseados essencialmente nos laços de sangue, começavam a se desagregar. No momento em que se desenvolviam, alhures, as instituições feudais, essas diversas civilizações, à margem do nosso Ocidente, seguramente não ignoraram a dependência do pequeno arrendatário, escravo, liberto ou livre, em relação a outro mais rico, nem a devoção do companheiro para com o príncipe ou o capitão de aventuras; nelas, ao contrário, nada relembrava a vasta rede hierarquizada de sujeições camponesas e de fidelidades militares a que damos o nome de feudalidade.

Veremos como única responsável por tal carência a ausência comum de qualquer influência franca sólida (pois, na própria Frísia, a organização administrativa momentaneamente imposta pelos Carolíngios não tardou a desabar)? O traço certamente tem sua importância; interessa-nos, porém, acima de tudo, a impotência do companheirismo em transformar-se em vassalagem. Os fatos dominantes ultrapassavam os problemas de influência. Aí onde o homem livre, fosse quem fosse, permaneceu um guerreiro apto a ser constantemente chamado ao serviço e onde nada de essencial, quanto ao equipamento, o distinguia das tropas de elite, o camponês escapou facilmente à dominação senhorial, ao passo que os agrupamentos de seguidores de armas falhavam em gerar uma classe cavaleiresca nitidamente especializada e provida de um arcabouço jurídico *sui generis*. Aí onde os homens, em todos os graus, podiam apoiar-se em outros poderes e outras solidariedades além da proteção pessoal – parentelas, sobretudo, entre os frísios, a gente do Dithmarschen e os celtas; parentelas ainda, mas também instituições de direito público, segundo o tipo dos povos germânicos, entre os escandinavos –, nem as relações de subordinação próprias à senhoria fundiária, nem a homenagem com o feudo invadiram toda a vida social.

Isso não é tudo. Assim como o sistema propriamente feudal, o regime senhorial atingiria um estado de absoluta perfeição somente nos países em que fora importado em sua integralidade. Assim como não admitia alódios cavaleirescos, a Inglaterra dos reis normandos não conheceu alódios camponeses. No continente, estes tiveram uma vida muito mais difícil. Na verdade, na França de entre o Mosa e o Loire e na Borgonha, eles se tornaram, nos séculos XII e XIII, extremamente raros; em amplos espaços, ao que parece, desapareceram completamente. Subsistiam, por outro lado, em número mais ou menos importante, mas sempre apreciável, na França do Sudoeste, em certas províncias do Centro, como o Forez, na Toscana e, sobretudo, na Alemanha, onde a Saxônia foi sua terra de eleição. Eram as mesmas regiões em que, por um espantoso paralelismo, se mantinham os alódios de chefes, aglomerações de tenências, de domínios e de poderes de comando, cuja posse não implicava nenhuma homenagem. A senhoria rural era muito mais velha do que as instituições verdadeiramente características da Primeira Idade Feudal. Mas suas vitórias, durante o período, assim como seus fracassos parciais, se explicam – e tudo conspira para prová-lo – pelas mesmas causas que fizeram ou entravaram o sucesso da vassalagem e do feudo.

3. SENHORES E RENDEIROS

Exceção feita aos contratos de sujeição individual, cujas cláusulas, aliás, eram geralmente tão imprecisas quanto rapidamente esquecidas, as relações do senhor com os rendeiros não obedeciam a outra lei além do "costume da terra": a tal ponto que, em francês, o nome ordinário das rendas era simplesmente "costumes", e o do devedor "homem costumeiro". Desde que houve um regime senhorial, mesmo que em estado embrionário – no Império Romano, por exemplo, ou na Inglaterra anglo-saxônica –, essa tradição particular era o que realmente definia cada senhoria, como grupo humano, opondo-a a suas vizinhas. Os próprios precedentes que decidiam assim a respeito da vida da coletividade deviam ser de natureza coletiva. Pouco importa que um tributo tenha deixado, desde um tempo quase imemorial, de ser pago por uma das tenências – diz, essencialmente, uma decisão do Parlamento da época de São Luís; se, durante o mesmo intervalo, as demais explorações o quitaram regularmente, ele permanece obrigatório até mesmo àquela que, por tanto tempo, se esquivara.[225] Assim, pelo menos, pensavam os juristas. Por certo, a prática foi frequentemente mais frouxa. A observância dessas regras ancestrais impunha-se, em princípio, a todos: ao senhor, tanto quanto aos subordinados. Nenhum exemplo, entretanto, poderia esclarecer melhor o que essa pretensa fidelidade ao fato consumado tinha de enganoso. Isso porque, unidas através dos tempos por um costume pretensamente imutável, nada se assemelhava menos a uma senhoria do século IX do que uma senhoria do século XIII.

Não se deve aqui acusar a transmissão oral. Na época dos Carolíngios, muitos senhores, após investigação, mandavam colocar por escrito os usos de suas terras, sob a forma dessas descrições detalhadas a que, mais tarde, se daria o nome de "censuais" ou *terriers*.* Mas a pressão das condições sociais ambientes era mais imperiosa do que a deferência para com o passado.

Em favor dos mil conflitos da vida cotidiana, a memória jurídica era continuamente inchada por novos precedentes. Acima de tudo, um costume não podia realmente impor-se senão nos lugares em que encontrava, como guardiã, uma autoridade judiciária imparcial e bem obedecida. No século IX, no Estado franco, os tribunais reais, de fato, assumiam, por vezes, esse papel; e se conhecemos deles somente as decisões uniformemente desfavoráveis aos rendeiros, a razão talvez esteja, simplesmente, no fato de que os arquivos eclesiásticos não se preocupavam em conservar as demais. Posteriormente, o açambarcamento dos poderes de jurisdição pelos senhores veio suprimir a possibilidade de tais recursos. Os mais escrupulosos dentre eles nem sempre temiam afastar-se da tradição, quando esta atingia seus interesses ou aqueles que lhes eram confiados: não se felicita o abade Suger, em suas memórias, por ter sabido impor, com autoridade, aos camponeses de suas terras a substituição do censo em dinheiro – que, até onde se possa lembrar, sempre haviam pago – por uma renda proporcional à colheita, da qual se podia esperar maior proveito?[226] Os abusos de força dos senhores já não tinham outros contrapesos – para dizer a verdade, frequentemente muito eficazes – além da maravilhosa capacidade de inércia da massa rural e a desordem de suas próprias administrações.

Não havia nada mais variável, segundo os lugares, em cada senhoria, e nada mais diverso do que os encargos do rendeiro, na Primeira Idade Feudal. Em dias fixos, ele levava ao sargento senhorial ora algumas moedinhas, ora, mais frequentemente, feixes de cereais colhidos em seus campos, frangos de seu galinheiro, bolos de cera extraídos de suas colmeias ou dos enxames da floresta vizinha. Em outros momentos, trabalha nas lavouras ou nos prados do domínio. Ou então vemo-lo transportar, em proveito do senhor, barris de vinho ou sacos de trigo para residências mais longínquas. É graças ao suor de seus braços que os

---

225. *Olim*, t. I, p. 661, n. III.
*. Os *papiers terriers* ou, por elipse, *terriers* eram os registros que indicavam o nome de todos os indivíduos vinculados a uma senhoria, assim como os diferentes direitos e rendas que eram devidos ao senhor. (N.T.)
226. SUGER. *De rebus*, ed. Lecoy de La Marche, c. X, p. 167.

muros ou as fossas do castelo são reparados. Quando o senhor se faz anfitrião, o camponês se priva de seu próprio leito para oferecer aos hóspedes a roupa de cama necessária. Quando chegam as grandes caçadas, ele alimenta a matilha. Quando a guerra finalmente explode, sob o estandarte desfraldado pelo chefe da aldeia, ele se faz soldado de infantaria ou criado do Exército. O estudo detalhado dessas obrigações pertence, acima de tudo, ao estudo da senhoria como "empresa" econômica e fonte de receitas. Limitar-nos-emos aqui a focalizar os fatos de evolução que mais profundamente afetaram o laço propriamente humano.

A dependência das explorações camponesas em relação a um senhor comum se traduzia pelo pagamento de uma espécie de aluguel da terra. Aqui, a obra da Primeira Idade Feudal foi, acima de tudo, de simplificação. Muitos tributos que, na época franca, eram recolhidos separadamente, acabaram fundindo-se em uma renda fundiária única, que, na França, quando era quitada em dinheiro, recebia geralmente o nome de *cens* [censo]. Ora, entre os tributos primitivos, havia alguns que, na origem, foram cobrados, pelas administrações senhoriais, somente em benefício do Estado. Era o caso dos suprimentos devidos ao exército real ou dos pagamentos de substituição por eles ocasionados. Sua reunião a um encargo que, aproveitando apenas ao senhor, era concebido como a expressão de seus direitos superiores sobre o solo atesta, com particular clareza, a preponderância adquirida pelo poder próximo do pequeno chefe de grupo, em detrimento de qualquer vínculo mais elevado.

O problema da hereditariedade, um dos mais ardentes suscitados pela instituição do feudo militar, não ocupa praticamente lugar algum na história das tenências rurais. Isso, pelo menos, durante a era feudal. Quase que universalmente, os camponeses se sucediam, de geração em geração, nos mesmos campos. Na verdade, por vezes, como será explicado mais adiante, os colaterais se viam excluídos, quando o rendeiro era de condição servil. Por outro lado, o direito dos descendentes sempre tinha de ser respeitado, desde que não tivessem abandonado prematuramente o círculo familiar. As regras sucessórias eram fixadas pelos antigos usos regionais, sem outra intervenção por parte dos senhores além de seus esforços, em certas épocas e em certos países, de velar pela indivisibilidade do bem, julgada necessária para a exata percepção dos tributos. Ademais, a vocação hereditária dos rendeiros parecia tão natural que, na maioria das vezes, os textos, supondo o princípio estabelecido de antemão, não tomavam o cuidado de mencioná-lo, a não ser por alusão. Era porque, para a maioria das explorações camponesas, antes de transformarem-se as chefarias aldeãs em senhorias, este fora o costume imemorial, pouco a pouco estendido aos mansos mais recentemente delineados no domínio? Certamente. Mas também porque os senhores não tinham qualquer interesse em romper com esse hábito. Naquela época, em que a terra era mais abundante do que o homem e, além disso, as condições econômicas inviabilizavam a exploração de reservas demasiado vastas, com a ajuda de uma mão de obra assalariada ou alimentada a domicílio, era mais vantajoso dispor permanentemente de braços e da força contributiva de dependentes, capazes de manterem a si próprios, do que costurar uma parcela à outra.

Dentre todas as novas "exações" impostas aos rendeiros, as mais características foram certamente os monopólios, muito variados, que, em seu detrimento, o senhor atribuiu a si mesmo. Ora ele se reservava, durante certos períodos do ano, à venda do vinho ou da cerveja; ora reivindicava o direito exclusivo de fornecer, contra um pagamento, o touro ou o javali necessários à reprodução dos rebanhos ou ainda os cavalos que, em certas regiões do Sul, serviam para malhar os grãos, na eira. Mais frequentemente, obrigava os camponeses a moerem em seu moinho, a assarem o pão em seu forno, a fazerem o vinho em seu lagar. O próprio nome desses encargos era significativo. Chamavam-se comumente "banalidades". Ignoradas na época franca, estas tinham por único fundamento o poder de ordenar, reconhecido ao senhor, e designado pela velha palavra germânica *ban*. Poder evidentemente inseparável de toda autoridade de chefe, sendo, portanto, em si mesmo, na condição de parte da autoridade senhorial, muito antigo, embora tivesse sido singularmente reforçado, nas mãos dos pequenos potentados locais, pelo desenvolvimento de seu papel de juízes. A repartição dessas banalidades, no espaço, não oferece uma lição menos instrutiva. A França, onde o enfraquecimento do poder público e o açambarcamento das justiças mais avançaram, foi sua pátria de eleição. Aí também eram exercidas, sobretudo pelos senhores que detinham os direitos de justiça mais elevados, os de "alta justiça". Na Alemanha, onde, aliás, não se estendiam a um número tão grande de atividades, pareciam ter sido frequentemente conservadas pelos herdeiros diretos dos condes, juízes por excelência do Estado franco. Na Inglaterra, somente foram introduzidas – e de forma incompleta – pela conquista normanda. Visivelmente, o comando senhorial tornara-se mais invasivo e lucrativo por enfrentar uma concorrência menos eficaz por parte deste outro *ban*: o do rei ou de seus representantes.

Em quase todos os lugares, a igreja paroquial dependia do senhor ou, caso houvesse vários na mesma paróquia, de um deles. Por certo, na maioria dos casos, ela fora construída, no passado, por um de seus predecessores, sobre o domínio. Isso, no entanto, não era necessário para justificar tamanha apropriação, pois o local de culto coletivo era então concebido como algo dos fiéis. Aí onde não havia qualquer senhoria, como na Frísia, a igreja pertencia à própria comunidade rural; no resto da Europa, o grupo camponês, não possuindo qualquer existência legal, somente podia ser representado por seu chefe ou por um de seus chefes. Esse direito de propriedade – dizia-se antes da reforma gregoriana – ou de "patronato" – disse-se mais tarde e mais modestamente – consistia, acima de tudo, no poder de nomear ou apresentar o cura. Mas os senhores também pretendiam deduzir-lhe a faculdade de perceber, em seu proveito, uma parte, ao menos, das receitas paroquiais. Entre estas, a casual, embora não desprezível, não alcançava, em geral, um valor muito elevado. O dízimo era muito mais rentável. Após ter, por muito tempo, passado por um dever puramente moral, seu pagamento fora rigorosamente imposto a todos os fiéis, no Estado franco, pelos primeiros carolíngios e, na Grã-Bretanha, na mesma época, pelos reis anglo-saxões, seus imitadores. Era, em princípio, um tributo de um décimo, percebido em gêneros e que pesava sobre todas as receitas, sem exceção. Na realidade, ele logo veio aplicar-se, quase exclusivamente, aos produtos agrícolas. A apropriação pelos senhores não foi total. A Inglaterra se viu mais ou menos protegida dele pelo desenvolvimento tardio de seu regime senhorial. No próprio continente, o padre, frequentemente, e, por vezes, o bispo retinham algumas frações. Ademais, o despertar religioso nascido da reforma gregoriana rapidamente fez com que fossem "restituídos" ao clero – isto é, praticamente, na maioria dos casos, aos monastérios –, com um número ainda maior de igrejas, muitos dízimos antes caídos em mãos laicas. O açambarcamento dessa renda, de origem espiritual, por senhores eminentemente temporais não deixara de ser, na Primeira Idade Feudal, uma das manifestações mais impressionantes e mais lucrativas das conquistas de um poder que parecia, decididamente, não reconhecer a nenhum outro o direito de exigir algo de seus súditos.

"O auxílio" pecuniário ou "talha" dos rendeiros rurais nasceu, assim como a talha dos vassalos e por volta da mesma época, do dever geral que obrigava todo subordinado a prestar socorro a seu chefe. Tal como a dos vassalos, ela comumente assumiu, de início, a aparência de um presente, relembrada, até o fim, por alguns dos nomes que a designavam: na França, *demande* [pedido] ou *queste* [peditório]; na Alemanha, *Bede*, que significa prece. Mas também era chamada, de modo mais sincero, de *toulte*, do verbo *tolir*, isto é, "tomar". Por ter-se iniciado mais tardiamente, sua história não foi destituída de paralelos com a dos monopólios senhoriais. Muito difundida na França, importada na Inglaterra pelos conquistadores normandos, ela permaneceu, na Alemanha, o privilégio de um número menor de senhores: aqueles que exercem os poderes de justiça superiores, menos fracionados lá do que entre nós. Tanto isso é verdade que o senhor dos senhores sempre foi, na era feudal, o juiz. Assim como a talha dos vassalos, a dos camponeses não escaparia à ação reguladora do costume, embora com resultados sensivelmente diferentes. Por carecerem aqui os contribuintes, na maioria das vezes, da força necessária para impor uma definição estrita dos casos, o imposto, que fora inicialmente excepcional, lhes foi – à medida que a circulação monetária se tornava mais intensa – exigido em intervalos cada vez mais próximos. Isso não acontecia, aliás, sem grandes variações, de uma senhoria para outra. Na Île-de-France, por volta do ano 1200, terras em que as cobranças eram anuais, ou até bianuais, eram vizinhas de outras em que ocorriam somente de tempos em tempos. Em quase todos os lugares, o direito era incerto. Isso porque, para incorporar-se facilmente à rede dos "bons costumes", este recém-chegado entre os encargos não era somente demasiado recente. Sua periodicidade mal fixada e, mesmo aí onde o ritmo se estabilizara, a irregularidade do montante a cada vez exigido lhe conferiam uma feição arbitrária. Nos meios da Igreja, uma "brava gente", como disse um texto parisiense, contestava sua legitimidade. Era particularmente odioso aos camponeses, frequentemente conduzidos a intensas revoltas. Parcialmente cristalizada em uma época de dinheiro raro, a tradição da senhoria não se prestava sem conflitos às necessidades de uma economia nova.

Assim, o rendeiro do fim do século XII paga o dízimo, a talha e os múltiplos direitos das banalidades: coisas que, mesmo nas terras em que a senhoria era mais antiga, seu ancestral do século VIII, por exemplo, não conhecera. Incontestavelmente, as obrigações de pagar tornaram-se mais pesadas. Não sem compensações – ao menos, em certos países –, relativas às obrigações de trabalho.

Isso porque – por uma espécie de prolongamento do desmembramento de que o *latifundium* romano fora vítima no passado – os senhores, em grande parte da Europa, decidiram repartir vastas porções de suas reservas: ora para distribuí-las, parcela por parcela, a seus antigos rendeiros; ora para constituir novas tenências e até mesmo, por vezes, para fazer delas pequenos feudos vassálicos, que, por sua vez, seriam logo fragmentados em *censives* camponesas. Provocado por causas de ordem essencialmente econômica, cujo exame não poderia ser empreendido aqui, o movimento se iniciara, ao que parece, nos séculos X e XI, na França e na Lotaríngia, assim como na Itália; alcançara, um pouco mais tarde, a Alemanha transrenana, ainda mais lentamente e não sem caprichosos revezes, e a Inglaterra, onde o próprio regime senhorial se estabelecera há menos tempo. Ora, quem falava em domínio enfraquecido falava também, necessariamente, em corveias abolidas ou suavizadas. Aí onde o rendeiro, sob Carlos Magno, devia várias jornadas por semana, já não se o via mais, na França de Filipe Augusto ou de São Luís, trabalhar nos campos ou prados dominiais por mais de algumas jornadas por ano. O desenvolvimento das novas "exações" não foi somente, em cada país, proporcional ao açambarcamento, mais ou menos intenso, do direito de ordenar. Ele se produziu também em razão direta do abandono, pelo senhor, da valorização pessoal do solo. Dispondo, simultaneamente, de mais tempo e de mais terra, o camponês podia pagar mais. E o senhor, naturalmente, procurava compensar por um lado o que perdia por outro: privado de seus sacos de trigo da reserva, não teria o moinho senhorial, sem o monopólio do *ban*, sido obrigado a parar suas mós? Entretanto, deixando, dessa forma, de exigir de seus súditos, ao longo do ano inteiro, um trabalho de equipes operárias, transformando-os definitivamente em produtores, fortemente tributados, é verdade, mas economicamente autônomos, e transformando a si próprio em puro rentista do solo, o senhor, aí onde essa evolução se realizou em toda sua plenitude, deixava inevitavelmente afrouxar-se um pouco o laço de dominação humana. Assim como a história do feudo, a história da tenência rural foi, afinal, a da passagem de uma estrutura social fundada no serviço para um sistema de rendas fundiárias.

CAPÍTULO II
Servidão e liberdade

1. O PONTO DE PARTIDA: AS CONDIÇÕES PESSOAIS NA ÉPOCA FRANCA

Imaginemos, no Estado franco – ao qual limitaremos, provisoriamente, nossos olhares –, por volta do início do século IX, um personagem que, na presença de uma massa humana, se esforça em identificar as diversas condições jurídicas: alto funcionário do Palácio em missão nas províncias, prelado contabilizando seu rebanho, senhor ocupado em recensear seus súditos. A cena nada tem de fictícia. Conhecemos várias tentativas dessa espécie. A impressão que dão é a de muitas hesitações e divergências. Na mesma região, em datas vizinhas, quase nunca dois censuais senhoriais empregam critérios semelhantes. Visivelmente, até mesmo aos homens da época, a estrutura da sociedade em que viviam não se apresentava com linhas muito claras. Isso porque sistemas de classificação muito diferentes se entrecruzavam. Uns, buscando sua terminologia nas tradições, também elas discordantes, de Roma ou da Germânia, se adaptavam apenas muito imperfeitamente ao presente; os outros se esforçavam ao máximo para expressar a realidade, e não o faziam sem inabilidade.

Na verdade, uma oposição primordial, muito simples em seus termos, se apresentava: de um lado, os homens livres; de outro, os escravos (em latim, *servi*). Ressalvadas as atenuações trazidas à dureza dos princípios pelo que ainda podia restar da legislação humanitária dos imperadores romanos, pelo espírito do cristianismo e pelas inevitáveis transações da vida cotidiana, os *servi* permaneciam, juridicamente, a coisa de um senhor, que dispunha soberanamente de seu corpo, de seu trabalho e de seus bens. Desprovidos, assim, de personalidade própria, eles surgem, à margem do povo, como estrangeiros natos. Não são convocados para a hoste real. Não participam das assembleias judiciárias, às quais não podem trazer diretamente suas queixas e pelas quais não são justiçáveis, senão quando, tendo cometido falta grave perante um terceiro, são entregues à vindicta pública por seu senhor. A prova de que apenas os homens livres, independentemente, aliás, de qualquer distinção étnica, compuseram o *populus francorum* está na sinonímia que finalmente se estabelece entre o nome nacional e a qualidade jurídica: "livre" ou "franco", as duas palavras tornaram-se intercambiáveis.

Vista mais de perto, contudo, essa antítese, tão nítida na aparência, dava da viva diversidade das condições apenas uma imagem muito inexata. Entre os próprios escravos – em número, aliás, relativamente pequeno –, os modos de existência haviam introduzido profundas diferenças. Alguns deles, empregados quer nos baixos serviços domésticos, quer nos trabalhos dos campos, eram alimentados na casa do senhor ou em suas fazendas. Permaneciam reduzidos à condição de uma verdadeira manada humana, oficialmente inserida entre os bens móveis. O escravo rendeiro, por outro lado, possuía um lar próprio; subsistia do produto de seu próprio trabalho; nada o proibia de, eventualmente, vender, em seu proveito, o excedente de sua colheita; não dependia mais diretamente, para sua manutenção, de seu senhor e a mão deste o atingia apenas ocasionalmente. Seguramente, permanecia sujeito, em relação ao possuidor da "corte" dominial, a encargos terrivelmente pesados. Pelo menos, estes eram limitados, por vezes, de direito, mas sempre de fato. Com efeito, embora alguns censuais nos digam que o homem "deve servir sempre que lhe for dada a ordem", na prática, o interesse próprio do senhor exigia que deixasse a cada pequeno explorador a disposição das jornadas de trabalho necessárias para o cultivo do "manso": caso contrário, a própria matéria das rendas se veria dissipada. Levando assim uma vida muito parecida à dos demais rendeiros, ditos "livres", a cujas famílias se unia, com bastante frequência, pelo casamento, o *servus* "domiciliado" também já começava a aproximar-se deles por um traço, absolutamente capital, de seu estatuto jurídico. Os tribunais reais reconheciam que também seus deveres eram fixados pelo costume da terra: estabilidade absolutamente contrária à própria noção de escravidão, cujo caráter arbitrário é um elemento essencial. Por fim, certos escravos, como sabemos, estavam nas tropas de fiéis armados de que se cercavam os grandes. O prestígio das armas, a confiança de que eram objeto ou, em uma palavra, tal como disse uma capitular, "a honra da vassalagem" lhes garantia, na sociedade, uma posição e possibilidades de ação a tal ponto acima de qualquer tara servil que os reis entenderam por bem exigir-lhes, excepcionalmente, esse juramento de fidelidade do qual participavam, em princípio, somente os verdadeiros "francos".

Entre os homens livres, a disparidade aparecia ainda mais forte. As distinções de fortuna, que eram consideráveis, não deixavam de ter sua repercussão sobre as distinções jurídicas. Devia um personagem, mesmo bem nascido, que, pobre demais para equipar-se, não podia ser convocado para o Exército ou, ao menos, não podia alcançá-lo por seus próprios meios, ser ainda considerado um membro autêntico do povo franco? Ele era, quando muito, como diz uma capitular, um "livre de segunda ordem"; outra ordenação opõe, mais brutalmente, aos "livres" "os pobres".[227] Acima de tudo, além de súditos do rei, os homens teoricamente livres também eram, em sua maioria, dependentes de um chefe particular ou outro, e eram as nuances quase infinitas dessa subordinação que determinavam principalmente, em cada caso, a condição do indivíduo.

Os rendeiros das senhorias, quando não possuíam *status* servil, recebiam, em geral, nos documentos oficiais, redigidos em latim, o nome de "colonos". Com efeito, nas partes do Estado franco que, no passado, foram romanas, muitos descendiam certamente de ancestrais submetidos às leis do colonato. Mas a vinculação ao solo, antes a característica essencial dessa condição, caíra praticamente em desuso. Vários séculos mais cedo, o Baixo Império concebera o projeto de vincular todo homem, ou quase, à sua tarefa hereditária, assim como à sua cota de impostos: o soldado no Exército, o artesão em seu ofício, o "decurião" no senado municipal, o fazendeiro em sua gleba, que ele não podia abandonar e da qual não podia ser arrancado pelo proprietário eminente do solo. O poder de uma administração soberana sobre espaços imensos permitira então fazer desse sonho quase uma realidade. Os reinos bárbaros, ao contrário, assim como a maioria dos Estados medievais que lhes sucederam, não dispunham da autoridade necessária para perseguir o camponês fugitivo ou impedir que um novo senhor o acolhesse. Ademais, a decadência do imposto fundiário, entre as mãos de governos imperitos, teria praticamente privado tais esforços de qualquer interesse. É significativo que, no século IX, muitos colonos tenham se encontrado estabelecidos em mansos "servis", isto é, que foram, no passado, distribuídos a escravos, assim como muitos escravos em mansos "ingênuos", originalmente atribuídos a colonos. Esse desacordo entre a qualidade do homem e a qualidade da terra – cujos encargos específicos continuavam a relembrar o passado – não apenas intensificava a confusão das classes, como também atestava o quanto a perpetuidade da sucessão, sobre um mesmo "torrão", deixara de ser respeitada.

Da mesma forma, quanto à noção abstrata do direito romano que fazia do colono, homem livre por seu *status* pessoal, "o escravo da terra em que nasceu", isto é, em uma palavra, o dependente não de um indivíduo, mas de uma coisa, que sentido podia ela conservar no quadro de uma era realista demais para não reduzir todas as relações sociais a uma troca de obediência e proteção entre seres de carne e osso? Primeiramente, enquanto uma constituição imperial determinara "que o colono seja devolvido à sua terra de origem", o manual de direito romano redigido no início do século VI, para as necessidades do

---

227. Cap. I, n. 162, c. 3; n. 50, c. 2.

Estado visigodo, dispunha "que ele seja devolvido a seu senhor".[228] Seguramente, o colono do século IX permanece, assim como seu longínquo predecessor, uma pessoa livre aos olhos da lei. Presta juramento de fidelidade ao soberano. Aparece, por vezes, nas assembleias judiciárias. Mantém, contudo, somente contatos bastante raros e distantes com as autoridades públicas. Quando se integra à hoste, é sob o estandarte do chefe de quem recebeu sua tenência. Se é citado na justiça, o jogo das imunidades e, mais ainda, os próprios usos que tais privilégios ordinariamente se limitavam a sancionar lhe impõem novamente esse senhor como juiz habitual. Cada vez mais, em resumo, seu lugar na sociedade se define por sua sujeição a outro homem: sujeição tão estreita, na verdade, que se considera natural limitar seu *status* familiar, proibindo-lhe casar-se fora da senhoria; que sua união com uma mulher plenamente livre é tratada de "casamento desigual"; que o direito canônico tende a recusar-lhe a entrada nas ordens sagradas, e o direito secular a aplicar-lhe os castigos corporais, antigamente reservados aos escravos; que, por fim, quando seu senhor o isenta de seus encargos, tal ato é comumente qualificado de emancipação. Não foi por acaso que, ao contrário de tantos termos do vocabulário jurídico latino, *colonus* permaneceu finalmente sem posteridade nos idiomas galo-romanos. A persistência de outras palavras que também designavam condições humanas teve, evidentemente, como contrapartida, muitos deslizes de sentido; ela não deixa de atestar o sentimento ou a ilusão de uma continuidade. Desde a época carolíngia, por outro lado, o colono começava a perder-se na massa uniforme dos dependentes das senhorias, que os documentos reuniam sob o nome de *mancipia* (no passado, em latim clássico, sinônimo de escravos) e a língua vulgar sob aquele, ainda mais vago, de "homens" do senhor. Muito próximo dos escravos "domiciliados", por um lado, ele quase se confundia, por outro – a ponto de, por vezes, apagar-se, na terminologia, qualquer distinção –, com os protegidos propriamente ditos, quando estes não eram guerreiros.

Isso porque, como sabemos, a prática da recomendação não se limitava, de modo algum, às classes altas. Muitos modestos homens livres procuravam um defensor, sem, com isso, aceitarem tornar-se seus escravos. Ao mesmo tempo que lhe entregavam sua terra, para retomá-la, em seguida, como tenência, estabelecia-se, entre os dois indivíduos, uma relação de caráter mais pessoal que, por muito tempo, aliás, permaneceu insuficientemente definida. Quando ela começou a se precisar, foi apropriando-se de diversos traços de outra forma de dependência que, por ser muito difundida, estava quase que predestinada a servir de modelo a todos os laços de humilde sujeição: a condição do emancipado "com obediência".

Inúmeras emancipações de escravos, nas terras que compunham o Estado franco, ocorreram, desde os últimos séculos do Império Romano. Muitas outras, na época dos Carolíngios, eram anualmente outorgadas. Aos senhores, tudo recomendava essa política. As transformações da economia convidavam a dissolver as grandes equipes que serviram, no passado, para cultivar os *latifundia*, agora parcelados. Assim como a riqueza parecia, dessa maneira, dever basear-se, a partir de então, na percepção de rendas e de serviços mais do que na exploração direta de vastos domínios, a vontade de poder, por sua vez, encontrava

---

228. *Lex Romana Visigothorum*, ed. Haenel, *Cod. Theod.*, V, 10, 1 e *Interpretatio*.

na proteção estendida a homens livres, membros do povo, um instrumento singularmente mais eficaz do que aquele que podia fornecer a posse de um gado humano, desprovido de direitos. Por fim, a preocupação com a Salvação, particularmente intensa com o aproximar da morte, levava a escutar a voz da Igreja, que, embora não se erguesse contra a servidão em si mesma, não deixava de fazer da libertação do escravo cristão uma obra pia, por excelência. Além disso, o acesso à liberdade sempre fora, em Roma assim como na Germânia, o desfecho normal de muitas existências servis. Parece simplesmente provável que, nos reinos bárbaros, o ritmo se tenha, pouco a pouco, acelerado.

Os senhores, porém, somente se mostravam tão generosos, na aparência, por estarem longe de terem de ceder tudo. Não havia nada mais embaralhado, à primeira vista, do que o regime jurídico das emancipações, no Estado franco do século IX. As tradições do mundo romano, por um lado, e dos diversos direitos germânicos, por outro, forneciam uma multidão de meios diferentes para concluir a operação e fixavam a condição de seus beneficiários em termos de assombrosa variedade. Atendo-se, entretanto, aos resultados práticos, elas concordavam em oferecer a escolha entre duas grandes categorias de atos. Em certos casos, o emancipado se via então livre de qualquer autoridade privada, exceto aquela cujo apoio podia mais tarde, por sua própria vontade, procurar. Nos demais, ao contrário, ele permanecia sujeito, em seu novo *status*, a certos deveres de submissão, quer em relação a seu antigo senhor, quer em relação a um novo patrão – uma igreja, por exemplo – a quem esse senhor consentia cedê-lo. Concebendo-se, geralmente, essas obrigações como destinadas a serem transmitidas de geração em geração, elas acabavam acarretando a criação de uma verdadeira clientela hereditária. O primeiro tipo de "manumissão" – para empregar a linguagem da época – era raro. O segundo, ao contrário, era muito frequente, na medida em que apenas ele atendia às necessidades ambientes. Quando aceitava renunciar a um escravo, o "manumissor" fazia questão de conservar um dependente. O próprio "manumisso", que não ousava viver sem defensor, encontrava assim, sem dificuldade, a proteção desejada. A subordinação assim contraída se apresentava tão forte que a Igreja, levada a exigir de seus sacerdotes uma plena independência, rejeitava conceder a ordenação a esses novos homens livres, ainda presos, a despeito de seu nome, a laços que lhe pareciam demasiado estreitos. Habitualmente, o emancipado era, ao mesmo tempo, rendeiro de seu patrão, quer já tivesse sido "domiciliado" por este antes de abalar a tara servil, quer a libertação tivesse sido acompanhada de uma doação de terra. Além disso, encargos de caráter mais pessoal vinham frequentemente reforçar a sujeição. Tratava-se, por vezes, de uma parte da herança, percebida, a cada falecimento, pelo patrão. Tratava-se, com frequência ainda maior, de uma taxa por cabeça, que recaía anualmente sobre o emancipado, assim como, depois dele, sobre cada indivíduo de sua descendência. Além de fornecer uma receita regular, cujo montante final não era desprezível, esse *chevage* impedia, graças à curta periodicidade das cobranças, que, por má vontade do subordinado ou por negligência do superior, o laço corresse o risco de cair no esquecimento. O modelo havia sido fornecido por certos modos de emancipação germânica. Foi logo imitado em quase todas as manumissões, desde que comportassem a obediência.

Parte descontada da sucessão; *chevage*: essas duas expressões da sujeição tinham, nas sociedades medievais, um grande futuro diante de si. A segunda, ao menos, deixara rapidamente de permanecer confinada ao pequeno mundo das pessoas libertadas da servidão. Como assinalam, em termos expressos, alguns atos de manumissão, os poucos dinheiros ou bolos de cera, anualmente entregues, pareciam representar o preço da proteção estendida a seu antigo escravo pelo senhor transformado em patrão. Ora, os libertos não eram os únicos homens ditos livres que, por vontade ou à força, teriam sido conduzidos a colocar-se sob o *maimbour* de um poderoso. Desde o século IX, *o chevage*, enquanto se espalhava, já aparecia como o sinal específico de todo um grupo de dependências pessoais que, por traços comuns, superiores a todos os caprichos da terminologia, reuniam, por parte do subordinado, uma submissão bastante humilde, geralmente hereditária, e, por parte do protetor, um vigoroso direito de comando, gerador de percepções lucrativas. Assim, no caos das relações de homem a homem, ainda bastante emaranhadas, começavam a se delinear algumas linhas de força, em torno das quais as instituições da idade seguinte iriam, pouco a pouco, se cristalizar.

2. A SERVIDÃO FRANCESA

Na França propriamente dita e na Borgonha, uma série de ações convergentes resultou, durante a Primeira Idade Feudal, em um verdadeiro desembaraço da antiga nomenclatura social. As leis escritas eram esquecidas. Entre os censuais da época franca, alguns foram perdidos, e os demais, em razão das transformações do vocabulário, assim como das perturbações sofridas pelo desenho de muitas terras, não podiam mais ser consultados, senão com dificuldade. Os senhores, por fim, e os juízes eram geralmente ignorantes demais para incomodar-se com recordações jurídicas. Na nova classificação das condições que se produziu então, um papel considerável foi, entretanto, atribuído a uma noção familiar, desde tempos imemoriais, à consciência coletiva: a antítese entre a liberdade e a servidão. Mas isso se deu ao preço de uma profunda mudança de sentido.

Como surpreender-se por ter o conteúdo antigo da oposição deixado de falar aos espíritos? Pois praticamente não havia mais, na França, escravos propriamente ditos. Logo, já não haveria mais nenhum. O próprio modo de vida dos escravos rendeiros nada tinha em comum com a escravidão. Quanto às pequenas tropas servis que, no passado, subsistiam da *provende* do senhor, os vazios que nelas criava, constantemente, o jogo combinado da mortalidade e da emancipação já não tinham remédio. Com efeito, o sentimento religioso proibia subjugar os prisioneiros de guerra cristãos. Restava, é verdade, o tráfico, alimentado pelas incursões em terras de "paganismo". Mas suas grandes correntes não atingiam nossas terras, ou então – certamente, por não encontrarem compradores suficientemente ricos – se limitavam a atravessá-las, para dirigirem-se à Espanha muçulmana ou ao Oriente. Além disso, o enfraquecimento do Estado privava de qualquer significado concreto a antiga distinção entre o homem livre, sujeito de pleno direito, e o escravo, estranho ao funcionamento das instituições públicas. Não se perdeu, entretanto, o costume de imaginar a sociedade composta de pessoas livres e outras não livres; estas últimas mantiveram seu velho nome latino *servi*, que o francês transformou em *serfs* [servos]. Foi a linha de clivagem entre os dois grupos que, imperceptivelmente, se deslocou.

Ter um senhor não parecia, de modo algum, algo contrário à liberdade. Quem não tinha? Concebeu-se, porém, a ideia segundo a qual essa qualidade se encerrava aí onde cessava a faculdade da escolha, exercida, ao menos, uma vez na vida. Em outros termos, qualquer vínculo hereditário era tido como dotado de caráter servil. Não fora o inelutável laço, que alcançava o filho "já no ventre da mãe", um dos maiores rigores da escravidão tradicional? O sentimento dessa sujeição quase física é perfeitamente traduzido pela expressão "homem de corpo", elaborada pela língua popular como sinônimo de servo. O vassalo, cuja homenagem não se herdava, era, como vimos, essencialmente "livre". Ao contrário, foi-se levado a reunir sob o rótulo de uma servidão comum, ao lado dos descendentes pouco numerosos dos escravos rendeiros, a multidão, muito mais densa, dos dependentes cujos ancestrais haviam comprometido, com a própria pessoa, sua posteridade: herdeiros emancipados ou humildes recomendados. Os mesmo ocorria, por um paralelo significativo, com os bastardos, os estrangeiros ou "forasteiros" e, por vezes, os judeus. Desprovidos de qualquer apoio natural na família ou no povo, eles foram automaticamente confiados, pelos direitos antigos, à guarda do príncipe ou do chefe de sua residência; a era feudal fez deles servos, submetidos, a esse título, ao senhor da terra em que viviam ou, ao menos, àquele que detinha os poderes de justiça superiores. Na época carolíngia, um número crescente de protegidos pagara o *chevage*, sob a condição, porém, de conservar ou receber o *status* de homens livres. Isso porque o escravo tinha um senhor que podia tomar-lhe tudo; não um defensor, a quem uma compensação fosse devida. Pouco a pouco, entretanto, viu-se essa obrigação, antes considerada perfeitamente honrosa, adquirir um ar de desprezo, para, então, ser finalmente incluída, pelos tribunais, entre os sinais característicos da servidão. Continuava a ser exigida das mesmas famílias de outrora e fundamentalmente pelas mesmas razões. Mudara apenas o lugar que se atribuía, na classificação corrente, ao laço que a renda parecia expressar.

Praticamente imperceptível aos contemporâneos, assim como todas as mutações semânticas, esse grande abalo do quadro de valores sociais fora anunciado, desde o fim da época franca, por um emprego muito frouxo do vocabulário da servidão, que, desde então, começava a oscilar entre as duas acepções do passado e do futuro. Esses tateamentos se prolongaram por muito tempo. Segundo as regiões e segundo os clérigos chamados a redigir os documentos, os limites da nomenclatura variavam. Em várias províncias, certos grupos, oriundos de escravos um dia libertados por meio de "obediência", conservaram, até o final do século XII, como rótulo de origem, sua designação particular de *culverts*, derivada do latim *collibertus*, isto é, "liberto". Em desprezo da manumissão de outrora, eram doravante tidos como privados da "liberdade", no sentido novo do termo. Considerava-se, porém, que formavam uma classe superior à dos simples "servos". A outras famílias, aqui e ali, a despeito de uma assimilação de fato a todos os encargos da condição servil, as palavras "recomendados" ou "gente de *avouerie*" (sendo este último substantivo sinônimo de proteção) permaneceram, por muito tempo, vinculadas. Caso um homem se colocasse, com sua posteridade, sob a dependência de um senhor, a quem prometia, entre outras obrigações, o *chevage*, ora o ato era expressamente tratado como sujeição voluntária, ora, ao contrário, inseria-se nele, tal como na antiga fórmula franca da "recomendação", uma cláusula de salvaguarda da liberdade. Ou, ainda, evitava-se prudentemente, na redação, qualquer expressão comprometedora. Entretanto, quando um caso, como o da abadia de Saint-Pierre [São Pedro], em Gand, se estende por vários séculos, não é difícil observar, à medida que passa o tempo, os progressos de uma fraseologia cada vez mais puramente servil.

Qualquer que tenha sido, aliás, o número dessas autotradições, cuja proporção notavelmente elevada em relação à pobreza de nossos documentos, em geral, pode surpreender e comover, é evidente que não foram as únicas a contribuir para inflar as fileiras da servidão. Fora de toda convenção precisa, pelo simples jogo da prescrição, da violência e das mudanças ocorridas na opinião jurídica, a massa dos súditos das senhorias, antigos ou recentes, passou lentamente para essa condição, definida por um nome velho e critérios quase inteiramente novos. Na aldeia de Thiais, no Parisis, que, no início do século IX, reunia, para 146 chefes de família, somente 11 escravos, diante de 130 colonos, e dos quais dependiam, ademais, 19 protegidos pagadores do *chevage*, quase toda a população, na época de São Luís, era composta de pessoas cujo *status* era qualificado de servil.

Até o fim, subsistiram indivíduos ou até coletividades inteiras que não se sabia precisamente como classificar. Os camponeses de Rosny-sous-Bois eram ou não servos de Sainte-Geneviève [Santa Genoveva]? E a gente de Lagny, servos de sua abadia? Esses problemas ocuparam papas e reis, desde a época de Luís VII até a de Filipe III. Sujeitos, por hereditariedade, ao *chevage* e a vários outros "costumes" que, geralmente, se consideravam opostos à liberdade, os membros de diversas burguesias urbanas do Norte se recusavam, todavia, no século XIII, a serem tratados como servos. Hesitações e anomalias em nada alteravam, entretanto, o fato essencial. O mais tardar desde a primeira metade do século XII – tendo os *culverts* então deixado de existir como classe e tendo seu nome se tornado um puro sinônimo de servo –, constituiu-se uma categoria única de humildes dependentes pessoais, unidos a um senhor por nascimento e, portanto, atingidos pela "mácula" servil.

Ora, isso estava longe de ser uma simples questão de vocabulário. Certas taras que tradicionalmente eram consideradas inseparáveis da servidão se viram quase necessariamente aplicadas a esses não livres de um gênero, em si mesmo, novo, mas cuja novidade não era claramente percebida. Era o caso da proibição de entrar nas ordens e da privação do direito de testemunhar contra homens livres (ressalvado, todavia, o privilégio particular, concedido, por princípio, aos servos reais e estendido aos de algumas igrejas); de modo geral, uma nota muito dolorosa de inferioridade e de desdém. Por outro lado, um verdadeiro estatuto fora elaborado e definido, sobretudo, por um feixe de encargos específicos. De modalidades infinitamente variáveis, segundo os costumes de grupos, eles eram, em linhas gerais, praticamente idênticos, em todos os lugares: contraste incessantemente repetido nessa sociedade, ao mesmo tempo, esfacelada e fundamentalmente una. Havia o *chevage*. Havia – salvo permissão especial, comprada a alto preço – a proibição de se *formarier*, isto é, de contrair casamento com pessoa que não fosse da mesma condição [casamento morganático] e não dependesse do mesmo senhor. Havia, por fim, uma espécie de imposto sobre a herança. Nas terras picardas e flamengas, essa "mão-morta" assumia habitualmente a forma de um tributo sucessório regular, pelo qual o senhor exigia, a cada falecimento, quer uma pequena soma, quer, o que era mais frequente, o melhor móvel ou a melhor cabeça de gado. Alhures, ela se baseava no reconhecimento da comunidade familiar: caso o defunto deixasse filhos (ou, por vezes, irmãos) que tivessem vivido ao seu lado, em torno de um mesmo "fogo", o senhor nada recebia; caso contrário, confiscava tudo.

Ora, por mais pesadas que pudessem parecer tais obrigações, elas estavam, em certo sentido, nos antípodas da escravidão, na medida em que supunham a existência, nas mãos do devedor, de um verdadeiro patrimônio. Como rendeiro, o servo tinha exatamente os mesmos deveres e os mesmos direitos que qualquer outro: sua posse não era mais precária e, uma vez acertadas as rendas e os serviços, seu trabalho lhe pertencia exclusivamente. Tampouco devemos retratá-lo à imagem do colono fixado "em sua gleba". Por certo, os senhores procuravam reter seus camponeses. Sem o homem, de que valia a terra? Mas era difícil impedir as partidas, pois o esfacelamento da autoridade opunha-se, mais do que nunca, a qualquer constrangimento policial efetivo e, por outro lado, sendo o solo virgem ainda muito abundante, de nada adiantava ameaçar de confisco o fugitivo, quase sempre seguro de encontrar alhures uma nova posse. Ademais, era o próprio abandono da tenência que, com maior ou menor sucesso, se procurava prevenir; o *status* particular do cultivador pouco importava. Se dois personagens concordam em recusar cada um os súditos do outro, nenhuma distinção, em geral, é tentada entre as condições, servil ou livre, dos indivíduos cujas migrações se convém, assim, entravar.

Não era, aliás, de modo algum, necessário que o campo tivesse seguido, na sujeição, o mesmo caminho que o homem. Nada impedia, em princípio, que o servo mantivesse em sua posse até mesmo alódios, subtraídos a qualquer supremacia fundiária. Na verdade, admitia-se geralmente, em tais casos – encontramos exemplos deles até o século XIII –, que, embora permanecendo estranha às obrigações características da *censive*, a terra não podia ser alienada sem a autorização do senhor da pessoa, o que, na prática, tornava bastante imperfeita a alodialidade. Era muito mais frequente que, possuindo unicamente tenências, o servo não as devesse ou não as devesse todas ao senhor a quem se vinculava pelos laços próprios à sua condição; ou até mesmo que, embora servo de um senhor, vivesse na terra de outro. Chegou a era feudal a rejeitar os entrelaçamentos de poderes? "Entrego a Saint--Pierre de Cluny esta terra, com suas pertinências" – ou seja, "cedo os direitos eminentes sobre o solo" –, "exceto o vilão que a cultiva, sua mulher, seus filhos e suas filhas, pois não me pertencem": assim se expressava, por volta do final do século XI, um documento da Borgonha.[229] Desde o princípio, esse dualismo fora inerente à situação de alguns protegidos. Aos poucos, a mobilidade da população o tornou menos excepcional. Não deixava, naturalmente, de suscitar delicados problemas de partilha e mais de um senhor, da tenência ou do homem, acabou, afinal, perdendo seu direito. Sobre um ponto muito significativo, entretanto, havia praticamente uma unanimidade em reconhecer ao elo de homem a homem uma espécie de primazia. Considerava-se que o servo, salvo em caso de crime punível com pena "de sangue", não devia ter outro juiz além de seu senhor "de corpo"; e

---

229. A. BERNARD e A. BRUEL. *Rec. des chartes de... Cluny*, t. IV, n. 3.024.

isso, quaisquer que fossem os poderes judiciários habituais deste último e o domicílio do justiçável. O servo, em suma, não se caracterizava, de modo algum, por um elo com o solo. Sua marca própria era, ao contrário, depender tão estreitamente de outro ser humano que, para onde quer que fosse, esse vínculo o seguia e se prendia à sua posteridade.

Destarte, assim como os servos, em sua maioria, não descendiam de antigos escravos, sua condição não constituía uma simples mutação, mais ou menos edulcorada, da antiga escravidão ou do colonato romano. Sob antigas palavras e com traços tomados de passados diversos, a instituição refletia as necessidades e as representações coletivas do próprio meio em que se formara. Seguramente, a sorte do servo era muito dura. Por trás da frieza dos textos, é preciso reconstituir toda uma atmosfera de rudeza, por vezes trágica. Uma genealogia de família servil, traçada, no Anjou do século XI, para as necessidades de um processo, encerra-se com a seguinte menção: "Nive, que foi degolada por Vial, seu senhor". Mesmo em desprezo do costume, o senhor pretendia comumente exercer um poder arbitrário: "ele é meu, da planta dos pés ao topo do crânio", dizia, a respeito de um de seus servos, um abade de Vézelay. Mais de um homem de corpo, por sua vez, esforçava-se, pela astúcia ou pela fuga, em escapar ao jugo. Mas nem tudo, certamente, é falso nas palavras de um monge de Arras, que nos retrata os servos de sua abadia igualmente dispostos a negar o laço, quando sua vida era tranquila, e a proclamá-lo, ao contrário, assim que um perigo iminente convidasse a procurar um defensor.[230] Proteção, opressão: entre esses dois polos, todo regime de clientela oscila quase necessariamente. E era, de fato, como uma das peças mestras de um sistema dessa ordem que a servidão fora originalmente constituída.

Mas nem todos os camponeses passaram para a servidão, mesmo quando sua terra caíra na sujeição ou nela permanecera. Entre os rendeiros das senhorias, alguns textos, que se sucedem ininterruptamente ao longo de toda a era feudal, retratam, ao lado dos servos, grupos expressamente qualificados como "livres".

Acima de tudo, não devemos imaginar simples arrendatários, mantendo com o senhor supremo do solo apenas relações frias entre devedores e credores. Mergulhadas em uma atmosfera social em que toda relação entre inferior e superior assumia uma feição muito diretamente humana, essas pessoas não se sujeitam ao senhor somente por meio das múltiplas rendas ou dos serviços que pesam sobre a casa e os campos. Devem-lhe auxílio e obediência. Contam com sua proteção. A solidariedade que assim se estabelece é forte o bastante para que o senhor tenha direito a uma indenização, caso seu "livre" dependente seja ferido, e para que, reciprocamente, na hipótese de uma vingança ou de simples represálias dirigidas contra ele, se julgue legítimo punir o grupo inteiro de seus súditos, sem distinção de *status*. Ela também parece respeitável o bastante para prevalecer sobre deveres aparentemente superiores. Não eram servos os burgueses de uma cidade nova, indivisa entre Luís VI e o senhor de Montfort, cujo foral autorizava a manter neutralidade, em caso de guerra entre seus dois senhores, um dos quais era, no entanto, ao mesmo tempo, seu rei.[231] Por mais forte que seja, entretanto, tal vínculo permanece estritamente fortuito.

---

230. Bibl. de Tours, ms. 2041, ante-rosto. *Histor. de France*, t. XII, p. 340. *Cartulaire de Saint Vaast*, p. 177.
231. Costumes de Montchauvet (concedidos originalmente por volta de 1101-1137) em *Mém. Soc. archéol.* Rambouillet, t. XXI, 1910, p. 301. Cf. também *Ordonn.*, t. XI, p. 286 (Saint Germain des Bois).

Além disso, observemos as palavras. "Vilão", isto é, habitante da senhoria, *villa* em latim; "hóspede"; "aldeão"; "alojado": esses termos, que sugeriam simplesmente a ideia de uma residência, aplicavam-se a todos os rendeiros, por sua condição, mesmo que fossem servos. Mas o rendeiro "livre" não recebia outro nome, na medida em que era um "habitante" em estado puro. Se vende, dá ou abandona sua terra, para ir viver alhures, nada mais o prende ao senhor a quem devia esse pedaço de solo. É precisamente por isso que esse "vilão", esse "aldeão" é tido como dotado de liberdade e, consequentemente – excetuando aqui e ali um período de gênese e de incertezas –, como subtraído às limitações do direito matrimonial e sucessório que marcam, ao contrário, no homem de corpo, o rigor de uma submissão à qual a família se vê presa tanto quanto o indivíduo.

Quantas lições poder-se-iam esperar de um mapa da liberdade e da servidão camponesas! Infelizmente, apenas algumas grosseiras aproximações são permitidas. Já sabemos por que razões a Normandia, remodelada pelas invasões escandinavas, deixaria, neste suposto esboço, uma larga mancha branca. Aqui e ali, outros espaços, igualmente vazios de servidão, apareceriam menos extensos e mais rebeldes à interpretação: caso do Forez. No resto do país, veríamos uma enorme maioria de servos, mas também, a seu lado, como que um viveiro de vilãos livres, de densidade muito variável. Ora nós os percebemos estreitamente mesclados à população servil, com uma casa ao lado da outra e sob a mesma autoridade senhorial; ora, ao contrário, são aldeias praticamente inteiras que parecem, assim, ter escapado à servidão. Ainda que estivéssemos mais bem informados, no jogo das causas que, aqui, precipitaram uma família na sujeição hereditária e, alhures, a mantiveram em declive, algo seguramente continuaria resistindo à análise. Os conflitos de forças infinitamente delicadas para serem pesadas ou, por vezes, o puro acaso fixavam o desenlace, muitas vezes precedido de muitas oscilações. Ademais, essa disparidade persistente das condições talvez constitua, em resumo, o fenômeno mais instrutivo. Em um regime feudal perfeito, assim como toda terra teria constituído feudo ou tenência em vilanagem, todo homem ter-se-ia feito vassalo ou servo. Mas é bom que os fatos venham nos relembrar que uma sociedade não é uma figura de geometria.

3. O CASO ALEMÃO

Um estudo completo da senhoria europeia na era feudal exigiria que, passando agora para o Sul da França, nós marcássemos a existência, concorrentemente com a servidão pessoal, de uma espécie de servidão fundiária, que passava da terra ao homem e o fixava nela: instituição tanto mais misteriosa quanto é extremamente difícil datar seu surgimento. Seria, em seguida, necessário retraçar, na Itália, o desenvolvimento de uma noção de servidão, estreitamente aparentada à criação do direito francês, mas, ao que parece, menos difundida e com contornos mais incertos. Por fim, a Espanha ofereceria o contraste esperado que, diante da Catalunha, com sua servidão à francesa, constituíam as terras de reconquista, Astúrias, Leão e Castela: assim como toda a península, eram regiões de escravidão persistente, em razão dos aportes da Guerra Santa, mas nas quais, no seio das populações indígenas, as relações de dependência pessoal permaneceram, também nesse grau da sociedade, pouco rigorosas e, portanto, praticamente isentas de tara servil. Em vez, entretanto, de tentar esse exame, demasiadamente longo e permeado de incertezas, será melhor ater-se às duas experiências, particularmente ricas, da Alemanha e da Inglaterra.

Não se pode falar dos campos alemães como uma unidade sem recorrer a muitos artifícios. O estudo das terras de colonização, ao leste do Elba, não pertence ao nosso período. Mas, no próprio coração da velha Alemanha, uma antítese massiva opunha à Suábia, à Baviera, à Francônia e à margem esquerda do Reno, onde a senhorialização era relativamente antiga e profunda, a Saxônia, que, pelo número de seus livres camponeses – livres por suas terras, livres por sua pessoa – parecia fazer a transição com a Frísia, sem senhorias e, consequentemente, sem servos. Limitando-nos, entretanto, às linhas fundamentais, vemos certos traços autenticamente nacionais emergirem com clareza.

Assim como na França, assistimos – e pelos mesmos meios – a uma ampla generalização das relações de submissão hereditária. Os atos de doação de si mesmo são, nos arquivos alemães, tão numerosos quanto nos nossos. Assim como na França, entre a condição desses protegidos de nova origem e as dos antigos súditos das senhorias, uma aproximação tendeu a se produzir e o modelo do estatuto assim elaborado tomou muitos traços da subordinação típica que fora a emancipação "com obediência": filiação que a linguagem iria, aqui, destacar de forma particularmente nítida. Sob o nome de *Laten*, cuja etimologia evoca a ideia de uma libertação, fora, no passado, designada, no direito germânico, uma classe juridicamente bem definida que, ao lado de alguns residentes estrangeiros e, por vezes, dos membros de populações vencidas, reunia os libertos ainda vinculados a seus antigos senhores pelos nós de uma espécie de patronato. Pelo mesmo nome, designavam-se, na Alemanha do Norte, no século XII, vastos grupos de dependentes, no seio dos quais os filhos dos escravos antes transformados em clientes seguramente já não formavam mais do que uma minoria. O *chevage* e os tributos sucessórios – mais frequentemente, sob a forma de um bem móvel tomado de cada geração – tornaram-se obrigações características da subordinação pessoal; o mesmo ocorreu com a proibição do casamento morganático. Assim como na França, por fim, desviando de seu sentido original as noções de liberdade e de não liberdade, tendia-se então a macular de servidão qualquer laço cuja dominação era herdada com a vida. Nas terras da abadia alsaciana de Marmoutier, as tenências ingênuas e servis do século IX encontram-se, no século XII, fundidas em uma categoria única, chamada servil. A despeito de seu nome, os *Laten* da era feudal – assim como seus irmãos do além-fronteiras, os *culverts* franceses – geralmente deixaram de ser considerados homens livres: a tal ponto que, paradoxalmente, quando o senhor renuncia a seus direitos sobre eles, diz-se que libertou esses ex-libertos. Por outro lado, a "liberdade" é universalmente reconhecida aos *Landsassen* ("pessoas estabelecidas sobre a terra"), também chamados, por uma última analogia com a França, "hóspedes" (*Gäste*) e que são verdadeiros aldeões, livres de qualquer outro vínculo além das obrigações nascidas da residência.

Entretanto, diversas condições, especificamente alemãs, semearam a desordem nesse desenvolvimento. A concepção primitiva de liberdade somente conseguira alterar-se tão profundamente, na França, em razão do apagamento do Estado, particularmente no campo judiciário. Ora, na Alemanha e, sobretudo, no Norte, durante toda a era feudal, subsistiram, em certos lugares, em concorrência com as justiças senhoriais, jurisdições públicas conformes o tipo antigo: como não teria sobrevivido, de modo mais ou menos obscuro, a ideia de considerar livres todos os homens, e apenas eles, que integravam esses "tribunais" e eram por eles julgados? Nos lugares, como a Saxônia, em que os alódios camponeses eram numerosos, produzia-se outra causa de complicação. Isso porque, entre o detentor do alódio e o rendeiro, mesmo quando ambos eram igualmente isentos de qualquer laço pessoal e hereditário, a consciência comum não podia deixar de ver uma diferença de nível. A liberdade do primeiro, por estender-se também à terra, parecia mais completa. Apenas ele, portanto – ao menos quando seu alódio atingia certa dimensão –, tinha o direito de atuar no tribunal como juiz, isto é, segundo a antiga terminologia franca, como échevin [almotacé]; ele era *libre* échevinable (*schöffenbarfrei*). Por fim, fatos de ordem econômica também intervinham. Embora não tão desprezível quanto na França – pois a proximidade dos países eslavos alimentava perpetuamente as pilhagens e o tráfico –, a escravidão propriamente dita não desempenhava, na Alemanha feudal, um papel muito importante. Por outro lado, os antigos *servi*, domiciliados na reserva, não foram tão geralmente transformados quanto na França em rendeiros, na medida em que as próprias reservas conservavam, frequentemente, uma superfície mais considerável. A maioria, é verdade, fora, à sua maneira, "domiciliada", mas somente para receber insignificantes pedaços de terra. Submetidos a corveias cotidianas, esses "criados diários" (*Tagesschalken*), verdadeiros trabalhadores forçados, cuja espécie era totalmente desconhecida na França, viviam em um estado de sujeição profunda, que não se podia deixar de sentir como algo mais do que outro estado servil.

Por terem esquecido que uma classificação social existe, em última análise, somente pelas ideias que os homens têm dela e entre as quais toda contradição não está necessariamente excluída, certos historiadores chegaram a introduzir, à força, no direito das pessoas tal como funcionava na Alemanha feudal, uma clareza e uma regularidade que lhe eram muito estranhas. Os juristas da Idade Média os precederam nesse esforço, sem maior sucesso. É preciso reconhecê-lo: os sistemas propostos pelos grandes compiladores de costumes, como Eike von Repgow, em seu *Espelho dos Saxões*, não são somente mal amarrados em si mesmos; conciliam-se, além disso, apenas insuficientemente com a linguagem dos documentos. Nada, aqui, se assemelha à relativa simplicidade da servidão francesa. Na prática, no interior de cada senhoria, os dependentes a título hereditário não eram quase nunca reunidos em uma classe única, sujeita a deveres uniformes. Ademais, de uma senhoria para outra, as linhas de demarcação entre os grupos e suas terminologias variavam ao máximo. Um dos critérios mais comuns era fornecido pelo *chevage*, que ainda mantinha um pouco de seu valor antigo como sinal de uma proteção desavergonhada. Tão pobres que, frequentemente, tiveram até mesmo de ser dispensados dos tributos sucessórios, os homens sujeitos à corveia diária naturalmente não deviam pagá-lo. Mas ele deixava também de integrar a bagagem tradicional dos encargos, no entanto bastante pesados, que incidiam sobre toda uma parte dos rendeiros de condição servil. De modo que – embora também fossem frequentemente, em razão da hereditariedade do vínculo, tidas como privadas da "liberdade" – as famílias que tinham nessa obrigação, evocadora de uma submissão antes voluntária, sua marca própria passavam, ao menos em regra geral, por superiores, dada sua posição, às demais "não livres". Alhures, os descendentes dos antigos protegidos continuavam a ser designados pela velha palavra *Muntmen*, oriunda do termo germânico *Munt*, que, desde sempre, designara a autoridade exercida por um defensor. Recomendados, ter-se-ia dito em solo românico. Mas enquanto, nos campos franceses, os recomendados camponeses do século XII, de resto muito pouco numerosos, guardavam de sua origem somente um nome vão e se mesclaram à massa dos servos, entre seus correspondentes alemães, muitos conseguiram manter sua existência como classe particular e, por vezes, até mesmo sua liberdade de princípio. Entre essas diversas camadas da população submetida, a proibição dos casamentos endogâmicos ou, ao menos, o rebaixamento de *status* que acarretava, em direito, toda união contraída com um consorte de posição inferior contribuía para manter fortes barreiras.

Além disso, talvez a evolução alemã deva, afinal, a um descompasso no tempo o que há de mais claro em sua originalidade. Com suas tenências indivisíveis, repartidas frequentemente entre várias categorias jurídicas, e com os múltiplos critérios por meio dos quais buscava classificar as condições humanas, a senhoria alemã, por volta do ano 1200, permanecia muito próxima, em suma, do tipo carolíngio: muito mais, seguramente, do que a senhoria francesa da mesma época. Mas ela iria, por sua vez, ao longo dos dois séculos seguintes, afastar-se cada vez mais dele. Em particular, a fusão dos dependentes hereditários sob uma rubrica jurídica comum se iniciou por volta do final do século XIII: duzentos ou trezentos anos, portanto, mais tarde do que na França. Aí também a nova terminologia avançou por meio de empréstimos de um vocabulário que remetia à escravidão. Após ter, na origem, designado, mais particularmente, os não livres mantidos na reserva como criados da fazenda, o qualificativo "homem próprio" (*homo proprius*, *Eigen*) estendeu-se pouco a pouco a muitos rendeiros, por pouco que estivessem vinculados, pela via hereditária, ao senhor. Então, adquiriu-se o hábito de completar a expressão pela adjunção de outra palavra, que expressava vigorosamente a natureza pessoal do laço: por um curioso paralelismo com um dos nomes mais difundidos do servo francês, falar-se-á doravante, cada vez mais, em "homem próprio de seu corpo" (*eigen von dem Lipe Leibeigen*). Naturalmente, entre essa tardia *Leibeigenschaft*, cujo estudo de modo algum pertence à era feudal, e a servidão francesa do século XII, as diferenças de meio e de época acarretaram muitos contrastes. Não deixa de ser verdade que, mais uma vez, aparece aqui o singular caráter de arcaísmo que, por quase toda a era feudal, se apresenta como o sinal distintivo da sociedade alemã.

4. NA INGLATERRA: AS VICISSITUDES DA VILANAGEM

É novamente a imagem dos velhos censuais carolíngios que é inevitavelmente evocada, com dois séculos de distância, aproximadamente, pelo estado das classes camponesas na Inglaterra de meados do século XI: com uma organização menos firme da senhoria fundiária, é verdade, mas, no sistema dos laços de dependência humana, com uma complexidade ao menos igual. Esse caos, a que não estavam habituados, incomodou muitos clérigos continentais encarregados, por Guilherme, o Conquistador, de cadastrar seu novo reino. Proveniente, ordinariamente, da França do Oeste, sua terminologia adéqua-se bastante mal aos fatos. Alguns traços gerais, todavia, claramente se destacam. Há escravos autênticos (*theows*), alguns dos quais são domiciliados. Há rendeiros submetidos a tributos e serviços, mas que passam por livres. Há, ainda, recomendados, submetidos a um protetor, que não se confunde necessariamente com o senhor a quem devem sua tenência, quando a têm. Em certos casos, essa subordinação de homem a homem ainda é frouxa o bastante para poder ser rompida pela vontade do inferior; noutros, ao contrário, ela é indissolúvel e hereditária. Há, por fim – embora sem o nome –, verdadeiros detentores de alódios camponeses. Além disso, dois outros princípios de distinção coexistiam com os precedentes, sem necessariamente coincidirem com eles: um extraído da extensão variável das explorações; o outro da submissão a uma das justiças senhoriais nascentes.

A conquista normanda, que renovou quase totalmente o pessoal dos detentores de senhorias, abalou esse regime e o simplificou. Muitos traços do estado antigo certamente subsistiram, particularmente no Norte, onde vimos o quanto os camponeses guerreiros deram trabalho a juristas acostumados a uma clivagem inteiramente diferente de classes. No conjunto, entretanto, um século após Hastings, aproximadamente, a situação assemelhar-se-á muito à da França. Diante de rendeiros que dependem de um senhor somente por lhe deverem sua casa e seus campos, constituiu-se uma classe de "homens vinculados" (*bondmen*), de "homens por nascimento" (*nativi*, *niefs*), súditos pessoais e hereditários considerados, por esse motivo, como privados da "liberdade". Sobre eles, pesam obrigações e incapacidades cujo intento, quase invariável, já conhecemos: proibição de entrar nas ordens e de se *formarier*; percepção, a cada morte, do melhor móvel; *chevage* (mas este último, segundo um costume análogo ao que encontramos em certos pontos da Alemanha, somente era ordinariamente percebido caso o indivíduo vivesse fora da terra de seu senhor). Deve-se acrescentar um encargo curiosamente protetor dos bons costumes e cujo equivalente – tanto essa sociedade feudal era profundamente uniforme – é encontrado na longínqua Catalunha: em caso de falta, a filha serva paga uma multa ao seu senhor. Muito mais numerosos que os escravos de outrora, esses não livres não se assemelhavam a eles nem pelo gênero de vida, nem pelo direito que os regia. Traço significativo: ao contrário do *theow* da época anglo-saxônica, sua família, em caso de assassinato, participava, ao lado do senhor, do preço do sangue. Estranha ao escravo, a solidariedade da linhagem jamais o foi ao servo dos novos tempos.

Sobre um ponto, entretanto, formava-se um contraste verdadeiramente profundo com a França. Muito mais do que seu vizinho do continente, o senhor inglês conseguia reter seus servos, ou até mesmo seus simples rendeiros, em sua terra. Isso se explica por ter a autoridade real, nesse país notavelmente unificado, força suficiente para mandar procurar os *niefs* [servos] fugitivos e castigar aquele que os acolhera. Explica-se também por dispor o senhor, dentro da própria senhoria, para controlar seus súditos, de uma instituição cujos precedentes certamente eram anglo-saxões, mas que os primeiros reis normandos, ciosos de uma boa polícia, regularizaram e desenvolveram. Era chamada *frankpledge*, o que significa caução – isto é, caução mútua – dos homens livres. Tinha, com efeito, por objetivo estabelecer, em proveito da repressão, uma vasta rede de solidariedade. Nesse intuito, a população, em quase todo o solo inglês, encontrava-se repartida em seções de dez. Cada "dezena" era responsável, em seu conjunto, pelo comparecimento de seus membros perante a justiça. Em intervalos determinados, seu chefe devia apresentar os culpados ou acusados ao delegado dos poderes públicos, enquanto este se certificava de que ninguém escapara à rede assim estendida. Na origem, pretendeu-se agrupar nesse sistema todos os homens livres, com exceção das classes altas, dos servidores ou homens de armas alimentados na casa e a quem seu chefe servia, portanto, de fiador natural e, por fim, dos clérigos. Então, muito rapidamente, uma grande transformação se produziu. Sujeitavam-se ainda ao *frankpledge* apenas os dependentes das senhorias, e todos eles, sem distinção de *status*, estavam sujeitos. Com isso, o próprio nome da instituição se tornou mentiroso, pois muitos desses dependentes não eram mais considerados livres: prova, ao mesmo tempo, paradoxal e eloquente de uma mudança de sentido com a qual já deparamos com grande frequência. Por outro lado, o direito de proceder a essas espécies de revistas judiciárias, sendo impossíveis de exercer por funcionários muito pouco numerosos, foi conferido, com frequência cada vez maior, aos próprios senhores ou, ao menos, a muitos deles. Em suas mãos, ele se tornaria um maravilhoso instrumento de constrangimento.

 Entretanto, a conquista, que conferira às senhorias tão forte estrutura, também favorecera o estabelecimento de uma realeza excepcionalmente bem armada. A espécie de acordo fronteiriço concluído entre as duas potências explica a última transformação sofrida, na Inglaterra medieval, pela classificação das condições e até pela própria noção de liberdade. Desde meados do século XII, sob a ação das dinastias da Normandia e, depois, do Anjou, os poderes judiciários da monarquia sofreram um extraordinário desenvolvimento. Essa rara precocidade teve, no entanto, seu preço. Obrigados a respeitar uma barreira que, em seguida, os Estados de formação mais lenta, como a França, não encontrarão tanta dificuldade em superar, os juízes dos plantagenetas, após algumas hesitações, renunciaram a interpor-se entre o lorde do *manor* e seus homens. Não que estes estivessem privados de qualquer acesso aos tribunais reais. Somente os processos que envolviam suas relações com o senhor podiam ser exclusivamente levados diante deste ou de sua corte. Mas as causas assim definidas atingiam essas pessoas humildes em seus interesses mais preciosos: peso dos encargos, posse e transmissão da tenência. Além disso, o número de pessoas interessadas era considerável, pois incluía, ao lado dos *bondmen*, a maioria dos simples rendeiros, comumente designados, por uma referência ao vocabulário francês, como "vilãos". Assim, uma nova falha, cuja importância prática se manifestava a todos os olhos, estava traçada sobre a sociedade inglesa: de um lado, os verdadeiros súditos do rei, sobre os quais se estendia, desde sempre, a sombra protetora de sua justiça; de outro, a massa camponesa, mais do que parcialmente abandonada ao arbítrio senhorial.

 Ora, a ideia segundo a qual ser livre era, acima de tudo, ter direito à justiça pública, por ser o escravo unicamente passível de correção pelo senhor, provavelmente jamais desaparecera por completo. Os juristas dirão, portanto, sutilmente, que, em relação a seu senhor, mas somente a este (pois contra terceiros nada proíbe o recurso às jurisdições ordinárias), o vilão é um não livre. A opinião comum e até mesmo a jurisprudência ampliaram e simplificaram as coisas. Desde o século XIII, admite-se comumente a sinonímia destas duas palavras – "vilão" e "servo" –, antes praticamente antitéticas, como na França. Assimilação muito grave, na medida em que não se limitava à linguagem. Esta, na verdade, apenas expressava vivas representações coletivas. Também a vilanagem passou então a ser considerada hereditária; e, embora, na massa dos vilãos, certa nota de inferioridade continuasse ordinariamente a destacar os descendentes dos antigos *bondmen*, aliás sempre menos numerosos, ao que parece, do que os servos franceses, tendeu-se, cada vez mais – com a ajuda da onipotência das cortes senhoriais –, a sujeitar todos os membros da nova classe servil aos encargos e às taras que, no passado, pesaram somente sobre os "homens vinculados".

Definir, entretanto, o vilão como o homem que, em suas relações com o senhor, era apenas justiçável por este, para, em seguida – à medida que, graças à mobilidade da fortuna fundiária, o *status* do homem e o do solo deixaram, com frequência cada vez maior, de coincidir –, definir, por sua vez, a tenência em vilanagem como aquela cuja posse carecia da proteção das cortes reais, isso era certamente estabelecer as características de uma classe humana ou de uma categoria de imóveis. Não era fixar-lhe os contornos, pois era preciso que se apresentasse um meio de determinar, entre as pessoas ou as terras, aquelas que deviam ser atingidas por essa incapacidade, da qual decorria todo o resto. Era inconcebível classificar, sob uma rubrica tão desprezível, todos os indivíduos que tinham um senhor ou cujos bens territoriais estavam todos situados sob uma dependência senhorial. Sequer bastava excluir os feudos cavaleirescos. Entre os possuidores de *censives* integrantes de um *manor*, havia muitos personagens de posição demasiadamente elevada e, até mesmo, muitos camponeses cuja liberdade era demasiadamente antiga e solidamente atestada para que fosse possível confundir irrefletidamente tais pessoas em uma massa servil. A jurisprudência recorreu, portanto, a um critério fornecido, aqui também, pela herança de ideias ou preconceitos profundamente arraigados na consciência comum. O escravo devera todo seu trabalho ao senhor. Consequentemente, dever a um senhor grande parte de seu tempo parecia afetar seriamente a liberdade. Isso, sobretudo, quando as tarefas assim exigidas pertenciam a essas incumbências manuais, consideradas bastante baixas, comumente designadas, por toda a Europa, pelo nome sintomático de obras "servis". A tenência em vilanagem foi, portanto, aquela que obrigava, em benefício do senhor, a pesadas corveias agrícolas – pesadas, por vezes, a ponto de serem quase arbitrárias – e a outros serviços considerados pouco honrosos; e os homens que, no século XIII, detinham essas terras formaram o tronco da classe dos vilãos. Em casos particulares, a discriminação foi frequentemente caprichosa; algumas regiões foram quase poupadas. Mas o princípio estava presente.

O problema concreto enfrentado pelos homens da lei dos plantagenetas, por conta da coexistência de uma justiça real precocemente desenvolvida e de uma poderosa aristocracia fundiária, era, assim como esses mesmos fatos, especificamente inglês. O mesmo vale para a distinção de classes que permitiu resolvê-lo e cujas consequências longínquas, para além de nosso período, seriam singularmente graves. Por outro lado, as próprias concepções que a opinião jurídica desenvolveu para elaborar uma nova noção de servidão pertenciam ao patrimônio comum da Europa feudal. Um jurista francês ainda sustentava, no círculo de São Luís, que o vilão, mesmo livre, não devia ter outro juiz além de seu senhor; sabe-se, ademais, o quanto a equação liberdade-justiça pública permaneceu viva na Alemanha. Além disso, sendo a obrigação a certos serviços, considerados pouco honrosos ou rigorosos demais, comumente tida como uma marca de servidão, tal sentimento, contrário ao direito estrito e que, consequentemente, era combatido pelos tribunais, não deixava de alimentar, na Île-de-France, por volta do ano 1200, alguns ódios aldeões.[232] Mas a evolução lenta, insidiosa e segura do Estado francês impediu que uma fronteira marcada por um traço tão nítido se estabelecesse, finalmente, entre os poderes judiciários do rei e os dos senhores. Quanto à noção de trabalhos desonrosos, se ela cumpriu seu papel na delimitação, na França, da classe nobiliária, ela jamais conseguiu suplantar os antigos critérios da servidão, pois nada veio impor a necessidade de uma nova classificação dos *status*. Assim, o caso inglês mostra, com rara clareza, como, no seio de uma civilização, sob vários aspectos, muito uniforme, certas ideias-forças, ao cristalizarem-se sob a ação de um determinado meio, puderem resultar na criação de um sistema jurídico totalmente original, enquanto, alhures, as condições ambientes as condenavam a um estado, de algum modo, perpetuamente embrionário. Ele adquire, dessa maneira, o valor de uma verdadeira lição de método.

CAPÍTULO III
Rumo às novas formas do regime senhorial

1. A ESTABILIZAÇÃO DOS ENCARGOS

As profundas transformações que, a partir do século XII, começaram a metamorfosear as relações entre súditos e senhores se estenderiam por várias centenas de anos. Bastará indicar aqui de que modo a instituição senhorial saiu da feudalidade.

Desde que, inaplicáveis na prática e cada vez menos inteligíveis, os censuais carolíngios caíram em desuso, a vida interna das senhorias, mesmo entre as maiores e menos mal administradas, já ameaça não seguir outras regras além das puramente orais. Nada impedia, na verdade, que se estabelecessem, com base em um modelo análogo, inventários dos bens e dos direitos mais bem adaptados às condições do momento. Com efeito, assim fizeram certas igrejas, nas regiões, como a Lorena, em que a tradição carolíngia se mantivera particularmente vivaz. O costume desses inventários jamais se perderia. A atenção, entretanto, não tardou a concentrar-se em outro tipo de texto que, desprezando a descrição do solo para esforçar-se em estabelecer as relações humanas, parecia atender mais exatamente às necessidades de uma época em que a senhoria se tornara, acima de tudo, um grupo de comando. O senhor, por um ato autêntico, fixava os costumes específicos de uma terra ou outra. Embora outorgadas, em princípio, pelo senhor, essas espécies de pequenas constituições locais resultavam, ordinariamente, de tratativas prévias com os súditos. Além disso, tal acordo parecia tanto mais necessário quanto o texto não se limitava, mais frequentemente, a registrar a prática antiga; ele a modificava, em vários pontos. Foi esse o caso do documento pelo qual, em 967, o abade de Saint-Arnoul de Metz [São Arnulfo

---

232. PIERRE DE FONTAINES. *Le Conseil de Pierre de Fontaines*, ed. A.-J. Marnier, XXI, 8, p. 225. MARC BLOCH. *Les transformations du servage* em "Mélanges d'histoire du Moyen Âge offerts à M. F. Lot", 1925, p. 55 ss.

de Metz] diminuíra os serviços dos homens de Morville-sur-Nied; assim como, em sentido inverso, do "pacto" por meio do qual, por volta de 1100, os monges de Bèze, na Borgonha, impuseram aos habitantes, antes de permitir a reconstrução de uma aldeia incendiada, cláusulas bastante duras.[233] Mas, até o início do século XII, tais documentos permaneceram muito raros.

A partir dessa data, ao contrário, diversas causas contribuíram para multiplicá-los. Nos meios senhoriais, um novo gosto pela nitidez jurídica garantia a vitória da escrita. Até entre os mais humildes, esta, em razão dos progressos da instrução, parecia mais preciosa que no passado. Não que, em sua imensa maioria, eles fossem capazes de ler por si próprios. Mas, se tantas comunidades rurais reclamaram e conservaram forais, é seguramente porque, em sua vizinhança imediata, se encontravam homens – clérigos, mercadores, juristas – absolutamente prontos para dar-lhes sua interpretação desses documentos.

Acima de tudo, as transformações da vida social levavam a fixar os encargos e a atenuar seu peso. Em quase toda a Europa, um grande movimento de desbravamento continuava. Aquele que desejasse atrair os pioneiros para seu território devia prometer-lhes condições favoráveis; o mínimo que podiam pedir era que fossem subtraídos, de antemão, a toda arbitrariedade. Então, nos arredores, o exemplo assim dado logo se impunha aos senhores das velhas aldeias, sob a pena de verem seus súditos ceder ao apelo de um solo menos onerado. Não por acaso, certamente, as duas constituições consuetudinárias que deviam servir de modelo a tantos outros textos semelhantes – o foral de Beaumont-en--Argonne e o de Lorris, perto da floresta de Orléans, tendo o primeiro sido outorgado a uma aglomeração de fundação recente, o segundo, porém, a um povoamento muito antigo – têm como traço comum, por terem nascido semelhantemente à beira de grandes maciços arborizados, o fato de terem sido escandidas, desde sua primeira leitura, pelas machadadas dos desbravadores. Não é menos significativo que, na Lorena, a palavra *villeneuve* [cidade nova] tenha acabado por designar toda localidade, mesmo milenária, que tivesse recebido um foral. O espetáculo dos grupos urbanos se deu no mesmo sentido. Também submetidos ao regime senhorial, muitos deles, desde o final do século XI, conseguiram conquistar muitas vantagens, estipuladas em pergaminho. O relato de seus triunfos encorajava as massas camponesas e a atração que as cidades privilegiadas ameaçavam exercer fazia com que os senhores refletissem. Por fim, a aceleração das trocas econômicas não somente incitava os senhores a desejarem certas modificações na distribuição dos encargos, como também, ao fazer fluir um pouco de numerário até os cofres dos aldeões, lhes abria novas possibilidades. Menos pobres e, portanto, menos impotentes e menos resignados, podiam agora comprar o que não lhes fora dado ou então tomá-lo pela força, pois as concessões senhoriais estavam longe de terem sido todas gratuitas ou consentidas de pura boa vontade. Assim, cresceu, por montes e vales, o número desses pequenos códigos aldeões. Chamavam-se, na França, cartas de "costumes" ou "franquias". Por vezes, essas duas palavras eram associadas. A segunda, sem significar necessariamente a abolição da servidão, evocava as atenuações variadas trazidas à tradição.

---

233. PERRIN, *Recherches sur la seigneurie rurale en Lorraine d'après les plus anciens censiers*, p. 225 ss.; *Chronique de l'abbaye de Saint Bénigne...*, ed. E. Bougaud e J. Garnier, p. 396-7 (1088-1119).

A carta de costumes foi, na Europa dos últimos tempos feudais e do período seguinte, uma instituição muito generalizada. Encontramo-la, em múltiplos exemplares, em todo o reino da França, na Lotaríngia e no reino de Arles, na Alemanha renana, em quase toda a Itália, o reino normando inclusive, e, por fim, em quase todo o território da península ibérica. Seguramente, as *poblaciones* ou os *fueros* da Espanha e o *statuti* italiano não diferem somente pelo nome das cartas francesas e estas, por sua vez, estavam longe de terem sido todas jogadas no mesmo molde. Grandes diversidades se revelam igualmente, segundo o país ou as províncias, na densidade da repartição; outras, não menos acentuadas, nas datas do movimento. Contemporâneas dos esforços dos cristãos para repovoar as terras conquistadas, as mais antigas *poblaciones* da Espanha remontam ao século X. No Médio Reno, as primeiras cartas de aldeias, imitadas, ao que parece, de modelos mais ocidentais, não são anteriores a 1300.

No entanto, por mais importantes que tais divergências possam parecer, seus problemas são pouco consideráveis perto daquele suscitado pela presença, no mapa das "franquias" rurais, de dois enormes vazios: a Inglaterra, de um lado; a Alemanha transrenana, do outro. Não que, em ambos os lados, um número bastante grande de comunidades não tenha recebido forais de seus senhores. Tratava-se, porém, quase exclusivamente, de grupos urbanos. Em quase toda cidade medieval, com exceção das grandes metrópoles do comércio, certamente subsistiu algo de rural: a coletividade tinha seus terrenos de pastoreio, os habitantes tinham seus campos, que os mais humildes cultivavam por si próprios. Simples "burgos" mais do que cidades, diríamos hoje sobre a maioria das localidades alemãs ou inglesas assim privilegiadas. Não deixa de ser verdade que a outorga de tais favores foi, a cada vez, decidida pela existência de um mercado, de uma classe mercantil, de um artesanato. Alhures, ao contrário, o movimento alcançara as simples aldeias.

Quanto ao fato de que a Inglaterra não tenha conhecido cartas de costumes rurais, a forte estrutura da casa senhorial e sua evolução em um sentido inteiramente favorável ao arbítrio senhorial bastam para explicá-lo. Para servir-lhes de memória escrita, os lordes possuíam seus censuais e os rolos com as sentenças de suas cortes de justiça; por que teriam sentido a necessidade de codificar de outra forma usos cuja própria mobilidade lhes permitiria, pouco a pouco, tornar singularmente precária a posse das tenências? Dado que os arroteamentos parecem ter sido, na ilha, relativamente pouco intensos e que, por outro lado, os senhores dispunham de meios bastante eficazes para manterem seus súditos, deve-se acrescentar que uma das causas que mais fortemente levara às concessões no continente, não desempenhou, neste caso, papel algum.

Nada de semelhante se observava na Alemanha. É verdade que, lá, a carta de costumes somente permaneceu excepcional em razão da predileção por outro procedimento de fixação dos encargos: o *Weistum*, a que o sr. Charles-Edmond Perrin engenhosamente propôs chamar, em francês, *rapports de droits* [relatório de direitos]. Tendo-se conservado o hábito, nas senhorias alemãs, de reunir os dependentes em assembleias periódicas, herdeiras dos "tribunais" judiciários carolíngios, achou-se cômodo fazer-lhes a leitura, nessa ocasião, das disposições tradicionais que deviam regê-los e às quais, por sua própria presença nessa proclamação, pareciam reconhecer-se sujeitos: espécie de inquérito costumeiro que, perpetuamente renovado, se assemelhava muito, em seu princípio, àqueles cujos resultados haviam sido registrados pelos censuais do passado. Foram, assim, estabelecidos textos, aos quais não se hesitava acrescentar, ocasionalmente, alguns complementos. O "relatório de direitos" teve na Alemanha do além-Reno seu domínio próprio; na margem esquerda e até a terra de língua francesa, estendeu-se uma ampla zona de transição, que dividiu com a carta de costumes. Ordinariamente mais minucioso que esta última, ele se prestava, em contrapartida, mais facilmente a modificações. O resultado fundamental, porém, era, nos dois lados, o mesmo. Embora sempre tenham existido, em todos os lugares, muitas aldeias desprovidas de *Weistum* ou de carta e embora nenhum dos dois modos de resolução tenha, nos lugares em que existiam, tido o exorbitante poder de parar a vida, foi realmente sob o signo de uma estabilização crescente das relações entre senhores e súditos que se abriu, na história da senhoria europeia, uma nova fase. "Que nenhum censo seja exigido, se não estiver escrito": esta frase de uma carta do Rossilhão era como que o programa de uma mentalidade e de uma estrutura jurídicas igualmente distantes dos costumes da Primeira Idade Feudal.[234]

2. A TRANSFORMAÇÃO DAS RELAÇÕES HUMANAS

Enquanto a vida interna da senhoria se tornava menos vacilante, ela se modificava, em certos pontos, quase inteiramente. Redução geral das corveias; substituição destas ou das rendas em gêneros por pagamentos em dinheiro; e, por fim, eliminação progressiva daquilo que, no sistema de encargos, permanecia marcado por um caráter incerto e fortuito: esses fatos passam então a ser inscritos em todas as páginas das capitulares. A talha, em particular, antes "arbitrária", foi, na França, amplamente "subscrita": isto é, transformada em um tributo cujo montante e cuja periodicidade se mantinham igualmente imutáveis. Da mesma forma, os fornecimentos devidos ao senhor, por ocasião de estadias evidentemente variáveis, foram frequentemente substituídos por um imposto único. A despeito de múltiplas variações, regionais ou locais, fica claro que, cada vez mais, o súdito tendia a transformar-se em um contribuinte cuja cotação sofria, de um ano para outro, somente fracas alterações.

Por outro lado, a forma de dependência em que a subordinação de homem a homem encontrara sua expressão mais segura ora desaparecia, ora se alterava. Emancipações repetidas, que, por vezes, se aplicavam a aldeias inteiras, reduziram consideravelmente, a partir do século XIII, o número dos servos franceses e italianos. Outros grupos passaram para a liberdade por simples desuso. Mais do que isso, aí onde, na França, a servidão ainda subsistia, ela se afastou progressivamente da antiga "homenagem de corpo". Viu-se concebida menos como um vínculo pessoal do que como uma inferioridade de classe que podia, por uma espécie de contágio, passar da terra para o homem. Surgiram, doravante, tenências servis, cuja posse transformava em servo e cujo abandono emancipava. Em mais de uma província, o próprio feixe das obrigações específicas se encontrou dissociado. Novos critérios apareceram. No passado, inúmeros rendeiros haviam suportado a talha arbitrária; servos, que permaneceram servos, haviam obtido a subscrição. A partir de então, pagar

---

234. Foral de Codalet em Conflent, 1142, em B. ALART. *Privilèges et titres relatifs aux franchises... de Roussillon*, t. I, p. 40.

segundo a vontade do senhor tornou-se, no mínimo, uma presunção de servidão. Eram novidades, então, quase universais. A despeito de suas originalidades tão marcantes, era a "vilanagem" inglesa algo mais que uma definição do *status* pela incerteza dos encargos – tomando-se aqui a corveia como tipo – e de encargos essencialmente vinculados a um bem territorial? Enquanto, no passado, na época em que ainda não havia outros homens livres além dos *bondmen*, o "laço do homem" era tido como uma marca de servidão, no futuro, seria a qualidade de aldeão, de "vilão", que seria atingida por essa tara; e o vilão por excelência era aquele que, submetido a serviços sem fixidez, "não sabia, à noite, o que teria de fazer pela manhã". Na Alemanha, onde a classe dos "homens próprios de corpo" se unificou somente muito tarde, a evolução foi mais lenta; mas não deixou de produzir-se, finalmente, segundo linhas praticamente iguais.

A senhoria, em si mesma, não deve, sob nenhum aspecto, ser incluída no cortejo das instituições a que chamamos feudais. Ela coexistira, e continuaria a fazê-lo no futuro, com um Estado mais forte, relações de clientela mais raras e menos estáveis e uma circulação muito mais ampla de dinheiro. Entretanto, por conta das novas condições de vida que surgiram, aproximadamente, a partir do século IX, esse modo antigo de agrupamento não somente estendeu suas presas a uma parte muito mais considerável da população, consolidando singularmente, ao mesmo tempo, sua própria estrutura interna, como também sofreu profundamente, assim como a linhagem, a ação do ambiente. A senhoria das idades em que se desenvolveu e existiu a vassalagem foi, acima de tudo, uma coletividade de dependentes, sucessivamente protegidos, comandados e oprimidos por seu chefe e à qual muitos deles estavam vinculados por uma espécie de vocação hereditária, sem relação com a posse do solo ou o hábitat. Quando as relações verdadeiramente características da feudalidade perderam seu vigor, a senhoria subsistiu, mas com características diferentes, mais fundiárias, mais puramente econômicas. Assim, um tipo de organização social marcada por uma tonalidade particular nas relações humanas não se manifesta somente por criações novas; ele imprime suas cores àquilo que recebe do passado, para transmiti-lo às épocas seguintes, assim como na passagem por um prisma.

TOMO II
As classes e o governo dos homens

AVISO AO LEITOR

Uma rede de laços de dependência, tecendo seus fios de alto a baixo na escala humana, conferiu à civilização da feudalidade europeia sua marca mais original. Como essa estrutura tão particular – sob a ação de que circunstâncias e de que ambiente mental, e com a ajuda de que empréstimos, tomados de um passado mais longínquo – pôde nascer e evoluir é o que procuramos mostrar no tomo precedente. Jamais, entretanto, nas sociedades a que tradicionalmente é associado o epíteto "feudais", os destinos individuais foram regulados exclusivamente por essas relações de sujeição próxima ou de comando imediato. Os homens também se repartiam em grupos, escalonados um acima do outro, distintos pela vocação profissional, pelo grau de poder ou de prestígio. Ademais, para além da multidão das inúmeras pequenas chefarias, de toda espécie, sempre subsistiram poderes de maior alcance e de natureza diferente. A partir da Segunda Idade Feudal, as classes ordenaram-se de modo cada vez mais estrito e, ao mesmo tempo, a reunião das forças, em torno de algumas grandes autoridades e de algumas grandes aspirações, se produziu com vigor crescente. É para este segundo aspecto da organização social que devemos agora nos voltar. Feito isso, estaremos finalmente autorizados a responder às perguntas que, desde os primeiros passos da investigação, pareceram dominá-la: por que traços fundamentais, próprios ou não a uma fase da evolução ocidental, esses poucos séculos mereceram o nome que os coloca, assim, à parte do resto de nossa história? O que restou de sua herança para as épocas que lhes sucederiam?

Primeiro Livro
As classes

CAPÍTULO I
Os nobres como classe de fato

1. O DESAPARECIMENTO DAS ANTIGAS ARISTOCRACIAS DE SANGUE

Para os primeiros escritores que nomearam a feudalidade, para os homens da Revolução, que trabalharam para destruí-la, a noção de nobreza parecia ser-lhe inseparável. Não há, entretanto, qualquer associação de ideias mais francamente errônea. Pelo menos, por pouco que se faça questão de manter, quanto ao vocabulário histórico, alguma precisão. Seguramente, as sociedades da era feudal nada tiveram de igualitárias. Mas nem toda classe dominante constitui uma nobreza. Para merecer este nome, ela deve, ao que parece, reunir duas condições: primeiramente, a posse de um estatuto jurídico próprio, que confirma e materializa a superioridade por ela pretendida; em segundo lugar, que tal estatuto se perpetue pelo sangue – salvo, todavia, admitindo-se, em favor de algumas famílias novas, a possibilidade de abrir-lhes o acesso, mas em número restrito e segundo normas regularmente estabelecidas. Em outros termos, não bastavam nem o poder de fato, nem mesmo essa forma de hereditariedade – no entanto, tão eficaz na prática – que decorre, tanto quanto da transmissão das fortunas, do auxílio levado ao filho por pais bem situados; é preciso ainda que vantagens sociais, como a hereditariedade, sejam reconhecidas pelo direito. Tratamos hoje, ainda que por ironia, nossos grandes burgueses de nobreza capitalista? Aí mesmo onde desapareceram, como em nossas democracias, é a lembrança dos privilégios legais que alimenta a consciência de classe: um nobre não será autêntico se não puder provar que foram exercidos por seus ancestrais. Ora, nesse sentido, que é o único legítimo, a nobreza foi, no Ocidente, apenas uma aparição relativamente tardia. Os primeiros lineamentos da instituição não começaram a ser traçados antes do século XII. Ela se fixou somente no século seguinte, ao passo que o feudo e a vassalagem já estavam em seu declínio. A Primeira Idade Feudal como um todo, assim como a época anterior, a ignoraram.

Ela se opunha, dessa forma, às civilizações cujo distante legado recebera. O Baixo Império tivera a ordem senatorial, à qual, sob os primeiros Merovíngios, a despeito do apagamento dos privilégios jurídicos de outrora, os principais súditos romanos do rei franco ainda se orgulhavam muito em associar sua genealogia. Entre muitos povos germânicos, existiram certas famílias qualificadas, oficialmente, de "nobres": em língua vulgar, *edelinge*, que os textos latinos traduzem por *nobiles* e que, em franco-borgonhês, sobreviveu, por muito tempo, sob a forma de *adelenc*. Gozavam, a esse título, de vantagens precisas e, sobretudo, de um preço de sangue superior; seus membros, como dizem os documentos anglo-saxões, "nasceram mais caros" que os outros homens. Oriundas, segundo todas as aparências, de antigas linhagens de chefes locais – os "príncipes de cantões", de que fala Tácito –, aí onde o Estado assumiu a forma monárquica, elas foram, em sua maioria, pouco a pouco, desapossadas de seu poder político em proveito da dinastia real saída, originalmente, de suas fileiras. Assim mesmo, conservavam mais de um traço de seu prestígio primitivo de raças sagradas.

Mas essas distinções não sobreviveram à época dos reinos bárbaros. Entre as linhagens de *edelinge*, muitas certamente não tardaram a desaparecer. Sua própria grandeza fazia delas o alvo preferido das vinganças privadas, das proscrições e das guerras. Exceção feita à Saxônia, elas eram, desde o período que seguiu imediatamente as invasões, muito pouco numerosas: apenas quatro, por exemplo, entre os bávaros do século VII. Entre os francos, supondo-se, pois não poderíamos prová-lo, que, aí também, essa aristocracia do sangue tivesse sido representada em uma época antiga, ela teria desaparecido antes de nossos primeiros monumentos escritos. Da mesma forma, a ordem senatorial constituía apenas uma oligarquia dispersa e frágil. Ora, essas castas, que tiravam seu orgulho de antigas reminiscências, já não se renovavam mais naturalmente. Nos novos reinos, os motivos vivos de desigualdade entre os homens livres eram de um tipo inteiramente diverso: a riqueza, com seu corolário, o poder; e o serviço do rei. Ambos os atributos, embora, na prática, passassem frequentemente de pai para filho, não deixavam a porta menos aberta a ascensões ou quedas igualmente bruscas. Por uma restrição de sentido altamente significativa, na Inglaterra, desde os séculos IX ou X, apenas os próximos do rei mantêm o direito ao nome *aetheling*.

Da mesma forma, a história das famílias dominantes na Primeira Idade Feudal não possui traço mais marcante do que a brevidade de sua genealogia. Isso se concordarmos em rejeitar, ao menos ao lado das fábulas imaginadas pela própria Idade Média, as conjecturas engenhosas, porém frágeis, que atualmente diversos eruditos construíram com base em regras demasiadamente hipotéticas de transmissão dos nomes próprios. Entre os guelfos, por exemplo – que, após terem desempenhado um papel considerável na França Ocidental, conservaram a coroa da Borgonha de 888 a 1032 –, o mais antigo ancestral conhecido é um conde bávaro, com cuja filha se casou Luís, o Pio. A linhagem dos condes de Toulouse surgiu sob o reinado de Luís, o Pio; a dos marqueses de Ivrea, futuros reis da Itália, sob Carlos, o Calvo; a dos liudolfingos, duques da Saxônia e, depois, reis da França oriental e imperadores, sob Luís, o Germânico. Os bourbons, oriundos dos capetíngios, são provavelmente hoje a mais velha dinastia da Europa; o quanto sabemos, entretanto, das origens de seu ancestral Roberto, o Forte, que, morto em 866, já estava entre os magnatas da Gália? Apenas o nome de seu pai e talvez que tivesse sangue saxão.[235] É como se, inelutavelmente, uma vez atingida a fatal virada do ano 800, a obscuridade fosse a lei. E essas são casas particularmente antigas e que, de perto ou de longe, estavam ligadas a essas linhagens – oriundas, em sua maioria, da Austrásia ou do além-Reno – às quais os primeiros carolíngios confiaram os principais comandos, por todo o Império. Na Itália do Norte,

---

235. A última exposição do problema, por J. CALMETTE, encontra-se em *Annales du Midi*, 1928.

no século XI, os Attoni controlavam, em amplos espaços, montes e planícies; descendiam de certo Sigurdo, que, possuidor de importantes bens no condado de Lucca, falecera pouco antes de 950; afora disso, mais nada se deixa perceber. A metade do século X é também o momento em que aparecem bruscamente os Zähringen suábios, os Babenberg, verdadeiros fundadores da Áustria, os senhores de Amboise... Caso passássemos para modestas linhagens senhoriais, seria em uma época ainda mais tardia que o fio se romperia em nossas mãos.

Ora, não basta aqui incriminar o mau estado de nossas fontes. Seguramente, se os documentos dos séculos IX e X fossem menos raros, descobriríamos algumas filiações a mais. Mas o que surpreende é que tenhamos necessidade desses documentos de acaso. Os liudolfingos, os attoni, os senhores de Amboise, entre outros, tiveram, na época de sua grandeza, seus historiadores. Como é possível que esses clérigos não tenham sabido ou desejado falar-nos dos antepassados de seus senhores? Na verdade, transmitidas durante séculos por uma tradição puramente oral, as genealogias dos camponeses da Islândia são muito mais conhecidas do que as de nossos barões medievais. Em torno destes, visivelmente, a sequência das gerações somente gerava interesse a partir do momento, em geral relativamente recente, em que uma delas ascendia, pela primeira vez, a uma posição verdadeiramente elevada. Havia certamente algumas boas razões para pensar que, para além dessa data eleita, a história da linhagem nada teria oferecido de muito reluzente: seja porque vinha de baixo – a célebre casa normanda dos Bellême tinha, ao que parece, por ancestral um simples besteiro de Luís de Além-Mar[236] –, seja, o que era mais frequente, porque permaneceu, por muito tempo, parcialmente escondida na massa dos pequenos possuidores de senhorias, a respeito dos quais veremos mais adiante que problemas sua origem, como grupo, suscita. Entretanto, a principal razão de um silêncio, aparentemente, tão estranho era que esses poderosos não formavam uma classe nobre, no sentido pleno da palavra. Quem fala em nobreza, fala em costados. No caso, os costados não importavam, pois não havia nobreza.

2. DOS DIVERSOS SENTIDOS DA PALAVRA "NOBRE", NA PRIMEIRA IDADE FEUDAL

Isso não significa, entretanto, que, do século IX ao XI, a palavra "nobre" (em latim *nobilis*) não fosse encontrada, com bastante frequência, nos documentos. Ela se limitava, porém, a marcar, fora de qualquer acepção jurídica precisa, uma preeminência de fato ou de opinião, segundo critérios que variavam praticamente a cada caso. Ela comporta, quase sempre, a ideia de uma distinção de nascimento, mas também a de certa fortuna. Basta ver como, ao glosar, no século VIII, uma passagem da *Regra* de São Bento, Paulo, o Diácono, ordinariamente mais claro, hesita entre essas duas interpretações e com elas se confunde.[237] Demasiado incertos para receberem definições precisas, esses empregos, desde o início da era feudal, atendiam, ao menos, a algumas grandes orientações, cujas próprias vicissitudes são instrutivas.

---

236. H. PRENTOUT. *Les origines de la maison de Bellême*, em "Études sur quelques points d'histoire de Normandie", 1926.
237. *Bibliotheca Casinensis*, t. IV, p. 151.

Em uma época em que tantos homens tinham de aceitar dever suas terras a um senhor, o mero fato de escapar a essa sujeição parecia um sinal de superioridade. Não causa espanto, portanto, ser a posse de um alódio – ainda que tivesse a natureza de um simples bem camponês – considerada, por vezes, um título suficiente para receber a designação de *nobre* ou de *edel*. É notável, aliás, que, na maioria dos textos em que aparecem com tal qualificativo, pequenos detentores de alódios, estes o ostentam apenas para logo abandoná-lo, fazendo-se rendeiros ou servos de um poderoso. Se não encontramos mais, desde o fim do século XI, esses "nobres", que, na verdade, eram pessoas bastante humildes, a cristalização que então se produziu, segundo linhas totalmente diferentes, na ideia de nobreza não foi a única razão. A própria categoria social, em grande parte do Ocidente, desaparecera quase inteiramente, por extinção.

Inúmeros escravos, na época franca, obtiveram sua liberdade. Naturalmente, esses intrusos não eram facilmente aceitos como iguais por famílias desde sempre isentas da tara servil. Ao "livre", que podia ser um antigo escravo liberto ou o descendente, ainda muito próximo, de um liberto, os romanos opuseram, no passado, o puro "ingênuo"; mas, no latim da decadência, as duas palavras tornaram-se quase sinônimas. Uma raça sem mácula não constituía, entretanto, uma verdadeira nobreza, no sentido vago que o termo ordinariamente possuía? "Ser nobre é não encontrar entre seus ancestrais ninguém que tenha sido submetido à servidão." Assim ainda se expressava, por volta do início do século XI, uma glosa italiana, ao sistematizar um costume do qual não encontramos, aliás, nenhum rastro.[238] Aí tampouco o emprego sobreviveu às transformações das classificações sociais; em sua maioria, os herdeiros dos antigos libertos não tardaram, como vimos, a tornar a ser simplesmente servos.

Havia, entretanto, mesmo entre os humildes, indivíduos que, embora fossem súditos de um senhor quanto à sua terra, conseguiram, assim mesmo, preservar sua "liberdade" pessoal. Inevitavelmente, a uma qualidade que se tornara tão rara se vinculava o sentimento de uma honorabilidade particular, que, sem contrariar os hábitos da época, era designada como "nobreza". De fato, alguns textos, aqui e ali, parecem inclinar-se a essa equivalência. Mas esta não podia ser absoluta. Nobres, os homens ditos livres, muitos dos quais como rendeiros, estavam, em seu conjunto, sujeitos a pesadas e humilhantes corveias? A ideia causava demasiada repulsa para impor-se à opinião comum, à imagem que esta tinha dos valores sociais. A sinonímia, fugidiamente percebida, entre as palavras "nobres" e "livres" deixaria traços duráveis somente no vocabulário de uma forma especial de subordinação: a vassalagem militar. Diferentemente de muitos dependentes, rurais ou domésticos, a fidelidade de vassalos não se herdava e seus serviços eram eminentemente compatíveis com a mais meticulosa noção de liberdade: entre todos os "homens" do senhor, eles foram seus "homens francos" por excelência; acima dos demais feudos, suas tenências mereceram, como sabemos, o nome de "feudos-francos". E como, na multidão heterogênea que vivia à sombra do chefe, seu papel de seguidores de armas e de conselheiros lhes conferia a feição de aristocracia, também se distinguiam dessa multidão pelo belo nome de nobreza.

---

238. *Mon. Germ. LL.*, t. IV, p. 557, col. 2, l. 6.

A pequena igreja que os religiosos de Saint-Riquier, em meados do século IX, reservavam às devoções do pessoal vassálico mantido na corte abacial, levava o nome de "capela dos nobres", por oposição à do "povo vulgar", em que os artesãos e os baixos oficiais, igualmente agrupados em torno do claustro, escutavam a missa. Dispensando do serviço da hoste os rendeiros dos monges de Kempten, Luís, o Pio, especificava que tal isenção não se aplicava às "mais nobres pessoas", providas de "benefícios" pela abadia.[239] Dentre todas as acepções do termo, esta, que tendia a confundir as duas noções de vassalagem e de nobreza, tinha um maior futuro diante de si.

Em um grau mais elevado, por fim, essa palavra multiuso podia servir para destacar, no conjunto dos homens que não eram de nascimento servil nem estavam comprometidos em laços de humilde dependência, as famílias mais poderosas, as mais antigas, as mais prestigiosas. "Não há mais nobres no reino?", diziam, segundo o testemunho de um cronista, os "magnatas" da França Ocidental, quando viam Carlos, o Simples, orientar-se, sob todos os aspectos, pelos conselhos de seu favorito, Haganon.[240] Ora, por mais medíocre que fosse sua origem aos olhos das grandes linhagens condais, esse filho da fortuna certamente não era de posição inferior à dos guerreiros domésticos a quem Saint-Riquier abria sua *capella nobilium*. Chegava, porém, o epíteto a evocar então algo mais do que uma superioridade relativa? É significativo que se o encontre comumente empregado no comparativo: *nobilior*, "mais nobre" que o vizinho.

Entretanto, ao longo da Primeira Idade Feudal, seus usos mais modestos foram, aos poucos, desaparecendo; e tendeu-se, cada vez mais, a reservá-lo aos grupos de poderosos aos quais as desordens dos Estados e a generalização dos laços de proteção permitiram alcançar uma preponderância crescente na sociedade. Isso se dava com um sentido ainda bastante frouxo, estranho a qualquer precisão de *status* ou de casta, mas não sem um sentimento muito forte da supremacia da posição assim qualificada. Certamente, a imagem de uma ordem hierárquica vigorosamente percebida assombrava os espíritos dos participantes de um pacto de paz que, em 1023, juravam não atacar as "nobres mulheres"; sequer se mencionaram as demais.[241] Em uma palavra, se a nobreza, como classe jurídica, permanecia desconhecida, já é plenamente possível, nessa época, ao preço de uma leve simplificação da terminologia, falar em uma classe social dos nobres e, talvez sobretudo, de um gênero de vida nobre. Isso porque era, principalmente, pela natureza das fortunas, pelo exercício do comando e pelos costumes que essa coletividade se definia.

3. A CLASSE DOS NOBRES, CLASSE SENHORIAL

Tratava-se de uma classe fundiária, como se disse, por vezes, a respeito dessa classe dominante? Caso se entenda com isso que, quanto ao essencial, seus membros extraíam suas receitas de uma dominação exercida sobre o solo, tudo bem. De que outra fonte teriam, aliás, podido exigi-las? Assim mesmo, é preciso acrescentar que, nos lugares em que era possível, a percepção de pedágios, de direitos de mercado, de rendas exigidas de um

---

239. HARIULFO. *Chronique*, ed. Lot, p. 308; cf, p. 300. *Monumenta boica* t. XXVIII, 2, p. 27, n. XVII.
240. RICHER. *Histoires*, I, c. 15.
241. Juramento de paz de Beauvais, em PFISTER. *Études sur le règne de Robert le Pieux*, 1885, p. LXI.

grupo de ofícios não estava, por certo, entre os bens menos procurados. O traço característico residia na forma de exploração. Se os campos ou, de modo muito mais excepcional, a loja ou a oficina alimentavam o nobre, é sempre graças ao trabalho de outros homens. Em outros termos, ele era, acima de tudo, um senhor. Ou, ao menos, embora nem todos os personagens cujo modo de vida pode ser qualificado de nobiliário tivessem a sorte de possuir senhorias – basta pensar nos vassalos mantidos na casa do chefe ou nos filhos mais novos, frequentemente destinados a um verdadeiro nomadismo guerreiro –, qualquer senhor se situava, por sua mera condição, na camada superior da sociedade.

Ora, surge aqui um problema, mais obscuro dentre todos os suscitados pela gênese de nossa civilização. Em meio às linhagens senhoriais, algumas certamente descendiam de aventureiros saídos do nada, homens de armas convertidos, à custa da fortuna do chefe, em seus vassalos enfeudados. Outras, talvez, tinham por ancestrais alguns desses ricos camponeses cuja transformação em rentistas de grupos de tenências se entrevê através de certos documentos do século X. Não era seguramente este, entretanto, o caso mais geral. Com formas, na origem, mais ou menos rudimentares, a senhoria era, em grande parte do Ocidente, algo muito velho. A despeito de todos os arranjos e rearranjos que se queira atribuir-lhe, não é possível que, em si mesma, a classe dos senhores tenha tido uma antiguidade menor. Entre os personagens a quem os aldeões dos tempos feudais deviam rendas e corveias, quem dirá um dia quantos teriam podido, caso o soubessem, inscrever em sua árvore genealógica os misteriosos epônimos de tantas de nossas aldeias – o Breno* de Bernay, o Cornélio** de Cornigliano, o Gundolf de Gundolfsheim, o Alfredo de Alversham – ou então alguns desses chefes locais da Germânia, que Tácito nos retrata enriquecidos pelos "presentes" dos camponeses? O fio se perde inteiramente. Mas não é impossível que, com a oposição fundamental entre os mestres das senhorias e a inumerável população de rendeiros, nós abordemos uma das mais antigas linhas de clivagem de nossas sociedades.

4. A VOCAÇÃO GUERREIRA

Se a posse de senhorias constituía a marca de uma dignidade verdadeiramente nobiliária e, ao lado dos tesouros de moedas e de joias, a única forma que parecesse compatível com uma posição elevada, isso se dava, antes, em razão dos poderes de comando que supunha sobre outros homens. Houve jamais motivo mais seguro de prestígio do que poder dizer: "eu quero"? Mas é também porque a própria vocação do nobre lhe proibia qualquer atividade econômica direta. Comprometia-se, de corpo e alma, com a função que lhe era própria: a do guerreiro. Este último traço, que é capital, explica o lugar ocupado pelos vassalos militares na formação da aristocracia medieval. Eles não a constituíram por inteiro. Como poderiam ser excluídos os mestres de senhorias alodiais, prontamente assimilados, aliás, pelos costumes, aos vassalos enfeudados e, por vezes, mais poderosos do que estes? Os grupos vasssálicos, entretanto, compuseram, de fato, seu elemento de base. Aqui também, a evolução do vocabulário anglo-saxão ilustra admiravelmente a passagem da velha

---

*. Nome gaulês, que significa chefe ou guerreiro. (N.T.)
**. Nome da *gens* Cornélia, uma das mais importantes famílias patrícias da Roma antiga. Sua relação com o nome da comuna Cornigliano (hoje, um bairro de Gênova) é objeto de controvérsias. (N.T.)

noção de nobreza como raça sagrada para a nova noção de nobreza como gênero de vida. Aí onde as leis antigas opunham *eorl* e *ceorl* – nobre, no sentido germânico do nome, e simples homem livre – as mais recentes, conservando o segundo termo da antítese, substituem o primeiro por palavras tais como *thegn, thegnborn, gesithcund*: companheiro ou vassalo – acima de tudo, o vassalo real – ou então nascido de vassalos.

Não, por certo, que o vassalo fosse o único a poder, dever e até mesmo apreciar lutar. Como poderia ter sido assim durante essa Primeira Idade Feudal, inteiramente animada, de alto a baixo na sociedade, pelo gosto ou pelo medo da violência? As leis que deviam procurar restringir ou proibir o porte de armas pelas classes inferiores não apareceram antes da segunda metade do século XII; coincidiram, ao mesmo tempo, com os progressos da hierarquização jurídica e com um apaziguamento relativo das desordens. Caravaneiro, o mercador circulava, tal como representado em uma constituição de Frederico Barba-Ruiva, "com a espada sobre a sela"; após retornar a seu entreposto, ele conservava os hábitos adquiridos ao longo dessa vida de aventuras que era então o comércio. A respeito de muitos burgueses, na época do turbulento renascimento urbano, podia-se dizer, como fazia Gilberto de Mons sobre os de Saint-Trond, que eram "muito poderosos nas armas". Na medida em que não é puramente lendário, o tipo tradicional do lojista avesso aos golpes adéqua-se à época do comércio estável, oposto ao antigo nomadismo dos "pés empoeirados": algo não anterior ao século XIII. Além disso, por pouco numerosos que fossem os exércitos medievais, seu recrutamento jamais se limitou ao elemento nobiliário. O senhor encontrava seus soldados entre seus aldeões. E se, a partir do século XII, as obrigações militares destes se restringiram cada vez mais e se, em particular, a limitação, muito frequente, da duração da presença ao espaço de um dia teve por efeito restringir o emprego dos contingentes rurais a simples operações de polícia local, essa transformação foi exatamente contemporânea ao enfraquecimento do próprio serviço dos feudos. Os lanceiros ou arqueiros camponeses não cederam então seu lugar aos vassalos. Tornaram-se inúteis pelo apelo aos mercenários, o que, na mesma época, permitia compensar as insuficiências da cavalaria enfeudada. Mas, como vassalo ou, até mesmo, aí onde ainda existia, senhor alodial, o "nobre" dos primeiros tempos feudais, diante de tantos soldados de ocasião, tinha por característica própria ser um guerreiro mais bem armado e um guerreiro profissional.

Combatia a cavalo; ou, pelo menos, se, por acaso, durante a ação, colocava os pés no chão, apenas se locomovia montado. Ademais, combatia com equipamento integral. Ofensivo: a lança e a espada, e, por vezes, a maça. Defensivo: o elmo que protegia a cabeça; e, recobrindo o corpo, uma vestimenta inteira ou parcialmente metálica; no braço, por fim, o escudo, triangular ou redondo. Não era apenas o cavalo que, para ser exato, fazia o cavaleiro. De cavalos também não tinha necessidade seu mais humilde companheiro, o escudeiro, encarregado de cuidar dos animais e de conduzir, ao longo da estrada, as montarias de reserva? Por vezes, os exércitos comportavam, ao lado da pesada cavalaria cavaleiresca, cavaleiros mais levemente equipados, chamados ordinariamente "sargentos". O que caracterizava a mais alta classe de combatentes era a união do cavalo e do armamento completo.

Desde a época franca, os aperfeiçoamentos deste último, tornando-o, ao mesmo tempo, mais custoso e mais difícil de manejar, fecharam, de modo cada vez mais rigoroso, o acesso a essa maneira de guerrear a quem não era rico, ou fiel de um rico, e homem de ofício. Tirando da adoção do estribo todas suas consequências, abandonou-se, por volta do século X, a curta haste de antes, brandida com o braço estendido, como um dardo, para substituí-la pela longa e pesada lança moderna, que o guerreiro, no corpo a corpo, mantinha sob a axila e, no repouso, apoiava sobre o próprio estribo. Ao elmo, foram acrescentadas a proteção nasal e, mais tarde, a viseira. A "brúnia", por fim, espécie de combinação de couro ou de tecido, sobre a qual eram costurados anéis ou placas de ferro, cedeu o lugar à loriga, talvez imitada dos árabes; inteiramente tecida de malhas metálicas, era de fabricação muito mais delicada, quando não era necessário importá-la. Pouco a pouco, aliás, o monopólio de classe, que fora inicialmente imposto por simples necessidades práticas, começou a integrar-se ao direito. Aos oficiais senhoriais que eles se esforçavam em manter em uma sábia mediocridade, os monges de Beaulieu proibiam, pouco após 970, o porte do escudo e da espada; os de Saint-Gall, por volta da mesma época, repreendiam seus magistrados por terem armas demasiado belas.[242]

Ora, imaginemos, em sua dualidade essencial, uma tropa daquela época. De um lado, uma massa mal equipada, tanto para atacar como para defender, lenta na corrida ao assalto assim como na fuga, rapidamente derreada por longas marchas em estradas ruins ou pelos campos. Do outro, observando de cima de seus corcéis esses pobres diabos, que "vilãmente", como diz um romance cortês, arrastam o passo na lama e no pó, sólidos soldados, orgulhosos por poderem combater e manobrar prontamente, sabiamente, eficazmente: a única força, na verdade, para a qual, segundo a biografia do Cid, vale a pena estabelecer o número, ao estimar-se um exército.[243] Em uma civilização em que a guerra era algo de todos os dias, não havia maior contraste do que este. Convertida em quase-sinônimo de vassalo, a palavra "cavaleiro" tornou-se também equivalente de nobre. Mais de um texto, reciprocamente, confere valor de termo quase jurídico, para designar a gente pequena, à desprezível palavra *pedones*, "soldados de infantaria": ousaríamos traduzi-lo por empurra-seixos? Entre os francos, diz o emir árabe Usamah, "toda preeminência pertence aos cavaleiros. Estes são verdadeiramente os únicos homens que contam. Cabe-lhes dar conselhos; cabe-lhes administrar a justiça".[244]

Ora, aos olhos de uma opinião que tinha boas razões para ter em alta conta a força, sob seus aspectos mais elementares, como não teria sido o combatente por excelência o mais temido, procurado e respeitado dos homens? Uma teoria então muito difundida representava a comunidade humana dividida em três "ordens": os que rezam, os que lutam e os que trabalham. Era, por um acordo unânime, para colocar a segunda muito acima da terceira. Mas o testemunho da epopeia vai ainda mais longe: o soldado não hesitava em considerar sua missão superior até mesmo à do especialista da reza. O orgulho é um dos ingredientes essenciais de toda consciência de classe. O dos "nobres" da era feudal foi, acima de tudo, um orgulho guerreiro.

Da mesma forma, a guerra, para eles, não era somente um dever ocasional para com o senhor, o rei e a linhagem. Ela representava mais do que isso: uma razão para viver.

---

242. DELOCHE. *Cartulaire de l'abbaye de Beaulieu*, n. L. *Casus S. Galli*, c. 48.
243. FRITZ MEYER. *Die Stânde... dargestellt nach den altfr. Artusund Abenteuerromanen*, 1892, p. 114. *Poema del mio Cid*, ed. Menendez Pidal, v. 918.
244. H. DERENBOURG. *Ousâma Ibn Mounkidh*, t. I (Publications Ec. Langues Orientales, 2ª série, t. XII, 1), p. 476.

CAPÍTULO II
A vida nobre

1. A GUERRA

Muito me agrada o tempo alegre da Páscoa – que traz folhas e flores; – e me agrada ouvir a felicidade – dos pássaros que fazem ressoar – seus cantos pelo arvoredo. – Mas me agrada também quando vejo, entre os prados, – tendas e pavilhões erguidos; – e sinto grande regozijo – quando vejo, pelos campos dispostos, – cavaleiros e cavalos armados; – e me agrada quando os corcéis – levam à fuga a gente com o gado; – e me agrada quando vejo em seu rastro – uma grande massa de homens de armas avançar em conjunto; – e agrada a meu coração – quando vejo fortes castelos sitiados – e as paliçadas rompidas e desabadas – e o Exército, sobre a margem, – inteiramente cercada de fossos, – com uma linha de fortes estacas entrançadas... – Maças, espadas, elmos de cor, – escudos, vê-los-emos partidos em pedaços – desde o início do combate – e muitos vassalos feridos juntos, – por onde andarão à ventura – os cavalos dos mortos e dos feridos. – E quando em combate se tiver entrado, – que todo homem de boa linhagem – pense apenas em romper cabeça e braço; – pois melhor morto do que vivo vencido. – Digo-vos, não encontro tanto sabor – no comer, no beber, nem no dormir – quanto em ouvir o grito "Avante!" – elevar-se dos dois lados, o relincho dos cavalos vazios de cavaleiros à sombra – e os chamados de "Socorro! Socorro!"; – quanto em ver caírem, para além dos fossos, grandes e pequenos sobre a grama; – quanto em ver, por fim, os mortos que, em seus flancos, – ainda guardam os troços das lanças, com seus pendões.

Assim cantava, na segunda metade do século XII, um trovador, que é provavelmente necessário identificar como o fidalgote do Périgord Bertran de Born.[245] A precisão visual e o belo ardor, que rompem com a insipidez de uma poesia ordinariamente mais convencional, derivam de um talento acima do comum. O sentimento, ao contrário, nada tinha de excepcional: é o que assinalam muitas outras peças, oriundas do mesmo meio, em que ele se expressa, certamente com menos brio, mas com igual espontaneidade. Na guerra "vigorosa e alegre", como diria, nos dias atuais, alguém destinado a vê-la de menos perto, o nobre amava, antes, a ostentação da força física de um belo animal, sabiamente desenvolvida por meio de exercícios constantes, iniciados desde a infância. Repetindo o velho provérbio carolíngio, "aquele que, sem montar a cavalo, permaneceu até os doze anos na escola, serve apenas para tornar-se padre", diz um poeta alemão.[246] Os intermináveis relatos de combates singulares, de que está repleta a epopeia, constituem eloquentes documentos psicológicos. O leitor de hoje, enfadado por sua monotonia, encontra dificuldade em persuadir-se que o ouvinte do passado possa ter sentido, visivelmente, tanto prazer; atitude de homem de gabinete diante do relato de competições esportivas! Nas obras de imaginação assim como nas crônicas, o retrato do bom cavaleiro insiste, acima de tudo, em suas qualidades de atleta: é "ossudo", "membrudo", com o corpo "bem esculpido" e repleto de honrosas cicatrizes, os ombros largos, sendo larga também – como convém a um homem a cavalo – a "bifurcação". E como tal vigor deve ser alimentado, também um robusto apetite parece caracterizar o valente. Na velha *Canção de Guilherme*, com suas ressonâncias tão

---
245. Ed. Appel, n. 40; comparar, por exemplo, Girart de Vienne, ed. Yeandle, v. 2.108 ss.
246. HARTMANN von AUE. *Gregorius*, v. 1.547-1.553.

bárbaras, escutemos a Dama Guibourc que, após ter servido, na grande mesa do castelo, o jovem Girardo, sobrinho de seu esposo, diz a este último:

> Por Deus! belo senhor! este é realmente de vossa linhagem,
> Aquele que devora assim tão grande pernil de porco
> E, com dois tragos, esvazia um sesteiro de vinho;
> Muito dura guerra deve fazer a seu vizinho.[247]

Um corpo ágil e musculoso, é quase supérfluo dizê-lo, não basta, entretanto, para fazer o cavaleiro ideal. É preciso ainda que a coragem venha juntar-se a ele. E é também por fornecer a essa virtude a ocasião de manifestar-se que a guerra instila tanta alegria no coração de homens para quem a audácia e o desprezo da morte constituem, de algum modo, valores profissionais. Seguramente, essa valentia nem sempre exclui pânicos enlouquecidos – vimos um exemplo disso diante dos *vikings* –, nem, sobretudo, o apelo a astúcias de primitivos. Que, entretanto, a classe cavaleiresca tenha sabido combater, a história concorda, a esse respeito, com a lenda. Seu indiscutível heroísmo alimentava-se de muitos elementos diversos, alternando-se sucessivamente: simples repouso físico de um ser sadio; raiva desesperada – até mesmo o "sábio" Oliveiros, quando se vê "mortalmente aflito", desfere tão terríveis golpes apenas para "vingar-se até fartar"; devoção a um chefe ou, quando se trata da Guerra Santa, a uma causa; paixão de glória, pessoal ou coletiva; diante do inelutável destino, essa aceitação fatalista para a qual a literatura não oferece exemplos mais pungentes do que alguns dos últimos cantos do *Nibelungenlied*; esperança, por fim, das recompensas do outro mundo, asseguradas, não somente àquele que morre por seu Deus, mas também àquele que morre por seu senhor.

Acostumado a não temer o perigo, o cavaleiro encontrava na guerra outro encanto ainda: o de um remédio contra o tédio. Isso porque, para esses homens cuja cultura permaneceu, por muito tempo, rudimentar e que – exceção feita a alguns altos barões e seu círculo – não cuidavam de problemas de administração particularmente árduos, a vida corrente caía facilmente em uma cinzenta monotonia. Assim nasceu um apetite por diversões que, quando falhava o solo natal em oferecer-lhe um pasto suficiente, procurava satisfazer-se em terras longínquas. Decidido a exigir de seus vassalos um serviço exato, Guilherme, o Conquistador, dizia de um deles, de quem acabara de confiscar os feudos para puni-lo por ter ousado, sem sua autorização, partir para a cruzada da Espanha: "Não creio que se possa encontrar, sob as armas, um melhor cavaleiro; mas é inconstante, pródigo e passa seu tempo correndo através do país".[248] De quantos outros não poderia ter dito o mesmo? Incontestavelmente, essa disposição nômade foi particularmente disseminada entre os franceses. Isso porque sua pátria não lhes oferecia, como a Espanha parcialmente muçulmana ou, em menor medida, a Alemanha com sua fronteira eslava, terrenos de conquista ou de pilhagem bastante próximos; nem, ainda como a Alemanha, as exigências e os prazeres das grandes expedições imperiais. Provavelmente, sua classe cavaleiresca também era mais numerosa do que alhures e, portanto, mais concentrada. Na própria França,

---

247. *La chançun de Guillelme*, ed. Suchier, v. 1.055 ss.
248. ORDERICO VITAL. *Histoire ecclésiastique*, ed. Le Prevost, t. III, p. 248.

observou-se frequentemente que a Normandia foi, de todas as províncias, a mais rica em intrépidos aventureiros. Já o alemão Otão da Frisinga falava da "gente muito inquieta dos normandos". Herança do sangue dos *vikings*? Talvez. Mas era, sobretudo, o efeito da paz relativa que, nesse principado notavelmente centralizado, os duques prontamente fizeram reinar: era necessário procurar no exterior a ocasião dos golpes de espada desejados. A Flandres, onde as condições políticas não eram muito diferentes, forneceu às peregrinações guerreiras um contingente quase igual.

Esses cavaleiros errantes – a expressão vem daquela época[249] – ajudaram, na Espanha, os cristãos natos a reconquistar, sobre o Islã, o Norte da península; criaram, na Itália do Sul, os Estados normandos; atuaram, desde antes da primeira cruzada, como mercenários a serviço de Bizâncio, nos caminhos do Oriente; encontraram, por fim, na conquista e na defesa do Sepulcro de Cristo seu campo de ação preferido. Quer fosse da Espanha ou da Síria, não oferecia a Guerra Santa o atrativo de uma aventura reforçada por uma obra pia? "Não é mais preciso levar dura vida na mais severa das ordens...", canta um trovador; "por meio de feitos que conferem honra, escapar, ao mesmo tempo, do inferno: o que mais se pode desejar?"[250] Essas migrações contribuíram para manter as ligações entre mundos separados por distâncias tão grandes e por contrastes tão intensos: propagaram, para fora de seus próprios limites, a cultura ocidental e, sobretudo, francesa. Não dá o que pensar, por exemplo, a trajetória de um Hervé *le Francopoule**, capturado por um emir, em 1057, enquanto comandava à beira do lago de Van? Ao mesmo tempo, as sangrias assim praticadas nos grupos mais turbulentos do Ocidente poupavam sua civilização de perecer sufocada em guerrilhas. Os cronistas bem sabiam que, na partida de uma cruzada, os velhos países, reencontrando um pouco de paz, sempre respiravam melhor.[251]

Por vezes, uma obrigação jurídica e, frequentemente, um prazer, a guerra podia também ser imposta ao cavaleiro pelo ponto de honra. Não se viu, no século XII, o Périgord ensanguentado por ter um senhor, que atribuía a um de seus nobres vizinhos a aparência de um ferreiro, tido o mau gosto de não dissimulá-lo?[252] Mas ela era ainda, e talvez sobretudo, uma fonte de lucro. Na verdade, constituía a indústria nobiliária por excelência.

Citamos anteriormente as efusões líricas de Bertran de Born. Ora, nem mesmo ele fazia mistério das razões menos gloriosas que, acima de tudo, o inclinavam "a não encontrar na paz qualquer prazer". Por que, disse ele certa vez, desejo "que os homens ricos odeiem uns aos outros?" "É que um homem rico se torna muito mais nobre, generoso e acolhedor na guerra do que na paz." E, ainda mais cruamente, diante do anúncio das hostilidades: "Riremos, pois os barões nos apreciarão... e se desejam que permaneçamos consigo, – oferecer-nos-ão *barbarins* (era uma moeda de Limoges)." Mas esse grande amor pelos combates possui ainda outro motivo: "Trombeta, tambores, bandeiras e brasões – e estandartes

---

249. *Guillaume le Maréchal*, ed. P. Meyer, v. 2.777 e 2.782 (trata-se, aliás, de cavaleiros que frequentam os torneios).
250. PONS DE CAPDEUIL, em RAYNOUARD. *Choix*, IV, p. 89 e 92.
*. Hervé le Francopoule: chefe franco e aventureiro que integrou o exército bizantino no século XI, antes de ser capturado pelas tropas do emir Abu Nasar, do Chliat. (N.T.)
251. ERDMANN. *Die Entstehung des Kreuzzugsgedankens*, 1935 ("Forschungen zur Kirchen und Geistesgeschichte", VI), p. 312-3.
252. GODOFREDO DE VIGEOIS, I, 6 em LABBE. *Bibliotheca*, t. II, p. 281.

e cavalos brancos e negros, – eis o que veremos em breve. E o tempo será bom; – pois tomaremos os bens dos usurários – e pelas estradas não irão mais bestas de carga, – de dia, em toda segurança; nem burgueses sem nada temer, – nem o mercador que se dirige à França; – mas será rico aquele que tomar de bom coração." O poeta pertencia a essa classe de pequenos possuidores de feudos – de "vavassalos", como ele próprio se apresenta – cuja vida na morada ancestral não apenas carecia de alegria, como também nem sempre era muito fácil. A guerra remediava tal situação, ao proporcionar as generosidades dos grandes chefes e as boas presas.

A preocupação do barão com seu prestígio e com seu próprio interesse exigia que não poupasse generosidades para com os próprios vassalos que os mais estritos deveres do serviço reuniam ao seu redor. Caso se desejasse reter os homens de feudo além do tempo fixado, levá-los para mais longe ou requerê-los por mais tempo que o costume, cada vez mais rigoroso, parecia permitir, era preciso redobrar as liberalidades. Por fim, diante da insuficiência crescente dos contingentes vassálicos, logo não houve mais exército que pudesse privar-se do concurso dessa massa errante de guerreadores sobre os quais se exercia tão fortemente a atração da aventura, desde que à esperança dos grandes golpes de espada fosse acrescentada a do ganho. Cinicamente, nosso Bertran se oferecia ao conde de Poitiers. "Posso ajudá-lo. Já possuo o escudo pendurado ao colo e o elmo sobre a cabeça... Sem dinheiro, entretanto, como envolver-me na campanha?"[253]

Mas, entre as dádivas do chefe, a mais bela seguramente parecia ser a permissão de obter um butim. Tal era também o principal proveito que, nas pequenas guerras locais, o cavaleiro, combatendo para si próprio, esperava dos combates. Butim duplo, aliás: de homens e de coisas. A lei cristã certamente não permitia mais reduzir os cativos à escravidão: quando muito, alguns camponeses ou artesãos eram, por vezes, transportados à força, Por outro lado, o resgate era de uso corrente. Convinha a um soberano duro e sábio, como Guilherme, o Conquistador, jamais libertar até a morte seus inimigos, quando caíam em suas mãos. Os guerreiros comuns não enxergavam tão longe. Universalmente difundida, a prática do resgate tinha, por vezes, consequências mais atrozes do que a antiga escravização. Após a batalha, conta o poeta, certamente inspirado por coisas testemunhadas, Girardo de Rossilhão e os seus massacravam a massa obscura dos prisioneiros e dos feridos, poupando somente os "possuidores de castelos", únicos capazes de se redimirem em troca de dinheiro vivo.[254] Quanto à pilhagem, tratava-se tradicionalmente de uma fonte de ganho tão regular que, nas épocas familiarizadas com a escrita, os textos jurídicos a mencionam tranquilamente como tal: leis bárbaras e contratos de alistamento militar do século XIII ecoavam uns aos outros, por toda a Idade Média. Pesadas carroças, destinadas a amontoar o produto dos saques, seguiam os exércitos. O mais grave era que uma sequência de transições, quase imperceptíveis para almas bastante simples, conduzia formas quase legítimas dessas violências – requisições indispensáveis a exércitos desprovidos de intendência, represálias exercidas contra os inimigos ou seus súditos – ao puro

---

253. BERTRAN DE B., ed. Appel, 10, 2; 35, 2; 37, 3; 28, 3.
254. GUIBERTO DE NOGENT. *De vita*, ed. Bourgin, I, c. 13, p. 43. *Girart de Roussillon*, trad. P. MEYER, p. 42.

banditismo, brutal e mesquinho: mercadores despojados ao longo das estradas; carneiros, queijos, frangos roubados nos currais ou nos galinheiros, como fazia, no início do século XIII, um fidalgote catalão, obstinado em molestar seus vizinhos da abadia do Canigou. Os melhores adquiriam estranhos hábitos. Guilherme, o Marechal, era seguramente um valente cavaleiro. Entretanto, quando percorria, jovem e sem terra, a França de torneio em torneio, ao encontrar em seu caminho um monge que fugia com uma jovem nobre e, além disso, admitia candidamente o intuito de investir seu dinheiro na usura, não teve qualquer escrúpulo em apropriar-se, como castigo por intentos tão sombrios, dos dinheiros do pobre diabo. Ainda assim, um de seus companheiros o condenou por não ter tomado também o cavalo.[255]

Tais costumes supunham, evidentemente, um grande desprezo pela vida e pelo sofrimento humano. A guerra da idade feudal nada tinha de uma guerra de delicadezas. Era acompanhada de usos que nos parecem hoje nada corteses: caso, frequente, do massacre ou da mutilação das guarnições que resistiram "por tempo demais". Isso, por vezes, até mesmo sem consideração pelo juramento. Ela comportava, como acessório natural, a devastação das terras inimigas. Aqui e ali, um poeta, como o de *Huon de Bordeaux*, ou, mais tarde, um rei pio, como São Luís, podem até protestar contra essa "devastação" dos campos, geradora de terríveis misérias para os inocentes. Fiel intérprete da realidade, a epopeia, tanto a alemã quanto a francesa, está repleta de imagens de regiões que "queimam" nos arredores. "Não há verdadeira guerra sem fogo e sem sangue", dizia o sincero Bertran de Born.[256]

Em duas passagens de surpreendente paralelismo, o poeta de Girardo de Rossilhão e o biógrafo anônimo do imperador Henrique IV nos mostram o que o retorno da paz significava para os "pobres cavaleiros": o temor do desprezo, a que os reduzirão doravante os grandes, que não terão mais necessidade deles; as exigências dos usurários; o pesado cavalo de lavoura, substituindo o espumante corcel, as esporas de ferro no lugar das esporas de ouro – em uma palavra, uma crise econômica e uma crise de prestígio.[257] Para o comerciante, ao contrário, e para o camponês, era a possibilidade de voltar a trabalhar, a alimentar-se, enfim, a viver. Passemos a palavra, mais uma vez, ao inteligente troveiro de Girardo de Rossilhão. Proscrito e penitente, Girardo erra, ao lado de sua mulher, pelo país. A duquesa decide persuadir os mercadores com os quais deparam que o banido, cujos traços pensavam reconhecer, já não existe mais: "Girardo está morto; vi-o ser enterrado" – "Deus seja louvado!", respondem os mercadores, "pois sempre guerreava e, por sua culpa, sofremos muitos males.". Ao ouvir tais palavras, Girardo se ensombra; caso tivesse sua espada consigo, "teria atingido um deles". Episódio real, que ilustra a antítese que definia as classes. Era uma faca de dois gumes, pois o cavaleiro, do alto de sua coragem e de sua destreza, desprezava, por sua vez, o povo estranho às armas, *imbellis* – vilãos que, perante

---

255. Sobre o espólio, por exemplo, *Codex Euricianus*, c. 323; MARLOT. *Histoire de l'église de Reims*, t. III, P. just. N LXVII (J 127); As carroças: *Garin le Lorrain*, ed. P. Paris, t. I, p. 195 e 197. As queixas do monges do Canigou: LUCHAIRE. *La société française au temps de Philippe Auguste*, 1909, p. 265.
256. *Huon*, éd. F. Guessard, p. 41, v. 1.353-1.354. Louis IX, *Enseignemens*, c. 23, em Ch. V. LANGLOIS. *La vie spirituelle*, p. 40. B. DE BORN, 26, v. 15.
257. *Girart de Roussillon*, trad. P. MEYER, § 633 e 637. *Vita Heinrici*, ed. W. Eberhard, c. 8.

os exércitos, fugiam "como cervos" – e, mais tarde, os burgueses, cujo poder econômico lhe parecia tanto mais detestável quanto era obtido por meios, ao mesmo tempo, misteriosos e diretamente opostos à sua própria atividade. Se a inclinação aos gestos de sangue estava difundida por toda parte – até mesmo muitos abades faleceram, vítimas de um ódio de claustro –, a concepção da guerra necessária, como fonte de honra e ganha-pão, era realmente o que distinguia a pequena sociedade das pessoas "nobres".

2. O NOBRE EM SEU LAR

Essa guerra tão amada tinha, no entanto, suas estações mortas. Mesmo então, a classe cavaleiresca se distinguia das vizinhas por um modo de vida propriamente nobiliário.

Não se deve necessariamente imaginar, para essa existência, um quadro inteiramente rústico. Na Itália, na Provença, no Languedoc, subsistia a marca milenar das civilizações mediterrâneas cuja estrutura fora sistematizada por Roma. Tradicionalmente, cada pequeno povo se agrupava em torno de uma cidade ou de um povoado, simultaneamente capital, mercado e santuário, tornando-se, em seguida, morada habitual dos poderosos. Nunca mais estes deixaram de frequentar os velhos centros urbanos; participaram de todas suas revoluções. No século XIII, esse caráter citadino apresentava-se como uma das originalidades das nobrezas meridionais. Diferentemente do que acontecia na Itália, diz o franciscano Salimbene, que, nascido em Parma, visitou o reino de São Luís, as cidades da França são povoadas apenas por burgueses; a cavalaria habita suas terras. Mas, geralmente verdadeira para a época em que escrevia o bom frade, a antítese não o teria sido no mesmo grau durante a Primeira Idade Feudal. Seguramente, as cidades puramente mercantis que, sobretudo nos Países Baixos e na Alemanha transrenana, foram quase inteiramente construídas desde os séculos X ou XI – Gand, Bruges, Soest, Lubeck e tantas outras – reuniam dentro de seus muros, como casta dominante, somente homens enriquecidos pelo comércio. Ainda assim, a presença de um castelão principesco podia, por vezes, manter um pequeno pessoal de vassalos não domiciliados ou que vinham regularmente cumprir seu turno de serviço. Em compensação, nas antigas cidades romanas – tais como Reims ou Tournai –, parecem ter vivido, por muito tempo, grupos de cavaleiros, muitos dos quais estavam vinculados às cortes episcopais ou abaciais. Foi somente aos poucos e como consequência de uma diferenciação mais avançada das classes que os meios cavaleirescos, fora da Itália ou da França meridional, se tornaram quase inteiramente estranhos à vida das populações propriamente urbanas. Se o nobre, seguramente, não renunciou a frequentar a cidade, ele já não a frequenta senão ocasionalmente, chamado por seu prazer ou pelo exercício de certas funções.

Tudo contribuía, aliás, para afastá-lo para os campos: o hábito, cada vez mais difundido, de remunerar os vassalos por meio de feudos, constituídos, na imensa maioria dos casos, de senhorias rurais; o enfraquecimento das obrigações feudais, que favorecia, entre os seguidores de armas agora "domiciliados", a tendência em viver cada um em seu lar, longe dos reis, dos altos barões e dos bispos, senhores das cidades; e, por fim, até mesmo o gosto pelo ar livre, natural a esses desportistas. Não é comovente a história, contada por um religioso alemão, do filho de um conde que, destinado pelos seus ao estado monástico e submetido, pela primeira vez, à dura regra da clausura, subiu, nesse mesmo dia, à mais alta torre do monastério, a fim de "fartar, ao menos, sua alma vagabunda com o espetáculo dos montes e dos campos que não lhe era mais permitido percorrer"?[258] A pressão das burguesias, muito pouco desejosas de admitir em suas comunidades elementos indiferentes a suas atividades e a seus interesses, precipitou o movimento.

Entretanto, quaisquer que sejam os corretivos a serem assim levados ao quadro de uma nobreza, desde a origem, exclusivamente rural, não é menos verdade que, desde que existiram cavaleiros, a maioria deles – e em número crescente – no Norte e muitos deles até mesmo nos países ribeirinhos do Mediterrâneo tinham como residência ordinária um solar campestre. A casa senhorial situa-se, o mais frequentemente, em uma aglomeração ou à sua proximidade. Por vezes, existem várias na mesma aldeia. Ela se distingue nitidamente das choupanas vizinhas – assim como, aliás, nas cidades, das habitações mais humildes – não somente por ser mais bem construída, mas, sobretudo, por estar, quase sempre, organizada para a defesa.

O cuidado, entre os ricos, de colocar suas moradas ao abrigo de um ataque era naturalmente tão antigo quanto as próprias desordens. Prova disso são essas *villae* fortificadas cujo surgimento, por volta do século IV, nos campos da Gália, atesta o declínio da paz romana. A tradição se mantém, aqui e ali, até a época franca. Entretanto, a maioria das "cortes", habitadas pelos ricos proprietários, e até mesmo os palácios reais permaneceram, por muito tempo, praticamente desprovidos de meios de defesa permanentes. Foram as invasões normandas e húngaras que, do Adriático às planícies da Inglaterra setentrional, fizeram com que se erguessem, por todos os lados, ao lado das muralhas das cidades, reparadas ou reconstruídas, as "fortalezas" rurais cuja sombra não deixaria mais de pesar sobre os campos da Europa. As guerras intestinas não tardaram a multiplicá-las. Cuidaremos mais adiante do papel dos grandes poderes, reais ou principescos, nessa edificação de castelos e de seus esforços para controlar sua construção. Não devem reter nossa atenção por enquanto, pois, dispersas por montes e vales, as casas-fortes dos pequenos senhores foram estabelecidas, quase sempre, na ausência de qualquer autorização vinda de cima. Atendiam a necessidades elementares, espontaneamente sentidas e satisfeitas. Um hagiógrafo fez delas um retrato muito exato, ainda que em um espírito desprovido de simpatia: "para esses homens constantemente ocupados por querelas e massacres, abrigar-se dos inimigos, triunfar sobre seus iguais, oprimir seus inferiores".[259] Em uma palavra, proteger-se e dominar.

Esses edifícios eram geralmente de tipo muito simples. Por muito tempo, o mais difundido foi, fora dos países mediterrâneos, a torre de madeira. Uma curiosa passagem dos *Milagres de São Bento* descreve, por volta do final do século XI, a disposição, singularmente rudimentar, de uma delas: no primeiro andar, uma sala em que o "poderoso... com sua família, vivia, conversava, comia, dormia"; no térreo, a despensa de provisões.[260] Habitualmente, um fosso era cavado ao pé. Por vezes, uma cerca de paliçadas e de terra

---

258. *Casus S. Galli*, c. 43.
259. *Vita Johannis ep. Teruanensis*, c. 12, em *SS.*, t XIV, 2, p. 1.146.
260. *Miracula S. Benedicti*, ed. Certain, VIII, c. 16.

batida, envolvida, por sua vez, por outro fosso, erguia-se a alguma distância. Ela permitia manter em segurança diversas construções de exploração e a cozinha, que o perigo de incêndio aconselhava manter afastada; servia, quando necessário, de refúgio aos dependentes; evitava à torre sofrer um assalto imediato e tornava menos fácil, em relação a este reduto, o emprego do modo mais eficaz de ataque, que era o fogo. Era, porém, preciso, para guarnecê-la, dispor de mais seguidores de armas do que podia manter o cavaleiro comum. Torre e cerca, por fim, eram erguidas, com bastante frequência, sobre uma colina, ora natural, ora – ao menos, parcialmente – elevada por mão humana. Não era importante opor ao ataque o obstáculo da encosta e, ao mesmo tempo, vigiar melhor os arredores? Foram os magnatas os primeiros a recorrer à pedra: esses "ricos homens *bastidors* [construtores]", que Bertran de Born retrata divertindo-se ao fazer "de cal, areia e silhares... portais e torrezinhas, torres, abóbadas e escadas em espiral". A pedra foi introduzida apenas lentamente, ao longo do século XII, ou até mesmo do século XIII, nas habitações dos pequenos e médios cavaleiros. Antes do término dos grandes arroteamentos, as florestas pareciam ser de exploração mais fácil e menos custosa do que as pedreiras; e, enquanto a alvenaria exigia uma mão de obra especializada, os rendeiros, sempre sujeitos a corveias, eram quase todos um pouco carpinteiros e, ao mesmo tempo, lenhadores.

Que, na pequena fortaleza senhorial, o camponês pudesse encontrar, por vezes, uma proteção e um abrigo, disso não restam dúvidas. A opinião dos contemporâneos tinha, entretanto, boas razões para reconhecer nela, acima de tudo, um perigoso refúgio. As instituições de paz, as cidades ciosas em estabelecer a liberdade das comunicações, os reis ou os príncipes não deviam ter preocupações mais urgentes do que abater as inúmeras torres, com que tantos "tiranetes" locais cobriram a planície. E, a despeito do que se tenha dito a esse respeito, não é apenas nos romances de Anne Radcliffe* que, grandes ou pequenos, os castelos possuíam suas masmorras. Ao descrever a torre de Tournehem, reconstruída no século XII, Lamberto de Ardres evitou esquecer os calabouços "nos quais os prisioneiros, em meio às trevas, aos parasitas e à imundície, comem o pão da dor".

Como indica a própria natureza de sua morada, o cavaleiro vive em estado de alerta perpétuo. Personagem familiar à epopeia, assim como à poesia lírica, um sentinela vigia, todas as noites, do alto da torre. Mais baixo, nos dois ou três cômodos da estreita fortaleza, todo um pequeno mundo de habitantes permanentes, mesclados a hóspedes de passagem, convive em constante promiscuidade: resultado da falta de espaço, por certo, mas também de hábitos que, mesmo entre os maiores, pareciam então necessários a toda existência de chefe. O barão, literalmente, somente respirava quando envolto por seguidores – homens de armas, criadagem, vassalos não domiciliados, jovens nobres confiados como "alimentados" aos seus cuidados – que o serviam, o guardavam, com ele conversavam e, chegada a hora do sono, continuavam a protegê-lo com sua presença até a proximidade do leito conjugal. Não é digno que um senhor desjejue sozinho, ensinava-se ainda na Inglaterra

---

*. Anne Radcliffe (1764-1823): romancista inglesa, cujas obras, pioneiras no registro gótico, frequentemente retratavam castelos sombrios, com suas terríveis masmorras (cf., por exemplo, *Os Mistérios do Castelo d'Udolfo*, 1794). (N.T.)

do século XIII.[261] Na grande sala, as mesas eram longas e os assentos tinham quase exclusivamente a forma de bancos, feitos para sentar-se lado a lado. Sob a escada, os pobres estabeleciam seu abrigo. Aí morreram dois ilustres penitentes, Santo Aleixo, na lenda, e o conde Simão de Crépy, na história. Esses costumes, contrários a todo recolhimento, eram, na época, generalizados; até mesmo os monges possuíam dormitórios, e não células. Eles explicam algumas fugas para as únicas formas de vida que permitiam então gozar da solidão: as do eremita, do recluso, do errante. Entre os nobres, eles se relacionavam a uma cultura em que os conhecimentos eram transmitidos muito menos pelo livro e pelo estudo do que pela leitura em voz alta, pela recitação ritmada e pelos contatos humanos.

3. OCUPAÇÕES E DISTRAÇÕES

Por mais habitualmente rural que fosse por sua morada, o nobre nada tinha, no entanto, de um agricultor. Colocar as mãos na enxada ou na charrua teria sido, para ele, um sinal de rebaixamento, tal como adveio ao pobre cavaleiro a respeito do qual nos fala uma coletânea de anedotas. E se, por vezes, sentia prazer em contemplar os trabalhadores nos campos ou as colheitas amarelentas em suas terras, nada indica que, ordinariamente, ele dirigisse o cultivo de muito perto.[262] Os manuais de bom governo dominial, quando forem escritos, serão destinados não ao senhor, mas a seus oficiais, e o tipo do fidalgo rural pertence a uma época inteiramente diversa, após a revolução das fortunas do século XVI. Embora os direitos de justiça que detém sobre seus rendeiros constituam uma das fontes essenciais de seu poder, o potentado de aldeia geralmente os exerce muito menos pessoalmente do que os delega a sargentos, também eles de extração camponesa. Entretanto, a prática da jurisdição é, sem dúvida alguma, uma das raras ocupações pacíficas familiares ao cavaleiro. Mas, na maioria das vezes, somente se dedica a ela no quadro de sua classe: quando decide processos de seus próprios vassalos ou quando atua como juiz de seus pares na corte a que foi convocado por seu senhor de feudo; ou ainda, nos lugares, como a Inglaterra ou a Alemanha, em que subsistem justiças públicas, quando assume um lugar no tribunal de condado ou de centena. Isso bastava para fazer do espírito jurídico uma das formas de cultura mais precocemente difundidas nos meios cavaleirescos.

As distrações nobres por excelência traziam a marca de um humor guerreiro.

A caça, em primeiro lugar. Já o dissemos antes, não se tratava apenas de um jogo, pois o homem de nossos climas ainda não vivia, como nós, no seio de uma natureza definitivamente pacificada pelo extermínio dos animais selvagens. A carne de caça, por outro lado, em uma época em que o gado, insuficientemente alimentado e mal selecionado, fornecia apenas tristes produtos de açougue, ocupava, na alimentação carnívora, particularmente entre os ricos, um lugar preponderante. Por permanecer assim uma atividade quase necessária, a caça tampouco era, estritamente falando, um monopólio de classe. Parece excepcional o caso da Bigorre, onde, desde o início do século XII, ela permanecia proibida aos camponeses.[263] Em todos os lugares, entretanto, os reis, os príncipes e os senhores, cada um

---

261. *Règles* de ROBERT GROSSETÊTE em WALTER OF HENLEY'S. *Husbandry*, ed. E. Lamond.
262. MARC BLOCH. *Les caractères originaux de l'histoire rurale française*, 1931, p. 148.
263. Fors de Bigorre, c. XIII.

nos limites de seus poderes, já tendiam a monopolizar a busca da caça em certos territórios reservados: a dos grandes animais nas "florestas" (o termo, originalmente, designava toda extensão assim guardada, fosse ela ou não arborizada); dos coelhos e das lebres, nas *garennes*.* O fundamento jurídico dessas pretensões é obscuro; segundo todas as aparências, elas frequentemente não tinham outro além da lei do senhor, e foi, muito naturalmente, em um país conquistado – a Inglaterra dos reis normandos – que a constituição das florestas reais, por vezes à custa da terra arável, e sua proteção conduziram aos mais estranhos excessos. Tamanhos abusos atestam a vivacidade de um gosto que, quanto a ele, era, de fato, um traço de classe. O mesmo valia para as requisições impostas aos rendeiros: obrigação de alojar e de alimentar a matilha senhorial; construção de "cabanas" nos bosques, na estação em que ocorriam as grandes reuniões de caçadores. De seus administradores, que acusavam de pretenderem alçar-se à condição de nobres, não se queixavam os monges de Saint-Gall, acima de tudo, por criarem cães para caçar lebres e, pior ainda, lobos, ursos e javalis? Ademais, para praticar o esporte sob suas formas mais atraentes – a caça com o galgo corredor e, sobretudo, a caça com o falcão, transmitidas ao Ocidente, entre tantos outros esportes, pelas civilizações equestres das planícies asiáticas –, era preciso fortuna, lazeres, dependentes. Poder-se-ia dizer, de mais de um cavaleiro, tal como fez, a respeito de um conde de Guines, o cronista de sua casa, que "mais lhe importava um açor batendo o ar com sua asa do que um padre pregando", ou repetir as palavras ingênuas e charmosas que um menestrel atribui a um de seus personagens, perante o herói assassinado, em torno do qual a matilha uivava à morte: "Fidalgo foi; muito o amavam seus cães.".[264] Ao aproximar esses guerreiros da natureza, a caça introduziu, em sua contextura mental, um elemento que, sem ela, teria certamente estado ausente. Se não tivessem, por tradição de grupo, sido criados com "saber de bosque e rio", teriam os poetas de condição cavaleiresca, que tanto emprestariam de si mesmos ao lirismo e ao *Minnesang*** alemão, encontrado notas tão afinadas para cantar a aurora ou as alegrias do mês de maio?

Havia, então, os torneios. Acreditava-se comumente, na Idade Média, serem eles de instituição relativamente recente, citando-se até mesmo o nome de seu pretenso inventor, certo Godofredo de Preuilly, morto, dizia-se, em 1066. Na verdade, o costume desses simulacros de combate remontava certamente a priscas eras: prova disso são os "jogos pagãos", por vezes mortais, mencionados, em 895, pelo Concílio de Tribur. O uso foi mantido, entre o povo, em certas festas, mais cristianizadas que cristãs: caso desses outros "jogos pagãos" – o retorno da palavra é significativo – durante os quais, em 1077, enquanto para eles rumava ao lado de outros jovens, o filho de um sapateiro de Vendôme foi mortalmente ferido.[265] Não constituem as lutas das juventudes um traço folclórico quase universal? Nos exércitos, além disso, a imitação da guerra sempre serviu para treinar as tropas, assim como para diverti-las: durante a célebre entrevista ilustrada pelos "Juramentos de

---

*. Bosque particular, situado à proximidade da morada senhorial e reservado à caça do coelho e da lebre, exclusivamente pelo senhor. (N.T.)
264. LAMBERTO DE ARDRES. *Chronique*, c. LXXXVIII. *Garin le Lorrain*, ed. P. Paris, t. II, p. 244.
**. Gênero literário, originário de terras de língua alemã e constituído de canções sobre temas amorosos. (N.T.)
265. Ch. MÉTAIS. *Cartulaire de l'abbaye... de la Trinité de Vendôme*, t. I, n. CCLXI.

Estrasburgo", Carlos, o Calvo, e Luís, o Germânico, se deram o prazer de um espetáculo desse gênero e não desdenharam tomar parte pessoalmente. A originalidade da era feudal foi a de extrair desses combates, militares ou populares, um tipo de batalha fictícia relativamente bem regulada, dotada geralmente de prêmios e, sobretudo, reservada a esgrimistas montados e providos de armas cavaleirescas: consequentemente, um verdadeiro prazer de classe, mais intenso, na verdade, do que qualquer outro que tivessem conhecido os meios nobres.

Como essas reuniões, cuja organização exigia custos bastante elevados, eram ordinariamente celebradas por ocasião das grandes "cortes", reunidas, de tempos em tempos, pelos reis ou pelos barões, amadores corriam o mundo, de torneio em torneio. Não eram somente cavaleiros sem fortuna, reunidos, por vezes, em "companhias", mas também altíssimos senhores, tais como o conde do Hainaut Balduíno IV ou, entre os príncipes ingleses, o "jovem rei" Henrique, que, no entanto, pouco brilhava nos certames. Assim como em nossas competições esportivas, os cavaleiros agrupavam-se ordinariamente por regiões: um grande escândalo foi deflagrado no dia em que os Hennuyers, perto de Gournay, se colocaram no campo da gente da França propriamente dita, em vez de juntarem-se aos flamengos e aos habitantes do Vermandois, que eram, ao menos nesse terreno, seus aliados habituais. Não há dúvidas de que tais associações de jogos contribuíram para fixar as solidariedades provinciais, visto que nem sempre se tratava de uma guerra para rir, longe disso: os ferimentos e, até mesmo – quando, como diz o poeta de *Raul de Cambrai*, o combate "acabava mal" –, os golpes mortais não eram raros. Por isso, os soberanos mais esclarecidos de modo algum favoreciam tais distrações, em que se esgotava o sangue dos vassalos. Henrique II Plantageneta as proibira formalmente na Inglaterra. Pelo mesmo motivo – e também em razão de sua proximidade aos divertimentos das festas populares, que flertavam com o "paganismo" –, a Igreja as proscreveu rigorosamente, a ponto de recusar sepultura em terra consagrada ao cavaleiro, mesmo penitente, que nelas tivesse encontrado a morte. Que, a despeito das leis políticas ou religiosas, o uso se tenha mostrado, na verdade, indesenraizável, isso mostra o quanto ele atendia a um gosto profundo.

Na verdade, assim como na verdadeira guerra, a paixão nem sempre era desinteressada. Como o vencedor frequentemente se apropriava do equipamento e dos cavalos do vencido e, por vezes, até mesmo de sua pessoa, para apenas libertá-la mediante um resgate, a destreza e a força tinham seus proveitos. Mais de um cavaleiro "competidor" fez literalmente de sua ciência dos combates uma profissão, e muito lucrativa. Era tanto o amor do nobre pelas armas, que ele unia inextricavelmente "a alegria" e a necessidade do ganho.[266]

4. AS REGRAS DE CONDUTA

Era natural que uma classe tão nitidamente delimitada pelo gênero de vida e pela supremacia social acabasse adotando um código de conduta que lhe fosse próprio. Mas essas normas apenas se precisaram, para, ao mesmo tempo, refinar-se, durante a Segunda Idade Feudal, que foi, de todos os modos, a da tomada de consciência.

---

266. Sobre os torneios, além dos trabalhos indicados na Bibliografia, ver WAITZ. *Deutsche Verfassungsgeschichte*, t. V, 2. ed., p. 456. *Guillaume le Maréchal*, ed. P. Meyer, t. III, p. XXXVI ss. *Chronique* de GILBERTO DE MONS, ed. Pertz, p. 92-3; 96; 102; 109-10; 128-30 e 144. *Raoul de Cambrai*, v. 547.

O termo que, desde os anos próximos a 1100, serve comumente para designar o feixe das qualidades nobres por excelência é característico: *courtoisie* [cortesia], que vem de *cour* [corte] (então escrito e pronunciado com um *t* no final). Foi, com efeito, nas reuniões, temporárias ou permanentes, formadas em torno dos principais barões e dos reis, que essas leis puderam emergir. O isolamento do cavaleiro em sua "torre" não o teria permitido. Era preciso emulação e trocas humanas. E é por isso que esse progresso da sensibilidade moral foi vinculado, ao mesmo tempo, à consolidação dos grandes principados ou monarquias e ao retorno de uma vida de relações mais intensa. Empregava-se também e, à medida que, em conformidade com suas origens, a palavra "cortês" deslizava para um sentido puramente mundano, empregou-se cada vez mais, com significado mais elevado, o termo *prudhomme* [homem bom]. Palavra tão grande e tão boa que, quando pronunciada, "enche a boca", afirmava São Luís, que, diante das virtudes do monge, entendia, com isso, reivindicar os direitos sobre as do mundo secular. Aqui também, a evolução semântica é singularmente instrutiva, pois *prudhomme* nada mais é, na verdade, do que a palavra *preux* [valente], que, partindo da acepção original, bastante vaga, de "útil" ou "excelente", acabara aplicando-se, acima de tudo, ao valor guerreiro. Os dois termos divergiram – *preux* guardando seu significado tradicional –, quando se começou a pensar que a força e a coragem não bastavam para fazer o perfeito cavaleiro. "Existe uma grande diferença entre um homem *preux* e um *prudhomme*", teria dito, um dia, Filipe Augusto, que considerava o segundo termo muito superior.[267] Sutileza aparente e, indo ao fundo das coisas, testemunho precioso da evolução sofrida pelo ideal cavaleiresco.

Quer se trate de simples usos de decoro ou de preceitos propriamente morais, de "cortesia", no sentido estrito, ou de *prudhommie*, o novo código teve incontestavelmente por pátria as cortes da França e as da região do Mosa, sendo estas últimas inteiramente francesas, pela língua e pelos costumes. Desde o século XI, as modas vindas de nosso solo eram imitadas na Itália.[268] Nos dois séculos seguintes, essas influências manifestaram-se com força ainda maior: prova-o o vocabulário cavaleiresco alemão, repleto de palavras *welches* – nomes de armas, de vestimentas, de traços de costumes –, vindas ordinariamente de Hainaut, Brabante ou Flandres. Até mesmo *höflich* nada mais era do que uma imitação de *cortês*. Esses empréstimos não eram transmitidos apenas pela literatura. Mais de um jovem nobre tudesco vinha aprender com os príncipes franceses não somente a língua, mas também as regras do bom tom. O poeta Wolfram de Eschenbach* não se refere à França como "a terra da honrada cavalaria"? A bem da verdade, essa irradiação de uma forma de cultura aristocrática era somente um dos aspectos da ação exercida então na Europa inteira – e, aqui também, é claro, principalmente sobre as classes altas – pela cultura francesa em seu conjunto: propagação de estilos de arte e de literatura; prestígio das escolas de Chartres e, depois, das de Paris; emprego quase internacional da língua. E certamente não é impossível encontrar algumas razões para isso: longas marchas realizadas,

---

267. *Joinville*, c, CIX.
268. RANGERIUS. *Vita Anselmi* em *SS.*, XXX, 2, p. 1.252, v. 1.451.
*.   Wolfram von Eschenbach (c. 1170-c. 1220): cavaleiro e poeta alemão, autor de *Parzival*. (N.T.)

através do Ocidente, pela mais aventurosa das cavalarias; prosperidade relativa de um país atingido, muito mais cedo do que a Alemanha (mas não, é verdade, do que a Itália), pelos progressos das trocas; distinção precocemente acentuada entre a classe cavaleiresca e a turba dos *imbelles*, inaptos para as armas; a despeito de tantas guerras locais, nenhuma fratura comparável à provocada no Império pela grande querela dos imperadores e dos papas. Mas, dito isso, resta saber se não constitui um esforço vão pretender explicar o que, no estado presente de nossos conhecimentos sobre o homem, parece pertencer ao campo do inexplicável: a *energia* de uma civilização e suas capacidades magnéticas.

"Desta jornada", dizia o conde de Soissons, na batalha da Mansurá, "falaremos mais tarde no quarto das damas."[269] Tais palavras, para as quais procuraríamos em vão o equivalente nas canções de gesta, mas que poderia ter pronunciado mais de um herói de romance, no século XII, apontam para uma sociedade em que a mundanidade fez sua aparição e, com ela, a influência feminina. A mulher nobre jamais fora enclausurada no gineceu. Se governava a casa, cercada de criadas, também podia ocorrer que governasse o feudo, e, por vezes, duramente. Caberia, entretanto, ao século XII criar o tipo da grande dama letrada que recebia convidados. Profunda mudança, quando se pensa na extraordinária grosseria da atitude que os velhos poetas épicos emprestavam comumente a seus heróis em relação às mulheres, mesmo que fossem rainhas: chegavam às piores injúrias, devolvidas pela megera com golpes. Acredita-se ouvir as gargalhadas do auditório. O público cortês não se tornara insensível a essas pesadas zombarias; mas não mais as admitia, como nas trovas, senão à custa das camponesas ou das burguesas. Isso porque a cortesia era essencialmente uma questão de classe. O "quarto das damas" nobres e, de modo mais geral, a corte é, a partir de então, o local em que o cavaleiro procura brilhar e eclipsar seus rivais: pela reputação de seus altos feitos; por sua fidelidade aos bons costumes; e também por seu talento literário.

Vimos que os meios nobres jamais foram totalmente iletrados e, menos ainda, impermeáveis à influência da literatura, mais ouvida do que lida. Mas um grande passo foi dado no dia em que os próprios cavaleiros se tornaram literatos. É significativo que o gênero a que, até o século XIII, se dedicaram praticamente de modo exclusivo tenha sido o da poesia lírica. O mais antigo dos trovadores de que temos conhecimento – convém acrescentar certamente não tratar-se do primeiro – estava entre os mais poderosos príncipes do reino da França: é Guilherme IX da Aquitânia (morto em 1127). Na lista dos cantores provençais que lhe sucederam, assim como, um pouco mais tarde, entre os poetas líricos do Norte, discípulos dos do Sul, os meios da alta, média e pequena cavalaria estiveram abundantemente representados. Ao lado, é claro, dos menestréis profissionais, que viviam à custa dos grandes. Essas peças curtas e, geralmente, de arte erudita – atingindo, por vezes, o hermetismo voluntário, o famoso *trobar clus** – se prestavam admiravelmente a serem encenadas em reuniões aristocráticas. Ao saber, assim, apreciar os gozos que seu próprio

---

269. *Joinville*, c. CLIX.
*. *Trobar clus* (ou "forma fechada"): antigo estilo de poesia empregado por trovadores, especialmente diante de plateias mais eruditas, dada a complexidade de seus versos. (N.T.)

refinamento proibia aos vilãos, a classe que neles se comprazia tomava de sua superioridade uma consciência tanto mais aguda quanto o prazer era, de fato, frequentemente muito intenso e muito sincero. Estreitamente ligada à atração da palavra – pois as poesias, ordinariamente, eram auxiliadas pelo canto e por um acompanhamento –, a sensibilidade musical não exercia um império menor. Em seu leito de morte, não ousando, embora tivesse grande vontade, pôr-se a cantar, Guilherme, o Marechal, que fora tão rude batalhador, não se despediu de suas filhas sem antes ouvir destas, uma última vez, o "doce som" de alguns *rotrouenges**. E é ouvindo a sanfona de Volker, na noite calma, que os heróis burgúndios do *Nibelungenlied* caem no último sono de que gozarão nesta terra.

Quanto às alegrias da carne, a atitude geral da classe cavaleiresca parece realmente ter sido, na prática, francamente realista. Era, no conjunto, a de sua época. A Igreja impunha a seus membros o ascetismo e aos leigos ordenava que limitassem a união sexual ao casamento e à geração. Mas ela praticava bastante mal seus próprios ensinamentos, sobretudo entre os clérigos seculares, entre os quais a própria reforma gregoriana depurara somente o episcopado. Não se relatava, com admiração, a respeito de personagens pios, padres de paróquia e até mesmo abades que, "diz-se", morreram virgens? O exemplo do clero prova o quanto o homem comum rejeitava a continência; por certo, ele não era particularmente capaz de inspirá-la aos fiéis. Na verdade – exceção feita a um episódio voluntariamente divertido, como, na *Peregrinação de Carlos Magno*, as viris jactâncias de Oliveiros –, a epopeia é bastante casta. Isso porque ela não atribuía grande importância à descrição dos divertimentos que, com efeito, nada tinham de épico. Mesmo nos relatos, menos reticentes, da idade cortês, a sensualidade é comumente apresentada como carascterística da mulher mais do que dos heróis. Aqui e ali, entretanto, um traço ergue um pedaço do véu: assim ocorre no velho poema de *Girardo de Rossilhão*, em que se vê um vassalo, encarregado de dar hospitalidade a um mensageiro, fornecer-lhe uma bela jovem para a noite. E, seguramente, nem tudo era ficção nos "degradáveis" encontros para os quais, segundo dizem os romances, os castelos forneciam tão fáceis ocasiões.[270] Os testemunhos da história são ainda mais nítidos. O casamento do nobre, como se sabe, era frequentemente um simples negócio. As casas senhoriais pululavam de bastardos. O advento da cortesia não parece, inicialmente, ter alterado grande coisa nesses costumes. Certas canções de Guilherme da Aquitânia cantam a volúpia em estilo de corpo de guarda e essa veia encontraria, entre os poetas que lhe sucederam, mais de um imitador. No entanto, já em Guilherme, provavelmente herdeiro de uma tradição cujos primórdios nos são desconhecidos, outra concepção de amor aparece: o amor "cortês", que fora seguramente uma das criações mais curiosas do código moral cavaleiresco. Seria Dulcineia separável, aos nossos olhos, de Dom Quixote?

Os traços característicos do amor cortês podem resumir-se com bastante simplicidade. Ele nada tem a ver com o casamento ou, melhor dizendo, ele se opõe diretamente às

---

*. *Rotrouenge* (*retroncha*, *retroencha* ou *retroensa*, em língua occitana): gênero poético medieval, composto de canções de dança. (N.T.)
270. *Girart de Roussillon*, trad. P. MEYER, S. 257 e 299. Cf. *La Mort de Garin*, ed. E. du Méril, p. XL. Ver também, entre outras, a cena delicadamente voluptuosa de *Lancelot*, ed. Sommer, *The vulgate version of the Arthurian romances*, t. III, p. 383.

suas leis, pois a amada geralmente é uma mulher casada, e o amante nunca é o marido. Ele se dirige frequentemente a uma dama de posição superior; comporta, em todo caso, constantemente uma marca viva de devoção do homem para com a mulher. Apresenta-se como uma paixão invasiva, incessantemente obstruída, frequentemente ciumenta e alimentada por suas próprias perturbações, mas cujo desenvolvimento estereotipado não tarda a incorporar algo de ritual. Ele não odeia a casuística. Por fim, como diz o trovador Jaufré Rudel, em um poema que, interpretado de maneira invertida, fez nascer a famosa lenda da Princesa Longínqua*, ele é, preferencialmente, um amor "de longe". Por certo, isso não significa que recuse, por princípio, o gozo carnal ou que, caso tenha de renunciar – segundo André o Capelão, que o teorizou – ao "derradeiro prazer", ele não ambicione, ao menos, a menor moeda dos prazeres da epiderme. Mas a ausência ou os obstáculos, em vez de destruí-lo, apenas o embelezam com uma poética melancolia. Mesmo quando a possessão, sempre desejável, se revela decididamente impossível, o sentimento não deixa de subsistir como um estimulante do coração e uma "alegria" pungente.

Tal é a imagem traçada pelos poetas. Pois conhecemos o amor cortês somente pela literatura, razão pela qual encontramos grande dificuldade em separar o que nele há de moda ou de ficção. É certo que, tendendo a dissociar, em certa medida, o sentimento da carne, ele esteve longe de impedir que esta, por sua vez, continuasse a ser satisfeita de modo bastante brutal. De resto, porém, sabe-se que, para a maioria dos homens, a sinceridade afetiva situa-se em diversos planos. Incontestavelmente, em todo caso, tal noção das relações amorosas, na qual reconhecemos hoje, de passagem, tantos elementos que se tornaram familiares, representava, quando foi concebida, uma combinação muito original. Devia pouco às artes de amar antigas, ou mesmo – embora estejam talvez mais próximos dela – aos tratados, sempre um tanto equívocos, que a civilização greco-romana consagrou à análise da amizade masculina. A subordinação do amante era, em particular, uma atitude nova. Já vimos que ela podia expressar-se comumente em termos extraídos do vocabulário da homenagem vassálica. A transposição não era apenas verbal. A confusão do ser amado e do chefe atendia a uma orientação da moral coletiva inteiramente característica da sociedade feudal.

A despeito do que se tenha, por vezes, dito, esse código amoroso era ainda menos tributário da reflexão religiosa.[271] Se deixarmos de lado algumas analogias superficiais de forma, que, de resto, nada mais são do que uma marca de ambiente, teremos até mesmo de reconhecer que ele lhe era diretamente contrário, sem, aliás, que seus defensores tenham provavelmente tido uma consciência muito clara desta antítese. Não fazia ele do amor das criaturas quase uma das primeiras virtudes, seguramente a alegria por excelência? Acima

---

*. Jaufré (ou Jaufroi) Rudel (c. 1113-c. 1170) foi um trovador da Aquitânia, autor de canções que retratavam o *amor cortês* por uma dama bem nascida e inacessível (talvez a condessa Hodierna de Trípoli). Sua obra inspirou o tema da princesa longínqua, retomada em romances medievais, assim como na peça *La Princesse Lointaine*, de Edmond Rostand. (N.T.)

271. Por vezes, levantou-se também, a respeito do amor cortês e da poesia lírica por meio da qual este se expressou, o problema de uma influência árabe. Parece-me que, até o momento, nenhuma prova conclusiva tenha sido trazida. Cf., além de AL. JEANROY. *La poésie lyrique des troubadours*, t. II, p. 366, um relato de C. APPEL em *Zeitschrift für romanische Philologie*, t. LII, 1932, p. 770 (sobre A. R. Nykl).

de tudo, mesmo quando renunciava ao prazer físico, ele não sublimava, a ponto de pretender com ele preencher a existência, um impulso do coração nascido, em seu princípio, desses apetites carnais cuja legitimidade o cristianismo admite apenas para reprimi-los pelo casamento – profundamente desdenhado pelo amor cortês –, para atribuir-lhes como justificação a propagação da espécie – pela qual o amor cortês nenhuma consideração tinha –, para, finalmente, confiná-los, de todos os modos, a um registro secundário da experiência moral. Não é no lirismo cavaleiresco que se pode esperar encontrar o autêntico eco do sentimento cristão da época sobre a vida sexual. Ele ressoa, livre de qualquer compromisso, no texto da piedosa e clerical *Demanda do Santo Graal*, em que Adão e Eva, antes de unirem-se, sob a Árvore, para conceber "Abel, o justo", suplicam ao Senhor que faça cair sobre eles uma grande noite, a fim de "confortar" sua vergonha.

Além disso, a oposição, a este respeito, das duas morais talvez nos forneça a chave do enigma imposto, à geografia social, pela gênese desses raciocínios amorosos. Assim como a poesia lírica que nos conservou sua expressão, eles nasceram, no final do século XI, nos meios corteses da França do Sul. Aquilo que se encontra, um pouco mais tarde, no Norte, ainda sob forma lírica ou por intermédio dos romances, e aquilo que ocorreu, em seguida, no *Minnesang* alemão foi apenas um reflexo. Ora, não se poderia, sem cair no absurdo, invocar, a esse respeito, em favor da civilização de língua occitana, sabe-se lá que ares de superioridade. Seria igualmente insustentável pretender que a atenção se volte para a ordem artística, intelectual ou econômica. Seria o mesmo que negar, de uma só vez, a epopeia de expressão francesa, a arte gótica, os primeiros esforços da filosofia nas escolas da região situada entre o Loire e o Mosa, as feiras da Champanhe e as colmeias urbanas da Flandres. É incontestável, por outro lado, que, no Sul, a Igreja, sobretudo durante a Primeira Idade Feudal, foi menos rica, menos culta e menos ativa que nas províncias setentrionais. Nenhuma das grandes obras da literatura clerical e nenhum dos grandes movimentos de reforma monástica tiveram aí sua origem. Apenas essa fraqueza relativa dos centros religiosos pode explicar os sucessos excepcionais encontrados, da Provença ao Toulousain, por heresias, em si mesmas internacionais. Disso certamente também resultou que, por ser a influência dos clérigos sobre as altas classes leigas menos forte, estas últimas desenvolveram mais livremente uma moral mais puramente mundana. Aliás, o fato de que esses preceitos do amor cavalheiresco se tenham, em seguida, tão facilmente propagado, é algo que atesta o quanto atendiam às novas necessidades de uma classe. Ajudaram-na a perceber a si própria. Não amar como o homem comum não é sentir-se outro?

Que o cavaleiro avalie cuidadosamente butim ou resgates ou que, de volta ao lar, ele "tribute" pesadamente seus camponeses é algo que causa nenhum ou pouco espanto. O ganho é legítimo. Sob uma condição, todavia: que seja pronto e liberalmente gasto. "Posso garanti-lo", diz um trovador, censurado por seus atos de banditismo, "se tomei, foi para dar, não para entesourar."[272] Certamente, tem-se o direito de considerar um tanto suspeita a insistência com que os menestréis, parasitas profissionais, pregavam, acima de qualquer outro dever, a liberalidade, "dama e rainha que todas as virtudes iluminam". Também é

---

272. ALBERTO DE MALASPINA em C. APPEL, *Provenzalische Chrestomathie*, 3. ed., n. 90, v. 19 ss.

certo que, entre os pequenos ou médios senhores e, talvez ainda mais, entre os altos barões, não faltavam avaros ou, simplesmente, prudentes, mais inclinados a acumular nos cofres a moeda rara ou as joias do que a distribuí-las. Não é menos verdade que, ao deixar escorrer entre seus dedos a fortuna rapidamente adquirida e rapidamente perdida, o nobre acreditava afirmar sua superioridade em relação às classes menos confiantes no futuro ou mais preocupadas em calculá-lo. A generosidade e o luxo não eram sempre as únicas formas pelas quais se manifestava essa louvável prodigalidade. Um cronista registrou a memória da singular competição de desperdício de que foi, um dia, palco uma grande "corte", mantida no Limosino. Um cavaleiro manda semear com moedinhas de prata um terreno, previamente lavrado; outro, para sua cozinha, queima círios; um terceiro, "por jactância", manda queimar vivos trinta de seus cavalos.[273] Que teria pensado um mercador de tal embate de prestígio pela profusão, que inevitavelmente evoca às nossas memórias certos relatos de etnógrafos? Aqui ainda, a natureza do ponto de honra marcava a linha de separação entre os grupos humanos.

Distinta, assim, por seu poder, seu gênero de fortuna e de vida e sua própria moral, a classe social dos nobres encontrava-se, pela metade do século XII, totalmente pronta para solidificar-se como classe jurídica e hereditária. O emprego, ao que parece, cada vez mais frequente que, para designar seus membros, se faz a partir de então da palavra "gentil-homem" [fidalgo] – homem de boa "gente", isto é, de boa raça – indica a importância crescente atribuída às qualidades do sangue. Foi em torno de um rito, o adubamento cavaleiresco, que se produziu a cristalização.

CAPÍTULO III
A cavalaria

1. O ADUBAMENTO

A partir da segunda metade do século XI, diversos textos, que logo vão se multiplicando, começam a mencionar que, em um lugar ou em outro, ocorreu uma cerimônia, destinada, dizem, a "fazer um cavaleiro". O ritual se dá em vários atos. Ao postulante, geralmente recém-saído da adolescência, um cavaleiro mais antigo entrega, primeiramente, as armas significativas de seu futuro estado. Cinge-lhe, especialmente, a espada. Então, vem, quase sempre, um grande golpe que, com a palma da mão, esse padrinho desfere sobre a nuca ou a face do rapaz: a *paumée* [palmada] ou *colée* [pescoção] dos documentos franceses. Prova de força? Ou então, como pensaram, desde a Idade Média, certos intérpretes um pouco tardios, um modo de fixação da recordação que deverá, segundo Raimundo Lúlio*, relembrar o jovem, por toda sua vida, de sua "promessa"? De fato, os poemas

---
273. GODOFREDO DE VIGEOIS, I, 69 em LABBE. *Bibliotheca*, t. II, p. 322.
*. Raimundo Lúlio (Raimon Llull, em catalão, ou Raymundus Lullus, em latim): importante filósofo, poeta e teólogo nascido em Maiorca. Foi autor das primeiras novelas escritas em catalão literário e, próximo dos franciscanos, dedicou-se também à atividade missionária, sobretudo entre os muçulmanos. (N.T.)

mostram comumente o herói esforçando-se em não ceder diante do rude tabefe, o único, observa um cronista, que um cavaleiro deverá receber, sem devolver.[274] Sabemos, além disso, que o bofetão era, nos costumes jurídicos da época, um dos procedimentos de comemoração mais frequentemente infligidos às testemunhas dos atos de direito – mais, na verdade, do que a seus participantes. Mas o sentido original de tal gesto, originalmente concebido como tão essencial à cerimônia que esta, em sua inteireza, assumiu seu nome habitual de "adubamento" (oriundo de um velho verbo germânico, que significava bater), era, ao que parece, bastante diferente e muito menos puramente racional. O contato assim estabelecido entre a mão do adubador e o corpo do adubado transmitia do primeiro para o segundo uma espécie de influxo: assim como este outro bofetão, que o bispo desfere no clérigo por ele consagrado como padre. Uma manifestação desportiva, por fim, encerrava frequentemente a festa. O novo cavaleiro se lança a cavalo e vai, por meio de um golpe de lança, atravessar ou abater uma panóplia fixada em uma estaca: a "quintana".

Por suas origens e por sua natureza, o adubamento remete visivelmente a essas cerimônias de iniciação das quais as sociedades primitivas, assim como as do mundo antigo, fornecem tantos exemplos – práticas que, sob formas diversas, têm todas por objetivo comum fazer com que o jovem rapaz passe para o patamar de membro perfeito do grupo, de que fora até então excluído por sua idade. Entre os germânicos, elas se davam à imagem de uma civilização guerreira. Sem prejuízo talvez de outros traços – tais como o corte dos cabelos, que, por vezes, se verá associado, na Inglaterra, ao adubamento cavaleiresco –, elas consistiam essencialmente em uma entrega de armas, que Tácito descreveu e cuja persistência, na época das invasões, é atestada por alguns textos. Entre o ritual germânico e o ritual da cavalaria, a continuidade não é duvidosa. Mas, ao trocar de ambiente, o ato alterara igualmente o sentido humano.

Entre os germânicos, todos os homens livres eram guerreiros. Não havia nenhum, consequentemente, que não tivesse direito à iniciação pelas armas: isso, pelo menos, nos lugares em que a tradição do povo impunha tal prática, a respeito da qual ignoramos se estava difundida em todos os lugares. Por outro lado, uma das características da sociedade feudal foi, como se sabe, a formação de um grupo de combatentes profissionais, constituído, acima de tudo, pelos vassalos militares e seus chefes. A esses soldados por excelência devia naturalmente restringir-se a aplicação da antiga cerimônia. Esta, a bem da verdade, corria o risco de perder nessa transferência todo substrato social minimamente fixo. Ela servira de rito de acesso ao povo. Ora, o povo, no sentido antigo – a pequena cidade dos homens livres – já não existia mais. Ela começava a servir de rito de acesso a uma classe. Mas tal classe carecia ainda de todos os contornos precisos. Ocorreu que, em certos lugares, o uso desapareceu: tal parece ter sido o caso entre os anglo-saxões. Nos países marcados pelo costume franco, ao contrário, ele se manteve, mas sem conhecer, por muito tempo, um emprego muito generalizado, nem, em qualquer grau, obrigatório.

---

274. RAIMUNDO LÚLIO. *Libro de la orden de Caballeria*, ed. J. R. de Luanco. Trad. francesa em P. ALLUT. "Étude biographique et historique sur Symphorien Champier", Lyon, 1859, IV, 11. LAMBERTO DE ARDRES. *Chronique*, c. XCI.

Então, à medida que os meios cavaleirescos tomavam uma consciência mais nítida daquilo que os separava da massa "sem armas" e os elevava acima dela, sentiu-se mais imperiosamente a necessidade de sancionar, por meio de um ato formalista, a entrada na coletividade assim definida: quer o novo admitido fosse um jovem rapaz que, nascido entre os "nobres", conseguia ser aceito na sociedade dos adultos; quer se tratasse, o que era muito mais raro, de algum feliz recém-promovido que um poder recentemente adquirido, sua força ou sua destreza parecia igualar aos membros das antigas linhagens. Desde o final do século XI, na Normandia, dizer a respeito de um grande vassalo que "ele não é cavaleiro" equivalia a supô-lo ainda criança ou adolescente.[275] Seguramente, o cuidado de manifestar, dessa forma, por um gesto visível, toda mudança de estado jurídico, assim como todo contrato, respondia a tendências características da sociedade medieval: constitui prova disso o ritual, frequentemente tão pitoresco, do acesso aos corpos de ofício. Era, entretanto, preciso, para impor esse formalismo, que a mudança de estado fosse claramente percebida como tal. Por isso, a generalização do adubamento apresentou-se verdadeiramente como o sintoma de uma modificação profunda na noção de cavalaria.

Durante a Primeira Idade Feudal, o que se entendia pelo termo cavaleiro era, acima de tudo, ora uma situação de fato, ora um laço de direito, mas puramente pessoal. Alguém se dizia cavaleiro porque combatia a cavalo, com o equipamento completo. Alguém se dizia cavaleiro de alguém quando recebia deste personagem um feudo, que o obrigava a servi-lo assim armado. Ora, eis que, agora, nem a posse de um feudo, nem o critério, necessariamente um tanto impreciso, do gênero de vida bastarão para merecer tal alcunha. Será necessário, além disso, uma espécie de consagração. A transformação estava completa por volta da metade do século XII. Uma construção linguística empregada desde antes de 1100 contribuirá para medir seu alcance. Já não se "faz" mais apenas um cavaleiro. Ele é "ordenado" como tal. Assim se expressa, por exemplo, em 1098, o conde de Ponthieu, que se prepara para armar o futuro Luís VI.[276] O conjunto dos cavaleiros adubados constitui uma "ordem": *ordo*. Palavras eruditas, palavras de Igreja, mas proferidas, desde o início, por bocas leigas. Elas não pretendiam, de modo algum, ao menos em seu emprego original, sugerir uma assimilação às ordens sagradas. No vocabulário que os escritores cristãos tomaram da Antiguidade romana, uma *ordo* era uma divisão da sociedade, tanto temporal quanto eclesiástica. Era, porém, uma divisão regular, nitidamente delimitada, conforme o plano divino. Uma instituição, na verdade, e não mais apenas uma realidade inteiramente nua.

Como, entretanto, em uma sociedade acostumada a viver sob o signo do sobrenatural, poderia o rito, de início puramente profano, da entrega das armas não receber uma marca sagrada? Dois usos, ambos muito antigos, serviram de ponto de partida para a intervenção da Igreja.

Em primeiro lugar, a bênção da espada. Originalmente, ela nada tinha de particular ao adubamento. Tudo o que estava a serviço do homem parecia então merecer ser colocado, dessa forma, ao abrigo das armadilhas do Demônio. O camponês fazia benzer suas

---

275. HASKINS. *Norman institutions*, 1918, p. 282, c. 5.
276. *Rec. des Histor. de France*, t. XV, p. 187.

colheitas, seu rebanho, seu poço; o recém-casado o leito nupcial; o peregrino seu cajado de viagem. O guerreiro, naturalmente, agia da mesma forma para as ferramentas próprias à sua profissão. O velho direito lombardo já não conhecia o juramento "sobre as armas consagradas"?[277] Porém, mais do que todas as demais, aquelas com que o jovem guerreiro se equipava pela primeira vez pareciam exigir tal santificação. Um rito de contato era seu traço essencial. O futuro cavaleiro depositava momentaneamente seu gládio no altar. Orações acompanhavam ou seguiam esse gesto. Inspiradas no esquema geral da bênção, elas não tardam a produzir-se sob uma forma especialmente apropriada a uma primeira profissão. Assim, elas já aparecem, pouco após 950, em um pontifical redigido na abadia de Santo Albano de Mogúncia [Mainz]. Certamente constituída, em grande medida, de empréstimos de fontes mais antigas, essa compilação se propagou rapidamente por toda a Alemanha, a França do Norte, a Inglaterra e até mesmo Roma, onde foi imposta por influência da corte otoniana. Ela difundiu para longe o modelo da bênção da espada "recentemente cingida". Ressaltemos, aliás, que essa consagração constituía então, na solenidade, somente uma espécie de prefácio. O adubamento se desenvolvia, em seguida, segundo suas formas particulares.

Aqui também, no entanto, a Igreja podia desempenhar seu papel. O cuidado de armar o adolescente somente podia caber, na origem, a um cavaleiro já confirmado neste título: seu pai, por exemplo, ou seu senhor. Mas, por vezes, ele era confiado a um prelado. Em 846, o papa Sérgio passara o boldrié ao carolíngio Luís II. Da mesma forma, Guilherme, o Conquistador, mandou, mais tarde, adubar um de seus filhos pelo arcebispo da Cantuária. A honra assim prestada certamente cabia menos ao padre do que ao príncipe da Igreja, chefe de numerosos vassalos. Podia, entretanto, um papa, ou um bispo, renunciar a cercar-se de pompa religiosa? A liturgia era, deste modo, como que convidada a impregnar a cerimônia como um todo.

No século XI, isso era fato consumado. Um pontifical de Besançon, estabelecido nessa época, contém, é verdade, somente duas bênçãos de espada, ambas muito simples. Mas da segunda se deduz claramente que o oficiante tinha de entregar a arma com suas próprias mãos. Entretanto, para encontrar um verdadeiro ritual religioso de adubamento, deve-se procurar mais ao norte, nas regiões, situadas entre o Sena e o Mosa, que foram o autêntico berço da maioria das instituições propriamente feudais. Nosso mais antigo testemunho é aqui um pontifical da província de Reims, compilado, por volta do início do século, por um clérigo que, embora inspirado na coletânea de Mogúncia, não deixava de recorrer abundantemente aos usos locais. A liturgia comporta, ao lado de uma bênção da espada, que reproduz a do original renano, orações, de mesmo sentido, aplicáveis às demais armas ou insígnias: estandarte, lança, escudo, com a única exceção das esporas, cuja entrega será, até o fim, reservada a mãos leigas. Vem, em seguida, uma bênção do próprio futuro cavaleiro. Por fim, a menção expressa de que a espada será cingida pelo bispo. Então, após uma

---

277. *Ed. Rothari*, c. 359. A liturgia do adubamento foi, até o momento, somente objeto de pesquisas insuficientes. Encontrar-se-á, na bibliografia, a indicação das obras e das antologias a que recorri. Esta primeira tentativa de classificação, por mais rudimentar que seja, somente foi possível graças ao auxílio prestado por meu colega de Estrasburgo, o senhor abade Michel Andrieu.

lacuna de aproximadamente dois séculos, o cerimonial aparece plenamente desenvolvido, ainda na França, no *Pontifical* do bispo de Mende, Guilherme Durando, redigido por volta de 1295, mas cujos elementos essenciais datam provavelmente do reino de São Luís. Aqui, o papel consagrador do prelado é levado às últimas consequências. Ele já não cinge apenas o gládio; desfere também a palmada; ele "marca", diz o texto, o postulante "com o caráter cavaleiresco". Incorporado, no século XIV, ao *Pontifical Romano*, esse esquema de origem francesa tornar-se-ia o rito oficial da cristandade. Quanto às práticas acessórias – o banho purificador, imitado daquele dos catecúmenos, a velada das armas –, elas não parecem ter sido introduzidas antes do século XII, nem ter sido algo mais que excepcionais. Além disso, a velada nem sempre era inteiramente destinada a piedosas meditações. Segundo um poema de Beaumanoir, acontecia que ela se fizesse, profanamente, ao som das sanfonas.[278]

Não nos enganemos: nenhum desses gestos religiosos jamais foi indispensável ao ato. As circunstâncias teriam, aliás, impedido, com bastante frequência, sua realização. Não foram feitos, desde sempre, cavaleiros no campo de batalha, antes ou após o combate? Tal foi o caso, após Marignan, do pescoção que Bayard desferiu – com a espada, segundo o costume do final da Idade Média – em seu rei. Em 1213, Simon de Montfort cercara de piedoso brilho, digno de um herói cruzado, o adubamento de seu filho, que dois bispos, ao som do *Veni Creator*, armaram como cavaleiro a serviço de Cristo. Do monge Pedro de Vaux-de-Cernay, que assistiu à cena, essa solenidade arranca um grito característico: "Ó nova moda de cavalaria! Moda, até aqui, inaudita.". Mais modesta, a bênção da espada em si mesma, segundo testemunho de João de Salisbury[279], não era generalizada em meados do século XII. Ela parece, entretanto, ter sido então muito difundida. A Igreja, em uma palavra, procurara transformar a antiga entrega das armas em um "sacramento" – a palavra, empregada por clérigos, nada tinha de chocante em uma época em que, encontrando-se a teologia ainda muito longe da rigidez escolástica, se continuava comumente a confundir sob esse nome toda espécie de ato de consagração. Ela não obtivera pleno êxito, mas conseguira, ao menos, reservar-se um lugar, mais amplo aqui, mais restrito ali. Seus esforços, expressando a importância que ela atribuía ao rito da ordenação, contribuíram grandemente para reanimar o sentimento segundo o qual a cavalaria era uma sociedade de iniciados. E, como toda instituição cristã exigia a sanção de faustos lendários, a hagiografia veio em seu socorro. "Quando se leem, na missa, as epístolas de São Paulo", diz um liturgista, "os cavaleiros permanecem em pé, para honrá-lo, pois foi cavaleiro."[280]

2. O CÓDIGO CAVALEIRESCO

No entanto, uma vez em cena, o elemento religioso não limitou seus efeitos a fortalecer, no mundo cavaleiresco, o espírito de corpo. Exerceu igualmente poderosa ação sobre a lei moral do grupo. Antes que o futuro cavaleiro retomasse sua espada sobre o altar, um juramento lhe era ordinariamente pedido, precisando suas obrigações.[281] Nem todos os

---

278. *Jehan et Blonde*, ed. H. Suchier (*Œuvres poétiques de Ph. de Rémi*, t. II, v. 5.916 ss.).
279. *Policraticus*, VI, 10 (ed. Webb, t. II, p. 25).
280. GUILHERME DURANDO. *Rationale*, IV, 16.
281. PEDRO DE BLOIS, ep. XCIV.

adubados o prestavam, pois nem todos faziam benzer suas armas. Mas, assim como João de Salisbury, os escritores da Igreja comumente consideravam que, por uma espécie de quase-contrato, mesmo os que não o haviam pronunciado com os próprios lábios estavam "tacitamente" submetidos a ele, pelo simples fato de terem aceito a cavalaria. Pouco a pouco, as regras assim formuladas penetraram em outros textos: primeiramente, nas orações, frequentemente muito belas, que permeavam o desenrolar da cerimônia; mais tarde, com inevitáveis variantes, em diversos escritos em língua profana. Tal foi o caso, pouco após 1180, de célebre passagem do *Percival* de Chrétien de Troyes. Então, no século seguinte, viriam algumas páginas do romance em prosa *Lancelot*; no *Minnesang* alemão, uma peça do "Meissner"; por fim, e sobretudo, o pequeno poema didático francês intitulado *L'Ordene de Chevalerie* [A Ordem da Cavalaria]. Este opúsculo encontrou grande sucesso. Logo parafraseado em uma "coroa" de sonetos italianos e imitado, na Catalunha, por Raimundo Lúlio, ele abriu a via para a abundante literatura que, durante os últimos séculos da Idade Média, esgotaria completamente a exegese simbólica do adubamento e, por meio de seus ultrajes, denunciar, ao lado da decadência de uma instituição passada do direito para a etiqueta, o enfraquecimento do próprio ideal que se pretendia fazer soar tão alto.

Em sua pureza, entretanto, esse ideal não fora destituído de vida. Sobrepunha-se às regras de conduta anteriormente evidenciadas pela espontaneidade das consciências de classe: o código de fidelidade dos vassalos – a transição aparece claramente, por volta do final do século XI, no *Livro da Vida Cristã* do bispo Bonizo de Sutri, para quem o cavaleiro visivelmente ainda é, acima de tudo, um vassalo enfeudado – e, sobretudo, o código de classe da gente nobre e "cortês". Dessas morais mundanas, o novo decálogo extraiu os princípios mais aceitáveis a um pensamento religioso: generosidade, busca da glória, o "louvor"; desprezo pelo repouso, pelo sofrimento e pela morte – "aquele", diz o poeta alemão Thomasin, "que somente deseja viver suavemente não deseja seguir o ofício de cavaleiro".[282] Para isso, porém, conferia-se a essas mesmas normas cores cristãs e, mais do que isso, depurava-se a bagagem tradicional dos elementos de natureza muito profana que haviam ocupado e continuavam, na prática, a ocupar um lugar tão amplo: essas escórias que, nos lábios de tantos rigoristas, desde Santo Anselmo até São Bernardo, trouxeram o trocadilho, inteiramente repleto do desprezo do clérigo pelo mundo secular, *non militia, sed malitia*.[283] "Cavalaria equivale a maldade": após a anexação definitiva, pela Igreja, das virtudes cavaleirescas, que escritor teria então ousado repetir tal equação? Por fim, aos preceitos antigos, assim depurados, foram acrescentados outros que traziam a marca de preocupações exclusivamente espirituais.

Clérigos e leigos concordam, portanto, em exigir do cavaleiro esta piedade, sem a qual o próprio Filipe Augusto estimava que não haveria nenhum verdadeiro *prudhomme*. Deve ir à missa, "todos os dias" ou, ao menos, "frequentemente"; deve jejuar às sextas-feiras. Entretanto, esse herói cristão permanece, por natureza, um guerreiro. Da bênção das armas, não se esperava, acima de tudo, que ela as tornasse eficazes? As orações expressam

---

282. *Der Welsche Gast*, ed. Rückert. v. 7.791-2.
283. ANSELMO, Ep. I, (*P. L.*, t. CLVIII, col. 1147). S. BERNARD. *De lande novae militiae*. 77, c. 2.

claramente essa crença. Mas a espada, assim consagrada – se ninguém pensa em proibir que seja brandida, quando necessário, contra inimigos pessoais ou os de um senhor –, o cavaleiro a recebeu, acima de tudo, para colocá-la a serviço das boas causas. As velhas bênçãos do fim do século X já focalizam esse tema, amplamente desenvolvido pelas liturgias posteriores. Assim, uma discriminação de interesse capital introduzia-se no velho ideal da guerra pela guerra, ou pelo ganho. Com esse gládio, o adubado defenderá a Santa Igreja, em particular contra os pagãos. Protegerá a viúva, o órfão, o pobre. Perseguirá os malfeitores. A esses preceitos gerais, os textos laicos acrescentam comumente algumas recomendações mais especiais relativas à conduta em combate: não matar o vencido indefeso; à prática dos tribunais e da vida pública: não participar de falso julgamento ou de traição, ou, caso não seja possível impedi-los, acrescenta modestamente a *Ordene de Chevalerie*, deixar o local; por fim, aos incidentes da vida cotidiana: não dar maus conselhos a uma dama e ajudar, "se possível", o próximo em dificuldade.

Como surpreender-se por estar a realidade, tecida com muitas astúcias e violências, longe de sempre atender a tais aspirações? Tender-se-á, por outro lado, a observar que, do ponto de vista, quer de uma moral de inspiração "social", quer de um código mais puramente cristão, tal quadro de valores pode parecer um tanto curto? Isso seria entregar-se a julgamentos, quando o historiador tem por único dever compreender. É mais importante notar que, ao passar dos teóricos ou liturgistas da Igreja para os vulgarizadores leigos, a lista das virtudes cavaleirescas parece, de fato, ter frequentemente sofrido um desbaste assaz inquietante. "A mais alta ordem que Deus tenha constituído e comandado é a ordem da cavalaria", diz, com sua envergadura costumeira, Chrétien de Troyes. Deve-se, porém, admitir que, após esse preâmbulo sonoro, os ensinamentos que seu *prudhomme* dá ao jovem rapaz por ele armado parecem ser de desconcertante magreza. Talvez, na verdade, Chrétien represente antes a "cortesia" das grandes cortes principescas do século XII do que a *prudhommie*, imbuída de inspirações religiosas, como, no século seguinte, se a concebia no círculo de Luís IX. Por certo, não é um acaso se a própria época e o meio em que viveu esse santo adubado produziram a nobre oração que, registrada no *Pontifical* de Guilherme Durando, nos oferece como que o comentário litúrgico dos cavaleiros de pedra, erguidos pelos escultores no portal de Chartres ou no reverso da fachada de Reims: "Santíssimo Senhor, Pai todo-poderoso... tu que permitiste, na terra, o emprego do gládio para reprimir a malícia dos maus e defender a justiça; que, para a proteção do povo, desejaste instituir a ordem da cavalaria... dispondo seu coração ao bem, faz com que este teu servidor jamais empregue este gládio ou qualquer outro para lesar injustamente a outrem; mas que dele sempre se utilize para defender o Justo e o Direito."

Assim, a Igreja, ao confiar-lhe uma tarefa ideal, terminava de legitimar a existência dessa "ordem" de guerreiros que, concebida como uma das divisões necessárias de uma sociedade bem policiada, se identificava cada vez mais com a coletividade dos cavaleiros adubados: "Ó Deus, que, após a queda, constituíste na natureza inteira três graus entre os homens", pode-se ler em uma dessas orações da liturgia de Besançon. Era, ao mesmo tempo, fornecer a essa classe a justificação de uma supremacia social, desde há muito sentida de fato. Não afirma a muito ortodoxa *Ordene de Chevalerie*, a respeito dos cavaleiros, que convém honrá-los mais do que a todos os outros homens, exceção feita ao padre? De modo mais cru, após ter exposto como foram instituídos "para garantir os fracos e os pacíficos", não continua o romance *Lancelot*, em conformidade com o gosto do signo, familiar a toda essa literatura, identificando nos cavalos que montam o próprio símbolo do "povo" que mantêm "em reta sujeição"? "Pois sobre o povo deve sentar-se o cavaleiro. E assim como se empina o cavalo e aquele que o monta o conduz para onde quer, o cavaleiro deve conduzir o povo segundo sua vontade." Mais tarde, Raimundo Lúlio não pretenderá atingir o sentimento cristão ao declarar ser conforme a boa ordem que o cavaleiro "extraia seu bem-estar" das coisas que lhe fornecem "o cansaço e o esforço" de seus homens.[284] Não se encontra estado de espírito nobiliário mais eminentemente favorável à eclosão da nobreza mais estrita.

CAPÍTULO IV
A transformação da nobreza de fato em nobreza de direito

1. A HEREDITARIEDADE DO ADUBAMENTO E O ENOBRECIMENTO

Fundada, por volta de 1119, para a defesa das colônias da Terra Santa, a Ordem do Templo reunia duas categorias de combatentes, distintos pela indumentária, pelas armas e pela posição: no alto, os "cavaleiros"; abaixo, os simples "sargentos" – mantos brancos contra mantos escuros. Não há dúvida de que, na origem, a oposição correspondesse a uma diferença de origem social entre os recrutas. Entretanto, redigida em 1130, a mais antiga *Regra* não formula, a esse respeito, qualquer condição precisa. Um estado de fato, determinado por uma espécie de opinião comum, decidia evidentemente a admissão em um grau ou em outro. Pouco mais de um século depois, a segunda *Regra* procede, ao contrário, com rigor inteiramente jurídico. Para obter autorização de portar o manto branco, é, primeiramente, necessário que o postulante tenha, desde antes de sua entrada na Ordem, sido adubado. Mas mesmo isso não basta. É preciso ainda que seja "filho de cavaleiro ou descendente de cavaleiros por parte de seu pai"; em outros termos, como é dito em outra passagem, que seja "fidalgo". Isso porque, esclarece ainda o texto, é somente sob tal condição que um homem "deve e pode" receber a cavalaria. Isso não é tudo. Se um recém--chegado, silenciando sobre sua qualidade cavaleiresca, se introduz entre os sargentos, uma vez descoberta a verdade, ele será preso.[285] Mesmo entre monges soldados, em meados desse século XIII, o orgulho de casta, que faz de qualquer rebaixamento voluntário um

---
284. RAIMUNDO LÚLIO. Op. cit., I, 9. A passagem toda é dotada de um sabor singular.
285. Regra antiga: G. SCHNÜRER. *Die ursprüngliche Templerregel*, 1903. Regra em francês: H. DE CURZON. *La règle du Temple* (Soc. de l'hist. de France), c. 431; 445; 446; 448. Disposições análogas entre os Hospitalários, no capítulo geral de 1262, 19 set.: DELAVILLE LE ROULX. *Cartulaire général*, t. III, p. 47, c. 19.

crime, falava mais alto que a humildade cristã. Entre 1130 e 1250, aproximadamente, o que, portanto, aconteceu? Nada menos do que a transformação do direito ao adubamento em privilégio hereditário.

Nos países em que a tradição legislativa não fora perdida ou ganhara vida nova, textos regulamentares precisaram o direito novo. Em 1152, uma constituição de paz de Frederico Barba-Ruiva proíbe aos "camponeses" o porte da lança e do gládio – armas cavaleirescas – e, ao mesmo tempo, reconhece como "legítimo cavaleiro" somente aquele cujos ancestrais o foram antes dele; outra, em 1187, proíbe expressamente aos filhos dos camponeses que se façam adubar. Em 1140, o rei Rogério II da Sicília, em 1234, o rei Jaime I de Aragão e, em 1294, o conde Carlos II da Provença ordenam que sejam admitidos na cavalaria somente descendentes de cavaleiros. Na França, não havia então qualquer lei. Mas a jurisprudência da corte real, sob São Luís, é formal, assim como as compilações de costumes. Excetuado o caso de graça especial do rei, nenhum adubamento podia ser válido se o pai do adubado ou seu antepassado, em linha masculina, não foi cavaleiro (talvez já nessa época ou, pelo menos, um pouco mais tarde, os costumes provinciais de parte da Champanhe aceitarão, entretanto, que essa "nobreza" possa transmitir-se pelo "ventre" materno). A mesma concepção também parece estar na base de uma passagem, na verdade, menos clara, do grande tratado de direito castelhano, as *Siete Partidas*, que o rei Afonso o Sábio mandara redigir, por volta de 1260. Não há nada mais notável do que a quase coincidência no tempo e a perfeita concordância desses diversos textos, ao mesmo tempo, entre si e com a regra do Templo, ordem internacional. No continente, pelo menos – pois a Inglaterra, como veremos, deve ser colocada à parte –, a evolução das classes altas obedecia a um ritmo fundamentalmente uniforme.[286]

Certamente, quando erguiam expressamente essa barreira, soberanos e tribunais mal tinham o sentimento de uma inovação. Desde sempre, a grande maioria dos adubados fora recrutada entre os descendentes de cavaleiros. Aos olhos de uma opinião de grupo cada vez mais exclusiva, apenas o nascimento, "garante", como diria Raimundo Lúlio, "da continuação da honra antiga", parecia habilitar à observação do código de vida imposto pela entrega das armas. "Ah Deus! como é mal recompensado o bom guerreiro que de filho de vilão faz cavaleiro!", exclama, por volta de 1160, o poeta de *Girardo de Rossilhão*.[287] Entretanto, a própria condenação de que essas intrusões eram objeto prova que não eram excepcionais. Nenhuma lei, nenhum costume as tornava caducas. Por vezes, pareciam, aliás, quase necessárias ao recrutamento dos exércitos, pois, em virtude do mesmo preconceito de classe, dificilmente se admitia que o direito de combater a cavalo e equipado da cabeça aos pés fosse separável do adubamento. Não desferiram, em 1302, às vésperas da batalha de Courtrai, os príncipes flamengos, desejosos de constituir uma cavalaria para si, pescoções em alguns

---

286. *Constitutiones*, t. I, p. 197, c. 10; p. 451, c. 20. H. NIFSE. *Die Gesetzgebung der norm. Dynastie*, p. 67. MARCA. *Marca Hisp.*, col. 1430, c. 12. PAPON. *Histoire générale de Provence*, t. III, p. 423. *Siete Partidas*, Part. II, t. XXI, I, 2. Cf. sobre Portugal, PRESTAGE. *Chivalry: a series of studies to illustrate its historical significance and civilizing influence, by members of King's College, London*, Londres, 1928, p. 143. Sobre a França, as referências são demasiado numerosas para serem citadas; Cf. PETITDUTAILLIS. *L'essor des États d'Occident*, p. 22 ss.

287. RAIMUNDO LÚLIO. Op. cit., III, 8. *Girart de Roussillon*, trad. P. MEYER, p. 28 (cf. ed. Foerster, *Roman. Studien*, t. V, v. 940 ss.).

ricos burgueses, a quem a riqueza permitia obter a montaria e o equipamento necessários?[288] O dia em que aquilo que fora, por muito tempo, apenas uma vocação hereditária de fato, suscetível de muitos desvios, se tornou um privilégio legal e rigoroso foi, portanto, embora os contemporâneos não tivessem disso uma clara consciência, uma grandíssima data. As profundas mudanças sociais que se produziam então nas fronteiras do mundo cavaleiresco certamente contribuíram muito para inspirar medidas tão draconianas.

No século XII, nascia uma nova potência: a do patriciado urbano. Nesses ricos mercadores que, comumente, se faziam adquirentes de senhorias e dos quais muitos não teriam rejeitado, para si mesmos ou para seus filhos, o "boldrié de cavalaria", os guerreiros de origem não podiam deixar de identificar elementos muito mais estranhos à sua mentalidade e a seu gênero de vida, e também muito mais inquietantes, por seu número, do que os soldados de fortuna ou os oficiais senhoriais, entre os quais, além das pessoas bem nascidas, haviam sido, até então, quase exclusivamente recrutados os candidatos à iniciação pela espada e pelo tabefe. Da mesma forma, conhecemos, graças ao bispo Otão da Frisinga, as reações dos barões alemães diante dos adubamentos que julgavam serem distribuídos facilmente demais, na Itália do Norte, à "gente mecânica"; e Beaumanoir, na França, muito claramente expôs como o avanço das novas camadas, ávidas por investir seus capitais, conduziu os reis a tomarem as precauções necessárias para que a compra de um feudo não fizesse de cada enriquecido o semelhante de um descendente de cavaleiros. É, sobretudo, quando uma classe se sente ameaçada que ela tende a se fechar.

Evitemos, entretanto, imaginar um obstáculo, por princípio, intransponível. Uma classe de poderosos não poderia transformar-se, de modo absoluto, em casta hereditária sem condenar-se a excluir de suas fileiras as novas potências, cujo inevitável surgimento é a própria lei da vida, e, consequentemente, sem destinar-se, como força social, a um fatal definhamento. A evolução da opinião jurídica, ao término da era feudal, tendeu muito menos, em suma, a interditar rigorosamente as novas admissões do que a submetê-las a um controle estrito. Antes, todo cavaleiro podia fazer um cavaleiro. Assim ainda pensavam estes três personagens que Beaumanoir retrata, por volta do final do século XIII. Embora providos de cavalaria, eles careciam de um quarto comparsa, de mesma dignidade, cuja presença era exigida pelo costume, para um ato de procedimento. Mas isso pouco importava! Agarraram, no caminho, um camponês e lhe deram o pescoção: "Sede cavaleiro!" Nessa época, entretanto, isso era retardar a marcha do direito, e uma pesada multa foi o justo castigo para tal anacronismo. Isso porque, a partir de então, a aptidão do "ordenado" em conferir a ordem não mais subsistia, em sua integralidade, senão quando o postulante já pertencia a uma linhagem cavaleiresca. Quando não é o caso, o adubamento ainda permanece, na verdade, possível, mas sob a condição de ser especialmente autorizado pelo único poder ao qual as concepções então difundidas atribuíam a exorbitante faculdade de suspender a aplicação das regras consuetudinárias: o do rei, único dispensador, como diz Beaumanoir, das "reformas".

Já vimos que essa era, desde São Luís, a jurisprudência da corte real francesa. Logo, adquiriu-se o hábito, no círculo dos Capetíngios, de conferir a essas autorizações a forma de

---

288. P. THOMAS. *Textes historiques sur Lille*, t. II, 1936, p. 237.

cartas de chancelaria designadas, quase desde o início, pelo nome de cartas de enobrecimento: pois ser admitido a receber a cavalaria não era o mesmo que conseguir ser assimilado aos "nobres" de origem? Os primeiros exemplos que possuíamos de documentos dessa espécie, que tinham um grande futuro diante de si, datam da época de Filipe III ou de Filipe IV. Por vezes, o rei exercia seu direito para recompensar no campo de batalha, segundo o uso antigo, algum traço de bravura: assim fez Filipe, o Belo, em favor de um açougueiro, na noite de Mons-en-Pevèle.[289] Mais frequentemente, entretanto, o intuito era reconhecer longos serviços ou uma situação social preeminente. O ato não permitia somente criar um novo cavaleiro; transmitindo-se, por natureza, a aptidão para o adubamento de geração em geração, ele fazia, ao mesmo tempo, surgir uma nova linhagem cavaleiresca. A legislação e a prática sicilianas se inspiraram em princípios inteiramente iguais. O mesmo ocorreu na Espanha. No Império, as constituições de Barba-Ruiva, na verdade, nada preveem de semelhante. Mas sabemos, de resto, que o imperador se acreditava no direito de fazer cavaleiros de simples soldados[290]; não se considerava, portanto, sujeito, pessoalmente, às proibições, aparentemente absolutas, de suas próprias leis. Ademais, a partir do reino seguinte, o exemplo siciliano não deixou de exercer sua ação sobre soberanos que, durante mais de meio século, uniriam as duas coroas. A partir de Conrado IV, que começou a reinar independentemente em 1250, vemos os soberanos alemães conceder, por meio de cartas, a personagens não habilitados por nascimento, a permissão de receber o "boldrié de cavalaria".

Seguramente, não foi sem dificuldades que as monarquias conseguiram estabelecer esse monopólio. Até mesmo Rogério II da Sicília abriu uma exceção em favor do abade della Cava. Na França, os nobres e os prelados do senescalado de Beaucaire ainda aspiravam, em 1298 – com que sucesso, não o sabemos –, ao direito de criar livremente cavaleiros entre os burgueses.[291] A resistência foi intensa, sobretudo por parte dos altos feudatários. Sob Filipe III, a corte do rei teve de abrir um processo contra os condes da Flandres e de Nevers, culpados de terem, por sua própria vontade, adubado "vilãos" – os quais eram, na verdade, personagens muito ricos. Mais tarde, no contexto das desordens da época dos Valois, os grandes príncipes apanagiados atribuíram-se, com menor dificuldade, esse privilégio. Foi no Império, como era natural, que a faculdade de abrir, desse modo, a recém-chegados o acesso à cavalaria foi finalmente dividida entre o maior número de mãos: príncipes territoriais, como, em 1281, o bispo de Estrasburgo[292]; e, na Itália, até mesmo comunas urbanas, como, em 1260, Florença. Tratava-se, porém, nesse caso, de algo mais que o desmembramento dos atributos régios? O princípio que reconhecia somente ao soberano o direito de abaixar a barreira permanecia intacto. Mais grave era o caso dos intrusos que, em quantidade certamente considerável, se aproveitavam de uma situação de fato para insinuar-se indevidamente nas fileiras cavaleirescas. Permanecendo a nobreza, em larga medida, uma classe de poder e de gênero de vida, a opinião comum, a despeito da lei, não recusava ao possuidor de um feudo militar, ao mestre de uma senhoria rural,

---

289. *Rec. des Hist. de France*, t. XXII, p. 19.
290. OTÃO DA FRISINGA. *Gesta*, II, 23.
291. *Hist. de Languedoc*, 2. ed. t. VIII, col. 1747.
292. *Annal. Colmar.* em *SS.*, t. XVII, p. 208, l. 15; cf, p. 224, l. 31.

ao guerreiro envelhecido sob a armadura, qualquer que fosse sua origem, o nome de nobre e, consequentemente, a aptidão para o adubamento. Então, nascendo o título, ordinariamente, do longo uso, ao cabo de algumas gerações, ninguém mais imaginava contestá-lo à família; e a única esperança que, no fim, restava aos governos era, oferecendo-se para sancionar tal abuso, extrair algum dinheiro daqueles que se haviam beneficiado dele. Não é menos verdade que, preparada ao longo de uma longa gestação espontânea, a transformação da hereditariedade da prática em hereditariedade jurídica só fora possível em razão da consolidação dos poderes monárquicos ou principescos, únicos capazes de, ao mesmo tempo, impor uma polícia social mais rigorosa e regularizar, sancionando-as, as inevitáveis e salutares passagens de uma ordem para outra. Se o Parlamento de Paris não estivesse presente ou se tivesse carecido da força necessária para a execução de suas sentenças, não se teria visto, no reino, senhor tão pequeno que não continuasse a distribuir, a seu bel-prazer, investiduras.

Não havia então nenhuma instituição que, nas mãos de governos eternamente necessitados, não se transformasse, em alguma medida, em máquina de fazer dinheiro. As autorizações de adubamento não escaparam a essa sorte comum. Assim como as demais expedições de chancelarias, as cartas reais, com algumas raras exceções, não eram gratuitas. Por vezes, também se pagava para não ter de provar a própria origem.[293] Mas Filipe, o Belo, parece ter sido o primeiro soberano a colocar, abertamente, a cavalaria no comércio. Em 1302, após a derrota de Courtrai, comissários percorreram as províncias, encarregados de solicitar os compradores de enobrecimento e, ao mesmo tempo, vender, aos servos reais, sua liberdade. Não há evidências, entretanto, de que tal prática tenha sido, já nesse momento, na Europa ou mesmo na França, bastante generalizada ou de que tenha sido muito lucrativa. Do "sabonete de vilãos", os reis aprenderiam, mais tarde, a fazer uma das fontes regulares de sua tesouraria, e os ricos contribuintes um meio de escapar, pelo pagamento de uma quantia, dos impostos de que estava isenta a nobreza. Mas, até a metade do século XIV, aproximadamente, o privilégio fiscal dos nobres permaneceu ainda tão mal definido quanto o próprio imposto de Estado; e o espírito de corpo, muito poderoso nos meios cavaleirescos – aos quais os próprios príncipes tinham consciência de pertencer – certamente não teria permitido multiplicar favores percebidos como insultos à pureza de sangue. Se o grupo dos cavaleiros a título hereditário não estava, a rigor, fechado, a porta encontrava-se, contudo, apenas levemente entreaberta – certamente, muito menos fácil de atravessar do que fora anteriormente ou do que seria no futuro. Daí a violenta reação antinobiliária que, ao menos na França, explodiu no século XIV. Pode-se imaginar sintoma mais eloquente da forte constituição de uma classe e de sua exclusividade do que o ardor dos ataques de que é alvo? "Sedição dos não nobres contra os nobres": a frase, quase oficialmente empregada na época da *jacquerie* [insurreição popular], é reveladora. Não o é menos o inventário dos combatentes. Rico burguês, primeiro magistrado da primeira das boas cidades, Estevão Marcel se apresentava, expressamente, como um inimigo dos

---

293. BARTHÉLEMY. *De la qualification de chevalier* em "Revue nobiliaire" 1868, p. 123 e *Étude sur les lettres d'anoblissement*, em "Revue nobiliaire", 1869, p. 205.

nobres. Sob Luís XI ou Luís XIV, ele mesmo teria sido um deles. Na verdade, o período que se estende de 1250 a 1400, aproximadamente, foi, no continente, o da mais rigorosa hierarquização das camadas sociais.

2. CONSTITUIÇÃO DOS DESCENDENTES DE CAVALEIROS EM CLASSE PRIVILEGIADA

Por si só, entretanto, a restrição do adubamento aos membros das famílias já confirmadas nessa vocação ou aos beneficiários de favores excepcionais não teria bastado para constituir uma verdadeira nobreza. Isso seria ainda submeter a um rito, que podia ou não ser realizado, os privilégios que, segundo a ideia nobiliária, deviam vincular-se somente ao nascimento. Não se tratava apenas de prestígio. Cada vez mais, a situação preeminente que se concordava em reconhecer aos cavaleiros, como guerreiros "ordenados" e, ao mesmo tempo, vassalos, encarregados das mais altas missões de combate e de conselho, tendia a se concretizar em um código jurídico preciso. Ora, do final do século XI aos primeiros anos do século XIII, as mesmas regras são reiteradas por toda a Europa feudal. Para gozar dessas vantagens, é, primeiramente, preciso que o homem cumpra efetivamente seus deveres de vassalo, "que tenha armas e cavalos, e que, salvo quando impedido pela velhice, integre a hoste e as cavalgadas, os tribunais e as cortes", dizem os *Usos* catalães. É preciso ainda que tenha sido adubado. O enfraquecimento geral dos serviços vassálicos fez com que, pouco a pouco, se deixasse de insistir na primeira condição; os textos mais recentes silenciam a seu respeito. A segunda, ao contrário, permaneceu, por muito tempo, bastante viva. Em 1238, um regulamento familiar privado, o estatuto dos "iguais" que possuíam em comum o castelo de La Garde-Guérin, no Gévaudan, ainda confere primazia ao filho mais novo sobre o primogênito, caso aquele tenha recebido a cavalaria e este não. E se, entretanto, ocorrer, em um lugar qualquer, que um filho de cavaleiro tenha deixado de sujeitar-se a essa cerimônia? E se tiver permanecido, por muito tempo, um simples "escudeiro", segundo o termo que, por alusão ao papel tradicional cumprido pelo jovem nobre junto aos que o precederam na carreira, passou-se a empregar para designar essa posição de espera? Uma vez ultrapassada a idade a partir da qual tamanha negligência não parece mais ser permitida – 25 anos na Flandres e no Hainaut, trinta na Catalunha –, ele será brutalmente rejeitado como um "camponês".[294]

Mas o sentimento de dignidade da raça tornara-se demasiado imperioso para que essas exigências pudessem manter-se eternamente. Seu apagamento se produziu por etapas. Na Provença, em 1235, e na Normandia, por volta da mesma época, ainda é somente ao filho que, fora de qualquer obrigação de adubamento, se reconhecem os benefícios da condição paterna. Se ele, por sua vez, tiver um filho, este deverá, se desejar gozar desses privilégios, receber pessoalmente a cavalaria, esclarece o texto provençal. Mais eloquente ainda, na Alemanha, é a série de cartas reais concedidas à gente de Oppenheim: os mesmos direitos são outorgados, em 1226, aos cavaleiros; a partir de 1269, aos "cavaleiros e filhos

---

294. *Usatici Barcin.*, c. 9 e 8. Ch. PORÉE. *Études historiques sur le Gévaudan*, 1919 (e *Bibl. Éc. Chartes*, 1907), p. 62, c. 1. *Charte de paix du Hainaut* (1200), em *SS.*, XXI, p. 619.

de cavaleiros; e, em 1275, aos cavaleiros, seus filhos e netos"?[295] Como, entretanto, não cansar-se a contar as gerações? Seguramente, a recepção solene das armas continuava a passar por um dever de posição social a que o jovem nobre não podia se furtar, sem rebaixar-se um pouco. Surpreendia a singular superstição que, na dinastia dos condes da Provença, da casa de Barcelona, fazia adiar ao máximo essa cerimônia, como um presságio da morte vindoura.[296] Na medida em que parecia garantir a constituição do equipamento completo, necessário a um bom serviço, os reis da França, desde Filipe Augusto até Filipe, o Belo, se esforçaram para impor sua realização a seus súditos de famílias cavaleirescas. Tanto não obtiveram êxito que, impotente até mesmo para extrair da percepção das multas ou da venda das dispensas um procedimento fiscal lucrativo, a administração real teve, afinal, de contentar-se em prescrever, tão logo uma guerra se anunciasse no horizonte, a simples posse do armamento.

Nos últimos anos do século XIII, a evolução se encontrava completa, praticamente em todo lugar. O que, a partir de agora, cria o nobre não são mais os velhos gestos de iniciação – reduzidos ao estado de uma formalidade de decoro, tanto mais mal observada, ao menos pela massa, quanto acarreta ordinariamente grandes gastos –, mas, aproveitando-se ou não dela, a capacidade hereditária de pretender ao benefício desse rito. Chama-se fidalgo, escreve Beaumanoir, todo aquele que for "de linhagem de cavaleiros". E, levemente posterior a 1284, a mais antiga autorização de adubamento concedida, pela chancelaria dos reis da França, a um personagem não pertencente a uma dessas linhagens, atribui, ao mesmo tempo, sem impor qualquer condição, a toda a posteridade do beneficiário "os privilégios, direitos e franquias de que costumam gozar os nobres segundo as duas linhas de ascendência".[297]

3. O DIREITO DOS NOBRES

Comum, na medida permitida pelas diferenças de sexo, tanto às "gentis mulheres" como aos gentis-homens, o código nobiliário assim constituído variava sensivelmente, nos detalhes, segundo os países. Foi, por outro lado, elaborado apenas lentamente e sofreu, com o tempo, importantes modificações. Limitar-nos-emos aqui a indicar seus traços mais universais, tal como se revelaram ao longo do século XIII.

Tradicionalmente, os laços de vassalagem eram a forma de dependência própria das classes altas. Mas aqui, assim como alhures, um estado de fato foi substituído por um monopólio de direito. Antes, passava por nobre aquele que era vassalo. Doravante, por uma verdadeira inversão da ordem dos termos, será, em princípio, impossível ser vassalo – isto é, deter um feudo militar, ou feudo "franco" – caso já não se esteja entre os nobres de nascimento. Isso é algo comumente aceito, praticamente em todo lugar, por volta da metade do século XIII. Entretanto, a ascensão da fortuna burguesa, assim como a necessidade de dinheiro tão frequentemente sentida pelas velhas famílias não permitiam manter

---
295. *Summa de legibus*, em TARDIF, t. II, XIV, 2. F. BENOIT. *Recueil des actes des comtes de Provence*, t. II, n. 246, c; IX a, 275, c; V a, 277, 278 (12351238). GUILHIERMOZ. *Essai sur les origines de la noblesse en France au moyen âge*, 1902, p. 481, n. 5.
296. *Annales Colonienses max.* em SS., t. XVII, p. 845.
297. BARTHÉLEMY. *Étude sur les lettres d'anoblissement*, p. 198.

a regra em todo seu rigor. Não somente, na prática, ela esteve muito longe de ser constantemente observada – o que abriu a porta para muitas usurpações de nobreza –, como até mesmo, juridicamente, foi preciso prever isenções. Estas, por vezes, eram gerais: assim o foram em favor das pessoas nascidas de mãe nobre e de pai não nobre.[298] Mas foram, sobretudo, particulares. Estas, mais uma vez, acabaram beneficiando as monarquias, que, por serem as únicas capazes de legitimar tamanhas afrontas à ordem social, não tinham o costume de distribuir gratuitamente seus favores. Sendo o feudo, na maioria dos casos, uma senhoria, os poderes de comando sobre as pequenas pessoas tendiam, por tais derrogações, a destacar-se da qualidade nobiliária. Quando comportava, por outro lado, a submissão de vassalos de segundo grau, se estes fossem fidalgos, não se reconhecia ordinariamente ao adquirente não nobre o direito de requerer sua homenagem; devia, sem gestos de fidelidade, contentar-se de tributos e serviços. Não se admitia sequer que pudesse, por sua vez, como feudatário, realizar tal rito perante o senhor de grau superior. Reduzia-se a cerimônia a um juramento de fé ou, ao menos, eliminava-se o beijo, demasiadamente igualitário. Até no modo de solicitar ou contrair a obediência havia formas proibidas ao homem malnascido.

Por muito tempo, os vassalos militares foram regidos por um direito diferente das regras comuns. Não eram julgados pelos mesmos tribunais que os demais dependentes. Seus feudos não se herdavam como os demais bens. Até mesmo seu estatuto familiar trazia a marca de sua condição. Quando a nobreza se destacou dos possuidores de feudos, aquilo que havia sido o costume vinculado ao exercício de uma função tendeu a tornar-se o de um grupo de famílias. Uma mudança de nome é, a esse respeito, instrutiva: aí onde se falara, no passado, em "arrendamento feudal" – a instituição foi definida no início deste volume[299] –, passou-se então a dizer, na França, "guarda nobre". Como era natural, para uma classe que extraía sua originalidade do reflexo de instituições muito antigas, o direito privado dos nobres manteve um caráter frequentemente arcaico.

Uma série de outros traços marcava, com maior rigor ainda, a supremacia social da classe, assim como seu caráter de ordem combatente. Quando se tratava de garantir a pureza do sangue, não havia, evidentemente, meio mais eficaz do que proibir todo casamento morganático. Chegou-se a esse ponto, contudo, somente em uma feudalidade de importação – em Chipre – e na hierárquica Alemanha. E, neste último país, caracterizado, como veremos, por um escalonamento muito avançado no seio da própria nobreza, foi somente a camada superior desta, excluída a pequena cavalaria oriunda de antigos oficiais senhoriais, que assim se fechou. Alhures, a lembrança da antiga igualdade dos homens livres continuou a exercer seus efeitos, juridicamente, no plano matrimonial, senão na prática. Em todo lugar, em contrapartida, certas grandes comunidades religiosas, que, até então, somente haviam manifestado seu espírito aristocrático afastando os postulantes de origem servil, decidiram admitir somente os provenientes da nobreza.[300] Em todo lugar também se pode

---

298. BEAUMANOIR. t. II, § 1.434.
299. Ver anteriormente, (p. 200)
300. Os trabalhos de A. SCHULTE. *Der Adel und die deutsche Kirche im Mittelalter*, 2. ed. Stuttgart, e de dom URSMER BERLIÈRE. *Le recrutement dans les monastères bénédictins aux XIIIe et XIVe siècles* (Mém. Acad. royale Belgique, in. 8, 2ª série, t. XVIII) fornecem, a esse respeito, um grande número de informações, mas com precisões cronológicas e críticas insuficientes. A despeito do que pensa Schulte, fica evidente, nos textos citados, que – exceção feita ao emprego muito frouxo, feito antigamente, das palavras *nobiles* ou *ignobiles* – o monopólio dos nobres, no sentido exato

constatar, aqui mais cedo, lá mais tarde, que o nobre se encontra especialmente protegido em sua pessoa contra o não nobre; que está submetido a um direito penal excepcional, com multas ordinariamente mais pesadas que as das pessoas comuns; que o recurso à vingança privada, tido como inseparável do porte de armas, tende a ser-lhe reservado; que as leis suntuárias* lhe atribuem um lugar à parte. A importância atrelada à linhagem, como portadora do privilégio, se expressou na transformação que converteu os antigos signos individuais de "reconhecimento", pintados no escudo do cavaleiro ou inscritos em seu selo, em brasões, por vezes transmitidos com o feudo, mas mais frequentemente herdados, mesmo sem o bem, de geração em geração. Nascido, originalmente, nas dinastias reais e principescas, nas quais o orgulho da raça era particularmente forte, e logo adotado por muitas das casas mais modestas, o uso desses símbolos de continuidade foi, a partir de então, tido como monopólio das famílias classificadas como nobres. Por fim, sem que a isenção fiscal tivesse ainda algo de rigorosamente definido, a obrigação militar, transformada de antigo dever vassálico em dever nobiliário por excelência, já tinha por efeito colocar o fidalgo ao abrigo dos encargos pecuniários comuns, substituídos, em seu caso, pela vocação da espada.

Qualquer que tenha sido a força dos direitos adquiridos pelo nascimento, ela não era tal, entretanto, que devessem estes perder-se pelo exercício de certas ocupações supostamente incompatíveis com a grandeza da posição. Por certo, a noção de derrogação ainda estava longe de estar plenamente elaborada. A proibição de comerciar parece então ter sido imposta aos nobres, sobretudo, por certos estatutos urbanos, mais preocupados, com isso, em proteger o quase monopólio das burguesias mercantis do que em servir o orgulho de uma casta adversa. Mas, unanimemente, os trabalhos agrícolas eram considerados contrários à honra das armas. Ainda que manifestasse seu consentimento, um cavaleiro, decide o Parlamento de Paris, não poderia, após adquirir uma tenência em vilanagem, submeter-se às corveias rurais. "Lavrar, cavar, transportar madeira ou esterco nas costas de um asno": gestos que, segundo uma ordenação provençal, acarretam automaticamente a privação dos privilégios cavaleirescos. Na Provença também não se caracterizava a mulher nobre como aquela que não vai "nem ao forno, nem ao lavadouro, nem ao moinho"?[301] A nobreza deixara de definir-se pelo exercício de uma função: a do fiel armado. Não era mais uma classe de iniciados. Permanecia, em contrapartida, e para sempre permaneceria, uma classe de gênero de vida.

4. A EXCEÇÃO INGLESA

Na Inglaterra, onde as instituições vassálicas e cavaleirescas eram todas de importação, a evolução da nobreza de fato seguiu, de início, praticamente as mesmas linhas que no continente. Isso, porém, para infletir, no século XIII, em um sentido bem diferente.

---

do termo, foi, em todo lugar, um fenômeno relativamente recente. Quanto à admissão dos não livres, aceita ou não, ela suscitava um problema inteiramente diverso.

*. As leis suntuárias, destinadas a reforçar hierarquias sociais, restringiam os hábitos de consumo por parte de elementos estranhos à nobreza, especialmente quanto aos objetos de luxo. (N.T.)

301. *Olim*, t. I, p. 427, n. XVII (Chandeleur, 1255). F. BENOIT. *Recueil des actes*, passagens citadas acima, p. 453, n. 300. M. Z. ISNARD. *Livre des privilèges de Manosque*, 1894, n. XLVII, p. 154.

Senhores muito poderosos de um reino insular que concebiam, acima de tudo, como destinado a fornecer-lhes os meios de perseguir ambições verdadeiramente imperiais, os reis da Normandia e, depois, do Anjou se esforçaram em estender ao máximo as competências da obrigação militar. Para isso, empregaram concorrentemente dois princípios, de idades diferentes: a conscrição em massa de todos os homens livres; e o serviço especializado exigido dos vassalos. Em 1180 e 1181, vê-se Henrique II – inicialmente em seus domínios continentais e, depois, na Inglaterra – obrigar seus súditos a munirem-se das armas próprias a sua condição. O "tribunal" inglês especifica, entre outras, as que serão exigidas do detentor de um feudo de cavaleiro. Não faz qualquer menção ao adubamento. Entretanto, considerava-se, como sabemos, o rito como uma garantia segura do equipamento. Além disso, em 1224 e 1234, Henrique III entendeu por bem, desta vez, obrigar todo possuidor de feudo a submeter-se, sem demora, a essa iniciação. Isso, pelo menos – e foi essa a restrição introduzida pela segunda ordenação –, caso a homenagem tivesse sido prestada diretamente ao rei.

Até então, na verdade, não havia, nessas medidas, nada que diferisse sensivelmente da legislação capetíngia da mesma época. Como, entretanto, o governo inglês, com suas fortes tradições administrativas, não havia percebido a ineficácia crescente a que o velho sistema do serviço enfeudado estava então condenado? Muitos feudos haviam sido fracionados. Outros passavam pelas malhas de recenseamentos incessantemente reiterados e sempre imperfeitos. No fim, seu número era, no total, necessariamente limitado. Não era mais razoável basear, decididamente, o dever de servir, e consequentemente, de armar-se em uma realidade muito mais tangível: a fortuna fundiária, qualquer que fosse sua natureza? Este, aliás, já era o princípio que, em 1180, Henrique II se esforçara em aplicar em seus Estados do continente, nos quais a organização feudal estava longe de ser, em todo lugar, tão regular quanto na Inglaterra ou no ducado normando. O mesmo foi feito na ilha, a partir de 1254, recorrendo-se a critérios econômicos variáveis, cujo detalhe pouco importa aqui. Mas, aí onde Henrique II se limitara a falar de armamento, foi o adubamento que, em conformidade com hábitos adquiridos, foi exigido, a partir de então, de todos os livres possuidores de certa quantidade de terra livre. E isso, por certo, tanto mais frequentemente quanto as desobediências previstas prometiam ao tesouro real a perspectiva de agradáveis multas.

Mesmo na Inglaterra, no entanto, nenhuma máquina de Estado era então suficientemente bem ordenada para garantir a estrita observância de tais medidas. Provavelmente, desde o final do século e, incontestavelmente, no século seguinte, elas se tornaram praticamente inoperantes. Foi preciso renunciar a elas; e, cada vez menos regularmente praticada, a cerimônia cavaleiresca foi, tal como no continente, finalmente rejeitada como acessório de uma etiqueta arcaizante. Mas a política real – à qual se tinha juntado, por um inevitável corolário, a ausência de qualquer tentativa de opor uma barreira ao comércio de feudos – acarretara uma gravíssima consequência. Na Inglaterra, o adubamento, metamorfoseado em instituição censitária, não pôde servir de centro para a formação de uma classe fundada na hereditariedade.

Essa classe, na verdade, jamais veria a luz do dia. No sentido francês ou alemão da palavra, a Inglaterra medieval não teve nobreza. Isso significa que, entre os homens livres, não se constituiu nenhum grupo de essência superior, provido de um direito particular transmitido pelo sangue. Tratava-se de uma estrutura, na aparência, surpreendentemente igualitária! Para ir ao fundo das coisas, ela se sustentava, entretanto, na existência de uma fronteira hierárquica singularmente dura, embora situada mais baixo. Com efeito, no mesmo momento em que, em todos os demais lugares, a casta da gente nobre se elevava acima da massa cada vez mais considerável de uma população definida como "livre", na Inglaterra, ao contrário, a noção de servidão estendera-se a ponto de atingir com essa tara a maioria dos camponeses. Em solo inglês, o simples *freeman* mal se distinguia juridicamente do fidalgo. Mas os *freemen* constituíam, em si mesmos, uma oligarquia.

Isso não significa, aliás, que não existisse, no além-Mancha, uma aristocracia tão poderosa quanto no restante da Europa, ou talvez até mais poderosa, pois a terra camponesa encontrava-se mais à sua mercê. Era uma classe de possuidores de senhorias, de guerreiros ou de chefes de guerra, de oficiais do rei e de representantes ordinários, junto à monarquia, das cortes de condado: pessoas cujos modos de vida diferiam todos grande e conscientemente daquele dos homens livres comuns. No topo, estava o círculo estreito dos condes e "barões". Em proveito desse grupo supremo, privilégios bastante precisos começaram, na verdade, a ser elaborados durante o século XIII. Mas eram de natureza quase exclusivamente política e honorífica. Acima de tudo, vinculados ao feudo de dignidade, à "honra", eles eram unicamente transmitidos ao primogênito. Em uma palavra, a classe dos fidalgos, em seu conjunto, permanecia, na Inglaterra, mais "social" que "jurídica"; e, embora, naturalmente, poder e rendas fossem geralmente herdados e embora, como no continente, o prestígio do sangue fosse sentido com muita força, essa coletividade era demasiadamente mal definida para não permanecer amplamente aberta. A fortuna fundiária bastara, no século XIII, para autorizar, ou até mesmo impor, o adubamento. Um século e meio mais tarde, aproximadamente, ela iria – sempre restrita, segundo uma norma característica, à tenência "livre" – oficialmente habilitar ao direito de eleger, nos condados, os deputados das "Comunas da Terra". E, se desses próprios deputados, conhecidos pelo nome significativo de "cavaleiros dos condados" e que, originalmente, deviam, com efeito, ter sido escolhidos entre os cavaleiros adubados, continuou-se a exigir, em princípio, até o fim da Idade Média, que pudessem fornecer a prova de brasões hereditários, não parece que, na prática, família alguma, solidamente estabelecida em riqueza e em distinção social, tenha jamais encontrado muita dificuldade em obter o reconhecimento do uso de tais emblemas.[302] Não existiam cartas de enobrecimento entre os ingleses dessa época (a criação dos baronetes, pela monarquia necessitada dos Stuarts, será apenas uma imitação tardia dos costumes franceses). Não havia qualquer necessidade delas. O fato bastava para cumprir sua função.

E, por ter-se mantido, assim, tão próxima das realidades que constituem o verdadeiro poder sobre os homens, por ter escapado à anquilose que ameaça as classes demasiadamente bem delimitadas e dependentes do nascimento, a aristocracia inglesa certamente extraiu o melhor de uma força que atravessaria as eras.

---

302. Cf. E. e A. G. PORRITT. *The unreformed House of Commons*, 3. ed. 1909, t. I, p. 122.

CAPÍTULO V
As distinções de classe no seio da nobreza

1. A HIERARQUIA DO PODER E DA POSIÇÃO SOCIAL

A despeito dos traços comuns da vocação militar e do gênero de vida, o grupo dos nobres de fato e, em seguida, de direito sempre esteve muito longe de constituir uma sociedade de iguais. Profundas diferenças de fortuna, de poder e, consequentemente, de prestígio estabeleciam, entre eles, uma verdadeira hierarquia, mais ou menos desajeitadamente expressa, primeiramente, pela opinião e, mais tarde, pelo costume ou pela lei.

Em uma época em que as obrigações vassálicas conservavam ainda toda sua força, foi no próprio escalonamento das homenagens que se procurou, preferencialmente, o princípio dessa classificação. No degrau mais baixo, primeiramente, estava o "vavassalo", que, vassalo de muitos vassalos (*vassus vassorum*), não é senhor de nenhum outro guerreiro. Isso, pelo menos, quando a palavra, comum a todo o domínio românico, era tomada em seu sentido estrito. Não comandar ou comandar apenas a camponeses: isso significava ter direito somente a uma medíocre consideração. Na prática, essa situação jurídica coincidia quase sempre com uma fortuna das mais modestas, uma vida necessitada de pequeno fidalgo rural, destinado à aventura. Basta ver, no *Erec* de Chrétien de Troyes, o retrato do pai da heroína – "muito pobre era sua corte" – ou, no poema *Gaydon*, o do vavassalo de bom coração e armadura rústica; fora da ficção, a indigente morada de onde fugira, em busca de golpes de espada e butim, um Roberto Guiscardo; as mendicidades de um Bertran de Born; ou, ainda, esses cavaleiros que diversos documentos de um cartulário provençal nos mostram providos, como feudo único, de um "manso", isto é, o equivalente de uma tenência camponesa. Por vezes, dizia-se também, mais ou menos no mesmo sentido, *bachelier* [bacharel], isto é, literalmente "jovem rapaz". Isso porque essa era, naturalmente, a condição normal de muitos jovens, ainda não domiciliados ou ainda insuficientemente dotados. Acontecia, porém, que ela se prolongasse por muito tempo.[303]

Tão logo o nobre se tornasse chefe de outros nobres, ele ascendia em dignidade. Após terem enumerado as diversas indenizações devidas ao cavaleiro, agredido, aprisionado ou de alguma forma maltratado, os *Usos de Barcelona* afirmam: "mas se ele mesmo possui dois outros cavaleiros estabelecidos em terras de sua honra e mantém outro em sua morada, a composição será duplicada".[304] Se nosso personagem reúne, sob seu pendão, uma tropa extensa desses fiéis armados, ele se torna *banneret* [senhor de pendão e caldeira]. Olhando para o alto e constatando que nenhum outro escalão o separa do rei ou do príncipe territorial a quem presta diretamente homenagem, ele será também considerado vassalo em chefe, *captal* ou barão.

Oriunda das línguas germânicas, esta última palavra passara inicialmente do sentido original de "homem" para o de "vassalo": entregar sua fé a um senhor não era o mesmo que

---

303. Sobre a Provença, KIENER. *Verfassungsgeschichte der Provence seit der Ostgothenherrschaft bis zur Errichtung der Konsulate (510-1200)*, Leipzig, p. 107. Sobre os *bacheliers*, cf. E. F. JACOB. *Studies in the period of baronial Reform*, 1925 (*Oxford Studies in social and legal history*, VIII), p. 127 ss.

304. *Usatici.*, c. 6.

reconhecer-se como seu "homem"? Então, adquiriu-se o hábito de aplicá-la, mais particularmente, aos principais vassalos dos grandes chefes. Expressava, nessa acepção, somente uma supremacia inteiramente relativa, em relação aos demais fiéis do mesmo grupo. O bispo de Chester ou o senhor de Bellême tinham seus barões, assim como os reis. Mas, os mais poderosos dentre todos, os mais importantes feudatários das monarquias eram, para a linguagem usual, os simples "barões".

Quase sinônimo de "barão" – de fato, empregado por certos textos como seu equivalente exato –, provido, entretanto, desde o início, de um conteúdo jurídico mais preciso, o termo "par" pertencia, em sentido próprio, ao vocabulário das instituições judiciárias. Um dos privilégios mais caros do vassalo era o de ser julgado, na corte de seu senhor, somente pelos demais vassalos deste. Resultando a igualdade da semelhança do laço, o "par" assim decidia a sorte do "par". Mas, entre os personagens que recebiam seus feudos diretamente do mesmo senhor, havia alguns muito diversos em termos de poder e consideração. Podia-se admitir que, sob o argumento de uma pretensa conformidade de submissão, o menor dos fidalgos obrigasse o rico *banneret* a inclinar-se diante de suas sentenças? Mais uma vez, as consequências de um estado de direito chocavam-se com o sentimento de realidades mais concretas. Rapidamente, portanto, criou-se o costume, em muitos lugares, de reservar aos primeiros dentre os fiéis a faculdade de atuar nos processos que envolviam seus verdadeiros iguais em dignidade, assim como a de oferecer seus conselhos, nos assuntos graves. O círculo dos "pares", por excelência, se viu assim limitado, frequentemente pelo recurso a um número tradicional ou místico: sete, como os almotacés nas jurisdições públicas da época carolíngia; doze, como os Apóstolos. Havia alguns em médias senhorias – a dos monges do Monte Saint-Michel [São Miguel], por exemplo –, assim como em grandes principados, como a Flandres; e a epopeia imaginava os da França reunidos, em número apostólico, em torno de Carlos Magno.

Mas outros nomes, que se contentavam em focalizar o poder e a riqueza, também preenchiam a boca dos cronistas e dos poetas, quando evocavam as figuras dos grandes aristocratas. *Magnats* [magnatas], *poestatz* [poderosos, em língua occitana], *demeines* [senhores, em francês antigo] lhes pareciam dominar, de muito alto, a multidão cavaleiresca. Isso porque os antagonismos de posição eram, na verdade, muito abruptos, no seio da própria nobreza. Quando um cavaleiro ofendia a outro cavaleiro, expunham os *Usos* catalães, se o culpado é "superior" à vítima, não se poderia exigir-lhe pessoalmente a homenagem expiatória.[305] No *Poema do Cid*, os genros de heróis, oriundos de uma linhagem condal, consideram inferior seu casamento com as filhas de um simples fiel: "Não devíamos sequer tomá-las como concubinas, a menos que no-lo pedissem. Para dormirem em nossos braços, elas não eram iguais a nós." Inversamente, as memórias do "pobre cavaleiro" picardo, Roberto de Clary, sobre a quarta cruzada, conservaram o frágil eco dos rancores longamente alimentados pelo "comum da hoste" contra "os altos homens", "os homens ricos", "os barões".

Caberia ao século XIII, idade da clareza e da hierarquia, procurar fazer de tais distinções, até então mais intensamente sentidas do que definidas com precisão, um sistema

---

305. *Usatici.*, c. 6.

rigorosamente concebido. Não, entre os juristas, sem determinado excesso de espírito geométrico, que se adaptava mal a realidades que continuavam muito mais flexíveis. E, além disso, com fortes dessemelhanças entre as evoluções nacionais. Limitar-nos-emos, aqui, como de costume, aos exemplos mais característicos.

Na Inglaterra, onde a aristocracia conseguira extrair do velho dever feudal de "corte" um instrumento de governo, a palavra "barão" continuou a designar os principais feudatários do rei, chamados a seu "Grande Conselho" em virtude de um monopólio de fato que, pouco a pouco, se transformou em vocação estritamente hereditária. Esses personagens também apreciavam ostentar o nome de "pares da terra" e conseguiram, no fim, impor oficialmente seu uso.[306]

Na França, ao contrário, os dois termos divergiram consideravelmente. Lá, não se deixara de falar de vavassalos e barões. Mas era, comumente, para expressar uma simples diferença de fortuna e de consideração. A decadência do laço vassálico privava os critérios extraídos da sobreposição das homenagens de qualquer alcance. No intuito de traçar, entretanto, uma fronteira mais nítida entre uma condição e outra, os técnicos imaginaram buscar seu princípio na gradação dos poderes judiciários: o exercício da alta justiça distinguia a baronia; o feudo do vavassalo estava reduzido à baixa ou à média. Nesse sentido – ao qual a linguagem usual, aliás, jamais aderiu sem reservas –, havia, no país, uma multidão de barões, mas, por outro lado, pouquíssimos pares da França. Isso porque a influência da lenda épica favorecendo o número doze, os seis mais importantes vassalos do Capetíngio conseguiram, concorrentemente com os seis mais poderosos bispos ou arcebispos cujas igrejas dependiam diretamente do rei, atribuir-se o benefício exclusivo desse título. Isso ao preço de obter apenas um sucesso muito mais medíocre em seus esforços para deduzir-lhe privilégios práticos: seu próprio direito a serem julgados apenas entre si teve de aceitar, como limite, a presença, no tribunal, de oficiais da coroa. Estes eram demasiado pouco numerosos, seus interesses de grandes príncipes territoriais eram demasiado estranhos aos da alta nobreza, em seu conjunto, e demasiado alheios ao próprio reino, para que lhes fosse possível transferir para o campo das realidades políticas uma preeminência condenada a permanecer apenas de etiqueta. Além disso, tendo três de cada seis pariatos leigos primitivos desaparecido ao longo do século, em razão do retorno ao domínio real de feudos que lhes haviam servido de base, os reis começaram, a partir de 1297, a criar, por sua própria autoridade, outros novos.[307] A era das formações nobiliárias espontâneas dava lugar àquela em que, de alto a baixo na escala social, o Estado iria, a partir de então, deter o poder de fixar e de alterar as posições sociais.

Também esta é a lição imposta, na França, pela história dos títulos de dignidade. Desde sempre, os condes – assim como os duques ou marqueses, todos eles chefes de vários condados – integraram a primeira fileira dos magnatas. Ao seu lado, os membros de suas linhagens, conhecidos, no Sul, como *comtors*. Mas, derivados da nomenclatura franca, esses

---

306. Cf. F. TOUT. *Chapters in administrative history*, t. III, p. 136 ss.
307. Em favor do duque da Bretanha: DOM MORICE. *Histoire de Bretagne Pr.*, t. I, col. 1.122. Sobre as reivinciações dos pares, cf. PETIT-DUTAILLIS. *L'essor des États d'Occident*, p. 266-7.

termos, originalmente, expressavam uma espécie de comando bem definido. Aplicavam-se, exclusivamente, aos herdeiros das grandes "honras" da época carolíngia, antes cargos públicos, hoje feudos. Se, contudo, logo ocorreram algumas usurpações, elas haviam incidido, em primeiro lugar, sobre a natureza do próprio poder; a palavra, posteriormente, seguira a coisa. Pouco a pouco, entretanto, como veremos, o feixe dos direitos condais se fragmentou, a ponto de esvaziar-se de qualquer conteúdo específico. Os detentores dos diversos condados até podiam continuar a possuir numerosos direitos que haviam, na verdade, herdado de seus ancestrais funcionários; mas, como a lista desses direitos variava fortemente de um condado para outro e como raramente os condes detinham seu monopólio absoluto, não se relacionava mais seu exercício à noção de uma autoridade condal, de caráter universal. Em suma, o nome subsistia somente como sinal, em cada caso particular, de muito poder e prestígio. Não havia, portanto, mais razão válida para limitar seu emprego aos sucessores dos governos provinciais de tempos muito longínquos. Desde 1338, o mais tardar, os reis se puseram a constituir condes.[308] Assim se iniciava uma classificação de rótulo que, arcaizante por sua linguagem e nova em seu espírito, iria, em seguida, complicar-se cada vez mais.

É preciso, aliás, compreender que essas gradações na honra e, por vezes, o privilégio não afetavam muito profundamente, na nobreza francesa, a unidade da consciência de classe. Se, diante da Inglaterra, onde não havia um direito dos fidalgos distinto daquele dos homens livres, a França do século XIII podia aparecer como uma sociedade hierarquizante, esse direito específico, pelo menos, era então comum, em suas linhas essenciais, a todas as pessoas habilitadas à cavalaria. O desenvolvimento, na Alemanha, se deu em um sentido bem diferente.

No ponto de partida, está uma regra particular à feudalidade alemã. Ao que parece, logo se considerou que, sob pena de rebaixar-se, um personagem, de nível social determinado, não podia receber um feudo de quem era tido como seu inferior. Em outros termos, enquanto, alhures, a gradação das homenagens fixava as posições, aqui, é com base em uma distinção de classes preexistente que devia modelar-se seu escalonamento. Embora não fosse sempre estritamente respeitada pela prática, essa rigorosa ordenação dos "escudos cavaleirescos" expressava, com muita força, o espírito de uma sociedade que, tendo aceito apenas com alguma repugnância os laços vassálicos, se recusava, ao menos, a permitir que viessem perturbar um sentimento hierárquico solidamente enraizado. Restava estabelecer os graus. No topo da aristocracia laica, concordava-se em situar os chamados "primeiros", *Fürsten*. Os textos latinos traduzem por *principes* e adquiriu-se o hábito de dizer, em francês, *princes* [príncipes]. Aqui também é significativo que o critério não tenha sido, originalmente, extraído das relações propriamente feudais. Isso porque o uso primitivo consistiu em designar, por aquele nome, todos os titulares de poderes condais, mesmo quando, tendo recebido a investidura de um duque ou de um bispo, eles não estavam entre os vassalos diretos do rei. Nesse Império, no qual a herança carolíngia permanecera tão

---

308. BORRELLI DE SERPES. *Recherches sur divers services Publics*, t. III, 1909, p. 276.

viva, o conde, fosse quem fosse o senhor que enfeudara sua dignidade, parecia sempre exercer seu cargo em nome da monarquia. Todos os príncipes, assim definidos, integravam as grandes cortes em que os reis eram eleitos.

Entretanto, pela metade do século XII, o poder crescente dos grandes chefes territoriais e, ao mesmo tempo, a impregnação, cada vez mais perceptível, das instituições alemãs por um espírito verdadeiramente feudal acarretaram um deslocamento muito pronunciado da fronteira das posições sociais. Por uma restrição duplamente significativa, adquiriu-se o hábito, a partir de então, de limitar o título principesco aos feudatários diretos do rei; e, entre estes, àqueles que estendiam sua supremacia sobre vários condados. Esses magnatas da primeira ordem também foram os únicos admitidos, ao lado de seus confrades eclesiásticos, a eleger o soberano. Isso, ao menos, até o dia em que, muito rapidamente, uma segunda cisão fez surgir, acima deles, um grupo, ainda mais reduzido, de eleitores natos. A nova classe de príncipes leigos, incluindo os eleitores, formou definitivamente, abaixo do rei e dos príncipes da Igreja – que eram os bispos e os grandes abades imediatamente dependentes da monarquia –, o terceiro grau dos "escudos". Aqui também, na verdade, em razão sobretudo da faculdade dos casamentos endogâmicos, a desigualdade não chegava ao ponto em que não subsistisse, por muito tempo, algo de uma espécie de unidade interna na nobreza. Isso, todavia, sob a reserva de um último escalão cavaleiresco, que, na condição de grupo jurídico, senão como camada social, foi altamente característico do empilhamento das posições, que era próprio, então, à sociedade alemã: a ministerialidade ou cavalaria servil.

2. SARGENTOS E CAVALEIROS SERVOS

Um poderoso não vive sem servidores, não comanda sem imediatos. A mais modesta senhoria rural necessitava de um representante do senhor para dirigir o cultivo do domínio, requerer as corveias e controlar sua execução, cobrar as rendas, velar pela boa ordem entre os súditos. Frequentemente, esse *maire*, esse *bayle*, esse *Bauermeister*, esse *reeve* dispunha, por sua vez, de adjuntos. Na verdade, podia-se conceber que funções tão simples fossem igualmente bem exercidas por revezamento entre os rendeiros, ou até mesmo que estes fossem chamados a designar, por si próprios, em suas posições, os titulares provisórios. Esse foi muito frequentemente o caso na Inglaterra. No continente, em contrapartida, essas tarefas, também cumpridas, como era natural, por camponeses, não deixavam de constituir, quase sempre, verdadeiros encargos, duráveis, remunerados e submetidos, exclusivamente, à nomeação do senhor. Em sua própria casa, por outro lado, o fidalgote, assim como o barão, reunia em número extremamente variável, é claro, segundo sua fortuna ou sua posição, todo um pequeno mundo de criados, operários vinculados às oficinas da "corte" e funcionários que ajudavam a governar os homens ou o lar. Quanto às maneiras de servir, a partir do momento em que não eram classificadas sob a honrosa rubrica das obrigações cavaleirescas, a linguagem mal as distinguia. Artesãos, membros da pequena domesticidade, mensageiros, administradores das terras, chefes do pessoal, no círculo direto do chefe: para todos, as palavras eram as mesmas. Língua internacional, o latim dos documentos falava, comumente, em *ministeriales*; o francês em *sergents*; o alemão em *Dienstmänner*.[309]

Como de costume, dois procedimentos se ofereciam para remunerar esses diversos encargos: a manutenção pelo senhor ou a tenência que, aqui, estando onerada de tarefas profissionais, se chamava feudo. Na verdade, para os sargentos rurais, a questão não se levantava. Camponeses e, por suas próprias funções, mantidos longe de seu muito mais nômade senhor, eles eram, por definição, rendeiros; seus "feudos", pelo menos na origem, não se distinguiam das *censives* vizinhas, senão por algumas isenções de tributos e corveias, contrapartida natural das obrigações especiais que pesavam sobre o homem. Certa porcentagem, descontada das rendas cuja cobrança lhes incumbia, completava seu salário. O regime da *provende* seguramente se adaptava muito melhor às condições de vida, quer dos artesãos domésticos, quer dos funcionários da morada senhorial. Entretanto, a evolução que acarretara a "domiciliação" de tantos vassalos se reproduziu no grau inferior do serviço. Um grande número dos ministeriais desse tipo também foram rapidamente enfeudados; o que, aliás, de modo algum os impedia de continuar a buscar uma parte apreciável de suas receitas nas costumeiras distribuições de víveres e vestimentas.

Entre os sargentos, de todas as categorias, muitos eram de *status* servil. A tradição remontava há muito tempo: desde sempre, os escravos se viram encarregados, na casa do senhor, de missões de confiança, e sabe-se que muitos, na época franca, conseguiram, dessa forma, insinuar-se nas fileiras da primitiva vassalagem. Mas, sobretudo, à medida que se desenvolviam as relações de sujeição pessoal e hereditária, doravante qualificadas de servidão, era, muito naturalmente, aos dependentes dessa natureza que o senhor entregava, de preferência, os cargos cujo monopólio não reservava a seus vassalos. Mas, pela humildade de sua condição, pelo rigor do vínculo e pela impossibilidade em que se encontravam, desde o nascimento, de abalar o jugo, não pareciam oferecer, mais do que o homem livre, a garantia de uma obediência pronta e estrita? Se a ministerialidade servil jamais foi toda a ministerialidade – constatemos, mais uma vez, que essa sociedade nada tinha de um teorema –, sua importância crescente, na Primeira Idade Feudal, é indubitável.

A respeito de um personagem que, empregado inicialmente como peleiro pelos monges de Saint-Pierre de Chartres, conseguiu, em seguida, ser preposto na guarda de seu celeiro, a notícia contemporânea diz que desejara "subir mais alto". Palavra, em sua ingenuidade, altamente sintomática! Unidos pela noção de uma espécie de serviço comum, expressa na comunidade do nome, e atingidos, ademais, em sua maioria, pela mesma "mácula" servil, os sargentos não deixavam de constituir um mundo não somente heterogêneo, como também – e cada vez mais – hierarquizado. As funções eram demasiado diversas para não acarretarem fortes desigualdades no gênero de vida e na consideração. Certamente, com semelhantes encargos, o nível atingido dependia muito, em cada caso, dos usos particulares do grupo, das oportunidades ou da destreza do homem. De modo geral, entretanto, três traços elevaram o maior número dos *maires* rurais, de um lado, e os principais

---

309. Sendo as referências, para este parágrafo, fáceis de encontrar nos diversos trabalhos indicados na bibliografia sob o título "Sargentos e sargentaria" (p. 433) (aos quais é preciso acrescentar ROTH VON SCHRECKENSTEIN. *Die Ritterwürde und der Ritterstand*...), há que se compreender que tenhamos reduzido as notas ao mínimo estrito.

oficiais de corte, de outro, muito acima dos desprezíveis titulares de pequenas sargentarias rurais, servidores propriamente ditos e artesãos domésticos: a fortuna, a participação nos poderes de comando e o porte de armas.

Camponês, o *maire*? Sim, por certo, pelo menos de início e, por vezes, até o fim, mas, desde o princípio, um camponês rico e cujas funções o enriqueceram cada vez mais. Pois os proveitos lícitos já eram apreciáveis e certamente o eram ainda mais os resultantes de simples abuso. Nessa época, em que o único poder eficaz era o poder próximo, como as usurpações de direitos, que de tantos altos funcionários reais fizeram, na prática, soberanos por conta própria, não teria se repetido na parte inferior da escala, no humilde quadro da aldeia? Carlos Magno já manifestava uma justa desconfiança em relação aos *maires* de suas *villae*, recomendando que se evitasse escolhê-los entre homens demasiadamente poderosos. Na verdade, se alguns "rapinantes", aqui ou ali, conseguiram substituir totalmente a autoridade do senhor pela sua, excessos tão estrondosos permaneceram sempre excepcionais. Em contrapartida, quantos produtos foram indevidamente guardados à custa dos celeiros ou dos cofres senhoriais? Domínio abandonado aos sargentos é domínio perdido, ensina o sábio Suger. Acima de tudo, quantas rendas ou corveias esse tiranete rural extorque dos vilãos, em benefício próprio; quantas galinhas tiradas de seus galinheiros, sesteiros de vinho exigidos de suas adegas ou fatias de toucinho de suas despensas; quantos trabalhos de tecedura impostos a suas mulheres! Todos esses eram frequentemente, na origem, simples presentes, mas daqueles que nunca se recusavam e que o costume rapidamente se encarregou, como sempre, de transformar em deveres. Isso não é tudo: esse camponês de origem é, em sua esfera, um senhor. Certamente, ordena, em princípio, em nome de outro mais poderoso que ele. Ainda assim, isso é ordenar. Melhor ainda, ele é juiz. Preside, sozinho, as cortes camponesas. Atua, por vezes, por ocasião de processos mais graves, ao lado do abade ou do barão. Tem, entre suas atribuições, a de traçar, entre os campos, os limites contestados; para almas camponesas, há alguma função mais imbuída de respeito do que esta? Por fim, diante do perigo, ei-lo que cavalga à frente do contingente dos aldeões. Ao lado do duque Garin, magoado até a morte, o poeta não soube colocar melhor servidor do que um *maire* fiel.

Seguramente, a ascensão social teve seus graus, infinitamente variáveis. Como, entretanto, pôr em dúvida as lições de tantos documentos, tantas crônicas monásticas, cujas lamentações ecoam umas às outras, todas iguais, da Alamânia até o Limosino, e, com elas, o testemunho das próprias trovas? Desse conjunto emerge um retrato, cujas cores vivas não teriam sido verdadeiras em todos os lugares, mas o eram frequentemente: isto é, o do *maire* feliz. Ele não somente goza de amplo conforto, mas sua fortuna, em si mesma, mais nada tem da de um camponês. Possui dízimos e moinhos. Estabeleceu, em suas próprias terras, rendeiros e até mesmo vassalos. Sua morada é uma casa-forte. Veste-se "como um nobre". Mantém cavalos de guerra em seus estábulos e, em seu canil, cães de caça. Carrega a espada, o escudo e a lança.

Ricos também por seus feudos e pelos presentes constantemente recebidos, os principais sargentos que formavam, em torno dos barões, como que o estado-maior da ministerialidade se viam ainda mais elevados em dignidade, pela proximidade em que se encontravam do senhor, pelas importantes missões que este era conduzido a lhes confiar, por seu papel militar de cavaleiros de escolta ou até mesmo de comandantes de pequenas tropas. Eles eram, junto ao senhor de Talmont, por exemplo, esses "cavaleiros não nobres" que um documento do século XI menciona, ao lado dos "cavaleiros nobres". Integravam as cortes de justiça e os conselhos; serviam de testemunhas para os atos jurídicos mais graves. Tudo isso era verdade até mesmo, por vezes, para personagens que a modéstia de suas funções teria parecido confinar, decididamente, à criadagem. Não vemos os "sargentos de cozinha" dos monges de Arras participarem dos julgamentos? Ou o chaveiro dos monges de Saint-Trond, que era, ao mesmo tempo, seu vidraceiro ou seu cirurgião, esforçar-se em transformar sua tenência em "livre feudo cavaleiresco"? Isso, entretanto, era muito mais verdadeiro ainda, e mais generalizado, para aqueles a que se pode chamar chefes de serviço: o senescal, encarregado, em princípio, do abastecimento; o marechal, a quem incumbia o cuidado dos estábulos; o copeiro; o camarista.

Originalmente, a maioria de seus cargos domésticos fora preenchida por vassalos, o mais frequentemente, não domiciliados. Até o fim, a fronteira entre as atribuições reservadas aos vassalos e as que lhes escapavam permaneceu muito incerta. Entretanto, à medida que a vassalagem, engrandecida em honra, mais se afastava de suas características primitivas e que, além disso, a prática do feudo, ao generalizar-se, dispersava o antigo grupo doméstico dos seguidores de armas, os senhores, de todas as posições, adquiriram o hábito de entregar, preferencialmente, os cargos de seu círculo a dependentes de nascimento inferior, mais próximos e tidos como mais manipuláveis. Em 1135, um diploma do imperador Lotário para São Miguel de Luneburgo prescreve que, a partir de então, o abade, deixando de distribuir "benefícios" a homens livres, passe a concedê-los unicamente aos ministeriais da igreja. Nessa sociedade que, em seus primeiros passos, tanto esperara da fidelidade vassálica, os progressos da ministerialidade de corte foram um sintoma de desilusão. Entre os dois tipos de serviço e as duas classes de servidores, estabeleceu-se uma verdadeira concorrência, cuja memória foi conservada pela literatura épica ou cortês. É preciso compreender em que termos o poeta Wace felicita um de seus heróis por jamais ter atribuído os "ofícios de sua casa" senão a "fidalgos". Mas eis, em outro poema, um retrato, também feito para agradar ao público dos castelos – pois o homem finalmente revelar-se-á um traidor –, mas, em si mesmo, extraído de uma realidade familiar: "Via-se lá um barão que Girardo considerava o mais fiel dos seus. Era seu servo e seu senescal para muitos castelos."[310]

Tudo contribuía para fazer dos primeiros dentre os sargentos um grupo social delimitado, ao menos para baixo, por contornos nítidos e estáveis. Em primeiro lugar, a hereditariedade, pois, a despeito dos esforços contrários, empreendidos, particularmente, pelas igrejas, a maioria dos feudos de sargentaria rapidamente se tornou, frequentemente de direito e quase sempre na prática, transmissível de geração em geração: o filho herdava, simultaneamente, a terra e a função. Em seguida, o costume dos casamentos endogâmicos, muito comumente seguidos, desde o século XII, de atos de troca de servos, concluídos entre dois senhores diferentes: não encontrando o filho ou a filha do *maire* um consorte de sua

---

310. *Girart de Roussillon*, trad. P. MEYER, § 620 (ed. Foerster, v. 9.139).

posição, era-lhe necessário buscar algum na senhoria vizinha. Haveria manifestação mais eloquente de uma consciência de classe do que querer casar-se apenas "em seu mundo"?

No entanto, esse grupo, tão solidamente constituído na aparência, sofria de uma curiosa antinomia interna. Muitos traços o aproximavam da "nobreza" dos vassalos: os poderes, os costumes, o tipo de fortuna, a vocação militar. Esta frequentemente acarretara suas consequências naturais no campo dos gestos jurídicos. Por um lado, o uso da homenagem "de boca e de mãos": se os feudos ministeriais estavam longe de a comportarem todos, muitos, dentre os mais importantes, pareceram impor esse rito de fidelidade armada. Por outro, a iniciação cavaleiresca: entre os *maires* e os oficiais de corte, encontrava-se mais de um cavaleiro adubado. Mas, em sua maioria, esses cavaleiros, esses poderosos, esses adeptos da vida nobre eram, ao mesmo tempo, servos: submetidos, como tal, à mão-morta e à proibição do casamento morganático (salvo derrogações, sempre custosas); excluídos, salvo emancipação, das ordens sagradas; privados do direito de testemunhar na justiça contra os homens livres; atingidos, sobretudo, pela humilhante tara de uma subordinação estranha a qualquer escolha. Em uma palavra, as condições de direito desmentiam brutalmente as condições de fato. Sobre as soluções dadas, afinal de contas, a esse conflito, as evoluções nacionais divergiram profundamente.

A sociedade inglesa foi aquela em que, mesmo como simples meio social, a ministerialidade, desde sempre, desempenhou o menor papel. Os sargentos aldeões, como vimos, não eram, em regra geral, especialistas. Os oficiais de corte não eram ordinariamente recrutados entre os *bondmen*, demasiadamente humildes e raros; mais tarde, livres, por definição, das corveias rurais, não se pôde mais conceber situá-los entre os vilãos. Consequentemente, escapavam, em sua maioria, à antiga forma de servidão, tanto quanto à nova. Como homens livres, gozaram simplesmente do direito comum dos homens livres e, quando adubados, da consideração particular aos cavaleiros. A doutrina jurídica contentou-se em elaborar regras próprias aos feudos de sargentaria, distintos dos feudos exclusivamente militares, e, sobretudo, esforçou-se em estabelecer, entre os primeiros, uma linha de demarcação cada vez mais nítida entre, de um lado, os "maiores" e mais honrosos, que, por sua condição, impunham a homenagem, e, de outro, os "pequenos", praticamente assimilados às "livres" tenências camponesas.

Na França, ocorreu uma cisão. Os menos poderosos ou menos afortunados dentre os *maires* permaneceram simplesmente ricos camponeses, por vezes transformados em arrendatários do domínio e dos direitos senhoriais, ou ainda, pouco a pouco, destacados de qualquer papel administrativo. Isso porque, quando as condições econômicas permitiram novamente o recurso ao salário, muitos senhores resgataram os encargos, no intuito de confiar então a gestão de suas terras a verdadeiros funcionários, contra uma remuneração. Entre os oficiais das cortes baronais, vários, desde há muito mesclados ao governo das senhorias urbanas, assumiram, finalmente, um lugar no patriciado burguês. Muitos outros, ao contrário, ao lado dos mais favorecidos dentre os sargentos rurais, penetraram na nobreza no momento em que esta se constituía como classe jurídica. Os prelúdios dessa fusão foram logo esboçados, particularmente sob a forma de casamentos, cada vez mais frequentes, entre as linhagens de ministeriais e as da vassalagem cavaleiresca. Nas desventuras do cavaleiro, de origem servil, que procura fazer esquecer essa tara, para voltar a cair, afinal, sob o duro pulso de seu senhor, os cronistas, assim como os contadores de anedotas, encontraram, no século XII, um tema familiar.

A servidão, com efeito, erguia a única barreira capaz de opor-se eficazmente a uma assimilação preparada por tantos traços comuns. Em certo sentido, o obstáculo podia parecer, desde o século XIII, mais intransponível do que nunca. Isso porque, por uma ruptura significativa com um uso quase imemorial, a jurisprudência, a partir dessa data, decidiu considerar o adubamento incompatível com a servidão, tanto o sentimento hierárquico se intensificara. Mas também era a época do grande movimento das emancipações. Mais providos de dinheiro que os servos comuns, os sargentos estiveram, por todo lado, entre os primeiros a comprarem sua liberdade. Nada impedia, portanto, que, a partir de então, adaptando-se o direito ao fato, aqueles que estivessem mais próximos da vida cavaleiresca e já contassem, frequentemente, com ancestrais adubados tivessem diretamente acesso à ordem das pessoas habilitadas por nascimento à cavalaria. Na medida em que nela entravam livres de qualquer mácula, nada tampouco os marcava, em suas fileiras, com um sinal distintivo. Formariam a raiz de boa parte da pequena fidalguia rural e nem sempre ficaram nela confinados. Os duques de Saulx-Tavannes, que se situavam, pelo final do Antigo Regime, no nível mais alto da aristocracia de espada, descendiam de um preboste do senhor de Saulx, por este emancipado em 1284.[311]

Na Alemanha, o grupo dos *Dienstmänner* de corte, ao lado de alguns sargentos rurais, logo adquiriu uma importância excepcional. A relação vassálica certamente jamais ocupara, na sociedade alemã, um lugar tão preponderante quanto na França do Norte e na Lotaríngia. Que, em todo caso, a decadência do laço tenha, lá, sido rápida e que não se tenha tido o cuidado de procurar-lhe um remédio, a ausência do esforço de restabelecimento representado, alhures, pela homenagem lígia, constitui disso a prova manifesta. Mais do que em qualquer outro país, pareceu, portanto, desejável confiar a dependentes não livres os encargos das casas senhoriais. Desde o início do século XI, esses "servos de vida cavaleiresca", segundo a expressão de um texto alamano, eram, em torno dos principais magnatas, tão numerosos e o espírito de solidariedade que animava suas turbulentas pequenas sociedades era tão intenso que, registrando e fixando seus privilégios, toda uma série de costumes de grupos foi criada e logo posta por escrito, ficando todos os costumes prontos para confundirem-se em um costume de classe. Sua sorte parecia de tal forma digna de inveja que, no século seguinte, viu-se mais de um homem livre, de posição honrosa, entrar na servidão para alcançar a ministerialidade. Desempenhavam um papel de primeiro plano nas expedições militares. Povoavam os tribunais, admitidos, segundo uma decisão da dieta do Império, a formar as cortes dos príncipes, desde que, ao seu lado, se sentassem pelo menos dois "nobres". Ocupavam, nos conselhos dos grandes, tamanho lugar que a única condição imposta por uma sentença imperial de 1216 à alienação, pelo imperador, da homenagem de um principado era, ao lado do assentimento do próprio príncipe, o de seus ministeriais. Participavam, por vezes, nas senhorias da Igreja, da eleição do bispo ou do abade, e, quando este se ausentava, tiranizavam os monges.

---

311. Sobre as rotas da emigração, *Mémoires de la duchesse de Saulx Tavannes*, ed. de Valous, 1934, *Introduction*, p. 10.

No primeiro plano, estavam os *Dienstmänner* do soberano, pois os grandes cargos da corte, que os capetíngios confiavam aos membros de linhagens vassálicas, seus vizinhos da Alemanha os entregavam a simples sargentos, nascidos na servidão. Filipe I da França certamente escolhera um servo como camarista.[312] Mas o cargo era relativamente modesto e o caso permaneceu, ao que parece, excepcional. Por senescal, o rei francês tem, por vezes, um alto barão; por marechais, regularmente, pequenos nobres da região situada entre o Loire e o Somme. Na Alemanha – onde, na verdade, as mudanças de dinastia e, como veremos, certas particularidades na estrutura do Estado sempre impediram os reis de criarem uma Île-de-France, reservatório de fiel e estável fidalguia –, somente havia senescais e marechais do Império escolhidos na condição servil. Seguramente houve na aristocracia resistências que, refletidas, como de costume, pela literatura das cortes, parecem ter estado na origem de certas rebeliões. A despeito de tudo, os ministeriais formaram, até o fim, o círculo habitual dos sálios e dos Staufen. Foi-lhes atribuída a educação dos jovens príncipes, a guarda dos mais importantes castelos e, por vezes, ao menos na Itália, os grandes comandos; foi-lhes também reservada a mais pura tradição da política imperial. Na história de Barba-Ruiva e de seus primeiros sucessores, poucas figuras se elevam tão alto quanto a rude silhueta do senescal Markward de Anweiler, que morreu regente da Sicília: fora emancipado apenas em 1197, dia em que seu senhor o investiu do ducado de Ravena e do marquesado de Ancona.

É evidente que, em lugar algum, esses recém-promovidos se aproximavam, por seu poder e seu gênero de vida, do mundo dos vassalos. Não se inseriram, entretanto, aqui, quase imperceptivelmente, na nobreza de origem vassálica. Eram demasiadamente numerosos para isso; seu caráter de classe era, pelos próprios costumes que os regiam, acentuado há tempo demais; demasiada importância ainda era atribuída, na Alemanha, à velha noção de liberdade de direito público; por fim, a opinião jurídica alemã apreciava demasiadamente as distinções hierárquicas. A cavalaria não foi proibida aos servos. Mas os cavaleiros-servos – por vezes, também eles divididos, por um acréscimo de refinamento, em duas camadas sobrepostas – formaram, na classe geral dos nobres, um escalão à parte: o mais baixo. E nenhum problema causou aos teóricos e à jurisprudência maior embaraço do que decidir a respeito da posição exata que, em relação aos livres comuns, convinha atribuir a esses personagens, tão poderosos e, no entanto, marcados por tamanha tara. Isso porque, estranhos a tantas razões que faziam o prestígio dos ministeriais, burgueses e simples aldeões não deixavam de ser, afinal, seus superiores pela pureza de seu nascimento. A dificuldade era particularmente grave quando se tratava de compor os tribunais. "Que nenhum homem de condição servil seja, no futuro, chamado a julgar-vos": tal promessa ainda pode ser lida no privilégio que Rodolfo de Habsburgo concedeu aos camponeses da primitiva Suíça.[313]

Chegou o dia, contudo, em que, assim como na França, mas – segundo o descompasso habitual entre as duas evoluções – com um século ou um século e meio de atraso, ocorreu o inevitável. As menos afortunadas dentre as famílias de *Dienstmänner* permaneceram

---

312. A condição servil deste personagem – como bem notou W. M. NEWMAN (*Le domaine royal sous les premiers Capétiens*, 1937, p. 24, n. 7) – evidencia-se no fato de, após sua morte, o rei receber sua mão-morta.
313. *Quellenwerk zur Entstehung der schweizerischen Eidgenossenschaft*, n. 1650.

no rico campesinato ou se insinuaram na burguesia das cidades. As que tiveram acesso à dignidade cavaleiresca não se viram, a partir de então, mais separadas por nenhuma marca própria, senão da mais alta nobreza – pois o direito nobiliário alemão permaneceu, até o fim, fiel ao espírito de casta –, ao menos, da cavalaria de origem livre. Aqui também – e esta certamente é a lição mais importante trazida pela história da ministerialidade –, a tradição jurídica finalmente baixara o pavilhão diante das realidades.

CAPÍTULO VI
O clero e as classes profissionais

1. A SOCIEDADE ECLESIÁSTICA NA FEUDALIDADE

Entre os clérigos e a gente do mundo secular, a fronteira não correspondia, na era feudal, à linha nítida e firme que a reforma católica, na época do Concílio de Trento, esforçar-se-ia em traçar. Todo um povo de "tonsurados", cuja condição permanecia mal definida, formava, nos confins das duas ordens, uma margem de cor indefinida. O clero não deixava de constituir, eminentemente, uma classe jurídica. Isso porque ele se caracterizava, em seu conjunto, por um direito muito particular e privilégios de jurisdição zelosamente defendidos. Não tinha, em contrapartida, nada de uma classe social. Em suas fileiras, coexistiam tipos humanos infinitamente diversos pelos modos de vida, pelo poder e pelo prestígio.

Havia, em primeiro lugar, a multidão dos monges, todos "filhos de São Bento", mas sujeitos, na verdade, a formas cada vez mais variadas da primitiva lei beneditina: mundo dividido e vibrante, incessantemente equilibrado entre a pura ascese e as preocupações mais terrestres impostas pela gestão de uma rica fortuna, ou até mesmo pela humilde obsessão com o pão cotidiano. Não se deve, aliás, imaginá-lo separado do povo leigo por barreiras intransponíveis. As próprias regras inspiradas pelo mais intransigente espírito de solidão tiveram sempre de inclinar-se, afinal, diante das necessidades da ação. Monges cuidam das almas, nas paróquias. Mosteiros abrem suas escolas a alunos que jamais voltarão a vestir a cogula. Desde a reforma gregoriana, sobretudo, os claustros se tornaram um viveiro de bispos ou de papas.

No nível mais baixo do clero secular, os curas das paróquias rurais, mediocremente instruídos e dotados de magras receitas, levam uma vida assaz pouco diferente, em suma, da de seu rebanho. Antes de Gregório VII, foram quase todos casados. Mesmo após a passagem do grande ímpeto ascético desencadeado – como diz um texto monástico – por esse "preceptor de coisas impossíveis"[314], a "sacerdotisa", companheira de fato e, por vezes, de direito, permaneceria, por muito tempo, entre os personagens familiares do folclore aldeão. A tal ponto que, aqui, a palavra classe não estava longe de poder ser empregada em seu sentido mais preciso: as dinastias de padres, na Inglaterra de Thomas Becket, não

---

314. K. ROST. *Die Historia pontificum Romanorum aus Zwettl*, Greifswald, 1932, p. 177, n. 4.

parecem ter sido muito mais raras que, nos dias de hoje, nos países ortodoxos, as linhagens de *popes**, nem, aliás, em regra geral, menos honoráveis.[315] Em seguida, nos escalões superiores, encontramos o meio mais abastado e mais refinado dos padres das cidades, dos cônegos reunidos à sombra da catedral, dos clérigos ou dignitários das cortes episcopais.

Por fim, no ponto mais alto, estabelecendo, de alguma forma, a ligação entre as duas hierarquias, regulares e seculares, aparecem os prelados: abades, bispos, arcebispos. Por sua fortuna, seu poder e sua vocação de comando, esses grandes senhores da Igreja estavam no nível dos mais altos barões de espada.

Ora, o único problema de que cabe aqui nos ocuparmos é de ordem social. Quanto a essa coletividade dos servidores de Deus, cuja missão, herdada de uma tradição já antiga, permanecia, em princípio, estranha a qualquer preocupação temporal, foi-lhe necessário, sem embargo, encontrar seu lugar na estrutura característica da sociedade feudal. Até que ponto, reagindo, por sua vez, às instituições ambientes, ela mesma sofreu sua influência? Em outros termos, pois os historiadores se acostumaram a falar da "feudalização" da Igreja, que sentido concreto convém atribuir a tal fórmula?

Retidos pelos deveres da liturgia ou da ascese, pelo governo das almas ou pelo estudo, era impossível aos clérigos extrair sua subsistência de um trabalho diretamente produtivo. Os renovadores do monaquismo tentaram, por diversas vezes, conduzir os religiosos a alimentarem-se somente dos frutos de campos cultivados por seus braços. A experiência sempre se chocou com a mesma dificuldade fundamental: o tempo atribuído a essas necessidades demasiado materiais era descontado do tempo da meditação ou do serviço divino. Quanto a um regime de salariado, sabe-se, de resto, que não se devia sequer pensar nele. Era preciso, portanto, que, assim como o cavaleiro de que fala Raimundo Lúlio[316], o monge e o padre vivessem do "cansaço" dos outros homens. O próprio padre dos campos, embora certamente não desdenhasse manejar, ocasionalmente, a charrua ou a enxada, extraía de parte do direito casual ou do dízimo, cujo gozo o senhor da aldeia decidira deixar-lhe, a maior parte de suas pobres rendas. Constituído de esmolas acumuladas dos fiéis, acrescido de compras em que, aliás, o benefício das orações prometidas à alma do vendedor aparecia frequentemente como um dos elementos do preço, o patrimônio das grandes igrejas ou, antes – pois tal era então a noção corrente, muito longe de representar apenas uma simples ficção jurídica, – o patrimônio dos "santos" foi, essencialmente, de natureza senhorial. Imensas fortunas foram construídas assim nas mãos das comunidades ou dos prelados, alcançando, por vezes, até mesmo essas aglomerações quase principescas de terras e de direitos variados, cujo papel no estabelecimento das dominações territoriais será abordado mais adiante. Ora, quem falava em senhoria falava não somente em rendas, mas também em poderes de comando. Os chefes do clero tiveram, portanto, sob suas ordens, numerosos dependentes leigos, de todas as condições: desde os vassalos militares, indispensáveis à guarda de bens tão consideráveis, até os aldeões e os recomendados de grau inferior.

---

*. Termo antigamente utilizado, no Ocidente, para designar os sacerdotes da Igreja cristã ortodoxa. É, hoje, cada vez menos empregado. (N.T.)
315. Ver, particularmente, Z. N. BROCKE, em *Cambridge Historical Journal*, t. II, p. 222.
316. Ver anteriormente, p. 296.

Estes últimos, em particular, vieram em massa às igrejas. Era realmente porque viver "sob a croça", e não sob a espada, parecia um destino digno de inveja? A polêmica remonta há muito tempo: desde o século XII, ao abade de Cluny, dedicado a louvar a suavidade da dominação monástica, ela opunha o crítico Abelardo.[317] Na medida em que é permitido deixar de lado o fator individual, ela se resumiria, de modo geral, a questionar se um senhor exato, como geralmente eram os clérigos, vale mais que um senhor desordenado: problema, na verdade, insolúvel. Duas coisas, porém, são certas. A perenidade própria aos estabelecimentos eclesiásticos e o respeito que os cercava faziam deles protetores particularmente procurados pelos humildes. Por outro lado, aquele que se entregava a um santo não contraía somente uma garantia contra os perigos do mundo secular; obtinha, além disso, os benefícios não menos preciosos de uma obra pia. Dupla vantagem, que os documentos, redigidos nos claustros, comumente expressavam, afirmando que fazer-se servo de uma igreja era, na verdade, aceder à verdadeira liberdade. Isso significava, sem que se fizesse sempre muito claramente a distinção entre as duas noções, participar, neste mundo, das franquias de uma corporação privilegiada e, ao menos tempo, garantir, no outro, "a liberdade eterna que está em Cristo".[318] Não víamos os peregrinos agradecidos solicitarem, a seu primeiro senhor, a autorização para submeterem-se, com sua posteridade, aos representantes do poderoso intercessor que os curara?[319] Assim, na formação da rede de sujeições pessoais, que foi tão característica da época, as casas de oração estiveram entre os mais eficazes polos de atração.

Entretanto, ao se transformar, dessa maneira, em grande potência humana, a Igreja da era feudal expunha-se a dois perigos, dos quais os contemporâneos tiveram clara consciência. Primeiramente, a um esquecimento demasiado fácil de sua própria vocação. "Que bela coisa seria ser arcebispo de Reims, caso não fosse preciso cantar a missa": o rumor público atribuía tais palavras ao arcebispo Manassé, deposto, em 1080, pelos legados pontificais. Verídica ou caluniosa, a anedota simboliza, na história do episcopado francês, a época do pior recrutamento. Após a reforma gregoriana, seu cinismo teria parecido demasiadamente inverossímil. Mas o tipo do prelado guerreiro – desses "bons cavaleiros do clero" de que falava um bispo alemão – atravessou as eras. Por outro lado, o espetáculo de tantas riquezas acumuladas pelos clérigos, os rancores despertados, no coração de herdeiros "empobrecidos", pela recordação de tantas boas terras ao sol, abandonadas no passado por seus ancestrais a monges hábeis em avivar o terror do inferno: tais foram – ao lado do desprezo do homem de armas por uma vida protegida demais para seu gosto – os alimentos que nutriram, na aristocracia leiga, a espécie de anticlericalismo elementar que deixou, em muitas passagens da epopeia, tão brutais expressões.[320] Para conciliar-se muito bem com os retornos de uma generosidade que, na hora do remorso ou das últimas angústias, confere

---

317. JACQUES P. MIONS. *P. L.*, t. CLXXXIX, col. 146. P. ABELARDI. *Opera*, ed. V. COUSIN. t. I, p. 572.
318. A. WAUTERS. *Les libertés communales. Preuves*, Bruxelas, 1869, p. 83 (abr. 1221). Cf. MARC BLOCH. em *Anuario de historia del derecho español*, 1933, p. 79 ss.
319. L. RAYNAL. *Histoire du Berry*, t. I, 1845, p. 477, n. XI (23 abr. 1071 – 22 abr. 1093. Saint Silvain de Levroux).
320. GUIBERTO DE NOGENT. *Histoire de sa vie*, I, 11 (ed. Bourgin, p. 31). THIETMARO DE MERSEBURGO. *Chronicon*, II, 27 (ed. Holtzmann, p. 72-3). Texto épico característico: *Garin le Lorrain*, ed. P. Paris, t. I, p. 2.

esmolas, esses sentimentos não podiam deixar de sustentar, ao mesmo tempo, mais de uma atitude política e mais de um movimento propriamente religioso.

Em um mundo que tendia a conceber todos os laços de homem a homem sob a imagem do mais interessado dentre eles, era quase fatal que, no próprio seio da sociedade clerical, os hábitos da vassalagem impregnassem relações de subordinação muito mais antigas e de natureza, em si mesma, bem diferente. Acontecia de o bispo requerer a homenagem dos dignitários de seu capítulo ou dos abades de sua diocese, e os cônegos, providos das prebendas mais importantes, a de seus confrades menos favorecidos; e que padres tivessem de prestá-la ao chefe da comunidade religiosa de que dependiam suas paróquias.[321] A introdução, na cidade espiritual, de costumes tão visivelmente tomados do mundo secular não podia deixar de provocar protestos dos rigoristas. Mas o mal se fazia muito mais grave quando, em mãos leigas, vinham colocar-se, para o rito de submissão, as mãos do padre, santificadas pelo óleo bento da ordenação e pelo contato da Eucaristia. O problema é, aqui, inseparável de outro mais amplo – um dos mais angustiantes, seguramente, jamais levantados perante a Igreja: o das nomeações aos diversos cargos da hierarquia eclesiástica.

Não foi por invenção da era feudal que se conferiu aos poderes temporais o cuidado de escolher os pastores das almas. Para os padres de aldeias, dos quais os senhores dispunham mais ou menos livremente, o costume remontava às próprias origens do sistema paroquial. Quanto aos bispos e abades, o único procedimento conforme a regra canônica era incontestavelmente a eleição: pelo clero e o povo da cidade para os primeiros; pelos monges, para os segundos. Mas, desde os últimos tempos da dominação romana, os imperadores não temeram impor sua vontade aos eleitores, nas cidades, e, por vezes, até mesmo nomear diretamente os bispos. Os soberanos das monarquias bárbaras imitaram esses dois exemplos e, sobretudo, muito mais amplamente do que antes, o último. Quanto aos monastérios, aqueles que também não dependiam imediatamente do rei recebiam frequentemente seus abades das mãos do fundador da casa ou de seus herdeiros. A verdade era que nenhum governo sério podia tolerar que fosse deixada fora de seu controle a atribuição de cargos que, ao lado de uma pesada responsabilidade religiosa – pela qual chefe algum, cioso do bem de seus povos, tinha o direito de se desinteressar –, comportavam tão grande parte de comando propriamente humano. Confirmada pela prática carolíngia, a ideia segundo a qual cabia aos reis "designar" os bispos acabou convertendo-se em máxima. No século X e no início do século XI, papas e prelados concordam em expressá-la.[322]

Entretanto, tanto nesse caso como em outros, as instituições e os usos legados pelo passado sofreriam a influência de uma atmosfera social nova.

Na era feudal, toda transferência de terra, direito ou cargo ocorria pela transmissão de um objeto material que, passando de mão em mão, devia representar o valor concedido.

---

321. Por vezes, atribui-se aos papas da grande época gregoriana o projeto de se constituírem como senhores feudais de certos reis. Parece, na verdade, que se limitaram a reclamar e a obter um juramento de fidelidade e um tributo: formas de sujeição, seguramente, mas que nada tinham de propriamente feudais. A homenagem foi, então, somente exigida de simples príncipes territoriais (chefes normandos da Itália do Sul; conde de Substantion, no Languedoc). João Sem-Terra, é verdade, a prestou, porém muito mais tarde (1213).

322. JAFFÉ-WATTENBACH. *Regesta pontificum*, t. I, n. 3.564. RATHIER DE VÉRONE, em MIGNE. *P. L.*, t. CXXXVI, col. 249. THIETMARO. *Chronicon*, I, 26, p. 34-5.

O clérigo chamado por um leigo ao governo de uma paróquia, de uma diocese ou de um monastério recebia, portanto, desse concessor, uma "investidura" nas formas ordinárias. Para o bispo, em particular, o símbolo escolhido foi, muito naturalmente, desde a época dos primeiros carolíngios, uma croça[323], à qual se juntou, posteriormente, o anel pastoral. É evidente que essa entrega de insígnias, por um chefe temporal, de modo algum dispensava a consagração litúrgica. Nesse sentido, não tinha o poder de criar um bispo. Mas seria um grande engano imaginar que seu papel se limitasse a marcar a cessão, ao prelado, dos bens vinculados à sua nova dignidade. Era, ao mesmo tempo, o direito à função e o direito a seu salário que – sem que ninguém sentisse a necessidade de fazer a distinção entre dois elementos indissolúveis – eram, dessa forma, simultaneamente outorgados. Além disso, se essa cerimônia enfatizava, com bastante brutalidade, a parte preponderante que se atribuíam, nas nomeações, os poderes seculares, ela não acrescentava, em si mesma, praticamente nada a um fato de há muito patente. O mesmo não ocorreu com outro gesto, imbuído de ressonâncias humanas muito mais profundas.

Do clérigo a quem acabava de confiar um cargo eclesiástico, o potentado local ou o soberano esperava, como recompensa, uma fidelidade segura. Ora, desde a constituição da vassalagem carolíngia, nenhum compromisso dessa natureza, ao menos nas classes altas, parecia verdadeiramente coercivo quando não era contraído segundo as formas elaboradas pela recomendação franca. Os reis e os príncipes acostumaram-se, portanto, a exigir dos bispos ou dos abades por eles nomeados uma prestação de homenagem; e os senhores de aldeias fizeram, por vezes, o mesmo com seus padres. Mas a homenagem era, em sentido próprio, um ritual de sujeição. Um ritual, além disso, muito respeitado. Com isso, a subordinação dos representantes do poder espiritual aos do poder laico não somente se manifestava com brilho, como se encontrava também reforçada. A tal ponto que a união dos dois atos formalistas – homenagem e investidura – favorecia uma perigosa assimilação entre o cargo do prelado e o feudo do vassalo.

Atributo essencialmente régio, o direito de nomear os bispos e os grandes abades não podia deixar de escapar ao esfacelamento dos direitos monárquicos em geral, um dos traços das sociedades feudais. Mas essa fragmentação não ocorreu em todo lugar com o mesmo grau, o que explica os efeitos, por sua vez, extremamente variáveis sobre o recrutamento do pessoal eclesiástico. Nos lugares, como a França, sobretudo no Sul e no Centro, em que muitos bispos se viram sob a autoridade dos altos e mesmo dos médios barões, os piores abusos encontraram sua terra de eleição: desde a sucessão hereditária do filho ao pai até a venda reconhecida. Observemos, por contraste, a Alemanha, onde os reis souberam permanecer senhores de quase todas as sedes episcopais. Por certo, eles não são inspirados, em suas escolhas, por razões unicamente espirituais. Não têm necessidade, acima de tudo, de prelados capazes de governar e, até mesmo, de combater? Bruno de Toul, que, sob o nome de Leão IX, se tornaria um papa muito santo, deveu sua sede episcopal, acima de

---

323. Um dos exemplos mais antigos, frequentemente omitido: G. BUSSON e LEDRU. *Actus Pontificum Cenomannensium*, p. 299 (832).

tudo, às qualidades que demonstrara como oficial de tropas. Às igrejas pobres, o soberano confere, de preferência, ricos bispos. Não rejeita, para si próprio, os presentes que o uso tende a impor como obrigação aos novos investidos, quer o objeto da investidura seja um feudo militar ou uma dignidade religiosa. Não há dúvidas, entretanto, de que, no conjunto, o episcopado imperial, sob os saxões e os primeiros sálios, ultrapassasse em muito, pela instrução e pelo comportamento moral, o dos países vizinhos. Na medida em que tinha de obedecer a um poder laico, mais valia, evidentemente, para a Igreja, depender de um poder mais elevado e, por essa mesma razão, suscetível de maiores possibilidades.

Veio o impulso gregoriano. Não cabe aqui retraçar as peripécias dessa tentativa apaixonada de arrancar as forças sobrenaturais da influência secular e reduzir os poderes humanos ao papel, discretamente subordinado, de simples auxiliares, convocados para a grande obra da Salvação. Quanto ao balanço final, abstraindo-se de muitas nuances nacionais, ele pode ser resumido em algumas palavras.

Não era para o sistema paroquial que se tinha voltado o principal esforço dos reformadores. No regime jurídico das paróquias, poucas coisas, na verdade, foram alteradas. A substituição definitiva do termo brutal *propriedade* por outro mais decente, *patronato*; um controle um pouco mais exato das escolhas, pela autoridade episcopal: essas modestas inovações não pesavam muito diante do direito de nomeação, conservado, na prática, pelos senhores. O único traço novo dotado de algum alcance pertenceu ao campo do fato, mais do que do direito: por doação ou compra, um grande número de igrejas de aldeia passaram das mãos de leigos para as de estabelecimentos eclesiásticos e, particularmente, de monastérios. A dominação senhorial subsistia, pelo menos, em proveito de senhores que integravam a milícia dos clérigos. Ficava, mais uma vez, evidente que, na estrutura social da feudalidade, a senhoria rural, mais antiga, em si mesma, que os demais mecanismos, constituía uma de suas peças mais resistentes.

No que se referia às altas dignidades da Igreja, as formas mais chocantes de sujeição ao poder temporal foram eliminadas. Não havia mais monastérios abertamente "apropriados" pelos dinastas locais. Não havia mais barões de espada erigindo-se em abades ou "arque-abades" de tantas casas piedosas. Não havia mais investiduras pelas próprias insígnias do poder espiritual: o cetro substitui a croça e o anel, e os canonistas estabelecem como princípio que a cerimônia, assim compreendida, tem por único objetivo outorgar o gozo dos direitos materiais vinculados ao exercício de uma função religiosa independentemente conferida. A eleição é universalmente reconhecida como regra e os leigos, mesmo a título de simples eleitores, estão definitivamente excluídos de qualquer participação regular na escolha do bispo, designado, a partir de então – após uma evolução que se estende por todo o século XII –, por um colégio reduzido aos cônegos da igreja catedral: traço novo, absolutamente contrário à lei primitiva e que, mais do que qualquer outro, dizia muito sobre o cisma crescente entre o sacerdócio e a massa profana.

Entretanto, o princípio eletivo dificilmente era aplicado, por não haver resignação em contar simplesmente os votos. A decisão parecia pertencer, não à simples maioria, mas, segundo a fórmula tradicional, à fração, ao mesmo tempo, "mais numerosa e mais sã". Que minoria resistia à tentação de negar a seus adversários, vitoriosos segundo a lei do número, a menos ponderável dessas duas qualidades? Daí a frequência das eleições contestadas. Elas favoreciam a intervenção das autoridades mais elevadas: a dos papas, seguramente, mas também a dos reis. Deve-se acrescentar que ninguém podia alimentar ilusões sobre os preconceitos de colégios eleitorais muito restritos e, muitas vezes, estreitamente sujeitos à influência dos interesses locais menos confessáveis. Os canonistas mais inteligentes não negavam que um controle, exercido em um raio mais largo, seria benéfico. Aí também, o chefe supremo da Igreja e os chefes de Estado entravam em concorrência. Na verdade, em favor da reunião geral das forças políticas, os pequenos barões, na maior parte do Ocidente, viram-se, pouco a pouco, eliminados em proveito dos reis ou de alguns príncipes particularmente poderosos. Mas isso só tornava os soberanos, que permaneciam os únicos senhores do terreno, mais capazes de manipular eficazmente os diversos meios de pressão de que dispunham em relação aos corpos eclesiásticos. Não fora um desses procedimentos de intimidação, a presença nos escrutínios, reconhecido como legal, em 1122, pela Concordata concluída entre o papa e o imperador? Os monarcas mais seguros de sua força não hesitavam em recorrer, por vezes, à designação direta. A história da Segunda Idade Feudal, assim como dos séculos seguintes, ressoa com os ruídos das inúmeras querelas provocadas, de um extremo a outro da catolicidade, pelas nomeações episcopais ou abadiais. Tudo bem considerado, no entanto, a reforma gregoriana demonstrara sua impotência para arrancar dos grandes poderes temporais essa alavanca de comando, na verdade quase indispensável à sua própria existência, que era o direito de escolher os principais dignitários da Igreja ou, ao menos, de vigiar sua escolha.

Dotado de vastas senhorias que impunham a seu possuidor, em favor do rei ou do príncipe, encargos ordinários de todo alto barão e que acarretavam até mesmo – pois se concebia o domínio eclesiástico, como veremos, vinculado ao domínio real por um laço particularmente estreito – a obrigação de serviços mais importantes do que outros, o bispo ou abade dos novos tempos permanecia sujeito, perante seu soberano, a deveres de fidelidade cujo poder legítimo era inegável. Limitaram-se os reformadores a reclamar-lhes uma expressão conforme a eminente dignidade do clérigo. Ninguém melhor do que o prelado para pronunciar o juramento de fé. Para ele, porém, nenhuma homenagem. Tal foi a teoria, muito lógica e muito clara, que, desde o final do século XI, desenvolveram, ao máximo, concílios, papas e teólogos. Por muito tempo, o costume se afastou dela. Pouco a pouco, entretanto, ela ganhou terreno. Pela metade do século XIII, triunfara em quase todo lugar. Com uma única e considerável exceção, porém. Terra de predileção da vassalagem, a França permanecera, a esse respeito, obstinadamente respeitosa das práticas tradicionais. Exceção feita a alguns privilégios particulares, ela se manteria fiel a elas até o século XVI. Que um São Luís, ao chamar à ordem um de seus bispos, não tenha temido dizer-lhe "sois meu homem, por vossas mãos", é este o testemunho mais eloquente da extraordinária tenacidade de que deram provas, ao estenderem-se até a uma sociedade essencialmente espiritual, as representações mais características da feudalidade.[324]

---

324. JOINVILLE, c. CXXXVI.

2. VILÃOS E BURGUESES

A literatura de inspiração cavaleiresca fingia perceber, abaixo do nobre e do clérigo, somente um povo uniforme de "camponeses" ou de "vilãos". Na realidade, essa multidão imensa era atravessada por um grande número de linhas, profundamente marcadas, de clivagem social. Isso era verdade para os próprios camponeses, no sentido exato e restrito da palavra. Não somente em suas fileiras os diversos graus de sujeição ao senhor traçavam oscilantes fronteiras jurídicas, pouco a pouco reduzidas à antítese entre "servidão" e "liberdade", mas, ao lado dessas diferenças de *status* e sem se confundirem com elas, graves desigualdades econômicas também dividiam as pequenas coletividades rurais. Para citar apenas a oposição mais simples e mais rapidamente formulada, que "lavrador", orgulhoso de seus animais de tração, teria aceitado como pares os "braçais" de sua aldeia, que, para valorizarem seus magros pedaços de terra, possuíam somente os músculos?

Acima de tudo, à margem da população camponesa, assim como dos grupos destinados às honrosas tarefas de comando, sempre existiram núcleos isolados de mercadores e de artesãos. Desses germes, a revolução econômica da Segunda Idade Feudal fez surgir, acrescida de inúmeros novos aportes, a massa poderosa, e bem diferenciada, das classes urbanas. O estudo de sociedades de caráter tão nitidamente profissional não poderia ser empreendido fora do quadro de um exame aprofundado de sua economia. Uma rápida localização bastará aqui para indicar sua posição no pano de fundo da feudalidade.

Nenhuma das línguas faladas na Europa feudal dispunha de termos que permitissem distinguir claramente, como local habitado, a cidade da aldeia. *Ville, town, Stadt* aplicavam-se indiferentemente aos dois tipos de agrupamento. *Burg* designava todo espaço fortificado. *Cité* era reservado às sedes das dioceses ou, por extensão, a alguns outros centros de excepcional importância. Desde o século XI, por outro lado, às palavras cavaleiro, clérigo e vilão, opõe-se, em um contraste sem ambiguidade, o termo burguês, de origem francesa, mas rapidamente adotado pelo uso internacional. Se a aglomeração, em si mesma, permanece anônima, os homens que vivem nela ou, ao menos, no seio dessa população, os elementos mais ativos e, por suas atividades mercantis ou artesãs, mais especificamente urbanos possuem, portanto, a partir de então, um lugar próprio na nomenclatura social. Um instinto muito seguro percebera que a cidade se caracterizava, acima de tudo, como local de uma humanidade particular.

Por certo, seria demasiado fácil forçar a antítese. Com o cavaleiro, o burguês da primeira época urbana tem em comum o humor guerreiro e o porte usual de armas. Por muito tempo, foi visto, tal como um camponês, ora cuidando do cultivo de campos cujos sulcos se estendiam, por vezes, para dentro do próprio perímetro, ora fora dos muros, enviando seus rebanhos pastarem a grama de comunais zelosamente guardados. Ao enriquecer, torna-se, por sua vez, adquirente de senhorias rurais. Ademais, não há nada mais falso, como se sabe, do que imaginar uma classe cavaleiresca idealmente livre de qualquer preocupação de fortuna. Mas, para o burguês, as atividades que parecem, assim, aproximá-lo das demais classes são, na verdade, apenas um acessório e, na maioria das vezes, como que testemunhos atrasados de antigos modos de existência, pouco a pouco abalados.

Essencialmente, vive de trocas. Tira sua subsistência da diferença entre o preço de compra e o preço de venda, ou entre o capital emprestado e o valor do reembolso. E, como a legitimidade desse lucro intermediário, não se tratando de um simples salário de operário ou de transportador, é negada pelos teólogos e como os meios cavaleirescos compreendem mal sua natureza, seu código de conduta se encontra, assim, em flagrante antagonismo com as morais ambientes. Na medida em que pretende especular sobre os terrenos, os entraves senhoriais, sobre os bens imóveis, lhe são insuportáveis. Na medida em que tem necessidade de resolver rapidamente seus negócios e que estes, ao se desenvolverem, continuam a suscitar problemas jurídicos novos, as lentidões, as complicações, o arcaísmo das justiças tradicionais o exasperam. A multiplicidade das dominações que dividem entre si a própria cidade o atinge como obstáculo à boa polícia das transações e como insulto à solidariedade de sua classe. As diversas imunidades de que gozam seus vizinhos da Igreja ou de espada lhe parecem constituir impedimentos à liberdade de seus ganhos. Nas estradas que percorre sem trégua, abomina, com igual ódio, as exações dos coletores de pedágios e os castelos de onde caem, sobre as caravanas, os senhores saqueadores. Em uma palavra, nas instituições criadas por um mundo em que ocupava um lugar ainda muito pequeno, quase tudo o atinge ou o incomoda. Provida de franquias conquistadas pela violência ou obtidas por meio de dinheiro vivo, organizada em grupo solidamente armado para a expansão econômica e, ao mesmo tempo, para as necessárias represálias, a cidade que sonha em construir será, na sociedade feudal, como que um corpo estranho.

Raramente, é verdade, a independência coletiva, que foi o ideal de tantas ardentes comunidades, ultrapassaria, afinal, os variáveis graus de uma autonomia administrativa, em seu conjunto, bastante modesta. Mas, para escapar dos ininteligentes constrangimentos das tiranias locais, apresentava-se outro remédio, que, embora talvez se assemelhasse a um mero paliativo, revelar-se-á, com a experiência, frequentemente o mais seguro: o recurso aos grandes governos monárquicos ou territoriais, guardiões da ordem sobre vastos espaços e, em razão do próprio cuidado com suas finanças, interessados – como souberam cada vez mais compreender – na prosperidade de ricos contribuintes. Dessa forma, e talvez com maior eficácia, o advento da força burguesa assumiu a feição de elemento destruidor do arcabouço feudal, em um de seus traços característicos: o esfacelamento dos poderes.

Um ato, particularmente significativo, marcava geralmente a entrada em cena da nova comunidade urbana, para a revolta ou para a organização: o juramento mútuo dos burgueses. Até então, haviam existido somente indivíduos isolados. A partir de então, nascera um ser coletivo. Era a associação jurada assim criada que, em sentido próprio, se designava, na França, por "comuna". Nunca uma palavra se viu penetrada de tantas paixões. Grito de adesão das burguesias, no dia da rebelião, e grito de socorro do burguês em perigo, ela despertava, nas únicas classes dirigentes de antes, longo ecos de ódio. Por que tanta hostilidade para com "esse novo e detestável nome", como diz Guiberto de Nogent? Muitos sentimentos certamente contribuíram para isso: inquietações de poderosos, diretamente ameaçados em sua autoridade, em suas receitas e seu prestígio; temores inspirados, não sem razão, nos chefes da Igreja, pelas ambições de grupos muito pouco respeitosos das "liberdades" eclesiásticas, quando estas os incomodavam; desprezos ou rancores do cavaleiro pelo comerciante; virtuosas indignações suscitadas, no coração do clérigo, pela audácia desses "usurários", desses "aproveitadores", cujos ganhos pareciam emanar de fontes impuras.[325] Havia, no entanto, outras, e mais profundas, coisas.

Na sociedade feudal, o juramento de auxílio e de "amizade" aparecera, desde a origem, como uma das peças mestras do sistema. Mas era um compromisso de baixo para cima, que vinculava um súdito a um superior. A originalidade do juramento comunal consistiu em unir iguais. Seguramente, o traço não poderia passar por absolutamente inédito. Foi esse, como veremos, o caso dos juramentos prestados "uns aos outros" pelos confrades das "guildas" populares, proibidas por Carlos Magno; e, mais tarde, pelos membros das associações de paz, cuja herança as comunidades urbanas, sob mais de um aspecto, receberiam. Foi esse ainda o caso dos juramentos por meio dos quais se uniam os mercadores reunidos nas pequenas sociedades, também elas, por vezes, chamadas "guildas" e que, formadas simplesmente para as necessidades do comércio e de suas aventuras, não deixaram de oferecer, antes dos primeiros esforços das cidades pela autonomia, uma das mais antigas manifestações de solidariedade burguesa. Jamais, entretanto, antes do movimento comunal, a prática dessas fés recíprocas assumira tamanha amplitude, nem revelara tamanho poder. As "conspirações", surgidas por toda parte, eram verdadeiramente, segundo as palavras de um sermonário, como que "feixes de espinheiros entrelaçados".[326] Foi esse, na comuna, o fermento propriamente revolucionário, violentamente antipático a um mundo hierarquizado. Por certo, esses primitivos grupos urbanos nada tinham de democráticos. Os "altos burgueses", que foram seus autênticos fundadores e que, muitas vezes, os pequenos não seguiram sem dificuldade, eram, para os pobres, mestres frequentemente muito duros e impiedosos credores. Mas, ao substituírem a promessa de obediência, remunerada pela proteção, pela promessa de auxílio mútuo, traziam para a Europa um novo elemento de vida social, profundamente estranho ao espírito a que se pode chamar feudal.

---

325. Cf. o sínodo de Paris, 1212: MANSI. *Concilia*, t. XXII, col. 851, c. 8 (*feneratoribus et exactoribus*).
326. A. GIRY. *Documents sur les relations de la royauté avec les villes*, 1885, n. XX, p. 58.

Segundo Livro
O governo dos homens

CAPÍTULO I
As justiças

1. CARACTERÍSTICAS GERAIS DO REGIME JUDICIÁRIO

Como eram julgados os homens? Para um sistema social, não há melhor pedra de toque do que esta. Interroguemos, portanto, a esse respeito, a Europa por volta do ano mil. Já no primeiro exame, alguns traços, que dominam amplamente o aspecto jurídico, sobressaem com grande clareza. Trata-se, em primeiro lugar, do prodigioso esfacelamento dos poderes judiciários. E também de seu emaranhamento. Por fim, sua medíocre eficácia. Inúmeras cortes eram chamadas a decidir, lado a lado, os debates mais graves. Entre elas, seguramente, algumas regras fixavam, em teoria, a divisão das competências. Mas não sem deixar a porta aberta a constantes incertezas. Os arquivos das senhorias, tal como chegaram a nós, abundam em documentos relativos às contestações entre justiças concorrentes. Desesperados em saber a que autoridade levar seus litígios, os pleiteantes frequentemente concordavam em constituir, por sua própria vontade, árbitros ou então preferiam um acordo amigável à sentença, havendo, aliás, a possibilidade de, posteriormente, não respeitá-lo. Incerto quanto ao seu direito, incerto quanto a sua força, o tribunal nem sempre desdenhava exigir, de antemão ou após a decisão, o consentimento das partes em relação à sentença. Quando se obtinha uma decisão favorável, para fazer executá-la, não havia frequentemente outro recurso senão negociar com um recalcitrante adversário. Em uma palavra, é chegado o momento de relembrar que a desordem pode constituir, à sua maneira, um grande fato histórico. Um fato, porém, que deve ser explicado. Visivelmente, ela se devia, aqui, em grande medida, à coexistência de princípios contraditórios, que, oriundos de tradições diversas e forçados, além disso, a se adaptarem, mais ou menos desastradamente, às necessidades de uma sociedade altamente instável, se atravessavam incessantemente. Mas ela encontrava também sua fonte nas condições concretas que o meio humano impunha ao exercício da justiça.

Nessa sociedade que multiplicara as relações de dependência, todo chefe – e Deus sabe que eram numerosos – desejava ser juiz. Isso porque somente o direito de julgar permitia manter eficazmente no dever os subordinados e, evitando deixar que se inclinassem diante das decisões de tribunais estrangeiros, fornecia o meio mais seguro de protegê-los e, ao mesmo tempo, dominá-los. Mas também porque esse direito era essencialmente lucrativo. Não somente ele comportava a percepção de multas e custas, assim como as frutuosas receitas dos confiscos, mas, além disso, favorecia, mais do que qualquer outro, essa transformação dos usos em obrigações, de que os senhores tiravam tantos proveitos. Não por acaso, a acepção da palavra *justicia* estendeu-se, por vezes, a ponto de designar o conjunto dos poderes senhoriais. Na verdade, havia aí, sob muitos aspectos, a expressão de uma necessidade comum a quase toda vida em grupo: até mesmo nos dias de hoje, não é todo empregador, em sua empresa, ou todo comandante de tropa, à sua maneira, um juiz? Mas seus poderes, a esse título, têm por limite uma esfera de atividade bem determinada. Julga e deve julgar o operário e o soldado somente nessa qualidade. O chefe dos tempos feudais enxergava mais longe, pois os laços de submissão tendiam então a alcançar o homem como um todo.

Administrar a justiça não era, aliás, na época feudal, uma tarefa muito complicada. Era certamente necessário algum conhecimento do direito. Aí onde subsistiam os códigos escritos, essa ciência se resumia a conhecer praticamente de cor ou mandar que se lessem suas regras frequentemente numerosas e detalhadas, mas demasiadamente rígidas para não dispensar, muito amplamente, todo esforço de reflexão pessoal. Quando, ao contrário, o costume oral tinha afastado o texto, bastava ter alguma familiaridade com essa tradição difusa. Por fim, convinha, de todo modo, conhecer os gestos prescritos e as palavras necessárias, que encerravam o procedimento em um corpete de formalismo. Era, em resumo, tudo uma questão de memória e de prática. Os meios de prova eram rudimentares e de fácil aplicação. O emprego, pouco frequente, do testemunho limitava-se a registrar os dizeres, mais do que a examiná-los. Consignar o conteúdo de um escrito autêntico – o que, de resto, foi, por muito tempo, bastante raro –, receber o juramento de uma das partes ou dos ajuramentados, constatar o resultado de um ordálio ou de um duelo judiciário – estando este último cada vez mais difundido, em detrimento das demais formas do julgamento de Deus: tamanhos cuidados não exigiam preparo técnico. Os próprios processos incidiam somente sobre matérias pouco numerosas e sem sutileza. A anemia da vida comercial reduzia ao extremo o capítulo dos contratos. Quando, em certos meios particulares, se desenvolveu novamente uma economia de trocas mais ativa, a incapacidade manifestada pelo direito comum, assim como pelos tribunais habituais, diante de tais debates, rapidamente levou os grupos mercantis a decidi-los entre si, primeiramente por arbitragens não oficiais e, mais tarde, por meio de jurisdições próprias. A *saisine* – isto é, a posse sancionada pelo longo uso –, os poderes sobre as coisas e os homens: esse era o objeto constante de quase todos os litígios. Isso, é claro, ao lado dos crimes e dos delitos. Mas, aqui, a ação dos tribunais era, na prática, singularmente limitada pela vingança privada. Nenhum obstáculo intelectual, em resumo, impedia que aquele que detivesse o poder desejado, ou a quem este tivesse sido delegado, se erigisse em juiz.

Paralelamente aos tribunais ordinários, existia, entretanto, um sistema de cortes especializadas: as da Igreja. Isto é: da Igreja no exercício de sua própria missão. Isso porque os poderes judiciários que bispos e monastérios possuíam sobre seus dependentes, ao mesmo título que tantos senhores de espada, não eram naturalmente classificados sob a rubrica da jurisdição autenticamente eclesiástica. O campo de ação desta era duplo. Visava a estender-se sobre todas as pessoas marcadas pelo sinal sagrado: clérigos e monges. Reservara-se, além disso, mais ou menos completamente, certos delitos ou atos que, embora cometidos por pessoas do mundo secular, eram concebidos como dotados de natureza religiosa: desde a heresia até o juramento ou o casamento. Seu desenvolvimento, durante a era feudal, não somente revela a fraqueza dos grandes poderes temporais – a monarquia carolíngia concedera, a esse respeito, muito menos independência a seu clero –, mas também atesta a tendência do mundo clerical em alargar, cada vez mais, o abismo entre a pequena coletividade dos servidores de Deus e a massa profana. Aqui também, o problema das competências provocou intensas querelas de demarcação, obstinadas, na verdade, sobretudo a partir do momento em que, diante dos avanços do espiritual, se ergueram, novamente, verdadeiros governos de Estado. Mas, precisamente, por estarem tanto a justiça como o direito da Igreja realmente entre as instituições próprias à feudalidade, como um Império dentro de um Império, será conforme a realidade, após brevemente relembrar seu papel e sua importância, deixá-los então de lado.

2. A DIVISÃO DAS JUSTIÇAS

Assim como o direito das pessoas, o sistema judiciário fora, na Europa bárbara, dominado pela oposição tradicional entre os homens livres e os escravos. Os primeiros eram, em princípio, julgados por cortes compostas, por sua vez, por outros homens livres e cujos debates eram dirigidos por um representante do rei. Sobre os segundos, o senhor exerce um poder de decisão – nas disputas entre eles – e de correção, regulamentado com demasiada exclusividade por seu bel-prazer para ser propriamente qualificado de justiça. Acontecia, na verdade, que, excepcionalmente, escravos fossem trazidos perante o tribunal público, seja por ter o proprietário espontaneamente escolhido esse meio de dissimular sua responsabilidade, seja por ter a lei, em um interesse de boa polícia, feito disso, em certos casos, uma obrigação. Mas, mesmo então, era para ver sua sorte colocada entre as mãos de superiores, e não de iguais. Não há nada mais claro do que tal antítese. Ela não tardou, entretanto, a ceder diante da irresistível pressão da vida.

Na prática, com efeito, a brecha entre as duas categorias jurídicas tendia, como se sabe, cada vez mais a desaparecer. Muitos escravos se tornaram rendeiros, ao mesmo título que tantos homens livres. Muitos homens livres viviam sob a autoridade de um senhor e dele recebiam seus campos. Como não teria o senhor sido levado a estender, uniformemente, sobre esse pequeno povo heterogêneo, unido pelos liames de uma submissão comum, seu direito de correção? Como não se teria erigido em juiz dos litígios advindos no seio do grupo? Desde o final da época romana, despontam, à margem da lei, essas justiças privadas dos "poderosos", por vezes com suas prisões. Quando o biógrafo de Santo Cesário de Arles – morto em 542 – louva seu herói por jamais ter mandado distribuir, ao menos de uma só vez, mais de 39 golpes de bastão em nenhum de seus dependentes, é para precisar que empregava essa brandura não somente para com os escravos, mas também para com os "ingênuos de sua obediência". Caberia às realezas bárbaras reconhecer juridicamente essa situação de fato.

Tal foi, particularmente, desde a origem, um dos objetos principais e, logo, a verdadeira razão de ser da "imunidade" franca, que, muito antiga na Gália, iria espalhar-se, graças aos esforços dos carolíngios, por todo seu vasto Império. A palavra designava a união de dois privilégios: dispensa de certas cobranças do fisco; proibição aos oficiais reais de penetrar, por qualquer motivo, no território "imune". Disso resultava, quase necessariamente, a delegação ao senhor de certos poderes judiciários sobre os habitantes.

Na verdade, a outorga, por diploma expresso, dessas imunidades parece ter permanecido estritamente limitada às igrejas. Os raros exemplos contrários que se possa estar tentado a invocar não somente são tardios, como também se justificavam visivelmente por circunstâncias totalmente excepcionais. Além disso, mais que o silêncio, sempre suspeito, dos arquivos, o dos formulários empregados pela chancelaria franca pode nos convencer: é em vão que neles procuraríamos um modelo de documento desse tipo em favor de leigos. Na prática, entretanto, muitos destes alcançaram, por outro meio, as mesmas vantagens. Tradicionalmente, também os bens reais eram classificados como "imunes". Isso significa que, explorados diretamente em proveito do príncipe e administrados por um corpo especial de agentes, escapavam à autoridade dos funcionários do quadro normal. Ao conde e a seus subordinados, era proibido fazer cobranças e mesmo comparecer ao local. Ora, quando, como recompensa por serviços prestados ou a serem prestados, o rei cedia uma de suas terras, ele o fazia, ordinariamente, conservando a antiga isenção. Concedido a título provisório, não continuava o "benefício" a integrar, teoricamente, o domínio da monarquia? Os poderosos, cuja fortuna, em grandíssima parte, se originava dessas liberalidades, se viram, portanto, em muitas de suas senhorias, gozando de privilégios legais exatamente iguais aos dos imunes da Igreja. Não há dúvidas, aliás, de que tenham frequentemente conseguido estender, de modo menos legítimo, tal proveito às suas posses patrimoniais, nos limites das quais estavam, de tão longa data, acostumados a comandar como senhores.

Por razões diversas, mas igualmente imperiosas, os soberanos eram conduzidos a essas concessões, que deveriam prolongar-se por toda a Primeira Idade Feudal e cujas fórmulas, tornadas bastante vãs, as chancelarias continuariam, por muito mais tempo ainda, a transmitir umas às outras. Quando se tratava de igrejas, satisfazê-las com favores era um dever de bom governo: dessa forma, o príncipe chamava sobre seus povos o orvalho das bênçãos celestes. Quanto aos magnatas e aos vassalos, as liberalidades em seu favor pareciam o preço necessário de sua frágil lealdade. Havia, ademais, algum inconveniente grave o bastante para restringir o campo de ação dos oficiais reais? Duros com populações frequentemente pouco dóceis em relação a seu senhor, sua conduta apenas ensejava demasiada desconfiança. Tanto quanto sobre eles, era sobre os chefes dos pequenos grupos entre os quais se repartia a massa dos súditos que a monarquia fazia sustentar o direito de garantir a ordem e a obediência; ao fortalecer a autoridade desses responsáveis, ela acreditava consolidar seu próprio sistema de polícia. Durante muito tempo, por fim, as jurisdições privadas se mostraram tanto mais invasivas quanto, nascidas do simples exercício da força, esta definia, por si só, seus limites. Legalizá-las permitiria reconduzi-las, ao mesmo tempo, a limites justos. Muito perceptível na imunidade carolíngia, esta última preocupação se vinculava à reforma geral do regime judiciário, que, empreendida por Carlos Magno, estava destinada a pesar fortemente sobre toda a evolução seguinte.

No Estado merovíngio, a circunscrição judiciária fundamental fora um território de extensão bastante medíocre: como ordem de grandeza – exceção feita, é claro, a inúmeras variações locais –, praticamente o equivalente às menores circunscrições napoleônicas. Era geralmente designada por nomes românicos ou germânicos que significavam "centena": designação de origem passavelmente misteriosa, que remontava às velhas instituições dos povos germânicos e, talvez, a um sistema de numeração diferente do nosso (o sentido original da palavra *hundert* que escrevemos em alemão moderno, sendo provavelmente cento e vinte). Dizia-se também, em regiões de língua românica, *voirie* ou *viguerie* [vicariado] (em latim, *vicaria*). O conde, durante seus giros pelas diversas centenas situadas sob sua autoridade, convocava todos os homens livres ao local de seu tribunal. Lá, as sentenças eram proferidas por um pequeno grupo de julgadores escolhidos na assembleia; o papel de oficial real se limitava, de início, a presidir as deliberações e, em seguida, fazer executar as decisões.

Com a experiência, entretanto, esse sistema se mostrou afetado por um duplo inconveniente: aos habitantes, impunha demasiadas convocações; ao conde, um encargo demasiadamente pesado para ser corretamente cumprido. Carlos Magno o substituiu, portanto, pela sobreposição de duas jurisdições, soberanas em suas respectivas esferas. O conde continua a dirigir-se regularmente à centena para reunir sua corte; assim como no passado, a esta deve, em princípio, comparecer toda a população. Mas essas audiências condais e plenárias já ocorrem somente três vezes por ano: periodicidade reduzida, possibilitada por uma limitação de competência. Isso porque, a partir de então, somente serão conduzidos perante essas "assembleias gerais" os processos que versam sobre as matérias mais importantes: as "causas maiores". Quanto às "causas menores", elas serão reservadas a sessões, ao mesmo tempo, menos raras e mais restritas, às quais somente os julgadores são obrigados a comparecer e cuja presidência é confiada a um simples subordinado do conde: seu representante na circunscrição, o *centenier* ou *voyer* [vicário].

Ora, qualquer que seja a horrível imprecisão de nossos documentos, não se deve duvidar de que, sob Carlos Magno e seus sucessores imediatos, a extensão da jurisdição reconhecida aos imunes sobre os homens livres de suas terras tenha coincidido geralmente com as "causas menores". Em outros termos, o senhor, assim privilegiado, cumpre, em seus domínios, a função de *centenier*. Quando, ao contrário, se trata de uma causa "maior", a imunidade se opõe a toda tentativa do conde de deter, por si próprio, o suspeito, o réu ou os ajuramentados em solo isento. Deverá, porém, o senhor, sob sua própria responsabilidade, apresentar as pessoas requeridas ao tribunal condal. Assim, preservando o essencial, o soberano esperava, ao menos, reservar às cortes de direito público as decisões mais graves.

A distinção das causas maiores e menores teria longas repercussões. É ela, com efeito, que, durante toda a era feudal e por muito mais tempo ainda, vemos prolongar-se, sob os novos nomes de "alta" e "baixa" justiças. Essa antítese fundamental, comum a todos os países que haviam sofrido a influência carolíngia, e somente a eles, continuava a opor dois graus de competência que, em um mesmo território, não estavam necessariamente reunidos nas mesmas mãos. Mas nem os limites das atribuições assim sobrepostas, nem sua repartição estiveram perto de permanecer tal como haviam sido originalmente estabelecidos.

No campo criminal, a época carolíngia, após algumas hesitações, fixara para as "causas maiores" um critério extraído da natureza do castigo: apenas o tribunal condal podia condenar à morte ou pronunciar a escravização. Esse princípio, muito claro, atravessou as eras. Na verdade, as transformações da noção de liberdade fizeram rapidamente desaparecer a sujeição propriamente penal (os casos em que se via o assassino de um servo contrair os mesmos laços em relação ao senhor da vítima pertencem a outra rubrica: a da indenização). O alto justiceiro, em contrapartida, sempre permaneceu o juiz normal dos crimes "de sangue": isto é, aqueles que acarretam o último suplício. O fato novo foi que esses "processos de espada", como diz o direito normando, deixaram de ser privilégio de algumas grandes cortes. Durante a Primeira Idade Feudal, não há traço mais marcante, ou mesmo – embora tenha certamente sido particularmente acentuado na França –, mais universal e, para o destino das comunidades humanas, mais decisivo do que a multidão de pequenos chefes, assim investidos do direito de morte. O que, portanto, acontecera? Evidentemente, nem a fragmentação de certos poderes condais, por herança ou por doação, nem as usurpações puras e simples bastariam para fornecer a chave de tal multiplicação. Da mesma forma, diversos indícios atestam claramente um verdadeiro deslocamento dos valores jurídicos. Todas as grandes igrejas exercem, por si mesmas ou por meio de seus representantes, a justiça de sangue: esta se tornou, portanto, sem consideração pelas regras antigas, uma consequência natural da imunidade. É, por vezes, chamada *centaine* ou *voirie*: era constatar, de alguma maneira, oficialmente que ela seria, doravante, considerada como sendo da competência das cortes de segundo grau. Em outros termos, a barreira, antes erguida pelos carolíngios, tinha, nesse ponto, cedido. E a evolução certamente não é inexplicável.

Com efeito, não nos enganemos: essas sentenças capitais, antes reservadas às jurisdições condais – assim como, em nível ainda superior, ao tribunal real ou às audiências convocadas pelos *missi* –, jamais foram, na época franca, muito numerosas. Apenas os crimes considerados particularmente odiosos à paz pública eram então punidos com tais castigos. Com muito maior frequência, o papel dos juízes se limitava a propor ou impor um acordo e, em seguida, a prescrever o pagamento de uma indenização conforme a tarifa legal e da qual a autoridade, dotada dos poderes judiciários, recebia uma parte. Veio, porém, no momento da grande carência dos Estados, um período de vinganças e de violências quase constantes. Contra o velho sistema de repressão, cuja temível ineficácia os próprios fatos pareciam assim denunciar, não tardou a produzir-se uma reação, estreitamente ligada ao movimento das ligas de paz. Ela encontrou sua expressão mais característica na atitude inteiramente nova adotada pelos meios mais influentes da Igreja. Antes, por horror ao sangue e aos longos rancores, eles haviam favorecido a prática das "composições" pecuniárias. A partir de então, reclamaram, ao contrário, que esses resgates demasiado fáceis fossem substituídos por penas aflitivas, as únicas capazes, em sua opinião, de assustar os malfeitores. Foi nessa época – por volta do século X – que o Código Penal da Europa começou a assumir esse aspecto de extrema dureza, cuja marca seria chamado a conservar até o esforço humanitário de dias muito mais próximos de nós: cruel metamorfose que, embora devesse alimentar, com o tempo, a indiferença ao sofrimento humano, fora, em seu princípio, inspirada pelo desejo de evitar esse próprio sofrimento.

Ora, para todas as causas criminais, por mais graves que fossem, em que não intervinha o carrasco, as jurisdições inferiores, tribunais de centenas ou de imunidade, sempre haviam sido competentes. Quando o preço em dinheiro, pouco a pouco, recuou diante da sanção, os juízes permaneceram os mesmos; somente a natureza das sentenças se alterou e os condes deixaram de deter o monopólio das condenações à morte. A transição foi, aliás, facilitada por dois traços do regime anterior. Os tribunais dos *centeniers* sempre possuíram o direito de punir, com o derradeiro suplício, os culpados surpreendidos em flagrante delito. Essa mesma preocupação aconselhou essas cortes a não mais se aterem ao limite anteriormente fixado. Os imunes sempre dispuseram da vida de seus escravos. Entre os dependentes, onde estava, doravante, a fronteira da servidão?

Crimes à parte, duas categorias de processos eram da competência exclusiva dos tribunais do conde: os que envolviam o *status*, servil ou livre, de uma das partes ou concerniam à posse de escravos; e os que incidiam sobre a posse de alódios. Essa dupla herança não passaria intacta para os mais numerosos altos justiceiros da época posterior. Os litígios relativos aos alódios – aliás, cada vez mais raros – permaneceram frequentemente um monopólio dos verdadeiros herdeiros dos direitos condais: foi esse o caso, até o século XII, no Laon, onde o conde era o bispo.[327] Quanto às questões relativas à servidão ou aos escravos, o quase desaparecimento da escravidão doméstica e o aparecimento de uma nova concepção de liberdade fizeram com que elas se confundissem na massa dos debates sobre o patrimônio em geral ou sobre a dependência do homem: espécie de contestação que jamais fez parte das "causas maiores". Despojada, dessa forma, tanto para o alto quanto para baixo, a alta justiça poderia ter sido vista como condenada ao papel de uma jurisdição puramente penal. O "civil" – no sentido moderno da palavra – fez, entretanto, seu retorno por intermédio do procedimento. Na era feudal, um número muito grande de diferendos, de toda natureza, eram decididos pelo duelo. Ora, por uma natural associação de ideias, admitiu-se – não sempre, por certo, mas muito frequentemente – que esse modo de prova sangrento somente podia desenvolver-se perante as justiças "de sangue".

Todo alto justiceiro, nos tempos feudais, também exercia, nas terras de sua obediência direta, a baixa justiça. Mas o inverso não era verdadeiro, ou, pelo menos, apenas o seria em certas regiões – como, segundo Beaumanoir, o Beauvaisis do século XIII – e somente ao término da evolução. Em outros termos, por muito tempo, não foi nada excepcional o caso de homens que, justiçáveis pelo senhor em cujo solo viviam para os processos de grau inferior, levavam, ao contrário, a uma corte vizinha, suas causas mais graves. Qualquer que tivesse sido a dispersão dos poderes judiciários, ela não suprimira a sobreposição das competências em mãos distintas. Mas com o rebaixamento de um escalão sobre toda a linha. Com efeito, assim como os sucessores dos *voyers* ou *centeniers*, os imunes ou, ainda, certamente, fora de qualquer privilégio, um grande número de simples poderosos privaram o conde – exceção feita aos casos de alódios – do monopólio das causas maiores e se fizeram, assim, altos justiceiros, eles perderam, por sua vez, em proveito da massa dos senhores, o das causas menores. A partir de então, aquele que se encontra à frente de um pequeno grupo de humildes dependentes, assim como aquele que percebe os tributos de um pequeno grupo de tenências rurais, dispõe, no mínimo, da baixa justiça. Nesta, aliás, muitos elementos de data e de natureza diferentes vieram se misturar.

---

327. Instituição de paz de Laon (26 ago. 1128) em WARNKOENIG e STEIN. *Französische Staats und Rechtsgeschichte*, t. I, *Urkundenbuch*, p. 31, c. 2.

Ela compreendia, primeiramente, o julgamento de todas as contestações que colocavam frente a frente o próprio senhor e seus rendeiros, particularmente as que envolviam os encargos que pesavam sobre estes. É inútil evocar aqui a herança de sistemas judiciários oficiais. A verdadeira fonte desse direito estava na imagem, ao mesmo tempo, muito antiga e cada vez mais intensamente concebida que se tinha dos poderes próprios ao chefe. Ou melhor, a qualquer personagem que se encontrasse em posição de exigir de outro homem o cumprimento de uma obrigação nuançada de inferioridade. Não se viu, na França do século XII, o detentor de uma modesta tenência em vilanagem, repassada, por sua vez, a um explorador, obter de seu próprio senhor, caso a quantia deixasse de ser paga, o reconhecimento, sobre tal censitário, do "exercício da justiça somente para isto, e para mais nada"?[328] Da jurisdição propriamente dita à execução pessoal pelo credor – tão frequentemente praticada então e, muitas vezes, legalmente reconhecida –, as transições nem sempre eram muito perceptíveis e a consciência comum certamente distinguia bastante mal as duas noções. Essa justiça sobre as rendas – a "justiça fundiária" dos juristas da idade posterior –, não constituía, entretanto, toda a baixa justiça. No baixo justiceiro, os homens que viviam em sua terra encontravam também o juiz normal de praticamente todos os processos civis que podiam intentar entre si – reservado o recurso ao duelo judiciário –, assim como de todos os pequenos e médios delitos: papel em que se confundiam o legado das "causas menores" e o dos direitos de decisão e de correção de há muito controlados, de fato, pelos senhores.

Tanto as altas como as baixas justiças estavam vinculadas ao solo. Aquele que residisse dentro de suas fronteiras se submetia a elas. Aquele que vivesse fora de seus limites lhes escapava. Mas, nessa sociedade em que os laços de homem para homem eram tão fortes, esse princípio territorial sofria perpetuamente a concorrência de um princípio pessoal. Todo aquele que estendia seu *maimbour* sobre outro mais fraco tinha o direito e, ao mesmo tempo, o dever de acompanhar seu protegido ao tribunal, de ali o defender e de fazer-se seu fiador. Daí a reivindicar o poder de pronunciar a sentença, era um passo fácil de ser dado. Ele o foi, de fato, em todos os graus da hierarquia.

Entre os dependentes pessoais, os mais humildes e os mais estritamente submetidos eram aqueles que, em razão do caráter hereditário do vínculo, se costumava designar como não livres. Considerava-se, em regra geral, que lhes estavam vedados, senão outros juízes, ao menos outros juízes de sangue além de seus senhores "de corpo". E isso mesmo quando não viviam nas terras destes ou quando estes senhores não exercem a alta justiça sobre seus demais rendeiros. Frequentemente, procurou-se aplicar princípios análogos a outros tipos de modestos subordinados que, embora não estivessem vinculados por filiação paterna ao senhor, não pareciam menos próximos de sua pessoa: aos servidores e servidoras, por exemplo, ou ainda aos mercadores que, nas cidades, os barões da Igreja encarregavam de suas compras e de suas vendas. Difíceis de concretizar na prática, essas reivindicações eram uma fonte constante de incerteza e de conflitos.

---

328. *Cartulaire du prieuré de N.-D. de Longpont*, ed. MARION, n. 25.

Na verdade, na medida em que a nova servidão conservara a marca da antiga, a justiça exclusiva do senhor sobre seus servos podia aparecer como a consequência natural do velho direito de correção: tal é, aliás, a ideia que ainda parece, de fato, veicular um texto alemão do século XII.[329] Por serem homens livres, os vassalos militares, ao contrário, dependiam somente do tribunal público. Isso, pelo menos, quanto ao direito. Como duvidar de que, na verdade, o senhor se esforçasse em resolver, por si próprio, as dificuldades que ameaçavam opor seus fiéis? Ou de que as pessoas lesadas pelos "satélites" de um poderoso tivessem ordinariamente julgado mais seguro procurar junto a este a reparação de um dano? A partir do século X, essas práticas geraram uma verdadeira justiça. A metamorfose, aliás, fora favorecida e, por vezes, se tornara quase imperceptível pelo destino que a evolução geral dos poderes reservara às jurisdições públicas. Sob a forma de "honras" e, depois, de feudos patrimoniais, estas caíram, em sua maioria, nas mãos dos magnatas. Eles as povoavam com seus fiéis; e pode-se observar claramente, em certos principados, como o tribunal do conde, assim composto, se transformou, pouco a pouco, em corte verdadeiramente feudal, na qual o vassalo decidia, acima de tudo, os processos dos demais vassalos.

3. JULGAMENTO PELOS PARES OU JULGAMENTO PELOS SENHORES?

O homem livre julgado por uma reunião de homens livres, o escravo corrigido somente por seu senhor: essa divisão não podia sobreviver às perturbações da classificação social e, particularmente, à redução à servidão de tantos homens anteriormente livres que, nestes novos liames, conservavam numerosos traços de seu *status* primitivo. O direito de serem julgados por "seus pares" jamais foi contestado às pessoas de posição social minimamente elevada. Isso, aliás, ao preço da introdução de distinções hierárquicas que, como vimos, não deixavam de atingir rudemente o velho princípio da igualdade judiciária, nascido, simplesmente, de uma liberdade comum. Ademais, em muitos lugares, o costume estendeu ao conjunto dos dependentes e até aos servos a prática do julgamento, senão sempre por iguais exatos, ao menos por colégios compostos de súditos do mesmo senhor. Nas regiões situadas entre o Sena e o Loire, a alta justiça continuava ordinariamente a ser administrada em "assembleias gerais", a que toda a população local devia assistir. Quanto aos julgadores, em conformidade com a mais pura tradição carolíngia, eles ainda eram frequentemente nomeados, em caráter vitalício, pelo detentor dos poderes judiciários – eram os échevins [almotacés]; ou então, tendo a feudalização das funções aqui também se produzido, a obrigação de presidir o tribunal acabara por fixar-se hereditariamente em certas tenências. Alhures, o senhor ou seu representante parecem ter-se contentado, um pouco ao acaso, com os principais notáveis, os "bons homens" do local. Acima dessas divergências, um fato central se mantém. Falar em justiça real, baronal e senhorial pode ser cômodo, mas legítimo somente sob a condição de não esquecer que quase nunca o rei ou o barão julgavam pessoalmente, e que o mesmo acontece com muitos senhores ou *maires* de aldeias. Reunida pelo chefe, colocada frequentemente sob sua presidência, era a sua corte que

---

329. ORTLIEB DE ZWIEFALTEN. *Chronicon*, I, c. 9 em SS., t. X, p. 78.

"dizia" ou "encontrava" o direito: ou seja, ao rememorar as regras, ela as incorporava à sua sentença. "A corte, e não o senhor, faz o julgamento", afirma, em termos próprios, um texto inglês.[330] E, por certo, seria igualmente imprudente exagerar ou negar absolutamente as garantias dessa forma oferecidas aos justiçáveis. "Rápido, rápido, apressai-vos em dar-me um julgamento": assim falava o impaciente Henrique Plantageneta, exigindo de seus fiéis a condenação de Thomas Becket.[331] As palavras resumem bastante bem tanto os limites – infinitamente variáveis, segundo os casos – que o poder do chefe impunha à imparcialidade dos juízes quanto a impossibilidade em que se encontrava, entretanto, o mais imperioso dos tiranos de privar-se de um julgamento coletivo.

Mas a ideia segundo a qual os não livres e, por uma assimilação natural, os mais humildes dependentes não deviam conhecer outro juiz além de seu senhor já estava sedimentada há tempo demais nas consciências para apagar-se facilmente. Nos países outrora romanizados, ela encontrava, ademais, um apoio no que podia restar da influência ou das recordações da organização romana; lá, os magistrados foram os superiores, e não os pares, de seus justiçáveis. Mais uma vez, a oposição de princípios contrários, entre os quais era preciso optar, se traduziu pela diversidade dos costumes. Segundo as regiões, ou até as aldeias, os camponeses eram julgados ora por tribunais colegiais, ora somente pelo senhor ou seu sargento. Este último sistema não parece ter sido, de início, o mais frequente. Mas, durante a Segunda Idade Feudal, a evolução pendeu nitidamente a seu favor. "Corte baronal", composta de livres rendeiros que decidem a sorte de outros livres rendeiros; "corte costumeira", em que o vilão, tido então como privado de liberdade, curva a cabeça diante as decisões do senescal: tal é a distinção, carregada de consequências, que, no século XIII, os juristas ingleses se esforçam em introduzir na estrutura judiciária, até então muito mais simples, dos *manors* ingleses. Da mesma forma, na França, desprezando uma prática ainda muito difundida, a doutrina, de que Beaumanoir é intérprete, deseja ver, no julgamento pelos pares, o monopólio dos fidalgos. A hierarquização, que era uma das marcas da época, dobrava a seus fins até o regime dos tribunais.

4. À MARGEM DO ESFACELAMENTO: SOBREVIVÊNCIAS E FATORES NOVOS

Por mais esfacelada e senhorializada que fosse a justiça, seria um grave erro, entretanto, imaginar que, no mundo feudal, nada tivesse sobrevivido das antigas jurisdições de direito popular ou público. Mas sua força de resistência, que em lugar algum foi desprezível, variou consideravelmente segundo os países. É chegado, pois, o momento de focalizar, com maior nitidez do que se possa ter feito até aqui, os contrastes nacionais.

A despeito de incontestáveis originalidades, a evolução inglesa não deixou de apresentar evidentes semelhanças com a do Estado franco. Aqui também, na base da organização judiciária, encontramos a centena, com sua corte de livres julgadores. Então, por volta do século X, começaram a se estabelecer, acima das centenas, os condados, ou, em língua indígena, *shires*. No Sul, eles correspondiam a intensas divisões étnicas, antigos reinos pouco

---

330. *Monumenta Gildhallae Londoniensis* (Rolls Series), t. I, p. 66.
331. ROGÉRIO DE HOVEDEN. *Chronica* (Rolls Series), t. I, p. 228.

a pouco absorvidos em monarquias mais vastas – tais como o Kent ou o Sussex –, ou então grupos espontaneamente formados no seio de um povo em vias de estabelecimento: caso do Suffolk e do Norfolk, "gente do Sul" e "gente do Norte", que representavam as duas metades da primitiva Ânglia oriental. No Centro e no Norte, ao contrário, eles foram, desde a origem, somente circunscrições administrativas e militares, mais tardiamente e mais arbitrariamente criadas, no momento da luta contra os dinamarqueses, tendo uma cidadela como centro: por isso, nessa parte do país, levam, em sua maioria, simplesmente o nome de sua capital. O *shire* também possuiu seu tribunal de homens livres. Mas a divisão das competências foi, aqui, muito menos nitidamente definida que no Império Carolíngio. A despeito de alguns esforços para reservar ao tribunal do condado o julgamento de certos crimes particularmente odiosos à paz pública, ele parece ter intervindo, sobretudo, nos casos em que a jurisdição inferior se mostrara impotente. Explica-se, dessa maneira, que a distinção entre alta e baixa justiças tenha sempre permanecido estranha ao sistema inglês.

Assim como no continente, essas jurisdições de natureza pública enfrentaram a concorrência das justiças de chefes. Rapidamente, ouve-se falar em audiências realizadas pelo senhor em sua casa, seu *hall*. Então, os reis legalizaram esse estado de fato. A partir do século X, distribuem permissões para julgar, conhecidas como direito de *sake and soke* (*sake*, que corresponde ao substantivo alemão *Sache*, significava "causa" ou "processo"; *soke*, que se deve aproximar do verbo alemão *suchen*, designava a "procura" do juiz, isto é, o recurso a suas decisões). Aplicáveis ora a uma determinada terra, ora a um grupo de pessoas, os poderes assim outorgados praticamente coincidiam com a competência, bastante ampla, como se sabe, da centena anglo-saxônica: isso lhes conferiu, desde o início, um raio superior à capacidade de ação comportada, em princípio, pela imunidade carolíngia, aproximativamente igual, por outro lado, aos direitos de que, no século X, os imunes haviam conseguido apropriar-se. Sua repercussão sobre os laços sociais parecia tão grave que o livre rendeiro tirou seu nome ordinário de sua submissão ao tribunal do senhor: *sokeman*, isto é, em sentido próprio, "o justiçável". Por vezes, até mesmo certas igrejas ou certos magnatas receberam, a título de doação perpétua, o direito de manter um tribunal de centena; e chegou-se a reconhecer a alguns monastérios, na verdade em número muito pequeno, a faculdade de julgar todos os crimes, mesmo que o julgamento fosse habitualmente reservado ao rei.

Entretanto, essas concessões, por mais importantes que fossem, jamais arruinaram por completo as velhas jurisdições colegiais de direito popular. Mesmo nos lugares em que a corte de centena se encontrava nas mãos de um barão, ela continuava a se reunir, como no tempo em que fora presidida por um delegado do rei. Quanto aos tribunais de condado, seu funcionamento, segundo o esquema antigo, jamais foi interrompido. Certamente, os grandes personagens, elevados demais para se submeterem a suas decisões, e os camponeses, mesmo livres, tragados pelas justiças senhoriais, deixaram geralmente de comparecer a essas assembleias: ressalvado, aliás, para o pequeno povo das aldeias, o dever de fazer-se, em princípio, representar pelo padre, o oficial senhorial e quatro homens. Por outro lado, todos os que, em termos de poder e de liberdade, se situavam em posição mediana permaneciam obrigados a frequentá-las. Sufocadas entre os tribunais senhoriais e – desde a conquista normanda – a invasiva jurisdição real, seu papel judiciário se reduziu, progressivamente, a bastante pouca coisa. No entanto, ele não era desprezível. Era, sobretudo, aí – no quadro do condado, principalmente, mas também naquele, mais restrito, da centena – que os elementos realmente vivos da nação mantinham o hábito de encontrar-se para fixar o costume do grupo territorial, responder, em seu nome, a toda espécie de investigação ou até mesmo assumir, quando necessário, a responsabilidade por suas faltas coletivas: até o dia em que, convocados todos juntos, os deputados das cortes de condado formaram o primeiro núcleo daquilo que, mais tarde, seria a Câmara dos Comuns. Por certo, o regime parlamentar inglês não teve seu berço nas "florestas da Germânia". Sofreu profundamente a influência do meio feudal de que era oriundo. Contudo, quanto à sua própria tonalidade, que o distinguiu tão nitidamente dos sistemas de "Estados" do continente, e, de modo mais geral, essa colaboração das classes abastadas no poder, tão característica, desde a Idade Média, da estrutura política inglesa, como não reconhecer sua origem no sólido enraizamento, em solo insular, da estrutura dos tribunais de homens livres, conformes o antigo uso dos tempos bárbaros?

Acima da infinita variedade dos costumes locais ou regionais, dois grandes fatos dominaram a evolução do regime judiciário alemão. Permanecendo o "direito dos feudos" distinto do "direito da terra", foi paralelamente às antigas jurisdições e sem absorvê-las que se desenvolveram os tribunais vassálicos. Por outro lado, a manutenção de uma hierarquia social mais escalonada e, sobretudo, a longa sobrevivência da ideia de que gozar da liberdade era depender, sem intermediários, do poder público fizeram com que os antigos tribunais de condado e de centena – com competências assaz imperfeitamente delimitadas entre si – conservassem um raio de ação ainda muito extenso. Tal foi o caso, sobretudo, no Jura da Suábia e na Saxônia, regiões de numerosos alódios e de incompleta senhorialização. Adquiriu-se o hábito, entretanto, de exigir, em regra geral, dos julgadores ou almotacés certa fortuna financeira. Por vezes, chegou-se até mesmo, segundo uma tendência então quase universal, a considerar seus cargos hereditários. A tal ponto que a observância do velho princípio, que submetia o homem livre ao julgamento de cortes de homens livres, resultou frequentemente, afinal, em uma composição de tribunais mais oligárquica que em qualquer outro lugar.

A França – ao lado, certamente, da Itália setentrional – foi, por excelência, o país da justiça senhorializada. Por certo, os vestígios do sistema carolíngio permaneceram nela profundamente marcados, sobretudo no Norte. Mas eles envolviam apenas a hierarquização das justiças senhoriais – em altas e baixas – e sua organização interna. Os tribunais de centena ou *voirie* desapareceram de modo muito rápido e muito completo. É revelador que o âmbito de atuação do alto justiceiro tenha assumido, ordinariamente, o nome de castelania, como se a consciência coletiva somente reconhecesse a fonte do direito de julgar na posse de uma casa-forte, ao mesmo tempo origem e símbolo de um poder de fato. Isso não significa, entretanto, que nada tivesse subsistido das antigas justiças condais. Nos grandes principados territoriais, o príncipe, por vezes, soube reservar-se o monopólio das causas de sangue, pelo menos, sobre vastas extensões: caso da Flandres, da Normandia e do Béarn. Frequentemente, como vimos, o conde julga alódios; decide os processos em que as igrejas, imperfeitamente inseridas na hierarquia feudal, atuam como partes; ressalvadas as concessões ou as usurpações, ele detém, em princípio, a justiça dos mercados e das vias públicas. Já havia aí, pelo menos em germe, um poderoso antídoto à dispersão dos poderes judiciários.

Não era o único. Em toda a Europa, duas grandes forças trabalhavam para limitar ou contrariar o esfacelamento das justiças: ambas, por muito tempo, pouco eficazes, mas, quanto ao futuro, igualmente ricas.

Em primeiro lugar, as realezas. Que o rei fosse, essencialmente, o supremo justiceiro de seus povos, todos estavam de acordo a esse respeito. Restava tirar desse princípio suas consequências práticas. Aqui, o problema passava para o plano da ação e do poder de fato. No século XI, o tribunal do Capetíngio funciona apenas para julgar os dependentes imediatos do príncipe e suas igrejas, ou então, mais excepcionalmente e muito menos eficazmente, como corte vassálica, a que estavam sujeitos os grandes feudatários da Coroa. O do rei alemão, por outro lado, concebido com base no modelo carolíngio, ainda atrai para si um bom número de causas importantes. Mas, ainda que fossem relativamente ativas, essas cortes vinculadas à pessoa do soberano permaneciam, ao que tudo indica, incapazes de alcançar a massa dos súditos. Sequer bastava que, como na Alemanha, por onde passasse o rei, durante seus giros de bom governo, todas as demais justiças se apagassem diante da sua. O poder da monarquia somente podia tornar-se um elemento decisivo do sistema jurisdicional sob a condição de estender seus tentáculos por todo o reino, graças a toda uma rede de juízes missionários ou de delegados permanentes. Tal foi a obra realizada, no momento do reagrupamento geral de forças que marcou o termo da Segunda Idade Feudal, pelos soberanos anglo-normandos e anglo-angevinos, primeiramente, e, mais tarde e muito mais lentamente, pelos capetíngios. Encontrariam, tanto uns como outros, mas sobretudo os últimos, um ponto de apoio precioso no próprio sistema vassálico. Isso porque a feudalidade, que acabara por dividir entre tantas mãos o direito de julgar, fornecia, entretanto, pelo jogo das apelações, um remédio contra esse fracionamento.

Não se concebia, nessa época, que um processo, uma vez decidido, pudesse recomeçar, opondo os mesmos adversários, perante outros magistrados. Em outros termos, o erro propriamente dito, honestamente cometido, não parecia suscetível de reparação. Por outro lado, caso um dos pleiteantes considerasse que o tribunal havia julgado voluntariamente mal, ou então o censurasse por ter, ainda mais brutalmente, recusado qualquer julgamento, nada impedia que perseguisse seus membros perante uma autoridade superior. Se, nessa ação, absolutamente distinta da precedente, ele obtivesse ganho de causa, os maus juízes, geralmente, recebiam um castigo e sua sentença, de todo modo, era reformada. Assim compreendida, a apelação – a que chamaríamos hoje *prise à partie** do juiz – existia desde o tempo dos reinos bárbaros. Mas ela somente podia ser interposta, então, perante a única jurisdição que se elevava acima dos tribunais de homens livres: isto é, a corte real. Isso mostra o quanto, na prática, era rara e difícil. O regime vassálico abriu novas possibilidades. Todo vassalo, a partir de então, tinha seu senhor de feudo por juiz ordinário. Ora, a negação de justiça era um crime como qualquer outro. Aplicou-se-lhe, portanto,

---

*.   Ação por dano provocado pelo juiz, no exercício de suas funções. (N.T.)

muito naturalmente, a regra comum e, assim, as apelações subiram, degrau por degrau, a hierarquia das homenagens. O procedimento permanecia delicado de manejar; era, acima de tudo, perigoso, pois a prova nele se fazia habitualmente pelo duelo. Pelo menos, a corte feudal, à qual convinha, doravante, dirigir-se, era singularmente mais acessível que a de um rei demasiadamente distante; quando se chegava finalmente ao soberano, era apenas etapa por etapa. Na verdade, as apelações, na prática das classes superiores, tornaram-se cada vez menos excepcionais. Por comportar uma hierarquia das dependências e por estabelecer, entre os chefes sobrepostos um ao outro, uma série de contatos diretos, o sistema da vassalagem e do feudo permitia reintroduzir, na organização judiciária, um elemento de unidade que as monarquias de tipo antigo, fora do alcance da maioria das populações supostamente sujeitas, tinham se mostrado incapazes de salvaguardar.

CAPÍTULO II
Os poderes tradicionais: realezas e Império

1. GEOGRAFIA DAS REALEZAS

Acima da multidão das senhorias, das comunidades familiares ou aldeãs e dos grupos vassálicos, elevavam-se, na Europa feudal, diversos poderes cujo horizonte mais extenso teve, por muito tempo, por preço uma ação muito menos eficaz e cujo destino, entretanto, consistiu em manter, nessa sociedade esfacelada, certos princípios de ordem e de unidade. No ponto mais alto, realezas e Império tiravam sua força ou suas ambições de um longo passado. Mais abaixo, dominações mais jovens se escalonavam, por uma gradação quase imperceptível, do principado territorial à simples baronia ou castelania. Convém, primeiramente, dirigir o olhar para os poderes mais ricos em história.

Após a queda do Império Romano, o Ocidente fora recortado em reinos governados por dinastias germânicas. Era dessas monarquias "bárbaras" que, por uma sucessão mais ou menos direta, descendiam quase todas as da Europa feudal. A filiação era particularmente nítida na Inglaterra anglo-saxônica, que, por volta da primeira metade do século IX, ainda se dividia em cinco ou seis Estados, herdeiros autênticos – embora em número muito menor – das dominações fundadas, no passado, pelos invasores. Vimos como as incursões escandinavas deixaram subsistir apenas o Wessex, acrescido dos despojos de seus vizinhos. Seu soberano adquiriu, no século X, o hábito de intitular-se ora rei de toda a Bretanha, ora, mais frequentemente e mais permanentemente, rei dos anglos ou ingleses. Nas fronteiras desse *regnum anglorum* subsistia, entretanto, na época da conquista normanda, uma margem céltica. Os bretões do País de Gales repartiam-se entre várias pequenas comunidades. Ao Norte, uma família de chefes *scots*, isto é, irlandeses, submetendo, sucessivamente, as demais tribos celtas das terras altas e as populações germânicas ou germanizadas do Lothian, constituíra, peça por peça, um vasto reino, que tomou dos vencedores seu nome nacional: a Escócia.

Na Península Ibérica, alguns nobres godos, refugiados nas Astúrias após a invasão muçulmana, atribuíram-se um rei. Dividido, por várias vezes, entre os herdeiros do fundador, mas consideravelmente ampliado pela Reconquista, o Estado assim formado teve sua capital transferida, por volta do início do século X, para Leão, no planalto ao sul dos montes. Ao longo desse mesmo século, um comando militar estabelecido, ao leste, em Castela e que dependera inicialmente dos reinos asturo-leoneses, se tornou, pouco a pouco, autônomo e seu chefe assumiu, em 1035, o título de rei. Então, cerca de um século mais tarde, uma cisão análoga ocasionou, no Oeste, o nascimento de Portugal. Entretanto, os bascos dos Pireneus Centrais, chamados navarreses, viviam à margem, em seus vales. Também eles acabaram por se constituir em reino, que aparece claramente por volta do ano 900 e do qual se separou, em 1037, outra pequena monarquia, chamada, em razão da torrente que banhava seu território, "Aragão". Deve-se acrescentar, ao norte do baixo curso do Ebro, uma "marca" criada pelos francos e que, sob o nome de condado de Barcelona, foi juridicamente considerada, até o reino de São Luís, como feudo do rei da França. Tais foram – ao lado das fronteiras extremamente instáveis e sujeitas a todas as vicissitudes das divisões, das conquistas e da política matrimonial – as formações políticas de que nasceram "as Espanhas".

Ao norte dos Pireneus, um dos reinos bárbaros, o dos francos, fora desmedidamente ampliado pelos carolíngios. A destituição de Carlos, o Gordo, em novembro de 887, rapidamente seguida de sua morte, em 13 de janeiro do ano seguinte, marcou o fracasso do último esforço de unidade. Não foi, de modo algum, por capricho que o novo rei do Leste, Arnulfo, não manifestou qualquer pressa em aceitar também a dominação sobre o Oeste, que lhe era oferecida pelo arcebispo de Reims. Visivelmente, a herança de Carlos Magno parecia demasiadamente pesada. A divisão operou-se, no geral, segundo as linhas fixadas pela primeira partilha, a de Verdun, em 843. Constituído, nessa data, pela junção de três dioceses da margem esquerda do Reno – Mogúncia, Worms e Espira – às vastas extensões germânicas antes conquistadas, ao leste do rio, pelas duas dinastias francas, o reino de Luís, o Germânico, foi, em 888, restabelecido em proveito do único sobrevivente dentre seus descendentes: Arnulfo da Caríntia. Essa foi a "França Oriental", a que, por um anacronismo inofensivo, desde que consciente, podemos desde já chamar "Alemanha".

No antigo reino de Carlos, o Calvo, a "França Ocidental" – ou, simplesmente, a nossa França –, dois grandes senhores foram, praticamente ao mesmo tempo, proclamados reis: um duque italiano, porém de família franca, Guido de Espoleto; e um conde da Nêustria, de origem provavelmente saxônica, Eudes. O segundo, que dispunha de uma clientela muito mais extensa, evidenciada pela guerra contra os normandos, venceu sem dificuldades. Aqui também, a fronteira foi aproximadamente a de Verdun. Constituída pela justaposição de limites entre condados, ela cortava e recortava várias vezes o Escalda e vinha alcançar o Mosa um tanto a jusante de sua confluência com o Semois; em seguida, corria mais ou menos paralelamente ao rio e a algumas léguas de distância, na margem esquerda. Atingia então o Saône, a jusante de Port-sur-Saône, e se confundia, ao longo de uma distância bastante grande, com seu curso, dele se afastando somente diante de Chalon, para então desviar-se para o leste. Por fim, ao sul do Mâconnais, ela abandonava a linha Saône-Ródano, de modo a deixar à potência vizinha todos os condados limítrofes da margem ocidental, e somente retomava o fio da água no delta, para seguir, até o mar, o Pequeno Ródano.

Faltava a faixa intermediária, que, inserindo-se, ao norte dos Alpes, entre os Estados de Luís, o Germânico, e os de Carlos, o Calvo, para, depois, prolongar-se sobre a península italiana até Roma, formara, em 843, o desarmonioso reino de Lotário. Deste príncipe, já não restava mais nenhum descendente em linha masculina. Suas posses seriam, afinal, inteiramente anexadas à França Oriental. Mas isso se deu fragmento por fragmento.

Sucessor do antigo Estado lombardo, o reino da Itália cobria o Norte e o Centro da península, com a exceção de Veneza, a bizantina. Conheceu, durante quase um século, o mais tumultuoso destino. Várias linhagens disputaram sua coroa: duques de Espoleto, no Sul, e, sobretudo, ao norte, os senhores desses desfiladeiros alpestres, a partir dos quais era tão fácil e tentador precipitar-se sobre a planície – marqueses do Friul ou da Ivrea, reis da Borgonha, que controlavam as passagens dos Alpes Peninos, reis ou condes da Provença, duques da Baviera. Vários dentre esses pretendentes se fizeram, além disso, sagrar imperadores pelo papa; pois, desde a primeira divisão do Império sob Luís, o Pio, a posse da Itália, em razão dos direitos de proteção e de dominação que acarretava sobre Roma e sobre a Igreja Romana, aparecia, ao mesmo tempo, como condição necessária dessa prestigiosa dignidade e como o melhor dos motivos para cobiçá-la. No entanto – diferentemente dos reis da França Ocidental, cujo próprio distanciamento os preservava de alimentar ambições italianas ou imperiais –, os soberanos da França Oriental também estavam entre os vizinhos próximos do belo reino abandonado. Em 894 e 896, Arnulfo, amparado em sua origem carolíngia, já o adentrara, fazendo-se reconhecer rei e recebendo a unção imperial. Em 951, um de seus sucessores, Otão I, um saxão, cujo avô talvez tivesse no passado acompanhado Arnulfo para além dos montes, retomou o mesmo caminho. Foi aclamado rei dos Lombardos na velha capital, Pavia, e, depois – tendo, no intervalo, cumprido outras tarefas –, retornou dez anos mais tarde, sujeitou melhor o país e finalmente avançou até Roma, onde o papa fez dele um "augusto imperador" (2 de fevereiro de 962). A partir de então, salvo durante curtos períodos de crise, a Itália, assim compreendida, não teria, até o auge dos tempos modernos, outro monarca de direito além do da Alemanha.

Em 888, um altíssimo personagem, da raça bávara, o guelfo Rodolfo, encontrava-se à frente do grande governo militar que os carolíngios, ao longo dos anos anteriores, haviam estabelecido entre o Jura e os Alpes e que era ordinariamente conhecido como ducado da Transjurânia: posição capital, na medida em que comandava algumas das principais passagens internas do Império. Também Rodolfo procurou pescar uma coroa em águas turvas e escolheu, para isso, essa espécie de "terra de ninguém" constituída, no intervalo entre as "Franças" do Oeste e do Leste, pelas terras que, mais tarde, seriam tão justamente designadas como "Entre Dois". O fato de ter-se feito sagrar em Toul basta para indicar a orientação de suas esperanças. Entretanto, tão distante de seu próprio ducado, ele carecia de fiéis. Derrotado por Arnulfo, teve – embora conservando o título real – de contentar-se em anexar à Transjurânia a maior parte da província eclesiástica de Besançon.

Ao norte desta, toda uma parcela das terras de Lotário permanecia, portanto, vacante. Era a região que, na ausência de um termo geográfico apropriado, se denominava comumente, em razão do nome de um príncipe que, filho e homônimo desse primeiro Lotário, reinara lá por algum tempo, "Lotaríngia": vasto território circundado a oeste pelos limites da França Ocidental, tal como foram anteriormente definidos, e a leste pelo curso do Reno, que a fronteira somente abandonava por 200 km, para entregar à França Oriental suas três dioceses da margem esquerda; região de grandes abadias e ricos bispados, de belos rios percorridos pelos barcos mercantes; terra venerável também, na medida em que fora o berço da casa carolíngia e o próprio coração do grande Império. As vivazes recordações que a dinastia legítima lá deixara provavelmente constituíram o obstáculo que impediu qualquer realeza indígena de se erguer. Como, todavia, aí tanto quanto em outros lugares, não faltavam ambiciosos, seu jogo consistiu em opor as monarquias limítrofes, uma à outra. Inicialmente submetida nominalmente a Arnulfo, que era, em 888, o único dos descendentes de Carlos Magno a carregar a coroa; muito indócil, em seguida, para com o rei particular que, na pessoa de um de seus bastardos, Arnulfo não tardou a lhe conferir, a Lotaríngia, após o falecimento do ramo carolíngio da Alemanha, em 911, foi, por muito tempo, disputada pelos príncipes vizinhos. Embora um sangue diferente corresse em suas veias, os reis da França Oriental consideravam-se herdeiros de Arnulfo. Quanto aos soberanos da França Ocidental – ao menos, quando pertenciam à linhagem carolíngia, o que ocorreu de 898 a 923, e de 936 até 987 –, como poderiam não ter reivindicado, sobre o Mosa e o Reno, a sucessão a seus antepassados? Entretanto, a França Oriental era, visivelmente, a mais forte: a tal ponto que, quando, em 987, os Capetíngios assumiram, por sua vez, no reino adverso, o lugar da antiga raça, eles renunciaram, muito naturalmente, a perseguir um objetivo estranho às suas próprias tradições familiares e para o qual, aliás, não teriam mais encontrado, nos próprios locais, apoio de uma clientela inteiramente pronta. Durante muitos séculos – ou até para sempre, no que se refere à sua parte nordeste, Aix-la-Chapelle e Colônia, Trèves e Coblença –, a Lotaríngia estaria incorporada à constelação política alemã.

Nos arredores da Transjurânia, o Lyonnais, o Viennois, a Provença, as dioceses alpestres permaneceram, por quase dois anos, sem reconhecer rei algum. Nessas regiões, contudo, subsistiam a lembrança e os fiéis de um ambicioso personagem, chamado Bosão, que, sem consideração pela legitimidade carolíngia, conseguira, desde antes de 887, constituir um reino independente. Seu filho, Luís – descendente, além disso, por parte de sua mãe, do imperador Lotário – conseguiu finalmente fazer-se sagrar em Valência, por volta do final de 890. Mas a realeza assim fundada seria efêmera. Nem Luís, que, em 905, teve os olhos perfurados em Verona, nem seu parente Hugo de Arles, que, após essa tragédia, governou, por muito tempo, em nome do infeliz cego, parecem jamais ter visto em suas terras situadas entre o Ródano e os montes algo mais que um ponto de partida cômodo para a sedutora conquista da Itália. De tal modo que, após a morte de Luís, em 928, Hugo, proclamado rei da Lombardia, deixou os guelfos levarem, mais ou menos livremente, sua dominação até o mar. A partir da metade do século X, aproximadamente, o reino da Borgonha – como era geralmente chamado o Estado fundado por Rodolfo – se estendia, portanto, da Basileia até o Mediterrâneo. A partir desse momento, entretanto, seus frágeis monarcas apareciam, em relação aos reis ou imperadores alemães, como protegidos bastante modestos. Finalmente – não, aliás, sem muitas aversões e tergiversações –, o último da raça, falecido em 1032, reconheceu o soberano da Alemanha como seu sucessor. Diferentemente da Lotaríngia, mas tal como a Itália, a "Borgonha" assim compreendida – que se conhecerá, de preferência, a partir do século XIII, sob o nome de reino de Arles – não foi, aliás, precisamente absorvida pela antiga França Oriental. Concebia-se, antes, a junção como a de três reinos distintos, reunidos, indissoluvelmente, entre as mesmas mãos.

Assim, esboçaram-se, na era feudal, as primeiras linhas de um mapa político europeu, dos quais alguns traços ainda percorrem o nosso, e foram debatidos problemas de zonas fronteiriças, destinados, ainda hoje, a fazer derramar tinta ou, por vezes, sangue. Mas talvez, considerando-se bem todos os aspectos, o traço mais característico dessa geografia das realezas foi, com margens tão incertas entre seus territórios, a surpreendente estabilidade do número das próprias realezas. Se, no antigo Império Carolíngio, uma multidão de dominações, na verdade quase independentes, emergiu para continuamente destruir-se, nenhum desses "tiranos" locais, entre os mais poderosos, ousou – desde Rodolfo e Luís, o Cego, – atribuir-se o título real ou negar que fosse juridicamente súdito ou vassalo de um rei. Esta constitui a mais eloquente prova do vigor conservado pela tradição monárquica, muito mais velha que a feudalidade e destinada a sobreviver-lhe por muito tempo.

2. TRADIÇÕES E NATUREZA DO PODER REAL

Os reis da antiga Germânia comumente faziam remontar sua genealogia aos deuses. Por serem, eles próprios, semelhantes, como diz Jordanes, a "Ases ou semideuses", era da virtude mística, de que suas pessoas estavam hereditariamente impregnadas, que seus povos esperavam a vitória em combate e, durante a paz, a fecundidade dos campos. Os imperadores romanos, por sua vez, viveram cercados de um nimbo divino. Dessa dupla herança e, sobretudo, da primeira, as realezas da idade feudal tiraram seu caráter sagrado. O cristianismo o sancionara, extraindo da Bíblia o velho rito do advento, hebraico ou siríaco. Nos Estados sucessores do Império Carolíngio, na Inglaterra e nas Astúrias, os reis, no momento de sua acessão ao poder, não somente recebem da mão dos prelados as insígnias tradicionais de sua dignidade e, particularmente, a coroa com que se enfeitarão a partir de agora, solenemente, nas cortes instituídas nas grandes festas, as "cortes coroadas" evocadas por um diploma de Luís VI da França.[332] Outro bispo, novo Samuel, unge esses novos Davis, em diversas partes de seu corpo, com óleo bento: gesto cujo sentido universal, na liturgia católica, consiste em fazer passar um homem ou um objeto da categoria de profano para a de sagrado. Era, na verdade, uma faca de dois gumes. "Aquele que benze é superior àquele que é benzido": assim falara São Paulo. Da consagração do rei pelos padres, não se devia, portanto, deduzir a supremacia do espiritual? Tal foi, com efeito, quase desde a origem, o sentimento de mais de um escritor da Igreja. A consciência das ameaças representadas por tal interpretação explica, certamente, o fato de que, entre os primeiros soberanos da França Oriental, vários negligenciaram ou recusaram a unção. Seus sucessores, entretanto, não tardaram a chegar à resipiscência.* Como teriam suportado abandonar a seus rivais do Oeste o privilégio desse prestigioso carisma? A cerimônia eclesiástica da entrega das insígnias – anel, gládio, estandarte, a própria coroa – teve seus imitadores, mais ou menos tardiamente, em diversos principados: Aquitânia, Normandia, ducados da

---
332. WARNKOENIG e STEIN. Op. cit., p. 34, c. 22.
*.   Resipiscência: reconhecimento da falta, seguido de retorno ao bem; isto é, o arrependimento eficaz. (N.T.)

Borgonha ou da Bretanha. É significativo, por outro lado, que nenhum grande feudatário, por mais poderoso que fosse, tenha jamais ousado elevar suas pretensões à sagração, no sentido próprio da palavra, isto é, à unção. Exceção feita aos padres, "Cristos do Senhor" somente eram vistos entre os reis.

O valor dessa marca sobrenatural, da qual a unção era a confirmação mais que a origem, não podia deixar de ser intensamente sentido por uma idade acostumada a mesclar incessantemente as influências do além à vida cotidiana. Seguramente, uma realeza verdadeiramente sacerdotal teria sido incompatível com a religião, por toda parte, reinante. Os poderes do sacerdote católico constituem algo perfeitamente definido – do pão e do vinho, somente ele pode fazer o corpo e o sangue de Cristo. Incapazes, por não terem recebido a ordenação, de celebrar o santo sacrifício, os reis não eram, portanto, em sentido estrito, sacerdotes. Menos ainda, porém, leigos puros. É difícil expressar claramente representações, em si mesmas, rebeldes à lógica. Daremos, entretanto, uma ideia aproximada, ao dizermos que, embora não revestidos do sacerdócio, os reis, segundo as palavras de um escritor do século XI, "participavam" de seu ministério. Disso resultou, o que é infinitamente grave, que, em seus esforços para governar a Igreja, é na qualidade de seus membros que acreditarão agir, e assim serão considerados. Essa, pelo menos, era a opinião comum. Nos meios eclesiásticos, ela jamais reinara sozinha. No século XI, os Gregorianos a atacaram com o mais rude e o mais clarividente vigor. Defendiam essa distinção do espiritual e do temporal, em que Rousseau e Renan nos aprenderam a ver uma das grandes inovações do cristianismo. Separavam, aliás, tão bem os dois poderes apenas para humilhar os senhores dos corpos diante dos senhores das almas: "a lua", que é apenas reflexo, diante do "sol", fonte de toda luz. Seu sucesso, porém, foi, nesse ponto, magro. Muitos séculos se esgotariam antes que, aos olhos dos povos, as realezas fossem reduzidas a seu papel de poderes modestamente humanos.

No espírito das massas, esse caráter sagrado não se traduzia somente pela noção, demasiado abstrata, de um direito de direção eclesiástica. Em torno da realeza, em geral, ou das diversas realezas particulares, todo um ciclo de lendas e de superstições foi elaborado. Atingiu, na verdade, seu pleno desenvolvimento somente a partir do momento em que, de fato, se consolidou a maioria dos poderes monárquicos: por volta dos séculos XII e XIII. Mas suas origens remontavam à Primeira Idade Feudal. Desde o fim do século IX, os arcebispos de Reims pretendem conservar o depósito de um óleo miraculoso, um dia trazido a Clóvis, por uma colomba, do alto do firmamento: admirável privilégio que permitirá, ao mesmo tempo, a esses prelados reivindicar, na França, o monopólio da sagração e, a seus reis, dizerem-se e acreditarem-se consagrados pelo próprio Céu. Acredita-se que os reis da França, desde Filipe I, pelo menos, e provavelmente desde Roberto, o Pio, e os reis da Inglaterra, desde Henrique I, curam certas doenças pelo contato de suas mãos.* Quando, em 1081, o imperador Henrique IV – embora excomungado – atravessou a Toscana, os camponeses, precipitando-se em seu caminho, se esforçavam para tocar suas roupas, certos de assegurar, desta forma, felizes colheitas.[333]

---

*. Bloch alude, aqui, ao tema de sua primeira grande obra, *Os Reis Taumaturgos* (1924). (N.T.)
333. RANGERIUS, *Vita Anselmi*, em *SS.*, XXX, 2, p. 1.256, v. 4.777 ss.

À *aura* maravilhosa que cercava, assim, as pessoas reais, oporemos, para pôr em dúvida a eficácia dessa imagem, o pouco respeito de que, com demasiada frequência, gozava a autoridade monárquica? Isso seria formular mal o problema. Observemo-lo, pois, de perto: os exemplos de reis imperfeitamente obedecidos, combatidos e desrespeitados por seus feudatários, ou até mesmo aprisionados por estes, são inúmeros. Mas, quanto aos de reis que sofreram uma morte violenta, pela mão de seus súditos, identifico, salvo engano, para a época que nos ocupa, exatamente três: na Inglaterra, Eduardo, o Mártir, vítima de uma revolução palaciana fomentada em proveito de seu próprio irmão; na França, Roberto I, usurpador morto em combate por um adepto do rei legítimo; na Itália, atravessada por tantas lutas dinásticas, Berengário I. Ao lado das hecatombes do Islã, em vista do que ofereceria, no próprio Ocidente, a lista de assassinatos cometidos contra os grandes vassalos das diversas coroas e, por fim, levando-se em conta os costumes familiares em uma época de violências, há que se reconhecer que é pouco.

Essas representações, assim sobrepostas, do religioso ao mágico, eram, no plano das forças sobrenaturais, somente a expressão da missão política reconhecida como própria aos reis: a de "chefe do povo", *thiudans*, segundo a velha palavra germânica. Na multidão das dominações que caracterizava o mundo feudal, as realezas, como justamente escreveu Guizot, constituíam poderes *sui generis*: não somente superiores, em princípio, a todos os demais, mas ainda de ordem verdadeiramente diferente. Possuíam um traço significativo: enquanto as outras potências eram, em sua maioria, simples aglomerados de direitos diversos, cujo emaranhado induz a erro toda tentativa de inserir no mapa a extensão de algum desses "feudos", grandes ou pequenos, por meio de contornos lineares, havia, ao contrário, entre os Estados monárquicos, o que se pode legitimamente designar como fronteiras. Não, por certo, aqui também, sob o aspecto de linhas muito regularmente traçadas. A ocupação do solo, ainda muito frouxa, não fazia disso uma necessidade. Para separar a França do Império, nas marcas do Mosa, não bastavam as sarças desérticas da Argonne? Mas, pelo menos, uma cidade ou uma aldeia, por mais disputada que, por vezes, fosse sua pertinência, parecia nunca ter de depender juridicamente senão de apenas um dos reinos opostos, ao passo que se podia muito bem ver um potentado qualquer nela exercer, por exemplo, a alta justiça, outro possuir servos, um terceiro censos, com sua jurisdição, e um quarto o dízimo. Em outros termos, tanto para uma terra como para um homem, ter vários senhores era quase normal; vários reis, impossível.

Longe da Europa, no Japão, um sistema de subordinações pessoais e fundiárias, muito análogo ao nosso regime feudal, se constituiu, pouco a pouco, diante de uma monarquia, tal como no Ocidente, muito mais antiga. Mas, lá, as duas instituições coexistiram, sem se interpenetrar. Personagem sagrado, assim como nossos reis, e muito mais próximo da divindade do que eles, o imperador, no país do Sol Nascente, permaneceu, juridicamente, o soberano de todo o povo. Abaixo dele, a hierarquia dos vassalos encerrava-se com o xogum, seu chefe supremo. Resultou disso que, por muitos séculos, o xogum apropriou-se de todo o poder verdadeiro. Na Europa, ao contrário, as realezas, anteriores por sua data e estranhas por sua natureza à rede vassálica, não deixaram de situar-se no ponto mais alto. Souberam evitar encontrarem-se elas próprias presas na rede das dependências. Caso uma terra, antes submetida ao poder de um senhor particular ou de uma igreja, passasse, em razão do jogo da patrimonialidade dos feudos, para o domínio real, a regra, universalmente admitida, consistia em encontrar-se o rei, embora herdando alguns dos encargos, dispensado de qualquer homenagem: isso porque ele não podia se reconhecer como fiel de um de seus súditos. Por outro lado, nada jamais impediu que escolhesse, entre estes, que eram todos, como tal, seus protegidos, alguns privilegiados, para sobre eles estender, segundo o ritual da homenagem, uma proteção particular.

Ora, entre esses recomendados reais estavam, como vimos, desde o século IX, ao lado de uma multidão de pequenos "satélites", todos os magnatas, altos funcionários logo transformados em príncipes regionais. De tal forma que, reitor do povo, em seu conjunto, o monarca é, além disso, em cada nível, o senhor de segundo grau de uma quantidade prodigiosa de vassalos, ou até mesmo, através deles, de uma multidão, mais numerosa ainda, de humildes dependentes. Nos países cuja estrutura feudal excepcionalmente rigorosa exclui o alódio – como a Inglaterra, após a conquista normanda –, não há pobre hera que, por mais baixo que esteja situado na escala das sujeições, não perceba, ao erguer os olhos, instalado no nível mais alto, o rei. Alhures, a corrente, antes de atingir tal altura, por vezes se rompe. Entretanto, em todos os lugares, essa feudalização das realezas foi certamente, para elas, um elemento de salvação. Aí onde não conseguia mais comandar como chefe de Estado, o rei podia, pelo menos, utilizar em seu proveito as armas do direito vassálico, alimentado pelo sentimento daquele que era então o mais intenso dos vínculos humanos. Na *Canção*, é por seu soberano ou por seu senhor, a quem prestou homenagem, que Rolando combate? Por certo, ele próprio não o sabe. Mas combate com tanta abnegação por seu soberano apenas por ser este, ao mesmo tempo, seu senhor. Mais tarde, quando Filipe Augusto contestar ao papa a faculdade de dispor dos bens de um conde herético, ele ainda dirá, muito naturalmente "este condado me é devido como feudo", e não "ele é de meu reino". Nesse sentido, a política dos carolíngios, que sonharam em construir seu governo sobre a vassalagem, talvez não devesse, a longo prazo, mostrar-se tão vã quanto seus primeiros fracassos levariam comumente a crer. Muitas razões – como já observamos e voltaremos a ressaltar – contribuíram, durante a Primeira Idade Feudal, para reduzir a pouca coisa a ação realmente eficaz do poder real. Pelo menos, este dispunha de duas grandes forças latentes, inteiramente prontas para desabrochar sob a influência de condições mais favoráveis: a herança intacta de seu prestígio antigo; o rejuvenescimento que encontrava em sua adaptação ao novo sistema social.

3. A TRANSMISSÃO DO PODER REAL: PROBLEMAS DINÁSTICOS

Como, entretanto, se transmitia essa dignidade monárquica, carregada de tradições mescladas? Hereditariedade? Eleição? Hoje, consideramos comumente os dois termos incompatíveis. Que eles não se apresentassem como tal, no mesmo grau, durante a era feudal, é algo que inúmeros textos concordam em atestar. "Obtivemos a eleição unânime dos povos e dos príncipes e a sucessão hereditária do reino indiviso": assim se expressa, em 1003, o rei da Alemanha, Henrique II. E, na França, o excelente canonista que era Ivo de Chartres: "A justo título, foi sagrado rei aquele a quem a realeza pertencia por direito hereditário e que foi designado por unânime consentimento dos bispos e dos grandes."[334] O fato é que não se concebia nenhum dos dois princípios sob sua forma absoluta. Concebida menos como exercício de livre-arbítrio do que sob o aspecto da obediência a uma espécie de revelação íntima, que levava a descobrir o justo chefe, a pura eleição encontrou, na verdade, seus defensores entre os clérigos. Hostis à ideia, quase pagã, de uma virtude sagrada da raça, eles tendiam, além disso, a ver a fonte legítima de todo poder em um modo de nomeação que a Igreja reivindicava, para si própria, como o único conforme sua lei: não devia o abade ser escolhido por seus monges, o bispo pelo clero e o povo da cidade? Esses teólogos convergiam, a esse respeito, com as ambições dos grandes feudatários, que não desejavam nada além de ver a monarquia cair em sua dependência. Mas, imposta por todo um mundo de representações que a Idade Média recebera, principalmente, da Germânia, a opinião geralmente difundida era inteiramente diferente. Acreditava-se na vocação hereditária, não de um indivíduo, mas de uma linhagem, a única tida como capaz de constituir chefes eficazes.

A conclusão lógica certamente teria sido o exercício da autoridade, em comum, por todos os filhos do rei defunto ou a divisão do reino entre si. Interpretadas, por vezes, erroneamente, como provas da pretensa assimilação da realeza a um patrimônio, enquanto expressavam, ao contrário, a participação de todos os descendentes em um mesmo privilégio dinástico, essas práticas, como se sabe, foram familiares ao mundo bárbaro. Os Estados anglo-saxônicos e espanhóis as mantiveram, por muito tempo, após a era feudal. Elas pareciam, contudo, perigosas para o bem dos povos. Chocavam-se com a noção de uma monarquia indivisível, que um Henrique II, muito conscientemente ressaltava e que atendia à sobrevivência, em meio a todas as desordens, de um sentimento, ainda vigoroso, do Estado. Outra solução, que, aliás, sempre fora mais ou menos adotada paralelamente à primeira, acabou, portanto, prevalecendo. Nessa família predestinada, e apenas nela – embora, por vezes, se a linha masculina se tivesse extinguido, nas famílias aliadas –, os principais personagens do reino, representantes natos do conjunto dos súditos, nomeiam o novo rei. "O uso dos francos", escreve, muito pertinentemente, em 893, o arcebispo de Reims, Fulco, "sempre consistiu em eleger, uma vez falecido o rei, outro na raça real".[335]

A hereditariedade coletiva, assim compreendida, devia, aliás, quase necessariamente tender a acarretar a hereditariedade individual em linha direta. Não partilhavam eminentemente os filhos do último rei das virtudes de seu sangue? Mas, aqui, o fato decisivo foi outro costume, que a Igreja também aceitava, em seus domínios, como um antídoto útil para o acaso das eleições. Frequentemente, o abade, ao longo de sua vida, fazia reconhecer por seus monges o personagem que ele próprio designava como seu sucessor. Assim procederam, particularmente, os primeiros chefes do grande monastério de Cluny. Da mesma forma, o rei, ou o príncipe, obtinha de seus fiéis que, durante sua vida, um de seus filhos fosse associado à sua dignidade, ou até mesmo – quando se travava de um rei – sagrado sem demora: prática realmente universal, durante a era feudal, e na qual os doges de Veneza ou os "cônsules" de Gaeta comungaram com todas as monarquias do Ocidente. Era,

---

334. *Diplom. regum et imp.*, t. III, n. 34. *Histor. de France*, t. XV, p. 144, n. CXIV.
335. FLODOARDO. *Historia Remensis ecclesiae*, t. IV, 5, em *SS.*, t XIII, p. 563.

contudo, possível que houvesse vários filhos. Entre eles, como escolher o feliz beneficiário dessa eleição antecipada? Tal como o direito dos feudos, o direito monárquico não se associou de imediato à primogenitura. Comumente, opunha a esta os direitos do filho nascido "na púrpura", isto é, quando seu pai já era rei; ou então razões mais pessoais faziam pender a balança. No entanto, ficção cômoda e, aliás, pouco a pouco, imposta pelo próprio exemplo do feudo, o privilégio da primogenitura, a despeito de algumas tentativas contrárias, se impôs quase desde a origem na França. A Alemanha, mais fiel ao espírito dos velhos costumes germânicos, jamais o admitiu sem reservas. Em pleno século XII, Frederico Barba-Ruiva ainda escolheria, como sucessor, seu segundo filho.

Esse era, aliás, apenas um sinal de divergências mais profundas, pois, oriundas das mesmas noções em que se uniam o princípio eletivo e o direito da raça, os costumes monárquicos evoluíram, nos diferentes Estados europeus, em sentidos singularmente variáveis. Bastará reter aqui duas experiências particularmente típicas: as que nos oferecem a França, por um lado, e a Alemanha, por outro.

A história da França Ocidental teve início, em 888, com uma notável ruptura com a tradição dinástica. Na pessoa do rei Eudes, os grandes haviam escolhido, com toda a força do termo, um homem novo. O fato é que, da descendência de Carlos, o Calvo, restava então apenas uma criança de oito anos, que, em razão de sua juventude, já fora afastada do trono por duas vezes. Todavia, esse rapazinho – também chamado Carlos e que uma historiografia sem indulgência iria apelidar "o Simples" – mal havia ultrapassado os doze anos de idade, que marcavam, segundo o direito dos francos sálios a maioridade, quando, em 28 de janeiro de 893, foi sagrado em Reims. A guerra entre os dois reis estendeu-se por muito tempo. Mas, pouco antes de sua morte, que adveio em 1º de janeiro de 898, Eudes, em conformidade, ao que parece, com um acordo concluído alguns meses antes, convidou seus seguidores a unirem-se, após seu falecimento, ao Carolíngio. Foi somente após 24 anos que este voltou a encontrar um rival. Irritados pela consideração que Carlos testemunhava para com um pequeno cavaleiro e naturalmente inclinados, aliás, à indocilidade, alguns dos mais altos personagens do país se puseram em busca de outro rei. Não tendo Eudes deixado filhos, seu irmão, Roberto, herdara suas honras patrimoniais e sua clientela. Foi o eleito dos rebeldes (29 de junho de 922). Já tendo alcançado a coroa, essa família parecia parcialmente consagrada. Então, quando Roberto foi morto, no ano seguinte, no campo de batalha, seu genro, o duque da Borgonha Raul, recebeu, por sua vez, a unção; e a cilada que, pouco depois, fez de Carlos, por toda a vida, o prisioneiro de um dos principais revoltosos, assegurou a vitória do usurpador. No entanto, a morte de Raul, também ele destituído de posteridade masculina, daria o sinal de uma verdadeira restauração. O filho de Carlos, o Simples, Luís IV, foi chamado de volta da Inglaterra, onde se refugiara (junho de 936). Seu próprio filho e, depois, seu neto, lhe sucederam sem dificuldades. De tal forma que, pelo fim do século X, tudo parecia conduzir a ver como definitivo o restabelecimento da legitimidade.

Foi preciso, para que se voltasse a questioná-la, o acaso de um acidente de caça, a que sucumbiu o jovem rei Luís V. Foi o neto do rei Roberto, Hugo Capeto, que, em 1º de junho de 987, proclamou a assembleia de Noyon. Entretanto, ainda existia um filho de Luís IV,

Carlos, investido duque da Baixa Lorena pelo imperador alemão. Ele não tardou a reivindicar, pelas armas, sua herança e muitos certamente viam em Hugo, segundo as palavras de Gerberto, apenas um rei "interino". Um feliz acontecimento determinaria outro resultado. Traiçoeiramente enganado pelo bispo de Laon, Carlos foi preso, no Dia de Ramos do ano de 991, nessa mesma cidade. Assim como seu avô, Carlos, o Simples, ele morreria em cativeiro. Até o dia em que não tivesse mais reis, a França só os teria, de agora em diante, de raça capetíngia.

Dessa longa tragédia, resolvida pelo acaso, deduz-se seguramente que o sentimento de legitimidade conservou, por muito tempo, alguma força. Mais do que os documentos da Aquitânia, que, sob Raul e, depois, sob Hugo Capeto, atestam, por suas fórmulas de datação, a vontade de não reconhecer os usurpadores – as regiões ao sul do Loire sempre levaram uma vida à parte e seu baronato era naturalmente hostil a chefes oriundos da Borgonha ou da França propriamente dita –, e mais do que a indignação combinada ou interessada de certas crônicas, os fatos, aqui, falam mais alto. Era, de fato, preciso que a experiência de Eudes, de Roberto e de Raul se mostrasse pouco tentadora para que levasse tantos anos para se reproduzir. Nenhum escrúpulo impediu o filho de Roberto, Hugo, o Grande, de manter, durante quase um ano, Luís IV prisioneiro. O curioso é que não tenha ousado aproveitar-se dessa circunstância tão favorável para fazer-se rei. Trazido pela mais inesperada das mortes, o evento de 987 não foi, a despeito do que se tenha dito a seu respeito, "acima de tudo, um fato eclesiástico". Se o arcebispo de Reims, Adalberão, foi incontestavelmente seu principal arquiteto, ele não contou com o apoio de toda a Igreja. Segundo todas as aparências, os fios da intriga remontavam à corte imperial da Germânia, à qual o prelado e seu conselheiro estavam ligados, ao mesmo tempo, por interesse pessoal e por convicções políticas. Isso porque, aos olhos desses padres instruídos, o Império era sinônimo de unidade cristã. Os saxões, que reinavam então na Alemanha e na Itália, temiam, nos carolíngios da França, o sangue de Carlos Magno, cuja augusta herança eles mesmos haviam recebido, embora dele não descendessem. Mais particularmente, esperavam, a justo título, de uma mudança de dinastia a posse pacífica dessa Lorena que os carolíngios, que nela se sentiam em casa, jamais renunciaram em lhes contestar. O sucesso foi facilitado pelo equilíbrio das forças, na própria França. Não somente, levado a procurar fortuna fora de seu país natal, Carlos da Lorena não possuía lá fiel algum, como também, de modo geral, a causa carolíngia foi vítima da incapacidade em que se encontraram os últimos reis de conservar, sob sua dominação direta, terras ou igrejas suficientes para garantir o apoio hereditário de uma vasta clientela vassálica, constantemente mantida na expectativa pela promessa de novas remunerações. Nesse sentido, o triunfo dos capetíngios representou, de fato, a vitória de um poder jovem – a de um príncipe territorial senhor e distribuidor de numerosos feudos – sobre o poder tradicional de uma realeza quase pura.

Surpreende, aliás, menos seu primeiro sucesso do que o apaziguamento, desde 991, de toda querela dinástica. A linhagem carolíngia não se extinguira com Carlos da Lorena. Ele deixava filhos que – uns mais cedo, outro mais tarde – escaparam ao cativeiro. Não se observa que tenham jamais tentado algo. Tampouco o fizeram, a despeito de sua turbulência, os condes de Vermandois, cuja casa, oriunda de um filho de Carlos Magno, somente encontraria seu fim na segunda metade do século XI. Talvez, por uma espécie de encolhimento do lealismo, hesitava-se em estender os direitos de sangue aos colaterais que, caso se tivesse tratado de um feudo, teriam então sido geralmente considerados excluídos da sucessão. O argumento parece ter sido utilizado em 987, contra Carlos. Em tal data e invocado por adversários, é suspeito. Mas ele não evidencia, em alguma medida, a abstenção do ramo de Vermandois, em 888? E quem sabe qual teria sido a sorte dos capetíngios, sem o maravilhoso acaso que, entre 987 e 1316, fez com que cada pai encontrasse, para sucedê-lo, um filho? Acima de tudo, obscurecido entre os grandes por suas ambições, privado, por outro lado, do apoio que teria sido capaz de fornecer-lhe um grupo importante de fiéis pessoais, o respeito pela legitimidade carolíngia somente pôde ser mantido nos meios clericais, os únicos, ou quase, acostumados a horizontes intelectuais suficientemente largos para enxergarem além das pequenas intrigas cotidianas. O fato de que os mais ativos e os mais inteligentes dentre os chefes da Igreja, um Adalberão ou um Gerberto, tenham, em razão de sua própria fidelidade à ideia imperial, acreditado dever sacrificar, em proveito dos portadores atuais dessa ideia, a dinastia de Carlos Magno constituiu certamente, no equilíbrio das forças, não mais materiais, mas morais, o elemento decisivo.

Como explicar, entretanto, que, mesmo excluindo os últimos rebentos dos Carolíngios, os Capetíngios jamais tenham visto erguer-se contra eles algum concorrente? A eleição, por muito tempo, não desapareceu. Basta ver, tal como foi citado acima, o testemunho de Ivo de Chartres; ele se refere a Luís VI, sagrado em 1108. Uma corte solene se reunia e proclamava um rei. Então, no dia da sagração, o prelado, antes de proceder à unção, ainda pedia aos assistentes seu consentimento. Essa pretensa escolha, porém, recaía invariavelmente sobre o filho do soberano anterior, na maioria das vezes durante a vida deste, graças à prática da associação. Acontecia que um grande feudatário qualquer se mostrasse pouco propenso a prestar a homenagem. As rebeliões eram frequentes. Não havia, porém, nenhum antirrei. É significativo que a nova dinastia – como Pepino e seus sucessores já haviam feito para os merovíngios – tenha, de imediato, manifestado sua vontade de vincular-se à tradição da linhagem que suplantara. Os reis falam dos carolíngios como de seus predecessores. Não tardaram a glorificar-se por descenderem deles, por parte das mulheres: o que se pode entender como exato, por ter um pouco do sangue de Carlos Magno provavelmente corrido nas veias da esposa de Hugo Capeto. Então, desde a época de Luís VI, o mais tardar, vê-se o círculo da família reinante procurar utilizar, em proveito desta, a lenda do grande imperador, que, movida pela epopeia, se difundia então na França, ou talvez até mesmo colaborar com sua propagação. Os capetíngios extraem dessa herança, acima de tudo, os preciosos prestígios da realeza sagrada. Não tardaram a acrescentar-lhe, de sua própria autoria, um milagre particularmente comovente: o da cura. O respeito pela unção, que não impedia as revoltas, prevenia as usurpações. Em uma palavra, praticamente estranho ao mundo romano, mas vindo ao Ocidente, pela Germânia, desde as idades primitivas, o sentimento do misterioso privilégio que parecia vincular-se a uma raça predestinada possuía tanto vigor tenaz que, no dia em que foi favorecido, ao mesmo tempo, pelo acaso dos nascimentos masculinos e pela presença, em torno da casa real, de numerosos fiéis, viu-se uma legitimidade inteiramente fresca reconstruir-se muito rapidamente sobre as ruínas da antiga.

Na Alemanha, a história das sucessões reais ofereceu, de início, linhas muito mais simples. Quando a dinastia carolíngia, em seu ramo germânico, se extinguiu, em 911, a escolha dos magnatas recaiu sobre um grande senhor franco, aliado à raça desaparecida, Conrado I. Mal obedecido, mas sem que jamais tenha se erguido contra ele outro representante, esse príncipe designou, por si próprio, para reinar após sua morte, o duque da Saxônia, Henrique, que, a despeito da concorrência do duque da Baviera, foi eleito e reconhecido sem muitas dificuldades. A partir de então – enquanto o reino do Oeste se debatia em uma longa querela dinástica –, os soberanos dessa família saxã vão se suceder, durante mais de cem anos (919-1024), de pai para filho, ou até mesmo de primo para primo. A eleição, que continuava a ocorrer regularmente, parecia apenas confirmar a hereditariedade. Ora, saltemos agora cerca de um século e meio através dos tempos. Entre as duas nações, subsiste o contraste. Mas ele está invertido. Na Europa, um dos lugares comuns da especulação política consistirá em opor à França, reino hereditário, a Alemanha, onde a monarquia é dita eletiva.

Três grandes causas, que agiram no mesmo sentido, desviaram, assim, a evolução alemã. O acaso fisiológico, que foi tão favorável aos capetíngios, se deu aqui em detrimento da continuidade dinástica: sucessivamente, sucumbiram, sem posteridade masculina ou agnatícia, o quinto dentre os reis saxões e, em seguida, o quarto rei oriundo da linhagem "sália", isto é, franca, que tomara seu lugar. Por outro lado, a realeza alemã, desde Otão I, parecia vinculada à dignidade imperial. Ora, se as realezas de tradição essencialmente germânica se sustentavam na ideia de uma vocação hereditária, senão do indivíduo, ao menos da linhagem, a tradição romana, que estava na origem no Império e que era alimentada por uma literatura, histórica ou pseudo-histórica, cada vez mais conhecida desde o final do século XI, jamais aceitara, ao contrário, esses privilégios de sangue. "É o exército que faz o Imperador", repetia-se comumente; e os altos barões, naturalmente, estavam inteiramente prontos para assumir o papel dessas legiões ou ainda, como lhes agradava dizer, do "Senado". Por fim, a luta violenta que, na época do movimento gregoriano, explodiu entre os soberanos da Alemanha e o papado, anteriormente reformado por seus cuidados, levou os papas a oporem, ao monarca inimigo, que desejavam fazer depor, o princípio da eleição, tão conforme, ademais, o sentimento da Igreja. O primeiro antirrei que tenha conhecido a Alemanha, desde 888, foi eleito contra o sálio Henrique IV, em 15 de março de 1077, na presença dos legados pontificais. Estava muito longe de ser o último; e se é certamente inexato que essa assembleia se tenha expressamente pronunciado em favor do caráter para sempre eletivo da monarquia, tal rumor, que correu, na época, nos monastérios, evidenciava, ao menos, uma justa presciência do futuro. Mas a própria aspereza da querela que assim dividia os reis alemães e a Cúria somente se explica, por sua vez, por serem os reis também imperadores. Enquanto os papas somente podiam reprovar os demais soberanos pela opressão de igrejas particulares, eles encontravam, nos sucessores de Augusto e de Carlos Magno, rivais à dominação de Roma, da Sé Apostólica e da Cristandade.

4. O IMPÉRIO

O desmoronamento do Estado carolíngio tivera por efeito entregar a facções locais as duas dignidades pancristãs: o papado, aos clãs da aristocracia romana; o Império, aos partidos que se formavam e se desfaziam incessantemente no baronato italiano. Pois, como já vimos, o título imperial parecia atrelado à posse do reino da Itália. Voltou a adquirir algum sentido somente após ter sido apropriado, em 962, pelos soberanos alemães, cujas pretensões podiam apoiar-se em uma força considerável para a época.

Não, aliás, que os dois títulos, real e imperial, se tenham jamais confundido. Durante o período que se estendeu entre Luís, o Pio, e Otão I, afirmou-se o duplo caráter, ao mesmo tempo romano e pontifical, do Império do Ocidente. Para dizer-se imperador, não bastava, portanto, ter sido reconhecido e sagrado na Alemanha. Era preciso, necessariamente, ter recebido, em Roma mesmo, das mãos do papa, uma consagração específica, por uma segunda unção e a entrega das insígnias propriamente imperiais. O fato novo é que, a partir de então, o eleito dos magnatas alemães é considerado o único candidato legítimo a esse augusto rito. Como escreveria, pelo final do século XII, um monge alsaciano: "seja quem for o príncipe escolhido pela Germânia como chefe, diante dele, a opulenta Roma curva sua cabeça e o adota como mestre". Logo, considerar-se-á até mesmo que, desde seu advento como rei da Alemanha, esse monarca ascende, por este meio e de imediato, ao governo não somente da França Oriental e da Lotaríngia, mas também de todos os territórios imperiais: Itália e, mais tarde, o reino da Borgonha. Em outros termos, por ser, nas palavras de Gregório VII, o "futuro imperador", ele já comanda no Império: situação de espera traduzida, desde o final do século XI, pelo nome de rei dos romanos, que o soberano alemão carrega, doravante, desde sua eleição na vizinhança do Reno, para trocá-lo por um nome mais belo somente no dia em que, tendo finalmente empreendido a clássica "expedição romana", o *Römerzug* tradicional, puder cingir, à beira do Tibre, a coroa dos césares. A menos que as circunstâncias, opondo obstáculos a essa longa e difícil viagem, o condenem a contentar-se, por toda a vida, em ser apenas o rei de um Império.

Suponhamo-lo, entretanto, feliz o bastante para ter sido realmente sagrado imperador: como será, aliás, até Conrado III exclusivamente (1138-1152), a sorte, cedo ou tarde, de todos os monarcas chamados a reinar sobre a Alemanha. Qual era, portanto, o conteúdo do cobiçado título? Não há dúvida de que parecia expressar uma superioridade sobre os reis comuns: os "régulos" (*reguli*), como se costumará dizer, no círculo do senhor, no século XII. Assim se explica que, por vezes, fora dos limites do antigo Império Carolíngio, o título tenha sido ostentado por diversos soberanos que pretendiam, com isso, marcar sua independência em relação a toda monarquia supostamente universal e sua própria hegemonia sobre os reinos ou antigos reinos vizinhos: tal foi o caso, na Inglaterra, de certos reis da Mércia ou do Wessex e, mais frequentemente, na Espanha, dos de Leão. Meros plágios, na verdade! Não havia, no Ocidente, outro imperador autêntico além do imperador "dos romanos", segundo a fórmula que, desde 982, a chancelaria otoniana retomara, diante de Bizâncio. A memória dos césares fornecia, com efeito, o alimento de que se nutria o mito do Império. De preferência, as recordações dos césares cristãos. Roma não era somente "a cabeça do Mundo", mas também a cidade apostólica, "renovada" pelo precioso sangue dos mártires? A imagem de Carlos Magno, também ele, segundo as palavras de um bispo imperialista, "conquistador do Mundo"[336], vinha mesclar-se às reminiscências da universalidade romana, para fortalecê-las com evocações menos longínquas. Otão III, que inscreveu, em seu selo, o lema "Renovação do Império Romano" – já, aliás, também empregado por Carlos Magno – mandou, por outro lado, que se procurasse, em Aix, o túmulo do grande carolíngio, esquecido por gerações mais indiferentes à história, e, enquanto reservava a essas gloriosas ossadas um sepulcro, desta vez, digno de seu renome, extraiu, para seu próprio uso, como relíquias, uma joia e alguns fragmentos de roupas do cadáver: gestos paralelos, por meio dos quais se expressava eloquentemente a fidelidade a uma dupla e indissolúvel tradição.

Seguramente, essas eram, acima de tudo, ideias de clérigos. Pelo menos, em sua origem. Não é certo que guerreiros passavelmente incultos, como um Otão I ou um Conrado II, lhes tenham jamais sido perfeitamente permeáveis. Mas os clérigos que cercavam e aconselhavam os reis e, por vezes, haviam feito sua educação não deixavam de influir em seus atos. Por ser jovem, instruído, de temperamento místico, por ter nascido na púrpura e por ter recebido as lições de uma princesa bizantina, sua mãe, Otão III entregou-se aos entusiasmos do sonho imperial. "Romano, triunfador sobre os saxões, triunfador sobre os italianos, escravo dos apóstolos, por dádiva de Deus augusto imperador do mundo": como acreditar que o notário que, no cabeçalho de um de seus diplomas, assim descrevia sua titulatura, não estivesse, de antemão, seguro do assentimento do senhor? Tal como um refrão, as expressões "reitor do Mundo" e "senhor dos senhores do Mundo", retornam, pouco mais de um século depois, pela mão do historiógrafo oficial do primeiro dos sálios.[337]

Contudo, essa ideologia, observada mais de perto, era um tecido de contradições. Não há nada mais sedutor, à primeira vista, do que deixar-se chamar sucessor do grande Constantino, como fez Otão I. Mas a falsa *Doação*, que a Cúria colocara sob o nome do autor da Paz da Igreja e pela qual se supunha que tivesse cedido ao papa a Itália ou até mesmo o Ocidente como um todo, era, para o poder imperial, tão incômoda que, no círculo de Otão III, sua autenticidade passou a ser questionada; o espírito de partido despertara o senso crítico. Ao fazerem-se, desde Otão I, sagrar, de preferência, em Aix-la-Chapelle, os reis alemães revelavam considerar-se os legítimos herdeiros de Carlos Magno. No entanto, na Saxônia, de onde provinha a dinastia reinante, a lembrança da guerra atroz trazida pelo conquistador deixara – sabemo-lo por meio da historiografia – longos rancores. Ainda vivia, de fato, o Império Romano? Era o que se dizia comumente entre os clérigos, até porque a interpretação ordinariamente dada ao Apocalipse forçava a reconhecê-lo como o último dos quatro Impérios, antes do Fim do Mundo. Outros escritores, entretanto, duvidavam dessa perenidade; para eles, a partilha de Verdun marcara na história um começo inteiramente novo. Por fim, esses saxões, francos, bávaros ou suábios – imperadores ou grandes senhores do Império –, que desejavam seguir os passos dos romanos do passado, se sentiam, na realidade, em relação aos romanos de seus dias, como almas de estrangeiros e de vencedores. Não os apreciavam nem os estimavam, e eram por eles ardentemente detestados, chegando-se,

---
336. LIUDPRAND. *Antapodosis*, II, c. 26.
337. WIPONIS. *Opera*, ed. BRESSLAU, p. 3 e 106.

em ambos os lados, às piores violências. O caso de Otão III, verdadeiro romano de coração, foi excepcional e seu reino terminou na tragédia de um sonho frustrado. Faleceu longe de Roma, de onde o motim o expulsara, enquanto, entre os alemães, era acusado de ter desprezado, em favor da Itália, "a terra de seu nascimento, a deleitável Germânia".

Quanto às pretensões à monarquia universal, elas careciam, evidentemente, de todo apoio material por parte de soberanos impedidos de governar eficazmente seus próprios Estados, em razão de uma revolta dos romanos ou da gente de Tivoli, de um castelo mantido em um ponto de passagem por um senhor rebelde ou até mesmo da má vontade de suas próprias tropas, para não mencionar dificuldades mais graves. Na verdade, antes do reinado de Frederico Barba-Ruiva (cujo advento ocorreu em 1152), elas não parecem ter ultrapassado o campo das fórmulas de chancelaria. Não há evidências de que, no curso das numerosas intervenções dos primeiros imperadores saxões na França Ocidental, elas tenham jamais sido propostas. Ou, pelo menos, essas imensas ambições não procuravam então manifestar-se senão por algum desvio. Senhor supremo de Roma e, consequentemente, *avoué* de São Pedro, isto é, seu defensor; herdeiro, sobretudo, dos direitos tradicionais que os imperadores romanos e os primeiros carolíngios exerceram sobre o papado; guardião, por fim, da fé cristã em todos os lugares a que se estendia sua dominação, real ou pretensa, o imperador saxão ou sálio não tinha, aos seus próprios olhos, missão superior ou mais estreitamente vinculada à sua dignidade do que a de proteger, reformar e dirigir a Igreja romana. Como diz um bispo de Verceil, é "ao abrigo do poder de César" que "o papa lava os séculos de seus pecados".[338] Mais precisamente, esse "César" acredita-se no direito de nomear o soberano pontífice ou, ao menos, exigir que não seja designado sem seu consentimento. "Por amor a São Pedro, escolhemos como papa nosso preceptor, o senhor Silvestre, e, com a vontade de Deus, nós o ordenamos e fizemos papa": assim fala Otão III, em um de seus diplomas. Dessa forma, pois o papa não era somente bispo de Roma, mas também, e sobretudo, chefe da Igreja universal – *universalis papa*, repete, por duas vezes, o privilégio concedido por Otão, o Grande, à Santa Sé –, o Imperador se reservava, sobre toda a cristandade, uma espécie de direito de controle que, concretizado, teria feito dele muito mais que um rei. Dessa forma, também um germe de inevitável discórdia entre o espiritual e o temporal era introduzido no Império: germe de morte, na verdade.

CAPÍTULO III
Dos principados territoriais às castelanias

1. OS PRINCIPADOS TERRITORIAIS

Em si mesma, a tendência que levava os grandes Estados a se fragmentarem em formações políticas de raio mais curto era, no Ocidente, algo muito antigo. Quase tanto quanto as ambições dos comandantes de exércitos, a indocilidade das aristocracias de cidades, por

---

338. HERMANN BLOCH, em *Neues Archiv*, 1897, p. 115.

vezes reunidas em ligas regionais, ameaçara a unidade do Império Romano em sua fase final. Em certos setores da Europa feudal, ainda sobreviviam, como testemunhos de eras já superadas em outros lugares, algumas dessas pequenas *Romaniae* oligárquicas. Foi esse o caso da "comunidade dos venecianos"*, associação de povoados fundados nas lagunas pelos fugitivos da Terra Firme e cujo nome coletivo, tirado da província de origem, se fixaria apenas tardiamente na colina do Rialto – nossa Veneza –, pouco a pouco alçada ao *status* de capital. Tal foi também o caso, na Itália do Sul, de Nápoles e de Gaeta. Na Sardenha, dinastias de chefes indígenas haviam recortado a ilha em "judicaturas". Alhures, o estabelecimento das realezas bárbaras entravou esse fracionamento. Não, entretanto, sem que mais de uma concessão devesse ser consentida à irresistível pressão das forças locais. Não foram os reis merovíngios obrigados a reconhecer ora à aristocracia de um dado condado o direito de eleger o conde, ora aos grandes da Borgonha o de escolherem por si próprios o *maire* do palácio particular? Tanto é verdade que a constituição de poderes provinciais, que se operou sobre todo o continente quando do desmoronamento do Império Carolíngio e que encontrou um correspondente, um pouco mais tarde, entre os anglo-saxões, pôde parecer, em certo sentido, um simples recuo. Mas a influência das fortíssimas instituições públicas da época imediatamente anterior imprimiu então ao fenômeno um caráter original.

Em todo o Império Franco, na base dos principados territoriais, encontramos regularmente aglomerações de condados. Em outros termos – pois o conde carolíngio era um verdadeiro funcionário –, os beneficiários dos novos poderes podem, sem grandes anacronismos, ser comparados a espécies de superprefeitos, reunindo cada um deles, na condição simultânea de comandante de armas, vários departamentos sob sua administração. Carlos Magno, ao que se diz, estabelecera como lei jamais confiar a um mesmo conde várias circunscrições ao mesmo tempo. Não se poderia garantir, entretanto, que, mesmo durante sua vida, essa sábia precaução tenha sido sempre observada. É certo que, sob seus sucessores e particularmente após a morte de Luís, o Pio, ela deixou absolutamente de sê-lo. Ela não atingia somente a voracidade dos magnatas. As próprias circunstâncias a tornavam dificilmente aplicável. Tendo as invasões, assim como as querelas dos reis rivais, levado a guerra ao coração do mundo franco, o estabelecimento de vastos comandos militares, iguais aos que, desde sempre, haviam existido em seus limites, se impunha praticamente em todo lugar. Por vezes, encontravam sua origem em um desses giros de controle que Carlos Magno instituíra; o inspetor temporário, o *missus*, transformava-se em governador permanente. Assim ocorreu, na região situada entre o Sena e o Loire, com Roberto, o Forte, ou, mais ao Sul, com o ancestral dos condes de Toulouse.

A essas concessões de condados, juntava-se ordinariamente a dos principais monastérios reais do país. Convertido em seu protetor, ou até mesmo em seu "abade" leigo, o grande chefe lhes extraía importantes recursos em bens e em homens. Já possuindo, frequentemente, terras na província, adquiria novos feudos ou novos alódios; constituía para si – usurpando, particularmente, a homenagem dos vassalos reais – uma importante clientela.

---

*. Do francês *Vénétiens* (habitantes da Venécia, região da Itália), que não deve ser confundido com *Vénitiens* (venezianos, isto é, habitantes de Veneza, que se tornaria capital da Venécia). (N.T.)

Incapaz de exercer diretamente sua autoridade sobre todos os territórios que lhe estavam legalmente submetidos e obrigado, consequentemente, a instalar ou aceitar, em alguns deles, condes de condição inferior ou simples viscondes (literalmente, delegados do conde), ele se unia, ao menos, a esses subordinados por laços de homenagem. Para designar os unificadores de condados, o uso antigo não fornecia nenhum rótulo preciso. Eram chamados, e chamavam a si próprios, mais ou menos indiferentemente, "arquicondes", "condes principais", "marqueses" – isto é, comandantes de uma marca, por analogia aos governos das fronteiras que haviam fornecido o modelo para os do interior –, ou, por fim, "duques", termo extraído da terminologia merovíngia e romana. Mas esta última palavra era somente empregada aí onde uma unidade provincial ou étnica antiga servia de suporte à nova potência. A moda lentamente fez triunfar, segundo o lugar, um ou outro dos títulos concorrentes, ou até mesmo, afinal, o simples termo conde, como em Toulouse ou na Flandres.

Essas constelações de poderes adquiriram, é claro, uma verdadeira estabilidade somente a partir do momento – muito cedo, como se sabe, na França Ocidental, sensivelmente mais tarde no Império – em que a hereditariedade das "honras" em geral foi introduzida. Até então, uma morte inoportuna, os intentos variáveis de um rei, por ventura capaz de fazer sentir eficazmente sua autoridade, a hostilidade de poderosos ou hábeis vizinhos podiam, a cada instante, arruinar o edifício. No Norte da França, duas tentativas, pelo menos, de reunião de condados, por duas linhagens diferentes, precederam a obra que os "marqueses da Flandres", desde sua cidadela de Bruges, conduziriam a bom termo. Em uma palavra, no sucesso ou no fracasso, o acaso desempenhou certamente um grande papel. Seus jogos, entretanto, não explicam tudo.

Os fundadores dos principados certamente não eram geógrafos muito sutis. Mas fizeram trabalho útil apenas aí onde a geografia não contrariava suas ambições: aí onde souberam costurar, uns aos outros, territórios entre os quais as comunicações eram suficientemente fáceis e tradicionalmente frequentes; aí, sobretudo, onde foi possível que se tornassem senhores desses pontos de passagem cuja importância o estudo das monarquias já evidenciou, posições militares decisivas e, ao mesmo tempo, por meio dos pedágios, fontes de belas receitas. Ameaçado por muitas circunstâncias desfavoráveis, teria o principado da Borgonha conseguido viver e prosperar se, desde Autun até o vale do Ouche, os duques não tivessem controlado as estradas que, através das rigorosas solidões das terras altas, uniam a França propriamente dita à bacia do Ródano? "Impacientava-se em possuir a cidadela de Dijon" – diz, sobre um pretendente, o monge Richer –, "pensando que, no dia em que dispusesse deste local, poderia sujeitar às suas leis a melhor parte da Borgonha." Mestres dos Apeninos, os senhores de Canossa não tardaram a estender, do alto dos montes, seu poder sobre as terras baixas vizinhas, tanto na direção do Arno quanto na do Pó.

Frequentemente também, a tarefa era preparada por antigos hábitos de vida comum. Não por acaso, sob a titulatura de muitos chefes novos, viu-se o ressurgimento de velhos nomes nacionais. Na verdade, aí onde o grupo assim designado era extenso demais, não subsistiu, no fim, nada além de um rótulo, bastante arbitrariamente aplicado a um fragmento do todo.

Entre as grandes subdivisões tradicionais do Estado franco, que, mais de uma vez, constituíram realezas separadas, a Austrásia fora quase inteiramente absorvida pela Lorena. Por volta do ano 900, a lembrança das outras três – a Aquitânia, a Borgonha e, por fim, a Nêustria, que, aos poucos, passou a simplesmente chamar-se França – ainda não se apagara da memória dos homens. Colocados à frente de vastos comandos regionais, diversos personagens se intitularam, portanto, duques dos aquitânios, dos borgonheses ou dos francos. A reunião desses três principados parecia de tal forma cobrir o reino como um todo que o próprio rei se dizia por vezes, "rei dos francos, dos aquitânios e dos borgonheses" e que, aspirando a tudo dominar, o robertiano Hugo, o Grande, não acreditou encontrar, para isso, meio mais seguro do que juntar ao ducado da França, que herdara de seu pai, a investidura dos dois outros: concentração demasiado grandiosa, aliás, para poder ter durado mais que um instante.[339]

Mas, na verdade, os duques da França, que mais tarde se tornariam os reis capetíngios, jamais exerceram autoridade real senão nos condados que controlavam diretamente e que – tendo os do baixo Loire sido usurpados por seus próprios viscondes – se reduziam, por volta de 987, a seis ou oito circunscrições, aproximadamente, em volta de Paris e de Orléans. O nome da antiga terra dos burgúndios foi, afinal, partilhado, na época feudal, pelo reino dos Rodolfianos, um grande feudo mantido por esses reis ("o condado" da Borgonha, nosso Franco-Condado) e um ducado francês. Este último, porém, estendendo-se do Saône ao Autunois e ao Avallonais, estava bem longe de compreender todas as regiões – as de Sens e de Troyes, por exemplo – que, na própria França Ocidental, continuavam a ser consideradas "na Borgonha". O reino da Aquitânia estendera-se, ao norte, até o Loire e, por muito tempo, o centro de gravidade do ducado, que lhe sucedeu, permaneceu próximo do rio. Foi em Bourges que o duque Guilherme, o Pio, assinou, em 910, a carta de fundação de Cluny. Entretanto, tendo o título sido disputado por várias casas rivais, aquela que o conservou se viu, de início, apenas na posse de direitos efetivos sobre as planícies do Poitou e sobre o Oeste do Maciço Central. Então, por volta de 1060, uma feliz herança lhe permitiu acrescentar a seu patrimônio inicial o principado fundado, entre Bordeaux e os Pireneus, por uma família de dinastas indígenas, que – tendo essa região sido, no passado, ocupada, em parte, por invasores de língua euscariana – eram conhecidos como duques dos bascos ou gascões. O Estado feudal oriundo dessa fusão era, por certo, considerável. Deixava, porém, fora de seu alcance largas fatias da Aquitânia primitiva.

Alhures, a base étnica era mais nítida. Entendamos com isso, abstraindo-se de todas as considerações pretensamente raciais, a presença, como substrato, de um grupo provido

---

339. Sustentou-se, por vezes, que o título de duque da França, ostentado, desde Roberto I, pelos Robertianos, expressava uma espécie de vice-realeza sobre o reino inteiro. É possível que certos contemporâneos tenham tido esse sentimento, embora não se encontre disso nenhuma expressão muito nítida nos textos (o termo *dux Galliarum*, empregado por Richer, II, 2, é somente uma tradução pedante de *dux Franciae*; II, 39, *omnium Galliarum ducem constituit* faz alusão à investidura em favor de Hugo, o Grande, do ducado da Borgonha, ao lado do ducado da França). Mas não parece haver dúvidas de que o sentido original fosse territorial. Na hipótese contrária, como compreender a reunião dos três ducados, tentada por Hugo? Talvez a dignidade de conde do palácio (real) também tivesse sido dividida, como na Alemanha, segundo as mesmas linhas, possuindo, a partir de então, cada duque seu próprio conde do palácio: explicar-se-ia, assim, o título de conde palatino, paralelamente reivindicado na "França" pelo conde da Flandres, na Borgonha pelo conde de Troyes (dito, mais tarde, "da Champanhe") e na Aquitânia pelo conde de Toulouse. Sobre o título real tripartite, ver *Rec. des Hist. de France*, t. IX, p. 578 e 580 (933 e 935).

de certa unidade tradicional de civilização. Por meio de muitos atalhos, o ducado bretão se viu herdeiro do "reino" que, graças às perturbações do Império Carolíngio, chefes celtas da Armórica criaram, reunindo – assim como os reis *scots* ao longe, no Norte – às terras de povoamento céltico seus confins de outra língua: aqui, a velhas marcas românicas de Rennes e de Nantes. A Normandia devia seu nascimento aos "piratas" escandinavos. Na Inglaterra, as antigas divisões da ilha, traçadas pelo estabelecimento dos diferentes povos germânicos, serviram aproximativamente de quadros para os grandes governos que os reis, a partir do século X, se acostumaram a constituir em proveito de alguns magnatas. Mas em lugar algum esse caráter seria mais acentuado do que nos ducados alemães.

Em sua origem, encontramos os mesmos fatos observados na França Ocidental ou na Itália: reunião de vários condados em comandos militares; indeterminação primitiva da titulatura. Esta, entretanto, se fixou, aqui, com muito mais rapidez e uniformidade. Em um intervalo de tempo notavelmente curto – de 905 a 915, aproximadamente –, surgiram os ducados da Alamânia ou Suábia, da Baviera, da Saxônia, da Francônia (dioceses ripuárias da margem esquerda do Reno e terras de colonização franca, no Baixo Meno), sem contar o da Lorena, no qual o duque era apenas o sucessor enfraquecido de um rei. Esses nomes são significativos. Na "França do Leste", que não sofrera, como a antiga *Romania*, a grande mistura das invasões, persistiam, sob a unidade de princípio de um Estado muito recente, as antigas divisões em nações germânicas. Reunidos segundo essas afinidades étnicas, não compareciam os magnatas à eleição real, ou então dela se abstinham? Mantido pelo uso de costumes codificados, próprios a cada povo e, praticamente, a seu território, o sentimento particularista se alimentava das lembranças extraídas de um passado recente. A Alamânia, a Baviera e a Saxônia somente foram anexadas, sucessivamente, ao Estado carolíngio na segunda metade do século VIII e o próprio título de duque, recuperado pelos príncipes feudais, reproduzia aquele que, por muito tempo, ostentaram, sob uma intermitente hegemonia franca, os soberanos hereditários das duas primeiras regiões. Observemos, por contraste, a perfeita experiência negativa oferecida pela Turíngia. Estando esta desprovida de existência nacional independente, desde a queda da realeza indígena, em 534, nenhum poder ducal durável conseguira lá se estabelecer. Tanto se considerava o duque como o chefe de um povo, mais do que o simples administrador de uma circunscrição provincial, que a aristocracia do ducado frequentemente pretendia elegê-lo e, na Baviera, obteve, por vezes, o reconhecimento, pelos reis, do direito de participar, pelo menos por seu assentimento, de sua designação. No entanto, a tradição do Estado carolíngio se mantinha, na Alemanha, demasiado viva para que os reis pudessem renunciar a tratar os personagens providos desses grandes governos como, acima de tudo, seus delegados. Por muito tempo, como vimos, recusaram-se a reconhecer-lhes a hereditariedade.

Ora, o caráter de função pública, assim conservado pelo poder ducal, juntou-se ao sentimento persistente da nacionalidade étnica, para fazer do ducado alemão do século X algo muito diferente dos principados franceses: algo, talvez, muito menos feudal, muito sintomático, consequentemente, de um país que não tinha chegado, no mesmo grau que a França, a conhecer, entre os poderosos, outra forma eficaz de comando e de obediência além da relação vassálica. Enquanto, na França, a despeito dos esforços dos primeiros duques dos francos, dos aquitânios e dos borgonheses, o duque, o marquês e o arquiconde chegaram muito rapidamente a exercer real poder somente sobre os condados de que estavam pessoalmente investidos ou que deles provinham como feudos, o duque alemão, tirando, evidentemente, grande parte de seu poder de suas próprias "honras", permaneceu, entretanto, o chefe supremo de um território muito mais vasto do que aqueles. Era perfeitamente possível que, entre os condes cujas circunscrições se encontravam compreendidas dentro das fronteiras da província ducal, alguns devessem diretamente homenagem ao rei. Não deixavam, com isso, de subordinar-se, em alguma medida, ao duque: um pouco – se ouso empregar, mais uma vez, uma comparação manifestamente anacrônica demais – como, entre nós, um subprefeito, nomeado pelo poder central, permanece, a despeito disso, subordinado ao prefeito. O duque convoca às suas cortes solenes todos os grandes do ducado, comanda sua hoste e, encarregado de manter a paz, estende sobre ele um direito de justiça que, embora de contornos bastante imprecisos, não carece de força.

Entretanto, esses grandes ducados "étnicos" – os *Stammesherzogtümer* dos historiadores alemães – eram ameaçados, pelo alto, pela realeza, cujo poder limitavam singularmente, e, por baixo, por todas as forças de esfacelamento, cada vez mais ativas em uma sociedade que, afastando-se de suas origens, assim como da lembrança dos povos antigos, rumava para uma feudalização progressiva. Por vezes, pura e simplesmente suprimidos – foi esse o caso da Francônia, em 939 – e, na maioria das vezes, fragmentados pelos reis, privados de qualquer autoridade sobre as principais igrejas e sobre os condados que haviam sido vinculados a estas, eles perderam progressivamente suas características primitivas. Após o título ducal da Baixa Lorena, ou *Lothier*, ter passado, em 1106, para a casa de Lovaina, aconteceu que, 85 anos mais tarde, o detentor dessa dignidade pretendeu fazer valer seus direitos sobre todo o espaço antigo. Foi-lhe respondido, pela corte imperial, que, segundo o costume devidamente constatado, "ele somente possuía ducado nos condados que ele próprio detinha, ou que dele provinham". O que um cronista contemporâneo traduziu dizendo que os duques dessa linhagem "jamais haviam exercido a justiça fora dos limites de suas próprias terras".[340] Impossível expressar melhor a nova orientação da evolução. Dos ducados da primeira espécie, subsistiram alguns títulos e, por vezes, mais que um título. Mas os poucos principados assim qualificados não se distinguiam mais da massa das potências "territoriais" que, aproveitando-se da fraqueza crescente da monarquia, se constituíram tão fortemente na Alemanha do final do século XII e, sobretudo, do século XIII, para, finalmente, gerarem os Estados federados, dentre os quais chegamos ainda a conhecer os últimos: organismos políticos muito mais próximos do tipo francês, na medida em que também eram, em suma, apenas conglomerados de direitos condais e de outros poderes de essência variada. Por um desses desníveis de evolução que já nos são familiares, a Alemanha se inscrevia, com cerca de dois séculos de intervalo, na mesma via da qual sua vizinha do Oeste já parecia sair.

2. CONDADOS E CASTELANIAS

Tornados, cedo ou tarde, hereditários, nem todos os condados, nos Estados oriundos do Império Carolíngio, haviam sido absorvidos pelos grandes principados. Alguns

---

340. GILBERTO DE MONS, ed. Pertz, p. 223-4 e 58.

continuaram, por muito tempo, a levar uma existência independente: foi esse, até 1110, o caso do Maine, embora perpetuamente sob a ameaça de seus vizinhos do Anjou ou da Normandia. Mas o jogo das divisões, a instituição de numerosas imunidades e, por fim, as usurpações conduziram ao esfacelamento dos direitos condais. A tal ponto que, entre os herdeiros legítimos dos funcionários francos e os simples "poderosos", felizes ou hábeis o bastante para terem reunido em suas mãos um grande número de senhorias e de justiças, a diferença tendeu, cada vez mais, a reduzir-se ao emprego ou à ausência de um nome – ele próprio, aliás, usurpado, por vezes, por certos representantes leigos das igrejas (caso dos *avoués* de Saint-Riquier, tornados condes de Ponthieu), ou até mesmo, na Alemanha, por alguns ricos possuidores de alódios. Era o tanto que a ideia de ofício público se apagava diante da constatação, nua e crua, do poder de fato.

No estabelecimento ou na consolidação dessas dominações, de título e de alcance variáveis, um traço comum se evidencia: o papel desempenhado, como ponto de cristalização, pelos castelos. "Era poderoso", diz Orderico Vital a respeito do senhor de Montfort, "como um homem que dispunha de fortes castelos, guardados por fortes guarnições." Não evoquemos mais aqui a imagem de simples casas fortificadas, com que se contentava, como vimos, a massa dos cavaleiros. As bastilhas dos magnatas eram verdadeiros pequenos campos entrincheirados. A torre continuava sendo, ao mesmo tempo, a morada do senhor e o último refúgio de defesa. Mas, à sua volta, uma ou mais muralhas circunscreviam um espaço bastante vasto, em que se reuniam os edifícios reservados quer ao alojamento das tropas, dos servidores e dos artesãos, quer ao recolhimento das rendas ou das provisões. Assim aparece, no século X, o *castrum* condal de Warcq-sur-Meuse; assim como, dois séculos mais tarde, os de Bruges ou de Ardres, de construção seguramente mais aperfeiçoada, mas, nas linhas fundamentais de seu plano, quase iguais. As primeiras dessas cidadelas haviam sido erguidas, na época das invasões normandas e húngaras, pelos reis ou chefes dos grandes comandos militares; e, desde então, a ideia segundo a qual o direito de fortificação era, em sua essência, um atributo do poder público jamais desapareceu por completo. De uma idade para outra, qualificar-se-ão como ilegítimos, ou, segundo a expressão anglo-normanda, "adulterinos", os castelos construídos sem permissão do rei ou do príncipe. A regra, entretanto, encontrava força real somente na autoridade interessada em mandar aplicá-la e apenas a consolidação dos poderes monárquicos ou territoriais, a partir do século XII, lhe restituiria um conteúdo concreto. Havia algo ainda mais grave: incapazes de impedir o erguimento de novas fortalezas, os reis e os príncipes não tiveram maior sucesso em conservar o controle daquelas que haviam confiado, após as terem construído por si próprios, à guarda de fiéis, a título de feudos. Contra os duques ou os grandes condes, ergueram-se seus próprios castelões, também eles prontos para, de oficiais ou vassalos, se transformarem em dinastas.

Ora, esses castelos não representavam, para o senhor e, por vezes, para seus súditos, apenas um abrigo seguro. Constituíam também, para toda a região circundante, uma sede administrativa e o centro de uma rede de dependências. Neles, os camponeses executavam as corveias de fortificação e pagavam suas rendas; os vassalos dos arredores montavam guarda e era, frequentemente, da própria fortaleza – como, no Berry, da "grande torre" de Issoudun – que, dizia-se, provinham seus feudos. Lá, administrava-se a justiça; de lá, partiam todas as manifestações perceptíveis de autoridade. De tal forma que, na Alemanha, a partir do final do século XI, muitos condes, incapazes então de exercerem seus direitos de comando sobre a totalidade de uma circunscrição irremediavelmente esfacelada, se acostumaram a substituir, em sua titulatura, o nome do distrito, do *Gau*, pelo de sua principal fortaleza patrimonial. O uso dessa designação estendeu-se, por vezes, a personagens ainda superiores em dignidade: não chamava Frederico I ao duque da Suábia duque de Staufen?[341] Na França, foi aproximadamente pela mesma época que se adquiriu o costume de qualificar como castelania o território de uma alta justiça. Mais rara ainda, porém, devia ser a fortuna de um castelo da Aquitânia, o de Bourbon-l'Archambault: embora seus possuidores não fossem de condição condal, ele originou, finalmente, um verdadeiro principado territorial, cujo nome sobrevive em uma de nossas províncias – o Bourbonnais –, assim como no sobrenome de uma ilustre família. As torres e os muros que eram a fonte visível do poder lhe serviam de rótulo, assim como de justificação.

3. AS DOMINAÇÕES ECLESIÁSTICAS

Seguindo a tradição merovíngia e romana, os carolíngios sempre consideraram normal e desejável a participação do bispo na administração temporal de sua diocese. Mas ela se dava na condição de colaborador ou, por vezes, de supervisor do delegado real: isto é, do conde. As monarquias da Primeira Idade Feudal foram mais longe: chegaram a fazer do bispo, ao mesmo tempo, o conde.

A evolução ocorreu em duas fases. Mais ainda que o restante da diocese, a cidade em que se erguia a catedral parecia situada sob a proteção e a autoridade particulares de seu pastor. Enquanto o conde tinha mil ocasiões de percorrer os campos, o bispo residia, de preferência, em sua "cidade" [*cité*]. Diante do perigo, enquanto seus homens ajudavam a guarnecer as muralhas, muitas vezes construídas ou reparadas à sua custa, e seus celeiros eram abertos para alimentar os sitiados, ele próprio era frequentemente levado a assumir o comando. Reconhecendo-lhe, sobre essa fortaleza urbana e seus primeiros taludes, os poderes condais, ordinariamente associados a outros direitos, como a moeda ou a própria posse da muralha, os reis sancionavam um estado de fato, decidindo em favor da defesa. Tal foi o caso em Langres, em 887; em Bergamo, certamente, em 904; em Toul, em 927; em Espira, em 946 – para citar, para cada país, somente o mais antigo exemplo acessível. O conde conservava o governo das terras circundantes. A partilha seria, por vezes, durável. Durante séculos, a cidade de Tournai teve seu bispo ou seu colégio de clérigos por conde; o conde da Flandres foi conde do Tournaisis. Alhures, preferiu-se, finalmente, outorgar ao bispo todo o território. A concessão do condado de Langres seguiu, assim, com sessenta anos de intervalo, a do condado situado em Langres. Então, uma vez introduzido o uso dessas doações de condados inteiros, adquiriu-se o costume de queimar as etapas: sem jamais terem sido, ao que parece, somente condes de Reims, os arcebispos se tornaram, em 940, condes de Reims e do Rémois.

---

341. *Monumenta Boica*, t. XXIX, 1, n. CCCCXCI; *Württemberger Urkundenbuch*, t. II, n. CCCLXXXIII.

As razões que levavam os reis a essas concessões são evidentes. Apostavam em dois quadros: o Céu e a Terra. Lá no alto, os santos certamente se congratulavam por verem seus servidores, ao mesmo tempo, providos de lucrativas receitas e livres de incômodos vizinhos. Cá em baixo, dar o condado ao bispo era colocar o comando em mãos consideradas mais seguras. Na desordem dos Estados feudais, não constituía, afinal, o prelado, que não corria o risco de transformar seu cargo em patrimônio hereditário, cuja nomeação se submetia ao consentimento do rei – mesmo quando não era simplesmente pronunciada por este – e, por fim, cuja cultura e interesses comumente o empurravam para o partido monárquico, o menos indócil dos funcionários? É significativo que os primeiros condados confiados pelos reis alemães ao episcopado tenham sido, longe das cidades catedrais, certas circunscrições alpestres, cuja perda, ao fechar as passagens dos montes, teria gravemente comprometido a política imperial.

No entanto, resultante, em todos os lugares, das mesmas necessidades, a instituição evoluiu, segundo os países, em sentidos bem diferentes.

No reino francês, muitos bispados caíram, desde o século X, sob a dependência dos príncipes territoriais, ou até mesmo de simples condes. Resultou disso que um número bastante pequeno de bispos, reunidos, sobretudo, na França propriamente dita e na Borgonha, obteve os poderes condais. Dois deles, pelo menos, em Reims e em Langres, pareceram, por um instante, prestes a constituírem verdadeiros principados, reunindo em torno da circunscrição central, que governavam por si próprios, uma constelação de condados vassalos. Nas guerras do século X, não houve força militar citada com maior frequência, ou com maior respeito, que os "cavaleiros da igreja de Reims". Mas, comprimidas entre os principados laicos vizinhos, vítimas, aliás, da infidelidade de seus próprios feudatários, essas vastas dominações eclesiásticas parecem ter rapidamente definhado. A partir do século XI, os bispos-condes, de toda categoria, não dispõem, contra as forças inimigas, de outro recurso além de se associarem, de modo cada vez mais estreito, à realeza.

Fiéis à tradição franca, os soberanos alemães parecem ter hesitado, por muito tempo, em alterar a antiga organização condal. Entretanto, pelo fim do século X, multiplicaram-se rapidamente, em proveito dos bispos, as outorgas de condados inteiros, ou até mesmo de grupos de condados: a tal ponto que, acrescentando-se a tais doações os privilégios de imunidades e todas as espécies de concessões diversas, importantes potências territoriais de Igreja foram criadas em poucos anos. Visivelmente, os reis aderiram, ainda que com pesar, à ideia de que, para lutar contra o açambarcamento dos poderes locais por indóceis magnatas e, particularmente, pelos duques, não havia arma melhor do que o poder temporal dos prelados. É surpreendente que esses territórios eclesiásticos tenham sido numerosos e fortes, sobretudo, aí onde os ducados foram eliminados do mapa – como na Francônia – ou privados de qualquer dominação eficaz sobre uma parte de seu antigo perímetro, como na antiga Lorena Renana ou na Saxônia Ocidental. O acontecimento, entretanto, desmentiria, afinal de contas, esses cálculos. A longa querela dos papas e dos imperadores e o triunfo, ao menos parcial, da reforma eclesiástica fizeram com que os bispos alemães, desde o século XII, se considerassem cada vez menos como funcionários da monarquia e, quando muito, como seus vassalos. Aqui, o principado eclesiástico acabou se inserindo, simplesmente, entre os elementos de desunião do Estado nacional.

Na Itália lombarda e – embora em menor grau – na Toscana, a política imperial seguiu, de início, as mesmas linhas que na Alemanha. Lá, todavia, as aglomerações de condados, entre as mãos de uma mesma igreja foram muito mais raras e a evolução alcançou resultados bem diferentes. Por trás do bispo-conde, muito rapidamente, surgiu um novo poder: o da comuna urbana. Poder rival, em muitos aspectos, mas que soube, finalmente, utilizar, em proveito de suas próprias ambições, as armas preparadas pelos antigos senhores da cidade. Foi, frequentemente, como herdeiras do bispo ou abrigando-se atrás de seu nome que, desde o século XII, as grandes repúblicas oligárquicas das cidades lombardas afirmaram sua independência e difundiram sua dominação pela planície.

Haveria, aliás, excesso de refinamento jurídico em querer estabelecer, para um país, uma distinção demasiado rigorosa entre a igreja provida de condados e a que, privada de qualquer concessão dessa espécie, não deixa de possuir senhorias imunes, vassalos, aldeões e justiçáveis em quantidade suficiente para afirmar-se, quase ao mesmo título, como verdadeira potência territorial. Por todo lado, o solo do Ocidente era atravessado pelas fronteiras dessas grandes "liberdades" eclesiásticas. Frequentemente, linhas de cruzes marcavam seus contornos, iguais, diz Suger, a tantas "colunas de Hércules", intransponíveis para os profanos.[342] Intransponíveis, pelo menos, em princípio. Na prática, a situação era bastante diferente. No patrimônio dos santos e dos pobres, a aristocracia leiga soube encontrar um dos alimentos preferidos de seu apetite de riqueza e de poder: por meio de enfeudações, arrancadas sob ameaça ou obtidas pela complacência de amigos demasiado fáceis; por vezes, pela espoliação mais simplesmente brutal; e, por fim, ao menos nos limites do antigo Estado carolíngio, por meio da *avouerie* [procuradoria].[343]

Quando a primeira legislação carolíngia regularizou o funcionamento das imunidades, pareceu impor-se a necessidade de prover cada igreja imune de um representante leigo, encarregado, ao mesmo tempo, de organizar, na própria senhoria, os processos autorizados e de apresentar, perante o tribunal condal, os súditos que, solicitados a comparecer, não podiam mais ser diretamente procurados, na terra então isenta, pelos próprios oficiais do rei. Essa criação atendia a um duplo propósito, conforme, em sua própria dualidade, as orientações fundamentais de uma política muito consciente de seus fins: evitar desviar, por obrigações profanas, os clérigos e, em particular, os monges dos deveres de seu estado; como preço do reconhecimento oficial concedido às jurisdições senhoriais, inseri-los em um sistema, regular e controlado, de justiças bem definidas. Não somente, portanto, toda igreja, dotada de imunidade, teve de possuir seu *avoué* (*advocatus*) ou seus *avoués*, mas a própria escolha desse agente foi vigiada de perto pela autoridade pública. O *avoué* carolíngio, em uma palavra, embora estivesse a serviço do bispo ou do monastério, não deixava de desempenhar, ao seu lado, o papel de uma espécie de delegado da monarquia.

---

342. SUGER. *Vie de Louis VI*, ed. Waquet, p. 228.
343. Não há nenhum estudo detalhado sobre a *avouerie* pós-carolíngia na França; trata-se de uma das lacunas mais graves das pesquisas sobre a Idade Média e uma das mais fáceis de serem preenchidas. Na Alemanha, a instituição foi, sobretudo, examinada – não sem certo abuso da teoria – em suas relações com o sistema judiciário.

O desmoronamento do edifício administrativo construído por Carlos Magno não acarretou o desaparecimento da instituição. Esta, porém, se alterou profundamente. Desde a origem, certamente, o *avoué* fora remunerado pela outorga de um "benefício", descontado do patrimônio da Igreja. Quando a noção de função pública se obscureceu diante do triunfo dos laços de dependência pessoal, deixou-se geralmente de considerá-lo vinculado ao rei, a quem não prestava homenagem, para não mais reconhecer nele algo mais do que um vassalo do bispo ou dos monges. Cabia a estes, a partir de então, decidir livremente sua nomeação. Isso, pelo menos, até o momento em que, muito rapidamente, a despeito de algumas reservas de direito, seu feudo, assim como os demais, se tornou, ao lado do cargo, praticamente hereditário.

Ao mesmo tempo, o papel do *avoué* fora singularmente ampliado. Primeiramente, como juiz. Por terem as imunidades monopolizado as causas de sangue, ele passou, a partir de então, em vez de conduzir os criminosos à jurisdição condal, a manejar, por si próprio, a temível arma da alta justiça. Acima de tudo, ele não era mais somente um juiz. Em meio às perturbações ambientes, as igrejas tinham necessidade de chefes de guerra para conduzir seus homens ao combate sob o gonfalão do santo. Tendo o Estado deixado de ser um protetor eficaz, precisavam de defensores mais próximos para assegurar a salvaguarda de bens constantemente ameaçados. Acreditaram encontrar tanto uns como outros nos representantes leigos de que haviam sido dotadas pela legislação do grande Imperador; e esses próprios guerreiros profissionais se esforçaram provavelmente em oferecer ou até mesmo impor seus serviços para tarefas que prometiam ser ricas em honra e proveitos. Daí um verdadeiro deslocamento do centro de gravidade do encargo. Cada vez mais, quando os textos se esforçam em definir a natureza da *avouerie*, é a ideia de proteção que é focalizada. Paralelamente, o recrutamento se modificou. O *avoué* carolíngio fora, em geral, um funcionário bastante modesto. No século X, os primeiros dentre os "poderosos", os próprios membros das linhas condais já não rejeitam mais buscar um título que, antes, lhes teria parecido muito inferior à sua condição.

Entretanto, o esmigalhamento, que foi então o destino comum de tantos direitos, tampouco o poupou. A legislação carolíngia parece ter previsto, para posses estabelecidas em amplos espaços, a presença de um *avoué* por condado. Mas seu número logo se multiplicou. A bem da verdade, na Alemanha e na Lotaríngia, onde, de todos os modos, a instituição menos se afastou de seu caráter original, esses *avoués* locais, frequentemente chamados de *sous-avoués* [subprocuradores], permaneceram, em princípio, como delegados e, ordinariamente, como vassalos quer do *avoué* geral da igreja, quer de um ou outro dos dois ou três *avoués* gerais entre os quais esta repartira seus bens. Na França, como era de se esperar, o esfacelamento foi levado mais longe, a tal ponto que não houve, no fim, terra ou grupo de terras de alguma importância que não dispusesse de seu "defensor" particular, recrutado entre os médios potentados da vizinhança. Aí também, contudo, o personagem, geralmente de posição superior, a quem cabia a guarda do bispado ou do monastério, como tal, ultrapassava em muito, pelas receitas e pelo poder, a multidão dos pequenos protetores locais. Acontecia, aliás, que esse magnata, ao mesmo tempo que o *avoué* da comunidade religiosa, fosse seu "proprietário" – isto é, acima de tudo, que designasse o abade –, ou até mesmo que ele próprio, embora leigo, tivesse ostentado o título abacial: confusão de noções bem característica de uma idade que era sensível à força do fato, mais do que às sutilezas jurídicas.

O *avoué* não somente dispunha de feudos frequentemente muito importantes, vinculados à sua função, como também esta lhe permitia estender seus direitos de comando às terras da igreja e nelas arrecadar frutuosas rendas. Na Alemanha, mais que em outros lugares, mesmo tornando-se protetor, ele permanecera um juiz. Invocando o velho princípio que proibia aos clérigos derramar sangue, mais de um *Vogt* alemão conseguiu monopolizar quase inteiramente o exercício da alta justiça sobre as senhorias monásticas. A força relativa da monarquia e sua fidelidade à tradição carolíngia contribuíram para facilitar tal apropriação. Isso porque, se, também nesse caso, os reis tiveram de renunciar à designação dos *avoués*, eles continuavam, pelo menos, a dar-lhes, em princípio, a investidura do *ban*, isto é, do direito de constranger. Privados dessa delegação de poder, que passava, assim, diretamente do soberano para seu vassalo, a que título os religiosos se teriam erigido em altos justiceiros? Quando muito, conseguiam conservar a faculdade de castigar os dependentes que lhes estavam unidos pelos liames mais estreitos, seus domésticos e seus servos. Na França, onde todos os laços entre a autoridade real e os *avoués* haviam sido cortados, a divisão das jurisdições foi operada segundo linhas mais variáveis; e essa desordem, certamente mais do que a ordem alemã, serviu aos interesses eclesiásticos. Quantas "exações", em contrapartida – para falar como os documentos –, por todo lado impostas aos camponeses das igrejas por seus "defensores", reais ou pretensos! Na verdade, mesmo na França, onde a *avouerie* caíra entre as mãos de inúmeros tiranetes rurais, particularmente gananciosos, essa proteção talvez não tenha sido sempre tão vã quanto a história clerical pretendeu levar a crer. Um diploma de Luís VI, redigido, no entanto, segundo todas as aparências, em uma abadia, não confessa ser ela "extremamente necessária e totalmente útil"?[344] Mas seu preço era incontestavelmente muito alto. Serviço de auxílio, sob todas suas formas, desde a corveia rural até o abrigo, desde a hoste até os trabalhos de fortificação; rendas em aveia, em vinho, em galinhas, em dinheiros, percebidas sobre os campos e, ainda mais frequentemente (pois era a aldeia que, acima de tudo, era preciso defender), sobre as choupanas: seria infinita a lista de tudo o que a engenhosidade dos *avoués* soube extrair de camponeses de quem não eram senhores diretos. Na verdade, como escreve Suger, eles os devoravam "avidamente".[345]

O século X e a primeira metade do XI foram a idade de ouro das *avoueries*: isto é, no continente, pois a Inglaterra, estranha ao exemplo carolíngio, jamais conheceu a instituição. Então, a Igreja, revigorada pelo esforço gregoriano, passou para a ofensiva. Por meio de acordos, decisões de justiça e resgates, e graças também às concessões, gratuitamente obtidas, do arrependimento ou da piedade, ela chegou, pouco a pouco, a confinar os *avoués* no exercício de direitos estritamente definidos e progressivamente reduzidos. Certamente, foi necessário deixar-lhes largas fatias de seu patrimônio antigo. Certamente, continuavam a estender, sobre mais de uma de suas terras, seus poderes de justiça e a perceber alguns

---

344. *Mém. Soc. archéol. Eure et Loire*, t. X, p. 36, e *Gallia christ.*, t. VIII, instr., col. 323.
345. *De rebus*, ed. Lecoy de La Marche, p. 168.

tributos, cuja origem era cada vez menos bem compreendida. Os camponeses, por outro lado, nem sempre tiraram grande proveito da obra paciente de seus senhores. Isso porque a renda resgatada não deixava, com isso, de ser percebida; simplesmente, ela era, a partir de então, paga ao senhor bispo ou aos senhores monges, em vez de enriquecer algum fidalgote vizinho. Mas, uma vez consentidos os inevitáveis sacrifícios, a potência territorial da Igreja escapava a um dos mais insidiosos perigos que a teriam ameaçado.

Entretanto, forçados a renunciar à exploração de recursos antes quase indefinidamente abertos e sem os quais mais de uma linhagem cavaleiresca do passado jamais teria conseguido superar sua mediocridade inicial, os pequenos e médios dinastas arcavam, acima de tudo, com os custos da reforma. Os *avoués* locais, pelo final da Segunda Idade Feudal, tornaram-se praticamente inofensivos. As *avoueries* gerais subsistiam. Os reis e os altíssimos barões foram, desde sempre, seus principais titulares. E as monarquias já começavam a reivindicar, sobre todas as igrejas de seus Estados, uma "guarda" universal. Além disso, se bispos, capítulos ou monastérios ousaram rejeitar os onerosos serviços de tantos pequenos defensores, era porque, para garantir sua segurança, podiam, a partir de então, contentar-se com o apoio, novamente eficaz, dos grandes governos monárquicos ou principescos. Ora, também essa proteção, fosse qual fosse o nome a ela atribuído, sempre tivera de ser comprada, por meio de serviços muito intensos e contribuições em dinheiro cujo peso foi crescendo incessantemente. "Convém que as Igrejas sejam ricas", atribuía, ingenuamente, a Henrique II da Alemanha um falsário do século XII; "pois quanto mais é confiado, mais se pode exigir."[346] Inalienáveis, em princípio, e preservadas por sua própria natureza do eterno perigo das partilhas sucessórias, as dominações eclesiásticas foram, desde a origem, em um mundo incerto, um elemento notavelmente estável. Constituiriam um instrumento ainda mais precioso nas mãos dos grandes poderes, quando do reagrupamento geral das forças.

CAPÍTULO IV
A desordem e a luta contra a desordem

1. OS LIMITES DOS PODERES

Falamos comumente de Estados feudais. Seguramente, a noção era estranha à bagagem mental dos doutos; os textos empregam, por vezes, a velha palavra *respublica*. Ao lado dos deveres para com o senhor próximo, a moral política reconhecia aqueles que se impunham diante dessa autoridade superior. O cavaleiro, diz Bonizo de Sutri, deve "não poupar sua vida para defender a de seu senhor e, para o estado da coisa pública, combater até a morte".[347] Mas a imagem assim evocada era muito diferente do que seria hoje. Possuía, sobretudo, um conteúdo muito mais pobre.

---

346. *Diplom. regum et imperatorum*, t. III, n. 509.
347. BONIZO. *Liber de vita christiana*, ed. Perels, 1930 (*Texte zur Geschichte des römischen und kanonischen Rechts*), VII, 248.

Seria longa a lista das atividades que aparecem inseparáveis da ideia de Estado e que os Estados feudais, no entanto, radicalmente ignoraram. O ensino pertencia à Igreja. O mesmo ocorria com a assistência, que se confundia com a caridade. As obras públicas eram deixadas à iniciativa dos usuários ou dos pequenos poderes locais: ruptura particularmente sensível com a tradição romana, ou até mesmo com a de Carlos Magno. Os governantes não voltaram a alimentar tais preocupações antes do século XII, e ainda menos, nessa época, nas monarquias do que em certos principados de evolução precoce: o Anjou de Henrique Plantageneta, construtor dos diques do Loire; a Flandres, que devia a seu conde Filipe da Alsácia alguns canais. Foi preciso aguardar o século seguinte para ver reis ou príncipes intervirem, como haviam feito os carolíngios, na fixação dos preços e esboçarem, timidamente, uma política econômica. Na verdade, desde a Segunda Idade Feudal, os verdadeiros mantenedores de uma legislação de bem-estar foram quase exclusivamente poderes de alcance muito mais reduzido e, por sua natureza, totalmente estranhos à feudalidade propriamente dita: as cidades, preocupadas, desde sua constituição em comunidades autônomas, com escolas, hospitais e regulamentos sobre a economia.

Na verdade, o rei ou o alto barão tem três deveres fundamentais, e mais nenhum: assegurar, por meio de piedosas fundações e da proteção concedida à verdadeira fé, a salvação espiritual de seu povo; defender este último contra os inimigos de fora – função tutelar a que se acrescenta, quando possível, a conquista, inspirada pelo ponto de honra, tanto quanto pelo desejo de poder; fazer reinar, por fim, a justiça e a paz interna. Na medida, portanto, em que sua missão lhe impõe, acima de tudo, trucidar os invasores ou os maus, ele guerreia, pune e reprime mais do que administra. Além disso, a tarefa assim compreendida já era bastante pesada.

Isso porque um dos traços comuns de todos os poderes é, senão precisamente sua fraqueza, ao menos o caráter sempre intermitente de sua eficácia; e essa tara nunca aparece com maior clareza do que quando as ambições são maiores, e o raio de ação pretendido mais vasto. Quando um duque da Bretanha, em 1127, admite ser incapaz de proteger um de seus mosteiros contra seus próprios cavaleiros, ele denuncia, com isso, somente a debilidade de um medíocre principado territorial. Mas, entre os soberanos cujo poder é mais exaltado pelos cronistas, não se encontraria nenhum que não tivesse passado longos anos reprimindo revoltas. O menor grão de areia basta, por vezes, para travar a máquina. Basta que um pequeno conde rebelde se fortifique em seu refúgio para que o imperador Henrique II se veja bloqueado por três meses.[348] Já deparamos com as principais razões dessa falta de fôlego: lentidão e dificuldades de ligação; ausência de reservas em numerário; necessidade, para exercer uma verdadeira autoridade, de um contato direto com os homens. Em 1157, Otão da Frisinga, acreditando, ingenuamente, louvar seu herói, Frederico Barba-Ruiva, "retornou ao Norte dos Alpes: por sua presença, a paz foi restituída aos francos" – isto é, aos alemães; "por sua ausência, foi tirada dos italianos". Deve-se acrescentar, naturalmente, a tenaz concorrência dos laços pessoais. Em pleno século XIII, uma compilação de

---

348. *Cartulaire de Redon*, ed. de Courson, p. 298, n. CCCXLVII; cf. p. 449. Siegfried Hirsch, *Jahrbücher des Deutschen Reiches unter Heinrich II*, t. III, p. 174.

costumes francesa ainda reconhece que há casos em que o vassalo lígio de um barão pode legitimamente declarar guerra ao rei, abraçando a causa de seu senhor.[349]

Os melhores espíritos concebiam nitidamente a permanência do Estado. A Conrado II da Alemanha, seu capelão atribui as seguintes palavras: "Quando falece o rei, continua o reino, tal como o navio cujo capitão sucumbiu." Mas a gente de Pavia, a quem tal repriménda era dirigida, estava certamente muito mais perto da opinião comum, quando negava que se lhe pudesse imputar, como crime, a destruição do palácio imperial. Isso porque, diziam, ela ocorrera durante o interregno. "Servimos nosso imperador enquanto viveu; uma vez morto, já não tínhamos rei." As pessoas prudentes não deixavam de fazer confirmar pelo novo soberano os privilégios outorgados por seu predecessor e, em pleno século XII, monges ingleses não temiam sustentar, perante a corte real, que um edito, derrogando um velho costume, deveria vigorar somente durante a vida de seu autor.[350] Em outros termos, separava-se mal a imagem concreta do chefe da ideia abstrata de poder. Os próprios reis encontravam dificuldades em elevarem-se acima de um sentimento estreitamente limitado. Basta ver em que termos Filipe Augusto, de partida para a cruzada, regulamenta o emprego que, caso morra durante a viagem para a Terra Santa, deverá ser feito de seu tesouro, base indispensável de todo poder monárquico. Em caso de sobrevida de seu filho, somente a metade será distribuída em esmolas; será, ao contrário, a totalidade, se a criança sucumbir antes do pai.

Não imaginemos, entretanto, nem de fato nem de direito, um regime de absolutismo pessoal. Segundo o código do bom governo então universalmente admitido, nenhum chefe, fosse quem fosse, podia tomar uma decisão grave sem antes ter sido aconselhado. Não pelo povo, seguramente. Ninguém pensava que este devesse ser interrogado, diretamente ou por meio de seus eleitos. Como representantes naturais, não contava ele, segundo o plano divino, com os poderosos ou os ricos? Será, portanto, de seus principais súditos e fiéis particulares que o rei ou o príncipe solicitará a opinião: em uma palavra, de sua corte, no sentido vassálico do termo. Os mais altivos monarcas jamais deixam de relembrar em seus diplomas essa necessária consulta. Não reconhece o imperador Otão I que uma lei, cuja promulgação era prevista para uma assembleia determinada, não pôde ser publicada "em razão da ausência de alguns grandes"?[351] A aplicação mais ou menos estrita da regra dependia do equilíbrio das forças. Mas jamais teria sido prudente violá-la de modo demasiado aberto, pois as únicas ordens que os súditos de condição um tanto elevada se acreditavam obrigados a realmente respeitar eram as que haviam sido dadas, senão sempre com seu consentimento, ao menos em sua presença. Nessa incapacidade de conceber o laço político de outro modo que não sob a forma do face a face, reconheçamos, mais uma vez, uma das causas profundas do esfacelamento feudal.

2. A VIOLÊNCIA E A ASPIRAÇÃO À PAZ

Um quadro da sociedade feudal, sobretudo durante sua primeira idade, estaria condenado a oferecer da realidade uma imagem bastante infiel se, preocupado somente com as

---
349. *Et. de Saint Louis*, I, 53.
350. BIGELOW. *Placita Anglo-Normannica*, p. 145.
351. *Constitutiones regum et imp.*, t. I, N. XIII, p. 28-9.

instituições jurídicas, permitisse esquecer que o homem vivia então em estado de perpétua e dolorosa insegurança. Não era, como hoje, a angústia do perigo atroz, porém coletivo e intermitente, alimentada por um mundo de nações armadas. Tampouco era – ou, ao menos, não o era especialmente – a apreensão das forças econômicas que trituram o pequeno ou o malfadado. A ameaça, que era cotidiana, pesava sobre cada destino individual. Atingia, assim como os bens, a própria carne. De resto, quanto à guerra, o assassínio e o abuso de força, não há página de nossa análise em que não tenhamos visto projetarem-se suas sombras. Algumas palavras bastarão agora para reunir as causas que verdadeiramente fizeram da violência a marca de uma época e de um sistema social.

"Quando, tendo desaparecido o Império Romano dos francos, diversos reis se sentarem no augusto trono, cada homem contará somente com a espada": assim, sob a aparência de uma profecia, falava, em meados do século IX, um clérigo de Ravenna, que vira e deplorara o desvanecimento do grande sonho imperial carolíngio.[352] Os contemporâneos tiveram, portanto, nitidamente consciência disto: constituindo ela própria um efeito, em larga medida, de irreprimíveis hábitos de desordem, a carência dos Estados favorecera, por sua vez, o desencadeamento do mal. O mesmo pode ser dito das invasões que, ao fazerem penetrar em todos os lugares o homicídio e a pilhagem, contribuíram, ademais, para tão eficazmente romper os velhos quadros dos poderes. Mas a violência se devia também à camada mais profunda da estrutura social e da mentalidade.

Ela estava na economia; em uma época de raras e difíceis trocas, havia meio mais seguro de tornar-se rico do que a pilhagem ou a opressão? Toda uma classe dominadora e guerreira vivia, sobretudo, de tais recursos, e um monge podia, friamente, atribuir a um pequeno senhor, em um documento, as seguintes palavras: concedo esta terra "livre de qualquer renda, exação ou talha, de qualquer corveia... e de todas essas coisas que, por meio da violência, os cavaleiros costumam extorquir dos pobres".[353]

Ela estava no direito: em razão do princípio consuetudinário que, com o tempo, acabava legitimando quase toda usurpação; em razão também da tradição solidamente enraizada que, ao indivíduo ou ao pequeno grupo, reconhecia a faculdade ou até mesmo impunha o dever de fazer justiça a si mesmo. Responsável por uma infinidade de dramas sangrentos, a *faide* familiar não era a única forma de execução pessoal que colocasse constantemente em perigo a ordem pública. Quando as assembleias de paz proibiam à vítima de um dano material, real ou fictício que se indenizasse diretamente tomando para si um dos bens do autor do prejuízo, elas sabiam bem atingir, dessa forma, uma das mais frequentes ocasiões de desordem.

Por fim, a violência estava nos costumes, pois, pouco capazes de reprimir seu primeiro impulso, pouco sensíveis, nervosamente, ao espetáculo da dor, pouco respeitosos da vida, que viam somente como um estado transitório antes da Eternidade, os homens estavam, além disso, muito inclinados a colocarem seu ponto de honra na demonstração quase animal da força física. "Todos os dias", escreve, por volta de 1024, o bispo Burcardo de Worms,

---

352. *SS. rer., Langob. Saec.* VI-IX (Mon. Germ.), p. 385, c. 166.
353. *Cartulaire de Saint Aubin d'Angers*, ed. B. de Broussillon, t. II, n. DCCX, 1138, 17 set.

"assassinatos à maneira dos animais selvagens são cometidos entre os dependentes de São Pedro. Perseguem-se pessoas por embriaguez, por orgulho ou por razão alguma. Ao longo de um ano, 35 servos de São Pedro, perfeitamente inocentes, foram mortos por outros servos da igreja; e os assassinos, longe de se arrependerem, se glorificam por seu crime." Cerca de um século mais tarde, uma crônica inglesa, louvando a grande paz que Guilherme, o Conquistador, estabelecera em seu reino, acreditava não poder expressar melhor sua plenitude senão por estes dois traços: a partir de então, nenhum homem pode tirar a vida de outro, qualquer que tenha sido o dano dele recebido; cada um pode percorrer a Inglaterra, com o cinto repleto de ouro, sem perigo.[354] Era descobrir, ingenuamente, a dupla raiz dos males mais ordinários: a vingança que, segundo as ideias da época, podia sustentar uma justificação moral, mas também o banditismo, em sua crueza.

Entretanto, todos sofriam, no fim, com essas brutalidades e os chefes, mais do que qualquer um, tinham consciência dos desastres que acarretavam. A tal ponto que das profundezas dessa época tumultuada emerge, com toda a força de uma aspiração à mais preciosa e à mais inacessível das "dádivas de Deus", um longo grito de paz. Isto é, acima de tudo, a paz interior. Para um rei ou para um príncipe, não havia elogio mais belo que o título de Pacífico. A palavra deve ser compreendida em seu sentido pleno: não aquele que aceita a paz, mas aquele que a impõe. "Que a paz se faça no reino": assim se reza no dia das sagrações. "Abençoados sejam os apaziguadores", exclamará São Luís. Comum a todos os poderes, tal preocupação se expressa, por vezes, em termos de tocante candura. Escutemos, em suas sábias leis, este mesmo rei Canuto, sobre o qual um poeta de corte havia dito "eras bem jovem, ó príncipe, quando, à medida que avançavas, queimavam as moradas dos homens": "Desejamos", afirma Canuto, "que todo homem, maior de doze anos, jure jamais roubar ou fazer-se cúmplice de um ladrão".[355] Mas como, precisamente, os grandes poderes temporais eram ineficazes, desenvolveu-se, à margem das autoridades regulares e sob o impulso da Igreja, um esforço espontâneo de organização dessa ordem tão desejada.

3. PAZ E TRÉGUA DE DEUS[356]

Foi nas reuniões de bispos que nasceram as associações de paz. Entre os clérigos, o sentimento de solidariedade humana se alimentava da imagem da cristandade, concebida como o corpo místico do Salvador. "Que nenhum cristão mate a outro cristão", dizem, em 1054, os bispos da província de Narbona; "pois não há dúvida de que matar um cristão seja derramar o sangue de Cristo." Na prática, a Igreja se sentia particularmente vulnerável.

---

354. *Constitutiones*, t. I, p. 643, c. 30. *Two of the Saxon Chronicles*, ed. Plummer, t. I, p. 220. Impossível acumular as anedotas. Seriam, entretanto, necessárias algumas para transmitir a verdadeira cor da época. Henrique I da Inglaterra, por exemplo, não deixou a reputação de um animal selvagem. Basta ver, no entanto, na obra de Orderico Vital, como o marido de uma de suas bastardas, tendo mandado arrancar os olhos do jovem filho de um castelão real, ordenou, por sua vez, que fossem cegadas e mutiladas suas próprias netas.
355. M. ASHDOWN. *English and Norse documents relating to the reign of Ethelred the Unready*, 1930, p. 137. CANUTO. Leis, II, 21.
356. Por conterem as obras relativas à história das pazes de Deus – particularmente, HUBERTI. *Studien zur Rechtsgeschichte der Gottesfrieden und Landesfrieden: I, Die Friedensordnungen in Frankreich*, Ansbach, 1892; GÖRRIS. *De denkbeelden over oorlog en de bemoeeiingen voor vrede in de effide eeuw* (As ideias sobre a guerra e os esforços em favor da paz no século XI), Nimègue, 1912 (Diss. Leyde) – numerosas referências, fáceis de encontrar, não será surpreendente encontrar, daqui em diante, um grande número de citações sem remissões.

Por fim, ela assumia como dever particular proteger, ao lado de seus próprios membros, todos os fracos, essas *miserabiles personae* cuja tutela o direito canônico lhe confiava.

Entretanto, a despeito do caráter ecumênico da instituição-mãe e ressalvado o apoio tardiamente concedido pelo papado reformado, o movimento, em suas origens, foi muito especificamente francês e, mais particularmente, aquitânio. Nascido, ao que parece, por volta de 989, perto de Poitiers, no Concílio de Charroux, que, desde a Marca da Espanha até o Berry ou o Ródano, seria logo seguido por numerosos sínodos, ele se propagou somente na segunda década do século XI pela Borgonha e pelo norte do reino. Alguns prelados do reino de Arles e o abade de Cluny se tornaram, em 1040 e 1041, seus propagandistas junto aos bispos da Itália. Sem grande sucesso, ao que parece.[357] A Lorena e a Alemanha foram seriamente afetadas somente por volta do final do século; a Inglaterra, nunca. As diferenças de estrutura política explicam facilmente as particularidades desse desenvolvimento. Quando, em 1023, os bispos de Soissons e de Beauvais, tendo formado uma associação de paz, convocaram seu confrade de Cambrai a juntar-se a ela, este prelado, assim como eles sufragâneo da metrópole de Reims, situada na França, mas súdito do Império, recusou: seria "inconveniente", disse, que um bispo se envolvesse naquilo que cabe aos reis. No Império, particularmente no episcopado imperial, a ideia de Estado ainda estava muito viva e, lá, o próprio Estado não se mostrava completamente incapaz de cumprir sua tarefa. Da mesma forma, em Castela e Leão, foi preciso, em 1124, uma crise de sucessão, que enfraquecera consideravelmente a monarquia, para permitir a introdução, pelo grande arcebispo de Compostela, Diego Gelmirez, de decisões conciliares imitadas "dos romanos e dos francos". Na França, ao contrário, a impotência da monarquia era, em todo lugar, flagrante, mas em nenhum lugar mais do que nas anárquicas regiões do Sul e do Centro, acostumadas, de longa data, a uma existência quase independente. Lá, ademais, nenhum principado tão solidamente constituído quanto a Flandres ou a Normandia, por exemplo, conseguira estabelecer-se. Era preciso, portanto, ajudar a si mesmo ou desaparecer na desordem.

Suprimir todas as violências, isso estava fora de cogitação. Podia-se, pelo menos, esperar fixar-lhes limites. Cuidou-se disso em primeiro lugar – e foi a isso que se deu exclusivamente o nome de "Paz de Deus" – colocando sob uma salvaguarda especial certas pessoas ou certos objetos. A lista do Concílio de Charroux ainda é muito rudimentar: proibição de penetrar à força nas igrejas ou de pilhá-las, de tomar dos camponeses seu gado, de atingir um clérigo, desde que não porte armas. Procurou-se, então, desenvolver e precisar. Incluíram-se os mercadores entre os protegidos por natureza: pela primeira vez, ao que parece, no sínodo do Puy, em 990. Elaborou-se, de forma cada vez mais detalhada, o inventário dos atos proibidos: por exemplo, destruir um moinho, arrancar videiras, atacar um homem que se dirige à igreja ou dela retorna. Certas exceções, porém, ainda eram previstas. Umas pareciam impostas pelas necessidades da guerra: o juramento de Beauvais, em 1023, autoriza a matar os animais dos camponeses, desde que para alimentar-se ou alimentar sua escolta. Outras se explicavam pelo respeito dos constrangimentos ou, até mesmo, das

---

357. No sul da península, a trégua de Deus foi introduzida por um papa francês (Urbano II) e os barões normandos: JAMISON em *Papers of the British School*, Roma, 1913, p. 240.

violências então concebidas como legitimamente inseparáveis de todo exercício de comando: "não despojarei os vilãos", prometem, em 1025, os senhores reunidos em Anse, no Saône, "não matarei seus animais, exceto sobre minhas próprias terras." Outras, por fim, eram tornadas inevitáveis por tradições jurídicas ou morais universalmente obedecidas. Expressamente ou por preterição, o direito à *faide*, após um assassinato, é quase sempre assegurado. Impedir que os inocentes e os pequenos fossem arrastados nas querelas dos poderosos; prevenir a vingança, quando não havia outra justificação, como diz o Concílio de Narbona, além de um debate sobre uma terra ou uma dívida; opor, sobretudo, um freio ao banditismo: essas ambições já pareciam suficientemente elevadas.

Mas se havia seres e coisas particularmente respeitáveis, não havia também dias vedados à violência? Uma capitular carolíngia já proibia que a *faide* fosse perseguida aos domingos. Retomada pela primeira vez, ao que parece, em 1027, por um modesto sínodo diocesano reunido no Rossilhão, "no prado de Toulonges", – não, por certo, que a obscura capitular fosse diretamente conhecida, mas ideia era vivaz – essa prescrição, que se juntava geralmente às do outro tipo, teve um rápido sucesso. Logo, aliás, passou-se a recusar a aceitação de uma única jornada de descanso. Paralelamente ao tabu dominical, o da Páscoa já fizera, desta vez no Norte, sua aparição (em Beauvais, em 1023). A "trégua de Deus" – assim era chamado este armistício periódico – foi pouco a pouco estendida, ao mesmo tempo que às grandes festas, aos três dias da semana (desde a noite de quarta-feira) que precedem o domingo e pareciam prepará-lo. De tal forma que, no fim, a guerra dispunha de menos tempo que a paz. Como, aqui, nenhuma exceção era, em princípio, admitida, nenhuma lei teria sido mais salutar se a regra, demasiado exigente, não tivesse permanecido, na maioria das vezes, letra morta.

Os primeiríssimos concílios, como o de Charroux, tinham se limitado a legislar, da maneira mais banal, sob a sanção de penas religiosas. Mas, por volta de 990, o bispo do Puy, Guido, tendo reunido seus diocesanos, cavaleiros e vilãos, em um prado, "rogou-lhes que se comprometessem por sermão a observar a paz, a não oprimir as igrejas nem os pobres em seus bens, a restituir o que tivessem tomado... Recusaram-se". Com isso, o prelado mandou vir, pela noite, tropas, que já havia secretamente reunido. "De manhã, pôs-se a constranger os recalcitrantes a jurar a paz e a entregar reféns; o que, com a ajuda de Deus, foi feito."[358] Tal foi, segundo a tradição local, a origem, que não se poderia considerar puramente voluntária, do primeiro "pacto de paz". Outros lhe sucederam, e logo não houve mais assembleia, ocupada a limitar as violências, que não se prolongasse, assim, por um grande juramento coletivo de reconciliação e de boa conduta. Ao mesmo tempo, a promessa, inspirada nas decisões conciliares, se fazia cada vez mais precisa. Por vezes, era acompanhada de entregas de reféns. Nessas uniões juradas, que se esforçavam em associar à obra pacificadora o povo inteiro, representado naturalmente, acima de tudo, por seus chefes, pequenos ou grandes, residiu a verdadeira originalidade do movimento das pazes.

Restava ora constranger, ora punir aqueles que não haviam jurado ou, tendo-o feito, haviam faltado com suas obrigações. Isso porque das penas espirituais somente se podia

---

358. *Histoire de Languedoc*, t. V, col. 15.

esperar uma eficácia muito intermitente. Quanto aos castigos temporais que as assembleias também se esforçavam em estabelecer – particularmente, sob a forma de indenizações às vítimas e de multas –, eles mesmos somente podiam ter algum peso caso houvesse uma autoridade capaz de impô-los.

Ao que parece, recorreu-se, de início, aos poderes existentes. A violação da paz permanecia justiçável pelo "senhor da região", devidamente obrigado por seu juramento e cuja responsabilidade, como se vê no Concílio de Poitiers, no ano mil, também podia ser sustada por meio de reféns. Não era isso, entretanto, retornar ao mesmo sistema que se revelara impotente? Por uma evolução quase fatal, as associações juradas, cujo objeto inicial consistira somente em unir os homens por uma vasta promessa de virtude, tenderam a transformar-se em órgãos de execução. Talvez tenham se atribuído, por vezes, ao menos no Languedoc, juízes particulares, encarregados, à margem das jurisdições ordinárias, de castigar os delitos contra a boa ordem. É certo, em todo caso, que muitas delas se constituíram em verdadeiras milícias: simples regularização, em suma, do velho princípio que reconhecia à comunidade ameaçada o direito de lançar-se sobre os bandidos. Aqui também isso se deu, originalmente, com o visível cuidado de respeitar as autoridades estabelecidas: as forças a que o Concílio de Poitiers confia a missão de reduzir à resipiscência o culpado, caso seu próprio senhor não tenha conseguido fazê-lo, são as de outros senhores participantes do juramento comum. Mas ligas de novo tipo logo foram criadas, ultrapassando decididamente os quadros tradicionais. O acaso de um texto conservou, para nós, a recordação da confederação instituída, em 1038, pelo arcebispo de Bourges, Aimon. Exigia-se o juramento de todos os diocesanos de mais de quinze anos, por intermédio de seus padres. Estes, carregando os estandartes de suas igrejas, marchavam à frente das levas paroquiais. Mais de um castelo foi destruído e queimado por esse exército popular, até o dia em que, mal armado e forçado, segundo se diz, a montar sua cavalaria em asnos, ele foi massacrado, pelo senhor de Déols, às margens do Cher.

Além disso, uniões dessa espécie suscitariam necessariamente intensas hostilidades, não limitadas aos círculos mais diretamente interessados na prolongação da desordem. Isso porque havia nelas, incontestavelmente, um elemento antitético à hierarquia: não somente porque opunham vilãos aos senhores saqueadores, mas também, e talvez sobretudo, porque levavam os homens a defenderem-se por si próprios, em vez de aguardarem sua proteção dos poderes regulares. Não estava distante o tempo em que, no auge dos carolíngios, Carlos Magno proscrevera as "guildas" ou "confrarias", mesmo quando tinham por objeto reprimir o banditismo. Aquilo que certamente sobrevivia, nessas associações, das práticas herdadas do paganismo germânico não fora então o único motivo da proibição. Um Estado que procurava se reconstruir com base na ideia de função pública e, ao mesmo tempo, com base nas relações de subordinação pessoal, empregadas em proveito da ordem monárquica, não podia suportar que a polícia fosse apropriada por grupos sem mandato, que as capitulares já nos representam como compostos geralmente de camponeses. Os barões e os senhores da era feudal não eram menos ciosos de seus direitos. Suas reações se manifestaram, com singular relevo, em um episódio que foi, na Aquitânia, como que o último sobressalto de um movimento que já tinha quase dois séculos.

Em 1182, um carpinteiro do Puy, instruído por visões, fundou uma confraria de paz, que se espalhou rapidamente por todas as regiões do Languedoc, no Berry e até no Auxerrois. Seu emblema era um capuz branco, com uma espécie de estola, cuja banda anterior, pendente sobre o peito, trazia em volta da imagem da Virgem Maria, a inscrição: "Cordeiro de Deus, que livra o mundo de pecados, dá-nos a paz.". Contava-se que Nossa Senhora, aparecendo em pessoa diante do artesão, lhe entregara a insígnia com o lema. Toda *faide* estava expressamente proscrita do grupo. Se um de seus membros comete um assassinato, o irmão do falecido, quando também pertencente aos Encapuzados, dará ao assassino o beijo de paz e, conduzindo-o à sua própria casa, lhe dará de comer, como prova de esquecimento. Esses Pacíficos, aliás – como gostavam de ser chamados –, nada tinham de tolstoizantes. Conduziram contra os bandidos de estrada uma dura e vitoriosa guerra. Mas essas execuções espontâneas não tardaram a suscitar as inquietudes dos meios senhoriais. Por uma reviravolta significativa, vê-se o mesmo monge, em Auxerre, em 1183, cobrir de elogios esses bons servidores da ordem, para, no ano seguinte, cobrir de lama sua "seita" indócil. Segundo outro cronista, eram acusados de perseguir "a ruína das instituições que nos regem pela vontade de Deus e pelo ministério dos poderosos deste mundo". Deve-se acrescentar que as inspirações sem controle de um iluminado leigo e, consequentemente, presumidamente ignorante – quer se trate do carpinteiro Durand ou de Joana d'Arc – sempre pareceram, e não sem motivos, aos guardiões da fé carregadas de ameaças para a ortodoxia. Esmagados pelas armas conjugadas dos barões, dos bispos e dos bandidos de estrada, os "Jurados" do Puy e seus aliados tiveram um fim tão miserável quanto, no século anterior, as milícias do Berry.

As catástrofes eram somente o sintoma, particularmente eloquente, de um fracasso de alcance mais geral. Incapazes de criar, inteiramente, a boa polícia e a reta justiça sem as quais não havia paz possível, nem os concílios nem as ligas jamais conseguiram reprimir duravelmente as desordens. "O gênero humano", escreve Raul Glaber, "foi igual ao cão que volta ao seu próprio vômito. A promessa havia sido feita. Não foi cumprida." Mas, em outros meios e sob formas diversas, o grande sonho dissipado deixaria traços profundos.

Foi por meio de expedições punitivas dirigidas, com os estandartes das igrejas ao vento, contra os castelos dos senhores saqueadores que se iniciou, em Le Mans, em 1070, o movimento comunal francês. Até mesmo a expressão "santas instituições", por meio da qual a jovem coletividade de Le Mans designava seus decretos, produz, ao historiador das "pazes", um som familiar. Por certo, várias outras necessidades, de natureza muito diferente, levavam os burgueses a se unirem. Como esquecer, entretanto, que a repressão ou o apaziguamento das vinganças, entre os associados, e a luta, externa, contra o banditismo constituíram, desde a origem, uma das principais justificações da "amizade" urbana, segundo o belo nome que certos grupos gostavam de se atribuir? Como não lembrar, sobretudo, da filiação estabelecida, entre o pacto de paz e o pacto comunal, por este traço, presente nos dois lados e cuja entoação revolucionária já observamos: o juramento dos iguais? Mas, diferentemente das grandes confederações criadas sob os auspícios dos concílios e dos prelados, a comuna se limitava a reunir, em uma única cidade, homens unidos por uma vigorosa solidariedade de classe e já acostumados à ajuda recíproca. Tal estreitamento foi uma das grandes razões de sua força.

Entretanto, também os reis e os príncipes, por vocação ou por interesse, buscavam a ordem interna. Podiam eles hesitar por muito tempo em se aproveitarem desse movimento, vindo de fora, constituindo-se, por sua vez, cada um em sua esfera, segundo o título expressamente assumido, em 1226, por um conde da Provença, em *grands paciaires* [grandes pacificadores]?[359] Ao que parece, em primeiro lugar, o arcebispo Aimon sonhara em fazer das famosas milícias do Berry, em seu benefício, o instrumento de uma verdadeira soberania provincial. Na Catalunha, condes, que se limitaram inicialmente a participar dos sínodos, logo incorporaram as decisões em suas próprias ordenações, não sem antes conferir a tais empréstimos um rumo pelo qual a paz da Igreja se transformava, aos poucos, em paz do príncipe. No Languedoc e, particularmente, nas dioceses do Maciço Central, os progressos, no século XII, da circulação monetária haviam permitido às associações de paz constituir finanças regulares: sob o nome de "comum de paz" ou *pezade*, um subsídio era recolhido, no intuito de indenizar as vítimas das desordens e, ao mesmo tempo, remunerar as expedições. Os quadros paroquiais serviam à cobrança. O bispo administrava a caixa. Mas, muito rapidamente, essa contribuição foi desviada de sua natureza inicial. Os magnatas – os condes de Toulouse, sobretudo, mestres ou senhores feudais de numerosos condados – forçaram os bispos a dividirem com eles as receitas; os próprios bispos esqueceram sua destinação original. De tal forma que, no fim, o grande esforço de defesa espontânea teve aqui por resultado mais durável – pois a *pezade* viveria tanto quanto o Antigo Regime – favorecer a criação, notavelmente precoce, de um imposto territorial.

Exceção feita a Roberto, o Pio, que reuniu grandes assembleias para fazer com que nelas se jurasse a paz, os capetíngios não parecem ter se preocupado com instituições que tinham talvez por atentatórias à sua própria missão de justiceiros. Foi a serviço direto do rei que, sob Luís VI, os contingentes das paróquias se lançaram ao assalto das fortalezas senhoriais. Quanto à paz solene que, em 1155, seu sucessor promulgara por dez anos, por mais notável que nela seja a influência das decisões conciliárias usuais, ela trazia, em si mesma, todos os traços de um ato de autoridade monárquica. Por outro lado, nos principados mais vigorosos da França do Norte, na Normandia e na Flandres, os príncipes julgaram inicialmente útil se associarem à obra das pazes juradas. Em 1030, Balduíno IV da Flandres uniu-se ao bispo de Noyon-Tournai para provocar uma vasta promessa coletiva. Em 1047, um concílio, em Caen, talvez sob a influência de textos flamengos, proclamou a Trégua de Deus. Não havia, porém, ligas armadas. Estas não teriam sido toleradas e teriam parecido destituídas de objeto. Então, muito rapidamente, o conde ou o duque – este último ajudado, na Normandia, por certas tradições próprias ao direito escandinavo – substituíram a Igreja como legisladores, juízes e mantenedores da boa ordem.

Foi no Império que o movimento das pazes produziu os efeitos mais duradouros e sofreu os mais curiosos desvios. Já conhecemos as rejeições que teve, de início, de enfrentar.

---

359. R. BUSQUET em *Les Bouches du Rhône*. *Encyclopédie départementale*. Primeira parte, t. II. *Antiquité et moyen âge*, 1924, p. 563.

Por certo, aí também, desde o início do século XI, os povos, ao longo de grandes assembleias, foram convidados à reconciliação geral e à abstenção de toda violência. Mas isso se dava nas dietas reais e por meio de decretos reais. As coisas permaneceram nesse estado até, pelo menos, a grande querela de Henrique IV e Gregório VII. Então, pela primeira vez, em 1082, uma Trégua de Deus foi proclamada, em Liège, pelo bispo, assistido pelos barões da diocese. O local e a data também merecem atenção. Mais do que a Alemanha propriamente dita, a Lotaríngia estava aberta às influências vindas do Oeste. Apenas cinco anos, por outro lado, haviam passado desde que se erguera, contra Henrique IV, o primeiro antirrei. Devido à iniciativa de um bispo imperialista, o ato não estava, de modo algum, dirigido contra a monarquia. Henrique o confirmou, mas das profundezas da Itália. Pela mesma época, nas partes da Alemanha em que a autoridade imperial não era mais reconhecida, os barões sentiam a necessidade de se unirem para lutar contra a desordem. A Igreja e os poderes locais tendiam visivelmente a assumir a tarefa dos reis.

No entanto, a monarquia imperial ainda era demasiado forte para abandonar essa arma. Desde sua volta da Itália, Henrique IV, por sua vez, se pôs a legislar contra as violências e, a partir de então, durante vários séculos, os imperadores e os reis promulgaram, de tempos em tempos, vastas constituições de paz aplicáveis ora a uma província em particular, ora, o que era mais frequente, ao Império como um todo. Não se tratava de um retorno, puro e simples, às práticas anteriores. Transmitida pela Lorena, a influência das pazes francesas ensinara a substituir as ordens muito gerais do passado por um grande luxo de regras cada vez mais minuciosas. A tal ponto que se introduziu progressivamente o hábito de inserir nesses textos todas as espécies de prescrições, que já não mantinham com seu objeto primitivo senão uma relação distante. "Os *Friedesbriefe*", diz justamente uma crônica suábia do início do século XIII, "são as únicas leis empregadas pelos alemães".[360] Entre as consequências do grande esforço empreendido pelos concílios e pelas associações juradas, a menos paradoxal, tendo ajudado a criar o imposto principesco no Languedoc, não foi a de favorecer, na Alemanha, a ressureição da legislação monárquica.

A Inglaterra dos séculos X e XI também teve, à sua maneira, suas ligas, suas "guildas" de paz. Redigidos entre 930 e 940, os estatutos das ligas de Londres constituem um extraordinário documento de insegurança e de violência: com sua justiça expeditiva, seus perseguidores lançados no rastro dos ladrões de gado, não nos julgaríamos transpostos para o Velho Oeste, nos tempos heroicos da "Fronteira"? Tratava-se, porém, aqui, da polícia inteiramente laica de uma comunidade rude, um Código Penal popular cujo sangrento rigor – uma adição ao texto constitui disso uma prova – não deixava de chocar o rei e os bispos. Sob o nome de guildas, o direito germânico compreendera associações de homens livres formadas fora dos laços de parentesco e destinadas, em alguma medida, a cumprir sua função: um juramento; pândegas periódicas acompanhadas, nos tempos pagãos, de libações religiosas; por vezes, uma caixa comum; e, sobretudo, uma obrigação de auxílio mútuo eram seus traços principais. "Para a amizade, assim como para a vingança,

---

[360] SS., t. XXIII, p. 361. Cf. FRENSDORFF em *Nachr. von der Kgl. Gesellsch. zu Göttingen. Phil.-hist. Kl.*, 1894. A mesma transformação se produziu na Catalunha e em Aragão.

permaneceremos unidos, aconteça o que acontecer", dizem as ordenações londrinas. Na Inglaterra, onde as relações de dependência pessoal tardaram, muito mais do que no continente, a difundir-se, esses agrupamentos, longe de serem proibidos, como no Estado carolíngio, foram comumente reconhecidos pelos reis, que esperavam apoiar-se neles para a manutenção da ordem. Quando a responsabilidade da linhagem ou a do lorde se fazia omissa, a responsabilidade da guilda por seus membros a substituía. Após a conquista normanda, quando uma realeza muito forte foi instaurada, ela retomou da tradição anglo--saxônica essas práticas de apoio mútuo. Mas foi, finalmente, para fazer delas – sob o nome de *frankpledge*, cuja história já esboçamos[361] – uma das engrenagens do novo sistema senhorial. Na original evolução da sociedade inglesa, que de um regime em que a ação coletiva do homem livre não fora completamente rebaixada perante o poder do chefe passou, diretamente, para uma dura monarquia, as instituições de paz do tipo francês não conseguiram introduzir-se.

No próprio continente, caberia às realezas e aos principados territoriais, operando o indispensável reagrupamento de forças, dar corpo, por fim, às aspirações cujo intenso fervor se manifestara, ao menos, nos concílios e pactos.

CAPÍTULO V
Rumo à reconstituição dos Estados: as evoluções nacionais

1. RAZÕES DO REAGRUPAMENTO DAS FORÇAS

Ao longo da Segunda Idade Feudal, viu-se, por todos os lados, o poder sobre os homens, até então dividido ao extremo, começar a concentrar-se em organismos mais vastos: não novos, seguramente, mas verdadeiramente renovados, em sua capacidade de ação. As aparentes exceções, como a Alemanha, desaparecem tão logo se aceite deixar de conceber o Estado unicamente sob as cores da realeza. Um fenômeno tão geral somente poderia ter sido comandado por causas igualmente comuns a todo o Ocidente. Para enumerá-las, bastaria quase retomar ao revés o quadro das que haviam anteriormente conduzido ao esfacelamento.

O fim das invasões livrara os poderes reais e principescos de uma tarefa em que se consumiam suas forças. Ao mesmo tempo, ele permitia o prodigioso crescimento demográfico evidenciado, a partir da metade do século XI, pelo avanço dos arroteamentos. A maior densidade da população não tornava somente a manutenção da ordem mais fácil. Ela também favorecia a renovação das cidades, do artesanato e das trocas. Graças a uma circulação monetária tornada mais abundante e mais ativa, o imposto reaparecia. Ao seu lado, o funcionalismo assalariado e, substituindo o ineficaz regime de serviços hereditariamente contratuais, os exércitos remunerados. Seguramente, também o pequeno ou médio senhor

---
361. Ver anteriormente, p. 255-6.

não deixava de tirar proveito das transformações da economia; ele teve, como vimos, suas "talhas". Mas o rei ou o príncipe possuía, quase sempre, mais terras e mais vassalos do que qualquer outro. Ademais, a própria natureza de sua autoridade lhe fornecia múltiplas ocasiões de cobrar tributos, particularmente sobre as igrejas e sobre as cidades. A receita cotidiana de Filipe Augusto, quando de sua morte, praticamente igualava, em ordem de grandeza, a metade da receita anual acusada, um pouco mais tarde, por uma senhoria monástica que, sem estar entre as mais ricas, dispunha, contudo, de bens muito extensos, em uma província particularmente próspera.[362] Assim, o Estado começara, desde então, a adquirir esse elemento essencial de sua supremacia: uma fortuna incomparavelmente mais considerável do que a de qualquer pessoa ou coletividade privadas.

As modificações da mentalidade caminhavam no mesmo sentido. O "renascimento" cultural, desde o fim do século XI, tornara os espíritos mais aptos a conceber o laço social, sempre um tanto abstrato por natureza, constituído pela subordinação do indivíduo ao poder público. Despertara também a lembrança dos grandes Estados policiados e monárquicos do passado: o Império Romano, cuja majestosa grandeza era, sob o reinado de príncipes absolutos, assinalada pelos Códigos, assim como pelos livros de história; o Império Carolíngio, embelezado pelo culto da lenda. Certamente, os homens instruídos o bastante para sofrerem tais influências continuavam sendo, proporcionalmente à massa, um punhado. Mas, em si mesma, essa elite se tornara muito mais numerosa. A instrução, sobretudo, alcançara, nos meios laicos, ao lado da alta aristocracia, também a classe cavaleiresca. Mais úteis que os clérigos, em uma época em que todo administrador devia ser, ao mesmo tempo, um chefe de guerra, menos sujeitos que eles à atração de interesses estranhos aos poderes temporais e, por fim, habituados, de longa data, à prática do direito, esses fidalgos de pequena fortuna formariam, muito antes da burguesia, o estado-maior das monarquias renovadas: a Inglaterra de Henrique Plantageneta, a França de Filipe Augusto e de São Luís. O emprego, o gosto e a possibilidade da escrita permitiram aos Estados constituírem esses arquivos administrativos sem os quais não poderia haver poder realmente contínuo. Quadros dos serviços devidos pelos feudos, contabilidade periódica, registros dos documentos despachados ou recebidos: tantos prontuários que se vê surgirem, desde meados do século XII, no Estado anglo-normando e no reino, também normando, da Sicília, assim como, pelo fim desse mesmo século ou ao longo do século seguinte, no reino da França e na maioria de seus grandes principados. Seu surgimento foi como que o sinal anunciador de que emergia no horizonte um poder novo ou, ao menos, reservado até então às grandes igrejas e à corte pontifical: a burocracia.

Por quase universal que tenha sido, em seus traços fundamentais, esse desenvolvimento, ele não deixou de seguir, segundo os países, linhas bem diferentes. Limitar-nos-emos aqui a considerar rapidamente, de alguma forma a título de experiência, três tipos de Estado.

---

362. Receita cotidiana quando da morte de Filipe Augusto, segundo o testemunho de Conon de Lausanne: 1.200 libras parisis (*SS.*, t. XXIV, p. 782). Receita anual da abadia Sainte-Geneviève de Paris, segundo uma estimação para as dízimas, em 1246: 1.810 libras parisis; *Biblioth. Sainte Geneviève*, ms. 356, p. 271. O primeiro número é provavelmente alto demais; o segundo demasiadamente baixo. Deve-se acrescentar, entretanto, para restabelecer a diferença, que uma alta dos preços, entre as duas datas, é provável. De todos os modos, o contraste é espantoso.

2. UMA MONARQUIA NOVA: OS CAPETÍNGIOS

A monarquia carolíngia da grande época tirara sua força, aliás totalmente relativa, da aplicação de alguns princípios gerais: serviço militar exigido de todos os súditos; preeminência do tribunal real; subordinação dos condes, então verdadeiros funcionários; rede de vassalos reais, espalhados por todos os lados; poder sobre a Igreja. De tudo isso, o que restava à realeza francesa, por volta do final do século X? Na verdade, quase nada. Seguramente – sobretudo desde que os Robertianos, ao alcançarem a coroa, lhe trouxeram seus fiéis –, um número bastante grande de médios e pequenos cavaleiros continuam a prestar homenagem diretamente ao rei. Mas passam então a ser encontrados, quase exclusivamente, no espaço bastante restrito da França do norte, onde a própria dinastia goza de direitos condais. Alhures, ela possui apenas – exceção feita aos altos barões – vassalos de segundo grau: terrível inconveniente em uma época em que o senhor próximo é o único a quem as pessoas se sentem moralmente vinculadas. Os condes ou unificadores de condados, que se tornaram assim o elo intermediário de tantas correntes vassálicas, não negam dever suas dignidades ao rei. Mas o cargo se tornou um patrimônio, onerado de obrigações de tipo particular. "Não agi contra o rei", teria dito, segundo um contemporâneo, Eudes de Blois, que procurara tirar de outro vassalo de Hugo Capeto o castelo condal de Melun; "não lhe importa que um homem ou outro detenha o feudo."[363] Isto é: desde que a relação vassálica subsista. Segundo diz um arrendatário: "minha pessoa é indiferente, desde que o aluguel seja quitado". Porém, esse aluguel de fidelidade e de serviço era, no caso, frequentemente muito mal pago.

Para formar todo seu exército, o rei se vê, na prática corrente, limitado a seus pequenos vassalos, aos "cavaleiros" das igrejas sobre as quais não perdeu todo poder, à massa recrutada em suas próprias aldeias e nas terras dessas mesmas igrejas. Por vezes, alguns duques ou grandes condes lhe trazem seu contingente, como aliados, mais do que como súditos. Entre os pleiteantes que persistem em levar suas causas perante seu tribunal, são ainda os mesmos círculos que encontramos mais ou menos exclusivamente representados: pequenos senhores unidos pela homenagem direta, igrejas reais. Se, em 1023, um magnata, o conde de Blois, se dispõe a submeter-se ao julgamento da corte, ele impõe como condição que lhe sejam, primeiramente, concedidos os feudos que formavam precisamente o objeto do litígio. Passados sob a dominação das dinastias territoriais, mais de dois terços dos bispados – com quatro províncias eclesiásticas inteiras: Rouen, Dol, Bordeaux e Narbona – escapam totalmente à realeza. Na verdade, aqueles que lhe permanecem imediatamente sujeitos ainda são numerosos. Graças a alguns deles, ela permanece, em alguma medida, presente até no coração da Aquitânia – com Le Puy – ou, com Noyon-Tournai, no próprio interior das terras de dominação flamenga. Mas a maioria desses bispados reais também está concentrada entre o Loire e a fronteira do Império. Tal também é o caso das abadias "reais", muitas das quais provêm da herança dos Robertianos, em sua época ducal, cínicos açambarcadores de monastérios. Essas igrejas constituiriam uma das melhores reservas de força da monarquia. Os primeiros capetíngios, todavia, pareciam fracos demais

---

363. RICHER, IV, 80.

para que seu próprio clero fixasse um alto preço aos privilégios cujas vantagens podiam distribuir. De Hugo Capeto, conhecemos, em dez anos de reino, uma dúzia de diplomas; de seu contemporâneo, Otão III da Alemanha, em menos de vinte anos – dos quais os primeiros foram ocupados por uma menoridade –, mais de quatrocentos.

Essa oposição entre a insuficiência da realeza, na França Ocidental, e seu brilho relativo, no grande Estado vizinho, não deixou de impressionar os contemporâneos. Falava-se comumente, na Lotaríngia, dos "costumes indisciplinados" dos *Kerlinger*, isto é, dos habitantes do antigo reino de Carlos, o Calvo.[364] É mais fácil constatar o contraste do que relatá-lo. As instituições carolíngias não tiveram, na origem, menor força em um lado do que no outro. Provavelmente, a explicação deve ser procurada em fatos profundos da estrutura social. O grande princípio motor do esfacelamento feudal sempre foi o poder do chefe local ou pessoal sobre pequenos grupos, subtraídos assim a qualquer autoridade mais ampla. Ora, uma vez deixada de lado a Aquitânia, tradicionalmente indócil, as regiões que formavam propriamente o coração da monarquia francesa eram precisamente essas regiões entre o Loire e o Mosa, em que a senhoria rural remontava a priscas eras e em que a "recomendação" de homem para homem encontrara sua terra de eleição. Não havia mais lugar para um verdadeiro Estado em uma região em que a imensa maioria dos bens imóveis correspondia a tenências ou feudos e em que se chegou rapidamente a chamar "livre", não ao homem sem senhor, mas àquele a quem ainda restava, como único privilégio, o direito de escolher seu mestre.

No entanto, a própria ruína do direito público antigo favoreceria, afinal, o destino da monarquia capetíngia. Não, por certo, que a nova dinastia se tenha jamais proposto a romper com a tradição carolíngia, da qual tirava a melhor parte de sua força moral. Ela foi, porém, obrigada a substituir os velhos órgãos carcomidos do Estado franco por outros instrumentos de poder. Tendo condes por delegados, os reis de outrora não haviam imaginado poder governar qualquer território importante senão por intermédio desses oficiais. Não se observa que um condado, situado diretamente sob controle real, tenha sido encontrado por Hugo Capeto na herança dos últimos carolíngios. Oriundos, ao contrário, de uma família cuja grandeza nascera de um acúmulo de "honras" condais, os Capetíngios, muito naturalmente, continuaram, no trono, a mesma política.

Isso não se deu, na verdade, sem incertezas. Por vezes, nossos reis foram comparados a camponeses, costurando pacientemente um campo a outro. A imagem é duplamente enganosa. Ela expressa muito mal a mentalidade de ungidos do Senhor, grandes aplicadores, ademais, de golpes de espada e, desde sempre – assim como a classe cavaleiresca, a que se associavam por seus modos de sentir –, perigosamente submetidos aos prestígios da aventura. Ela supõe, em seus desígnios, uma continuidade que o historiador, por pouco que a observe de perto, raramente constata. Se Bucardo de Vendôme, que Hugo Capeto fizera conde de Paris, de Corbeil e de Melun, não se tivesse encontrado desprovido de qualquer outro herdeiro direto além de um filho desde há muito ingressado nas ordens, teríamos visto constituir-se, no próprio coração da Île-de-France, o mais temivelmente

---

364. *Gesta ep. Cameracensium*, III, 2, em *SS.*, XVII, p. 466; Cf. III, 40, p. 481.

situado dos principados territoriais. Henrique I ainda conceberá, em um diploma, a enfeudação de Paris, como uma eventualidade de modo algum inverossímil.[365] Visivelmente, era difícil livrar-se das práticas carolíngias.

Entretanto, desde o início do século XI, diversos condados foram sucessivamente adquiridos pelos reis, sem que estes estabelecessem neles nenhum conde novo. Os soberanos, em outros termos, tendo deixado, com razão, de considerar esses magnatas como funcionários, hesitam cada vez menos em fazer de si mesmos seus próprios condes. Nas terras, herdadas dos ancestrais ou recentemente anexadas, das quais se encontra assim eliminada a proteção de um poder interposto, os únicos representantes da autoridade real são personagens bastante pequenos, cada um deles colocado à frente de uma circunscrição bastante pequena; e se, na origem, alguns desses "prebostes", cuja própria mediocridade os tornava pouco ameaçadores, parecem ter-se sucedido por filiação paterna em seus cargos, seus senhores não encontraram grande dificuldade, durante o século XII, em transformá-los quase todos em arrendatários por tempo limitado. Então, a partir de Filipe Augusto, dá-se, em grau superior da hierarquia administrativa, o surgimento de autênticos funcionários assalariados: os bailios ou senescais. Por ter a realeza francesa, adaptando-se às novas condições sociais, sustentado modestamente seu poder no comando direto de grupos de homens pouco extensos, ela pôde, quando as circunstâncias favoreceram o reagrupamento das forças, tirar disso, em proveito das ideias e dos sentimentos muito antigos que continuava a incorporar, a maior vantagem.

Ela não foi, entretanto, a única a beneficiar-se disso, pois o mesmo fenômeno também se produziu no seio dos grandes principados territoriais, ainda subsistentes. Entre o mosaico dos condados de que, de Troyes a Meaux e em Provins, Eudes de Blois, por volta de 1022, conseguira apropriar-se, graças a laços familiares astuciosamente explorados, e o Estado da Champanhe do início do século XIII, com seu direito sucessório que, fundado na primogenitura, excluía então a partilha, com suas circunscrições administrativas bem traçadas, seus funcionários e seus arquivos, não havia diferença menor do que entre o reino de Roberto, o Pio, e o de Luís VIII. Os quadros assim constituídos foram tão fortes que mesmo a absorção final pela monarquia não foi capaz de rompê-los. De todos os modos, os reis reagruparam a França muito mais do que a unificaram. Na Inglaterra, a "Magna Carta"; na França de 1314-1315, as Cartas aos habitantes da Normandia, do Languedoc, da Bretanha, da Borgonha, da Picardia, da Champanhe, da Auvergne, das "Baixas Marcas" do Oeste, do Berry, do Nivernais; na Inglaterra, o Parlamento; na França, os Estados provinciais, sempre muito mais frequentes e, em suma, mais ativos que os Estados Gerais; na Inglaterra, a *common law*, apenas nuançada por exceções regionais; na França, a infinita miscelânea de costumes regionais: contrastes que pesariam fortemente sobre nossa evolução nacional. Na verdade, por ter extraído sua força inicial, muito "feudalmente", de uma aglomeração de condados de castelanias, de direitos sobre as igrejas, parece que a realeza francesa, mesmo uma vez ressuscitado o Estado, permaneceu para sempre marcada.

---

365. TARDIF. *Cartons des rois*, n. 264.

3. UMA MONARQUIA ARCAIZANTE: A ALEMANHA

Constatando que "a perpetuidade dos feudos se estabeleceu mais cedo na França que na Alemanha", Montesquieu questionava "o humor fleumático e, se ouso dizê-lo, a imutabilidade do espírito da nação alemã".[366] Psicologia seguramente aventurosa, mesmo nuançando-a, como faz Montesquieu, com um "talvez". Mas a intuição subsiste, singularmente penetrante. Em vez de "humor fleumático", digamos modestamente "arcaísmo": tal será a palavra imposta por todo estudo da sociedade medieval alemã, comparada, data por data, à sociedade francesa. Ora, verdadeira, como vimos, quanto à vassalagem e ao feudo, ao regime senhorial, à epopeia – tão verdadeiramente arcaica por seus temas lendários e pela atmosfera pagã de seu maravilhoso –, não menos exata no campo da economia (o "renascimento urbano", na Alemanha, se deu com um século ou dois de atraso em relação à Itália, à França e à Flandres), a observação conserva todo seu valor, quando se passa para a evolução do Estado. Não há experiência mais decisiva do que tal concordância, mais uma vez encontrada, entre a estrutura social e a estrutura política. Na Alemanha, muito menos profundamente e menos uniformemente "feudalizada" e "senhorializada" que a França, a monarquia permaneceu, por muito mais tempo do que nesta, fiel ao tipo carolíngio.

O rei governa com a ajuda de condes que viram sua hereditariedade confirmar-se apenas lentamente e que, mesmo uma vez esta estabelecida, continuaram a ser concebidos como titulares de uma função, mais do que de um feudo. Mesmo quando não são diretamente vassalos do soberano, é dele que, em princípio, assim como os *avoués* das igrejas imunes, recebem, por uma concessão especial, seu poder de ordenar e de punir, isto é, seu *ban*. Por certo, a monarquia, aqui também, chocou-se com a rivalidade dos principados territoriais, sobretudo sob a forma desses ducados cuja estrutura original já assinalamos. A despeito das supressões ou das divisões operadas pelo otonianos, os duques não deixaram de ser perigosamente poderosos e indóceis. Mas, contra eles, os reis souberam utilizar a Igreja. Isso porque, diferentemente dos Capetíngios, o herdeiro alemão de Carlos Magno conseguiu manter-se como senhor de praticamente todos os bispados do reino. O abandono dos bispados bávaros que Henrique I teve de consentir ao duque da Baviera foi apenas uma medida de circunstância, logo suprimida; a tardia concessão das sedes de além-Elba, outorgada por Frederico Barba-Ruiva ao duque da Saxônia, envolvia somente uma região de missões e tampouco se mostrou mais durável; o caso dos pequenos bispados alpestres, entregues à investidura de seu metropolitano de Salzburgo, constituía uma exceção sem alcance. A capela real é o seminário dos prelados do Império e é esse pessoal de clérigos, instruídos, ambiciosos, habituados aos negócios, que, acima de tudo, mantém a continuidade da ideia monárquica. Bispados e monastérios reais, desde o Elba até o Mosa, desde os Alpes até o mar do Norte, colocam à disposição do soberano seus "serviços": prestações em dinheiro ou em gêneros; abrigo oferecido ao príncipe ou à sua gente; e, sobretudo, o dever militar. Os contingentes das igrejas formam a parte mais considerável e a mais estável do exército real. Não a única. Isso porque o rei persiste em reivindicar o auxílio de todos seus súditos e, se o recrutamento em massa propriamente dito, "o apelo ao país" (*clamor patriae*), somente encontra aplicação real nas fronteiras, em caso de incursões bárbaras, a

---

366. *Esprit des Lois*, XXXI, 30. [*Do espírito das Leis*. Obra publicada em *Clássicos Edipro*. (N.E.)]

obrigação de servir com sua cavalaria incumbe aos duques e condes do reino inteiro e não deixa de ser, na verdade, cumprida com bastante eficácia.

Esse sistema tradicional, entretanto, jamais funcionou com perfeição. Seguramente, ele possibilitou os grandes projetos das "expedições romanas". Por essa mesma razão, favorecendo ambições demasiado vastas, e também anacrônicas, ele já era perigoso. Pois, no interior do país, o arcabouço não era, na realidade, forte o bastante para sustentar tamanho peso. Como esse governo, sem outro imposto além dos poucos "serviços" financeiros das igrejas, sem funcionários assalariados, sem exército permanente, esse governo nômade, que não dispunha de meios de comunicação convenientes e que os homens sentiam física e moralmente muito distante, teria conseguido obter uma constante obediência? Não há reino sem rebeliões.

Além disso, com algum atraso e muitas diferenças, a evolução rumo ao esfacelamento dos poderes públicos em pequenos grupos de comando pessoal arrastava a Alemanha, assim como a França. A dissolução dos condados, entre outros, privava, pouco a pouco, o edifício de sua base necessária. Ora, os reis alemães, que eram muito mais do que príncipes territoriais, não se atribuíram, por outro lado, nada que se assemelhasse ao domínio restrito, porém bem centrado, dos duques robertianos, tornados reis da França. Mesmo o ducado da Saxônia, que Henrique I detivera antes de seu advento, acabou finalmente – embora com menor extensão – escapando à realeza. Foi um dos primeiros exemplos de costume que progressivamente adquiriu força de lei. Não há feudo de dignidade que, provisoriamente adquirido pela Coroa, por confisco ou por vacância, não deva ser quase imediatamente reenfeudado: essa regra, característica da monarquia imperial, foi a mais fatal a seus progressos. Aplicada à França, ela teria impedido Filipe Augusto de conservar a Normandia, assim como, na Alemanha, cerca de trinta anos mais cedo, ela se opusera, na verdade, à anexação, por Frederico Barba-Ruiva, dos ducados tomados de Henrique, o Leão. Seguramente, caberia ao século XII formulá-la em todo seu rigor, sob pressão do baronato. Mas ela tirava, sem dúvida alguma, suas origens do caráter de função pública tenazmente vinculado, naquelas terras, às "honras" condais e ducais. Poderia um soberano, sem paradoxo, constituir-se como seu próprio delegado? Por certo, o rei alemão era senhor direto de numerosas aldeias; tinha seus vassalos particulares, seus ministeriais, seus castelos. Tudo isso, entretanto, disperso por imensos espaços. Tardiamente, Henrique IV compreendeu o perigo. A partir de 1070, esforçou-se em criar, na Saxônia, uma verdadeira Île-de-France, inteiramente guarnecida por fortalezas. Fracassou, pois já se preparava a grande crise da luta contra os papas, que desvendaria tantos germes de fraqueza.

Aqui também deve-se ousar o emprego da palavra anacronismo. Se, do conflito de aparência banal, que, já há alguns anos, opunha Henrique IV da Alemanha a Gregório VII, resultou abruptamente, em 1076, uma inexpiável guerra, a causa estava na reviravolta de Worms: essa deposição do papa, pronunciada, após consulta de um concílio alemão, por um rei que ainda sequer fora excomungado. Ora, esse gesto nada mais era do que reminiscências. Otão I fizera depor um papa; o próprio pai e predecessor de Henrique IV, três de uma só vez. Mas, desde então, o mundo mudara. Reformado pelos próprios imperadores, o papado reconquistara seu prestígio moral e um grande movimento de despertar religioso fazia dele o mais alto símbolo dos valores espirituais.

Já vimos como essa longa querela arruinou definitivamente, na Alemanha, o princípio hereditário. Ela terminou de jogar os soberanos no vespeiro italiano, sempre renascente. Serviu de ponto de cristalização para todas as revoltas. Atingiu, sobretudo, profundamente os poderes sobre a Igreja. Isso está longe de significar que, até o século XIII, os reis tenham deixado de exercer sobre as nomeações episcopais ou abadiais uma influência que, embora variando extremamente segundo os reinos ou os momentos, não deixava de ser, no conjunto, muito considerável. Mas, investidos, a partir de então, pelo cetro, símbolo do feudo, os prelados, deixando de passar por detentores de uma função pública, se apresentarão, no futuro, como simples feudatários. Ademais, a evolução da consciência religiosa, abalando a ideia do valor sagrado até então vinculada à dignidade real, tornava o clero incontestavelmente menos dócil diante de tentativas de dominação que atingiam nele um sentido mais aguçado de preeminência do sobrenatural. Paralelamente, as transformações da sociedade convertiam definitivamente os antigos representantes da realeza, nas províncias, em senhores hereditários de domínios esfacelados, diminuíam o número dos homens livres, no sentido original da palavra, e, por fim, privavam tribunais progressivamente senhorializados de grande parte de seu caráter público. Seguramente, no século XI, Frederico Barba-Ruiva ainda aparece como monarca muito poderoso. Jamais a ideia imperial, alimentada por uma cultura mais rica e mais consciente, se expressará com maior força do que sob seu reinado e em seu círculo. Mas o edifício, mal sustentado, mal adaptado às forças do presente, já se encontra à mercê de qualquer choque um tanto rude.

Entretanto, outros poderes se preparam para nascer das ruínas da monarquia e, ao mesmo tempo, dos velhos ducados étnicos. De principados territoriais, até então assaz frouxamente reunidos, emergirão, pouco a pouco, após a virada do final do século XII, Estados funcionarizados, relativamente policiados, submetidos ao imposto e providos de assembleias representativas. O que subsiste da organização vassálica passa, então, a aproveitar ao príncipe e mesmo a Igreja obedece. Não há mais uma Alemanha, politicamente falando, mas, como se dizia entre nós, "as Alemanhas". Por um lado, o atraso, especificamente alemão, da evolução social; por outro, o advento, comum a quase toda a Europa, das condições próprias a uma concentração do poder público: o encontro dessas duas correntes causais fez com que o reagrupamento, na Alemanha, se operasse somente ao preço de uma longa fragmentação do antigo Estado.

4. A MONARQUIA ANGLO-NORMANDA: FEITOS DE CONQUISTA E SOBREVIVÊNCIAS GERMÂNICAS

O Estado anglo-normando era resultante de uma dupla conquista: a da Nêustria ocidental, por Rolão, e a da Inglaterra, por Guilherme, o Bastardo. Deveu a essa origem uma estrutura muito mais regular do que a dos principados edificados por peças e pedaços ou das monarquias marcadas por uma longa e, por vezes, confusa tradição. Deve-se acrescentar que a segunda conquista, a da Inglaterra, ocorrera no mesmo momento em que a mudança das condições econômicas e mentais, por todo o Ocidente, começava a favorecer a luta contra o esfacelamento. É significativo que, quase desde o início, essa monarquia, nascida de uma guerra bem-sucedida, apareça fundada na escrita, e, também muito cedo, provida de um pessoal instruído e de hábitos burocráticos.

A Inglaterra anglo-saxônica dos últimos tempos havia visto a constituição, nas mãos de seus *earls*, de verdadeiros principados territoriais, formados, segundo o tipo clássico, por aglomerações de condados. Tendo a guerra de conquista e as revoltas posteriores, rudemente reprimidas, feito com que os grandes chefes indígenas saíssem de cena, podia parecer que estes já não apresentassem perigo para a unidade do Estado. Contudo, a ideia de que fosse possível para um rei governar diretamente seu reino inteiro era então tão estranha aos espíritos que Guilherme acreditou dever criar, por sua vez, comandos de tipo análogo. Felizmente para a monarquia, a própria infidelidade desses altos barões levou muito rapidamente – com a única exceção do condado de Chester, nas marcas galesas, e do principado eclesiástico de Durham, nas marcas escocesas – à supressão das temíveis formações políticas a que os rebeldes haviam sido prepostos. Os reis persistem em criar, por vezes, condes; mas, nos condados cujo título ostentavam, esses personagens se limitavam agora a receber uma parte dos produtos da justiça. O próprio exercício dos poderes judiciários, o recrutamento das tropas e a percepção das receitas fiscais pertenciam a representantes diretos do rei, chamados, em inglês, *sheriffs* [xerifes]. Eram funcionários? Não exatamente. Primeiramente, porque seu cargo era arrendado, por meio de uma quantia fixa paga ao Tesouro: em uma época em que as condições econômicas ainda não permitiam o salariado, esse sistema de arrendamento era a única solução que se oferecia, quando não se desejava a enfeudação. Em segundo lugar, porque, de início, um número bastante grande dentre eles conseguiu tornar-se hereditário. Mas essa evolução ameaçadora foi abruptamente interrompida pela mão forte dos soberanos do Anjou. No dia em que, em 1170, se viu Henrique II, de uma vez só, destituir todos os xerifes do reino, submeter sua gestão a um inquérito e substituir apenas alguns deles, foi perceptível a todos os olhos que, na Inglaterra inteira, o rei era senhor daqueles que comandavam em seu nome. Por não ter a função pública se confundido plenamente com o feudo em seu território, a Inglaterra foi, muito mais cedo do que qualquer outro reino do continente, um Estado realmente uno.

Nenhum Estado, entretanto, foi, sob certos aspectos, mais perfeitamente feudal. Mas ele o foi de um modo que o poder real extraía disso, afinal, um aumento de prestígio. Nesse país em que toda terra constituía uma tenência, não era o rei literalmente senhor de todos os senhores? Em nenhum lugar, sobretudo, o sistema dos feudos militares foi mais metodicamente aplicado. Nos exércitos assim recrutados, o problema essencial era, como se sabe, fazer com que os vassalos diretos do rei ou do príncipe se fizessem acompanhar, na hoste, por um número suficiente desses vassalos de segundo grau de que, necessariamente, o grosso das tropas era composto. Ora, em vez de entregar-se, como foi, alhures, tão frequentemente o caso, ao arbítrio de um costume variável ou a convenções individuais mais ou menos mal respeitadas, esse número, primeiramente no ducado normando e, depois, em escala muito mais vasta, na Inglaterra, foi, para cada baronia, fixado definitivamente – ao menos, a título de mínimo – pelo poder central. E, como, por princípio, quase toda obrigação de fazer podia ser substituída por seu equivalente em numerário, os reis, desde os primeiros anos do século XII, adquiriram o hábito de exigir, por vezes, de seus vassalos em chefe, em vez de soldados, um imposto, cobrado na proporção do número de cavaleiros ou, segundo a expressão corrente, de "escudos" que tinham de fornecer.

Mas essa organização feudal admiravelmente concertada se juntava a tradições oriundas de um passado mais longínquo. Como não reconhecer, na forte paz estabelecida, desde a ocupação dos condados neustrianos, pelos "duques dos piratas", o código de um exército de acantonamento, igual a essas leis que o historiador dinamarquês Saxo Grammaticus* atribui ao rei Frode, lendário conquistador? Acima de tudo, evitemos diminuir excessivamente o papel da herança anglo-saxônica. Quanto ao juramento de fidelidade que, em 1086, Guilherme requereu de todos os que exercem autoridade na Inglaterra, "fosse quem fosse o senhor de quem eram homens", e que, em seguida, seus dois primeiros sucessores fizeram renovar – essa promessa transcendente a todos os laços vassálicos e que prevalecia sobre eles –, tratava-se, afinal, de algo mais do que o antigo juramento dos súditos, familiar a todas as realezas bárbaras e que os soberanos da dinastia do Wessex, assim como os Carolíngios, haviam praticado? Por mais fraca que tenha parecido, em seus últimos tempos, a monarquia anglo-saxônica, ela ainda fora a única, entre todas as suas contemporâneas, a conseguir manter um imposto que, por ter servido inicialmente para pagar resgate aos invasores dinamarqueses e, em seguida, para combatê-los, recebera o nome de *Danegeld*. Nessa surpreendente sobrevivência, que parece realmente supor, na ilha, uma circulação monetária menos enfraquecida que alhures, os reis normandos encontrariam um instrumento singularmente eficaz. Por fim, a persistência, na Inglaterra, das antigas cortes de homens livres, associadas, de tantas maneiras, à manutenção da ordem pública – instituição particularmente germânica – favoreceu amplamente a manutenção e, em seguida, a extensão da justiça e do poder administrativo reais.

A força dessa monarquia complexa era, aliás, totalmente relativa. Aí também os elementos de dissociação continuavam presentes. O serviço dos feudos se tornou cada vez mais difícil de obter, pois, capaz de exercer algum constrangimento sobre os vassalos em chefe, o governo real o era muito menos de atingir, através deles, a massa dos pequenos feudatários, frequentemente recalcitrantes. A baronagem foi quase constantemente indócil. Entre 1135 e 1154, durante as longas perturbações dinásticas do reino de Estevão, a edificação de inúmeros castelos "adulterinos" e a hereditariedade reconhecida a xerifes que reuniam, por vezes, vários condados sob sua dominação e carregavam, eles próprios, o título de conde pareciam anunciar o irresistível impulso do esfacelamento. Entretanto, após a reconstrução que marcou o reino de Henrique II, os magnatas procurarão, a partir de então, em suas rebeliões, muito menos recortar o reino do que dominá-lo. A classe cavaleiresca, por sua vez, encontrava, nas cortes de condados, a ocasião de se agrupar e de atribuir-se delegados. A poderosa realeza dos conquistadores não aniquilara todos os demais poderes. Mas ela os forçará a agir, mesmo contra ela, somente nos quadros do Estado.

5. AS NACIONALIDADES

Em que medida esses Estados também eram ou se tornaram nações? Assim como todo problema de psicologia coletiva, este exige que se distinga com cuidado, não somente os tempos, mas também os meios.

---

*. Saxo Gramático (*c.* 1150-*c.* 1220): autor da primeira história da Dinamarca, conhecida como *Gesta Danorum* (Feitos dos dinamarqueses). (N.T.)

Não foi entre os homens mais instruídos que pôde nascer o sentimento nacional. Tudo o que subsistia de cultura um tanto profunda se refugiou, até o século XII, em uma fração do clero. Ora, várias razões desviavam essa *intelligentsia* de posições a que teria naturalmente chamado preconceitos: o uso do latim, língua internacional, com as facilidades de comunicação intelectual que dele decorriam; o culto, sobretudo, dos grandes ideais de paz, de piedade e de unidade que, humanamente, pareciam concretizar-se nas imagens geminadas da Cristandade e do Império. Aquitânio e antigo dignitário da igreja de Reims, súdito, a esse duplo título, do rei da França, Gerberto seguramente não acreditava trair nenhum dever essencial ao fazer-se, na época em que o herdeiro de Carlos Magno era um saxão, "soldado no campo de César".[367] Para descobrir os obscuros prelúdios da nacionalidade, é preciso voltar-se para meios mais rústicos e mais levados a viver no presente; e menos, certamente, para as massas populares, cujas disposições nenhum documento, aliás, nos permite adivinhar, do que para as classes cavaleirescas e, ao mesmo tempo, para essa parte do mundo clerical que, de instrução medíocre, se limitava a refletir, em seus escritos, com ênfase mais nítida, as opiniões ambientes.

Como reação à historiografia romântica, foi moda, entre certos historiadores mais recentes, recusar aos primeiros séculos da Idade Média qualquer consciência de grupo, nacional ou étnica. Era esquecer que, sob a forma ingenuamente brutal do antagonismo contra o estrangeiro, o "forasteiro", tais sentimentos não exigem um refinamento de espírito muito grande. Sabemos hoje que eles se manifestaram, na época das invasões germânicas, com muito mais força do que pensava, por exemplo, Fustel de Coulanges[*]. Na única grande experiência de conquista que nos oferece a era feudal – a da Inglaterra normanda –, pode-se vê-los em ação. Quando o último filho de Guilherme, Henrique I, tinha, por um gesto, em si mesmo, característico, julgado astuto desposar uma princesa oriunda da antiga dinastia do Wessex – da "reta linhagem da Inglaterra", dizia um monge da Cantuária –, os cavaleiros normandos, por escárnio, divertiram-se atribuindo ao casal real alcunhas saxônicas. Mas, celebrando esse mesmo casamento, cerca de meio século mais tarde, sob o reinado do neto de Henrique e Edite, um hagiógrafo escreveria: "Agora, a Inglaterra tem um rei de raça inglesa; ela encontra na mesma raça bispos, abades, barões, bravos cavaleiros, oriundos de uma e outra semente."[368] A história dessa assimilação, que é a mesma da nacionalidade inglesa, não poderia sequer ser esboçada aqui, em um quadro demasiadamente restrito. É, fora de qualquer feito de conquista, nos limites do antigo Império Franco, ao norte do Alpes, que deveremos nos contentar em investigar a formação das entidades nacionais – ou melhor, o nascimento do casal França-Alemanha.[369]

---

367. *Lettres*, ed. Havet, n. 12 e 37.

[*]. Numa Denis Fustel de Coulanges (1830-1889): famoso historiador francês, autor de *A Cidade Antiga* (1864) [Obra publicada em *Clássicos Edipro*. (N.E.)]. Notabilizou-se, particularmente, por questionar a importância das distinções étnicas na formação das instituições dos povos da Europa. (N.T.)

368. MARC BLOCH. *La vie de S. Edouard le Confesseur par Osbert*, em *Analecta Bollandiana*, t. XLI, 1923, p. 22 e 38.

369. Além da Bibliografia (p. 439, subtítulo "As nacionalidades"), ver LOT. *Les derniers carolingiens*, p. 308 ss.; LAPOTRE. *L'Europe et le Saint-Siège*, 1895, p. 330 ss.; F. KERN. *Die Anfänge der französischen Ausdehnungspolitik*, 1910, p. 124 ss.; M. L. BULSTTHIELE. *Kaiserin Agnes*, 1933, p. 3, n. 3.

A tradição aqui era, de fato, a unidade: tradição, a bem da verdade, relativamente recente e um tanto artificial, em sua aplicação ao Império Carolíngio como um todo; plurissecular, ao contrário, e sustentada em uma real comunidade de civilização, quando se tratava somente do velho *regnum francorum*. Por mais perceptíveis que pudessem ser, uma vez atingidas as camadas profundas da população, os contrastes de costumes ou de línguas, uma mesma aristocracia e um mesmo clero ajudaram os carolíngios a governar, desde o Elba até o Oceano, o imenso Estado. Essas grandes famílias, aparentadas entre si, também forneceram, após 888, às realezas ou aos principados resultantes do desmembramento, seus chefes, nacionais somente na aparência. Francos disputavam a coroa da Itália; um bávaro cingira a da Borgonha; um saxão, talvez de origem – ao lado de Eudes –, a da França Ocidental. Como os magnatas arrastam toda uma clientela nas vagabundagens que lhes impunham ora a política dos reis, distribuidores de honras, ora suas próprias ambições, a própria classe dos vassalos partilhava desse caráter a que se poderia chamar supraprovincial. A justo título, a ruptura de 840-843 dera aos contemporâneos o sentimento de uma guerra civil.

No entanto, sob essa unidade, subsistia a recordação de agrupamentos mais antigos. Foram estes que, na Europa dividida, primeiramente se reafirmaram, em uma reciprocidade de desprezo ou de ódio. Neustrianos, do alto do orgulho que lhes inspira "a mais nobre região do mundo", propensos a tratar os aquitânios de "pérfidos" e os borgonheses de "poltrões"; a "perversidade" dos "francos", por sua vez, denunciada pelos habitantes da Aquitânia, e a "fraude" suábia pelos do Mosa; pincelado pelos saxões, todos belos e que jamais fogem, o quadro sombrio da covardia turíngia, das pilhagens alamanas e da avareza bávara: não seria difícil rechear de exemplos, tomados de escritores que se sucedem do final do século IX ao início do século XI, essa injuriosa antologia.[370] Por razões que já conhecemos, as oposições desse tipo foram, na Alemanha, particularmente tenazes. Longe de favorecerem os Estados monárquicos, elas ameaçavam sua integridade. O patriotismo do monge cronista Widukind, sob Otão I, não carecia, por certo, nem de fervor, nem de intransigência. Mas era um patriotismo saxão, não alemão. A partir daí, como se produziu a passagem para a consciência de nacionalidades adaptadas aos novos quadros políticos?

Não se poderia sequer conceber claramente uma pátria anônima. Ora, nada é mais instrutivo do que a dificuldade que os homens encontraram, por muito tempo, em nomear os dois principais Estados que as divisões recortaram no *regnum francorum*. Ambos eram "Franças". Mas os adjetivos Oriental e Ocidental, que por muito tempo bastaram para distingui-los, não constituíam um suporte muito evocador para uma consciência nacional. Quanto aos rótulos Gália e Germânia, que alguns escritores não tardaram a procurar ressuscitar, eles falavam apenas ao espírito dos doutos. Ademais, aplicavam-se muito mal às novas fronteiras. Relembrando que César limitara a Gália pelo Reno, os cronistas alemães designavam comumente por esse nome suas próprias províncias da margem esquerda. Por vezes, ressaltando inconscientemente o que as delimitações tiveram, na origem, de

---

370. ABBO. *De bello Parisiaco*, ed. Pertz, I, v. 618; II, v. 344 e 452. ADEMAR DE CHABANNES. *Chronique*, ed. Chabanon, p. 151. *Gesta ep. Leodensium*, II, 26 em *SS.*, t. VII, p. 204. WIDUKIND, ed. P. Hirsch, I, 9 e 11; II, 3. THIETMARO DE MERSEBOURG, ed. R. Holtzmann, V, 12 e 19.

artificial, retinha-se a recordação do primeiro soberano em proveito do qual o reino fora delimitado – para seus vizinhos, lorenos ou gente da mesma região, os francos do Oeste permaneciam os homens de Carlos, o Calvo (*Kerlinger, Carlenses*), assim como os próprios lorenos eram os do obscuro Lotário II. Por muito tempo, a literatura alemã permaneceria fiel a essa terminologia, provavelmente porque rejeitava reconhecer ao povo ocidental o monopólio do título de francos, simplesmente, ou de franceses – a *Canção de Rolando* ainda emprega indiferentemente os dois termos –, a que todos os Estados sucessores pareciam ter igual direito.

Que essa restrição de sentido tenha, no entanto, finalmente se produzido, sabemo-lo todos. Na mesma época de *Rolando*, o cronista loreno Sigeberto de Gembloux a tinha por geralmente admitida.[371] Como ela ocorreu? Trata-se de um grande enigma, ainda muito mal estudado, de nosso nome nacional. O costume parece ter-se implantado na época em que, diante do reino do Leste governado por saxões, o do Oeste retornara à autêntica dinastia franca, a raça carolíngia. Encontrou apoio na própria titulatura real. Em contraste com seus rivais que, em seus diplomas, se apresentavam somente como reis, e nada mais, e no intuito, precisamente, de comunicar com brilho sua dignidade de herdeiro de Carlos Magno, Carlos, o Simples, após ter reconquistado a Lorena, retomara o velho título de *rex francorum*. Seus sucessores, embora já reinassem apenas sobre a nossa França e mesmo quando haviam deixado de pertencer à antiga linhagem, continuaram, de modo cada vez mais geral, a empregá-lo. Deve-se acrescentar que, na Alemanha, a palavra francos, diante dos demais grupos étnicos, conservava quase necessariamente um caráter particularista: servia, com efeito, correntemente, para designar a gente das dioceses ripuárias e do vale do Meno – a que chamamos, hoje, Francônia – e um saxão, por exemplo, não teria aceitado deixar-se qualificar desse modo. Do outro lado da fronteira, ao contrário, ela se aplicava sem dificuldades, senão a todas as populações do reino, ao menos aos habitantes da região situada entre o Loire e o Mosa, cujos costumes e as instituições permaneciam tão profundamente marcados pela influência franca. Por fim, a França do Oeste se reservou tanto mais facilmente seu emprego quanto a outra França estava em vias de adotar um nome bem diferente, oriundo de uma realidade particularmente sensível.

Entre os "homens de Carlos" e os do reino do Leste, afirmava-se um contraste muito marcante. Tratava-se – a despeito das diferenças dialetais, no interior de cada grupo – de uma antítese linguística. De um lado, os francos "românicos"; do outro, os francos "tudescos" [*thiois*]. Por esta última palavra, em conformidade com o uso medieval, traduzo o adjetivo de que provém o alemão atual *deutsch* e que então os clérigos, em seu latim repleto de reminiscências clássicas, comumente traduziam, desprezando qualquer etimologia, por "teutão". A origem não permite qualquer dúvida. A *theostica lingua*, de que falavam os missionários da época carolíngia, nada mais era, em sentido próprio, do que língua do povo (*thiuda*), oposta ao latim da Igreja; e talvez também a língua dos pagãos, dos "gentis". Ora, – tendo, ademais, o termo germânico, mais erudito que popular, sempre carecido, na consciência comum, de raízes profundas – o rótulo, assim criado para designar um modo

---

371. *SS.*, t. VI, p. 339 e 41-2.

de expressão, passou muito rapidamente para a dignidade de um nome étnico: "o povo que fala tudesco", já diz, na época de Luís, o Pio, o prólogo de um dos mais antigos poemas redigidos nessa língua. Daí a designar uma formação política, era um passo fácil a ser dado. O uso, provavelmente, decidiu fazê-lo muito antes que os escritores ousassem incorporar uma expressão tão pouco conforme a historiografia tradicional. Desde 920, contudo, anais de Salzburgo mencionam o reino dos tudescos (ou teutões).[372]

Talvez essa aventura semântica não deixará de espantar as pessoas que, no apego aos fatos da língua, tendem a ver uma efervescência recente da consciência nacional. O argumento linguístico, entretanto, nas mãos dos políticos, não data de hoje. Não escrevia, no século X, um bispo lombardo, indignando-se com as pretensões – historicamente muito fundadas – dos bizantinos na Apúlia: "que essa região pertence ao reino da Itália, a língua de seus habitantes constitui disso a prova"?[373] Não somente o emprego de meios de expressão comuns sempre torna os homens mais próximos uns dos outros e manifesta as semelhanças das tradições mentais, ao mesmo tempo que cria outras novas, mas também – coisa ainda mais perceptível a almas ainda rudes – a oposição das línguas, ela própria fonte de antagonismos, alimentava o sentimento das diferenças. Um monge suábio, no século IX, já observava que os "latinos" zombavam das palavras germânicas, e foi de escárnios sobre seus idiomas respectivos que nasceu, em 920, entre as escoltas de Carlos, o Simples, e de Henrique I, uma rixa sangrenta o bastante para ter posto fim à entrevista dos dois soberanos.[374] Além disso, no próprio interior do reino do Oeste, a curiosa evolução, ainda mal explicada, que provocara no galo-romano a formação de dois grupos de idiomas distintos, fez com que, durante longos séculos, os "provençais" ou gente do Languedoc, sem possuir qualquer unidade política, tivessem nitidamente o sentimento de constituir uma coletividade bem à parte. Da mesma forma, por ocasião da segunda cruzada, os cavaleiros lorenos, súditos do Império, se aproximaram dos franceses, cuja língua compreendiam e falavam.[375] Não há nada mais absurdo do que confundir a língua com a nacionalidade. Mas não o seria menos negar seu papel na cristalização das consciências nacionais.

Que estas – tratando-se da França e da Alemanha – já apareçam muito claramente formadas pelos arredores do ano 1100, é algo de que os textos não permitem duvidar. Durante a primeira cruzada, Godofredo de Bulhão, grande senhor da Lotaríngia, que, felizmente para ele, falava as duas línguas, teve muito trabalho para apaziguar a hostilidade já tradicional, ao que se diz, das cavalarias francesa e tudesca.[376] A "doce França" da *Canção de Rolando* está presente em todas as memórias: França ainda um tanto incerta quanto a seus limites, facilmente confundida com o gigantesco Império de um Carlos Magno lendário, mas cujo coração, todavia, se situava, evidentemente, no reino capetíngio. Além disso, vendo-se como que abrilhantado pela lembrança carolíngia – o emprego do nome França favorecendo a assimilação, e a lenda, por sua vez, ajudando a fixar o nome –, o orgulho na-

---

372. Prólogo de *Heliand*, ed. E. Sievers, p. 3. A distinção dos vassalos reais *Teutisci quam et Langobardi* é feita em um documento italiano de 845 (MURATORI. *Ant.*, t. II, col. 971). *Annales Juvavenses maximi*, em *SS.*, t. XXX, 2, p. 738.
373. LIUDPRAND, *Legatio*, c. 7.
374. WALAFRID STRABO. *De exordiis*, c. 7, em *Capitularia reg. Francorum*, t. II, p. 481. RICHER, I, 20.
375. EUDES DE DEUIL em *SS.*, t. XXVI, p. 65.
376. EKKEHARD D'AURA em *SS.*, t. VI, p. 218.

cional, entre homens frequentemente inebriados por conquistas, recebia um maior vigor. Os alemães, por outro lado, ficavam bastante orgulhosos pelo fato de terem permanecido o povo imperial. A lealdade monárquica contribuía para alimentar esses sentimentos. É significativo que sua expressão esteja quase completamente ausente dos poemas épicos de inspiração puramente baronal, como o ciclo dos *Lorenos*. Não se deve, entretanto, imaginar uma confusão total. Patriota fervoroso, o monge Guiberto, que, sob Luís VI, conferiu a seu relato da cruzada o famoso título de *Gesta Dei per Francos* [Proezas de Deus por meio dos francos], era apenas um morno admirador dos capetíngios. A nacionalidade se alimentava de aportes mais complexos: comunidade de língua, de tradição, de recordações históricas mais ou menos bem compreendidas; sentido do destino comum imposto por quadros políticos delimitados muito ao acaso, mas dos quais cada um atendia, no entanto, em seu conjunto, a afinidades profundas e já velhas.

O patriotismo não criara tudo isso. Porém, ao longo dessa Segunda Idade Feudal, caracterizada, ao mesmo tempo, pela necessidade que tinham os homens de se reunirem em coletividades mais amplas e pela mais clara consciência que, de todos os modos, a sociedade adquiria de si mesma, ele foi dessas realidades latentes como que a manifestação finalmente explícita e, com isso, criadora, por sua vez, de realidades novas. Em um poema um pouco posterior a *Rolando*, "nenhum francês vale mais do que ele", já se diz para louvar um cavaleiro particularmente digno de estima.[377] A época cuja história profunda procuramos retratar não viu apenas formarem-se os Estados. Viu confirmarem-se ou constituírem-se – ainda destinadas a muitas vicissitudes – as pátrias.

---

377. *Girart de Roussillon*, trad. P. MEYER, § 631; ed. Foerster, (*Romanische Studien*, V) v. 9.324.

Terceiro Livro
A feudalidade como tipo social e sua ação

CAPÍTULO I
A feudalidade como tipo social

1. FEUDALIDADE OU FEUDALIDADES: SINGULAR OU PLURAL?

Aos olhos de Montesquieu, o estabelecimento das "leis feudais" na Europa era, à sua maneira, um fenômeno único, "um evento ocorrido uma vez no mundo e que talvez jamais se reproduzirá". Menos acostumado, certamente, à precisão das definições jurídicas, mas ávido por maiores horizontes, Voltaire protestou: "A feudalidade não é um evento; é uma forma muito antiga que subsiste em três quartos de nosso hemisfério, com administrações diferentes."[378] A ciência, nos dias de hoje, aderiu geralmente ao partido de Voltaire. Feudalidades egípcia, acaiana, chinesa, japonesa: tantas alianças de palavras – para citar apenas algumas – hoje familiares. Aos historiadores do Ocidente, elas não deixam de inspirar, por vezes, discretas inquietações, na medida em que não poderiam ignorar a diversidade das definições de que esse famoso nome, até mesmo em seu solo natal, foi objeto. A base da sociedade feudal, afirmou Benjamin Guérard, é a terra. É o grupo pessoal, retruca Jacques Flach. Constituem as feudalidades exóticas, de que a história universal aparece hoje inteiramente repleta, verdadeiras feudalidades, segundo Guérard? Ou segundo Flach? Para tais equívocos, não há outro remédio senão retomar o problema a partir de suas premissas. Por terem, evidentemente, tantas sociedades, separadas pelo tempo e pelo espaço, recebido a alcunha de feudais somente em razão de suas semelhanças, verdadeiras ou supostas, com nossa própria feudalidade, os traços desse caso típico, situado, assim, como que no centro de um vasto sistema de referências, constituem aquilo que importa, acima de tudo, evidenciar. Não, todavia, sem que tenham sido previamente afastados alguns empregos, manifestamente abusivos, de uma expressão demasiado sonora para não ter sofrido muitos desvios.

No regime que batizaram de feudalidade, seus primeiros padrinhos, como sabemos, percebiam, acima de tudo, tudo o que houve de antitético à noção de um Estado centralizado. Daí a caracterizar dessa forma todo esfacelamento dos poderes sobre os homens, a distância era curta. A tal ponto que, à simples constatação de um fato, um julgamento de valor vinha, ordinariamente, mesclar-se. Sendo a soberania de um Estado bastante vasto concebida como a regra, qualquer atentado a esse princípio parecia classificar-se como anormal. Isso já bastaria para condenar um emprego que, aliás, somente poderia acarretar um insuportável caos. Por vezes, na verdade, uma notação mais precisa se distingue.

---

378. *Esprit des Lois*, XXX, I. VOLTAIRE. *Fragments sur quelques révolutions dans l'Inde*, II (ed. Garnier, t. XXIX, p. 91).

Em 1783, um modesto agente municipal, guarda do mercado de Valenciennes, denunciava como responsável pelo encarecimento dos gêneros "uma feudalidade de grandes proprietários rurais".[379] Quantos polemistas, desde então, não vilipendiaram as "feudalidades" bancárias ou industriais! Carregada de reminiscências históricas mais ou menos vagas, a palavra parece, em certas mãos, não evocar nada mais do que a brutalidade do comando; mas, frequentemente, de modo menos elementar, também a ideia de uma invasão da vida pública pelos poderes econômicos. Ora, é, com efeito, bem verdade que a confusão da riqueza – então, principalmente, fundiária – com a autoridade foi um dos traços marcantes da feudalidade medieval. Mas era menos em razão das características propriamente feudais dessa sociedade do que por estar ela, ao mesmo tempo, fundada na senhoria.

Feudalidade, regime senhorial – a confusão, desta vez, é muito mais antiga. Ela se produzira, inicialmente, no emprego da palavra "vassalo". A marca aristocrática que este termo recebera de uma evolução, em suma, secundária não era tão forte a ponto de não ter sido, desde a Idade Média, aplicada, por vezes, a servos – muito próximos, na origem, dos vassalos propriamente ditos, pela natureza pessoal de sua dependência –, ou mesmo a simples rendeiros. O que era então apenas uma espécie de aberração semântica, frequente, sobretudo, em regiões assaz incompletamente feudalizadas como a Gasconha ou Leão, se tornou, à medida que se apagava a consciência do laço autenticamente vassálico, um uso cada vez mais geralmente difundido. "É sabido por todos", escreve, em 1786, Perreciot, "que os súditos dos senhores se chamam comumente vassalos na França".[380] Paralelamente, adquiriu-se o hábito de designar, a despeito da etimologia, por "direitos feudais" os encargos que pesavam sobre as tenências camponesas: de tal forma que, ao anunciarem sua intenção de destruir a feudalidade, era, acima de tudo, a senhoria rural que os homens da Revolução pretendiam atacar. Mas aqui, novamente, deve o historiador reagir. Elemento essencial da sociedade feudal, a senhoria, em si mesma, era mais antiga; e se revelaria muito mais durável. É importante, para uma nomenclatura sadia, que as duas noções permaneçam claramente distintas.

Procuremos, portanto, reunir em grandes traços, quanto à feudalidade europeia, em sentido preciso, o que nos ensinou sua história.

2. OS TRAÇOS FUNDAMENTAIS DA FEUDALIDADE EUROPEIA

Será certamente mais simples começar indicando o que essa sociedade não era. Embora obrigações nascidas do parentesco fossem nela tidas como muito vigorosas, ela não se fundava inteiramente na linhagem. Mais precisamente, os laços propriamente feudais somente encontravam razão de ser por não bastarem os de sangue. Por outro lado, a despeito da persistência da noção de uma autoridade pública sobreposta à massa dos pequenos poderes, a feudalidade coincidiu com um profundo enfraquecimento do Estado, particularmente em sua função protetora. Mas a sociedade feudal não era apenas diferente de uma

---
379. G. LEFEBVRE. *Les paysans du Nord*, 1924, p. 309.
380. Por exemplo, E. LODGE. *Serfdom in the Pyrenees*, em *Vierteljahrschr. für Soz. und WG.*, 1905, p. 31. SANCHEZ-ALBORNOZ. *Estampas de la vida en León*, 2. ed., p. 86, n. 37. PERRECIOT. *De l'état civil des personnes*, t. II, 1786, p. 193, n. 9.

sociedade de parentelas e de uma sociedade dominada pela força do Estado; ela sucedia a sociedades assim constituídas e trazia sua marca. As relações de dependência pessoal que a caracterizavam guardavam algo da parentela artificial que fora, sob muitos aspectos, o primitivo companheirismo e, entre os direitos de comando exercidos por tantos pequenos chefes, uma boa parte fazia figura de despojos arrancados de poderes "régios".

É, portanto, como resultado da brutal dissolução de sociedades mais antigas que se apresenta a feudalidade europeia. Ela seria, com efeito, ininteligível sem o grande abalo das invasões germânicas que, forçando a fusão de duas sociedades originalmente situadas em estágios muito diferentes de evolução, rompeu os quadros de ambas e fez com que reemergissem tantos modos de pensar e hábitos sociais de caráter singularmente primitivo. Ela se constituiu definitivamente na atmosfera das últimas incursões bárbaras. Ela supunha uma profunda desaceleração da vida de relações, uma circulação monetária atrofiada demais para permitir um funcionalismo assalariado, uma mentalidade vinculada ao sensível e ao próximo. Quando essas condições começaram a alterar-se, sua hora começou a passar.

Foi uma sociedade mais desigual do que hierarquizada: de chefes, mais do que de nobres; de servos, não de escravos. Se a escravidão não tivesse nela desempenhado um papel tão fraco, as formas de dependência autenticamente feudais, em sua aplicação às classes inferiores, não teriam existido. Na desordem geral, o lugar do aventureiro era demasiado grande, a memória dos homens demasiado curta, e a regularidade da classificação social demasiadamente mal assegurada para permitir a estrita constituição de castas regulares.

No entanto, o regime feudal supunha a estreita sujeição econômica de uma massa de pessoas humildes a alguns poderosos. Tendo recebido das idades anteriores a *villa* já senhorial do mundo romano e a chefaria de aldeia germânica, ele estendeu e consolidou esses modos de exploração do homem pelo homem e, associando em um inextricável feixe o direito à renda do solo ao direito ao comando, fez de tudo isso verdadeiramente a senhoria. E isso, em proveito de uma oligarquia de prelados ou de monges, encarregados de tornar o Céu propício. Em proveito, sobretudo, de uma oligarquia de guerreiros.

Que, entre os traços distintivos das sociedades feudais, se deva, de fato, incluir a quase coincidência estabelecida entre a classe dos chefes e uma classe de guerreiros profissionais, servindo da única maneira que parecesse então eficaz, isto é, como cavaleiros fortemente armados, a mais rápida das investigações comparativas basta para demonstrá-lo. Vimos que as sociedades em que subsistiu um campesinato armado ora ignoraram a estrutura vassálica e a da senhoria, ora as conheceram somente sob formas muito imperfeitas: foi, por exemplo, o caso da Escandinávia ou dos reinos do grupo asturo-leonês. O caso do Império Bizantino é talvez mais significativo ainda, na medida em que suas instituições traziam a marca de um pensamento diretor muito mais consciente. Lá, desde a reação antiaristocrática do século VII, um governo, que conservara as grandes tradições administrativas da época romana e que se via preocupado, por outro lado, com a necessidade de dar-se um exército sólido, criou tenências oneradas de obrigações militares para com o Estado: verdadeiros feudos, em certo sentido, mas, diferentemente do Ocidente, feudos de camponeses, cada um deles constituído de uma modesta exploração rural. Doravante, os soberanos não terão preocupação maior do que a de proteger esses "bens de soldados", assim como, aliás, os pequenos possuidores em geral, contra o açambarcamento pelos ricos e os poderosos. Veio, entretanto, pelo final do século XI, o momento em que o Império, sobrecarregado por condições econômicas que tornavam a autonomia cada vez mais difícil para camponeses constantemente endividados e, além disso, enfraquecido por dissensões internas, deixou de estender sobre os exploradores livres qualquer proteção útil. Não perdeu, com isso, somente preciosos recursos fiscais. Viu-se, ao mesmo tempo, à mercê dos magnatas, únicos capazes, a partir de então, de recrutar, entre seus dependentes, as tropas necessárias.

Na sociedade feudal, o laço humano característico foi o vínculo do subordinado a um chefe muito próximo. De escalão em escalão, os nós assim formados juntavam, como que por correntes indefinidamente ramificadas, os menores aos maiores. A própria terra parecia uma riqueza tão preciosa somente porque permitia obter "homens", remunerando-os. Desejamos terras, dizem, essencialmente, os senhores normandos, que recusam os presentes de joias, armas e cavalos oferecidos por seu duque. E confidenciam uns aos outros: "poderemos assim manter numerosos cavaleiros, e o duque já não o poderá mais".[381]

Restava criar uma modalidade de direitos fundiários apropriada à recompensa dos serviços e cuja duração se ajustasse à da devoção. Da solução que soube encontrar para esse problema, a feudalidade ocidental extraiu um de seus traços mais originais. Enquanto a gente de serviço reunida em torno dos príncipes eslavos continuava a receber dele seus domínios como pura doação, o vassalo franco, após algumas tentativas, já não recebia senão feudos, em princípio, vitalícios. Isso porque, nas classes superiores, distintas pelo honroso dever das armas, as relações de dependência haviam assumido, na origem, a forma de contratos livremente consentidos entre dois seres vivos, situados frente a frente. Da necessidade desse contato pessoal, extraíram sempre o melhor de seu valor moral. Sem embargo, diversos elementos logo vieram tirar a pureza da obrigação: a hereditariedade, natural em uma sociedade em que a família permanecia tão vigorosamente constituída; a prática da "domiciliação" que, imposta pelas condições econômicas, acabava vinculando os serviços à terra mais do que a fidelidade ao homem; por fim, e sobretudo, a pluralidade das homenagens. A lealdade do recomendado continuava sendo, em muitos casos, uma grande força. Mas como cimento social por excelência, chamado a unir, de alto a baixo, os diversos grupos, a prevenir o esfacelamento e a suprimir a desordem, ela se mostrou decididamente ineficaz.

A bem da verdade, no imenso alcance conferido a esses laços, existira, desde o princípio, algo de artificial. Sua generalização foi, nos tempos feudais, o legado de um Estado moribundo – o dos carolíngios –, que imaginara opor à desagregação social uma das instituições dela resultantes. Com efeito, o escalonamento das dependências certamente não era incapaz de favorecer, por si próprio, a coesão do Estado. Constitui prova disso a monarquia anglo-normanda. Mas era preciso uma autoridade central assistida, como na Inglaterra, ainda menos pela conquista isolada do que pela coincidência, com esta, de condições materiais e morais novas. No século IX, o impulso rumo à dispersão era demasiado forte.

---

381. DUDON DE SAINT-QUENTIN, ed. Lair, *Mém. Soc. Antiquaires Normandie*, t. XXIII, III, 43-4 (1933).

No conjunto da civilização ocidental, o mapa da feudalidade oferece alguns espaços vazios: península escandinava, Frísia, Irlanda. Talvez seja mais importante ainda constatar que a Europa feudal não foi inteiramente feudalizada no mesmo grau e no mesmo ritmo e, sobretudo, que ela não o foi completamente em lugar algum. Em nenhum país a população rural caiu totalmente nos laços de uma dependência pessoal e hereditária. Em quase todos os lugares – embora em número extremamente variável, segundo as regiões –, subsistiram alódios, grandes ou pequenos. A noção de Estado jamais desapareceu absolutamente e, aí onde ela conservou maior força, homens persistiram em chamar-se "livres", no sentido antigo da palavra, na medida em que dependiam somente do chefe do povo ou de seus representantes. Grupos de camponeses guerreiros se mantiveram na Normandia, na Inglaterra dinamarquesa, na Espanha. O juramento mútuo, antitético aos juramentos de subordinação, viveu nas instituições de paz e triunfou nas comunas. Faz certamente parte da trajetória de todo sistema de instituições humanas jamais realizar-se senão imperfeitamente. Na economia europeia do início do século XX, situada incontestavelmente sob o signo do capitalismo, não continuavam muitas empresas a escapar a tal esquema?

Entre o Loire e o Reno e na Borgonha das duas margens do Saône, um espaço fortemente sombreado, que, no século XI, as conquistas normandas ampliarão bruscamente na direção da Inglaterra e da Itália do Sul; em torno de todo esse núcleo central, cores quase regularmente esbatidas até alcançar, na Saxônia e, sobretudo, em Leão e Castela, um espaçamento extremo dos traços: eis, aproximadamente, sob que aspecto se apresentaria, cercado de seus vazios, o mapa feudal que começávamos agora há pouco a imaginar. Na zona mais nitidamente marcada, não é difícil reconhecer as regiões em que a influência da regularização carolíngia fora mais profunda, e em que também a mistura, mais profunda que alhures, dos elementos romanizados e dos elementos germânicos deslocara, por certo, mais completamente a ossatura das duas sociedades e permitira o desenvolvimento de germes particularmente antigos de senhoria fundiária e de dependência pessoal.

3. UM CORTE ATRAVÉS DA HISTÓRIA COMPARADA

Sujeição camponesa; no lugar do salário, geralmente impossível, um amplo emprego da tenência-serviço, que corresponde, em sentido preciso, ao feudo; supremacia de uma classe de guerreiros especializados; laços de obediência e de proteção que vinculam um homem a outro e, nessa classe guerreira, assumem a forma particularmente pura da vassalagem; fracionamento dos poderes, gerador de desordem; em meio a tudo isso, entretanto, a sobrevivência de outros modos de agrupamento, parentela e Estado, devendo este último, durante a Segunda Idade Feudal, ganhar um novo vigor: estes parecem ser, portanto, os traços fundamentais da feudalidade europeia. Assim como todos os fenômenos revelados por essa ciência da eterna mudança que é a história, a estrutura social assim caracterizada carregou certamente a marca original de um tempo e de um meio. Entretanto, assim como o clã de filiação feminina ou agnática ou ainda como certas formas de empresas econômicas são praticamente semelhantes em civilizações muito diversas, não é em si mesmo impossível que civilizações diferentes da nossa tenham atravessado um estágio aproximadamente análogo ao que acaba de ser definido. Caso isso se verifique, elas merecerão, durante essa fase, chamar-se feudais. Mas o trabalho de comparação assim compreendido excede visivelmente as forças de um só homem. Limitar-me-ei, portanto, a um exemplo, capaz de dar, ao menos, uma ideia do que, conduzida por mãos mais seguras, tal pesquisa poderia oferecer. A tarefa será facilitada por excelentes estudos, já norteados pelo mais sólido método comparativo.

Nos tempos longínquos da história do Japão, entrevê-se uma sociedade de grupos consanguíneos, ou tidos como tais. Vem, então, por volta do final do século VII da nossa era, por influência chinesa, a instauração de um regime de Estado que, assim como nossos carolíngios, busca uma espécie de patronato moral dos súditos. Abre-se, finalmente – a partir do século XI, aproximadamente –, o período a que se costuma chamar feudal e cujo advento, de fato, parece, segundo um esquema que já conhecemos, ter coincidido com certa desaceleração das trocas econômicas. Aqui, portanto, assim como na Europa, a "feudalidade" teria sido precedida por duas estruturas sociais muito diferentes. Também como entre nós, ela conservou profundamente a marca de ambas. Mais estranha, como vimos, do que na Europa ao edifício propriamente feudal – pois as filas de homenagens cessavam antes de alcançarem o imperador –, a monarquia subsistiu, de direito, como fonte teórica de todo poder; e, aqui também, o esfacelamento dos direitos de comando, que se alimentava de hábitos muito antigos, apresentou-se oficialmente como uma sequência de usurpações contra o Estado.

Acima do campesinato, emergiu uma classe de guerreiros profissionais. Foi nesse meio que, com base no modelo oferecido pelas relações entre o seguidor de armas e seu chefe, se desenvolveram as dependências pessoais, assim dotadas, ao que parece, desde a origem, de um caráter de classe muito mais acentuado que a "recomendação" europeia. Eram, tal como na Europa, hierarquizadas. Mas a vassalagem japonesa foi, muito mais do que a nossa, um ato de submissão e muito menos um contrato. Foi também muito mais rigorosa, pois não admitia a pluralidade de senhores. Como era preciso manter esses guerreiros, tenências, que se assemelhavam muito aos nossos feudos, lhes foram distribuídas. Por vezes, à maneira de nossos feudos de "retomada", mesmo a outorga, puramente fictícia, incidia, na realidade, sobre terras que haviam, na origem, pertencido ao patrimônio do pretenso donatário. Esses combatentes naturalmente consentiram, com frequência cada vez menor, em cultivar o solo, mas com algumas exceções. Isso porque, também no Japão, houve, até o fim, casos aberrantes de "vavassalos" camponeses. Sua massa, entretanto, era demasiado numerosa – muito mais, aparentemente, do que na Europa – para permitir a constituição, em seu proveito, de verdadeiras senhorias, com fortes poderes sobre os súditos. Elas somente se formaram nas mãos do baronato e dos templos. E, mesmo assim, passavelmente dispersas e desprovidas de reservas de exploração direta, elas relembravam as senhorias embrionárias da Inglaterra anglo-saxônica, mais do que as das regiões realmente senhorializadas do Ocidente. Além disso, nesse solo em que os arrozais irrigados representavam a cultura dominante, as condições técnicas eram demasiado diferentes das práticas europeias para que também a sujeição não assumisse formas originais.

Demasiado sucinto, seguramente, e insuficientemente nuançado na apreciação dos contrastes entre as duas sociedades, ainda assim este esboço permite, aparentemente, uma conclusão bastante firme. A feudalidade não foi "um evento ocorrido uma vez no mundo". Assim como a Europa – embora com inevitáveis e profundas diferenças –, o Japão atravessou essa fase. Teriam outras sociedades também passado por ela? E, caso isso tenha ocorrido, sob a ação de que causas, talvez comuns? É o segredo dos trabalhos futuros. Ficaríamos felizes, caso este livro, ao propor aos pesquisadores um questionário, pudesse preparar as vias para uma investigação que em muito o superasse.

CAPÍTULO II
Os prolongamentos da feudalidade europeia

1. SOBREVIVÊNCIAS E REVIVESCÊNCIAS

Desde meados do século XIII, as sociedades europeias se afastaram definitivamente do tipo feudal. Entretanto, simples momento de uma evolução contínua no seio de agrupamentos dotados de memória, um sistema social não poderia morrer completamente, nem de uma só vez. A feudalidade teve seus prolongamentos.

Por muito tempo, o regime senhorial, no qual ela deixara sua marca, lhe sobreviveu. Entre muitas vicissitudes, aliás, que não nos cabe abordar aqui. Como, entretanto, não observar que, deixando de inserir-se em toda uma rede de instituições de comando que lhe eram estreitamente aparentadas, ele não podia deixar de tornar-se, aos olhos das populações submetidas, cada vez mais ininteligível e, consequentemente, mais odioso? Dentre todas as formas de dependência no interior da senhoria, a mais autenticamente feudal fora a servidão. Profundamente transformada, tornada mais fundiária que pessoal, ela subsistiu, todavia, na França, até as vésperas da Revolução. Quem se recordava então que, entre os sujeitos à mão-morta, havia seguramente alguns cujos ancestrais se tinham "recomendado" a um defensor? E, caso tivesse sido conhecida, teria essa distante lembrança tornado mais leve uma condição anacrônica?

Exceção feita à Inglaterra, onde a primeira Revolução do século XVII aboliu toda distinção entre os feudos de cavaleiros e as demais tenências, as obrigações vassálicas e feudais, inscritas no solo, duraram ora, como na França, tanto quanto o regime senhorial, ora, como na Prússia, que, no século XVIII, procedeu à "alodificação" geral dos feudos, um pouco menos. Únicos capazes, a partir de então, de utilizar a hierarquia das dependências, os Estados renunciaram apenas muito lentamente a tirar partido do instrumento militar que ela parecia colocar em suas mãos. Luís XIV ainda convocou, por diversas vezes, o *arrière-ban* [a assembleia de nobres feudatários] vassálico. Mas já não era, por parte do governo carente de soldados, nada mais que uma iniciativa desesperada, ou até mesmo, pelo jogo das multas e das isenções, um simples expediente fiscal. Entre os atributos do feudo, apenas os encargos pecuniários que pesavam sobre ele e as regras próprias à sua sucessão conservavam realmente, desde o fim da Idade Média, um valor prático. Como não havia mais vassalos domésticos, a homenagem estava, a partir de então, uniformemente vinculada à posse de uma terra. Seu aspecto cerimonial, por mais "vão" que pudesse parecer aos olhos de juristas formados pelo racionalismo dos novos tempos[382], não deixava indiferente uma classe nobiliária naturalmente ciosa de etiqueta. O próprio rito, no entanto, antes imbuído de um sentido humano tão profundo, já servia apenas – além das cobranças que por vezes ocasionava – para constatar a dependência do bem, fonte de direitos, segundo os costumes, mais ou menos lucrativos. Essencialmente contenciosas, as "matérias feudais" ocupavam a jurisprudência. Forneceram belos temas de dissertação a uma farta literatura de doutrinários e práticos. Que o edifício, entretanto, estivesse bem carcomido e os proveitos, aguardados por seus beneficiários, tivessem um rendimento bastante fraco, nada o evidencia melhor, na França, do que seu fácil desmoronamento. O desaparecimento do regime senhorial se produziu somente ao preço de muitas resistências e não sem perturbar gravemente a repartição das fortunas. O do feudo e da vassalagem apresentou-se como a inevitável e quase insignificante conclusão de uma longa agonia.

No entanto, em uma sociedade que permanecia sujeita a muitas desordens, as necessidades que haviam suscitado as antigas práticas de companheirismo e, depois, de vassalagem não deixaram de produzir seus efeitos. Entre as diversas razões que provocaram a criação das ordens de cavalaria, fundadas, em tão grande número, nos séculos XIV e XV, uma das mais decisivas foi certamente o desejo que sentiam os príncipes de se vincularem, por um laço particularmente impositivo, a um grupo de fiéis de condição elevada. Os cavaleiros de São Miguel, segundo os estatutos dados por Luís XI, prometiam ao rei "bom e verdadeiro amor" e servi-lo lealmente em suas justas guerras. Tentativa, aliás, tão vã quanto, no passado, a dos Carolíngios: na mais antiga lista de personagens honrados com o famoso colar, o terceiro lugar era ocupado pelo condestável de Saint-Pol, que tão vilmente trairia seu senhor.

Mais eficaz – e mais perigosa – foi, durante as desordens do final da Idade Média, a reconstituição de tropas de guerreiros privados, muito próximos dos vassalos "satélites", cujos crimes foram denunciados pelos escritores da era merovíngia. Frequentemente, sua dependência se expressava pelo uso de um traje com as cores de seu senhor de guerra ou com suas armas. Condenado na Flandres por Filipe o Ousado[383], tal uso parece ter sido particularmente difundido na Inglaterra dos últimos Plantagenetas, dos Lancaster e dos York: de tal forma que, lá, os agrupamentos assim formados em torno dos altos barões receberam o nome de "librés". Assim como a vassalagem "não domiciliada" do passado, eles não compreendiam unicamente aventureiros de baixo nascimento. A *gentry* certamente lhes forneceu a maior parte de seus contingentes. Caso o homem fosse parte em um processo, o lorde o cobria com sua autoridade, perante o tribunal. Ilegal, mas singularmente tenaz, como provam as proibições repetidas pelos Parlamentos, essa prática da "manutenção" ou apoio na justiça reproduzia, quase que traço por traço, o antigo *mithium* que, na Gália franca, o "poderoso" estendera a seu fiel. E como os soberanos também tiravam proveito do uso do vínculo pessoal, sob sua nova forma, Ricardo II procurou espalhar pelo reino, como tantos *vassi dominici*, seus seguidores, identificáveis pelo "coração branco" que ornamentava seu uniforme.[384]

---

382. P. HÉVIN. *Consultations et observations sur la coutume de Bretagne*, 1724, p. 343.
383. P. THOMAS. *Textes historiques sur Lille et le Nord*, t. II, 1936, p. 285 (1385 e 1397); cf. p. 218 (n. 68).
384. T. F. TOOT. *Chapters in the administrative history*, t. IV, 1928, p. 62.

Na própria França dos primeiros Bourbons, não oferecia o fidalgo que, para impelir-se no mundo, se fazia doméstico de um grande, a imagem de uma condição singularmente vizinha da primitiva vassalagem? Com uma força digna da velha linguagem feudal, dizia-se de um indivíduo ou outro que ele "era" do príncipe ou do cardeal. Na verdade, faltava o rito. Mas este era frequentemente substituído por um compromisso escrito, pois, desde o final da Idade Média, a "promessa de amizade" substituíra a enfraquecida homenagem. Basta ler o "bilhete" que, em 2 de junho de 1658, certo capitão Deslandes subscreveu a Fouquet: "Prometo e dou minha palavra ao Senhor Procurador Geral... de jamais ser de outra pessoa senão dele, a quem me dou e me vinculo pela mais forte dedicação que possa ter; e prometo servi-lo geralmente contra toda pessoa sem exceção e obedecer a ninguém além dele, e sequer ter qualquer comércio com aqueles que me proibir... Prometo-lhe sacrificar minha vida contra todos os que desejar... sem excetuar um só no mundo..."[385] Não se acreditará ouvir, através dos tempos, o eco das mais plenas dentre as fórmulas da recomendação: "teus amigos serão meus amigos, teus inimigos serão meus inimigos"? Sem sequer a reserva em proveito do rei!

Em uma palavra, se a vassalidade autêntica sobrevivia apenas como uma junção de gestos inutilmente cerimoniais e de instituições jurídicas para sempre estagnadas, o espírito que a animara renascia continuamente de suas cinzas. E certamente não seria difícil encontrar em sociedades ainda mais próximas de nós manifestações de sentimentos e de necessidades quase iguais. Tratava-se, porém, no caso, apenas de práticas esporádicas, próprias a certos meios, proscritas, aliás, pelo Estado tão logo parecessem ameaçá-lo, incapazes, em geral, de unirem-se em um sistema bem unificado e de imprimirem sua tonalidade à estrutura social como um todo.

2. A IDEIA GUERREIRA E A IDEIA DE CONTRATO

A era feudal legou, às sociedades que a seguiram, a cavalaria, cristalizada em nobreza. Dessa origem, a classe dominante guarda o orgulho de sua vocação militar, simbolizada pelo direito ao porte da espada. Apegou-se a ele com força particular nos lugares, como a França, em que tirava disso a justificação de preciosas vantagens fiscais. Os nobres não devem pagar a talha, expõem, por volta de 1380, dois escudeiros de Varennes-en-Argonne, pois "pela nobreza, os nobres são obrigados a expor seus corpos e bens nas guerras".[386] Sob o Antigo Regime, a nobreza de velha extração, por oposição à aristocracia dos ofícios, persistia em chamar-se "de espada". Até em nossas sociedades, nas quais morrer por seu país deixou de ser monopólio de uma classe ou de um ofício, o tenaz sentimento de uma espécie de supremacia moral ligada à função do guerreiro profissional – preconceito tão estranho a outras civilizações, como a chinesa – permanece como uma recordação da divisão operada, no início dos tempos feudais, entre o camponês e o cavaleiro.

A homenagem vassálica era um verdadeiro contrato, e bilateral. O senhor, quando faltava com suas obrigações, perdia seus direitos. Transportada, como era inevitável, para

---

385. COLBERT. *Lettres*, ed. P. Clément, t. II, p. XXX. Para um exemplo antigo de promessa de amizade, ver J. QUICHERAT. *Rodrigue de Villandrando*, 1879, p. just., n. XIX.
386. Ch. AIMOND. *Histoire de la ville de Varennes*, 1925, p. 50.

o campo político – pois os principais súditos do rei eram, ao mesmo tempo, seus vassalos –, alcançada, aliás, nesse campo, pelas antiquíssimas representações que, considerando o chefe do povo misticamente responsável pelo bem-estar de seus súditos, o destinavam ao castigo em caso de desgraça pública, tal ideia exerceria uma profunda influência. A tal ponto que essas velhas correntes acabaram unindo-se aqui a outra fonte de pensamento, nascida, na Igreja, do protesto gregoriano contra o mito da realeza sobrenatural e sagrada. Foram os escritores desse grupo essencialmente religioso os primeiros a expressarem, com força por muito tempo inigualada, a noção de um contrato unindo o soberano a seu povo, "como o porqueiro ao mestre que o emprega", escrevia, por volta de 1080, um monge alsaciano. Palavras cujo sentido aparece ainda mais pleno, uma vez confrontado ao grito indignado de um adepto, no entanto, bastante moderado da monarquia: "um ungido do Senhor não poderia, entretanto, ser revogado como um *maire* de aldeia!" Mas até mesmo esses doutrinários do clero não deixavam de invocar, entre as justificações da destituição a que condenavam o mau príncipe, o direito universalmente reconhecido ao vassalo de abandonar o mau senhor.[387]

A passagem para a ação, sobretudo, veio dos meios de vassalos, sob a influência das instituições que haviam formado sua mentalidade. Nesse sentido, havia, em tantas revoltas que, à primeira vista, pareciam ser apenas desordem, um princípio fecundo: "O homem pode resistir a seu rei e a seu juiz, quando este age contra o direito, e até mesmo ajudar a guerrear contra ele... Não viola, com isso, o dever de fidelidade." Assim fala o *Espelho dos Saxões*.[388] Já presente em germe nos Juramentos de Estrasburgo de 843 e no pacto concluído, em 856, por Carlos, o Calvo, com seus grandes, esse famoso "direito de resistência" repercutiu, nos séculos XIII e XIV, de um extremo ao outro do mundo ocidental, em uma multidão de textos oriundos, em sua maioria, ora da reação nobiliária, ora do egoísmo das burguesias, e, no entanto, com um grande futuro diante de si: Magna Carta inglesa de 1215; "Bula de ouro" húngara de 1222; compilação de costumes do reino de Jerusalém; privilégio da nobreza de Brandemburgo; Ato de União aragonês de 1287; foral de Brabante de Kortenberg; estatuto do Delfinado de 1341; declaração, em 1356, das comunas do Languedoc. Não foi, seguramente, por acaso que o regime representativo, sob a forma muito aristocrática do Parlamento inglês, dos "Estados" franceses, dos *Stände* da Alemanha e dos *Cortès* espanhóis, nasceu em Estados que mal haviam superado o estágio feudal e ainda sofriam sua influência; e que, além disso, no Japão, onde a submissão vassálica era muito mais unilateral e onde, de resto, o divino poder do imperador era deixado fora do edifício das homenagens, nada de semelhante saiu de um regime, no entanto, muito próximo, sob muitos aspectos, de nossa feudalidade. Nessa ênfase dada à ideia de uma convenção capaz de unir os poderes, reside a originalidade de nossa própria feudalidade. Com isso, por mais duro que esse regime tenha sido com os pequenos, ele verdadeiramente legou às nossas civilizações algo que ainda desejamos viver.

---

387. MANEGOLD DE LAUTENBACH em *Libelli de lite* (*Mon. Germ.*), t. I, p. 365. WENRICH, Ibid., p. 289. PAUL DE BERNRIED. *Vita Gregorii*, c. 97 em WATTERICH, *Romanorum pontificum vitae*, t. I, p. 532.
388. *Landr*. III, 78, 2. Sentido contestado por ZEUNER em *Zeitschrift der Savigny-Stiftung, G.A.*, 1914, p. 68-75; bem restabelecido por KERN. *Gottesgnadentum and Widerstandsrecht im früheren Mittelalter*, 1914.

BIBLIOGRAFIA

TOMO I
A formação dos laços de dependência

NOTA PARA O USO DA BIBLIOGRAFIA

Uma bibliografia da sociedade feudal, tal como o estudo do assunto que foi aqui compreendido, exigiria um espaço desmedido; e repetiria inutilmente outras listas, oferecendo delas somente uma reprodução reduzida. No que se refere às fontes, limitei-me, portanto, a indicar os grandes inventários elaborados pelos eruditos. Neste volume, foram listados à parte somente os principais documentos da literatura jurídica. Quanto aos trabalhos dos historiadores, pareceu-me que, sobre os aspectos sociais que foram abordados acima somente de modo oblíquo – mentalidade, vida religiosa, modos de expressão literária –, bastava pedir, uma única vez, ao leitor que se reportasse aos demais volumes da Évolution de l'Humanité [Evolução da Humanidade], nos quais esses problemas são ou serão tratados individualmente. Uma única exceção foi aberta para algumas questões que foram objeto de atenção particular e que certamente não serão retomadas alhures: caso dos "terrores" do ano mil. Dediquei-me, no entanto, a fornecer bibliografias de trabalho muito mais completas sobre, de um lado, as últimas invasões e, de outro, os fatos da estrutura social. Bibliografias selecionadas, é claro. Entre as lacunas que os especialistas poderão identificar, haverá, seguramente, algumas involuntárias. Mas também outras plenamente conscientes: quer, diante da impossibilidade de obter a obra, eu tenha me recusado a citá-la com base na palavra de outrem, quer, tendo-a consultado, não tenha me parecido que devesse ser indicada.

Convém acrescentar que, no tomo seguinte a este, dedicado ao estudo das classes e do governo dos homens, durante a era feudal, encontra-se outra bibliografia, reservada às questões tratadas no segundo volume. Tomamos a liberdade de remeter a ela, de antemão (p. 429), para os problemas que, destinados a serem então examinados de modo mais aprofundado, já foram, entretanto, em alguma medida, abordados na presente exposição.

Uma classificação foi tentada. Como todas as outras, ela é imperfeita. Tal qual, pareceu-me mais prática do que uma única enumeração. O plano das principais divisões é apresentado a seguir. No interior de cada rubrica, a ordem seguida – segundo os casos, metódica, geográfica ou simplesmente alfabética – não apresentará, esperamos, quaisquer dificuldades ao usuário. As obras sem indicação de local foram publicadas em Paris.

PLANO DA BIBLIOGRAFIA

I – Os TESTEMUNHOS. – 1. Principais inventários de documentos. – 2. Semântica histórica e emprego das diversas línguas. – 3. A historiografia. – 4. Exames dos testemunhos literários.

II – As atitudes mentais. – 1. Maneiras de sentir e de pensar; costumes; instrução. – 2. Os "terrores" do ano mil.
III – Principais histórias gerais. – 1. A Europa. – 2. Histórias nacionais ou por reinos.
IV – Estrutura jurídica e política. – 1. Principais fontes jurídicas. – 2. Principais obras sobre a história das instituições e do direito. – 3. A mentalidade jurídica e o ensino do direito. – 4. As ideias políticas.
V – As últimas invasões. – 1. Generalidades. – 2. Os sarracenos nos Alpes e na Itália peninsular. – 3. Os húngaros. – 4. Os escandinavos em geral e suas invasões. – 5. A conversão do Norte. – 6. Vestígios e efeitos das invasões escandinavas.
VI – Os laços de sangue. – 1. Generalidades; solidariedade criminal. – 2. A linhagem como sociedade econômica.
VII – As instituições propriamente feudais. – 1. Generalidades; origens da feudalidade franca. – 2. Estudos por país ou por região. – 3. Companheirismo, vassalagem, homenagem. – 4. Precária, "benefício", feudo e alódio. – 5. O direito do feudo. – A pluralidade dos senhores e a homenagem lígia.
VIII – O regime feudal como instituição militar. – 1. Obras gerais sobre a arte militar e os exércitos. – 2. Os problemas da cavalaria e do armamento. – 3. A obrigação militar e os exércitos remunerados. – 4. O castelo.
IX – Os laços de dependência nas classes inferiores.
X – Algumas regiões sem feudalidade. – 1. A Sardenha. – 2. As sociedades alemãs das margens do mar do Norte.

I – OS TESTEMUNHOS

1. Principais inventários de documentos[389]

BALLESTER, Rafael. *Bibliografia de la historia de España*. Girona, 1921.

_____. *Fuentes narrativas de la historia de España durante la Edad Media*. Palma, 1912.

BIBLIOTHECA hagiographica latina antiquae et mediae aetatis, 2 v. e 1 v. de suplemento, Bruxelas, 1898-1911.

DAHLMANN-WAITZ. *Quellenkunde der deutschen Geschichte*. 9. ed. Leipzig, 2 v., 1931-1932.

EGIDI, Pietro. *La storia medievale*. Roma, 1922.

GROSS, Charles. *The sources and literature of English history from the earliest times to about 1485*. 2. ed. Londres, 1915.

JACOB, Karl. *Quellenkunde der deutschen Geschichte im Mittelalter*. Berlim, 1917 (*Sammlung Göschen*).

JANSEN, M.; SCHMITZ-KALLENBERG, L. *Historiographie und Quellen der deutschen Geschichte bis 1500*. 2. ed. Leipzig, 1914 (A. MEISTER, *Grundriss*, I, 7).

MANITIUS, Max. *Geschichte der lateinischen Literatur des Mittelalters*. 3 v. Munique, 1911-1931 (*Handbuch der Klassischen Altertumswissenschaft*, herausgg. *von* I. MÜLLER.

---

389. Exceção feita às fontes literárias em língua vulgar.

MOLINIER, Auguste. *Les sources de l'histoire de France des origines aux guerres d'Italie.* 6 v., 1901-1906.
OESTERLEY, H. *Wegweiser durch die Literatur der Urkunden-Sammlung.* 2 v., Berlim, 1886.
PIRENNE, Henri. *Bibliographie de l'histoire de Belgique.* 3. ed. Bruxelas, 1931.
POTTHAST, August. *Bibliotheca historica medii aevi.* 2 v. Berlim, 1875-1896.
STEIN, Henri. *Bibliographie générale des cartulaires français ou relatifs à l'histoire de France,* 1907.
UEBERWEG, Friedrich. *Grundriss der Geschichte der Philosophie,* t. II, 11. ed. Berlim, 1928.
VILDHAUT, H. *Handbuch der Quellenkunde zur deutschen Geschichte bis zum Ausgange der Staufer.* 2. ed. 2 v., Werl, 1906-1909.
WATTENBACH, W. *Deutschlands Geschichtsquellen in Mittelalter bis zur Mitte des dreizehnten Jahrhunderts.* t. I, 7. ed. Berlim, 1904, t. II, 6. ed. Berlim, 1874.
_____; HOLTZMANN, R. *Deutschlands Geschichtsquellen im Mittelalter. Deutsche Kaiserzeit.* t. 1, fasc. 1, Berlim, 1938.

2. Semântica histórica e emprego das diversas línguas

ARNALDI, Fr. Latinitatis Italicae medii aevi inde ab A. CDLXXVI usque ad A. MDXXII lexicon imperfectum. In: *Archivum latinitatis medii aevi.* t. X, 1936.
BAXTER, J.-H.; et al. *Medieval latin word-list from British and Irish sources.* Oxford, 1934.
BLOCH, Oscar com a colaboração de WARTBURG, W. von. *Dictionnaire étymologique de la langue française,* 1932.
BRUNEL, Cl. Le latin des chartes. In: *Revue des études latines,* 1925.
_____. Les premiers exemples de l'emploi du provençal. In: *Romania,* 1922.
DIEFENBACH, L. *Glossarium latino-germanicum mediae et infimae latinitatis.* Frankfurt, 1857. *Novum Glossarium,* Frankfurt, 1867.
Du CANGE. *Glossarium mediae et infimae latinitatis.* Ed. HENSCHEL, 7 v., 1830-1850. Reimpressão, Niort, 1883-1887.
GAMILLSCHEG, E. *Etymologisches Wörterbuch der französischen Sprache.* Heidelberg, 1928.
HABEL, E. *Mittellateinisches Glossar.* Paderborn, 1931.
HECK, Philippe. *Uebersetzungsprobleme im früheren Mittelalter.* Tubinga, 1931.
HEGEL, Karl. Lateinische Wörter und deutsche Begriffe. In: *Neues Archiv der Geselischaft für ältere deutsche Geschichtskunde,* 1893.
KLUGE, Friedrich. *Etymologisches Wörterbuch der deutschen Sprache.* 11. ed. Berlim, 1934.
MERKEL, Felix. *Das Aufkommen der deutschen Sprache in den städtischen Kanzleien des ausgehenden Mittelalters.* Leipzig, 1930 (*Beiträge zur Kulturgeschichte des Mittelalters,* 45).
MEYER-LÜBKE, W. *Romanisches Etymologisches Wörterbuch.* 3. ed. Heidelberg, 1935.
MURRAY, J. A. H. *The Oxford English dictionary.* Oxford, 1888-1928.
NÉLIS, H. Les plus anciennes chartes en flamand. In: *Mélanges d'histoire offerts à H. Pirenne.* Bruxelas, 1926, t. I.
OBREEN, H. Introduction de la langue vulgaire dans les documents diplomatiques en Belgique et dans les Pays-Bas. In: *Revue belge de philologie,* 1935.
OGLE, M.-B. Some aspects of mediaeval latin style. In: *Speculum,* 1926.

STRECKER, Karl. *Introduction à l'étude du latin médiéval.* Trad. de P. VAN DE WOESTIJNE, Gand, 1933.
TRAUBE, L. Die lateinische Sprache des Mittelalters. In: TRAUBE. *Vorlesungen und Abhandlungen.* t. II, Munique, 1911.
VANCSA, Max. *Das erste Auftreten der deutschen Sprache in den Urkunden,* Leipzig, 1895 (*Preisschriften gekrönt... von der fürstlich Jablonowskischen Gesellschaft, histor--nationalökonom. Section* XXX).
WARTBURG, W. von. *Französisches etymologisches Wörterbuch,* 1928 ss.

3. A historiografia

BALZANI, Ugo. *Le cronache italiane nel medio evo.* 2. ed. Milão, 1900.
GILSON, E. Le moyen âge et l'histoire. In: GILSON. *L'esprit de la philosophie médiévale.* t. II, 1932.
HEISIG, Karl. Die Geschichtsmetaphysik des Rolandliedes und ihre Vorgeschichte. In: *Zeitschift für romanische Philologie.* t. LV, 1935.
LEHMANN, Paul. Das literarische Bild Karls des Grossen, vornehmlich im lateinischen Schrifttum des Mittelalters. In: *Sitzungsber. der bayerischen Akad., Phil.-hist. Kl.,* 1934.
POOLE, R.-L. *Chronicles and annals: a brief outline of their origin and growth.* Oxford, 1926.
SCHMIDLIN, Joseph. *Die geschichtsphilosophische und kirchenpolitische Weltanschauung Ottos von Freising. Ein Beitrag zur mittelalterlichen Geistesgeschichte.* Friburgo em Brisgóvia, 1906 (*Studien und Darstellungen aus dem Gebiete der Geschichte, hgg. von* H. GRAUERT, IV, 2-3).
SPÖRL, Johannes. *Grundformen hochmittelalterlicher Geschichtsanschauung.* Munique, 1935.

4. Exames dos testemunhos literários

ACHER, Jean. Les archaïsmes apparents dans la Chanson de "Raoul de Cambrai". In: *Revue des langues romanes,* 1907.
FALK, J. *Étude sociale sur les chansons de geste.* Nyköping, 1879.
KALBELFISCH. *Die Realien im altfranzösischen Epo "Raoul de Cambrai".* Giessen, 1897 (*Wissenchaftliche Beilage zum Jahresbericht des Grh. Realgymnasiums*).
MEYER, Fritz. *Die Stände, ihr Leben und Treiben dargestellt nach den altfr. Artus-und Abenteuerromanen.* Marburgo, 1892 (*Ausg. und Abh. aus dem Gebiete der roman. Philologie,* 89).
TAMASSIA, G. Il diritto nell' epica francese dei secoli XII e XIII. In: *Revistà italiana per le scienze giuridiche,* t. I, 1886.

II. AS ATITUDES MENTAIS

1. Maneiras de sentir e de pensar; costumes; instrução[390]

BESZARD, L. *Les larmes dans l'épopée.* Halle, 1903.
BILFINGER. *Die mittelalterlichen Horen und die modernen Stunde.* Stuttgart, 1892.

---

390. Bibliografia muito resumida, sobretudo quanto à instrução; as obras citadas remeterão a outros estudos, mais antigos ou mais detalhados.

DOBIACHE-RODJESVENSKY. *Les poésies des Goliards,* 1931.
DRESDNER, Albert. *Kultur-und Sittengeschichte der italienischen Geistlichkeit im 10. und 11. Jahrhundert.* Breslávia, 1910.
EICKEN, Heinrich v. *Geschichte und System der mittelalterlichen Weltanschauung.* Stuttgart, 1887.
GALBRAITH, V. H. The literacy of the medieval English kings. In: *Proceedings of the British Academy,* 1935.
GHELLINCK, J. de. *Le mouvement théologique du XIIe siècle,* 1914.
GLORY, A.; UNGERER, Th. L'adolescent au cadran solaire de la cathédrale de Strasbourg. In: *Archives alsaciennes d'histoire de l'art,* 1932.
HASKINS, Ch. H. *The renaissance of the twelfth century.* Cambridge, Mass., 1927.
HOFMEISTER, Ad. Puer, iuvenis, senex: zum Verständnis der mittelalterlichen Altersbezeichnungen. In: *Papstum und Kaisertum... Forsch. P. Kehr dargebr,* 1926.
IRSAY, St. d'. *Histoire des universités françaises et étrangères.* t. I, 1933.
JACOBIUS, Helene. *Die Erziehung des Edelfraüleins im alten Frankreich nach Dichtungen des XII., XIII. und XIV. Jahrhunderts.* Halle, 1908 (*Beihefte zür Zeitschr. für romanische Philologie, XVI*).
LIMMER, Rod. *Bildungszustände und Bildungsideen des 13. Jahrhunderts.* Munique, 1928.
PARÉ, G.; BRUNET, A.; TREMBLAY, P. *La renaissance du XIIe siècle: les écoles et l'enseignement,* 1933 (*Publications de l'Institut d'études médiévales d'Ottawa,* 3).
RASHDALL, H. *The Universities of Europe in the middle ages.* 2. ed. por F. M. POWICKE e A. B. EMDEN, 3 v., Oxford, 1936.
SASS, Johann. *Zur Kultur-und Sittengeschichte der sächsischen Kaiserzeit.* Berlim, 1892.
SÜSSMILCH, Hans. *Die Lateinische Vagantenpoesie des 12. und 13. Jahrhunderts als Kulturerscheinung,* Leipzig, 1917 (*Beiträge zur Kulturgesch. des Mittelalters und der Renaissance,* 25).

2. Os "terrores" do ano mil

BURR, G. L. The year 1000. In: *American Histor. Review,* 1900-1901.
EICKEN, H. von. Die Legende von der Erwartung des Weltuntergangs und der Wiederkehr Christi im Jahre 1000. In: *Forschungen zur deutschen Gesch.,* t. XXIII, 1883.
ERMINI, Filippo. La fine del mondo nell'anno mille e il pensiero di Odone di Cluny. In: *Studien zur lateinischen Dichtung des Mittelalters, Ehrengabe für K. Strecker.* Dresden, 1931 (*Schriftenreihe der Histor. Vierteljahrschrift,* 1).
GRUND, Karl. *Die Anschauungen des Radulfus Glaber in seinen Historien.* Greifswald, 1910.
ORSI, P. L'anno mille. In: *Rivista storica italiana,* IV, 1887.
PLAINE, dom François. Les prétendues terreurs de l'an mille. In: *Revue des questions historiques,* t. XIII, 1873.
WADSTEIN, Ernst. *Die eschatologische Ideengruppe:Antichrist-Weltsabbat-Weltende und Weltgericht,* Leipzig, 1896.

III – PRINCIPAIS HISTÓRIAS GERAIS

1. A Europa

BARBAGALLO, Corrado. *Il medio evo*. Turim, 1935.

CALMETTE, Joseph. *Le monde féodal*. S.d. (*Clio*, 4).

CARTELLIERI, Alexander. *Weltgeschichte als Machtgeschichte: 382-911. Die Zeit der Reichsgründungen. Die Weltstellung des deutschen Reiches, 911-1047*. 2 v., Munique, 1927 e 1932.

EAST, Gordon. *An historical geography of Europe*. Londres, 1935.

GLOTZ, G. *Histoire générale: Histoire du moyen âge*. t. I, *Les destinées de l'Empire en Occident*, por F. LOT, Chr. PFISTER, F. L. GANSHOF, 1928-1935. t. II. *L'Europe occidentale de 888 à 1125*, por A. FLICHE, 1930. t. IV, 2, *L'essor des États d'Occident*, por Ch. PETIT-DUTAILLIS e P. GUINARD, 1937.

HASKINS, Ch. H. *The Normans in European history*. Boston, 1915.

PIRENNE, Henri. *Histoire de l'Europe, des invasions au XVIe siècle*, 1936.

THE Cambridge Medieval history. 8 v., Cambridge, 1911-1936.

VOLPE, G. *Il medio evo*. Florença [1926].

2. Histórias nacionais ou por reinos[391]

ALTAMIRA, R. *Historia de España y de la civilización española*. t. I e II, 4. ed. Barcelona, 1928-1929.

ANGLÈS, FOLCH I TORRÈS, Lauer (Ph.); D'OLWER, Nicolau. PUIG I CADAFALCH, *La Catalogne à l'époque romane*. Paris, 1932 (Université de Paris, Bibliothèque d'art catalan, II).

BALLESTEROS Y BERETTA, Antonio. *Historia de España y su influencia en la historia universal*. t. II, Barcelona, 1920.

BÜHLER, Johannes. *Deutsche Geschichte. Urzeit, Bauerntum und Aristocratie bis um 1100*. Berlim, 1934.

CARTELLIERI, Al. Kaiser Otto II. In: *Beiträge zur thüringischen und sächsischen Geschichte, Festschrift für O. Dobenecker*, 1929.

_____. Otto III, Kaiser der Râmer. In: *Judeich-Festschrift*, 1929.

_____. *Philipp II August*. Leipzig, 1899-1922.

CASPAR, Erich. *Roger II (1101-1151) und die Gründung der normannischsicilischen Monarchie*. Innsbruck, 1904.

CHALANDON, F. *Histoire de la domination normande en Italie et en Sicile*. 2 v., 1907.

ECKEL, A. *Charles, le Simple, 1899* (Bibliothèque Éc. Hautes Études, Sc. histor., 124).

FAVRE, E. *Eudes, comte de Paris et roi de France*, 1893 (Bibliothèque Éc. Hautes Études, Sc. histor., 99).

FLICHE, Augustin. *Le règne de Philippe Ier*, 1912.

---

[391]. As obras relativas às províncias serão reunidas aos trabalhos referentes à história dos principados territoriais na bibliografia do tomo seguinte (cf. p. 437).

GEBHARDT, Bruno. *Handbuch der deutschen Geschichte*, t. I, 7. ed. Stuttgart, 1930.
HAMPE, Karl. *Deutsche Kaisergeschichte in der Zeit der Salier und Staufer.* 3. ed. Leipzig.
_____. *Herrschergestalten des deutschen Mittelalters.* Leipzig, 1927.
HODGKIN, R. H. *A history of the Anglo-Saxons.* 2 v., Oxford, 1935.
HUNT, W.; POOLE, R. L. *The political history of England.* t. I, *To 1066*, por Th. HODGKIN, Londres, 1920; t. II, *1066-1216*, por G. B. ADAMS, 1905; t. III, *1216-1377*, por T. F. TOUT, 1905.
JAHRBÜCHER *der deutschen Geschichte.* Berlim, desde 1862 (Para o detalhamento, ver DAHLMANN-WAITZ, cf. p. 406).
KALCKSTEIN, K. von. *Geschichte des Französischen Königtums unter den ersten Kapetingern,* I. *Der Kampf der Robertinern und Karolingern.* Leipzig, 1877.
LAMPRECHT, Karl. *Deutsche Geschichte.* t. II e III, Berlim, 1892-1893.
LARSON, L. M. *Canute the Great.* Nova York, 1912.
LAUER, Ph. *Le règne de Louis IV d'Outre-Mer*, 1900 (*Bibliothèque Éc. Hautes Études, Sc. histor.,* 127).
_____. *Robert Ier et Raoul de Bourgogne*, 1910.
LAVISSE, E. *Histoire de France.* t. II, 1 (C. BAYET, C. PFISTER, A. KLEINCLAUSZ). t. II, 2 e III, 1 (A. LUCHAIRE); t. III, 2 (Ch.-V. LANGLOIS, 1901-1903).
LEES, B. A. *Alfred the Great.* Londres, 1915.
LOT, Ferdinand. *Études sur le règne de Hugues Capet,* 1903 (*Bibliothèque Éc. Hautes Études, Sc. histor.,* 147).
_____. *Les derniers Carolingiens,* 1891 (*Bibliothèque Éc. Hautes Études, Sc. histor.,* 87).
LUCHAIRE, Achille. *Louis VI le Gros,* 1890.
MANITIUS, Max. *Deutsche Geschichte unter den sächsischen und salischen Kaisern.* Stuttgart, 1889.
MONTI, G. M. *Il mezzogiorno d'Italia nel medio evo.* Bari, 1930.
NORGATE, K. *Richard the Lion Heart.* Londres, 1924.
OMAN, C.-W. C. *A history of England.* t. I, *Before the Norman Conquest,* por C. W. OMAN, Londres, 1910; t. II, *Under the Normans and Angevins,* por H. W. C. DAVIS, 1905.
PARISOT, R. *Le royaume de Lorraine sous les Carolingiens (843-923),* 1899.
PETIT-DUTAILLIS, Ch. *Etude sur la vie et le règne de Louis VIII,* 1894.
PFISTER, C. *Études sur le règne de Robert le Pieux,* 1885 (*Bibliothèque Éc. Hautes Études, Sc. histor.,* 64).
PIRENNE, Henri. *Histoire de Belgique.* t. I, 3. ed. Bruxelas, 1929.
PLUMMER, Charles. *The life and times of Alfred the Great.* Oxford, 1902.
PONTIERI, E.; LEICHT, P. S.; et al. *Il regno normanno.* Milão, 1932.
POUPARDIN, René. *Le royaume de Bourgogne (888-1038),* 1907 (*Bibliothèque. Éc. Hautes Études, Sc. histor.,* 163).
_____. *Le royaume de Provence sous les Carolingiens,* 1901 (*Bibliothèque. Éc. Hautes Études, Sc. histor.,* 131).

RAMSAY, J. H. *The foundations of England C. B. C. 55, A. D. 1154*. 2 v., Londres, 1890. *The Angevin Empire, 1154-1216*, 1903. *The dawn of the constitution*, 1908.
STENTON, F. M. *William the Conqueror and the rule of the Normans*. Londres, 1908.
TER BRAAK, Menno. *Kaiser Otto III*. Amsterdã, 1928.

IV – ESTRUTURA JURÍDICA E POLÍTICA

1. Principais fontes jurídicas

ACHER, Jean. Notes sur le droit savant au moyen âge. In: *Nouvelle Revue historique du droit*, 1906 (tratado das homenagens de J. de Blanot).
ATTENBOROUGH, F. L. *The laws of the earliest English Kings*. Cambridge, 1922.
BRACTON, *De legibus et consuetudinibus Angliae*. ed. G.-E. WOODBINE, 2 v., New Haven (U.S.) 1915-1932 (*Yale Hist. Publ. Ms.* III); ed. Twiss, 6. v., Londres, 1878-1883 (*Rolls Series*).
CAPITULARIA regum Francorum. ed. A. BORETIUS e V. KRAUSE, Hanôver, 1883-1897 (*Mon. Germ.*, in-4°).
FORMULAE merowingici et Karolini aevi. ed. K. ZEUMER, Hanôver, 1886 (*Mon. Germ.*, in-4°).
FOURGOUS, J.; BEZIN, G. de. *Les Fors de Bigorre*. Bagnères, 1901 (*Travaux sur l'histoire du droit méridional*, fasc. 1).
GLANVILL. *De legibus et consuetudinibus regni Angliae*. ed. G. E. WOODBINE, New Haven (U.S.) 1932 (*Yale Historical Publications, Manuscripts*, XIII).
GUILLAUME DURAND [GUILHERME DURANDO]. *Speculum judiciale* (O texto, composto entre 1271 e 1276, foi impresso por diversas vezes).
LE Conseil de Pierre de Fontaines. ed. A.-J. MARNIER, 1886.
LEHMANN, Karl. *Das Langobardische Lehnrecht* (*Handschriften, Textentwicklung, ältester Text und Vulgattext nebst den capitula extraordinaria*). Göttingen, 1896.
LES Établissements de Saint Louis. ed. P. VIOLLET, 4 v., 1881-1886 (*Soc. de l'Hist. de France*).
LIEBERMANN, F. *Die Gesetze der Angelsachsen*. 3 v., Halle, 1903-1916 (inclui também as compilações de costumes da época normanda e um precioso índice histórico).[392]
MUÑOZ ROMERO, T. *Colección de fueros municipales y cartas pueblas de los reinos de Castilla, León, Corona de Aragon y Navarra*. t. I, Madri, 1847.
PHILIPPE DE BEAUMANOIR [FILIPE DE BEAUMANOIR], *Coutumes de Beauvaisis*, ed. A. SALMON, 2 v., 1899-1900 (*Coll. de textes pour servir à l'étude... de l'hist.*).
ROBERTSON, A. J. *The laws of the kings of England from Edmund to Henry I*. Cambridge, 1925.
SACHSENSPIEGEL. ed. K. A. ECKHARDT, Hanôver, 1933 (*Mon. Germ., Fontes iuris germanici, Nova series*).

---

[392]. As referências às leis anglo-saxônicas foram dadas acima, por nomes de reis; as das compilações de costumes, por seus títulos.

SECKEL, Em. Ueber neuere Editionen juristischer Schriften des Mittelalters. In: *Zeitschrift der Savigny-Stiftung.* G. A, 1900 (sobre as *Summae feudorum* do século XIII).
TARDIF, Joseph. *Coutumiers de Normandie.* 2 v., Rouen, 1881-1903.
USATGES de Barcelona, editats amb una introduccio per R. d'ABADAL I VINYALS i F. VALLS TABERNER, Barcelona, 1913 (*Textes de dret catala* I).

2. Principais obras sobre a história das instituições e do Direito

BELOW, Georg von. *Der deutsche Staat des Mittelalters.* t. I, Leipzig, 1914.
_____. *Vom Mittelalter zur Neuzeit.* Leipzig, 1924 (*Wissenschaft und Bildung*, 198).
BESNIER, Robert. *La coutume de Normandie. Histoire externe*, 1935.
BESTA, E. *Fonti, legislazione e scienza giuridicha della caduta dell'impero romano al sec. XV°.* Milão, 1923 (*Storia del diritto italiano*, de P. GIUDICE).
BRUNNER, Heinrich. *Deutsche Rechtsgeschichte.* 2 v., 2. ed. Leipzig, 1906 e 1928.
CHADWICK, H. M. *Studies in Anglo-Saxon Institutions.* Cambridge, 1905.
_____. *The origin of the English nation.* Cambridge, 1924.
CHÉNON, Émile. *Histoire générale du droit français public et privé.* 2 v., 1926-1929.
ESMEIN, A. *Cours élémentaire d'histoire du droit français.* 14. ed. 1921.
FICKER, Q. *Forschungen zur Reichs und Rechtsgeschichte Italiens.* 4 v., Innsbruck, 1868-1874.
FLACH, J. *Les origines de l'ancienne France.* 4 v., 1886-1917.
FUSTEL DE COULANGES, *Histoire des institutions politiques de l'ancienne France.* 6 v., 1888-1892.
GAMA-BARROS, H. da. *História da administração pública em Portugal nos séculos XII a XV.* 2 v., Lisboa, 1885-1896 (muitas informações também sobre Leão e Castela).
HASKINS, Ch. H. *Norman institutions.* Cambridge, Mass, 1918 (*Harvard Historical Studies*, XXIV).
HOLDSWORTH, W. S. *A history of English law.* t. I, II e III, 3. ed. Londres, 1923.
JAMISON, E. The Norman administration of Apulia and Capua. In: *Papers of the British School at Rome*, VI, 1913.
JOLLIFFE, J. E. A. *The constitutional history of medieval England.* Londres, 1937.
KEUTGEN, F. *Der deutsche Staat des Mittelalters.* Jena, 1918.
KIENER, Fritz. *Verfassungsgeschichte der Provence seit der Ostgothenherrschaft bis zur Errichtung der Konsulate (510-1200).* Leipzig, 1900.
LEICHT, P. S. *Ricerche sul diritto privato nei documenti preirneriani.* 2 v., Roma, 1914-1922.
LUCHAIRE, Achille. *Manuel des institutions françaises. Période des Capétiens directs*, 1892.
MAITLAND, F. W. *Domesday Book and Beyond.* Cambridge, 1921.
MAYER, Ernst. *Historia de las instituciones sociales y politicas de España y Portugal durante los siglos V a XIV.* 2 v., Madri, 1925-1926.
_____. *Italienische Verfassungsgeschichte von der Gothenzeit zur Zunftherrschaft.* 2 v., Leipzig, 1900.
_____. *Mittelalterliche Verfassunsgsgeschichte: deutsche und französische Geschichte vom 9. bis zum 14. Jahrhundert.* 2 v., Leipzig, 1899.

MEYER, Walter. *Das Werk des Kanzlers Gislebert von Mons besonders als verfassungsgeschichtliche Quelle betrachtet.* Königsberg, 1888.
NIESE, Hans. *Die Gesetzgebung der normannischen Dynastie im regnum Siciliae.* Halle, 1910.
OLIVIER-MARTIN, *Histoire de la coutume de la prévôté et vicomté de Paris.* 3 v., 1922-1930.
POLLOCK, F. *The land laws.* 3. ed. Londres, 1896.
_____; MAITLAND, F. W. *The history of English law before the time of Edward I.* 2 v., Cambridge, 1898.
RIAZA, Romàn; GALLO, Alfonso Garcia. *Manual de historia del derecho español.* Madri, 1935.
ROGÉ, Pierre. *Les anciens fors de Béarn.* Toulouse, 1907.
SALVIOLI, G. *Storia del diritto italiano.* 8. ed. Turim, 1921.
SANCHEZ-ALBORNOZ, Cl. Conferencias en la Argentina. In: *Anuario de historia del derecho español*, 1933.
_____. La potestad real y los señorios en Asturias, León y Castilla. In: *Revista de Archivos*, 3ª série, XXXI, 1914.
SCHRÔDER, R. *Lehrbuch der deutschen Rechtsgeschichte.* 6. ed. Leipzig, 1919-1922.
SOLMI, A. *Storia del diritto italiano.* 3. ed. Milão, 1930.
STUBBS, William. *Histoire constitutionnelle de l'Angleterre.* trad. por Ch. PETIT-DUTAILLIS e G. LEFEBVRE, 3 v., 1907-1927 (com notas adicionais dos tradutores).
VINOGRADOFF, P. *English society in the eleventh century.* Oxford, 1908.
VIOLLET, Paul. *Histoire des institutions politiques et administratives de la France.* 3 v., 1890-1903.
WAITZ, G. *Deutsche Verfasungsgeschichte.* t. I-VI. 2. ed. Berlim, 1880-1896; t. VII e VIII, Kiel, 1876-1878.

3. A mentalidade jurídica e o ensino do Direito

BESTA, E. *L'opera d'Irnerio.* Turim, 1910.
BRIE, S. *Die Lehre vom Gewohnheitsrecht, I. Geschichtliche Grundlegung.* Breslávia, 1899.
CHÉNON, E. Le droit romain à la Curia regis. In: *Mélanges Fitting*, t. I, Montpellier, 1907 (Resenha por J. ACHER, *Rev. générale de droit*, XXXII, 1908).
CHIAPPELLI, L. Recherches sur l'état des études de droit romain en Toscane au XIIe siècle. In: *Nouv. Revue historique de droit*, 1896.
CONRAT, Max. *Die Quellen und Literatur des Römischen Rechts lm früheren Mittelalter.* Leipzig, 1891.
FLACH, J. *Études critiques sur l'histoire du droit romain au moyen âge*, 1890.
FOURNIER, P. L'Église et le droit romain au XIIIe siècle. In: *Nouv. Revue historique de droit*, 1890.
GARAUD, Marcel. Le droit romain dans les chartes poitevines du IXe au XIe siècle. In: *Bull. de la Soc. des Antiquaires de l'Ouest*, 1925.
GOETZ, W. Das Wiederaufleben des römischen Rechts im 12. Jahrhundert. In: *Archiv. für Kulturgeschichte*, 1912.

MEYNIAL, E. Note sur la formation de la théorie du domaine divisé... du XIIe au XIVe siècle. In: *Mélanges Fitting*, t. II, Montpellier, 1908.

_____. Remarques sur la réaction populaire contre l'invasion du droit romain en France aux XIIe et XIIIe siècles. In: *Mélanges Chabaneau*, Erlangen, 1907.

OLIVIER-MARTIN, Fr. Le roi de France et les mauvaises coutumes. In: *Zeitschrift der Savigny-Stiftung, G.A.*, 1938.

VINOGRADOFF, P. *Roman Law in medieval Europe*. 2. ed. Oxford, 1929.

WEHRLÉ, R. *De la coutume dans le droit canonique*, 1928.

4. As ideias políticas

CARLYLE, R. W.; CARLYLE, A. J. *A history of medieval political theory in the West*. t. I a III, Londres, 1903-1915.

DEMPF, Alois. *Sacrum imperium: Geschichts-und Staatsphilosophie des Mittelalters und der politischen Renaissance*. Munique, 1929.

HERN, Fritz. Recht und Yerfassung in Mittelaiter. In: *Historische Zeitschrift*, 1919.

V – AS ÚLTIMAS INVASÕES

1. Generalidades

LOT, Ferdinand. *Les invasions barbares et le peuplement de l'Europe: introduction à l'intelligence des derniers traités de paix*, 2 v., 1937.

2. Os sarracenos nos Alpes e na Itália peninsular
(Ver também POUPARDIN, p. 411)

DUPRAT, Eug. Les Sarrasins en Provence. In: *Les Bouches-du-Rhône. Encyclopédie départementale*, 1924.

LATOUCHE, R. Les idées actuelles sur les Sarrasins dans les Alpes. In: *Revue de géographie alpine*, 1931.

PATRUCCO, Carlo E. I Sarraceni nelle Alpi Occidentali. In: *Biblioteca della Societa storica subalpina*, t. XXXII, 1908.

VEHSE, O. Das Bündnis gegen die Sarazenen vont Jahre 915. In: *Quellen und Forsch. aus italienischen Archiven*, t. XIX, 1927.

3. Os húngaros

BÜDINGER, Max. *Œsterreischische Geschichte bis zum Ausgange des dreizehnten Jahrhunderts*. t. I, Leipzig, 1858.

CARO, G. Der Ungarntribut unier Heinrich I. In: *Mitteilungen des Instituts für œsterr. Geschichtsforschung*. t. XX, 1899.

DARKO, E. Influences touraniennes sur l'évolution de l'art militaire des Grecs, des Romains et des Byzantins. In: *Byzantion*, 1935 e 1937.

JOKAY, Z. Die ungarische Ortsnamenforschung. In: *Zeitschrift für Ortsnamenforschung*, 1935.

KAINDL, R. F. *Beiträge zur älteren ungarischen Geschichte,* Viena, 1893.
LÜTTICH, Rudolph. *Ungarnzüge in Europa im 10. Jahrhundert.* Berlim, 1910 (*Ebering's Histor. Studien,* 74).
MACARTNEY, C. A. *The Magyars in the ninth century.* Cambridge, 1930 (Resenha por G. MORAVSIK em *Byzantinische Zeitschrift,* 1933).
MARCZALI, Heinrich. *Ungarns Geschichtsquellen im Zeitalter der Arpaden.* Berlim, 1882.
MARQUART, J. *Osteuropäische und ostasiatische Strelfzüge.* Leipzig, 1903.
SAUVAGEOT, A. L'origine du peuple hongrois. In: *Revue des études hongroises.* t. II, 1924.
SCHÖNEBAUM, Herbert. *Die Kenntnis der byzantinischen Geschichstsschreiber von der ältesten Geschichte der Ungarn vorderLandnahme.* Berlim, 1922.
SEBESTYEN, Charles C. S. L'arc et la flèche des Hongrois. In: *Nouvelle Revue de Hongrie,* t. LI, 1934.
STEINACKER, Harold. Ueber Stand und Aufgabe der ungarischen Verfassungsgeschichte. In: *Mitteilungen des Instituts für œsterr. Geschichtsforschung.* t. XVIII, 1907.
SZINNYEI, *Die Herkunft der Ungarn, ihre Sprache und Urkultur.* 2. ed. Berlim, 1923.
ZICHY, Étienne. L'origine du peuple hongrois. In: *Revue des études hongroises.* t. I, 1923.

4. Os escandinavos em geral e suas invasões

ARBMAN, Holger; STENBERGER, Marten. *Vikingar i Västerled* (Os vikings nas rotas do Oeste). Estocolmo, 1935.
BUGGE, Alexander. *Die Wikinger*: Bilder aus der nordischen Vergangenheit. Halle, 1906.
_____. The Norse settlements in the British Islands. In: *Transactions of the Royal Historical Society,* 1921.
CLAPHAM, H. J. The horsing of the Danes. In: *English Historical Review,* 1910.
COLLINGWOOD, W. G. *Scandinavian Britain.* Londres, 1908.
CURTIS, E. The English and Ostmen in Ireland. In: *English Historical Review,* 1908.
DARLINGTON, R. R. The last phase of Anglo-Saxon history. In: *History,* 1937.
FALK, H. Altnordisches Seewesen. In: *Wörter und Sachen,* t. IV, 1912.
GARAUD, Marcel. Les invasions des Normands en Poitou et leurs conséquences. In: *Rev. historique,* t. CLXXX, 1937.
GOSSES, I. H. Deensche Heerschappijen in Friesland gedurende den Noormannentijd. In: *Mededeelingen der koninklijke Akademie van Wetenschappen, Afd. Letterkunde,* Deel 56, Série B, 1923.
HOFMEISTER, A. Ein angeblicher Normannenzug ins Mittelmeer um 825. In: *Historische Aufsätze K. Zeumer dargebracht.* Weimar, 1909.
JACOBSEN, Lis. Les Vikings suivant les inscriptions runiques du Danemark. In: *Revue Historique,* t. CLVIII, 1938.
JORANSON, Einar. *The Danegeld in France.* Rock-Island, 1923 (Augustana Library Publ., 10).
KENDRICK, T. D. *A history of the Vikings.* Londres, 1930.
LOT, F. La grande invasion normande de 856-862. In: *Bibliothèque de l'École des Chartes,* 1908.

_____. La Loire, l'Aquitaine et la Seine de 862 à 866. In: *Bibliothèque de l'École des Chartes,* 1915.

_____. Le monastère inconnu pillé par les Normands en 845. In: *Bibliothèque de l'École des Chartes,* 1909.

MONTELIUS, Oskar. *Kulturgeschichte Schwedens von den ältesten Zeiten bis zum elften Jahrhundert.* Leipzig, 1906.

_____. Sverige och Vikingafäderna västernt (A Suécia e as expedições dos *vikings* rumo ao Oeste). In: *Antikvarisk Tidskrift,* t. XXI, 2.

NORDENSTRENG, Rolf. *Die Züge der Wikinger.* Trad. L. MEYN, Leipzig, 1925.

OLRIK, Axel. *Viking Civilization.* Londres, 1930.

OMAN, Charles W. C. The danish kingdom of York. In: *The Archaeological Journal.* t. XCI, 1934.

PAULSEN, P. *Studien zur Wikingerkultur.* Neurnünster, 1933.

PRENTOUT, Henri. *Essai sur les origines et la formation du duché de Normandie.* Caen, 1911.

_____. *Étude critique sur Dudon de Saint-Quentin,* 1916.

SHETELIG, Haakon. *Les origines des invasions des Normands* (Bergens Museums Arbog, Historisk-antikvarisk rekke, n. 1).

_____. *Préhistoire de la Norvège.* Oslo, 1926 (*Instituttet for sammenlignende Kulturforskning,* Série A, t. V).

STEENSTRUP, J. Normandiets Historie under de syv förste Hertuger 911-1066 (com um resumo em francês). In: *Mémoires de l'Académie royale des sciences et des lettres de Danemark,* 7ª Série, Sections des Lettres, t. V, n. 1, 1925.

_____. *Normannerne.* 4 v., Copenhague, 1876-1882 (O tomo I foi parcialmente traduzido, para o francês, sob o título *Études préliminaires pour servir à l'histoire des Normands* em *Bullet. Soc. Antiquaires Normandie,* t. V e à parte, 1881).

VAN DER LINDEN. Les Normands à Louvain. In: *Revue historique.* t. CXXIV, 1917.

VOGEL, Walther. *Die Normannen und das fränkische Reich bis zur Gründung der Normandie (799-911).* Heidelberg, 1906.

_____. Handelsverkehr, Städtewesen und Staatenbildung in Nordeuropa imfrüheren Mittelalter. In: *Zeitschrift der Gesellschaft für Erdkunde zu Berlin,* 1931.

_____. Wik-Orte und Wikinger: eine Studie zu den Anfängen des germanischen Städtewesens. In: *Hansische Geschichtsblätter,* 1935.

WADSTEIN, Le moi viking. In: *Mélanges de philologie offerts à M. Johan Vising,* 1925.

5. A conversão do Norte

JOHNSON, E. N. Adalbert of Hamburg-Bremen. In: *Speculum,* 1934.

MAURER, Konrad. *Die Bekehrung des norwegischen Stammes zum Christentum.* 2 v., Munique, 1855-1856.

MOREAU, E. de. *Saint Anschaire.* Louvain, 1930.

SCHMEIDLER, B. *Hamburg-Bremen und Nordwest-Europa von 9. bis 11. Jahrh.* Leipzig, 1918.

6. Vestígios e efeitos das invasões escandinavas

ANDERSON, Olaf S. *The English hundred-names.* Lund, 1934.

BRÖNDAL, Viggo. Le normand et la langue des Vikings. In: *Normannia,* 1930.

EKWALL, E. How long did the Scandinavian language survive in England. In: *A grammatical miscellany offered to O. Jespersen.* Copenhague, 1930.

_____. *Scandinavians and Celts in the North-West of England.* Lund, 1918 (*Lunds Universitets Årsskrift,* N. F., Afd. 1, Bd. 14).

_____. The scandinavian element. In: A. MAWER; F. W. STENTON. *Introduction to the survey of English Place-Names.* Part. I, Cambridge, 1929.

_____. The scandinavian element. In: H. C. DARBY. *An historical geography of England.* Cambridge, 1936.

EMANUELLI, La colonisation normande dans le département de la Manche. In: *Revue de Cherbourg,* 1907 ss.

JESPERSEN, O. *Growth and structure of the English language.* 7. ed. Leipzig, 1933.

JORET, Ch. Les noms de lieu d'origine non romane et la colonisation germanique et scandinave en Normandie. In: *Congrès du millénaire de la Normandie.* Rouen, 1912, t. II e (desenvolvido) à parte, 1913.

LINDKVIST, *Middle English Place-Names of Scandinavian origin.* Upsal, 1912.

LOT, Ferdinand. De l'origine et de la signification historique des noms de lieux en ville et en court. In: *Romania,* 1933 (Cf. BLOCH, Marc. Réflexions d'un historien sur quelques travaux de toponymie. In: *Annales d'histoire économique.* t. VI, 1934).

MAWER, A. *Problems of Place-Name study.* Cambridge, 1929.

_____. The scandinavian settlements in England as reflected in English Place-Names. In: *Acta Philologica Scandinavica.* t. VII, 1932-1933.

PRENTOUT, H. Le rôle de la Normandie dans l'histoire. In: *Rev. historique.* t. CLX, 1929.

SHETELIG, H. *Vikingeminner i Vest Europa* (As memórias arqueológicas dos *vikings* na Europa Ocidental). Oslo, 1933 (*Instittutet for sammenlignende kulturforksning,* A, XVI).

SION, Jules. *Les paysans de la Normandie orientale,* 1908.

SJÖGREN, A. Le genre des mots d'emprunt norrois en normand. In: *Romania,* 1928.

STENTON, F. M. The Dunes in England. In: *History,* 1920-1921.

_____. The Dunes in England. In: *Proceedings of'the British Academy.* t. XIII, 1927.

VI – OS LAÇOS DE SANGUE

1. Generalidades; solidariedade criminal

BRUNNER, Heinrich. Sippe und Wergeld in den niederdeutschen Rechten. In: BRUNNER. *Abhandlungen zur Rechtsgeschichte.* t. I, Weimar, 1931 (anteriormente: *Zeitschr. der Savigny-St., G.A.,* III).

CATTIER, F. La guerre privée dans le comté de Hainaut. In: *Annales de la Faculté de philosophie de Bruxelles,* t. I, 1889-1890.

DUBOIS, Pierre. *Les asseurements au XIIIe siècle dans nos villes du Nord,* 1900.

ESPINAS, G. Les guerres familiales dans la commune de Douai aux XIIe et XIIIe siècles. In: *Nouv. Revue historique de droit*, 1900.

FRAUENSTÄDT, Paul. *Blutrache und Todtschlagsühne int deutschen Mittelalter.* Leipzig, 1881.

HINOJOSA, Eduardo de. Das germanische Element im spanischen Rechte. In: *Zeitschrifi der Savigny-Stiftung*, G.A., 1910.

HIS, R. Gelobter und gebotener Friede im deutschen Alittelalter. In: *Zeitschrifi der Savigny--Stiftung*, G.A., 1912.

PETITDUTAILLIS, Ch. *Documents nouveaux sur les mœurs populaires et le droit de vengeance dans les Pays-Bas au XVe siècle*, 1908 (com bibliografia).

PHILLPOTTS, Bertha Surtees. *Kindred and clan in the middle ages and after: a study in the sociology of the Teutonic races.* Cambridge, 1913 (*Cambridge Archaeological and Ethnological Series*).

ROEDER, Fritz. *Die Familie bei den Angelsachsen.* t. I, Halle, 1899 (*Studien zur englischen Philologie*, IV).

VALAT, G. *Poursuite privée et composition pécuniaire dans l'ancienne Bourgogne.* Dijon, 1907.

VAN KEMPEN, Georges. *De la composition pour homicide d'après la Loi Salique. Son maintien dans les Coutumes de Saint-Omer jusqu'à la fin du XVe siècle*, Saint-Omer, 1902.

WILKE, Carl. *Das Friedegebot: ein Beitrag zur Geschichte des deutschen Strafrechts.* Heidelberg, 1911 (*Deutschrechtliche Beiträge*, VI, 4).

YVER, J. *L'interdiction de la guerre privée dans le très ancien droit normand* (*Extrait des travaux de la semaine d'histoire du droit normand*). Caen, 1928.

2. A linhagem como sociedade econômica

BRUNNER, H. Der Totenteil in germanischen Rechten. In: BRUNNER. *Abhandlungen zur Rechtsgeschichte.* t. II, Weimar, 1937 (anteriormente: *Zeitschrift der Savigny-St.*, G.A., XIX).

CAILLEMER, Robert. Le retrait lignager dans le droit provençal. In: *Studi giuridici in onore di Carlo Fadda.* t. IV, Nápoles, 1906.

_____. Les idées coutumières et la renaissance du droit romain dans le Sud-Est de la France: I "Laudatio" des héritiers. In: *Essays in legal history ed. by P. Vinogradoff*, Oxford, 1913.

FALLETTI, Louis. *Le retrait lignager en droit coutumier français.* Paris, 1923.

FORMENTINI, Ubaldo. Sulle origini e sulla costituzione d'un grande gentilizio feodale. In: *Atti della Società ligure di storia patria.* t. LIII, 1926.

GÉNESTAL, Robert. Le retrait lignager en droit normand. In: *Travaux de la semaine d'histoire du droit normand*, 1923, Caen, 1925.

LAPLANCHE, Jean de. *La réserve coutumière dans l'ancien droit français*, 1925.

PLUCKNETT, Théodore F. T. Bookland and Folkland. In: *The Economic history Review*, t. VI, 1935-1936 (com bibliografia).

PORÉE, Charles. *Les statuts de la communauté des seigneurs pariers de La Garde-Guérin (1238-1313).* In: *Bibliothèque de l'École des Chartes*, 1907 e *Études historiques sur le Gévaudan*, 1919.

SCHULTZE, Alf. Augustin und der Seelteil des germanischen Erbrechts. In: *Abh. der sächs. Akad. der Wiss., Phil. hist. Kl.* 28.

TAMASSIO, G. Il diritto di prelazione e l'espropriazione forzata negli statuti dei comuni italiani. In: *Archivio giuridico*, 1885.

VII – AS INSTITUIÇÕES PROPRIAMENTE FEUDAIS

1. Generalidades; origens da feudalidade franca[393]

BLOCH, Marc. Feudalism (European). In: *Encyclopaedia of the social sciences.* VI, 1931.

BOURGEOIS, Em. *Le capitulaire de Kiersy-sur-Oise: étude sur l'état et le régime politique de la société carolingienne à la fin du IXe siècle d'après la législation de Charles le Chauve*, 1885.

CALMETTE, J. *La Société féodale*, 1923 (Collection A. Colin).

DOPSCH, A. Benefizialwesen und Feudalität. In: *Mitteilungen des œsterreichischen Instituts für Geschichtsforschung*, 1932.

_____. Die Leudes und das Lehnwesen. In: *Mitteilungen des œsterr. Instituts für Geschichtsforschung,* 1926.

_____. *Die Wirtschaftsentwicklung der Karolingerzeit.* 2. ed. Viena, 1921-1922.

DUMAS, Auguste. Le serment de fidélité et la conception du pouvoir du Ier au IXe siècle. In: *Revue historique de droit*, 1931. (Cf. LOT, F. Le serment de fidélité à l'époque franque. In: *Revue belge de philologie*, 1933; DUMAS, A. *Le serment de fidélité à l'époque franque,* ibid., 1935.)

GANSHOF, F. L. Note sur les origines de l'union du bénéfice avec la vassalité. In: *Études d'histoire dédiées à la mémoire de Henri Pirenne*, Bruxelas, 1937.

GUILHIERMOZ, A. *Essai sur les origines de la noblesse en France au moyen âge,* 1902.

HALPHEN, L. A propos du capitulaire de Quierzy. In: *Revue historique.* t. CVI, 1911.

KIENAST, W. *Die deutschen Fürsten im Dienste der Westmächte bis zum Tode Philipps des Schënen von Frankreich.* 2 v., Utrecht, 1924-1931.

_____. Lehnrecht und Staatsgewalt int Mittelalter. In: *Histor. Zeitschrift.* t. CLVIII, 1938.

KRAWINKEL, H. *Zur Entstehung des Lehnwesens.* Weimar, 1936.

LESNE, Em. *Histoire de la propriété ecclésiastique en France.* 4 v., Lille, 1910-1936

MAYER, Ernst. Die Entstehung der Vasallität und des Lehnwesens. In: *Festgäbe für R. Sohm.* Munique, 1914.

MENZEL, Viktor. *Die Entstehung des Lehnwesens.* Berlim, 1890.

MITTEIS, H. *Lehnrecht und Staatsgewalt.* Weimar, 1933.

_____. Politische Prozesse des früheren Mittelalters in Deutschland und Frankreich. In: *Sitzungsher. der Heidelberger Akad. der Wissenschaften,* 1926.

ROTH, P. *Feudalität und Ünterthanenverband.* Weimar, 1863.

SOCIÉTÉ JEAN BODIN. *Les liens de vassalité et les immunités.* Bruxelas, 1936 (e *Revue de l'Institut de Sociologie,* 1936).

---

393. Ver também a seguir, VIII, 2.

VINOGRADOFF, P. Foundations of Society e Feudalism. In: *Cambridge Medieval History.* t. II e III.

WAITZ, G. Die Anfänge des Lehnivesens. In: WAITZ. *Gesammelte Abhandlungen.* t. I, Göttingen, 1896.

2. Estudos por país ou por região

ADAMS, G. B. Anglo-saxon feudalism. In: *American Historical Review,* t. VII, 1901-1902.

BESELER, Georg. *System des genieinen deutschen Privatrechts.* t. II, Berlim, 1885.

BROOKE, Z. N. Pope Gregory VII's demand of fealty from William the Conqueror. In: *English Historical Review,* t. XXVI, 1911.

BRUTAILS. Les fiefs du roi et les alleux en Guienne. In: *Annales du Midi,* 1917.

CAPASSO, B. Sul catalogo dei jeudi e dei feudatari delle provincie napoletane sotto la dominazione normanna. In: *Atti della r. Accademia di archeologia.* t. IV (1868-1869).

CECI, C. Normanni di Inghilterra e Normanni d'Italia. In: *Archivio Scientifico del R. Istituto Sup. di Sc. Economiche... di Bari,* t. VII, 1932-1933.

CHEW, H. M. *The English ecclesiastical tenants-in-chief and knight-service, especially in the thirteenth and fourteenth century.* Oxford, 1932.

DEL GIUDICE, P.; CALISSE, C. Feudo. In: *Il Digesto italiano,* t. XI, 2, 1892-1898.

DILLAY, Madeleine. Le "service" annuel en deniers des fiefs de la région angevine. In: *Mélanges Paul Fournier,* 1919.

DOUGLAS, D. C. *Feudal documents from the abbey of Bury St-Edmunds.* Londres, 1932 (*Records of the Soc. and Ec. Hist. of England,* VIII): importante introdução.

ERDMANN, Karl. Das Papsttum und Portugal im ersten Jahrhunderte der portugiesischen Geschichte. In: *Abh. der preussischen Akademie, Phil.-hist. Kl.,* 1938.

ESPINAY, G. d'. *La féodalité et le droit civil français.* Saumur, 1862 (*Rec. de l'Académie de Législation de Toulouse.* Entrega suplementar).

HOMEYER, C.G. System des Lehnrechts der sächsischen Rechtsbücher. In: *Sachsenspiegel.* ed. Homeyer, t. II, 2, Berlim, 1844.

JOLLIFFE, J. E. A. Northumbrian institutions. In: *English Historical Review,* t. XLI, 1926.

JORDAN, Karl. Das Eindringen des Lehnwesens in das Rechtsleben der römischen Kurie. In: *Archiv. für Urkundenforschung,* 1931.

KEHR, P. Das Papsttum und der katalanische Prinzipat bis zur Vereinigung mit Aragon. In: *Abhandl. der preussischen Akademie, Phil.-hist. Kl.,* 1926.

_____. Das Papsttum und die Königreiche Navarra und Aragon bis zur Mitte des XII. Jahrhunderts. In: *Abh. der pr. Akademie, Phil.-hist. Kl.,* 1928.

_____. Die Belehnungen der süditalienischen Normimnenfürsten durch die Päpste. In: *Abhandl. der preussischen Akademie, Phil.-hist. Kl.,* 1934.

_____. Wie und wann wurdedos Reich Aragon einLehen der ràmischen Kirche. In: *Sitzungsber. der preussischen Akademie, Phil.-hist. Kl.,* 1928.

KÖLMEL, W. *Rom und der Kirchenstaat im 10. und 11. Jahrhundert bis in die Anfänge der Reform.* Berlim, 1935 (*Abh. zur mittleren und neueren Gesch.,* 78).

LA MONTE, J. L. *Feudal monarchy in the Latin Kingdom of Jerusalem.* Cambridge (U.S.), 1932 (*Monographs of the Mediaeval Acad.,* 4).

LAGOUELLE, Henri. *Essai sur la conception féodale de la propriété foncière dans le très ancien droit normand*, 1902.
LIPPERT, Woldemar. *Die deutschen Lehnsbücher.* Leipzig, 1903.
MAC KECHNIE, W. S. *Magna Carta: a commentary.* 2. ed. Glasgow, 1914.
MENENDEZ PIDAL. *La España del Cid.* 2 v., Madri, 1929. Tradução inglesa resumida: *The Cid and his Spain*, 1934; alemã: *Das Spanien des Cid*, 2 v., Munique, 1936-1937.
MONTI, G.-M. Ancora sulla feudalità e i grandi domani feudali del regno di Sicilia. In: *Rivistà di storia del diritto ital.*, t. IV, 1921.
MUNOZ-ROMERO, T. Del estado de las personas en los reinos de Asturias y Leon. In: *Revista de Archivos*, 1883.
PAZ, Ramon. Un nuevo feudo castellano. In: *Anuario de historia del derecho español*, 1928.
RABASSE, Maurice. *Du régime des fiefs en Normandie au moyen âge*, 1905.
RICHARDOT, Hubert. Le fief roturier à Toulouse aux XIIe et XIIIe siècles. In: *Rev. histor. de droit français*, 1935.
ROUND, H. *Feudal England.* Londres, 1907.
_____. Military tenure before the Conquest. In: *English historical Review*, t. XII, 1897.
SANCHEZ-ALBORNOZ, Cl. Las behetrias et Muchas paginas mas sobre las behetrias. In: *Anuario de historia del derecho español*, 1924 e 1927.
_____. Un feudo castellano del XIII. In: *Anuario de historia del derecho español*, 1926.
SCHNEIDER, F. *Die Entstehung von Burg und Landgemeinde in Italien.* Berlim, 1924 (*Abhandt. zur mittleren und neueren Gesch.*, 68).
SECRÉTAN, E. De la féodalité en Espagne. In: *Rev. historique du droit*, 1863.
STENTON, F. M. The changing feudalism of the middle ages. In: *History.* t. XIX, 1934-1935.
_____. *The first century of English feudalism (1066-1166).* Oxford, 1932.
STRAYER, J. R. Knight-Service in Normandy. In: *Anniversary essays by studens of Ch. H. Haskins*, 1929.
TOMASSETTI, G. Feudalismo roinano. In: *Rivista internazionale di scienze sociale*, t. V, 1894.
WUNDERLICH, Erich. *Aribert von Antemiano, Erzbischof von Mailand.* Halle, 1914.
YVER, Jean. *Les contrats dans le très ancien droit normand*, 1926.

3. Companheirismo, vassalagem, homenagem

BLOCH, Marc. Les formes de la rupture de l'hommage dans l'ancien droit féodal. In: *Nouvelle Revue historique de droit*, 1912.
BRUNNER, H. Zur Geschichte des fränkischen Gefolgswesens. In: *Forschungen zur Geschichte des d. und fr. Rechtes.* Stuttgart, 1894 (anteriormente: *Zeitschr. der Savigny--St., G.A.*, IX).
CALMETTE, Joseph. Le "comitatus" germanique et la vassalité. In: *Nouvelle Revue historique de droit*, 1904.
CHÉNON, E. Le rôle juridique de l'osculum dans l'ancien droit français. In: *Mém. Sac. nationale des Antiquaires.* 8ª Série, t. VI, 1919-1923.
DOUBLIER, Othmar. Formalakte beim Eintritt in die altnorwegische Gefolgschaft. In: *Mitteilungen des Instituts für œsterr. Geschichtsforschung, Ergänzungsband VI*, 1901.

EHRENBERG, V. *Commendation und Huldigung nach fränkischem Recht*, 1877.
EHRISMANN, G. Die Wörter für "Herr" im Althochdeutschen. In: *Zeitschrift für deutsche Wortforschung*, t. VII, 1905-1906.
GROSSE, Robert. *Römische Militärgeschichte von Gallienus bis zum Beginn der byzantinischen Themenverfassung.* Berlim, 1920.
HIS, Rudolf. Todschlagsühne und Mannschaft. In: *Festgabe für K. Güterbock.* Berlim, 1910.
JUD, J. Zur Geschichte und Herkunft von frz. "dru". In: *Archivum romanicum*, 1926.
LARSON, L. M. *The King's Household in England before the Conquest.* Madison, 1904.
LÉCRIVAIN, Ch. Les soldats privés au Bas-Empire. In: *Mélanges d'archéologie et d'histoire*, 1890.
LEICHT, P. S. Gasindi e vassalli. In: *Rendiconti della r. Accademia naz. dei Lincei, Sc. morali.* 6ª Série, t. III, 1927.
LITTLE, A. G. Gesiths and thegns. In: *English historical Review*, t. IV, 1887.
MEYER-LÜBKE, W. Senyor, "Herr". In: *Wörter und Sachen.* t. VIII, 1923.
MIROT, Léon. Les ordonnances de Charles VII relatives à la prestation des hommages. In: *Mémoires de la Société pour l'Histoire du droit et des institutions des anciens pays bourguignons.* fasc. 2, 1935.
MÜLLER, Martin. *Minne und Dienst in der altfranzösichen Lyrik.* Marburgo, 1907.
MYRICK, Arthur B. Feudal terminology in medieval religious poetry. In: *The romanic review.* t. XI, 1920.
PETOT, Pierre. La capacité testimoniale du vassal. In: *Revue historique du droit*, 1931.
PLATON, G. L'hommage féodal comme moyen de contracter des obligations privées. In: *Revue générale de droit.* t. XXVI, 1902.
RAMOS Y LOSCERTALES, La "devotio iberica". In: *Anuario de Historia del derecho español*, 1924.
RICHTER, Elise. Senior, Sire. In: *Wörter und Sachen.* t. XII, 1929.
SCHUBERT, Carl. *Der Pflegesohn (nourri) im französischen Heldenepos.* Marburgo, 1906.
SEECK, Otto. Buccellarii. In: PAULY WISSOWA. *Real-Encyclopädie der classischen Altertumswissenschaft.* t. III, 1899.
_____. Das deutsche Gefolgswesen auf römischem Boden. In: *Zeitschrift der Savigny-Stiftung*, G.A., 1896.
WAITZ, G. Ueber die Anfänge der Vasallität. In: WAITZ, *Gesammelte Abhandl.* t. I, Göttingen, 1896.
WECHSSLER, E. *Das Kulturproblem des Minnesangs.* t. I, Halle, 1907.
_____. Frauendienst und Vasallität. In: *Zeitschrift für französische Sprache.* t. XXIV, 1902.
WINDISCH, Vassus und vassallus. In: *Berichte über die Verhandl. der k. sächs. Gesellschaft der Wissenschaften*, 1892.

4. Precária, "benefício", feudo e alódio

BLOCH, Marc. Un problème d'histoire comparée: la ministérialité en France et en Allemagne. In: *Revue historique du droit*, 1928.
BONDROIT, Les "precariae verbo regis" devant le concile de Leptinnes. In: *Revue d'histoire ecclésiastique*, 1900.

BRUNNER, H. Die Landschenkungen der Merowinger und Agilolfinger. In: *Forschungen zur Geschichte des d. und fr, Rechtes.* Stuttgart, 1877 (anteriormente: *Sitzungsber. der pr. Akad., Phil.-hist. Kl.*, 1885).
CHÉNON, E. *Etude sur l'histoire des alleux*, 1888.
CLOTET, L. Le bénéfice sous les deux premières races. In: *Comptes rendus du Congrès scientifique international des catholiques*, 1891.
GIERKE, O. Allod. In: *Beiträge zum Wörterbuch der deutschen Rechtssprache.* Weimar, 1908.
GLADISS, D. v. Die Schenkungen der deutschen Könige zu privatem Eigen. In: *Deutsches Archiv für Geschichte des Mittelalters*, 1937.
JOLLIFFE, J. E. A. Alod and fee. In: *Cambridge historical journal*, 1937.
KERN, H. Feodum, fief. In: *Mémoires Soc. Linguistique Paris.* t. II, 1872.
KRAWINKEL, H. *Feudum.* Weimar, 1938 (*Forschungen zum d. Recht*, III, 2).
_____. *Untersuchungen zum fränkischen Benefizialrecht.* Weimar, 1936 (*Forschungen zum d. Recht*, 11, 2).
LESNE, Em. Les bénéficiers de Saint-Germain-des-Prés au temps de l'abbé Irminon. In: *Revue Mabillon*, 1922.
_____. Les diverses acceptions du mot "beneficium" du VIIIe au IXe siècle. In: *Revue historique du droit*, 1921.
LOT, Ferdinand. Origine et nature du bénéfice. In: *Anuario de historia del derecho español*, 1933.
PÖSCHL, A. Die Entstehung des geistlichen Benefiziums. In: *Archiv. für Kathol. Kirchenrecht*, 1926.
ROTH, P. *Geschichte des Benefizialwesens von den ältesten Zeiten bis ins zehnte Jahrhundert.* Erlangen, 1850.
SCHÄFER, D. Honor... im mittelatterlichen Latein. In: *Sitzungsber. der pr. Akad., Phil. hist. Kl.*, 1921.
STUTZ, U. Lehen und Pfründe. In: *Zeitschrift der Savigny-Stiftung, G.A.*, 1899.
WIART, René. *Le régime des terres du fisc sous le Bas-Empire. Essai sur la precaria*, 1894.

5. O direito do feudo

ACHER, Jean. Les archaïsmes apparents dans la Chanson de "Raoul de Cambrai". In: *Revue des langues romanes*, 1907.
ARBOIS DE JUBAINVILLE, d'. Recherches sur la minorité et ses effets dans le droit féodal français. In: *Bibliothèque de l'Éc. des Chartes*, 1851 e 1852.
BELLETTE, Ern. *La succession aux fiefs dans les coutumes flamandes*, 1927.
BLUM, Edgard. La commise féodale. In: *Tijdschrift voor Rechtsgeschiedenis*, IV, 1922-1923.
ERMOLAEF. *Die Sonderstellung der Frau im französischen Lehnrecht.* Ostermundingen, 1930.
GÉNESTAL, R. *Études de droit privé normand. I, La tutelle*, 1930 (*Bibliothèque d'hist. du droit normand*, 2ª série, III).
_____. La formation du droit d'aînesse dans la coutume de Normandie. In: *Normannia*, 1928.

_____. *Le parage normand*. Caen, 1911 (*Bibliothèque d'hist. du droit normand*, 2ª série, I, 2).
KLATT, Kurt. *Das Heergewäte*. Heidelberg, 1908 (*Deutschrechtliche Beiträge*, t. II, fasc. 2).
MEYNIAL, E. Les particularités des successions féodales dans les Assises de Jérusalem. In: *Nouvelle Revue histor. de droit*, 1892.
MITTEIS, Heinrich. Zur Geschichte der Lehnsvormundschaft. In: *Alfred Schulze Festschrift*. Weimar, 1934.
SCHULZE, H. J. F. *Das Recht der Erstgeburt in den deutschen Fürstenhäusern und seine Bedeutung für die deutsche Staatsentwicklung*. Leipzig, 1851.
STUTZ, U. "Römerwergeld" und "Herrenfall". In: *Abhandlungen der pr. Akademie, Phil.-hist. Kl.*, 1934.

6. A pluralidade dos senhores e a homenagem lígia

BAIST, G. Lige, liege. In: *Zeitschrift für römanische Philologie*. t. XXVIII, 1904, p. 112.
BEAUDOIN, Ad. Homme lige. In: *Nouvelle Revue historique de droit*. t. VII, 1883.
BLOOMFIELD, Salie "Litus". In: *Studies in honor of H. Collitz*. Baltimore, 1930.
BRÜCH, Joseph. Zur Meyer-Lübke's Etymologischem Wörterbuch. In: *Zeitschrift für römanische Philologie*. t. XXXVIII, 1917, p. 701-2.
GANSHOF, F. L. Depuis quand a-t-on pu en France être vassal de plusieurs seigneurs?. In: *Mélanges Paul Fournier*, 1929 (Resenha: W. KIENAST, *Historische Zeitschrift*, t. CXLI, 1929-1930).
PIRENNE, Henri. Qu'est-ce qu'un homme lige?. In: *Académie royale de Belgique, Bulletin de la classe des lettres*, 1909.
PÖHLMANN, Carl. *Das ligische Lehensverhälinis*. Heidelberg, 1931.
ZEGLIN, Dorothea. *Der "homo ligius" und die französische Ministerialität*. Leipzig, 1917 (*Leipziger Historische Abhandlungen*, XXXIX).

VIII – O REGIME FEUDAL COMO INSTITUIÇÃO MILITAR

1. Obras gerais sobre a arte militar e os exércitos

BALTZER, Martin. *Zur Geschichte des deutschen Kriegswesens in der Zeit von den letzten Karolingern bis auf Kaiser Friedrich II*. Leipzig, 1877.
BOUTARIC, Edgar. *Institutions militaires de la France*, 1863.
DELBRÜCK, Hans. *Geschichte der Kriegskunst im Rahmen der politischen Geschichte*. t. III, Berlim, 1907.
DELPECH, H. *La tactique au XIIIe siècle*. 2 v., 1886.
FRAUENHOLZ, Eugen v. *Entwicklungsgeschichte des deutschen Heerwesens*. t. I, *Das Heerwesen der germanischen Frühzeit, des Frankenreiches und des ritterlichen Zeitalters*. Munique, 1935.
KÖHLER, G. *Entwicklung des Kriegswesens und der Kriegsführung in der Ritterzeit*. 3 v., Breslávia, 1886-1893.
OMAN, Ch. *A history of the art of war. The middle ages from the fourth to the fourteenth century*. 2. ed. Londres, 1924.

2. Os problemas da cavalaria e do armamento

BACH, Volkmar. *Die Verteidigungswaffen in den altfranzösischen Artusund Abenteuerromanen.* Marburgo, 1887 (*Ausg. und Abh. ans dem Gebiete der roman. Philologie* 70).

BRUNNER, Heinrich. Der Reilerdienst und die Anfänge des Lehnwesens. In: *Forschungen zum d. und fr. Recht.* Stuttgart, 1874 (anteriormente: *Zeitschrift der Savigny-Stift.*, G.A., VIII)

DEMAY, G. *Le costume au moyen âge d'après les sceaux.* Paris, 1880.

GESSLER, E. A. *Die Trutzwaffen der Karolingerzeit vom VIII. bis zum XI. Jahrhundert.* Basileia, 1908.

GIESSE, W. Waffen nach den provenzalischen Epen und Chroniken des XII. und XIII. Jahrhunderts. In: *Zeitschr. für roman. Philologie.* t. LII, 1932.

LEFEBVRE DES NOËTTES, *L'attelage et le cheval de selle à travers les âges.* 2 v., 1931 (Cf. BLOCH, Marc. Les inventions médiévales. In: *Annales d'hist. économique*, 1935).

MANGOLDT-GAUDLITZ, Hans von. *Die Reiterei in den germanischen und fränkischen Heeren bis zum Ausgang der deutschen Karolinger.* Berlim, 1922 (*Arbeiten zur d. Rechts und Verfassungsgeschichte,* IV).

ROLOFF, Gustav. Die Umwandlung desfränkischen Heeres von Chlodwig bis Karl den Grossen. In: *Neue Jahrbücherfür das klassische Altertum.* t. IX, 1902.

SANCHEZ-ALBORNOZ, Cl. La caballeria visigoda. In: *Wirtschaft und Kultur: Festschrift zum 70. Geburtstag von A. Dopsch.* Viena, 1938.

_____. Los Arabes y los origines del feudalismo. In: *Anuario de historia del derecho español,* 1929; Les Arabes et les origines de la féodalité. In: *Revue historique de droit,* 1933.

SCHIRLING, V. *Die Verteidigungsgwaffen im altfranzösischen Epos.* Marburgo, 1887 (*Ausg. und Abh. aus dern Gebiete der roman. Philologie,* 69).

SCHWIETERING, Julius. Zur Geschichte vom Speer und Schwert im 12. Jahrhundert. In: *Mitteilungen aus dem Museum für Hamburgische Geschichte,* n. 3 (8. Beiheft, 2. Teil zum Jahrbuch der Hamburgischen wissenschaftlichen Anstalten, XXIX, 1911).

STERNBERG, A. *Die Angriffswaffen im altfranzösischen Epos.* Marburgo, 1886 (*Ausg. und Abh. aus dem Gebiete der roman. Philologie,* 48).

3. A obrigação militar e os exércitos remunerados

FEHR, Hans. Landfolge und Gerichtsfolge im fränkischen Recht. In: *Festgabe für R. Sohm.* Munique, 1914.

NOYES, A. G. *The military obligation in mediaeval England.* Columbus, Ohio, 1931.

ROSENIIAGEN, Gustav. *Zur Geschichte der Reichsheerfahrt von Heinrich VI. bis Rudolf von Habsburg.* Meissen, 1885.

SCHMITTHENNER, Paul. Lehnkriegswesen und Söldnertum im abendländischen Imperium des Mittelalters. In: *Histor. Zeitschrift,* 1934.

WEILAND, L. Die Reichsheerfahrt von Heinrich V. bis Heinrich VI. nach ihrer staatsrechtlichen Seite. In: *Forschungen zur d. Geschichte,* t. VII, 1867.

4. O castelo

ARMITAGE, E. S. *Early Norman Castles of the British Isles.* Londres, 1913 (Cf. ROUND. *English Historical Review,* 1912, p. 544).

COULIN, Alexander. *Befestigungshoheit und Befestigungsrecht*. Leipzig, 1911.
DESMAREZ, G. Fortifications de la frontière du Hainaut et du Brabant au XIIe siècle. In: *Annales de la Soc. royale d'archéologie de Bruxelles*, 1914.
ENLART, C. *Manuel d'archéologie française*. Segunda parte. t. II, *Architecture militaire et navale*, 1932.
PAINTER, Sidney. English castles in the middle-ages. In: *Speculum*, 1935.
ROUND, J. H. Castle-guard. In: *The archaeological journal*, LIX, 1902.
SCHRADER, Erich. *Das Befestigungsrecht in Deutschland*. Gotinga, 1909.
SCHUCHARDT, C. *Die Burg im Wandel der Geschichte*. Potsdam, 1931.
THOMPSON, A. Hamilton. *Military architecture in England during the middle-ages*. Oxford, 1912.

IX – OS LAÇOS DE DEPENDÊNCIA NAS CLASSES INFERIORES[394]
(Cf. SANCHEZ-ALBORNOZ, p. 422)

BELOW, G. v. *Geschichte der deutschen Landwirtschaft des Mittelalters*. Jena, 1937.
BLOCH, Marc. De la cour royale à la cour de Rome: le procès des serfs de Rosny-sous-Bois. In: *Studi di storia e diritto in onoe di E. Besta*. Milão, 1938.
_____. *Les caractères originaux de l'histoire rurale française*, 1931.
_____. Les "coliberti", étude sur la formation de la classe servile. In: *Revue historique*, t. CLVII, 1928.
_____. Les transformations du servage. In: *Mélanges d'histoire du moyen âge offerts à M. F. Lot*, 1925.
_____. Liberté et servitude personnelles au moyen âge. In: *Anuario de historia del derecho español*, 1933.
BOEREN, P.-C. *Étude sur les tributaires d'église dans le comté de Flandre du IXe au XIVe siècle*. Amsterdã, 1936 (*Uitgaven van het Instituut voor middeleuwsche Geschiedenis der... Universitet te Nijmegen*, 3).
CARO, G. *Beiträge zur älteren deutschen Wirtschafts-und Verfassungsgeschichte*. Leipzig, 1905.
_____. *Neue Beiträge zur deutschen Wirtschafts-und Verfassungsgeschichte*. Leipzig, 1911.
COULTON, G. G. *The medieval village*. Cambridge, 1925.
HINOJOSA, E. de. *El regimen señorial y la cuestion agraria en Cataluña*. Madri, 1905.
KELLER, Robert v. *Freiheitsgarantien für Person und Eigentum im Mitelalter*. Heidelberg, 1933 (*Deutsrechtliche Beiträge*, XIV, 1).
KIELMEYER, O. A. *Die Dorfbefreiung auf deutschem Sprachgebiet*. Bonn, 1931.
LUZZATO, G. *I servi nelle grande proprietà ecclesiastiche italiane nei secoli IX e X*. Pise, 1910.
MINNIGERODE, H. V. Wachzinsrecht. In: *Vierteljahrschrift für Sozialund Wirtschaftsgeschichte*, 1916.

---

394. Bibliografia sumária, limitada, por princípio, aos mais importantes trabalhos relativos às dependências pessoais. A *bibliografia geral* da senhoria rural e das populações camponesas será dada em outro volume da coleção; os trabalhos que tratam da divisão das classes, em geral, são indicados na bibliografia do segundo tomo (p. 429).

PERRIN, Ch.-Edmond. *Essai sur la fortune immobilière de l'abbaye alsacienne de Marmoutier.* Estrasburgo, 1935.

_____. *Recherches sur la seigneurie rurale en Lorraine d'après les plus anciens censiers.* Estrasburgo.

PETIT, A. *Coliberti ou culverts: essai d'interprétation des textes qui les concernent (Xe-XIIIe siècles).* Limoges, 1926.

_____. *Coliberti ou culverts: réponse à diverses objections.* Limoges, 1930.

PETOT, P. L'hommage servile. In: *Revue historique du droit,* 1927 (Cf. a contribuição do mesmo autor a *Le Servage,* adiante).

_____. La commendise personnelle. In: *Mélanges Paul Fournier,* 1929 (Cf. BLOCH, Marc. *Ann. d'hist. économ.,* 1931, p. 254 ss.).

PIRENNE, Henri. Liberté et propriété en Flandre du VIIIe au IXe siècle. In: *Bulletin Académie royale de Belgique, Cl. Lettres,* 1911.

PUIGARNAU, Jaime M. Mans. *Las clases serviles bajo la nionarquia visigoda y en los estados cristianos de la reconquista española.* Barcelona, 1928.

SÉE, Henri. *Les classes rurales et le régime domanial en France au moyen âge,* 1901.

SEELIGER, G. Die soziale und politische Bedeutung der Grundherrschaft im früheren Mittelalter. In: *Abhandlungen der sächsischen Gesellschaft der Wissensch.,* t. XX, 1903.

SOCIÉTÉ JEAN BODIN. *La tenure.* Bruxelas, 1938.

_____. *Le servage.* Bruxelas, 1937 (e *Revue de l'institut de Sociologie,* 1937).

THIBAULT, Fabien. La condition des personnes en France au IXe siècle au mouvement communal. In: *Revue historique de droit,* 1933.

VACCARI, P. *L'affrancazione dei servi della gleba nell' Emilia e nella Toscana.* Bolonha, 1925 (R. Accademia dei Lincei. Cominissione per gli atti delle assemblee costituzionali).

VANDERKINDERE, Liberté et propriété en Flandre du IXe au XIIe siècle. In: *Bulletin Académie royale de Belgique, Cl. des Lettres,* 1906.

VERRIEST, L. Le servage dans le comté de Hainaut. In: *Académie royale de Belgique, Cl. des Lettres. Mémoires in 8°,* 2ª Série, t. VI, 1910.

VINOGRADOFF, P. *Villainage in England.* Oxford, 1892.

WELLER, K. Die freien Bauern in Schwaben. In: *Zeitschrift der Savigny-Stift., G.A.,* 1934.

WITTICH, W. Die Frage der Freibauern. In: *Zeitschrift der Savigny-Stift., G.A.,* 1934.

X – ALGUMAS REGIÕES SEM FEUDALIDADE

1. A Sardenha

BESTA, E. *La Sardegna medievale.* 2 v., Palermo, 1909.

RASPI, R.-C. *Le classi sociali nella Sardegna medioevale.* Cagliari, 1938.

SOLMI, A. *Studi siorici sulle istutizione della Sardegna nel media evo.* Cagliari, 1917.

2. As sociedades alemãs das margens do mar do Norte

GOSSE, J. H. De Friesche Hoefdeling. In: *Mededeelingen der Kl. Akademie van Wetenschappen, Afd. Letterk.,* 1933.

KÖHLER, Johannes. *Die Struktur der Dithmarscher Gechlechte.* Heide, 1915.

MARTEN, G.; MÄCKELMANN, K. *Dithmarschen*. Heide, 1927.
SIFBS, B. E. *Grundlagen und Aufban der altfriesichen Verfassung*. Breslávia, 1933 (*Untersuchungen zur deutschen Staats und Rechtsgeschichte*, 144).

TOMO II
As classes e o governo dos homens

NOTA PARA O USO DA BIBLIOGRAFIA

Os princípios gerais que presidiram a composição desta bibliografia foram expostos antes do instrumento de trabalho, de mesma natureza, incluído no tomo anterior (p. 405). sob o título: *A formação dos laços de dependência*. Evitamos, com pouquíssimas exceções, repetir aqui os títulos das obras já assinaladas na precedente lista, à qual deverá o leitor reportar-se, particularmente, para todos os estudos gerais sobre a sociedade feudal. Assim como a própria redação, a lista foi interrompida no mês de fevereiro de 1939.

PLANO DA BIBLIOGRAFIA

I – As classes em geral e a nobreza. – 1. *Generalidades sobre a história das classes e da nobreza*. – 2. *O adubamento: os textos litúrgicos*. – 3. *Os tratados de cavalaria*. – 4. *Trabalhos sobre a cavalaria e o adubamento*. – 5. *Os enobrecimentos*. – 6. *A vida nobre e cavaleiresca*. – 7. *Os brasões*. – 8. *Sargentos e sargentarias*.
II – A Igreja na sociedade feudal; a *avouerie*.
III – As justiças.
IV – O movimento das pazes.
V – A instituição monárquica.
VI – Os poderes territoriais.
VII – As nacionalidades.
VIII – A feudalidade na história comparada.

I – AS CLASSES EM GERAL E A NOBREZA

1. Generalidades sobre a história das classes e da nobreza

BLOCH, Marc. Sur le passé de la noblesse française: quelques jalons de recherche. In: *Annales d'histoire économique et sociale*, 1936.
DENHOLM-YOUNG, N. En remontant le passé de l'aristocratie anglaise, le moyen âge. In: *Annales d'histoire économique et sociale*, 1937.
DESBROUSSES, X. *Condition personnelle de la noblesse au moyen âge*. Bordeaux, 1901.
Du CANGE, Des chevaliers bannerets. Des gentilshommes de nom et d'armes (Dissertations sur l'histoire de saint Louis, IX e X). In: *Glossarium*, ed. Henschel, t. VII.
DUNGERN, O. v. Comes, liber, nobilis in Urkunden des 11. bis 13. Jahrhundert. In: *Archiv für Urkundenforschung*, 1932.

_____. *Der Herrenstand im Mittelalter*. t. I. Papiermühle, 1908.
_____. *Die Entstehung der Landeshoheit in Œsterreich*. Viena, 1930.
ERNST, Viktor. *Die Entstehung des niederen Adels*. Stuttgart, 1916.
_____. *Mittelfreie, ein Beitrag zur schwäbischen Standesgeschichte*, 1920.
FEHR, Hans. Das Waffenrecht der Bamern im Mittelalter. In: *Zeitschrift der Savigny-Stiftung*, G.A., 1914 e 1917.
FICKER, Julius. *Vom Heerschilde*. Innsbruck, 1862.
FORST-BATTAGLIA, O. *Vom Herrenstande*. Leipzig, 1916.
FRENSDORFF, F. Die Lehnsfähigkeit der Bürger. In: *Nachrichten der K. Gessellschaft der Wissensch. zu Göttingen, Phil.-hist. Kl.*, 1894.
GARCIA RIVES, A. Clases sociales en León y Castilla (Siglos X-XIII). In: *Revista de Archivos*, t. XLI e XLII, 1921 e 1922.
GUILHIERMOZ, A. *Essai sur les origines de la noblesse en France au moyen âge*. 1902.
HECK, Philipp. *Beiträge zur Geschichte der Stände im Mittelalter*. 2 v., Halle, 1900-1905.
_____. *Die Standesgliederung der Sachsen im frühen Mittelalter*. Tubinga, 1927.
_____. *Uebersetzungsprobleme im früheren Mittelaiter*. Tubinga, 1931.
LA ROQUE, de. *Traité de la noblesse*, 1761.
LANGLOIS, Ch.-V. Les origines de la noblesse en France. In: *Revue de Paris*, 1904, V (a respeito de GUILHIERMOZ, acima).
LINTZEL, M. Die ständigen Ehehindernisse in Sachsen. In: *Zeitschr. der Savigny-Stiftung*, G.A., 1932.
MARSAY, de. *De l'âge des privilèges au temps des vanités*, 1934 e *Supplément*, 1933.
MINNIGERODE, H. v. *Ebenburt und Echtheit- Untersuchungen zur Lehre von der adeligen Heiratsebenburt vor dem 13. Jahrhundert* Heidelberg, 1932 (*Deutschrechtliche Beiträge*, VIII, 1).
NECKEL, Gustav. Adel und Gefolgschaft. In: *Beiträge zur Gesch. der deutschen Sprache*. t. XVLI, 1916.
NEUFBOURG, de. Les origines de la noblesse. In: MARSAY. *Supplément*.
OTTO, Eberhard F. *Adel und Frelheit im deutschen Staat des frühen Mittelalters*. Berlim, 1937.[395]
PLOTHO, V. Die Stände des deutschen Reiches im 12. Jahrhundert und ihre Fortentwicklung. In: *Vierteljahrschrift für Wappen-Siegel und Familienkunde*. t. XLV, 1917.
REID, R. R. Barony and Thanage. In: *English Historical Review*, t. XXXV, 1920.
ROUND, J. A. "Barons" and "knights" in the Great Charter. In: *Magna Carta: Commemoration essays*. Londres, 1917.
_____. Barons and peers. In: *English historical Review*, 1918.
SANTIFALLER, Leo. Ueber die Nobiles. In: SANTIFALLER, *Das Brixner Domkapitel in seiner persönlichen Zusammensetzung*, t. I, p. 59-64, Innsbruck, 1924 (*Schleiern-Schriften*, 7).
SCHNETTLER, Otto. *Westfaiens Adel und seine Fiihrerrolle in der Geschichte*. Dortmund, 1926.

---

395. Pude tomar conhecimento desta obra – certamente contestável quanto a algumas de suas teses, mas muito rica em fatos e ideias – somente após ter submetido à impressão os capítulos relativos à nobreza.

_____. *Westfaiens alter Adel.* Dortmund, 1928.

SCHULTE, Aloys. *Der Adel und die deutsche Kirche im Mittelalter.* 2. ed. Stuttgart.

VOGT, Friedrich. *Der Bedeutungswandel des Wortes edel.* Marburgo, 1909 (*Marburger Akademische Reden*, n. 20).

WERMINGHOFF, Albert. Ständische Probleme in der Geschichte der deutschen Kirche des Mittelalters. In: *Zeitschrift der Savigny-Stiftung*, G.A., 1911.

WESTERBLAD, C. A. *Baro et ses dérivés dans les langues romanes.* Upsal, 1910.

2. O adubamento. Os textos litúrgicos

ANDRIEU, Michel. *Les ordines romani du haut moyen âge: I, Les manuscrits.* Louvain, 1931 (*Spicilegium sacrum lovaniense*, 11).

BÊNÇÃO da espada: Pontifical de Besançon: cf. Andrieu, p. 445. Ed: Martène, *De antiquis eccl. ritibus*, t. II, 1788, p. 239; FRANZ, t. II, p. 294.

BENEDICTIO ensis noviter succincti, Pontifical de Mogúncia: ms. e ed. cf. Andrieu, p. 178 e índice palavra *ensis*, fac-simile: MONACI. *Archivio paleografico*, t. II, n. 73.

FRANZ, Ad. *Die kirchlichen Benediktionen des Mittelalters.* 2 v. Friburgo em Brisgóvia, 1909.

LITURGIA do adubamento: Pontifical de Guill. Durant. Ed. J. Catalani, *Pontificale romanum*, t. I, 1738, p. 424.

LITURGIA do adubamento: Pontifical de Reims; cf. ANDRIEU, p. 112. Êd. Hittorp, *De divinis catholicae ecclesiae officiis*, 1719, col. 178; FRANZ, t. II, p. 295.

LITURGIA do adubamento: Pontifical romano. Ed. (entre outros) Catalani, t. I, p. 419.

3. Os tratados de cavalaria

BONIZO, *Liber de vita christiana.* ed. Perels, 1930 (*Texte zur Geschichte des römischen und kanonischen Rechts I*). VII, 28.

CHRÉTIEN DE TROYES, *Perceval le Gallois.* ed. Potvin, t. II, v. 2.831 et seq. Lancelot. In: H. O. SOMMER. *The vulgate version of the Arthurian romances*, t. III, 1, p. 113-5.

DER MEISSNER. Swer ritters name wil empfan... In: F. H. von DER HAGEN, *Minnesinger.* t. III, p. 107, n. 10.

L'ORDENE de Chevalerie. In: BARBAZAN, *Fabliaux*, 2. ed. por MÉON, t. I, 1808, p. 59-79.

NAVONE, G. *Le rime di Folgore da San Gemignano.* Bolonha, 1880, p. 45-9 (*Scelta di curiosità letterarie*, CLXXII).

RAIMON OULL [RAIMUNDO LÚLIO, RAIMON LULL, RAYMOND LULLY], *Libro de la orden de Caballeria*, ed. J. R. de Luanco, Barcelona, R. Academia de Buenos Letras, 1901. Tradução francesa em P. ALLUT, *Étude biographique et historique sur Symphorien Champier*, Lyon, 1859, p. 266 ss. Tradução inglesa: *The book of the ordre of chivalry, translated and printed by W. Caxton*, ed. Byles, 1926 (*Early English Texts Soc.*, t. CLXVIII).

4. Trabalhos sobre a cavalaria e o adubamento

BARTHÉLEMY, Anatole de. De la qualification de chevalier. In: *Revue nobiliaire*, 1868.

ERBEN, Wilhelm. Schwertleite und Ritterschlag: Beiträge zu einer Rechtsgeschichte der Waffen. In: *Zeitschrift für historische Waffenkunde*, t. VIII, 1918-1920.

GAUTIER, Léon. *La chevalerie*. 3. ed. s. d.

MASSMANN, Ernst Heinrich. *Schwerileite und Ritterschlag, dargestellt auf Grund der mittelhochdeutschen literarischen Quellen.* Hamburgo, 1932.

PIVANO, Silvio. Lineamenti storici e giuridici della cavalleria medioevale. In: *Memorie della r. Accad. delle scienze di Torino*, série II, t. LV, 1905, Scienze Morali.

PRESTAGE, Edgar. *Chivalry: a series of studies to illustrate its historical significance and civilizing influence, by members of King's College, London.* Londres, 1928.

ROTH VON SCHRECKENSTEIN, K. H. *Die Ritterwürde und der Ritterstand. Historisch--politische Studien über deutsch-mittelalterliche Standesverhältnisse auf dem Lande und in der Stadt.* Friburgo em Brisgóvia, 1886.

SALVEMINI, Gactano. *La dignita cavalleresca net Comune di Firenze.* Florença, 1896.

TREIS, K. *Die Formalitäten des Ritterschlags in der altfranzösischen Epik.* Berlim, 1887.

5. Os enobrecimentos

ARBAUMONT, J. Des anoblissements en Bourgogne. In: *Revue nobiliaire*, 1866.

BARTHÉLEMY, Anatole de. *Étude sur les lettres d*'anoblissement. In: *Revue nobiliaire*, 1869.

KLÜBER, Q. L. De nobilitate codicillari. In: KLÜBER. *Kleine uristische Bibliothek*, t. VII, Erlangen, 1793.

THOMAS, Paul. Comment Guy de Dampierre, comte de Flandre, anoblissait les roturiers. In: *Commission histor. du Nord*, 1933; cf. P. THOMAS. *Textes historiques sur Lille et le Nord*, t. II, 1936, p. 229.

6. A vida nobre e cavaleiresca

APPEL, Carl. *Bertran von Born.* Halle, 1931.

BORMANN, Ernst. *Die Jogd in den altfranzösischen Artus-und Abenteuerromanen.* Marburgo, 1887, *Ausg. und Abh. aus dem Gebiete der roman.* (Philologie, 68).

Du CANGE, De l'origine et de l'usage des tournois. Des armes à outrance, des joustes, de la Table Ronde, des behourds et de la quintaine (Dissertations sur l'histoire de saint Louis, VI e VII). In: *Glossarium*, ed. Henschel, t. VII.

DUPIN, Henri. *La courtoisie au moyen âge (d'après les textes du XIIe et du XIIIe siècle)*, 1931.

EHRISMANN, G. Die Grundlagen des ritterlichen Tugendsystems. In: *Zeitschrift für deutsches Altertum*, t. LVI, 1919.

ERDMANN, Carl. *Die Entstehung des Kreuzzugsgedankens*, Stuttgart, 1935 (*Forschungen zur Kirchen-und Geistesgeschichte*, VI).

GEORGE, Robert H. The contribution of Flanders to the Conquest of England. In: *Revue Belge de philologie*, 1926.

GILSON, Étienne. L'amour courtois. In: GILSON. *La Théologie Mystique de saint Bernard*, 1934, p. 192-215.

JANIN, R. Les "Francs" au service des Byzantins. In: *Échos d'Orient*, t. XXXIX, 1930.

JEANROY, Alfred. *La poésie lyrique des troubadours.* 2 v., 1934.

LANGLOIS, Ch.-V. Un mémoire inédit de Pierre du Bois, 1313: De torneamentis et justis. In: *Revue Historique*, t. XLI, 1889.

NAUMANN, Hans. *Der staufische Ritter.* Leipzig, 1936.

_____. Ritterliche Standeskultur um 1200. In: NAUMANN, H.; MÜLLER, GUNTHER. *Höfische Kultur*, Halle, 1929 (*Deutsche Vierteljahrschrift für Literaturwissenschaft und Geistesgeschichte, Buchreihe*, t. XVII).

NIEDNER, Felix. *Das deutsche Turnier im XII. und XIII. Jahrhundert*. Berlim, 1881.

PAINTER, Sidney. *William Marshal, knight-errant, baron and regent of England*, Baltimore, 1933 (*The Johns Hopkins Historical Publications*).

RUST, Ernst. *Die Erziehung des Ritters in der altfranzösischen Epik*. Berlim, 1888.

SCHRADER, Werner. *Studien über das Wort "höfisch" in der mittelhochdeutschen Dichtung*. Bonn, 1935.

SCHULTE, Aloys. Die Standesverhältnisse der Minnesänger. In: *Zeitschrift für deutsches Altertum*, t. XXXIX, 1895.

SCHULTZ, Alwin. *Das hôfische Leben zur Zeit der Minnesinger*. 2. ed. 2 v., 1889.

SEILER, Friedrich. *Die Entwicklung der deutschen Kultur im Spiegel des deutschen Lehnworts*, II. *Von der Einführung des Christentums bis zum Beginn der neueren Zeit*. 2. ed. Halle, 1907.

WHITNEY, Maria P. Queen of medieval virtues: largesse. In: *Vassar Mediaeval Studies...* edited by, C. F. Fiske, New Haven, 1923.

7. Os brasões

BARTHÉLEMY, A. de. Essai sur l'origine des armoiries féodales. In: *Mém. soc. antiquaires de l'Ouest*, t. XXXV, 1870-1871.

ILGEN, Th. Zur Entstehung und Entwicklungsgeschichte der Wappen. In: *Korrespondenzblatt des Gesamtvereins der d. Geschichts-und Altertumsvereine*. t. LXIX, 1921.

ULMENSTEIN, Chr. U. v. *Ueber Ursprung und Entstehung des Wappenwesens*, Weimar, 1935 (*Forsch. zum deutschen Recht*, I. 2.).

8. Sargentos e sargentarias

(Para a bibliografia alemã e francesa anterior a 1925, ver Ganshof, a seguir.)

BLOCH, Marc. Un problème d'histoire comparée: la ministérialité en France et en Angleterre. In: *Revue historique du droit*, 1928.

BLUM, E. De la patrimonialité des sergenteries fieffées dans l'ancienne Normandie. In: *Revue générale de droit*, 1926.

GANSHOF, F. L. *Étude sur les ministeriales en Flandre et en Lotharingie*. In: *Mém. Acad. royale Belgique, Cl. Lettres*, in 8°, 2ª série, XX, 1926.

GLADISS, D. v. *Beiträge zur Geschichte der staufischen Ministerialität*. Berlim, 1934 (*Ebering's Histor. Studien*, 249).

HAENDLE, Otto. *Die Dienstmannen Heinrichs des Löwen*. Stuttgart, 1930 (*Arbeiten zur d. Rechts-and Verfassungsgeschichte*, 8).

KIMBALL, E. G. *Serjeanty tenure in mediaeval England*. Nova York, 1936 (*Yale Historical Publications, Miscellany*, XXX).

LE FOYER, Jean. *L'office héréditaire de Focarius regis Angliae*. 1931 (*Bibliothèque d'histoire du droit normand*, 2ª série, 4).

STENGEL, Edmund E. Ueber den Ursprung der Ministerialität. In: *Papsttum und Kaisertum: Forsch... P. Kehr dargebracht*, Munique, 1925.

II – A IGREJA NA SOCIEDADE FEUDAL; A *AVOUERIE*

Não houvemos por bem enumerar a seguir as histórias gerais da Igreja, em seu conjunto ou por país, assim como os trabalhos relativos aos diversos problemas da história eclesiástica propriamente dita. Limitar-nos-emos a relembrar todo o proveito que o historiador da sociedade feudal extrai da consulta da grande obra de A. HAUCK, *Kirchengeschichte Deutschlands*, 5 v., Leipzig, 1914-1920, e do belo livro de P. FOURNIER e G. LE BRAS, *Histoire des collections canoniques en Occident depuis les Fausses Décrétales jusqu'au Décret de Gratien*, 2 v., 1931-1932.

Sobre a *avouerie*, ver também – muitos trabalhos alemães, em particular, fazendo mal a distinção entre os problemas, aliás, estreitamente ligados da *avouerie*, de um lado, e das justiças, do outro – a seção III da presente bibliografia.

GÉNESTAL, R. La patrimonialité de l'archidiaconat dans la province ecclésiastique de Rouen. In: *Mélanges Paul Fournier*, 1929.
LAPRAT, R. Avoué. In: *Dictionnaire d'histoire et de géographie ecclésiastique*. t. V, 1931.
LESNE, Em. *Histoire de la propriété ecclésiastique en France*. 4 v., Lille, 1910-1938.
MERK, C. J. *Anschauungen über die Lehre und das Leben der Kirche im altfranzösischen Heldenepos*. Halle, 1914 (*Zeitschrift für romanische Philologie*, Beiheft, 41).
OTTO, Ebehard F. *Die Entwicklung der deutschen Kirchenvogtei im 10. Jahrhundert*. Berlim, 1933, *Abhandl. zur mittleren und neueren Geschichte*, 72.
PERGAMENI, Ch. *L'avouerie ecclésiastique belge*. Gand, 1907. Cf. BONENFANT, P. Notice sur le faux diplôme d'Otton II. In: *Bulletin Commission royale histoire*, 1936.
SENN, Félix. *L'institution des avoueries ecclésiastiques en France*, 1903. Cf. resenha por W. SICKEL. *Göttingische Gelehrte Anzeigen*, t. CLVI, 1904.
_____. *L'institution des vidamies en France*, 1907.
WAAS, Ad. *Vogtei und Bede in der deutschen Kaiserzeit*. 2 v., Berlim, 1919-1923.

III – AS JUSTIÇAS

AULT, W. O. *Private Juridiction in England*. New Haven, 1923 (*Yale Historical Publications. Miscellany*, X).
BEAUDOIN, Ad. *Étude sur les origines du régime féodal: la recommandation et la justice seigneuriale*. In: *Annales de l'enseignement supérieur de Grenoble*, I, 1889.
BEAUTEMPS-BEAUPRÉ. *Recherches sur les juridictions de l'Anjou et du Maine*, 1890.
CAM, Helen M. Suitors and Scabini. In: *Speculum*, 1935.
CHAMPEAUX, Ernest. Nouvelles théories sur les justices du moyen âge. In: *Revue historique du droit*, 1935, p. 101-1.
ESMEIN, Ad. Quelques renseignements sur l'origine des juridictions privées. In: *Mélanges d'archéologie et d'histoire*, 1886.
FERRAND, N. Origines des justices féodales. In: *Le Moyen Age*, 1921.
FRÉVILLE, R. de. L'organisation judiciaire en Normandie aux XIIe et XIIIe siècles. In: *Nouv. Revue historique de droit*, 1912.

GANSHOF, François L. Contribution à l'étude des origines des cours féodales en France. In: *Revue historique de droit*, 1928.

_____. Die Rechtssprechung des gräflichen Hofgerichtes in Flandern. In: *Zeitschrift der Savigny-Stiftung, G.A.*, 1938.

_____. La juridiction du seigneur sur son vassal à l'époque carolingienne. In: *Revue de l'Université de Bruxelles*, t. XXVIII, 1921-1922.

_____. Notes sur la compétence des cours féodales en France. In: *Mélanges d'histoire offerts à Henri Pirenne*, 1926.

_____. Recherches sur les tribunaux de châtellenie en Flandre, avant le milieu du XIIIe siècle, 1932 (*Universiteit te Gent, Werken uitgg. door de Faculteit der Wijsbegeerte en Letteren*, 68).

GARAUD, Marcel. *Essai sur les institutions judiciaires du Poitou sous le gouvernement des comtes indépendants: 902-1137*. Poitiers, 1910.

GARCIA DE DIEGO, Vicente. Historia judicial de Aragon en los siglos VIII al XII. In: *Anuario de historia del derecho español*, t. XI, 1934.

GLITSCH, Heinrich. Der alamannische Zentenar und sein Gericht. In: *Berichte über die Verhandlungen der k. sächsischen Ges. der Wissenschaften, Phil-histor. Kl.*, t. LXIX, 1917.

_____. *Unterstichungen zur mittelalterlichen Vogtgerichtsbarkeit*. Bonn, 1912.

HALPHEN, L. Les institutions judiciaires en France au XIIe siècle: région angevine. In: *Revue historique*, t. LXXVII, 1901.

_____. Prévôts et voyers au XIIe Siècle: région angevine. In: *Le Moyen Age*, 1902.

HIRSCH, Hans. *Die hohe Gerichtsbarkeit im deutschen Mittelalter*. Praga, 1922.

_____. *Die Klosterimmunität seit dem Investiturstreit*. Weimar, 1913.

KROELL, Maurice. *L'immunité franque*, 1910.

LOT, Ferdinand. La "vicaria" et le "vicarius". In: *Nouvelle Revue historique de droit*, 1893.

MASSIET Du BIEST, J. A propos des plaids généraux. In: *Revue du Nord*, 1923.

MORRIS, W.-A. *The frankpledge system*. Nova York, 1910 (*Harvard Historical Studies*, XIV).

PERRIN, Ch.-Edmond. Sur le sens du mot "centena" dans les chartes lorraines du moyen âge. In: *Bulletin Du Cange*, t. V, 1929-1930.

SALVIOLI, Giuseppe. L'immunità et le giustizie delle chiese in Italia. In: *Atti e memorie delle R. R. Deputazioni di Storia Patria per le provincie Modenesi e Parmesi*, Série III, v. V e VI, 1888-1890.

_____. *Storia della procedura civile e criminale*. Milão, 1925 (*Storia del diritto italiano pubblicata sotto la direzione di PASQUALE DEL GIUDICE*, v. III, *Parte prima*).

STENGEL, Edmund E. *Die Immunität in Deutschland bis zum Ende des 11. Jahrhunderts. Teil I, Diplomatik der deutschen Immunitäts-Privilegien*. Innsbruck, 1910.

THIRION, Paul. Les échevinages ruraux aux XIIe et XIIIe Siècles dans les possessions des églises de Reims. In: *Études d'histoire du moyen âge dédiées à G. Monod*, 1896.

IV – O MOVIMENTO DAS PAZES

ERDMANN, C. Zur Ueberlieferung der Gottesfrieden-Konzilien. In: ERDMANN, Carl. *Die Entstehung des Kreuzzugsgedankens*, Stuttgart, 1935 (*Forschungen zur Kirchen-und Geistesgeschichte*, VI).

GÖRRIS, G.-C.-W. *De denkbeelden over oorlog en de bemoeeiingen voor vrede in de elfde eeuw* (As ideias sobre a guerra e os esforços em favor da paz no século XI). Nimega, 1912 (*Diss.* Leyde).

HERTZBERG-FRANKEL, S. Die ältesten Land-und Gottesfrieden in Deutschland. In: *Forschungen zur deutschen Geschichte*, t. XXIII, 1883.

HUBERTI, Ludwig. *Studien zur Rechtsgeschichte der Gottesfrieden und Landesfrieden: 1, Die Friedensordnungen in Frankreich*. Ansbach, 1892.

KLUCKHOHN, A. *Geschichte des Gottesfriedens*. Leipzig, 1857.

MANTEYER, G. de. Les origines de la maison de Savoie... La paix en Viennois (Anse, 17? juin 1025). In: *Bulletin de la Soc. de statistique de l'Isère*, 4ª série, t. VII, 1904.

MOLINIÉ, Georges. *L'organisation judiciaire, militaire et financière des associations de la paix: étude sur la Paix et la Trêve de Dieu dans le Midi et le Centre de la France*. Toulouse, 1912.

PRENTOUT, H. La trêve de Dieu en Normandie. In: *Mémoires de l'Acad. de Caen, Nouv. Série*, t. VI, 1931.

QUIDDE, L. *Histoire de la paix publique en Allemagne au moyen âge*, 1929.

SCHNELBÖGL, Wolfgang. *Die innere Entwicklung des bayerischen Landfriedens des 13. Jahrhunderts*. Heidelberg, 1932 (*Deutschrechtliche Beiträge*, XIII, 2).

SÉMICHON, E. *La Paix et la Trêve de Dieu*. 2. ed., 2 v. 1869.

YVER, J. *L'interdiction de la guerre privée dans le très ancien droit normand* (*Ewrait des travaux de la semaine d'histoire du droit normand...mai 1927*), 1928.

WOHLHAUPTER, Eugen. *Studien zur Rechtsgeschichte der Gottes-und Landfrieden in Spanien*. Heidelberg, 1933 (*Deutschrechtliche Beiträge* XIV, 2).

V – A INSTITUIÇÃO MONÁRQUICA[396]

BECKER, Franz. *Das Königtum des Nachfolgers im deutschen Reich des Mittelalters*, 1913 (*Quellen und Studien zur Verfassung des d. Reiches*, V, 3).

BLOCH, Marc. L'Empire et l'idée d'Empire sous les Hohenstaufen. In: *Revue des Cours et Conférences*, t. XXX, 2, 1928-1929.

_____. *Les rois thaumaturges: étude sur le caractère surnaturel attribué à la puissance royale, particulièrement en France et en Angleterre*. Estrasburgo, 1924 (*Bibliothèque de la Faculté des Lettres de l'Univ. de Strasbourg*, XIX).

EULER, A. *Das Königtum im altfranzösischen Karls-Epos*. Marburgo, 1886 (*Ausgaben und Abhandl. aus dem Gebiete der romanischen Philologie*, 65).

HALPHEN, Louis. La place de la royauté dans le système féodal. In: *Revue historique*, t. CLXXII, 1933.

KAMPERS, Fr. Rex und sacerdos. In: *Histor. Jahrbuch*, 1925.

_____. *Vom Werdegang der abendländischen Kaisermystik*. Leipzig, 1924.

---

[396]. Tendo as bibliografias relativas às instituições políticas dos diversos Estados sido dadas ou devendo sê-lo em outros volumes da coleção, acreditamos poder nos limitar aqui aos trabalhos relativos à concepção da monarquia em geral, ou aos mais importantes problemas do direito monárquico.

KERN, Fritz. *Gottesgnadentum und Widerstandsrecht im früheren Mittelalter*. Leipzig, 1914.
MITTEIS, Heinrich. *Die deutsche Känigswahl: ihre Rechtsgrundlagen bis zur Goldenen Bulle*. Baden bei Wien [1938].
NAUMANN, Hans. Die magische Seite des altgermanischen Königtums und ihr Fortwirken. In: *Wirtschaft und Kultur. Festschrift zum 70. Geburtstag von A. Dopsch*. Viena, 1938.
PERELS, Ernst. *Der Erbreichsplan Heinrichs VI*. Berlim, 1927.
ROSENSTOCK, Eugen. *Königshaus und Stämme in Deutschland zwischen 911 und 950*. Leipzig, 1914.
SCHRAMM, P. E. *Die deutschen Kaiser und Könige in Bildern ihrer Zeit*, I, 751-1152, 2 v., Leipzig, 1928 (*Veröffentlichungen der Forschungsinstitute an der Univ. Leipzig, Institut für Kultur-und Universalgesch.*, 1).
_____. *Geschichte des englischen Königtums im Lichte der Krönung*. Weimar, 1937. Tradução inglesa: *A history of the English coronation* (com bibliografia geral da sagração, na Europa).
_____. *Kaiser, Rom und Renovatio*. 2 v. Leipzig, 1929 (*Studien der Bibliothek Warburg*, XVII).
SCHULTE, Aloys. Anläufe zu einer festen Residenz der deutschen Könige im Mittelalter. In: *Historisches Jahrbuch*, 1935.
SCHULTZE, Albert. *Kaiserpolitik und Einheitsgedanken in den Karolingischen Nachfolgestaaten (876-962)*. Berlim, 1926.
VIOLLET, Paul. La question de la légitimité à l'avènement de Hugues Capet. In: *Mém. Académie Inscriptions*, t. XXXIV, 1, 1892.

VI – OS PODERES TERRITORIAIS

ARBOIS DE JUDAINVILLE, d'. *Histoire des ducs et comtes de Champagne*. 7 v., 1859-1866.
AUZIAS, Léorice. *L'Aquitaine carolingienne (778-897)*. 1937.
BARTHÉLEMY, Anatole de. Les origines de la maison de France. In: *Revue des questions historiques*, t. XIII, 1873.
BOUSSARD, J. *Le comté d'Anjou sous Henri Plantagenet et ses fils (1151-1204)*. 1938 (*Bibliothèque Éc. Hautes-Études, Sc. histor.* 271).
CHARTROU, Josèphe. *L'Anjou de 1109 à 1151*, 1928.
CHAUME, M. *Les origines du duché de Bourbogne*. 2 v., Dijon, 1925-1931.
FAZY, Max. *Les origines du Bourbonnais*. 2 v., Moulins, 1924.
FICKER, J. e PUNTSCHART, P. *Vom Reichsfürstenstande*. 4 v. Innsbruck, Graz e Leipzig, 1861-1923.
GRIMALDI, Natale. *La contessa Matilde e la sua stirpe feudale*, Florença, [1928].
GROSDIDIER DE MATONS, M. *Le comté de Bar des origines au traité de Bruges* (vers 750-1301). Bar-le-Duc, 1922.
HALBEDEL, A. Die Pfalzgrafen und ihr Amt: ein Ueberblick. In: HALBEDEL. *Fränkische Studien*, Berlim, 1915 (*Ebering's Histor. Studien*. 132).
HALPHEN, Louis. *Le comté d'Anjou au XIe siècle*, 1906.

HOFMEISTER, Adolf. Markgrafen und Markgrafschaften im italienischen Königreich in der Zeit von Karl dem Grossen bis auf Otto den Grossen (774-962). In: *Mitteilungen des Instituts für œsterreichische Geschichtsforschung, VII, Ergänzungsband*, 1906.

JAURGAIN, J. de. *La Vasconie*. 2 v., Pau, 1898.

JEULIN, Paul. L'hommage de le Bretagne en droit et dans les faits. In: *Annales de Bretagne*, 1934.

KIENER, Fritz. *Verfassungsgeschichte der Provence seit der Ostgothenherrschaf bis zur Errichtung der Konsulate (510-1200)*. Leipzig, 1900.

LA BORDERIE, A. Le Moyne de. *Histoire de Bretagne*, t. II e III, 1898-1899.

LAPSLEY, G. Th. *The county palatine of Durham*. Cambridge, Mass., 1924 (*Harvard Historical Studies*, VIII).

LATOUCHE, Robert. *Histoire du comté du Maine*, 1910 (*Bibliothèque Ec. Hautes Études, Sc. histor.*, 183).

LÄWEN, Gerhard. *Stammesherzog und Stammesherzogtum*. Berlim, 1935.

LES BOUCHES du Rhône, Encyclopédie départementale. Première partie, t. II *Antiquité et moyen âge*, 1924.

LEX, Léonce. *Eudes, comte de Blois... (995-1007) et Thibaud, son frère (995-1004)*. Troyes, 1892.

LINTZEL, Martin. Der Ursprung der deutschen Pfalzgrafschaften. In: *Zeitschriff der Savigny-Stiftung*, G.A., 1929.

LOT, Ferdinand. *Fidèles ou vassaux?*, 1904.

MANTEYER, G. *La Provence du IIIe au XIIe siècle*, 1908.

PARISOT, Robert. *Les origines de la Haute-Lorraine et sa première maison ducale*, 1908.

POWICKE, F. M. *The loss of Normandy (1189-1204)*. 1913 (*Publications of the University of Manchester, Historical Series*, XVI).

PREVITÉ-ORTON, C. W. *The early history of the House of Savoy (1000-1223)*. Cambridge, 1912.

ROSENSTOCK, Eugen. *Herzogsgeivalt und Friedensschutz: deutsche Provinzialversammlungen des 9-12. Jahrhunderts*, Breslávia, 1910 (*Untersuchungen zur deutschen Staats-und Rechtsgeschichte*, H., 104).

SCHMIDT, Günther. *Das würzburgische Herzogtum und die Grafen und Herren von Ostfranken vain 11. bis zum 17. Jahrhumiert*. Weimar, 1913 (*Quellen und Studien zur Verfassungsgeschichte des deutschen Reiches*, V, 2).

SPROEMBERG, Heinrich. *Die Entstehung der Grafschaft Flandern. Teil I: die ursprüngliche Grafschaft Flandern (864-892)*. Berlim, 1935. Cf. F. L. GANSHOF. Les origines du comté de Flandre. In: *Revue belge de philologie*, 1937.

TOURNADRE, Guy de. *Histoire du comté de Forcalquier (XIIe siècle)*. [1930].

VACCARI, Pietro. *Dall' unità romana al particolarismo giuridico del Medio evo*. Pavia, 1936.

VALIN, L. *Le duc de Normandie et sa cour*, 1909.

VALLS-TABERNER, F. La cour comtale barcelonaise. In: *Revue historique du droit*, 1935.

WERNEBURG, Rudolf. *Gau, Grafschaft und Herrschaftt in Sachsen bis zum Uebergang in das Landesfürstentum Hannover*, 1910 (*Forschungen zur Geschichte Niedersachsens*, III, 1).

VII – AS NACIONALIDADES

CHAUME, M. Le sentiment national bourguignon de Gondebaud à Charles le Téméraire. In *Mém. Acad. Sciences Dijon*, 1922.

COULTON, G. G. Nationalism in the middle ages. In: *The Cambridge Historical Journal*, 1935.

HUGELMANN, K. G. Die deutsche Nation und der deutsche Nationalstaat! in Mittelalter. In: *Histor. Jahrbuch*, 1931.

KURTH, G. Francia et Francus. In: *Études franques*. t. I, 1919.

MONOD, G. Du rôle de l'opposition des races et des nationalités dans la dissolution de l'Empire carolingien. In: *Annuaire de l'Éc. des Hautes Études*, 1896.

REMPPIS, Max. *Die Vorstellungen von Deutschland im altfranzösischen Heldenepos und Roman und ihre Quellen.* Halle, 1911 (*Beihefte zur Zeitschrift für roman. Philologie*, 234).

SCHULTHEISS, Franz Guntram. *Geschichte des deutschen Nationalgefühls.* t. I, Munique, 1893.

VIGEINER, Fritz. *Bezeichnungen für Volk und Land der Deutschen vom 10. bis zum 13. Jahrhundert.* Heidelberg, 1901.

ZIMMERMAN, K. L. Die Beurteilung der Deutschen in der französischen Literatur des Mittelalters mit besonderer Berücksichtigung der Chansons de geste. In: *Romanische Forschungen*, t. XIX, 1911.

VIII – A FEUDALIDADE NA HISTÓRIA COMPARADA

ASAKAWA, K. *The documents of Iriki illustrative of the development of the feudal institutions of Japan.* New Haven, 1929 (*Yale Historical Publ., Manuscripts and edited texts*, X). Com uma importante introdução.

_____. The early sho and the early manor: a comparative study. In: *Journal of economic and business history*, t. I, 1929.

_____. The origin of feudal land-tenure in Japan. In: *American Historical Review*, XXX, 1915.

BECKER, C. H. Steuerpacht und Lehnwesen, eine historische Studie über die Enstehung des islamischen Lehnwesens. In: *Islam*. t. V, 1914.

BELIN, Du régime des fiefs militaires dans l'Islamisme et principalement en Turquie. In: *Journal Asiatique*, 6ª série, t. XV, 1870.

DÖLGER, F. Die Frage des Grandeigentums in Byzanz. In: *Bulletin of the international commission of historical sciences*, t. V, 1933.

ECK, Al. *Le moyen âge russe*, 1933.

ERSLEV, Kr. Europaeisk Feudalisme og dansk Lensvaesen. In: *Historisk Tidsskrift*. Copenhague, 7ª série, t. II, 1899.

FRANKE, O. Feudalism: Chinese. In: *Encyclopaedia of the social sciences*. t. VI, 1931.

_____. Zur Beurteilung des chinesischen Lehnwesens. In: *Sitzungsber. der preussischen Akad., Phil.-histor. Kl.*, 1927.

FUKUDA, Tokusa. *Die gesellschaftliche und wirtschaftliche Entwickelung in Japon.* Stuttgart, 1900 (*Münchner volkswirtschaftliche Studien,* 42).

HINTZE, O. Wesen und Verbreitung des Feudalismus. In: *Sitzungsber. der preussischen Akad., Phil.-histor. Kl.,* 1929.

HÖTZCH, C. V. Adel und Lehnwesen in Russland und Polen. In: *Historische Zeitschrift,* 1912.

LÉVI, Sylvain. *Le Népal,* 2 v., 1905 (*Annales du Musée Guimet, Bibliothèque,* t. XVII e XVIII).

LYBYER, A. H. Feudalism: Sarracen and Ottoman. In: *Encyclopaedia of the social sciences.* t. VI, 1931.

OSTROGORSKY, Georg. Die wirtschaftlichen und sozialen Entwicklungsgrundlagen des byzantinischen Reiches. In: *Vierteljahrschrift für Sozial- und Wirtschaftsgeschichte,* 1929.

RUFFINI AVONDO, Ed. Il feudalismo giapponese visto da un giurista europeo. In: *Rivista di storia del diritto italiano,* t. III, 1930.

SANSOM, J. B. *Le Japon: histoire de la civilisation japonaise,* 1938.

STEIN, Ernst. Untersuchungen zur spätbyzantinischen Verfassungs-und Wirtschaftsgeschichte. In: *Miffeilungen zur osmanischen Geschichte,* t. II, 1923-1925.

THURNEYSSEN, R. Das unfreie Lehen. In: *Zeitschrift für keltische Philologie,* 1923; *Das freie Lehen,* ibid., 1924.

UYEHARA, Senroku. Gefolgschaft und Vasallität im fränkischen Reiche und in Japan. In: *Wirtschaft und Kultur. Festschrift zum 70. Geburtstag von A. Dopsch,* Viena, 1938.

WOJCIECHOWSKI, Z. La condition des nobles et le problème de la féodalité en Pologne au moyen âge. In: *Revue historique du droit,* 1936 e 1937 (com bibliografia).

ÍNDICE REMISSIVO*

Abão de Fleury, 104.
Abel (filho de Adão), 288.
Abelardo, 108, 122-3 e 320.
Adalardo, 191.
Adalberão, arcebispo de Reims, 351-2.
Adalberto, arcebispo de Bremen-Hamburgo, 61.
Adão (o primeiro homem), 288.
Adão de Bremen, cronista, 47.
adelenc. Ver nobre.
Ademar de Chabannes, 69 e 107.
Adriático, mar, 28, 87 e 279.
adubamento, 289-302, 305-6, 316 e 431.
aetheling. Ver nobre.
Afonso, o Sábio, rei de Castela, 297.
África, 27, 35-6 e 84.
aglabitas, 35.
Agostinho, santo, 27, 108, 116 e 167.
Aimon, arcebispo de Bourges, 375 e 377.
Aireld de Rievaulx, 112.
Aisne, 90 e 119.
Aix-la-Chapelle, 115, 344 e 355.
Alamânia, 159, 234, 313 e 360.
   ver também Suábia.
Alano Barba Torta, 57.
alanos, 160.
Alcuíno, 67, 77, 79 e 184.
Aldebert, 175.
Aleixo, santo, 281.
   ver também Poema de santo Aleixo.
Alemanha (Germânia), 40, 52, 61, 79, 91, 197, 202, 234, 241, 252, 255, 260-1, 274, 292, 340, 343, 348, 350-1, 359, 362, 365-6, 378, 382 e 389.
   cavalaria e nobreza, 233, 236, 240, 262, 285, 290, 301, 303, 310 e 316-7.
   cidades, 278 e 384.
   companheirismo, 160 e 162.
   dialetos germânicos, 96.
   diplomas, 98, 120, 260 e 301.
   ducados e principados territoriais, 182, 202, 360-1, 363 e 384-6.
   exércitos, guerreiros, 158, 181 e 185.
   feudalidade, 82, 153, 177, 181-2, 192, 198-9, 201, 204, 211, 217, 228, 236, 303, 316, 361 e 384.
   França Oriental, 37.
   Igreja, 60-1, 232, 322, 360, 363, 368 e 385-6.
   imperadores ou reis, 43, 52, 93, 99, 107, 109, 124, 130, 160, 201, 368 e 384-6.
   justiça, legislação, 124, 132, 177, 186, 189, 201-2, 217, 233, 239, 252-3, 257, 281, 339 e 366.
   língua nacional, literatura, 98, 110, 112, 117, 119-20 e 122.
   monarquia, 130, 182, 342-4, 351, 353-4, 370, 379 e 384-6.
   nacionalidade, 360 e 389-92.
   parentesco, 136, 148 e 150.
   paz, instituições de, 373 e 378.
   Stände, 403.
   ver também Império Romano-Germânico.
Alençonnais, 71.
Alexandre, o Grande, 53.
Alfredo [de Alversham], 270.
Alfredo, o Grande, rei dos anglo-saxões, 50, 66, 73, 77, 94-5, 125 e 224-5.
Alger (filho de Aldebert), 175.
almotacé (*échevin*), 253, 308, 336 e 339.
alódio, 175-6, 178, 182, 188-90, 197, 222, 232-6, 249, 253, 255, 268, 334, 339, 348, 357, 362 e 398.
Alpes, 36-8, 40-1, 52, 84, 99, 124, 127, 132, 180, 343-4, 364, 369, 384 e 389.
Alversham, 270.
Amalfi, 38 e 90.
amalos, dinastia ostrogótica, 116.
ambacte, 162.
Amboise, senhores de, 148 e 267.

---

*. Os itens presentes neste índice cuja paginação inclui a letra *n* referem-se às indicações de notas de rodapé. (N.E.)

Amiens, vidama de, 216.
amigos carnais, 136-7, 142 e 149.
amor cortês, 224 e 286-8.
Anais de Bèze, 107.
Anais de Fulda, 192.
Anais de Saint-Vaast, 55.
Anatólia. *Ver* Ásia Menor.
Ancona, marquesado de, 317.
André, o Capelão, 287.
anel pastoral, 322-3.
Angers. *Ver* Anjou; Saint-Serge.
Ânglia do Leste, 46, 50, 70 e 338.
Anjou, 194-6, 203, 211, 217, 223, 250, 256, 305, 362, 369 e 387.
    dinastia, 120 e 145.
Anno (ou Hanno), arcebispo de Colônia, 116.
ano, determinação do, 95 e 103-4.
Anscário (santo), monge picardo e, depois, arcebispo de Hamburgo, 60-1.
Anse (Saône), 374.
Anselmo (santo), arcebispo da Cantuária, 119, 122 e 294.
Antioquia, 147.
Antioquia, Canção de, 115.
apelação (na justiça), 73 e 340.
Apeninos, mestres dos, 358.
Apúlia, 392.
Aquitânia, 27, 79, 83, 97, 99, 107, 162, 178, 181, 285-6, 345, 351, 359, 363, 375, 381-2 e 390.
árabes. *Ver* muçulmanos.
Aragão, 187, 297 e 342.
    rei. *Ver* Jaime I.
Ardres, 115 e 362.
Arezzo, 140.
Argenteuil (monges de Saint-Denis), 142.
Argonne, 347.
Ariberto, arcebispo de Milão, 197.
Aristóteles, 53.
    Física, 120.
Arles, 36-7.
    reino de, 260, 345 e 373.
armamento, 78, 159, 186, 271, 302 e 305.
Armórica, 360.
    ver também Bretanha, ducado.
Arno, 48 e 358.

Arnulfo, bispo de Soissons, 138.
Arnulfo da Caríntia, rei da Germânia, 39 e 342-4.
Arnulfo de Ardres, 115.
Arnulfo de Guines, 219.
Árpád, 42.
    dinastia arpadiana, 42.
Arques (Artois), 141.
Arquibaldo (de Comborn), 145.
Arquipoeta (pseudônimo de um poeta de expressão latina), 119.
Arras. *Ver* Saint-Vaast.
Artois, 166.
Artur (da Bretanha), 145.
Artur, rei, 112.
Ases (semideuses), 345.
Ásia, 38 e 87.
    Ásia Menor, 35.
assembleias gerais, 332 e 336.
    processos de espada, 333.
Assis, 140.
Astúrias, 187, 251, 342 e 345.
Átila, 108 e 116-7.
    personagem dos *Nibelungos*, 147.
Atlântico, oceano, 28, 45, 48 e 64.
Attoni, 267.
    ver também Canossa.
Augusto, imperador romano, 108 e 353.
Austrásia, 266 e 359.
Áustria, 41, 199 e 267.
Autun, Autunois, 358-9.
Auvergne, 383.
Auxerre, Auxerrois, 210 e 376.
auxílio, 56, 138, 146, 152, 155, 162, 165, 167, 173, 213-4, 216-8, 240, 250, 265, 327, 367, 378 e 384.
Avallonais, 359.
avaros, 39 e 41.
Avesnes, senhor de, 210.
avoué (*advocatus*), 176, 247, 356, 362, 365-8 e 384.
avouerie, 247 e 365-8.
Avranches, 71.
    dioceses, 56.
Azov, mar de, 38.

Babenberg, 267.
bachelier (bacharel), 307.
Bagdá, 34.
bailios reais, 383.
baillistre, 200.
Bálcãs, 27.
Balduíno I de Boulogne, rei de Jerusalém, 99.
Balduíno II, rei de Jerusalém, 147.
Balduíno II de Guines, 120.
Balduíno IV da Flandres, 377.
Balduíno IV do Hainaut, 283.
Balduíno Braço de Ferro, conde da Flandres, 194.
Baleares, 36 e 48.
Báltico, mar, 44, 49, 52, 63-4, 76, 87 e 91.
  Países bálticos, 91.
Balzac, Honoré de, 118.
Bamberg (bispos). *Ver* Eberardo; Gunther.
ban, banalidades, 239, 241, 367, 384 e 400.
banneret, 307-8.
barão, 84, 107, 120, 128, 137, 153, 172, 208, 220, 276, 280, 307-9, 311, 314, 317, 324, 336, 338 e 369-70.
barbarescos, 48.
barbarin (moeda), 275.
Barcelona,
  condado, 211, 224 e 342.
  dinastia, 302.
  Usos de Barcelona, 216 e 307.
  ver também Catalunha.
bascos, 110 e 342.
  duques dos, 359.
  língua euscariana, 359.
Basileia, 344.
Bauermeister, 311.
Baviera, 39-40, 87, 139, 149, 252 e 360.
  bispados, 384.
  duques, 124, 182, 198, 202, 343, 353 e 384.
Bayard, cavaleiro, 293.
Bayeux, 200.
  bispo, 141, 215 e 217.
bayle, 331.
Béarn, 339.
Beaucaire, 299.

Beauce, 85.
Beaulieu, monges de, 272.
Beaumanoir, Philippe de, 128, 132, 137-8, 140, 145, 149, 182, 221, 293, 298, 302, 334 e 337.
  ver também Costumes de Beauvaisis.
Beaumont-en-Argonne, foral de, 259.
Beauvais, 269 e 373.
  bispo, 373.
  ver também Costumes de Beauvaisis.
Beda, o Venerável, santo, 67.
Bede (prece, pedido), 240.
Bedfordshire, 72.
Bédier, Joseph, 112.
Bègue, duque de, 137.
Bellême, família, 267.
  senhor de, 308.
benefício, 54, 138, 167-76, 178, 180, 191-4, 197-8, 206-9, 269, 314, 331 e 366.
Benevento, Beneventino, 35 e 188.
Benoît de Sainte-Maure, 133.
Bento, diácono, 109.
Bento, São, 267.
  ver também Milagres de São Bento; Regra de São Bento.
Beowulf, 52, 70, 161 e 219.
berberes, 27.
Berengário I, rei da Itália, 79 e 347.
Bergamo, 363.
Bernardo (de Comborn), 145.
Bernardo de Chartres, 120.
Bernardo de Claraval, santo, 105 e 294.
Bernardo de Rethel, 111.
Bernay, 270.
Bernícia, 50.
Bernier (personagem da canção *Raul de Cambrai*), 222 e 229.
Berry, 41, 90, 362-3, 376-7 e 383.
Bertran de Born, 143, 225, 273, 275, 277, 280 e 307.
Besançon,
  Pontifical de, 292.
  província eclesiástica, 295 e 343.
Bessin, 56, 68, 71 e 76.
Bèze, monges de, 259.
Bigorre, 223 e 281.

Birka (no lago Mälar), 59.
bispos, 34, 43, 52, 60, 101, 108, 165-6, 173, 223, 232, 278, 293, 309, 311, 318-9, 321-4, 329, 349, 372-3, 376-8 e 389.
    como príncipes territoriais, 364 e 368.
    nomeação, 321-2.
Bizâncio, Império Bizantino, 39, 43, 87, 275, 354, 392 e 396.
    exército, 41 e 53.
    frota, 37.
    províncias, 35 e 188.
Blois, Blésois, 144.
    conde, 130 e 381.
    ver também Eudes de Blois.
Boécio (autor de *A Consolação da Filosofia*), 50.
bol (conjunto das terras dinamarquesas), 73.
Bolonha, 119 e 130.
bondmen (homens vinculados), 255-7, 262 e 315.
Bonizo, bispo de Sutri, 294 e 368.
Bordeaux, 46, 178, 359 e 381.
    ver também Ciclo dos Lorenos.
Borgonha, 39, 56-7, 67, 79, 84, 107, 112, 114, 116, 139, 170, 193, 211, 236, 246, 249, 259, 351, 357-9, 364, 373, 383, 390 e 398.
    borgonheses, 390.
    condado. *Ver* Franco-Condado.
    ducado, 346 e 359.
    duques. *Ver* Filipe III, o Ousado; Raul.
    idioma borgonhês, 265.
    monastérios, 119.
    reino, 37, 52, 266, 343-4 e 354.
    ver também Arles, reino de.
Bornholm, 63.
Bosão, rei da Provença, Bosônidas, 143 e 344.
Bósforo, 27.
Boulainvilliers, H. de, 25-6 e 156.
Boulogne, conde de, 175.
Bourbon-l'Archambault, castelo, 363.
Bourbonnais, província, 363.
Bourbons, família, 266 e 402.
Bourges, 91.
    arcebispo. *Ver* Aimon.
    condado, 192 e 359.
    conde. *Ver* Esturmi.
Brabante, 284 e 403.
Brandemburgo, nobreza, 403.
brasões, 275, 304 e 306.
Bremen, 43.
    Arcebispado de Bremen-Hamburgo, 60-1.
    arcebispo. *Ver* Adalberto.
Breno, 270.
Brescia, abadia, 234.
Bretanha, 57, 67, 116, 170, 341 e 383.
    ducado, 346.
    duque, 309 e 369.
Brissarthe, batalha de, 194.
Bruges, 91, 278, 358 e 362.
Brunilda (personagem lendária), 117.
Bruno, bispo de Toul e, depois, papa, 322.
Brunsvique, ducado, 47 e 182.
Bucardo de Vendôme, 382.
buccellarius (soldado privado), 161, 220 e 227.
Buckinghamshire, 72.
Bulgária, 43.
    búlgaros do Baixo-Volga, 42.
Burcardo, bispo de Worms, 109 e 371.
Burg, 325.
burguesia, 28, 90, 123, 132, 138, 140, 144, 151, 188, 248, 279, 304, 318, 326, 380 e 403.
    ver também mercadores.
burgúndios, heróis, 286.
    terra, 359.

caça, 92, 219, 281-2 e 313.
Caen, 73, 76 e 220.
    concílio, 377.
Cairuão, 35.
Calábria, 35.
Camarga, 36.
Cambrai, 45.
    bispo, 373.
Campânia, 35-6.
Canção de Guilherme, 110, 113 e 273.
Canção de Rolando. *Ver* Rolando.
Canche, 65.
Canigou, abadia do, 277.
Canossa, senhores de, 358.
Cântico dos Cânticos, O, 120.
Cantuária, 130 e 389.
    arcebispos, 47, 119 e 292.
    ver também Anselmo; Estevão Langton.

Canuto, rei, 52-3, 60-1, 64, 67, 75, 86, 125, 184 e 372.
Capetíngios, 76, 112, 129, 177, 195-6, 213, 266, 298, 317, 340, 344, 351-3, 359, 377, 381-2, 384 e 393.
  ver também Robertianos; Roberto, o Forte.
captal (ou barão), 307.
Cápua, 188.
Caríntia, ducado, 198.
  ver também Arnulfo da Caríntia.
Carlenses. Ver Kerlinger.
Carlomano (filho de Carlos, o Calvo), 165.
Carlos, duque da Lorena, 351.
Carlos II, o Calvo, rei da França e Imperador do Ocidente, 46, 54, 67, 83-4, 165, 175, 183, 191-4, 198, 266, 283, 342-3, 350, 382, 391 e 403.
Carlos II, conde da Provença, 297.
Carlos III, o Gordo, imperador, 47, 54, 169, 192 e 342.
Carlos III, o Simples, rei da França, 56, 226, 269, 350-1 e 391-2.
Carlos V, 194.
Carlos VII, 155.
Carlos Magno, 39, 44, 47, 52, 110, 112, 138, 159, 163, 173, 181, 183, 191, 195, 207, 219, 241, 308, 313, 327, 331-2, 342, 357, 366, 375 e 392.
  descendência, 37, 344, 351-3, 355, 384, 389 e 391.
  lenda e tradição, 112, 114, 116, 219, 223, 355 e 369.
Carlos Martel, 28, 159, 163 e 169.
Carolíngios,
  dinastia, 37, 39, 59, 64, 110, 112, 114-5, 117, 159, 163, 169, 174, 176, 180, 191, 196, 205, 228, 231, 239, 258, 266, 292, 322, 342-4, 348, 350-2, 354, 356, 363, 369, 375, 382, 388, 390-1 e 401.
  época carolíngia, 55, 66, 154, 166, 168, 173-4, 190, 196, 232-3, 237, 244, 247, 308, 310, 332 e 391.
  esforço cultural, 95.
  Estado, 166, 175, 180, 182, 202, 215, 236, 354, 360, 365, 379 e 397-8.
  Império, 65, 83-4, 86, 95, 100, 107, 153, 187, 191-2, 194, 330, 338, 345, 354, 357, 361, 372, 380 e 390.
  influência sobre a feudalidade, 164-5, 213, 254, 258, 310, 322 e 332.
  jurisdições, 260 e 333.
  leis, 124, 164, 180, 194, 207, 222, 365-6 e 374.
  monarquia, 330 e 381.
  renascimento, 95-7, 101 e 109.
  tradição, 40, 258, 336, 367 e 382.

Cárpatos, 38-9 e 85.
Carrião, infantes de (personagens do Poema do Cid), 146.
Carta magna inglesa. Ver Magna Carta.
casamento morganático, 248, 252, 303 e 315.
Cáspio, mar, 85.
Castela, 117, 137, 149, 166, 187, 251, 342, 373 e 398.
  ver também Afonso, o Sábio.
castelania, 339, 341, 361, 363 e 383.
castelos, 279-80, 286 e 372.
Catalunha, 90, 129, 166, 187, 201, 209, 211-2, 251, 255, 294, 301 e 377-8.
  ver também Barcelona; Espanha, marcas da.
Cáucaso, 160.
Caudebec, 72.
Caux, região de, 71-3, 75-6 e 202.
Cava, abade de Santa Trinità della, 299.
cavalaria (*cavalerie*), 159, 185, 271, 298 e 375.
cavalaria (*chevalerie*), 36, 118, 146-7, 188, 227, 271, 278, 284-5, 289-301, 303, 310-1, 316-8, 385, 392, 401-2.
cavaleiros errantes, 275.
Cavaliacus (propriedade), 175.
Cazar, Estado, 38 e 42.
celtas, 27, 63, 68, 152, 162, 236, 341 e 360.
  tradições célticas, 119 e 231.
censuais, 172, 237, 241-2, 246, 254, 258 e 260-1.
centena, 281, 331 e 337-9.
ceorl (homem livre), 271.
César, Júlio, 108, 162 e 390.
Cesário de Arles, santo, 330.
Chalon-sur-Saône, 342.
cham (povo asiático), 80.
Champanhe, 84, 91, 132, 288, 297 e 383.
  conde, 120 e 359.
    ver também Henrique, o Liberal.
  condessa, 94.
Charente, 46.
Charroux, Concílio de, 373-4.
Chartres, 45, 56, 119-20, 144 e 284.
  abadia de Saint-Pierre, 312.
  bispos. Ver Fulberto; Ivo.
  catedral, 295.
Cher, 375.

Chester, 50 e 65.
    bispo, 308.
    condado, 387.
chevage (tributo), 245-8, 252-3 e 255.
China, 394, 399 e 402.
Chipre, 118 e 303.
Chrétien de Troyes, 121, 294-5 e 307.
Ciclo dos Lorenos (poema épico), 113 e 393.
Cid, O, 99, 117 e 272.
Cid, Poema do, 117, 146, 236, 272 e 308.
cidade (sentido da palavra), 325-6.
Cinco Burgos, 70 e 75-6.
Cinevulfo, 225.
Cítia, 43.
Clary, Roberto de, 120 e 308.
Clermont-Ferrand, 46.
    Concílio de, 211.
clientela, 157.
Clontarf, batalha de, 68.
Clóvis, 162, 181 e 346.
Cluny, abadia, 84-5, 106, 249, 320, 349, 359 e 373.
    abades. *Ver* Eudes; Maïeul.
Coblença, 344.
Codalet em Conflent, foral de, 261.
colaterais, direito dos, 352.
collibertus. *Ver* culverts.
Colônia, 46, 60, 116 e 344.
    arcebispos. *Ver* Anno; Reinaldo de Dassel.
colonos, 49, 71-2, 74, 78, 188, 243 e 248.
Colunas de Hércules, 27.
Comborn, viscondado, 145.
Commynes, Ph. de, 100 e 220.
Compiègne, sínodo de, 220.
Compostela, arcebispo. *Ver* Diego Gelmirez.
comtors (condes provençais), 309.
Comunas da Terra, 306.
Comuns, Câmara dos, 339.
condados ingleses. *Ver* shire.
conde palatino, 359.
condes, jurisdição, poder e título, 57, 143, 165, 192, 239, 306, 310, 334, 357, 361, 363-4, 377, 381-2, 384-5 e 387.
Confissões, de Guiberto de Nogent, 119.
Conon de Lausanne, 380.

Conrado, arcebispo de Salzburgo, 173.
Conrado I, 353.
Conrado II, 52, 84, 99, 107, 109, 197-8, 228, 355 e 370.
Conrado III, 354.
Conrado IV, 299.
Consolação da Filosofia, A, de Boécio, 50.
Constantino I, o Grande, 355.
    pseudo-*Doação*, 109 e 355.
Constantinopla, 35, 38, 43, 53, 61, 63, 86-7, 119 e 199.
    ver também Bizâncio.
Contrarreforma, 101.
contrato, 402.
conversus, 99.
Corbeil, 382.
Corbie, monastério, 174.
Córdoba, califado, 34-5 e 37.
Cork, 49
Cornélio, 270.
Cornigliano, 270.
Coroamento de Luís (gesta), 113 e 127.
Corte baronal, 337.
corte costumeira, 337.
corte real francesa. *Ver* Parlamento francês.
Cortès espanhóis, 403.
cortesia, 284-6 e 295.
    gente cortês, 294.
    ver também amor cortês.
costumes, carta de, 260-1.
Costumes de Beauvaisis, de Beaumanoir, 132.
Courtrai, batalha de, 297 e 300.
Coutances, diocese, 57.
Cremilda (personagem dos *Nibelungos*), 147.
criados, 187-8.
croça, 320 e 322-3.
Crônica Universal saxônica, 120.
cruzadas, 64, 107, 115, 274-5, 308, 370 e 392-3.
culverts, collibertus, 247-8 e 252.
Cumberland, 70.
Cunauld, perto de Saumur, 48.
cura de doenças pelos reis, 346 e 352.

Danegeld, 388.
Danelaw, 73-4.

Danúbio, 38-40, 42-3, 68, 78 e 87.
Davi, rei, 345.
Dee, rio, 76.
Dées (no lago de Grandlieu), 48.
Defeux, L., 139.
Deira (região anglo-saxã), 50 e 70.
Delfinado, 403.
delle (*dale*), 73.
Demanda do Santo Graal (poema), 288.
demeines (magnatas), 308.
Déols, senhor de, 375.
Derby, 70.
derrogação, 304.
desafio, recusa de fé, 222.
Deslandes, capitão, 402.
deutsch (origem da palavra), 391.
devastação (dos campos), 277.
devoção. *Ver* oração, rito da.
Diego Gelmirez, arcebispo de Compostela, 373.
Dienstmänner, 312 e 316-7.
  ver também sargentos.
Dijon, 358.
Dinamarca, 48, 51-4, 60-1, 64, 73 e 76.
Dithmarschen, 147, 150 e 235-6.
divisão do reino, 349.
dízimo de cruzada, 173, 212 e 229.
Dniepre, 38, 40 e 87.
doenças. *Ver* cura de doenças pelos reis.
Dol-de-Bretagne, 381.
Domesday Book, 186 e 234.
domiciliação, domiciliar, 168, 172-3, 175, 190, 312 e 397.
Doon, cônego de Saint-Quentin, 55 e 63.
Doon de Mayence (poema), 224.
Douro, 35.
Dranse (Valais), 37.
dreng, 73 e 179.
Dublin, 49.
  rei dinamarquês de, 68.
duelo judiciário, 54, 94, 129, 131, 137, 329 e 335.
Dulcineia (personagem de Cervantes), 225 e 286.
Duques da Normandia, História dos, de Benoît de Sainte-Maure, 113.

Durand, carpinteiro, 376.
Durando, bispo de Mende. *Ver* Guilherme Durando.
Durham, principado eclesiástico, 387.
Duurstede, 54, 59 e 65.

earls (ou *jarls*), 51, 68, 70, 72, 193 e 387.
Ebbo, arcebispo de Reims, 45.
Eberardo, bispo de Bamberg, 225.
Eble de Comborn, 146.
Ebro, 35 e 342.
edel, edelinge. *Ver* nobre.
Edgar, rei do Wessex, 72 e 77.
Edimburgo, 68.
Edite, rainha do Wessex, 389.
Eduardo, o Confessor, 53, 64 e 186.
Eduardo, o Mártir, rei da Inglaterra, 347.
Egito, 87 e 147.
Eike von Repgow, 253.
  ver também *Espelho dos Saxões*.
Einhard (ou Eginhart), 172.
Elba, 28, 39, 43-4, 87, 90, 181, 192, 232, 235, 252, 384 e 390.
eleição real, 348, 352-3 e 360.
Ely, cronista de, 174.
emancipação, 151, 244-6, 252 e 315.
Encapuzados do Puy, 376.
Enns, 39 e 41.
eorl, 271.
epidemias, 41 e 93.
epopeia, 81, 109-10, 112-5, 117, 121, 137, 139, 148, 195, 223, 226, 229, 272-3, 277, 280, 286, 288, 308, 320, 352 e 384.
Epte, 56.
Erec, de Chrétien de Troyes, 307.
Ermentário, monge, 78.
Ernaldo de Douai, 111.
Ernesto, *Lied* do duque, 117.
Escalda, 45, 55, 64, 79 e 342.
Escandinávia, escandinavos, 34, 36, 43-54, 58-69, 74, 76, 91, 116, 128, 158, 179, 219, 236 e 396.
Escânia, 44 e 61.
Escócia, 49, 63, 68 e 341.

escudeiro, 301.

Escudos, Ordem dos, 310.

eslavos, 27, 43, 52, 64, 182, 253 e 397.

Espanha, 35-6, 38, 48, 57, 77, 84, 87, 99, 104, 119, 125, 141, 151, 160, 163-4, 187, 216, 246, 251, 260, 274-5, 299, 354 e 398.
   cruzada, 274.
   marcas da, 187, 342 e 373.

Espelho dos Saxões (coletânea de costumes de Eike von Repgow), 132, 141, 172, 217, 253 e 403.

Espinosa, tradutor de, 25.

Espira, 342 e 363.

Espoleto (duques), 342.
   ver também Guido.

Essex, 69.

Estados Gerais e Provinciais, 383.

Estados normandos da Itália do Sul, 35, 132, 275 e 321.
   ver também Sicília.

Estêvão, rei da Inglaterra, 146 e 388.

Estêvão I (santo), rei da Hungria (Vaïk), 42-3.

Estêvão Harding, santo, 84.

Estêvão Langton, arcebispo da Cantuária, 123.

Estêvão Marcel, 300.

Estônia, 52.

estradas, 90.

Estrasburgo, bispo, 299.
   Juramentos, 283 e 403.

estribo, 160 e 272.

Esturmi, conde de Bourges, personagem da *Canção de Guilherme*, 110.

Etelredo, rei da Inglaterra, 51.

Etelstano, rei da Inglaterra, 183, 186 e 219.

Etelvulfo, rei da Inglaterra, 66.

Eudes (santo), abade de Cluny, 84.

Eudes, rei da França, 56-7, 194, 342, 350-1 e 390.

Eudes de Blois, 381 e 383.

Eufrates, 27.

Eure, 45.

Europa (sentido da palavra), 27.

Eusébio de Cesareia, 106.

Eva (a primeira mulher), 288.

Evreux, 56.

faide (vingança), 138-42, 147, 150, 152, 219, 371, 374 e 376.

Falaise, 220.

farae (*gentes*), 147.

Faroé, ilhas, 49.

Faso (rio do Cáucaso), 27.

fatímidas, califas, 35.

Feitos dos Romanos, Os, 120.

felonia, 209, 212 e 222.

Fénelon, 25.

feodum, feos. Ver feudo.

ferradura, 160.

Ferté-sur-Aube, senhores de La, 57.

Fésulas, 48.

feu (palavra provençal). *Ver* feudo.

feudo (sentido da palavra), 163-72, 175-9 e 189.
   transcrições latinas, 98.

fidalgo, 281, 289, 296, 302, 304, 306-7 e 402.

Filipe I, 93, 317 e 346.

Filipe III, o Ousado, 248, 299 e 401.

Filipe IV, o Belo, 99, 142, 226, 299-300 e 302.

Filipe VI, de Valois, 222.

Filipe Augusto, 131-2, 173, 177, 204-5, 212, 220, 222, 241, 284, 294, 302, 348, 370, 380, 383 e 385.

Filipe da Alsácia, conde da Flandres, 219 e 369.

finlandeses, 52 e 64.

Física, A, de Aristóteles, 120.

Flach, J., 394.

Flandres, 49, 78, 82, 87, 91, 127, 137-8, 141, 145, 176, 194, 210, 214, 219, 224, 275, 284, 288, 299, 301, 308, 339, 358, 363, 369, 373, 377, 384 e 401.
   cavalaria, 284 e 359n339.
   condes. *Ver* Balduíno IV da Flandres; Filipe da Alsácia.

Fleury-sur-Loire, 45.
   ver também Abão de Fleury.

Flodoardo, cronista, 41, 55-6 e 66.
   ver também História da Igreja de Reims.

Floovant (canção), 112 e 117.

Florença, 299.

Folembray, 191.

fome, 93.

Fontaine-lès-Dijon, senhor de, 105.

Forez, 213, 234, 236 e 251.

forjurement, 150.
fosterage, 219.
Fouquet, Nicolas, 402.
França,
    ducado, 359.
    origem do nome nacional, 390-1.
Francisco de Assis, santo, 140.
franco livre, 156, 172 e 242-3.
Franco-Condado ou Condado da Borgonha, 211 e 359.
Francônia, França Oriental, 252, 266, 342, 360-1, 364 e 391.
francos, nobreza entre os, 266.
frankpledge (caução), 255-6 e 379.
franquia, carta de. *Ver* costumes, carta de.
Frederico Barba-Ruiva, 123, 130, 202, 218, 222, 271, 297, 299, 317, 350, 356, 369 e 384-6.
freeman, 306.
Freinet, 36-7, 65, 77 e 79.
Fréjus, 36.
frérèche, 142.
Frísia, 54, 62, 77, 139, 141, 147, 150, 235-6, 239, 252 e 398.
    lei, 58.
Frisinga, bispo. *Ver* Otão.
Friul, 192.
    marquês, 343.
Frode (ou Frothi), rei lendário, 388.
fueros, 260.
Fulberto, bispo de Chartres, 86, 214 e 221.
Fulco, arcebispo de Reims, 349.
Fulco Nerra, 145 e 195.
Fulco Réchin, conde de Anjou, 107 e 145.
Fulda. *Ver Anais de Fulda*.
Fürsten. *Ver* príncipes (na Alemanha).
Fustel de Coulanges, 389.

Gaeta, 35, 79, 349 e 357.
Gales, País de, 341.
Gália, 27, 34, 39, 44, 49, 52, 55, 67, 69, 75, 77, 84, 125, 155-8, 160-2, 168, 170, 174, 179, 183-5, 211, 219, 223, 231, 266, 279, 330 e 401.
    sentido da palavra, 390.
Galícia, 35, 86, 113 e 187.

Gand, 137 e 278.
    abadia de Saint-Pierre, 248.
Ganelão, 112, 118 e 137.
Garde-Freinet, La. *Ver* Freinet.
Garde-Guérin, La, 301.
Garin, o Loreno (personagem de epopeia), 147 e 320.
Garnier de Nanteuil (personagem lendário), 219.
Garona, 179.
Gasconha, gascões, 178, 359 e 395.
gasindus, gesith, gisind (companheiro), 161, 180 e 183.
Gau (distrito), 363.
Gaydon (poema), 307.
Gembloux. *Ver* Sigeberto.
Geminiano, santo, 67.
genealogiae alamanas e bávaras, 147.
geneat (companheiro de alimento), 183-5.
Gênova, 38.
Gerberto de Aurillac, futuro papa Silvestre II, 84, 99, 181, 351-2 e 389.
Gerhoh de Reichersberg, 122.
Germânia, 39, 59, 61, 82, 125, 130, 148, 150, 156-8, 161-2, 180, 196, 219, 235, 241, 245, 270, 339, 345, 349, 351-2, 354, 356 e 390.
germânicos, 25, 27, 44, 59, 61, 63, 116, 123, 147, 160, 169, 236, 265 e 290.
    costumes, 151.
    direitos, 215 e 245.
    idiomas, 47n14, 96 e 157.
gesithcund (vassalo), 271.
Gesta Dei per Francos, 393.
    ver também Guiberto de Nogent.
Gévaudan, 143.
Gien, 204.
Gilberto ou Gisleberto de Mons, 176 e 271.
Gilles d'Orval, 108.
Girardo (personagem da *Canção de Guilherme*), 274.
Girardo de Rossilhão, canção de, 112, 141, 223, 276-7, 286 e 297.
Giroie, família, 139 e 151.
Glanvill. *Ver* Ranulfo de Glanvill.
Gobineau, A. de, 25.

Godofredo da Lorena, duque, 114 e 197.
Godofredo de Bulhão, 392.
Godofredo de Preuilly, 282.
Godofredo Martel, 145 e 195.
Godofredo, o Belo, conde de Anjou, 120.
godos, 44n9, 160 e 342.
Gogue e Magogue (Antigo Testamento), 79.
Gokstad, 45.
Gormo, rei *viking*, 110.
Gormo e Isembardo (canção), 110, 112 e 118.
Goslar, 84.
Gotas, povo, 44, 51-2 e 62.
gótica, arte, 119.
Gotlândia, 44.
Gournay, 283.
Graal. *Ver Demanda do Santo Graal*.
Grã-Bretanha, 48, 50-2, 60, 71-2, 76, 87, 95, 182 e 239.
    ver também Inglaterra.
Grande São Bernardo, passo do Grande, 37.
Grandlieu, lago de, 48.
Grécia, gregos, 35, 40, 62, 95 e 106.
    marinha grega, 37 e 77.
Grego, Império. *Ver Bizâncio, Império Bizantino*.
Gregório VII, papa, 84, 121, 318, 354, 378 e 385.
    ver também reforma gregoriana.
Gregório de Tours, 62, 106 e 161.
Gregório, o Grande, santo, 59, 66 e 116.
    ver também *Regra Pastoral, A*.
Grésivaudan, 36.
Groenlândia, 45 e 48.
guarda nobre, 303.
Gudmar, conquistador sueco, 75.
Guelfos, 120, 181, 266 e 344.
    ver também Rodolfo I.
Guérard, B., 394.
Guerra Santa. *Ver cruzadas*.
Guiberto de Nogent, abade, 108, 119, 326 e 393.
Guibourc, dama, 110.
    personagem da *Canção de Guilherme*, 274.
Guido, bispo do Puy, 374.
Guido de Espoleto, rei da Itália, 342.
Guido de Mauvoisin, 137.
Guiena, 178.

guildas, 327, 375 e 378.
Guilherme (personagem de epopeia).
    Ver Canção de Guilherme.
Guilherme, conde da Provença, 37 e 110.
Guilherme III, duque da Aquitânia, 99.
Guilherme IX, duque da Aquitânia, 285-6.
Guilherme de Orange, 138.
Guilherme Durando, bispo de Mende, 212, 293 e 295.
Guilherme Espada-Longa, 68.
Guilherme, o Conquistador, ou Guilherme, o Bastardo, 53, 64, 67, 74, 76, 85, 95, 99, 107, 140, 150, 173, 208, 254, 274, 276, 292, 372 e 386-9.
Guilherme, o Marechal, cavaleiro, 277 e 286.
Guilherme, o Pio, duque da Aquitânia, 359.
Guines, conde de, 176 e 282.
Guizot, F., 156 e 347.
Gundolf, 270.
Gundolfsheim, 270.
Gunther, bispo de Bamberg, 116.
Gunzo de Novare, 96n64.

Hacket, senhor de Poperinge, 175.
Hacquenville (terra do senhor Hakon), 72.
Haganon, conselheiro de Carlos, o Simples, 269.
Haia, Fragmento de (epopeia), 110 e 112.
Hainaut, 94, 139, 170, 176, 210, 224, 284 e 301.
    condes, 150 e 283.
    ver também Balduíno IV do Hainaut.
Hakon, 72.
Hamburgo, 60.
    arcebispo. *Ver Adalberto*.
Hanôver, 182.
Harald, rei da Noruega. *Ver Haroldo*.
Harding. *Ver Estevão Harding*.
Hariulfo, cronista, 112.
Haroldo, rei da Inglaterra, 53.
Haroldo Conselheiro Severo, rei da Noruega, 53, 64 e 219.
Hartmann von Aue, 273n246.
Harz, 84.
Hastein, 72.
Hastings, batalha de, 53, 95, 116, 185 e 255.

Hattentot (Caux), 72.
Hébridas, ilhas, 49, 64 e 75.
Heliand (velho poema anglo-saxão), 171n160 e 392n372.
Helmoldo (autor da *Chronica Slavorum*), 103.
Henrique, rei da Inglaterra, filho de Henrique II, 283.
Henrique I, rei da França, 93 e 383.
Henrique I, rei da Germânia, 182, 384-5 e 392.
Henrique I, rei da Inglaterra, 220, 346, 372n354 e 389.
Henrique II, imperador, 348-9 e 368-9.
Henrique II, rei da Inglaterra, 118, 126, 132, 145, 283, 305, 337, 369, 380 e 387-8.
Henrique III, imperador, 99 e 109.
Henrique III, rei da Inglaterra, 305.
Henrique IV, imperador, 106-7, 160, 198, 277, 346, 353, 378 e 385.
Henrique V, imperador, 198.
Henrique VI, imperador, 198-9.
Henrique, o Leão, duque da Baviera e da Saxônia, 182, 222, 353 e 385.
Henrique, o Liberal, conde de Champanhe, 120.
Herberto de Vermandois, 111, 139 e 226.
herr (senhor), 227.
Herroi, senhor de Poperinge, 175-6.
Hervé *le Francopoule*, 275.
hide (unidade agrária), 74.
História da Igreja de Reims, de Flodoardo, 56.
hlafoetan (comedores de pão), 184 e 227.
hlaford. Ver lord.
höflich (cortês), 284.
Hohenstaufen. *Ver* Staufen.
Holanda, 198.
homenagem (sentido da palavra), 154-5, 166-7, 180-1, 221, 400 e 402.
honra (sentido da palavra), 178, 191-3, 306, 310, 336 e 361.
Hora, cálculo da, 94.
housecarl (rapaz da casa), 184.
Hugo, filho de Lotário, 192.
Hugo Capeto, 190, 208, 225, 305-2 e 381-2.
Hugo de Arles, rei da Provença e, depois, da Itália, 37 e 344.

Hugo, o Grande, 351 e 359.
Hulde (fé), 154.
Humber, rio, 50 e 53.
hundert (sentido da palavra), 332.
Hungria, húngaros, 28, 34, 38-43, 61, 67-8, 77-80, 87, 182, 279, 362 e 403.
origem do nome, 38.
hunos, 38 e 108.
Huon de Bordeaux (poema), 111n77 e 277.
Huy, foral de, 108.

Ibelin, família, 151 e 224.
Ibn-Khaldoun, 78.
idiota, 99.
Île-de-France, 82, 136, 203, 208, 210, 240, 258, 317, 382 e 385.
Imperador (título fora da Alemanha), 354.
Império Romano-Germânico, 299 e 354.
imune, imunidade, 330-4 e 384.
Incmaro, arcebispo de Reims, 127 e 191.
Indochina, 80.
Indre, 65.
Inglaterra, 46, 47n14, 50-4, 57, 64, 66-76, 77n48, 79, 95, 132, 146, 150, 192, 199, 207, 211, 224, 239, 241, 252, 260, 266, 341, 346-7, 350, 354, 360, 372, 387-9 e 397-401.
anglo-saxônica, 50, 95, 124, 145, 183, 185-7, 236, 255, 341, 387 e 399.
caça, 282.
castelos, 279.
cavalaria, nobreza, 83, 232, 236, 290, 292-4, 297, 304-6 e 309-11.
economia, 91.
ensino, literatura, 95 e 112.
feudalidade, 145, 158, 172-3, 183, 185-6, 188-9, 196, 199-200, 206, 212-3, 219, 224-5, 254-6, 258, 280-1, 290, 292 e 348.
igreja, 59, 319 e 367.
justiça, legislação, 124, 126, 131, 140, 145, 196, 199-200, 203, 205, 216-7, 220-1, 225, 232 e 281.
língua, 112.
nacionalidade, 389.
paz, instituições de, 373 e 378-9.
realeza, 177, 204, 345-8, 372, 380, 383 e 386-9.
regime senhorial, 236, 239-40, 254-7, 260 e 280.
torneios, 283.
ver também Grã-Bretanha.

Ingo, rei da Suécia, 61.
investidura, 176, 178, 196, 201, 203-4, 206, 212, 228, 230, 310, 322-3, 359, 367 e 384.
Irlanda, 47, 49-50, 72, 76, 219 e 398.
Irnério, 130.
Isembardo (personagem da *Canção de Guilherme*), 110.
Isidoro de Sevilha, 109.
Islã, 27-8, 34-5, 82, 95, 110, 159, 275 e 347.
  ver também muçulmanos.
Islândia, islandeses, 48-50, 59, 61-2, 64, 179 e 267.
  escola islandesa, 108.
Issoudun, 363.
Itália, 34-5, 37-8, 41, 84, 100, 193, 196, 275 e 317, 321n321, 344, 355, 357, 360, 365, 373, 378 e 398.
  cavalaria, nobreza, 99, 117, 268, 278, 284-5 e 298-9.
  cidades, 132, 260 e 384.
  economia, moeda, 91, 172, 234 e 241.
  ensino, 124 e 130.
  feudalidade, 145, 151, 176n167, 177, 179-81, 189, 197, 200, 211, 217, 222, 228, 231 e 251.
  justiça, legislação, 124, 126, 129, 225 e 339.
  monastérios, 39.
  poesia, 117.
  principados, 180 e 188.
  reino, 37, 52, 79, 180, 266, 343, 347, 351, 354, 390 e 392.
Ivo, bispo de Chartres, 208, 348 e 352.
Ivrea, marqueses da Ivrea e, em seguida, reis da Itália, 266 e 343.

jacquerie, 300.
Jaime I, de Aragão, 297.
Japão, 80, 207, 209, 221, 347, 399-400 e 403.
Jaufré Rudel, 287.
Jerônimo, santo, 106.
Jerusalém, 132n108 e 213.
  compilação de costumes, 224.
  reis. *Ver* Balduíno I; Balduíno II.
Joana d'Arc, 148 e 376.
João, marechal da Inglaterra, 146-7.
João de Salisbury, 293.
João Sem-Terra, 123, 222 e 321n321.
Joinville, João de, 137, 147, 177 e 226.
Jordanès, 345.

José II, imperador, 194.
Judite, O Livro de (do Antigo Testamento), 53.
Jura, 343.
  da Suábia, 339.
Jurados do Puy, 376.
Juramentos de Estrasburgo, 283 e 403.
justiça fundiária, 335.
justicia, 329.
Justiniano, imperador do Oriente, 35.
  Código, 131.
Jutlândia, 44, 59 e 63.

Kempten, monges de, 269.
Kent, 49, 77n48 e 338.
Kerlinger (ou *Carlenses*), habitantes do reino de Carlos, o Calvo, 382 e 391.
khmers, 80.
Kiev, 40, 49 e 87.
knight (inglês), *knecht* (alemão), 184-5 e 227.
Kortenberg, foral, 403.

laen (empréstimo), 186.
Lagny, 248.
Lamberto, monge de Hersfeld, 87 e 106.
Lamberto de Ardres, 280.
Lancashire, 70.
Lancaster, dinastia, 401.
Lancelot (romance), 286n270, 294 e 296.
Landrecht (direito geral do país), 182, 189 e 202.
Langres, 363-4.
Languedoc, 91, 170, 211, 278, 321n321, 375-8, 383, 392 e 403.
Laon, 115.
  conde e bispo, 334 e 351.
Laten (emancipados), 252.
latifundia, 232 e 244.
Leão (Espanha), 187, 251, 342, 354, 373, 395 e 398.
Leão IX, papa. *Ver* Bruno.
Leão, o Sábio, imperador, 42.
Lech, 40.
Lechfeld, batalha de, 41.
Lehn (sentido da palavra), 98, 171-2 e 187.
Lehnrecht (direito dos feudos), 182, 189 e 202.

Lehnwesen, 26.
Leibeigen, 254.
Leicester, 70 e 73.
Leis de Alfredo (compilação de costumes anglo-saxões), 225.
Leis de Henrique I (compilação de costumes ingleses), 224.
Leitha, 41.
Lérins, 38.
Letônia, letões, 64.
Levante, 27, 87 e 91.
liberalidade, 288.
Liberdade, noção de, 156, 167, 181, 246-7, 251-3, 306, 315, 317, 330, 332, 334, 336 e 339.
Liberdade eclesiástica, 320, 326 e 365.
librés (tropas de guerreiros privados), 401.
Libri Feudorum (*Livro dos feudos*), 180, 211 e 225.
Liège, 85, 96, 172 e 378.
    história dos bispos, 108.
    ver também Notker.
lígia (sentido da palavra), 210-3.
Lille, 149.
Limerick, 49.
Limoges,
    Concílio de, 101 e 224.
    cônegos, 175.
    moeda. *Ver barbarin.*
    viscondessa, 68.
Limosino, 82, 289 e 313.
    diplomas, 175.
Lincoln, Lincolnshire, 70.
Lindisfarne, 77 e 79.
Lisois, senhor de Amboise, 148.
Liudolfingos (duques da Saxônia), 266.
Liudprand, bispo de Cremona, 355n336.
Livro dos feudos. Ver Libri Feudorum.
Loire, 39, 45-6, 48, 55, 57, 64-5, 90, 141, 194, 204, 211, 236, 288, 317, 336, 351, 357, 359, 369, 381-2, 391 e 398.
Lombardia, 82, 91 e 180.
    bispo, 392.
    direito, 130, 199, 208 e 292.
    língua, 180.
    reis, 37, 117, 132 e 343-4.
    ver também Itália.

Londe, floresta, 71.
Londres, 46, 50, 67, 95, 137 e 378.
Lorch, 43.
lord (sentido da palavra), 184 e 227.
Lorena, 39, 233, 258-9, 351, 359-60, 364, 373, 378 e 391.
    duque da Baixa Lorena, 351 e 361.
    duques. *Ver* Carlos; Godofredo da Lorena.
    rei Lotário II. *Ver* Lotaríngia.
Lorenos, vinganças contra os bordeleses, 139.
    ver também Ciclo dos Lorenos.
Lorris, foral de, 259.
Lotaríngia, 220-1, 241, 260, 316, 344, 354, 366, 378, 382 e 392.
    ver também Lorena.
Lotário I, 343-4.
Lotário II, rei da Lorena, 46, 343 e 391.
Lotário III, imperador, 314.
Lothian, 341.
Lothier (título ducal da Baixa Lorena), 361.
Loup de Ferrières, 191.
Lovaina, 361.
Lubeck, 278.
Lucca, 66, 180 e 267.
Luís II, imperador, 292.
Luís II, o Gago, rei da França, 193.
Luís III, 79 e 110.
Luís IV, de Além-mar, 200 e 350-1.
Luís V, 350.
Luís VI, o Gordo, 90, 93, 105, 250, 291, 345, 352, 367, 377 e 393.
Luís VII, o Jovem, 248.
Luís VIII, 383.
Luís IX ou São Luís, 132, 139, 141, 177, 208, 212, 237, 241, 248, 277-8, 284, 293, 295, 297-8, 324, 342, 372 e 380.
    Coroamento, 113n80.
Luís XI, 301 e 401.
Luís XIV, 301 e 400.
Luís, o Cego, rei da Provença, 345.
Luís, o Germânico, 223, 266, 283 e 342-3.
Luís, o Pio, imperador, 54, 59, 63, 66, 107, 124, 165, 168, 172, 183n174, 191-2, 266, 269, 343, 354, 357 e 392.
Lúlio, Raimundo, 289, 294, 296-7 e 319.

Lund, 61.
Luneburgo, 182.
   abadia de São Miguel, 314.
Lusácia, 84 e 198.
Lyon, 125.

Macedônia, 27.
   dinastia, 34-5.
Maciço Central, 48, 359 e 377.
Mâconnais, 342.
Magdeburgo, 43.
Magna Carta, 194, 205, 383 e 403.
magnatas, 53, 96, 196, 228, 232, 266, 269, 280, 309, 311, 316, 331, 336, 338, 348, 353-4, 357, 360, 362, 364, 377, 383, 388 e 397.
Magno, o Bom, rei da Noruega, 61.
Magogue. *Ver* Gogue.
Magrebe, 36, 38 e 91.
Maïeul (santo), abade de Cluny, 37.
Maillezais, 171.
maimbour, 157, 163, 165, 246 e 335.
Maine (condado do Mans), 56n20.
Mainz (Mogúncia), 292 e 342.
   abadia de Santo Albano, 292.
maires, 172, 312-3, 315 e 336.
Maitland, F. W., 29.
Mälar, lago, 44.
Maldon, batalha de, 69.
Man, ilha de, 49.
Manassé, arcebispo de Reims, 320.
Mancha, 47, 50, 53, 57, 71, 125, 182 e 188-9.
mancipia, 244.
maniqueísmo, 101 e 121.
Mans, Le, 376.
   condado, 209.
   ver também Maine.
Mansurá, batalha de, 137 e 285.
manumissão, 245-7.
manutenção, 401.
mão-morta, 203, 248, 315, 317n312 e 400.
Maquiavel, 100.
mar da Irlanda, 50 e 72.
mar do Norte, 52-4, 58, 77, 147, 152, 235 e 384.
mar Negro, 42, 87 e 160.

mar Tirreno, 28 e 35.
marechal, 314 e 317.
Marignan, batalha de, 293.
Markward de Anweiler, senescal, 317.
Marmoutier, abadia, 252.
Marrocos, 47.
Marselha, 37-8.
Martigny-sur-Loire, 65.
Maurille, arcebispo de Rouen, 85.
Mauritânia, 78.
Meaux, 383.
Mediterrâneo, mediterrâneos, 27, 36, 38, 48, 63, 77, 87, 90, 279 e 344.
Meissen, marca de, 198.
Meissner, O (Heinrich von Meissen) [poeta alemão], 294.
Melun, 225 e 381-2.
Mende, bispo. *Ver* Guilherme Durando.
menestréis, 111-5, 117, 120, 139, 285 e 288.
Meno, 360 e 391.
mercadores, 36, 46, 49, 52, 65, 73, 84-5, 87, 92, 114, 117, 131, 137, 259, 277, 298, 325, 327, 335 e 373.
   ver também burguesia.
Mércia, 50, 67 e 70.
   rei, 47 e 354.
Méréville, senhores de, 85.
Merovíngios, 71, 99, 117, 155-7, 161, 164, 192, 265, 331, 352, 367 e 401.
   Estado, 63.
Merseburgo, condado, 192.
   bispo. *Ver* Thietmaro.
Mersen, Convenções de, 183n174.
Messay-en-Poitou, 48.
Metz. *Ver* Saint-Arnoul.
Meurthe, rio, 39.
México, 232.
mil, ano, 103.
Milagres de São Bento, Os, 279.
Milão, 196.
   arcebispo. *Ver* Ariberto.
miles (soldado), 167.
   agrarii milites, 182 e 185.
ministeriais. *Ver* sargentos.

Minnesang, 282, 288 e 294.
Mistral, Fr., 178.
Mjösen, lago, 51.
Modena, 67.
Molesmes, abadia, 84.
monaquismo, 84 e 121.
    renovação, 319.
Mongólia, mongóis, 42, 78 e 80.
Mons, Hainaut, 94.
Mons-en-Pevèle, batalha de, 299.
Mont-Loon. *Ver* Laon.
Montbrison, hospitalários, 234.
Montchauvet, Costumes de, 250n231.
Monte Argento, 35-6 e 79.
Monte Cenis, 114.
Monte Saint-Michel, abadia do, 308.
Montesquieu, 25-6, 190, 384 e 394.
Montfort l'Amaury, senhor de, 250 e 293.
Montmorency, senhor de, 142.
Montpellier, 130.
Morava, 41.
Morávia, morávios, 39, 41 e 43.
Morigny, abade de, 211.
Morville-sur-Nied, 259.
Mosa, rio, 181, 342, 344, 384 e 390.
    marcas do Mosa, 347.
    região, 211, 236, 284, 288, 292, 382 e 391.
Mosela, 65.
mouros. *Ver* muçulmanos.
muçulmanos, 27, 34-5, 38, 65, 110, 159, 188 e 342.
    Espanha muçulmana, 77, 87, 246 e 274.
    frota árabe, 48.
    literatura árabe, 119.
    moedas de ouro árabes, 87-8.
Muntmen (recomendados), 254.
Mur, rio, 41.

Namurois, 211.
Nantes, 46, 54, 57 e 360.
Nápoles, 357.
Narbona, 372 e 381.
    Concílio de, 374.
nativi. *Ver niefs*.

Navarra, 342.
Nêustria, neustrianos, 47, 179, 194, 342, 359, 386, 388 e 390.
Nevers, condes de, 299.
Nibelungos, 117, 147, 274 e 286.
Nicolau I, czar, 164.
Nidaros. *Ver* Trondhjem.
niefs (*nativi*), 255.
Nîmes (região), 40-1.
Nive (dama), 250.
Nivernais, 383.
nobiles, ignobiles, 265 e 303n300.
nobre, *adelenc* (franco-borgonhês), *aetheling* (inglês), *edelinge* (alemão antigo), 265-6.
Nogi, marechal japonês, 207.
Noirmoutier. *Ver* Saint-Philibert.
Norberto, santo, 103.
Norfolk, 338.
Normandia, normandos, 35, 45, 54-8, 63, 68-9, 71-7, 85, 110, 132, 137, 139-40, 149, 151, 179, 188-9, 199-200, 203, 211, 215, 251, 256, 275, 291, 301, 305, 339, 345, 360, 362, 373, 377, 383, 385, 389 e 397-8.
    dialeto românico, 69.
    duques, 53-4, 113, 118, 124, 188 e 377.
    invasões normandas, 41, 44-7, 49-50, 61, 64, 71, 77-9, 95, 116, 125, 150, 183-5, 188, 234, 239-40, 255, 279, 338, 341-2, 348, 362, 379 e 398.
    ver também Rolão (1º duque da Normandia); vikings.
Normando (sentido da palavra), 44.
Nortúmbria, 47, 52, 67-9 e 77.
Noruega, noruegueses, 44-5, 49, 51-3, 57, 59-61, 64, 75-6 e 219.
Notker, bispo de Liège, 96.
Nottingham, 70.
Novalesa, monastério de, 36 e 114.
Novgorod, 53 e 91.
Noyon, 350.
    bispado de Noyon-Tournai, 377 e 381.

Ocidental, Gotlândia, 44.
Oeste, Baixas Marcas do, 383.
Ogier (herói de epopeia), 229.
Oise, 90.

Olavo, santo, 57 e 61.
    lenda, 64.
Olavo Tryggvason, rei da Noruega, 51 e 68.
Oliveiros (personagem da *Canção de Guilherme*), 110, 118 e 274.
Oppenheim (cartas reais), 301.
oração, rito da, 225.
Órcades, ilhas, 49.
Ordene de Chevalerie, L' (poema), 295.
Orderico Vital, 362 e 372.
ordo (ordem), 291.
Oriental, Gotlândia, 44.
Oriente, Império latino do, 27, 160 e 199.
Orléans, 45-6, 85, 90, 142, 220 e 359.
    bispo, 117.
    floresta, 46 e 259.
Orval. Ver Gilles.
Oslo, fiorde, 51.
ostrogótica, dinastia, 116.
Otão, bispo da Frisinga, 41-3, 103, 108, 275, 298 e 369.
Otão, duque da Borgonha, 199.
Otão I, o Grande, 28, 37, 40-1, 79, 96, 99-100, 105, 109, 343, 353-6, 370, 383 e 390.
Otão II, 35 e 99.
Otão III, 99, 103, 109, 181, 355-6 e 382.
otoniana, corte, 64 e 292.
    chancelaria, 354.
    dinastia. Ver Saxônia.
    política, 197.
Otranto, 39.
Ouche, vale do, 358.
Oudenaarde, 149.
Ouse, rio, 45.

Pacíficos, Os, 376.
Países Baixos, 91 e 278.
Palaiseau, 148.
Panônia, 43.
    ver também Hungria.
par (*pairie*), 308.
parage, parager, 203 e 205.
Paris, 46, 85, 90, 103, 119, 123, 132, 139, 284, 300, 304, 359 e 382-3.

Paris, Gastão, 108 e 115.
Parlamento francês, 237.
    de Paris, 139, 300 e 304.
    dos reis capetíngios, 129.
Parlamento inglês, 383, 401 e 403.
    ver também Comuns, Câmara dos.
Parma, 278.
paroquiais, igrejas, 101, 239, 318, 321-3 e 377.
Páscoa (festa), 54, 273 e 374.
Passau, 43.
    bispo. Ver Pilgrim.
Paulo, São, 104 e 345.
    epístolas, 293.
Paulo, o Diácono, 267.
Paulo Orósio, 106.
Pavia, 40, 343 e 370.
Pechenegues, 38.
pedones (soldados de infantaria), 272.
Pedro, São, 356 e 372.
    avoué de, 356.
    patrimônio, 100 e 181.
Pedro Damião, santo, 114 e 122.
Pedro de Vaux-de-Cernay, monge, 293.
Pedro Flotte, 99.
Pedro Lombardo, 123.
Pepino II, rei da Aquitânia, 79.
Pepino, o Breve, 160, 163 e 352.
Percival (poema), 294.
Peregrinação de Carlos Magno (canção), 286.
Périgord, 273 e 275.
Perreciot, 395.
Perrin, Ch. E., 260.
Peterborough, 106.
Picardia, 91, 114, 211, 216 e 383.
Pierre de Fontaines, 258n232.
Pilgrim, bispo de Passau, 43.
Pireneus, 35, 87, 99, 110, 187-8, 342 e 359.
Pisa, 38 e 48.
    foral, 132.
Placentino, 130.
Plantagenetas, 120, 177, 201, 206, 215, 221, 256-7 e 401.
Platão, 27.
Pó, 39 e 358.

poblaciones, 260.
Poema de santo Aleixo, 220.
Poitiers, 194 e 373.
   Concílio de, 375.
   conde, 276.
Poitou, 48, 57, 68 e 359.
   conde, 171.
Polônia, 84.
polovetsianos, 80.
pontes, 83 e 90.
Ponthieu, condes de, 291 e 362.
Pontifical Romano, 293.
Poperinge. *Ver* Hacket; Herroi.
Port-sur-Saône, 342.
Portugal, 187 e 342.
Pothières, monges de, 112.
Praga, 87.
prebostes reais, 383.
precaria, precarium, 169.
prestamo (empréstimo), 187.
preux (valente), 284.
primogenitura, 189, 201-3, 350 e 383.
Princesa Longínqua, Lenda da, 287.
príncipes (na Alemanha), *principes* (latim), 310.
promessa de amizade, 402.
propriedade, 129, 165, 202, 235, 239 e 323.
Provença, 36-8, 66, 76-7, 107, 131, 278, 288, 301, 304, 307 e 344.
   condes, 37, 143, 297, 301, 343 e 377.
   língua, 97, 169 e 392.
   poesia, 121 e 224.
   reis, 37.
   ver também Carlos II, conde da Provença; Guilherme, conde da Provença; Hugo de Arles; Luís, o Cego.
provende, 89-90, 174, 246 e 312.
Provins, 383.
prudhomme, prudhommie, 284 e 294-5.
Prüm. *Ver* Regino.
Prússia, 400.
Puy, Le, 376 e 381.
   bispo. *Ver* Guido.
   sínodo, 373.

Quentovic (hoje, Étaples), 65.
Quercy, monastérios de, 97.
Quierzy, assembleia de, 193-4.
quintana, panóplia, 290.
Quixote, Dom (personagem de Cervantes), 286.

Rábano Mauro, 102.
   ver também Universo Libri, De.
Radcliffe, Anne, 280.
Ranulfo de Glanvill, 118 e 132.
Raul, duque da Borgonha e, depois, rei da França, 56 e 350-1.
Raul de Cambrai, 111, 113, 118, 139, 195, 222, 229 e 283.
Raul de Gouy, 111.
Raul Glaber, 376.
Ravena, 317.
Reading, 46.
recomendado, recomendação, *commendatio*, 154, 158, 162, 166-7, 169, 174, 176, 178, 183-6, 191, 207, 212, 224-5, 235, 247, 322, 348, 382, 397, 400 e 402.
reeve, 311.
reforma gregoriana, 85, 113, 121, 130, 239, 286, 318, 320, 323-4, 353 e 368.
Regino de Prüm, 39 e 106.
Regra de São Bento, 267.
Regra Pastoral, A, de Gregório, o Grande, 66.
Reichenau, abadia de, 207.
Reims, 34, 41, 55, 57, 66, 84, 99, 278, 292, 363-4 e 373.
   arcebispos, 320, 342 e 346.
   catedral, 191, 295, 350, 364 e 389.
   História da Igreja de Reims. Ver Flodoardo.
   região, 45.
   ver também Adalberão; Ebbo; Fulco; Incmaro; Manassé; Turpino.
Reinaldo de Dassel, chanceler do Império e, depois, arcebispo de Colônia, 123.
Reinaldo de Montalvão (herói de epopeia), 226 e 229.
Relatório de direitos (*Weistum*), 260.
Rémi de Auxerre, 79.
remição de linhagem, 145.
remição feudal, 145.
Renan, Ernest, 346.
Renard, Ciclo de, 118.

Rennes, 360.
Reno, 27, 37, 39, 54-5, 57, 61, 65, 107, 117, 181, 210-1, 232, 252, 260-1, 266, 342, 344, 354, 360, 390 e 398.
retomada, feudo de, 176, 190, 196 e 399.
Revolução francesa, 26, 145, 156, 265, 395 e 400.
Rialto, 357.
Ricardo I, duque da Normandia, 55.
Ricardo II, duque da Normandia, 68.
Ricardo II, rei da Inglaterra, 401.
Ricardo Coração de Leão, rei da Inglaterra, 199.
Ricário, São, 59.
Richelet, 25.
Richer, monge de Reims, 57, 190, 358 e 359n339.
riding (circunscrição), 72.
Ripen, 59.
ripuários, francos, 125.
    lei ripuária, 159.
Risle, rio, 71.
Roanne, região de, 213.
Robertianos, 199, 359, 381 e 385.
Roberto I, rei da França, 57, 347, 350-1 e 359n339.
Roberto II, o Pio, rei da França, 93, 99, 103, 346, 377 e 383.
Roberto, o Forte, conde Anjou, duque da França, 194, 266 e 357.
Roberto Curthose (filho de Guilherme, o Conquistador), 99.
Roberto Guiscardo, 307.
Ródano, 36-7, 48, 112, 178, 342-4, 358 e 373.
Rodolfo I (guelfo), rei da Borgonha, 343-4.
    Rodolfianos, 359.
Rodolfo de Habsburgo, 317.
Rogério II, rei da Sicília, 297 e 299.
Rolando, conde das marcas da Bretanha, 110, 116, 118 e 138.
Rolando, A Canção de, 110, 113-5, 137, 166, 224, 348, e 391-2.
Rolão, 56-7, 62, 69, 71, 74, 76, 179 e 386.
Roma, romanos, 52-3, 61 e 83.
    antiguidade, 27, 63, 77, 131, 148, 155-6, 158-9, 161, 186-7, 265, 268, 278, 291, 354-5, 357, 363, 373 e 380.
    era feudal, 123, 156-7, 291-2, 343 e 354-6.
    Pontifical Romano, 293.
    ver também Império Romano-Germânico.

Romania, 27, 125, 129, 161, 357 e 390.
românica, arte, 81 e 119.
romantismo, 103-4 e 225.
Römerzug, 354.
Rosny-sous-Bois, 248.
Rossilhão, 261 e 374.
    ver também Codalet em Conflent.
Rou, Romance de, 113.
Roucy, senhores de, 57n21.
Rouen, 46, 56-7, 68, 200 e 381.
    arcebispo. *Ver* Maurille.
Rouergue, 97.
Roumois, 56, 71 e 75.
Rousseau, Jean-Jacques, 346.
Rússia, 38, 43, 46, 49, 80, 87, 91 e 164.
    rios russos, 62 e 76.

Saales, desfiladeiro de, 39.
Sabina, montanhas de, 35.
Saint-Arnoul, Metz, 258-9.
Saint-Denis, 112, 117 e 128.
    ver também Argenteuil.
Saint-Gall, 36-7, 114, 191, 272 e 282.
Saint-Germain-des-Prés, monge de, 79.
Saint-Martin (Le Mans), 209.
Saint-Martin-des-Champs (Paris), 226.
Saint-Maurice d'Agaune (Valais), 37.
Saint-Omer, 149.
Saint-Philibert, abadia de,
    em Noirmoutier, 48.
    em Tournus, 48n15.
Saint-Pol, condestável de, 401.
Saint-Pourçain-sur-Sioule, 48.
Saint-Quentin, cônego de. *Ver* Doon.
Saint-Riquier, abade de, 216 e 269.
    avoué, 362.
Saint-Saturnin-en-Anjou, 195.
Saint-Serge (Angers), 223,
Saint-Trond, 271 e 314.
Saint-Tropez, 36.
Saint-Vaast (Arras), abadia, 55, 250 e 314.
Saint-Victor, abadia, 105.
Saint-Wandrille, 71,
Sainte-Geneviève, 248.
Saintonge, 48.

saisine (posse dos bens de raiz), 129 e 329.
sake and soke (permissão para julgar), 338.
Salerno, 188.
Sálica, Lei, 162.
Salimbene, 278.
sálios, francos, 317, 350, 353 e 355.
   dinastia, 323.
   direito, 221.
   imperadores, 124.
Salzburgo, 43, 173 e 384.
   anais, 392.
   arcebispo. *Ver* Conrado.
Samuel (personagem bíblico), 345.
Santiago, 113.
Santiago de Compostela (ou da Galícia), 57, 86 e 113.
São Jerônimo, 122.
São Miguel, Ordem de, 401.
Saône, 48, 342, 359, 374 e 398.
Saragoça, 35.
Sardenha, sardos, 38, 97, 235 e 357.
sargentos, 234, 271, 281, 296 e 311-7.
sármatas, 160.
sarracenos. *Ver* muçulmanos.
Saulx-Tavannes, duques de, 316.
Saumur, 48.
Saxo Grammaticus, historiador dinamarquês, 388.
Saxões, Espelho dos. Ver Espelho dos Saxões.
Saxônia, 39-40, 85, 141, 182, 201, 232, 236, 252-3, 266, 339, 353, 355, 360, 364, 384-5 e 398.
   duques. *Ver* Henrique I, rei da Germânia; Henrique, o Leão.
   imperadores saxões, 93, 124, 323 e 356.
Schleswig, 59.
scots (irlandeses), 341 e 360.
Semois, 342.
Sena, 55-7, 65, 68, 72, 79, 90, 107, 119, 179, 194, 292, 336 e 357.
Sena, Baixo, 55-6 e 71.
   principado normando, 55-6.
senescal, 118, 137, 314, 317 e 337.
senhor (sentido da palavra), 154-5 e 227.
senhoria, 230-3, 235-8, 251, 253-6, 258, 260-2, 270, 319, 323, 395-6 e 400.

Sens, 45, 130, 141 e 359.
   arcebispo, 211.
Sepúlveda, 149.
Sérgio II, papa, 292.
servidão, 157, 167, 179, 245-8, 250-4, 257-9, 268, 306, 312, 315-7, 325, 334, 336 e 400.
servitium (serviço), 157.
sheriffs (xerife), 387-8.
Shetland, ilhas, 49.
shire (condado), 337-8.
Sibéria, 38.
Sicília, 35, 53, 188 e 380.
   regente, 317.
   reis. *Ver* Rogério II.
Siete Partidas (Tratado de Direito Castelhano), 297.
Sigeberto de Gembloux, cronista, 391.
Sigurdo (ancestral dos Attoni), 267.
Sigurdo (personagem lendário), 117 e 147.
Silvestre II. *Ver* Gerberto de Aurillac.
Simão de Crépy, conde, 281.
Simeão, czar dos búlgaros, 39.
Simon de Montfort, 293.
Síria latina, 188, 199, 211 e 275.
Snorri Sturluson, historiador islandês, 59.
Södermanland, província de, 75.
Soest, 278.
Soissons, bispos, 373.
   conde de, 285.
sokeman (justiçável), 338.
Solino, a *Geografia* de, 120.
soliu (homem sólido = lígio), 211-2.
Solway, baía de, 72 e 76.
Somme, rio, 317.
Stadt, 325.
Stamford, 70 e 73.
   Batalha de Stamford Bridge, 53 e 58.
Stände, 403.
statuti, 260.
Staufen, Hohenstaufen, 177, 199, 317 e 393.
Stuarts, 306.
Suábia, 153, 198, 252 e 339.
   duque da, 363.
   Jura [Maciço do], 339.

subscrição, 261.
Suécia, suecos, 44, 51, 59-61, 64, 75 e 145.
Sueno "Barba-Bifurcada", rei da Dinamarca, 51-2, 62 e 64.
Suffolk, 338.
Suger, abade, 237, 313, 365 e 367.
Suíça, 317.
Suse, 36.
suserano (sentido), 154.
Sussex, 53 e 338.

Tácito, 161, 266, 270 e 290.
talha, 217, 240, 261, 371 e 402.
Talmont, senhor de, 314.
Talvas, família, 139 e 151.
Tâmisa, 46, 49-50, 64 e 72.
Tannhäuser, 224.
Taormina, 35.
tchecos, padres, 43.
Tees, rio, 50.
Tejo, rio, 35.
Templo, Ordem do, 296.
Teodorico, o Grande (rei dos ostrogodos, personagem dos *Nibelungos*), 117.
Terra Nova, ilha da, 48.
Tertuliano, 127.
teutões. *Ver* tudescos.
Thanet, ilha de, 49.
thegn (dependente militar), 183, 185-6, 225, 227 e 271.
thegnborn, 271.
theow (escravo), 254-5.
Thérouanne, bispo de, 176.
Thiais (Parisi), 248.
Thietmaro, bispo de Merseburgo, 192.
thiudans (chefe do povo), 347.
Thomas Becket, 318 e 337.
Thomas d'Ouzouer, 139.
Thomasin von Zirkläre [poeta alemão], 294.
Thor, deus escandinavo, 59.
Tibre, rio, 354.
Tiel, porto de (Waal), 58.
Tisza, rio, 38.

Tito Lívio, 106.
Tivoli, 356.
Toda a história da França, 120.
Tofi, senhor, 72.
torneios, 282-3.
Toscana, 85, 143, 236, 346 e 365.
Tostig, conde de, 83.
Toul, 343 e 363.
    bispo. *Ver* Bruno.
Toulon, região de, 65.
Toulonges (Rossilhão), 374.
Toulouse, Toulousain, 174, 266, 288 e 358.
    condes, 357 e 377.
toulte (demanda), 240.
Tournai, Tournaisis, 278 e 363.
    bispado. *Ver* Noyon.
Tournehem, torre de, 280.
Tournus. *Ver* Saint-Philibert.
Tours, Touraine, 65, 194 e 208.
Toury, priorado de, 85.
town, 325.
Towthorpe (Yorkshire), 72.
Trácia bizantina, 39 e 41.
Transjurânia, ducado da, 343-4.
Tratado das leis inglesas, de Ranulfo de Glanvill, 126 e 132.
Trento, Concílio de, 318.
Treue (fé), 154.
Trèves, 344.
    monges, 171.
Tribur, Concílio de, 282.
trobar clus (poema), 285.
Trondhjem, 61.
Trosly, 34.
Troyes, 83, 359 e 383.
    conde (conhecido como Conde da Champanhe), 359n339.
tudescos, 96, 284 e 391-2.
    ver também deutsch.
turcos, 80.
    língua turca, 38.
Turíngia, turíngios, 360 e 390.
Turpino, arcebispo de Reims, 110.
Turquestão, 87.

Ucrânia, 45.
unção, 343, 345-6, 350, 352 e 354.
Universo libri, De, de Rábano Mauro, 102n68.
Uplândia, 52.
Upsala, rei, 61.
Urais, 38.
Urbano II, papa, 127.
Usagre, 137.
Usamah Ibn Munqidh, 272.
Usos da corte condal na Catalunha. *Ver* Barcelona.
Utrecht, bispo, 57-8.

Vacário, 130.
Vaïk. *Ver* Estevão I, rei da Hungria.
Valais, 37.
Valência, 344.
Valenciennes, 395.
Valério Máximo, 120.
valet (sentido da palavra), 162.
Valois, dinastia, 222 e 299.
Van, lago de, 275.
Vannes, condes da região de, 57.
varegues, reinos, 62.
Varennes-en-Argonne, 402.
vassalo, 73, 137, 141n123, 149, 154-5, 161, 164-5, 167-72, 174, 176-9, 181, 183, 185-6, 188-92, 194-5, 199-201, 203-22, 224-6, 228-9, 247, 251, 270-2, 286, 291, 294, 301-2, 307-8, 322, 336, 340, 345, 366-7, 370, 381, 395, 397 e 403.
   instituição vassálica, 163, 223 e 227.
vassalos em chefe, 387-8.
vassus dominicus (vassalo do Senhor-Rei), 164-5, 174, 183 e 401.
vavassalo, 179, 196-7, 228-9, 276, 307, 309 e 399.
Vegécio, 120.
Velluto di Buonchristiano, 138-9.
Vendôme, monges de, 195.
   conde. *Ver* Burcardo.
Veneza, venezianos, 43, 86-7, 343 e 357.
   doges de, 349.
Ver [comuna], 128.
Verceil, bispo de, 356.
Verdun, tratado de, 342 e 355.

Vermandois, 283.
   condes de, 351.
Verona, 344.
Vexin, 71.
Vézelay, abade de, 250.
Viagem de Carlos Magno (poema), 112.
Vial, senhor, 250.
vicaria. Ver voirie.
Vida Cristã, Livro da. Ver Bonizo.
Viena, floresta de, 41.
Viennois, 344.
Vignory, senhores de, 57n21.
viguerie. Ver voirie.
vikings, 47, 49-55, 57, 59-63, 65, 68-74, 77-9, 179 e 274-5.
   língua dos, 69.
   ver também Escandinávia, escandinavos.
Villehardouin, 120.
visigodos, 125, 187, 220 e 243-4.
   da Espanha, 125 e 163.
Vivien (personagem da *Canção de Guilherme*), 110.
voirie (ou *viguerie*), 332-3 e 339.
Volga, Baixo, 42.
Volker von Alzey, 286.
Voltaire, 394.
Völundr ou Wieland, 54.
Vontes, 65.

Waal, 58.
Wace, autor do *Roman de Rou*, 113 e 314.
Walsh, rio, 50.
Waltharius (poema), 112 e 116.
wapentake (circunscrição), 72.
Warcq-sur-Meuse, *castrum* condal de, 362.
Weistum, relatório de direitos, 260.
wergeld, 137.
Wessex, 50, 67 e 341.
   dinastia, 52 e 388-9.
   reis, 47, 51, 53, 66, 72, 75, 79 e 354.
Westmoreland, 70.
Widukind, cronista, 28 e 390.
Wieland. *Ver* Völundr.
Winchester, 67.
Wipo, capelão imperial, 124.

Wohlen, 234-5.
Wolfram de Eschenbach, poeta, 284.
Worcester, 106.
 bispo de, 186.
Worms, 40, 342 e 385.
 bispo. *Ver* Burcardo.

Ximena, 99.
Ybert de Ribémont, 111.
Yonne, 45.
York, Yorkshire, 45-6, 53, 68, 70-2 e 75-6.
 arcebispo, 184.
 dinastia, 401.

Zähringen, família, 267.
Zuiderzee, 235.

Este livro foi impresso pela Gráfica Paym
em fonte Minion Pro sobre papel Holmen Book 60 g/m²
para a Edipro na primavera de 2019.